LA COMARCA COMO ENTIDAD NATURAL, HISTÓRICA Y ADMINISTRATIVA

MANUEL ARIAS LÓPEZ

LA COMARCA COMO ENTIDAD NATURAL, HISTÓRICA Y ADMINISTRATIVA

MADRID, 2013

Dykinson, S.L.

Editorial DYKINSON, S.L. Meléndez Valdés, 61 - 28015 Madrid
Teléfono (+34) 91 544 28 46 - (+34) 91 544 28 69
e-mail: info@dykinson.com
http://www.dykinson.es
http://www.dykinson.com
Consejo Editorial véase www.dykinson.com/quienessomos

ISBN: 978-84-9031-758-7
Depósito Legal: M-34602-2013

Índice de contenido

NOTA PRELIMINAR

Esta monografía recoge en gran parte la tesis doctoral del mismo título: ***La comarca como entidad natural, histórica y administrativa,*** *elaborada en el Departamento de Filosofía del Derecho, bajo la dirección del profesor Dr. D. Marcelino Rodríguez Molinero y defendida el 18 de noviembre de 2011 en la Facultad de Derecho de la Universidad Complutense de Madrid.*

*La Tesis mereció la calificación de "****Sobresaliente cum laude por unanimidad****", con opción al premio Extraordinario y pronunciamientos muy favorables: busca una fundamentación histórica integral e incluye una amplia toponimia; un texto de redacción sencilla y fácil lectura, todos ellos objetivos netamente perseguidos desde su inicio; unánimemente también los miembros del tribunal instaron la publicación de la misma e incluso me sugieren una segunda monografía con una ampliación del estudio dedicado a la Comarca de El Bierzo. Elogios inesperados que sinceramente agradezco al Tribunal académico formado por el Dr. D. Raúl Leopoldo Canosa Decano de la Facultad de Derecho de la Universidad Complutense de Madrid, como Presidente; Dr. D. Adelino Álvarez Rodríguez del Departamento de Filología Hispánica y Clásica de la Universidad de Castilla-La Mancha; el Dr. D. Felipe Ruiz Alonso de la Universidad Pontificia de Salamanca; la Drª. Dñª. María Elósegui Itxaso del Departamento de Filosofía del Derecho de la Universidad de Zaragoza y como Secretario el Dr. D. Emilio Suñé Llinás del Departamento de Filosofía del Derecho de la Universidad Complutense de Madrid.*

Creo que siempre es interesante conocer el proceso de gestación de una idea para explicar la motivación de la misma. Mi vida profesional ha discurrido en la actividad privada del ámbito jurídico, pero, llegado el momento de la jubilación laboral, surge la añoranza de sueños de investigación, ordinariamente ligada a la actividad académica.

Desde jóvenes, los que nos tocó vivir en determinados espacios geográficos del ámbito rural, podíamos observar cómo los escolares eran concentrados en un centro único del pueblo más importante de la zona; contemplábamos igualmente el trasiego de autobuses trasladando a los habitantes de la región a los centros sanitarios y al mercado; también veíamos los fines de semana a sus vecinos acudir a los centros de ocio de la ciudad; incluso advertíamos, en dicha capital regional, la presencia de algún establecimiento comercial que excedía las necesidades municipales consecuente con su proyección supramunicipal; inconscientemente nos encontrábamos constatando un concepto esotérico, e inadvertidamente estábamos también configurando un conocimiento común y vulgar de la comarca, percibida en sus apreciaciones inmediatas por la realidad popular. El hecho de que los servicios se concentrasen en una ciudad o polo, que irradiaba su actividad sobre un espacio que también superaba la territorialidad del municipio, estructuraba la realidad inmediata de ese contorno físico y constataba un concepto inmediato, íntimamente incrustado en la conciencia de sus habitantes, que constituía una apreciación común y vulgar de la comarca, sentida y vivida por el pueblo, en contraposición, o al menos en forma distinta, a la consideración generalizada por la comunidad científica como exigencia intrínseca.

La comarca siempre resultó un mundo atractivo para mi observadora mente juvenil, interés que se acrecentó posteriormente con muchos años de mi vida profesional en la actividad jurídica relacionada con la Administración Local; por ello siempre resultó presente como un motivo seductor que era preciso investigar y fruto de esa curiosidad aunque demorada en el tiempo, resulta esta monografía.

INTRODUCCIÓN

1

Cicerón, en su obra *De re publica* (24.38), establecía como requisito para iniciar un trabajo intelectual la necesidad de concretar el *"nombre"* y el *"concepto"* del mismo. Y dado que esta investigación se centra en la comarca, siguiendo el consejo ciceroniano, se hace ineludible aquilatar aquello que entendemos con este nombre y averiguar cómo y cuándo surge en nuestra lengua este vocablo y su concepto.

La gran cantidad de apreciaciones reseñadas avalan la fijación del concepto de comarca y la progresiva evolución que intento delimitar en los seis capítulos que constituyen esta investigación. Desde un principio cabe destacar la idea de conjunto que se pretende recoger en cada uno de ellos analizando los puntos metódicos que sirvieron de guía para su desarrollo. Sin duda, el reto lo constituye la hipótesis de la vinculación cultural que subyace como elemento de cohesión en la comarca. Esta connotación cultural sugirió la conveniencia de recoger toda la riqueza crematística puesta de manifiesto en las muchas opiniones de los representantes de la comunidad científica con el simple propósito de enriquecer el concepto de la comarca, recogiendo el mayor número posible de opiniones, en cuanto que la comarca además de un entorno geográfico y su significado jurídico-administrativo, recoge todo el contenido cultural consolidado a lo largo de los años.

La materia a investigar se inicia con el concepto de "comarca natural", que surge en Francia a finales del siglo XVIII, cuando el desarrollo positivista de las ciencias de la naturaleza necesitaba adecuar los espacios territoriales a las necesidades de la ciencia. El determinismo geográfico configuró la denominada *comarca fisiocrática* especificada por el clima, el relieve y otros elementos. En cierto momento del estudio de la misma, se pretendió excluir toda actividad humana como elemento exógeno, pero la evidencia de los contenidos históricos determinaron un nuevo sentido de la comarca, también definida por el entorno cultural. Caro Baroja ya destacaba como elementos esenciales que configuran la *comarca natural:* la comarca se halla entre otras semejantes, se encuentra delimitada por algunos accidentes del terreno, dispone de un núcleo comercial más o menos vigoroso y en otra época tenía un sistema defensivo de castillos y fortalezas; también conservó ciertas particularidades lingüísticas y ergológicas, y en el aspecto religioso contaba con un centro o ermita con fama en toda ella.

La Revolución Francesa alentó un prototipo de administración más eficiente e influyó en las Cortes de Cádiz para integrar este modelo en la Constitución liberal de 1812. La organización territorial se proyectaba reconstruir en el art. 11 del texto constitucional: "se hará una nueva división del territorio español"; fácilmente se intuye la pretensión de importar el modelo departamental francés, pero la copia provincial adoptada no alcanzó a cubrir todas las expectativas. La complejidad territorial española ha sido una constante en la Administración política. El modelo de organización napoleónico sobre el que se asienta esta Administración, en opinión de García de Enterría, se debate entre el centralismo del modelo y la desagregación territorial de la nueva fórmula regional prefigurada por la Constitución de 1978, que demanda un profundo proceso de adaptación.

La primera cuestión que plantea la ciencia geográfica al iniciar su andadura es saber qué y qué representa la comarca como entidad natural, para luego deducir su concepto cultural. La consideración de natural, asimilable al estado de naturaleza, hace referencia al sustrato geográfico que el territorio tiene como base de la organización territorial caracterizado por cierta uniformidad en sus rasgos físicos (orografía) y que se tradujo en un concepto cultural permanente que predomina sobre otros posibles significados.

A la hora de determinar las características territoriales que plantea el concepto de comarca, se hace preciso establecer una referencia específica a las dimensiones de la superficie de la misma, para consolidar la cualificación diferencial respecto a otro modelo territorial equivalente, como es la región, cuya diferencia cifran los geógrafos en una simple gradación de escala.

II

La vida medieval es por definición, "vida rural", se alimenta de las realidades del campo y se jerarquiza en estricta correspondencia con los valores de la vida campesina. De la tierra y sus derechos justifica esta sociedad su categoría social. Las peculiaridades de la Reconquista configuran otro tipo de nobleza basada en la hidalguía y así el señorío, como unidad jurisdiccional, perdura en el espacio de la comarca.

Las primeras manifestaciones de la formación histórica de la comarca creemos encontrarlas en el estudio del Derecho territorial castellano, objetivo que llevó a Zacarías Galo Sánchez a deducir que se trataba de un derecho comarcal con sus propias fuentes, la costumbre, los privilegios y las sentencias judiciales. En plena "edad diplomática" el reino, leonés primero y Cataluña después recopilaron sus derechos territoriales. La ausencia de redacciones extensas en Castilla permitió al juez erigirse en verdadero legislador, pues sentenciaba conforme al libre albedrío y al hacerlo de este modo, establecía la regla jurídica aplicable consagrando el aforismo, "Castilla, tierra sin leyes, es la patria de las "fazañas", y es sobradamente conocido que el nombramiento del juez suponía una de las atribuciones más significativas del señorío.

La vida medieval es por definición, "vida rural", se alimenta de las realidades del campo y se jerarquiza en estricta correspondencia con los valores de la vida campesina. De la tierra y de sus derechos justifica esta sociedad su categoría social y política. Además, las peculiaridades de la Reconquista configuran otro tipo de nobleza territorial basada en la hidalguía, y así el señorío como unidad jurisdiccional perdura en el espacio de la comarca.

El vocablo latinizado *"marca"* procede del germánico *"mark" que* indica señal o confín y se incorpora tardíamente al latín medieval. El *Diccionario de la lengua Española* de 1729 ya recoge su procedencia germánica, "es voz compuesta de la preposición *con* y el nombre *marca"*. Y se deben al filólogo Joan Corominas las más acreditadas precisiones lingüísticas sobre el término comarca; después de un profundo análisis de las variaciones fonéticas deduce su procedencia del verbo *merken* (del alemán antiguo). Y su incorporación a las lenguas romances la justifica por derivación del longobardo *markan; meark* en anglosajón; *mark* en esandinavo rúnico; *marz* (país fronterizo) en persa; *marcare* en italiano. Y en este sentido se incorporó al galorrománico, y por la vía del fráncico llegó el vocablo al español, donde Nebrija lo registra en 1495 como voz nueva, "*comarca, confinium"*, si bien el uso generalizado ya se acredita en fecha anterior.

Quizá el primer texto en romance peninsular en que aparece el vocablo "comarca" se encuentre en la cuaderna vía 336, en el códice de la *Vida de Santo Domingo de Silos*, uno de los poemas más significativos del Mester de Clerecía de Gonzalo de Berceo, en el año 1236, en que se supone ya había escrito las cuatro hagiografías.

Igualmente, en román paladino, aparece esta palabra, en *Los signos del juicio final,* también de Berceo. Posteriormente en cuanto es obra de la vejez, Berceo utiliza esta palabra en la cuaderna 63 del *Poema de Santa Oria.* Igualmente en 1237 en el también anónimo *Libro de los doce sabios o Tratado de la nobleza y lealtad,* y entre 1240 y 1250 en el también anónimo *Libro de Aleixandre* aparece de nuevo este vocablo. Cuatro décadas después, en torno a 1282, en las *Cantigas de Santa María*, de Alfonso X El Sabio, escritas en romance gallego, figura también reiteradamente la palabra comarca.

III

En el Antiguo Régimen, los reinos cristianos se dividían en provincias, pero no llegaron a constituir una estructura territorial efectiva en cuanto habían sido creadas en virtud de una relación de dependencia de tipo feudal. Los señoríos, las órdenes militares y las instituciones religiosas poseían extensos territorios que prestaban homenaje y así se constituían en provincias.

Contrastando los datos del Catastro de Ensenada, se deduce que el aislamiento del régimen señorial provocó en el ámbito territorial un cambio significativo. El carácter económico de la tierra, que por su escaso rendimiento declina ostensiblemente para convertirse en simple dignidad honorífica, y el señorío, que había nacido vinculado a la tierra, resultan relegados como elementos accesorios y provocan que el "noble o señor", ausente de sus *"estados"* se convierta en mero rentista. El Decreto de 6 de agosto de 1811 consumó la desaparición del prototipo medieval aboliendo los Señoríos Territoriales en el inicio del Nuevo Régimen.

Las Constituciones decimonónicas se suceden manteniendo la estructura territorial implantada en 1812. El art. 11 de la constitución republicana de 1931 reconoce a las provincias limítrofes la facultad de constituirse en Regiones Autónomas, y de este modo la institución comarcal renace con el desarrollo estatutario de Cataluña. La Constitución de 1978 generaliza las Comunidades de base regional buscando nuevos modelos con mayor capacidad de gestión, que reconozcan la esencia comarcal. Pero únicamente cuatro de estas Comunidades la incorporan a sus textos.

IV

El concepto de la modelación cultural intenta recoger aquello que la conciencia de sus habitantes percibe como elementos fundamentales de la comarca a lo largo de su historia. La comarca natural, constituye el hilo conductor en dos conocidas novelas inglesas de la literatura universal del siglo XIX. Los páramos de Yorkshire están presentes en *Wuthering Heights: Cumbres borrascosas,* de Emily J. Brontë (1847), e igualmente otra comarca natural de la geografía inglesa constituye la base de la novela *The Return of the Native: El regreso del nativo,* de Thomas Hardy (1878). Frente a los modelos clásicos del Renacimiento, la literatura de nuestro Siglo de Oro evidenció un singular retorno a la comarca natural presente en innumerables obras literarias, y en acusada oposición al racionalismo de la Ilustración, el Romanticismo del siglo XIX promovió un retorno al modelo natural.

La comarca en cuanto materia narrativa se revela a lo largo de la obra de L. Mateo Díez como filón inagotable que encontraron Faulkner y García Márquez en la literatura contemporánea. El *Relato de Babia* ilustra el tránsito que la literatura proporciona desde la comarca real hasta la comarca imaginaria. Babia, como "Jauja" y otros topónimos que comparten esa doble referencia al nombrar tierras de la geografía real y de la fantástica, conserva el prestigio de la invención y lo mantiene en la convicción de su inexistencia, pues no son muchos los que conocen la realidad de una comarca que se llama Babia. El rey está en Babia es un estado psicológico.

V

En el conjunto de las comarcas históricas peninsulares tiene una especial significación la tradición comarcal. Cataluña había estado dividida en veguerías de regular distribución, pero con los años perdían cohesión siempre que alguna villa lograba convertirse en cabecera de una nueva veguería. Al principio del siglo XVIII contaba con 16 veguerías y 7 sub-veguerías pero el *Llibre dels Costumes de Tortosa,* (Cos.1, rub.1), ya destacaba la "estructura comarcal". En una primera aproximación, Font i Sagué en 1837, señalaba [illegible] comarcas naturales. El esfuerzo comarcalizador de Pau Vila en 1931, justifica la tradición comarcal catalana, "l'actual divisiò del territori de la Generalitat no ès més que la concreció d'un estat de consciencia del poble". El art. 5.1 del *Estatuto de Autonomía* (1979) establecía que, "La Generalitat estructurará su organización territorial en municipios y comarcas", regulando la institución comarcal como el marco territorial necesario y general para Cataluña. Y el art. 83.1, del Estatuto Reformado de (2006) reitera, "la comarca se configura como ente local con personalidad jurídica propia que está formada por municipios".

La división territorial de la Generalitat republicana de 1937 ya configuraba la comarca del Alto Ampurdán con 1.342 km.^{2}; su orografía enlaza con las altitudes pirenaicas, mantiene una personalidad relevante y desde su historia más remota diviniza la *tramontana.* Mientras Cataluña abarca una superficie de 32.114 km^2., el Bajo Ampurdán incluye únicamente 701,6 km.^{2}, las altitudes son escasas y el mar constituye su espacio omnipresente; jurídicamente esta comarca encuentra su desarrollo en la Ley 6/1987.

En el *Ensayo de las regiones naturales de España,* Dantín Cereceda ya deduce para los espacios comarcales de los Territorios Históricos Vascos una posible explicación a las particularidades que ofrecen. La orografía interior contrasta con las escasas altitudes de la divisoria exterior y la abundante pluviosidad costera origina ríos caudalosos de corto recorrido que configuran espacios con desigualdades tan manifiestas que desde antiguo sus propios habitantes las definían con nombres heterogéneos: Cuadrillas, Merindades, Encartaciones, Uniones, Mancomunidades y otras denominaciones que ponen de manifiesto la ausencia de un concepto unívoco en el prototipo de comarca. El art. 2, de la Ley 4/1990 establece que la ordenación territorial se realizará a través de los Planes Territoriales, y el Decreto 28/1987 fija 15 áreas funcionales que determinan las comarcas reguladas.

En la creación de la Comunidad Autónoma gallega, ya se postulaba la conveniencia de desarrollar una ordenación del territorio que recogiera conjuntamente la parroquia y la comarca como unidades tradicionales, pero frente a la certeza territorial que ofrecía la parroquia, el sentimiento de pertenecer a una de las 53 comarcas reguladas no es un hecho generalizable en la tradición gallega, y podría sugerir más una realidad añadida que una precisión histórica. El art. 2.2 del *Estatuto* (1981) dice que "la organización territorial tendrá en cuenta la distribución de la población y sus formas tradicionales"; pero la comarca en Galicia, creada por la Ley de Desarrollo Comarcal de 1996, aparece formulada como un elemento funcional.

La singularidad aragonesa se inicia en las Cortes de Jaca de 1247 que fijan sobre este Fuero la legislación territorial aragonesa consagrando la vinculación comarcal. Las tradiciones locales son absorbidas, al igual que el idioma originario de Francia de la redacción del primer código territorial aragonés. La Ley 10/1993 de *Comarcalización de Aragón* y la Ley específica de Creación de cada una de las 34 comarcas constituyen la normativa aplicable.

En el anexo documental se detallan las 144 comarcas jurídico-administrativas reguladas y se relacionan otras 413 comarcas naturales aceptadas a nivel nacional, detallando los espacios municipales de cada una.

VI

A lo largo de esta investigación se mantiene constante referencia a la comarca de El Bierzo, y la razón es evidente, porque, a pesar de la gran extensión territorial 3.169 km.[2] (superior a la de algunas provincias españolas), configuró siempre un modelo singular de comarca natural. La estructura geográfica es conocida por su aspecto de "olla" encerrada por un contorno montañoso de notable envergadura. Caro Baroja destaca su homogeneidad; M. de Terán, su vinculación con la cuenca fluvial del Sil, y H. Flórez la califica de "región en la que nadie puede entrar sino bajando". A su vez Á[illegible] Villar pondera su clima entre el rigorismo meseteño de la Maragatería y [illegible] territorio gallego que la rodean, contraste que lleva a Castillo Solórzano a calificar humorísticamente de "bizco" al Bierzo, en *La niña de los embustes* porque con un ojo miraba a Castilla y con el otro a Galicia, circunstancia que igualmente Menéndez Pidal hace extensible al idioma "castellano-leonés por un lado y gallego por otro", perfilando el dialecto berciano.

La primera constancia escrita que tenemos de El Bierzo corresponde a Caius Ptolomaeus, geógrafo griego que vivió en Egipto en el siglo II, en su *Geographica* cita a *Bérgidon*, en las coordenadas, 8º 30" y 44º 10". El código *Bambergensis* menciona a *Bergidae,* y el *Itinerario de Antonino* señala a *Bérgidon* y *Belgido* emplazado a 50 millas al este de Astorga. Pero la consagración del nombre comarcal, *"Bergidensis Territori",* se evidencia en la *Vita Fructuosi* (2.6), "Inter montium cornualia "Bergidense territorium", en la época visigoda.

La actividad económica que mayor fama reportó a El Bierzo romano, la constituyó, sin duda, la minería del oro, pero la falta de rentabilidad de estas explotaciones y la crisis de la vida urbana resultan agravadas por las invasiones que asolaron la comarca, y a ello hay que añadir los efectos de un singular movimiento religioso que surge en El Bierzo, "San Fructuoso llena la Tebaida berciana con más de un centenar de monasterios simultáneos", dice su discípulo San Valerio.

La presencia señorial en El Bierzo se hace sentir en tiempos de Ramiro I (842-850); después de la devastadora aceifa del año 846 la comarca berciana tiene en D. Lorenzo un conde propio, ligado a la familia real, pero en 1187 ya se habla del "Señorío de El Bierzo", que en el siglo XIII constituiría una "Tenencia" demasiado extensa para integrar una única jurisdicción que resulta diluida en un mosaico dominical en el que afloran las Pueblas del Camino de Santiago y mantienen su relevancia los señoríos monacales de Carracedo, San Andrés de Espinareda y San Pedro de Montes, entre otros.

Frente a la acelerada crisis de las jurisdicciones monásticas de los siglos XIV y XV, surgen en El Bierzo, dos grandes señoríos laicos. Por el Este el Señorío del Boeza con centro en la villa de Bembibre; el Infante D. Alfonso de la Cerda, nieto bastardo de Alfonso X, recibió en 1304 esta concesión señorial en recompensa por su renuncia a los derechos dinásticos. Y en el Oeste se consolida la familia gallega de los Osorio por concesión de Juan I, que otorga en 1388 a D. Pedro Osorio *El Bueno,* "los lugares de Cabrera y la Ribera de Urbia con sus castillos de Peñarramiro, Peñabellosa y Cornatel. Un siglo después, la herencia de D. Pedro Álvarez Osorio convierte El Bierzo en campo de batalla enfrentando la Casa de Lemos y la de Benavente, exigiendo la intervención pacificadora de las Reyes Católicos. La resolución jurisdiccional divide el patrimonio del Conde de Lemos otorgando el espacio berciano al recién constituido Marquesado de Villafranca (1486), convirtiéndolo en el título más representativo, aunque minorado por la venta forzosa de la villa de Ponferrada al realengo, configurando así un nuevo mapa comarcal.

La personalidad de El Bierzo ya se hacía patente en el siglo XVI, en su reiterada aspiración autonomista y en este sentido consta la carta del Ayto. de Ponferrada, de 23 de diciembre de 1563, requiriendo la separación al Alcalde Mayor de León, y lo que reiteradamente venía denominándose "provincia" recibió el respaldo oficial el 15 de octubre de 1821 convirtiendo El Bierzo en una de las 52 provincias de la España liberal; pero, después de una efímera existencia, el Decreto de 1 de octubre de 1823 determina su desaparición. La división provincial de J. de Burgos, de 30 de noviembre de 1833, dejó inéditas las aspiraciones bercianas; los señoríos monásticos resultan aniquilados, y los 1.832 bienes de los 14 monasterios son vendidos en la Desamortización sin repercusión alguna para el entorno comarcal.

La indiscutible singularidad del Bierzo convierte esta comarca en la primera en obtener la declaración jurídico-administrativa que consagra la división territorial de la nueva andadura constitucional de 1978. El art. 46.1 del *Estatuto Reformado* de CyL (L. O. 14/2007) recuerda que "la comarca se configura como agrupación voluntaria de municipios limítrofes con características geográficas, económicas e históricas afines"; y en el apartado 3), se determina como exigencia :"una Ley de las Cortes de Castilla y León regulará la Comarca de El Bierzo, teniendo en cuenta sus singularidades y su trayectoria institucional"; el Gobierno castellano-leonés, consciente de esta relevancia, por Ley 1/1991, creaba la Comarca implantada con 3.179 km^2, y constituyendo legalmente la primera comarca jurídico-administrativa nacida al amparo constitucional de 1978.

Un hecho inédito en la vida político-comarcal lo constituyó, sin duda, la adhesión de un nuevo municipio en cuanto supone su consagración institucional. El 23 de diciembre de 2005 el Ayto. de Palacios del Sil, en calidad de municipio limítrofe, solicita su incorporación a la Comarca berciana, trámite que origina un contencioso singular por la imprecisión legal evidenciada en la incorporación y separación de municipios que hace patente la imprescindible actualización de la Ley.

CAPÍTULO 1

LA COMARCA COMO ENTIDAD NATURAL

Aristóteles, en el Libro Tercero, 1, de la *Metafísica*, establecía la pauta para abordar el conocimiento de todo trabajo intelectual que pretendamos iniciar y con meridiana claridad argumentaba: "consultado el interés de la ciencia que tratamos de cultivar es preciso comenzar exponiendo las dificultades que tenemos que resolver desde el principio"[1]. Exigencia en la que igualmente redunda el profesor González Vicén, cuando dice, "es regla fundamental de toda metodología científica que antes de entrar en una cuestión se precisen los términos del problema y se concrete rigurosamente qué es lo que se va debatir"[2].

A este propósito, también es oportuno recordar a Cicerón, en el pasaje 25.38, *Sobre la República,* que matiza, "entraré en el discurso con aquella regla que debe tenerse en cualquier disertación si se quieren evitar errores, que es la de explicar qué significa el nombre, una vez que se acepta el nombre de lo que se va a tratar, pues sólo cuando se está de acuerdo en esto se puede entrar en el razonamiento. En efecto, nunca podrá entenderse

---

1 ARISTÓTELES, *Metafísica* (Madrid, Espasa Austral, 1972), p. 50.

2 F. GONZÁLEZ VICÉN, *Estudios de Filosofía del Derecho* (Las Palmas, Universidad de la Laguna, 1979), p. 365.

aquello de lo que se va a hablar si no se entiende antes lo que es"[3]. Siguiendo las recomendaciones aristotélicas, la primera cuestión que se nos plantea es precisamente, ¿Qué es lo que pretendemos investigar?

Evidentemente mi interés se centra en la comarca como entidad territorial con la pretensión de aquilatar el concepto tal como es recogida jurídicamente en el desarrollo constitucional; pero a la vez teniendo muy presente que el hecho geográfico configura un concepto primordialmente cultural, de ahí que mi pretensión se oriente a descubrir la teleología de ese concepto, comprobando que la verdadera esencia del sentido histórico se corresponde con el concepto territorial que desde un principio motivó la idea de la comarca.

La primera evidencia radica en que la comarca constituye un hecho físico, presente en la naturaleza con una clara manifestación geográfica; de ahí la conveniencia de iniciar esta introducción determinando ese contenido del concepto geográfico. Como dice Iturmendi Morales, "el antiguo problema que Platón se había planteado entre las convergencias y divergencias del saber técnico y del saber epistémico"[4] se deduce que "los medios del conocimiento son múltiples: observación, interpretación, análisis y síntesis conceptuales. Pero no todos estos momentos son del mismo rango ni actúan de la misma manera"[5], mientras el pensamiento filosófico profundiza en las líneas maestras de la realidad concreta, los conceptos técnico-científicos configuran el conocimiento del concepto geográfico por las propias exigencias suscitadas en los niveles estrictamente aplicativos (técnica).

3 M. TULIO CICERÓN, *Sobre la República,* introducción, traducción, apéndice y notas, de Álvaro D'Ors (Madrid, Gredos, 1984), p. 62.

4 J. ITURMENDI MORALES, *Una aproximación a los problemas del método jurídico desde la Filosofía del Derecho* (Madrid, Centro de Estudios Constitucionales), 1983), p. 578.

5 *Ibidem,* p. 574.

1.- Determinación del concepto de comarca natural

Qué es y qué representa la comarca como entidad natural constituye la pretensión de este trabajo. El tema no suele ser objeto de extensas monografías, e incluso el número de las mismas pergeñado en la bibliografía también es escaso, por lo que resulta imprescindible acudir a la documentación incorporada en artículos dispersos de otras publicaciones más o menos relacionadas con el tema. Este interés se orienta primordialmente a la consideración de la comarca en su matiz cultural que lejos de minimizar ese contenido conceptual, de algún modo lo reconduce a un nivel más sutil.

La primera precisión para iniciar adecuadamente este estudio siguiendo las sugerencias ciceronianas se traduce en la necesidad de instrumentalizar el tipo de concepto que necesitamos para acometer su desarrollo. Habida cuenta de que las monografías consultadas no profundizan en este sentido, me dejan huérfano de una deseable orientación, siempre conveniente para el devenir de la iniciación y antes de intentar esa imprescindible definición conceptual me parece oportuno acudir a la valoración de algunos de los expertos.

¿Qué entendemos por comarca? Aparentemente resulta un concepto simple y de fácil comprensión. La realidad sin embargo, contrasta con esta deseable simplificación conceptual, como señala Precedo Ledo, "ni el concepto de comarca tiene una acepción única ni su delimitación es un trabajo sencillo. Si a ello añadimos que la comarca no es sólo una estructura sistemática, sino, de manera preeminente, un espacio humanizado, comprenderemos cómo la contingencia que afecta a los hechos humanos, está también aquí presente"[6].

Presuponiendo, como dice también Precedo Ledo, "la existencia de flujos e interrelaciones de los pueblos y las ciudades, tales construcciones

---

6 A. PRECEDO LEDO, *Galicia: Estructura del territorio y organización comarcal* (Santiago, Xunta Galicia, 1994), p. 271.

analíticas tienen un soporte espacial común, una porción de territorio en el que las interrelaciones se hacen más intensas, constituyendo unidades diferenciadas que configuran el soporte estructural básico del territorio y esas unidades constituyen lo que generalmente entendemos como comarcas"[7], que se traduce en el profundo arraigo del concepto de la comarca y a pesar de que, como puntualiza Caro Baroja, "esta palabra se usa en español con bastante frecuencia desde el Siglo de Oro, por lo menos por historiadores como Hurtado de Mendoza, Pero de Mexía, Mariana y Zurita; podría prestarse a equívocos si aceptáramos directamente la definición que de ella han dado algunas entidades como la Real Academia que en su *Diccionario de la Lengua Española* sale del paso diciendo que la "comarca es una división del territorio que comprende varias poblaciones".

Y prosigue Caro Baroja, "en verdad que no puede definirse con menor rigor, porque esto sucede con la mayoría de las divisiones territoriales"[8]. Exigencia que encontraremos reiterada principalmente por los geógrafos, como explícita reivindicación de una ciencia empírica como es la geografía. Para nuestras previsiones esta definición conceptual no tiene más interés que el "contenido" territorial que conlleva. A pesar de la arraigada concienciación histórica resulta difícil proponer una definición exacta o generalmente aceptada, y en este sentido se manifiesta igualmente el geógrafo Precedo Ledo, "pues bien, no existe una definición exacta. El término comarca forma parte del vocabulario castellano pero carece de la equivalencia precisa en el lenguaje científico internacional aunque existen expresiones hasta cierto punto análogas como las de "*Land*" o los "*Countyes*"[9].

En el ámbito geográfico y "de modo general en todos los repertorios de términos geográficos se hace referencia a lo que la comarca significa en el análisis territorial haciéndola equivalente al concepto de región que del modo

7 *Ibidem*, p. 271.

8 J. CARO BAROJA, "Sobre los conceptos de región y comarca", en *Boletín de la Asociación Nacional de Ingenieros Agrónomos*, nº. 12 (1951), p. 7.

9 A. PRECEDO LEDO, o. cit., p. 271.

más genérico se puede definir como un espacio terrestre individualizado. Podemos decir que una comarca es una micro-región, una unidad territorial intermedia entre las unidades locales y las regionales. Pero no existen límites conceptuales precisos entre los distintos niveles de clasificación del espacio territorial, siendo un problema de escalas geográficas jerarquizadas"[10].

Conscientes los geógrafos de estas imprecisiones, basándose en estudios comparativos pretenden la aproximación de límites convencionales para acotar estas regiones o comarcas naturales, tal es el caso de Sanz Herráiz que intenta delimitar su extensión: "la región natural o comarca natural se entiende actualmente como una unidad de espacio-temporal con límites precisos de 100 a 2.000 $km.^2$, elaborada a una escala de tiempo de orden geológico"[11], y que cuando menos pretende una cuantificación geográfica. Otros geógrafos, en cambio, ofrecen definiciones heterogéneas, desde la sencilla especificación que nos sugiere González Vecín, "el término "comarca" en castellano encuadra territorios de tamaño variable generalmente originados por la costumbre". Y para determinar la especificación del "tamaño variable", nos lo explica, "desde el punto de vista del geógrafo, el mayor problema que surge para considerar a estas unidades como regiones geográficas es el tamaño en cuanto que hay opiniones contradictorias, en este sentido en la Geografía en la que la variedad física de gran parte del territorio hace difícil llegar a un acuerdo"[12], todo ello a pesar del importante avance que llegaron a suponer, en su día, las conclusiones patrocinadas por las *Jornadas sobre la Región y la Geografía* celebradas en Madrid en 1980.

Analizando lo antedicho, se advierte claramente una dicotomía conceptual. El concepto de comarca en la percepción de los geógrafos, los principales usuarios del concepto, resulta equiparable a región y responde a un criterio compartido por este grupo de profesionales que establece que las

---

10 *Ibidem*, p. 272

11 C. SANZ HERRÁIZ, "Significado de la Región Natural en la actualidad", en *La Región y la Geografía Española* (Valladolid, AGE, 1980), p. 48.

12 J. GONZÁLEZ VECÍN, *Geografía Social y Económica del Bierzo* (UCM,Tesis 162/84, 1984), p. 5.

"regiones y comarcas son divisiones del espacio territorial entre las que existe básicamente una diferencia de escala", como también puntualiza Puyol Antolín, "no obstante, la palabra comarca en nuestro idioma ha sido utilizada para designar la unidad espacial inmediatamente inferior a la región"[13]. De este modo la región es la división del espacio tradicionalmente utilizada en la Geografía a la que se asimila la comarca aplicándole la debida reducción de escala, y convirtiéndola de hecho, en una *microrregión;* "una unidad territorial intermedia entre las unidades locales y las regionales", idea que, como podemos apreciar, resulta coincidente con las citadas de Caro Baroja y Sanz Herráiz. Contrastando una región concreta como en el caso de Galicia, matiza Precedo Ledo, "podrían diferenciarse otras escalas espaciales como subsistemas locales la parroquia y el municipio y como división intermedia la comarca; compatibles con los subsistemas superiores de las demarcaciones y las regiones que conjuntamente estructuran la totalidad del territorio galaico; a cada uno de estos niveles espaciales correspondería una clasificación jerarquizada de centros y de este modo la comarca encuentra su adecuada ubicación en la estructura organizativa territorial"[14].

Frente a la serie de unidades administrativas (pedanía, aldea, parroquia, municipio, partido judicial), la comarca se inscribe en otra categoría de referencias que se inicia con el lugar, el pago y la región. Todos ellos se identifican por un factor o carácter que les da nombre. En el caso de los lugares puede ser un elemento: bien sea una fuente, una casa, un paso en un alto o sobre un curso de agua; en el caso de los pagos suele ser un rasgo físico, los Cascajos, los Berrocales; una propiedad o condición histórica, el Quintanar, las Capellanías; un acontecimiento las Contiendas, las Rozas, o las Cabañeras, por el tipo de cultivo (de tierras, cultivadas todos los años). Igualmente las comarcas se identifican por procedimientos parecidos aunque referidos a una dimensión mayor. Los pagos llevan siempre el artículo delante

13 R. PUYOL ANTOLÍN, "Región y Comarca", en la *Región y la Geografía Española* (Valladolid, AEG, 1980), p. 79.

14 A. PRECEDO LEDO, o. cit., p. 272.

del rasgo con el que se los identifica así mientras el artículo hace referencia al área, el nombre se refiere al elemento o rasgo al que se hace referencia.

Precedo Ledo añade que, "para la delimitación de la cuestión conceptual básica es preciso partir del supuesto de que en la realidad existen áreas a las que se les aplica el término comarca de modo tradicional y que esta calificación corresponde a un consenso popular y posee una aceptación generalizada debido a una larga tradición histórica o cultural. Todo ello nos lleva a introducir al hombre-habitante como elemento fundamental de referencia, confiriendo a la comarca un contenido psicosocial más profundo"[15]. La definición del término y el mismo concepto se convierte en un contexto evolutivo histórico y cultural, y a lo largo de esta exposición veremos cómo el mismo concepto de comarca adquiere una concepción cambiante cuya naturaleza se pone de manifiesto en el constante discurrir del tiempo y la no menos importante interferencia de las distintas connotaciones para la ciencia geográfica, económica, política y social. Y puede resultar modificado el concepto según hablemos de las clasificaciones de las propias comarcas: comarcas naturales, comarcas geográficas, comarcas económicas, comarcas estructurales, comarcas funcionales o comarcas administrativas que constituyen otras tantas manifestaciones cuya interferencia resulta evidente.

Para Puyol Antolín, "un primer problema a plantear es el de si las regiones y por extensión las comarcas, tienen una realidad objetiva, si existen por sí mismas y la tarea del geógrafo, o del economista es descubrirlas; o si por el contrario resultan divisiones operativas del espacio e incluso si son construcciones mentales para fnes muy concretos o meros artificios pedagógicos, que geógrafos y economistas se dedican a inventarlas"[16]. Así, mientras la inmensa mayoría de los estudiosos de las ciencias no geográficas que se ocupan del tema regional aceptan la postura clásica de reconocimiento de la comarca como una estructura con unidad espacial, existe un segundo

15 *Ibidem*, p. 273.

16 R. PUYOL ANTOLÍN, o. cit., p. 80.

grupo integrado principalmente por geógrafos y economistas de la orientación doctrinal anglosajona y su área de influencia cuyo "punto de partida, en opinión de Torres Bernier, es negar la existencia de ese concepto de región o comarca o bien afirmar la falta de univocidad del mismo o en muchos casos ambas cosas a la vez ya que no son incompatibles"[17]. Digamos que, cuando menos la introducción del concepto de "comarca natural" supuso un avance en el campo de la geografía.

Hay una 1ª etapa de predominio de la región o comarca natural como fruto del determinismo geográfico y en la que cada una de las unidades territoriales resulta especificada por el relieve y el clima en los que se prescinde del factor humano y que se intenta definir como *comarca fisiocrática* a la que se pretende estructurar como un concepto independiente. Pero la consideración de que existen otros factores históricos, económicos y culturales que influyen también en la configuración de un tipo distinto de región o comarca caracterizado por la aparición más tardía de la Geografía humana; por consiguiente la comarca se humanizó en el sentido de que no se la consideró ya como una simple superficie sino como un territorio concreto, resultado de la interacción sutil del hombre y el medio a través de los tiempos; y en este sentido, como destaca M. Terán, "la región geográfica es un área de vida en común y exige, como señala Cholley, un principio de organización social. P. George y Makencie apuntan también la necesidad de un centro que coordine las actividades del grupo humano y de las relaciones existentes entre los habitantes de una misma región"[18].

Aunque bajo la perspectiva del Derecho administrativo resulta una cuestión irrelevante, es la legislación la que nos proporciona una definición del concepto de comarca administrativa que la propia realidad de la comarca no considera imprescindible así, como hace ver Boix Reig, "es un conjunto de

17 E. TORRES BERNIER, "La región como base del desarrollo regional", en *Revista de Estudios Regionales*, nº. 1, p. 978.

18 M. de TERÁN, SABARÍS y OTROS, Geografía Regional de España (Barcelona, Ariel, 1987), p. 19.

Municipios con una cierta homogeneidad geográfica, cultural y económica, se centralizan ciertas corrientes de intereses sociales"[19]. Para nosotros resulta incuestionable la existencia de la comarca pero también resulta de gran importancia e interés la interrelación de los conceptos colaterales que conlleva. Digamos que, mientras los más entusiastas llegaron a negar la existencia de la comarca natural o de la región natural y consideraron que el espacio sólo puede ser dotado de organización por el hombre, manteniendo que la región resulta fundamentalmente económica y postulando que en todo caso, el elemento organizador por excelencia es la ciudad, en cambio en un concepto doctrinal posterior del que nos habla Sanz Herráiz, "para los geógrafos, los antecedentes del concepto actual de región o comarca natural se encuentran en la Geografía del Paisaje que considera el espacio geográfico como un todo organizado y busca la forma de estudiarlo en su totalidad, en sus unidades integradas sin detenerse en el artificio del análisis sectorial"[20].

No se nos puede ocultar la dificultad que entraña el intento de concretar el concepto de comarca a un nivel general. Este término ha trascendido los ámbitos científicos más diversos y su uso se ha vulgarizado a nivel popular y de algún modo estamos ante un concepto cultural. Pero precisamente su expansión en el ámbito interdisciplinar de la temática del espacio regional hace necesario la búsqueda de un concepto único que defina el campo de actuación y de estudio común a todos aplicable.

Recordando la cita de Aristóteles e intentando poner de manifiesto muchas de las dificultades que se interponen en este camino, Caro Baroja ya se lamentaba de la precaria definición aportada por la Real Academia Española de la Lengua para precisar la voz "comarca". La etimología nos acerca a una palabra bastante usada en diversas zonas de la Europa medieval para designar circunscripciones rurales más o menos amplias pero definidas tanto o más desde un punto de vista físico y desde otros aspectos sociológicos. La comarca

19 V. BOIX REIG, "Los espacios de la comarca", en *REVEA*, nº. 20 (1997), p. 145.

20 C. SANZ HERRÁIZ, o. cit., p. 38.

más que la *marca* italiana, la *marche* francesa y la *mark* germánica, podría definirse a la luz de estos criterios"[21].

Parece oportuno recordar la definición que incorpora Soler i Ribé en la Gran Enciclopedia Catalana: "extensió de territori més reduïda que una regió a la qual donen una certa unitat, entre altres factors, les relacions de veïnatge entre els llocs que la formen, unes certes condicions naturals i la persistència de demarcacions històriques. És una unitat de vida collectiva que forma part d'una unitat superior (el país, la nació, l'estat) indispensable com a entitat intermediària en l'ordenament del règimim local"[22]. Y efectivamente hemos de añadir que además de los elementos físicos, la conciencia popular constituye un elemento fundamental en la existencia de esa unidad; con lo cual estamos hablando de un concepto que integra un alto contenido cultural.

Administrativamente la comarca puede resultar también un espacio útil para la desconcentración de determinados servicios regionales y por ello tampoco resulta desdeñable la definición perfilada por Barrio Álvarez, con el matiz de una definición de extensa enumeración de contenidos y neta inspiración administrativista: "agrupación de municipios que abarcando un espacio homogéneo, conformada por lazos y criterios geográficos, históricos, poblacionales, culturales, socio-económicos, etc., superadora de la delimitación física e insuficiencia de los municipios para afrontar ciertos problemas actuales a la vez que aglutina las funciones, que desempeñadas por órganos territoriales superiores, demandan una descentralización"[23].

Igualmente creo que resulta ilustrativo recordar también los criterios definitorios del concepto tradicional de la comarca que en su día resaltó Caro Baroja y que a pesar de los años transcurridos desde su formulación, no deja de constituir una permanente actualidad por la unidad de criterio:

---

21 J. CARO BAROJA, o. cit., p. 7.

22 J. SOLER i RIBÉ, "Comarca", en *La Gran Enciclopedia Catalana, vol* V. (Barcelona, Enciclopedia Catalana, 1973), p. 373.

23 M. BARRIO ÁLVAREZ, "La Comarca", en *Organización Territorial del Estado,* vol. 1 (Madrid. IEF, 1985), p. 579.

I) "La comarca se halla con otras más o menos semejantes dentro de una región más amplia, a su vez definida por un sistema orográfico e hidrográfico.

II) La comarca se halla limitada por algunos accidentes de terreno, alturas, redes fluviales, etc., que para las masas rurales de vida sedentaria y para los agricultores en general constituyen el marco familiar en el que se desenvuelve la mayor parte de su vida.

III) La comarca posee un núcleo industrial más o menos vigoroso y en otra época, tenía un sistema defensivo de castillos y fortalezas (en relación con los accidentes orográficos e hidrográficos) que hoy ha perdido su sentido.

IV) La comarca posee ciertas particularidades lingüísticas y ergológicas; en otra época también se distinguía a sus habitantes por la indumentaria aunque hay que advertir que en este orden, como en otros, cada poblado y cada aldea, tenía particularidades propias.

V) La comarca cuenta con un centro religioso (santuario, ermita, iglesia) con fama en toda ella"[24].

El mismo Caro Baroja precisa, "no hay que dar a estos rasgos más que un valor relativo; porque nuevos intereses producidos por la ciencia y por la técnica hacen que pierdan importancia las divisiones con determinada antigüedad en detrimento de otras nuevas que únicamente ponen de manifiesto lo ambiguo del vocablo *natural* y el necesario relativismo que es preciso incorporar al estudio cambiante del concepto de la comarca, porque el progreso, cabe añadir, "también influye para delimitar las comarcas"[25].

---

24 J. CARO BAROJA, o. cit., p. 7.

25 *Ibidem*, p. 7.

2.- La comarca como realidad natural. Sus elementos

Para Boix Reig, "fue a finales del siglo XVIII, en Francia, cuando el desarrollo positivista de las ciencias de la naturaleza promovió los primeros intentos de comarcalización (considerando siempre la comarca o la región en función de la escala) para adecuar los cuadros territoriales a las necesidades de los hombres y de los gobiernos"[26]. Así surgió la denominación de "*comarca natural*". Pero la Geografía ya consideraba, que estas denominadas divisiones naturales no satisfacían plenamente las necesidades científicas. Por ello en la segunda mitad del siglo XIX la palabra comarca aparece utilizada por los geógrafos en otros sentidos aunque manteniendo el arraigo de la originaria denominación de *natural* para designar con ella la división de un territorio caracterizado por cierta uniformidad en sus rasgos físicos o biogeográficos (caracteres geológicos, climáticos) que se tradujo en un concepto cultural que predomina sobre los otros posibles significados.

Por otra parte, algunos geógrafos insisten en que la personalidad de la comarca arranca fundamentalmente de los rasgos humanos (población y actividades económicas). Con frecuencia durante el transcurso de los primeros estudios comarcales estas características humanas quedaban rígidamente encuadradas dentro del marco físico, e incluso en buena parte se derivaban de ese entorno real. Al mismo tiempo se presentó la comarca con una acentuada personalidad histórica y humana; encontramos, de este modo que estas ideas enlazan con la valoración de lo popular y lo folclórico, que el romanticismo trató de enaltecer como símbolo de todo lo genuino. Y esta concepción tuvo incluso su vertiente política o por lo menos administrativa. "El comarcalismo en efecto, insistía en la autenticidad de la comarca que constituía un hecho real, frente a la artificiosidad de otras divisiones territoriales"[27].

---

26 V. BOIX REIG, "Los espacios de la Comarca", cit., p. 145.

27 *Comarcalismo,* en la Gran E. LAROUSSE, t. V, 3ª ed. (Barcelona, Planeta, 1991), p. 2403.

En este mismo sentido, Dantín Cereceda, en las *Regiones Naturales de España*, ya aludía a "dos categorías diferentes de regiones naturales acomodándose principalmente, a un criterio de extensión. En la primera jerarquía se incluyen aquellas mismas extensas regiones naturales en las que desde 1917, el autor, inspirándose en motivos suscitados por las vivas realidades había dividido el complejo macizo peninsular. La segunda categoría resultaba constituida por regiones más pequeñas y por ende más definidas y concretas, contenidas en cada una de las diecisiete más extensas, anteriormente mencionadas"; y añade, "son las comarcas naturales designadas por el pueblo que las habita y de siglos las vive, las conoce y las tiene a su espíritu incorporadas con algún nombre, claramente significativo"[28]. Fue en la Baja Edad Media cuando se empezó a utilizar la palabra *comarca* en el sentido de un territorio concreto que presenta una evidente unidad geográfica. La utilización de esta palabra resultó muy frecuente en ciertas áreas, como ocurre en el ángulo nor-occidental de la península Ibérica, aunque su uso llegó a ser general en todo el ámbito peninsular por tratarse de una realidad perfectamente encuadrada en la geografía y como tal presupone un concepto cultural inequívocamente sentido como natural.

También Dantín Cereceda, llega a la conclusión de que "el pueblo aprehendió fácilmente la personalidad de las distintas comarcas y creó una rica nomenclatura comarcal que aparece ya formada en los siglos XIV y XV. Estas denominaciones suelen incorporar algunos rasgos destacados, de carácter físico o humano, tales como la situación: La Ribera, El Maresme, etc.; el relieve: Conca de Barberá, Valle del Roncal, Concha de Álava; los materiales líticos: Tierra de Barros; la vegetación: La Jara; la producción agrícola: Tierra del Pan, Tierra del Vino; una antigua demarcación señorial: El Infantado, El Priorato, El Maestrazgo; o aluden a los mismos municipios agrupados: Las Cinco Villas[29]".

Con esta nomenclatura comarcal fguran nombres de difícil

28 J. DANTÍN CERECEDA, *Regiones Naturales de España* (Madrid, CSIC,1917), p. 6.

29 *Ibidem*, p. 6.

explicación, muchas veces con raíces prerromanas. En Cataluña, donde dicha toponimia es muy rica encontramos numerosos casos: el Urgel, el Pallars, el Valle de Arán, el Bagès, etc. Debe de tenerse en cuenta por otra parte, que algunos nombres comarcales no son propiamente populares, sino que han resultado creados artificialmente en el transcurso de los últimos siglos. Tampoco puede sorprender que en numerosos topónimos comarcales se aluda a la población que constituye el núcleo fundamental del territorio. En efecto, se ha de concebir la comarca en general, como creación de unas colectividades agrícolas, profundamente enraizadas en sus propios terrazgos y que reciben escasas influencias del exterior; pero, en cambio dependen de un núcleo de población interior que constituye su punto de irradiación de actividad.

Con frecuencia es el nombre de esta villa o ciudad proyectada la que aparece ligada a la denominación comarcal: Hoya de Baza, Tierra de Arévalo; o bien, se produce una interrelación: El Gironés, El Tarragonés etc. También expresa en otros casos, dependencia, cuando se quiere indicar que el territorio considerado constituye un área rural íntimamente vinculada en su colonización a un determinado núcleo: configura entonces lo que se llama el *agro* en tierras italianas, o el "*campo*" en la península Ibérica: Campo de Cartagena, Campo de Montiel, Campo de Tarragona"[30]. Peculiaridades como la que nos descubre la monografía de R. Montes, *De cómo la miel dio nombre a un río y a una comarca.* El río Mula, ligado a las poblaciones de Bullas, Pliego, Mula, Alburéate, Campos del Río y Las Torres de Cotillas en la provincia de Murcia, ya recibía en el año 713, en plena dominación musulmana, el sonoro y dulce nombre de "*Guatazales*", voz árabe que significa "el río de la miel"[31].

Resulta incuestionable el enraízamiento permanente del concepto de entidad natural de la comarca, presente siempre en nuestra cultura a través de la Historia y todo ello muy a pesar de que en las instituciones del Nuevo Régimen resulta reiteradamente ignorada o en irrelevantes tomas de

30 GRAN E. LAROUSSE, t. V, 3ª ed. (Barcelona, Planeta, 1991), p. 2403.

31 R. MONTES BERNÁRDEZ, *Guatazales* (Murcia Caja Murcia, 2001), p. 15.

consideración, como es el caso de su utilización como base de la implantación del sistema judicial.

Sanz Herráiz nos recuerda que "el término comarca natural ha sido muy utilizado en Geografía y en general en todas las ciencias naturales que estudian fenómenos con una proyección espacial, como la Geología, la Ecología, la Fitosociología, etc.. Su amplio uso ha hecho que se impregne de un contenido confuso y considerada siempre como una unidad espacial ligada por tanto a una extensión territorial"[32]; sin embargo el valor de su extensión así como los componentes de la Naturaleza, creadores de discontinuidades, han sido diversamente entendidos y ello implica el planteamiento de un nuevo significado de la comarca o región natural. E igualmente añade: "en el campo de la Geografía del Paisaje, se entiende hoy la región o comarca natural como una unidad compleja, distinta de las regiones físicas y biogeográficas, con una extensión determinada entre unos límites que constituyen los umbrales de manifestación de niveles de organización que convencionalmente son considerados de escala regional"[33].

El tema del concepto de la comarca ha sido tratado polémicamente a veces en el ámbito de la Geografía, "para unos la comarca es una parcela del espacio cuya delimitación, en función de su fisonomía, no ofrece muchos problemas, y cuyo contenido es todo lo que aparece dentro de sus límites: clima, relieve, ciudades, etc. Para otros la comarca se individualiza en función de un factor que se presenta como capacitado para dirigir la organización espacial; la comarca en este caso, es geomorfológica, turística, ganadera, etc. Se piensa también que la comarca es una estructura organizada por un sistema y que en cada caso el estudioso selecciona la información esencial, es decir, aquella que tiene un valor significativo para estudiar cómo se relacionan entre sí los factores del sistema. Según este planteamiento las comarcas se diferencian en función de su estructura y de su dinámica interna"[34].

32 C. SANZ HERRÁIZ, o. cit., p. 35.

33 *Ibidem,* p. 35.

34 *Ibidem,* p. 35.

La comarca natural resultó el primer tipo de estructura territorial estudiada por los geógrafos que evidentemente tienden a constituirse sobre la base del estudio de los caracteres naturales que presenta la superficie asequible del planeta. La tradición determinista se deja sentir, también, en la Geografía humana y a su vez la corriente posibilista no impide que la comarca natural siga siendo el marco fundamental de los hechos geográficos. A este respecto dice igualmente Sanz Herráiz, "los geógrafos, a través de trabajos concretos van perfilando un cambio en el concepto de la comarca.

Desde un principio la región natural se convierte en región geográfica sin cambiar su contenido ya que la introducción del hombre se realizó tan lentamente que su capacidad organizadora del medio quedaba enmascarada por la fuerza que por tradición tenían los aspectos naturales del mismo"..., y añade, "en el proceso de globalidad, se fue produciendo una separación paulatina en los estudios regionales entre los aspectos físicos y los humanos, para culminar en una división del territorio en unidades"[35]. Y poco después precisa, "el desarrollo de la Geografía y de la Economía regional permitirá a los geógrafos el descubrimiento de organizaciones del espacio que poco tienen que ver con las regiones naturales". Y la misma Sanz Herráiz matiza: "los más entusiastas llegarán a negar la existencia de la comarca natural y considerarán que el espacio sólo puede ser dotado de organización por el hombre, que el espacio comarcal es básicamente económico y que el elemento organizador por excelencia es la ciudad"[36].

Los sistemas de organización de las regiones naturales y humanas no coinciden, son de otra naturaleza y frecuentemente las decisiones humanas de ocupación y explotación del espacio natural lejos de reivindicar la homogeneidad natural, buscan abiertamente la heterogeneidad, lo cual supone

35 *Ibidem*, p. 36 y 37.

36 *Ibidem*, p. 37 y 39.

un nuevo tipo de comarca en la que aparece el hombre como factor que altera continuamente el equilibrio en la explotación y ordenación del espacio natural. Un nuevo concepto de comarca natural que de algún modo se consagra en el concepto de la comarca administrativa.

A este respecto, también Dantín Cereceda, en otro de sus ensayos, decía, "en nuestro sentir una de las legítimas finalidades de la Geografía es concretar la comarca natural, tomando como base y principio fundamental la unidad terrestre que dan a un mismo tiempo, la geología y la morfología del territorio. Para alcanzar el fin propuesto parece ser suficiente en términos generales, el acusar con rasgos enérgicos la estrecha correlación existente entre el relieve, el clima, la fauna, la vegetación y la agricultura del país, sin excluir la consideración humana en este aspecto especial de sus relaciones geográficas con el medio"[37].

Igualmente este investigador en *Regiones Naturales de España*, reafirmando su propia convicción añade, "al intentar determinar en qué venga a consistir y cuáles deban ser los elementos que esencialmente la integren, parécenos que serán ante todo: a) el relieve o plástica del territorio; b) el clima; c) la vegetación y la agricultura; d) la fauna; y e) el hombre. Este último, en el aspecto de sus puras relaciones geográficas"[38]. Y matizando este concepto en otro de sus escritos, *Concepto de región natural,* añade, "de éstos elementos los más fundamentales, de los que los restantes se hallan en relación de dependencia resultan, sin duda, el clima y el relieve, en su doble aspecto geológico y geográfico (no podría tampoco concebirse el uno sin el otro) ya que de la disposición estratigráfica, constitución litológica y peculiar tectónica de un territorio deriva como resultante, la orografía del mismo"[39].

Es preciso tener en cuenta que los elementos físicos constitutivos de

37 J. DANTÍN CERECEDA, "Concepto de región natural en Geografía", en *Boletín de la Real Sociedad Española de Historia Natural,* nº. 10 (Madrid, Museo Nacional de Ciencias Naturales, 1913), p. 507.

38 J. DANTÍN CERECEDA, *Regiones naturales de España,* cit., p. 12.y 13.

39 J. DANTÍN CERECEDA, "Concepto de Región Natural", cit., p. 507.

la región natural (relieve, flora y fauna), aún dentro de su subordinación jerárquica, no intervienen aisladamente; "los fenómenos naturales son complejos por lo que se influencian recíprocamente de forma tal que bien puede afirmarse que si el clima es creado por el relieve, éste a su vez también condiciona al primero". "La región natural está regida por dos grandes principios de superior categoría, que parecen ser los rectores de la comarca natural, la correspondencia mutua entre los elementos que entran en su composición y la coordinación entre las variantes de un elemento. La comarca natural es el producto de una interrelación de elementos que reaccionan entre sí, conforman resultados diferentes"[40].

El pueblo sencillo no es ajeno a estas interrelaciones de los elementos. Y el mismo Dantín Cereceda, reiteradamente recuerda que, "el vulgo, en contacto con estas realidades naturales, da a esta peculiar asociación de elementos un término colectivo y cuando dice *La Mancha, La Alcarria, Los Monegros, Los Llanos de Urgel, La Tierra de Campos, El Páramo, La Ribera, El Bierzo,* etc., señala una evidente unidad concreta, entre cuyos elementos constitutivos hay una íntima trabazón y correspondencia. Comarcas hay en España en las que sus habitantes, conocedores de que la efectividad de la región es fundamental, las designan con el nombre de sus *productos.* Así existe en la submeseta septentrional en Zamora: la *Tierra del Pan* (constituida de un suelo de arcillas, calizas margosas y conglomerados terciarios), la *Tierra del Vino y la Terruca* cuyos granitos, pizarras estrato-cristalinas y silúricas originan la pobreza del suelo al que debe su nombre"[41]. Y ya premonitoriamente anticipándose al tiempo, matiza con esta puntualización, "se deberán recoger cuidadosamente estos nombres y preferirlos a los administrativos en cuanto aquéllos son expresivos y tienen sus raíces en la realidad, en tanto que estos últimos, las más de las veces, carecen de sentido y han sido adoptados arbitrariamente"[42].

40 *Ibidem,* p. 509 y 511.

41 *Ibidem,* p. 514.

42 *Ibidem,* p. 514.

Dantín Cereceda, en otra de sus investigaciones, *Resumen Fisiográfico de la Península Ibérica*, bajo el sugestivo título *Etnología,* evidenciará certeramente otro de los elementos fundamentales que intervienen en la comarca natural, el hombre; "acaba de verse, cómo en general, coinciden los tipos étnicos con los elementos geográficos esenciales en la Península. El factor histórico ha dislocado esta correspondencia entre el territorio y el hombre pero no hay que olvidar que la evolución histórica ha obedecido a la disposición del relieve y también la altura ha condicionado la distribución de los primeros pobladores y posteriores ocupantes que una vez establecidos en el territorio, no han permanecido extraños a las influencias del medio. El género de vida y las costumbres de los pueblos primitivos han decidido las primeras particiones del suelo: los guerreros han preferido las altas cumbres donde los riscos les ofrecen excelentes puntos de defensa (los romanos no pudieron dominar en mucho tiempo a los cántabros y astures establecidos en las montañas); y entretanto los pastores han elegido los valles altos por los pastos que ofrecen esas tierras; los agricultores, a su vez, se han apoderado de los valles y de las llanuras, especialmente los próximos a los grandes ríos que han sido muchas veces fronteras de pueblos"[43].

No he podido sustraerme a reproducir una cita puntual por su innegable plasticidad, y el poder de convicción que en ella se transmite e incluso ampliada con una aguda observación, aunque hoy día ya carente de virtualidad pero que hasta hace muy poco aún mantenía relativa vigencia; se trata de una evocación referida a los "vaqueiros de alzada de Asturias, que siguen refugiados en las altas cumbres, sin comunicación con nadie, incluso las gentes de los altos valles de Asturias y León los consideraban elementos extraños y por ello, rechazaban toda clase de alianzas, especialmente las matrimoniales, recuerdo tradicional de una remota diferenciación étnica". La interferencia del elemento, hombre, podríamos asegurar que representa una injerencia incluso superior a la patentizada por el resto de elementos físicos.

43 J. DANTÍN CERECEDA, "Resumen Fisiocrático de la Península Ibérica", en *Trabajos del Museo de Ciencias Naturales*, nº. 9 (Madrid, INCF, 1912), p. 269.

En el campo científico parece convincente admitir la tendencia a considerar la comarca natural equiparada totalmente a la región, salvando la reiterada gradación de escala; pero no por ello podemos dejar de considerar que la expresión de lo que se ha llamado región geográfica o simplemente comarca, en el sentido más estricto, hace referencia a un contenido físico delimitado por unos límites perfectamente definidos.

Entre los componentes de la comarca, se hacía referencia a elementos que resultan estrictamente físicos: el relieve y el clima, a los que calificaba precisamente de fundamentales frente a los restantes elementos que aún sin menoscabo de su propia personalidad quedan con ellos en estricta relación de dependencia. Reiterando una vez más la acrisolada opinión de Dantín Cereceda que insiste en esta matización y considera el *relieve* como el "primero y fundamental de todos los elementos constituyentes"[44] de tal manera que sin él no pueden concebirse los demás; de la disposición estratigráfica y de la constitución litológica de un territorio se deriva como consiguiente resultante la orografía del mismo.

Y prosigue, "en lógica consecuencia si de lo geológico depende en relación tan directa el accidente geográfico, el régimen orográfico y con él su complemento necesario el hidrográfico, serán guía segura en gran número de casos, para interpretar la razón de ser y el especial carácter de cada comarca natural"[45]. E igualmente insiste en su razonamiento, matizando, "el clima, la flora, la agricultura y el hombre mismo se distribuyen en la Península conforme a los elementos constitutivos geográficos de su relieve. Poner de manifiesto esta correspondencia, acusar enérgicamente sus rasgos, concretar, en suma, la región natural, tomando como base la unidad terrestre que dan a un tiempo la geología y la morfología de un territorio es la finalidad de la verdadera Geografía"[46]. La configuración de nuestro concepto de comarca

44 J. DANTÍN CERECEDA, "Concepto de Región Natural en Geografía", cit., p. 14.

45 J. DANTÍN CERECEDA, *Regiones naturales de España*, cit., p. 508.

46 J. DANTÍN CERECEDA, *"Resumen fisiocrático de la Península Ibérica"*, cit., p. 272.

radica fundamentalmente en la base física geográfica que se instituye determinante inmediato de ese concepto.

En la provincia leonesa encontramos aún vivas las comarcas de la Vega y el Páramo, a las que podría adivinarse cuando menos un pasado romano, sin embargo estas voces aún vivas y utilizadas en todas las lenguas romances peninsulares tienen una antigüedad mucho mayor. J. P. Aparicio nos aclara al respecto: "¡qué pocos saben por ejemplo, que *"páramo"*, la palabra autóctona más antigua de la Península atestiguada en documento, carece de explicación etimológica en latín y en otras lenguas conocidas, es una palabra astur, que pasa al leonés y de este al español![47]". Nombre que aparece ya mencionado en una lápida romana dedicada a Diana, la deidad de la caza por el legado de la Legio VII Q. Tulius Máximus[48]. Como sugiere Dantín Cereceda, "en cada uno de los elementos constitutivos de la Península los datos etnológicos concretan este carácter, observándose que los habitantes que poseen rasgos comunes en sus costumbres y sociología, hacen de cada región una legítima unidad natural"[49]. Y refiriéndose a la idiosincrasia que confiere el páramo leonés y concordando con el concepto añade, "el propio páramo, con su rudeza de clima, su falta de vegetación y la laboriosa obtención de los productos del campo ha impreso al castellano su sobriedad y quizá no es su rigidez moral más que un efecto del clima y de la lucha constante con el medio en que desarrolla su vida"[50].

Resulta evidente, como puntualiza Domínguez Berrueta, "los libros de Geografía atienden a una vaga clasificación de las regiones naturales por las características generales de Geología y Geografía física, o a lo más, algo de Geografía humana y de utilización de productos naturales; es notorio que todo eso por su misma generalidad no profundiza ni abarca las diferencias más

47 J. PEDRO APARICIO, *Ensayo sobre las pugnas, heridas, capturas, expolios y desolaciones del Viejo Reino en el que se apunta a la Reivindicación leonesa de León* (León, Celarayn, 1981), p. 35.

48 CIL, (*Corpus Inscr. Latinarum*), II 2660.

49 J. DANTÍN CERECEDA, "Resumen Fisiográfico de la Península Ibérica", cit., p. 269.

50 *Ibidem*, p. 269.

importantes de la región. Esos conceptos difusos no sirven más que para fijar el inicio de un primer encuadramiento que hay que integrar con otros factores que son precisamente los que mantienen vigentes en las provincias españolas, los nombres imborrables de las regiones naturales"[51]. Sin embargo como el mismo Domínguez Berrueta atestigua, "las comarcas naturales se forman en primer lugar, por la unidad geográfica, por lo complejo del paisaje, por la producción natural, por el clima, a más de elementos humanos"[52]. En las comarcas naturales que podemos enumerar, siempre está presente un río como nexo de convivencia; alrededor de él se desarrollaba el comercio y la vida comarcal.

Tuvimos ocasión de comprobar cómo, Dantín Cereceda, fijaba la plástica o relieve del territorio (en cuanto forma y en cuanto sustancia) como elemento esencial de la comarca natural. Establecía también, como elementos fundamentales de la configuración física, el clima, la vegetación y la agricultura que sin menoscabo de su personalidad quedaban situados en una relación de dependencia. El clima y el relieve resultan los elementos primordiales que entran siempre en la consideración de la comarca natural independientemente de que la relación entre ellos resulte distinta. Básicamente el relieve se patentizará en su doble valoración geográfica y geológica no siendo posible su diferenciación; la comarca natural la encontraremos siempre con la definida plástica topográfica del momento en el que la observamos y convertimos en objeto de nuestro estudio. Un levantamiento o un hundimiento tectónico de algunos cientos de metros, en una comarca que hipotéticamente se pudiera originar en un espacio territorial llano como la Meseta Ibérica, traería consigo un importante cambio en la flora y en la fauna originaria de una comarca netamente distinta.

La unidad física constituye por consiguiente, el primer elemento básico configurador de la comarca natural. Y como insiste el mismo Dantín

---

51 M. DOMÍNGUEZ BERRUETA, "Regiones naturales y comarcas de la provincia de León", en *Revista de Estudios de la Vida Local*, nº. 60 (1951), p. 843.

52 *Ibidem*, p. 844.

Cereceda, "grande es el influjo que la estratigrafía y la tectónica ejercen en la plástica territorial pero no lo es menos el de los agentes erosivos que la tajan, la disecan, la moldean, la pulen y afiligranan"[53]. Y añade, "los rasgos topográficos del relieve aparecen como resultado final de la labor de erosión, con distintos efectos sobre unos y otros elementos en constante dinamismo configurador lento en el tiempo pero constante. Pensemos si no en Los Monegros, que de una intensa masa "negra" de encinas evoluciona erosivamente a un prototípico desierto"[54].

Indudablemente el clima constituye otro de los elementos característicos de la configuración física de las comarcas naturales. Sin embargo, los fenómenos físicos que intervienen en la composición del clima no son simples sino que por el contrario resultan bastante complejos. En la opinión igualmente cualificada del mismo autor, "la expresión más fiel y mancomunada del clima y del relieve es siempre la vegetación. Basta a un geógrafo el examen de una comarca para deducir su clima y en ocasiones la composición mineralógica del suelo"[55]. Es pues la vegetación y por extensión la agricultura, uno de los elementos configuradores de las comarcas naturales. La asociación del bosque, del matorral y de la estepa, definen perfectamente el ámbito físico. Hayedos, carbayedos, pinares, choperas y la fraga, resultan una manifestación vinculada a la pluviosidad que soporta el territorio. Si a ello añadimos los diversos tipos de matorral podemos obtener una caracterización previa a la configuración física. Como ya anticipamos, a todos los efectos, la región natural o la comarca natural resulta determinada por estos elementos físicos constitutivos: relieve, clima, vegetación, fauna y en otro nivel el factor humano; por ello la comarca natural se configura como el resultado final de la mutua correlación de todos los principios físicos y biológicos.

Sorprendentemente un grupo significado de expertos, en este caso

53 J. DANTÍN CERECEDA, *Regiones Naturales*, cit., p. 14.

54 *Ibidem*, p. 14.

55 *Ibidem*, p. 32.

desde la Filosofía, nos hablan de otro elemento extraordinariamente singular de la comarca, así, E. Cassirer en *La Filosofía de la Ilustración,* hace referencia a un "*estado general*": "no es el acaso quien rige el mundo, existen leyes generales, espirituales y físicas que actúan en cada Estado, en cada comarca, que se resume en el concepto, "*estado general*" que es el que atrae a sí todos los sucesos particulares de la comarca. También las circunstancias físicas actúan sobre este modo general y CH. Montesquieu ha sido uno de los primeros que ha llamado la atención sobre su importancia y de los primeros en señalar la relación existente entre la forma de Estado y las leyes de un país con el clima y con la naturaleza del suelo. Pero igualmente en este caso rechaza la simple derivación de factores puramente físicos y subordina las causas materiales a las espirituales. No todo suelo ni todo clima es capaz de soportar una determinada forma de Estado"[56], más directamente hablaríamos del espíritu que flota en la comarca y que impregna sutilmente el ambiente.

3.- Configuración gradual: Comarca, provincia, región y nación

Con bellas imágenes, hace ya algún tiempo, Domínguez Berrueta amante por igual de la Geografía y de la Historia anticipaba la configuración gradual, "con pergaminos y papeles viejos que va destruyendo un insignificante insecto, se forma el manto regio de una comarca, de una región y de una patria"[57]. Una secuencia totalmente adecuada en el orden histórico y no la artificial y no siempre acertada vía administrativa, es la que viene a redefinir con la aportación del municipio y la provincia. "Sin historia no hay comarca"[58] e incluso precisa, "pueblos sin documentación de la Edad Media,

56 E. CASSIRER, *La Filosofía de la Ilustración* (México, Fondo de Cultura, 1984), p. 239.

57 M. DOMÍNGUEZ BERRUETA, o. cit., p. 870 y 871.

58 *Ibidem*, p. 872.

Alta y Baja, podrán agruparse en unidades administrativas y judiciales, a capricho de legisladores y gobernantes pero la comarca se alzará siempre sobre esas clasificaciones buscando la raíz del abolengo que da conexión a las agrupaciones humanas"[59].

Resulta significativo y por ello nada desdeñable, para esta investigación, la aportación de Domínguez Berrueta, que si bien lo hace a título ilustrativo, no por ello deja de reivindicar la profunda significación cultural que encierra su aseveración. Entre los escritos que trae a colación el escritor salmantino, como documentos particulares antiguos cita uno muy significativo del año 1197. En él se hace referencia al "alfoz" de los Arguellos, jurisdicción especial que en los siglos XI y XII regía en las riberas de la montaña leonesa. Se trata de un documento conservado en el Archivo de San Isidoro de León relativo a un pleito promovido por Rodrigo Ordóñez, que pretendía el Señorío de la Villa de la Vid, en la convicción de que esta villa pertenecía al Alfoz de Gordón. El pleito en vía jurisdiccional, llega a León para ser juzgado en la Corte Abacial de San Isidoro, con asistencia de los vicarios de Gordón, de Vegacervera y de La Vid como testigos. Del pleito resulta que La Vid no perteneció nunca al Alfoz de Gordón ni a Los Argüellos, sino que tenía leyes propias para solucionar los litigios. Está claro que la realidad jurídica era muy otra. Este documento es sin duda de extraordinario interés por aparecer en él y en tan remota fecha, la existencia del Alfoz de Los Argüellos como jurisdicción comarcal.

Asímismo, resulta evidente que la presencia de la comarca como institución en vigor en época tan temprana, nos aporta un dato de indudable relevancia. El municipio regulado por Roma apenas tenía vigencia en la España de los últimos siglos del Imperio. La invasión y dominación posterior de los pueblos germánicos introdujeron en la Península otros usos, otro tipo de propiedad de la tierra y como inexorable consecuencia, otra organización político-social, otro Derecho. Pero en este punto enlaza con el criterio de

59 *Ibidem*, p. 869.

considerar la comarca como núcleo poblacional colectivamente básico, totalmente enmarcado en el ámbito territorial de la "pequeña comarca", ámbito que relaciona una serie de asentamientos, casi siempre fortificados característicos de los pueblos que precedieron a la Hispania romana.

Las concentraciones de población asimilables al municipio o a la ciudad, únicamente se producían a lo largo de la costa mediterránea, contribuyendo a una profunda diferenciación en las dos Españas que los historiadores de la época distinguen claramente, una la mediterránea o ibérica y la otra la continental o europea. La dualidad cultural se manifestó pujante en la organización social de los pueblos españoles de ambas zonas al mismo tiempo que, por la distinta sensibilidad, la consecuencia de aquella divergencia tendrá incluso una clara manifestación en el arte desarrollado en ambas zonas.

Si a modo de ejemplo, siguiendo la *Historia de España* de Menéndez Pidal, "hacemos una simple enumeración de las tribus o pueblos galaicos, que habitaban esta región nor-occidental de la península, cuyas fronteras encontramos estrechamente enmarcadas en el noroeste peninsular y perfectamente definidas, en el Este se hallan los astures y en el Sur los vaceos y lusitanos también pueblos de la familia céltica. Los escritores latinos nos aportan una larga lista poblacional: los ayobrigenses, galenos, equaesios, grovios, límicos, luancos, leunos, nemetates, turadoros, querquernos o cuadernos, narbasios, bracarenses, tamaganos, turadoros, salacios, anfiloquios, aebisocios, ártabros, albiones, nerios, presamarcios, cibarcos, bedios, coporos, lemavos, lebunos, egovarros namarinos, presamarcos, seurros, poemanos e incluso los helenos"[60]. Pueblos genéricamente calificados de "ignotos" por Estrabón; todos ellos enclavados en otras tantas diminutas comarcas, como parece especificar dicha relación.

El núcleo cultural del Noroeste constituye, asimismo, un poderoso foco de atracción de las nuevas poblaciones indoeuropeas llegadas de más allá

60 J. MALLUQUER de MOTES, "Los pueblos y las tribus celtas", en *Historia de España,* dirigida por R. Menéndez Pidal, t. I, vol. III (Madrid, Espasa Calpe, 1963), p. 16 y ss.

de los Pirineos, que gravitaban sobre la zona, contribuyendo a la celtización de este rincón peninsular. Supuso, igualmente, una concentración "muy densa" para la época en que se desarrolla; pero, si tenemos en cuenta que el total de esa población únicamente estaba compuesta por un gran número de aldeas repartidas por todas las comarcas este hecho se asemeja a la diseminada composición parroquial posterior. La base poblacional no estaba constituida por un tipo de ciudad o municipio más o menos integrado en la unidad base que, representaba la comarca considerada en su mínima expresión.

Si hacemos igualmente extensiva nuestra observación a la actual provincia de León, nos encontramos con una organización de la población muy similar; así para Díez González, "hablar de la provincia de León es hablar, en primer término y necesariamente, de sus aldeas, porque acaso como ninguna otra provincia española es la de León con sus 1.500 entidades locales menores, constituidas por tradición y por vida, también por su investidura legal en típicos entes concejiles, una provincia de aldeas... Pero si en León cada aldea sustenta un ente concejil propio, también constituye un hecho bien documentado por la tradición el que las aldeas, en grupos más o menos numerosos, se organicen en una especie de federación para formar municipios, los concejos magnos; y así, habremos de clasificar hoy al municipio leonés como un tipo de municipio compuesto, clamando muchas veces contra los insensatos "arreglos" político-administrativos del pasado siglo la idea de *Comarca municipal* hacia la que el espíritu de las gentes apuntan, como una confesión tenaz y entrañable"[61].

El retorno a las históricas comarcas leonesas lo enlaza así Díez González, "cuando el Estatuto de Calvo Sotelo introdujo en 1923 la configuración legal de "la entidad local menor" las aldeas leonesas se sintieron reconocidas y siguieron gobernándose a sí mismas, la fuerza de la tradición las superponía a toda la reglamentación municipal decimonónica. La legislación constitucional imponía el municipio pero la tradición del pueblo defendía en

61 F. A DÍEZ GONZÁLEZ, *León: aldeas y comarcas* (León, CSIC y Diputación de León, 1974), p, 6.

su convicción íntima la esencia de la Aldea-Concejo y su asociación en comarcas. Frente al tópico escolástico de "el municipio es obra de Dios" y por tal de la Naturaleza, la tradición profunda de los pueblos estimaba que la base precedente era la aldea y su asociación originaba las comarcas. Resulta significativo que prácticamente en la actualidad en la Comunidad de Castilla y León, junto a 2.248 municipios, subsisten otras 2.247 entidades infra-municipales y aunque la fragmentación no resulte precisamente, un modelo recomendable a otros efectos, de las 3.594 entidades locales menores censadas en 1993 en el territorio nacional al finalizar ese año se convirtieron en 3.713; un notable incremento que pone de manifiesto la persistencia de la tradición del modelo comarcal y por otra parte, indicios de la crisis del municipio minimalista que reclama una solución en las reformas constitucionales.

Dice igualmente Díez González, "frente a las regiones naturales malogradas como sugestivas *provincias-regiones* aparece la riquísima panorámica de las comarcas asimismo naturales"[62]. Estas comarcas no tenían una investidura administrativa, ni política, ni respondían a ningún género de divisiones territoriales organizadas pero encarnaban una comunión de caracteres geográficos y lo que es más significativo, una comunión de sentimientos, corrientes espirituales o tradiciones enraizadas en la cultura de cada pueblo grande o pequeño, pero que resulta exclusivamente propio. Algo suyo que permanece íntimamente en su conciencia.

Frente a la endémica insuficiencia de muchos de nuestros municipios incapaces de prestar los servicios públicos obligatorios y precisamente en contraposición a esa idea de insuficiencia surge la imagen atractiva de la comarca como espacio idóneo para la realización del hecho comarcal arraigado en la conciencia popular. Recordemos como antecedente político los criterios vertidos en el "*Planteamiento del Régimen Local Español*", recogidos en el BOE del Consejo del Movimiento de 28 de junio de 1968. En dicho Planteamiento

62 F. A. DÍEZ GONZÁLEZ, *Comarcas de León en la España comarcal. Contribución a la tesis del Municipio-Comarca* (León, Diputación Provincial, 1984), p. 15.

se recordaba la utilización de la institución de la "comarca" para afrontar el problema de los pequeños municipios[63]. Y a pesar del tiempo transcurrido no exactamente de su incorporación, pero al menos desde la aceptación constitucional de la de la comarca podemos asegurar que la figura idealizada supera a las realidades concretas en que se ha ido decantando.

En un corto recorrido por la Historia del constitucionalismo español podemos asegurar que no existe constancia de que con anterioridad a la Constitución de 1978 se hubiese contemplado la fórmula comarcal como división territorial con la expresión de "agrupación de municipios". Aunque tampoco se cita explícitamente en la actual Constitución. En el texto constitucional de 1931, el artículo 8º dice: "el Estado español dentro de los límites irreductibles de su territorio actual estará integrado por Municipios mancomunados en provincias y por las regiones que se constituyan en régimen de autonomía"[64]. Municipios, provincias y regiones, son pues, las divisiones territoriales que se citan hurtando cualquier tipo de reconocimiento explícito a la *comarca* en el texto constitucional. Sin embargo el reconocimiento implícito se mantuvo latente a lo largo de nuestra historia.

El ámbito internacional tampoco nos deja constancia de la misma en reseñas tan abundantes como podría suponerse en principio. La Constitución italiana divide la República en regiones, provincias y municipios sin margen para otras divisiones. La Constitución francesa en su Título XII, art. 72, habla de las colectividades territoriales posibles, "las entidades territoriales de la República son los municipios, los departamentos, las regiones las entidades de Ultramar regidas por el artículo 74. Cualquier otra entidad territorial se crea por ley". Y en Alemania la Ley Fundamental de Bonn (de 1949) que otorga gran importancia a los municipios, recoge a estos efectos únicamente que "las asociaciones de municipios tienen dentro del marco de sus competencias

63 BOE, *"Planteamiento del Régimen Local Español"* del Consejo del Movimiento de 28 de junio de 1968, p. 40.

64 BOE, "Constitución de la República española de 1931", en *Constituciones Españolas,* edición facsímil (Madrid, BOE, 2001), p. 316.

legales y de acuerdo con las leyes, el derecho de autonomía administrativa"[65]. La comarca parece encontrar aquí su implícito respaldo legal como fórmula asociativa. No obstante en este país como ocurre en Gran Bretaña coexisten denominaciones históricas que resultan enteramente asimilables al concepto de comarca que estamos postulando.

A pesar de los escasos antecedentes legales de la institución de la "comarca", como fórmula administrativa, son numerosos los autores que dan prioridad a la entidad comarcal por encima de las divisiones municipales y provinciales. Es preciso en este momento, dejar un poco al margen nuestros esquemas municipales actuales para percibir, como apunta Fernández Cuadrillero, "que la Historia nos trae asociados los dos conceptos (municipio y comarca). No eran tales los municipios entendidos como lo son en la actualidad y era más una ciudad, una villa, en muchos casos fortificada o con su castillo, con su población extendida en los valles que rodean el promontorio fortificado y que ejercía una especial influencia en un determinado entorno que la tenía como centro. Los estudios realizados presentan unos municipios que sugieren mucho más el concepto que hemos delimitado para la comarca que el que tenemos en la actualidad del municipio. Era una concepción más globalizada de la población en la que junto a la ciudad se incluía un amplio alfoz en el que cohabitaban otros grupos de población que en la mayoría de los casos no tenían ningún tipo de reconocimiento jurídico"[66].

Como sostiene Fernández de Buján, en el municipio romano, es a "los miembros del *municipium, municipes* a los que se aplica originariamente el Derecho privado romano y se les somete a una serie de cargas y obligaciones fiscales, (*municipium* deriva de *munus,* carga, imposición y *capere,* establecer) que los convierte en ciudadanos romanos con plenos derechos políticos"[67], pero fue precisamente la Revolución Francesa la creadora de las instituciones

---

65 *Ley Fundamental de la República Federal Alemana*, art. 26, 2 (Edición Oficial del Congreso de los Diputados, 2009).

66 D. FERNÁNDEZ CUADRILLERO, "La comarca: Una demarcación territorial aún sin reconocer", en *Revista del Instituto de Estudios Bercianos,* nº. 6 (1986), p. 26.

67 A. FERNÁNDEZ de BUJÁN, *Derecho Público Romano,* 15 ed. (Pamplona, Civitas-Thonson, 2012), p. 164.

municipales, la que implantó y fomentó los municipios como fórmula para infundir mayor capacidad decisoria a los individuos y potenciar las incipientes instituciones revolucionarias frente al absolutismo de las monarquías imperantes. La novedad de los principios revolucionarios y nuestra natural predisposición a incorporar el modelo de nuestro vecino del norte produce un desmesurado interés de las Cortes Constituyentes de Cádiz en 1812 para incorporar dicho modelo, consagrándolo en el art. 310: "se pondrá Ayuntamiento en los pueblos que no le tengan y en que convenga le haya, no pudiendo dexar de haberle en los que por sí, ó con su comarca lleguen á mil almas, y también se les señalará término correspondiente"[68]. Y fue en ese momento cuando se señaló claramente la diferencia con las comarcas tradicionales al fijar con total rotundidad una configuración netamente municipal. Durante mucho tiempo se ha querido estigmatizar a la legislación impulsada por J. de Burgos en el Real Decreto de 30 de noviembre de 1833, por la división en provincias como la causa principal de la pérdida de identidad de las comarcas; sea o no la causa principal, lo que sí está claro es la incidencia de que estas profundas reformas liberales relegaron al olvido la institución histórico-tradicional de la comarca.

Dentro de los asuntos desperdigados que contiene el Título II de la Constitución de 1812 adquiere particular importancia el art. 11, que en opinión de J. L. Columellas, "promete una nueva división del territorio español". No especifica el criterio pero fácilmente puede deducirse el modelo departamental francés de acuerdo con el *desideratum* de racionalización administrativa, la Geografía contra la Historia. Si bien por otra parte ya el Conde de Toreno había calificado de monstruosa la división vigente a la sazón. Más tarde el diputado Sr. Pelegrín pediría que "no se volviesen a oír las denominaciones de catalanes, aragoneses, vascos, castellanos, etc., dividiendo el territorio sin consideración a sus antiguos límites"[69].

68 BOE, "Constitución Española de 1812" en *Constituciones Españolas*, ed. facsímil (Madrid, BOE, 2001), p. 79.

69 J. L. COMELLAS GARCÍA-LLERA, "Las Cortes de Cádiz y la Constitución de 1812", en *Revista de Estudios Políticos*, nº. 126 (Madrid, diciembre de 1962).

Esta referencia resulta inequívoca del ámbito territorial; por ello creo que no es precisamente la provincia la causa directa de la pérdida de identidad de las comarcas. Más bien la comarca siempre resultó incrustada en el ámbito local de la Administración e indudablemente ese sigue siendo el lugar de ubicación en el que se configura como nueva redefinición uniforme de una institución ya existente pero con un concepto polivalente adquirido en la época medieval. Aunque no creo que tampoco sea esta la causa exclusiva de la pérdida de la identidad comarcal y que más bien hay que situarla en la abolición del régimen señorial e incluso puntualmente en la institución del Señorío que resulta eliminado sin determinar el espacio de sustitución equivalente en el concepto territorial.

La antigua posición autónoma de los señoríos en el orden judicial y administrativo de la Edad Media, se había ido sustituyendo por la política centralista de los Borbones cuyos ministros manifestaban reiteradamente su tendencia a considerar a aquellos señores jurisdiccionales como una especie de Corregidores natos en sus pueblos y lugares, con facultad de nombrar funcionarios de justicia y gobierno que actuasen en su nombre pero con sujeción a las normas y tribunales regios en el ámbito territorial del municipio o pequeñas comarcas lo cual resultaba perfectamente coherente con el ámbito propio de los señoríos. De corregidores perpetuos había calificado a los titulares de estos señoríos, muchos años antes, el Fiscal de la Chancillería de Valladolid, Castillo de Bobadilla[70]. Pero quizá, como opina A. Mª. Guillarte no era exacta esa calificación: "los señores eran algo más que el Corregidor; desde jefes de empresa agrícola hasta patronos de Iglesias en los pueblos donde poseían un extenso dominio solariego".

Incluso matiza que la identificación no es correcta, "la movilidad del Corregidor como delegado del Rey, frente a la perpetuidad del señor, en esa supuesta condición de Corregidor denuncia la distancia que media entre el

---

70 J. CASTILLO de BOBADILLA, *Política para Corregidores y señores de vasallos en tiempo de paz y de guerra* (Madrid, IEAL, 1978), p. 18 y 19.

ejercicio de poderes públicos en el primer caso, en nombre de la Corona y en el segundo, con todas las limitaciones que se quieran, en propia utilidad y a título personal o la distancia que media incluso en el ejercicio de competencias públicas en régimen señorial y en régimen de concesiones administrativas del derecho actual"[71]. En todo caso aquellos señoríos poseían una extraordinaria importancia en lo referente a la estructura y desarrollo de nuestro régimen de Administración local. No cabe duda que la estructura señorial territorial demuestra en muchos aspectos, una indudable aproximación al concepto de nuestra tradicional comarca y tampoco podemos ignorar que la desaparición de aquella estructura precipitó a ésta a una lánguida existencia testimonial.

Los liberales ya eran conscientes de esta trascendencia cuando a la hora de proponer la discusión del Decreto de Abolición de los Señoríos le lleva a decir en la Cámara a García Herreros que el día en que se expida el Decreto "será más grande que el Dos de Mayo, porque, si en aquél desplegó el pueblo su carácter, en este otro recobrará el derecho y la dignidad de hombre libre"[72]. Idea declamatoria que volverá a oírse en las mismas Cortes el 23 de agosto de 1821: "el Decreto sobre señorío fue el precursor de vuestra libertad"[73].

4.- Comarca y provincia

Todo Estado requiere una división territorial para hacer efectivo el poder del mismo. Herodoto remitiéndose a referencias inmemoriales describe la división del Imperio persa en *satrapías*. En la ordenación territorial que hicieron en torno al 150 a. de C., los romanos introdujeron la palabra *provincia* para referirse a los territorios sometidos que no formaban parte de la península

71 A. Mª GUILLARTE, *El régimen señorial en el siglo XVI* (Madrid, IEP, 1962), p. 18-19.

72 *Diario de Sesiones*, de las Cortes Generales de 4 de junio de 1811, p. 1178.

73 *Diario de Sesiones*, de las Cortes Generales de 1821, p. 683.

itálica. A partir de Sila, como dice Fernández de Buján[74], la "*lex Cornelia de provinciis ordinandis*, incluye para el gobierno de las mismas, el sistema de prórroga de los pro-cónsules y pro-pretores confiriendo el *imperium* a los magistrados que habían ocupado en Roma el cargo de cónsules o pretores. Esta voz, "provincia", se documenta en castellano desde el siglo XIII aunque, S. Covarrubias, sólo concede dos usos, para referirse a las del Imperio romano y para las circunscripciones de las Órdenes religiosas.

Siguiendo a García de Valdeavellano, podemos añadir que la estructura política de Roma en esa época era la del Estado-ciudad es decir, la de una comunidad política cuya base territorial la constituía una ciudad o centro de población (*urbs*) y su distrito rural (*territorium*) integrada por sus habitantes o ciudadanos. El gobierno pertenecía al pueblo que participaba en él mediante reuniones públicas o comicios y correspondía colectivamente a una asamblea aristocrática o Senado que se personificaba en los Magistrados representantes del pueblo. Esta organización político-administrativa resultaba perfectamente trasladable a la territorialidad provincial romana del estado-ciudad o provincia-ciudad e incluso al gobierno del municipio-ciudad.

"Precisamente porque ese poder de mando o *imperium* se extiende (*pro*) los límites del Estado por la victoria a los pueblos sometidos; *vinciae* y *provinciae* resultaron términos que sirvieron para designar las competencias territoriales de cada uno de los cónsules o magistrados supremos de la República y más tarde, las facultades de los magistrados, que investidos también de *imperium*, gobernaban los espacios situados fuera de Italia con lo cual la palabra provincia llegó a constituir la denominación del territorio en que esas facultades se ejercían"[75]. Sentido en que era definida por S. Festo, (893.15): "provinciae apellantur quod populus Romanus eas provicit, id est ante vicit"[76]. Joan Corominas disiente de esta interpretación: "no parece que el

---

74 A. FERNÁNDEZ BUJÁN, *Derecho Público Romano,* 15 ed. o. cit., p. 164.

75 A. GARCÍA de VALDEAVELLANO, *Historia de las Instituciones españolas,* 3ª ed. (Madrid, Revista de Occidente, 1972), p. 142.

76 SEXTI POMPEI, FESTI: *De verborum significatu...* (Lipsie, Edibus Tembneri, 1913), p. 253.

vocablo latino *provincia* sea derivado de *vincere,* "vencer", como creían los antiguos"[77] pero nos deja huérfanos de la justificación alternativa.

Otra de las peculiaridades del concepto romano de "provincia" era el de una demarcación territorial sometida a la autoridad de Roma y explotada en su provecho y cuyo suelo se consideraba dominio del pueblo romano, *"ager publicus";* no podía ser por consiguiente, objeto de propiedad privada, sino sólo mantenida en usufructo sujeta al impuesto municipal (*stipendium*) y gobernada por el poder absoluto de un magistrado romano. A partir de la victoria militar de Escipión el "Africano" sobre los cartagineses en el año 206 a. de C. en Ilipa (Alcalá del Río), los romanos consideraron a Hispania como provincia de Roma. La *Lex Provinciae* reguladora de la organización provincial cuya existencia consta por Apiano, aunque su texto no haya llegado hasta nosotros, la divide en dos provincias: la Hispania Citerior y la Hispania Ulterior, elevada posteriormente por Augusto en el año 27 a. de C. a tres provincias: la Citerior Tarraconensis, la Ulterior Baetica y Ulterior Lusitania.

Resulta de indudable trascendencia para interpretar la modelación cultural de la comarca el hallazgo de un bronce grabado con un Edicto del Emperador Augusto en el paraje denominado El Chanillo de Bembibre de El Bierzo depositado en el Museo Arqueológico. El Edicto, conocido en el entorno científico como el *"Bronce de Bembibre"* está fechado el 14-15 de febrero del año 15 a. de C. en la Cancillería de Narbona y recoge novedades que trascienden a la Historiografía de la zona geográfica de El Bierzo.

El Edicto como destaca G. Alföldy, incorpora un alto contenido histórico y un destacado valor etnográfico para la comarca berciana. El objeto lo cataloga el historiador germano de un doble edicto: "en atención a la fidelidad de los *Castellanis Paemeiobrigensibus ex gente Susarrorum* hacia Roma, Augusto les corrobora la posesión de sus tierras dentro de los límites establecidos por L. Sestius Quirinalis y concede, a sus propietarios la *Immunitas perpetua* (de la primera parte) y la *immunitas omnium rerum* (de la

77 JOAN COROMINAS, *Diccionario Crítico Etimológico Castellano e Hispano,* vol IV (Madrid, Gredos, 1987), p. 664.

segunda)", y curiosamente sitúa los hechos, en la "*Transduriana provincia*"[78]. Esta provincia "*Transduriana*" no contaba con ningún tipo de antecedentes y se plantea hoy día como un enigma a descifrar por los historiadores.

A comienzos del siglo V, con la entrada en España de algunos de los pueblos extraños al mundo romano (*barbari)* que desde hacía siglos rodeaban la frontera del Imperio, se abre un nuevo período en las instituciones hispanas. En el año 409 los suevos se adentran en las provincias hispánicas, en el 415 son los visigodos los que pasan a la provincia Tarraconense y es probable que se establecieran mediante un *foedus* o pacto de alianza con el Imperio romano o incluso privadamente con sus provincias; por ello la estructura política de estas provincias hispanas apenas sufre alteraciones significativas.

El Estado hispano-visigodo con su capital en Toledo, respetó la estructura territorial de las provincias y extinguida la Prefectura de las Galias el gobierno de estos territorios pasó a los *duces* o altos jefes militares visigodos; los antiguos gobernadores romanos quedan igualmente supeditados y ya posiblemente a mediados del siglo VI los *duces* absorben la totalidad de las funciones de los *Rectores provincae* y el *Dux* se convierte en la máxima autoridad del distrito regional y en todo momento son nombrados directamente por el Rey Godo y asumen el gobierno de la provincia, investidos de competencias administrativas y judiciales en la Tarraconense, la Cartaginense, la Bética, la Galaecia, y la antigua Narbonense (Septimania o Galia gótica), que constituyen las provincias del Reino hispano-godo. La provincia visigoda perdió parte de su anterior preponderancia como división territorial y dejó de ser una unidad administrativa perfectamente estructurada.

Las invasiones musulmanas prácticamente hacen desaparecer toda la estructura romano-visigoda de las circunscripciones político-administrativas; pero por otra parte, con la denominación *Cora,* la España musulmana conservó la organización territorial convertida en provincia del Imperio de los Califas de

78 G. ALFÖLDY, "El nuevo edicto de Augusto de El Bierzo en Hispania", en *El Bronce de Bembibre* (Valladolid, Junta de Castilla y León, 2001), p. 49.

Damasco, y con la independencia de al-Ándalus, lo es también del Califato de Occidente de los Omeyas de Córdoba.

"En Cataluña las comarcas independientes de los musulmanes coincidieron en un principio, como circunscripciones o "Condados" del Imperio carolingio incluidos en una vasta región fronteriza o "Marca Hispana" que no se mantuvo organizada en una unidad administrativa. Estos Condados catalanes pronto feudalizados, se rigieron desde fines del siglo IX por dinastías de "Condes" hereditarias prácticamente independientes de los Reyes francos y que eran auxiliados en el gobierno por un lugarteniente o *Vicecomes* dividiéndose el territorio del Condado en pequeños distritos bajo la autoridad directa de un delegado del Conde su "Vicario"[79].

La restauración de la monarquía hispano-goda en Asturias seguida de la instauración de la idea imperial en el Reino de León, dieron paso a un prolongado período de Reconquista. El inicial modelo hispano-godo arquetipo que se pretenderá seguir, se encuentra supeditado a las circunstancias de la expansión conquistadora que carente de necesaria unidad, se fragmenta en varios Reinos cristianos sin posibilidad de reinstaurar las antiguas instituciones territoriales. A los efectos de la administración de su territorio tanto el Reino astur-leonés como los posteriores Reinos cristianos, en principio, acuden a la división del territorio en límites variables cuyo gobierno confiaba el Rey a un *mandatario* suyo en circunscripciones denominadas *Mandaciones o conmissa,* concepto equivalente al distrito en la época visigoda. Estas "Mandaciones" eran las tierras confiadas por el Rey a un magnate, obispo, abad o infanzón, para ser gobernadas en nombre del Monarca. A veces el poder confiado, convertía estos condados en instituciones que superaban el ámbito político para convertirse en algunos casos, en verdaderas comunidades independientes como es el caso del Condado de Castilla en el siglo X. El "Merino" en cambio, a partir del siglo XI, surge en el Reino de León; y posteriormente esta figura de ámbito territorial se instituye en representante real, administrador, recaudador,

79 A. GARCÍA de VALDEAVELLANO, *Historia de las Instituciones*, o. cit., p. 501.

juez y se convierte en un modelo de funcionario con la connotación de auxiliar, vicario del Conde que enlaza con los intendentes del *vellicus* visigodo, ya definido en las Partidas: "quiere tanto decir como ome que ha mayoría para fazer justicia sobre algún logar señalado" (Part. II, 9. 23).

Siguiendo la opinión de Lalinde Abadía, "entre todos los Reinos hispánicos, es el Reino de Castilla el que antes incorpora la provincia a su tradición administrativa posiblemente porque ha reunido territorios con plenitud de poder sobre ellos y sobre todo con la nota de la inseparabilidad, lo que no ha hecho el Rey de Aragón cuyo poder se ha visto condicionado por el nacionalismo de sus reinos y tierras. La tradición administrativa castellana empleó el término *provincia* en diversos sentidos como, dominio, división fiscal, división administrativa general y no sin cierta ambigüedad. En las Cortes de Toro en 1371 y en las de Segovia en 1390 se cita a la provincia como el territorio de los Alcaldes de la Corte del Rey. Si la utilización del término *provincia* por el Rey ha obedecido a su resonancia romanista quiere decir que los Reinos y las grandes circunscripciones se han considerado territorios dominados con la *plenitudo potestatis*"[80].

La Provincia supone en Castilla, una división frecuente a efectos fiscales como se registra en el Censo de 1591 para el servicio de *millones*. Es usada, igualmente, para designar el antiguo Tribunal de los alcaldes de corte con una clara vocación de división jurisdiccional separada de la sala criminal para conocer de los pleitos e incluso cuando en relación a los territorios se ha aplicado a los que no se han estructurado como Intendencias. Aunque el término *provincia* haya podido tener connotaciones específicas también ha sido división administrativa general como advierte Lalinde Abadía, "el único que ha tenido ese carácter dentro de la Administración castellana; y así consta en las Cortes de Toledo en 1371 cuando se acuerdan las operaciones para la *Iguala de las provincias;* el mismo carácter sigue teniendo cuando Fernando VI

80 J. LALINDE ABADÍA, "El orto de la provincia constitucional en España", en *La Provincia en el sistema Constitucional*, dirigida por R. Gómez-Ferrer (Madrid, Cívitas, 1991), p. 509.

en 1749 establece una Intendencia en cada una de las provincias del Reino e incluso cuando Carlos IV en 1799 dispone un censo de frutos con reflexiones sobre la estadística de cada una de las provincias "[81].

La división provincial de España tal como hoy la conocemos, se gestó durante la transición del Antiguo Régimen al liberalismo: "Las provincias" en opinión de Burgueño Rivero, se entienden como resultado de la convergencia de la voluntad racionalista y uniformadora del Estado con los intereses de auto-organización regional de la periferia"[82]. Y según el mismo investigador, "la gestación del régimen liberal en la primera mitad del siglo XIX, fue la etapa clave del proyecto de definición territorial a todos los niveles: provincias, partidos judiciales (hoy hablaríamos de comarcas) y municipios". La Provincia constitucional resulta preconizada en el art. 11 de la Constitución de 1812: "se hará una división mas conveniente del territorio Español por una ley Constitucional luego que las circunstancias políticas de la Nación lo permitan"[83]. De forma metafórica puede afirmarse que el municipio y la provincia españoles vinieron de París. Sin embargo la copia no resultó de aplicación inmediata y exigió su adecuación. En este mismo sentido se manifiesta Vázquez de Mella, "la provincia de origen imperialista es una división administrativa hecha por el Estado para repartir el ejercicio de sus funcionarios sin tener en cuenta el territorio y el modo de ser de la población. La división española copia de la francesa, está marcada con el sello centralista, prescinde de la Historia. Reproduce un modelo inédito y es hecha sin consultar al pueblo; ni siquiera se regula por una Ley; y lo hace por un Decreto de 1822, que dividió España en 52 provincias y por otro de 1833 con 49 provincias faltando a la simetría"[84], y desde 1927 las 50 establecidas actualmente.

La abolición de las jurisdicciones señoriales representa el inicio de

81 *Ibidem*, p. 510.

82 J. BURGUEÑO RIVERO, "La génesis de la división territorial contemporánea en la España atlántica. (Galicia, Asturias, Cantabria y El Bierzo)", en *Eria, Revista Cuatrimestral de Geografía*, nº. 36 (Oviedo, 1995), p. 5.

83 "Constitución Española de 1812", en *Constituciones Españolas*, ed. cit., p. 4.

84 J. VÁZQUEZ de MELLA y FANJUL, *Regionalismo* (Barcelona, Subirana, 1935), p. 271.

una reorganización que afecta al nivel provincial, al nivel municipal, y alcanza, incluso, al nivel judicial. En cumplimiento del mandato constitucional, la Regencia encargó el correspondiente estudio al marino mallorquín F. Bauza, Director del Depósito Hidrográfico y la propuesta fue presentada como Proyecto en 1813 que en principio y para salvar la estructura preexistente proponía dos tipos de provincias, superiores y subalternas pero no resultó lo suficientemente atractivo. Tampoco llegó a ser discutido en Cortes por la involución política producida por el regreso de Fernando VII.

La falta de interés, e incluso un informe desfavorable del Consejo de Estado, postergaron el proyecto difiriéndolo hasta la segunda etapa liberal de 1820. Tras el pronunciamiento de Riego, se retomó el proyecto de división territorial de F. Bauza con la incorporación del ingeniero de canales J. A. de Esparramen que conjuntamente presentan el proyecto en marzo de 1821 que revisado por la correspondiente Comisión, seguido de la discusión parlamentaria, culminó con su aprobación el 27 de enero de 1822. Conviene recordar, como precisa González del Teso, "que la provincia de 1833 no es una entidad local sino una mera circunscripción territorial del Estado, al frente de la cual se sitúa un Delegado de Fomento con las funciones que hasta entonces tenía el Jefe Superior y que luego heredará el Gobernador Civil. Sólo a partir de la Ley Provincial de 20 de agosto de 1870 puede afirmarse que la provincia es además de división territorial del Estado una entidad local"[85].

A juicio de Fanlo Loras, existe una cierta indefinición del propio texto: "puede decirse que la provincia como ente local (no por tanto como división estatal) carece de carácter de necesario. De ahí la diversidad de modelos en el momento presente. En las siete Comunidades Autónomas uniprovinciales, la provincia como ente local ha desaparecido para su transformación cualitativa en un ente territorial superior. Y por otra parte el llamado *modelo vasco* resalta el peso de los territorios históricos provinciales

85 T. GONZÁLEZ del TESO, "Entidades supramunicipales y Comunidades Autónomas", en *Justicia Administrativa, Revista de Derecho Administrativo* (Valladolid, 2000), p. 95.

(las tres Diputaciones forales de régimen especial), fórmula que se propuso en su momento exportable a otras Comunidades Autónomas. Bien distinto es el significado de la provincia en el *modelo catalán,* Comunidad donde permanece latente un rechazo histórico a la institución provincial"[86]. También ha de tenerse en cuenta la artificiosa pervivencia de la provincia en las Islas Canarias con las Mancomunidades Provinciales Interinsulares.

Así pues la provincia como ente local, tiene una funcionalidad muy distinta según las Comunidades Autónomas. La Ley Reguladora de Bases del Régimen Local delega en las respectivas Comunidades Autónomas la decisión del papel que ha de corresponder a la provincia al dejar reducido su contenido competencial y garantizado (su núcleo esencial) a las funciones de cooperación y asistencia municipal (plan de obras y servicios, etc...), incluso sujetos a la coordinación de la Comunidad, que tiene además libertad para redistribuir las competencias a excepción de las afectadas a su núcleo esencial.

Castilla asumió la provincia constitucional de 1833, en base a la tradición propia, siempre criticada por políticos y tratadistas pero aceptada por el pueblo porque no ha sido contraria a su tradición administrativa; y en este sentido, según Morell Ocaña, "hay una constante que domina la trayectoria del tema provincial, en nuestro Derecho Público contemporáneo. Esa constante se cifra en la tendencia a situarla como un problema estrictamente territorial; y así, la Historia de las provincias queda reducida a la trayectoria de la división territorial, que arranca de 1833; el presente y el futuro de la provincia dependen de que se encuentre o no una división más adecuada del territorio, el del Estado o el de cada Comunidad Autónoma. La cuestión provincial atraviesa, por ello, décadas de la Historia constitucional en estado de permanente provisionalidad. Es frecuente a última hora cuando el constituyente, sin respaldo de credenciales contrastadas acaba por contar con las provincias e incluirlas en el marco constitucional. Siempre, pues, teniendo

86 A. FANLO LORAS, "Estructura Territorial", en *Anuario del Gobierno Local* (Madrid, Pons, 1993), p. 187.

en cuenta las necesidades de estructuración del territorio, y a falta de otra división más racional, se acaba aceptando la existente"[87].

A este respecto, Martín-Retortillo, en la Introducción a *La Provincia. Pasado, Presente y Futuro*, se hace eco de la amplia polémica que se suscitó en la discusión parlamentaria de la Constitución Española con el tema de las Diputaciones provinciales. "el debate político, con muy amplio eco en la vida ciudadana. Es curiosa la polémica suscitada porque resulta un tanto inconcebible que tema como el de la provincia pueda concitar pasiones tan vivas y generalizadas como las que ha suscitado. Es incomprensible que muchas de las cuestiones que se consideran en una Constitución provoquen pasiones ardorosas y entusiastas adhesiones o rechazos. Es sin embargo de difícil comprensión que pueda motivarlas un tema como el de la Provincia"[88].

Pero sea aconsejable o no la sustitución de las actuales provincias por circunscripciones más amplias de base regional, en opinión de Ameijeiras Castro, "es lo cierto que la Administración de todos los países no ha podido sustraerse a la necesidad de montar algunos de sus servicios con ámbito supra-provincial o super-departamental. Así en Francia se han evaluado hasta cincuenta distritos de este tipo y en España, por García Pascual, se han inventariado diecinueve demarcaciones regionales"[89]. Mientras para Jordana de Pozas, las provincias españolas de modo paradójico, se considera que resultan demasiado pequeñas y demasiado grandes. "La inadecuación de la base territorial de las entidades locales que formaban el sistema del siglo XIX es un hecho casi universal y que se manifiesta tanto respecto de las circunscripciones intermedias como de las propiamente municipales"[90], "las provincias, condados o departamentos en que se dividen territorialmente las naciones europeas provienen por lo común, de la primera mitad del siglo S. XIX.

87 L. MORELL OCAÑA, "La concepción territorial de la provincia como entidad local", en *Estudios sobre la Constitución Española*, Homenaje a García de Enterría (Madrid, Cívitas, 1991), p. 3267.

88 S. MARTÍN RETORTILLO, *La provincia. Pasado, presente y futuro* (Madrid, Alianza, 1972), p. 15.

89 F. AMEIJEIRAS CASTRO, "La Administración Pública y la institucionalización de la comarca y región como entidades territoriales en el futuro Ordenamiento Local", en *Jornadas de la Administración Gallega* (Orense, 1970), p. 199.

90 L. JORDANA POZAS, *Estudios de la Administración Local y General*, t. I (Madrid, IEAL, 1961), p. 571.

Estas provincias determinadas por razones históricas o por necesidades políticas no guardan relación con el desarrollo de los medios de comunicación actuales ni con los servicios que dentro de ellas han de prestarse y que con excepciones contadas han surgido posteriormente o se han transformado por entero. Casi todas ellas tenían como radio la distancia que podía recorrerse en un día. Si hoy se aplicara el mismo criterio ese radio tendría que ser multiplicado cuando menos, por cuatro"[91]. En cambio según Ameijeiras Castro,"la provincia española es bastante más extensa que las unidades territoriales del mismo género existentes en Europa: Condado inglés, Departamento francés, Provincia italiana o Distrito portugués. Se da la circunstancia de que las provincias españolas más reducidas presentan un índice elevado de eficacia en sus servicios atribuibles a la mayor proximidad e inteligencia entre la Diputación provincial y las autoridades municipales"[92].

5.- Comarca y región natural. La región y el ideario regionalista

Para Caro Baroja, "todas las *palabras* poseen una *forma* y una *historia.* El procedimiento más sencillo de reconstruir su historia es el etimológico que consiste en averiguar su origen en las lenguas pretéritas y el significado que en ellas tenía, así como su relación con otras palabras. Pero viene a alterar el resultado del análisis etimológico, el semántico merced al cual se precisan los diversos significados que la palabra ha ido adquiriendo con el uso a lo largo del tiempo"[93]. La etimología del vocablo región proviene de la palabra latina "*regio*" apenas evolucionada; palabra que a su vez tiene raíz indoeuropea que está relacionada con el verbo *rego,* regir o gobernar.

91 F. AMEIJEIRAS CASTRO, "La Aministración Pública..., o. cit. p. 189.

92 *Ibidem,* p. 189.

93 J. CARO BAROJA, *Sobre los conceptos de región y comarca,*. cit., p. 3.

Según los textos clásicos la palabra *"regio"* ya tuvo muchas acepciones en el latín antiguo: una era la de dirección , la de línea recta en sí, la de límite y la de lugar. Relacionadas con estas últimas encontramos la de zona determinada de los cielos o del cuerpo humano y de la localidad de mayor o menor extensión desde el punto de vista geográfico; así son regiones vastas porciones de Europa, barrios de la ciudad o entidades intermedias. Nuestros clásicos la utilizaron con frecuencia pero con la misma vaguedad que los latinos; en la acepción de la Academia Española especificada en el *Diccionario de la Lengua* dice "porción de territorio determinada por los caracteres étnicos o circunstancias especiales de clima, producción, topografía, administración, gobierno, etc." (p. 1122).

La elección de criterios de delimitación territorial se traduce en un concepto constante para los estudiosos especialmente para los geógrafos; pero los límites estrictos no se dan en la Naturaleza produciéndose por el contrario zonas intermedias de indefinición y franjas de solapamiento en el ámbito espacial. Partiendo de una base inicial fisiográfica que configura la región natural, evoluciona seguidamente en un concepto de región geográfica debido a las contingencias de la intervención de factores de tipo humano: económico, histórico, etc.; lo cual inevitablemente nos lleva a la conclusión de que se puede afirmar que el "concepto de región es un concepto abierto y que, como tal, se presta a múltiples determinaciones supuesto que en último término, no fuese más que una mera construcción mental.

Al interrogante que se plantea G. Bertrand[94], ¿Qué entendemos por región?, Benito Herranz condiciona la respuesta a otra nueva pregunta, "pero llegar a esta conclusión en la búsqueda de una división regional ¿no roza con la sensación real de un permanente fracaso? y justifica la repuesta diciendo que muy al contrario, pues si es comprensible que se entienda que la delimitación no represente ya el objeto principal de la investigación regional

94 G. BERTRAND, "Les estructures naturelles de l'espace géographique. L'exemple des montagnes cantabriques centrales (Nord-Ouest de l'Espagne", en *Revue Geographique francaise contemporaine*, nº. 43 (1972), p. 205.

no es menos cierto que al geógrafo esto no le dispensa de definir con precis aquello de lo que quiere hablar; de investigar con lucidez el impacto espac de los fenómenos que analiza y esta necesidad será siempre cubierta con determinación de los criterios que fundamentan la división espacial y e último término, concretando previamente el propio concepto que se tiene sobre lo que es una región. Así pues, parece que es necesario aceptar el carácter variable y hasta subjetivo que pueden llegar a tener estos límites y se precisa también que el autor declare cuando menos, los criterios que ha manejado para el establecimiento de aquello sobre lo que trabaja"[95].

Conscientes de que la definición del concepto de "región" condiciona el mismo concepto de la comarca se hace imprescindible delimitarlo; para ello como punto de partida, se plantean los tres caracteres que definen una región, y que según Kayser, son: los vínculos entre sus habitantes, la organización en torno a un centro y la integración funcional en una economía global que pueden servirnos para una cautelosa conceptualización. Es más, en esta misma interpretación de la región queda en entredicho la aceptación clásica de región como simple fenómeno espacial. La región básicamente, nos inclinamos a pensar que es una estructura proyectada en un espacio territorial.

Siendo así y como primera nota distintiva, la región española ha generado la conciencia entre sus gentes de compartir una misma comunidad en cuya base está también el saberse poseedores de una Historia común y de un mismo pasado cultural. En este sentido la región hispana es una "región cultural". Por otra parte existe una dependencia suficientemente nítida respecto de una concreta entidad urbana, con una capital regional que es el núcleo presuntamente organizador del territorio. Y fnalmente nuestras regiones desempeñan merced a sus condiciones generales de desenvolvimiento socio-económico una función dentro de un contexto económico más dilatado.

Para nosotros la región española está más allá de constituir

95 J. BENITO ARRANZ, "La división regional de España", cit., págs. 94 y ss.

simplemente una delimitación territorial seccionada respecto al exterior; tiene además una unidad virtual hacia el interior, está "introvertida". Como dice Benito Arranz, "sólo así la región será aprehendida siguiendo una conocida línea de pensamiento como un espacio que se define por sus rasgos comunes"[96]. Y añade, "en la Edad Moderna surge el Estado pero las regiones perviven en su interior como entes administrativos más o menos autónomos con vida propia y en consecuencia se fueron consolidando sus peculiaridades.

Los geógrafos utilizan la expresión *región natural* considerando como elementos integrantes de la misma: 1) el relieve del territorio, 2) la sustancia de que se compone el territorio, 3) la vegetación y la agricultura, 4) la fauna, y 5) el hombre. Otros investigadores contraponen la región natural a la región histórica, e incluso otros caústicamente, consideran que lo *cultural* y lo *natural* son cosas opuestas. La Geografía humana y la física nacieron en la época en que CH. Montesquieu y Taine defendían el determinismo que les lleva a decir "el medio hace al hombre"; pero poco a poco los geógrafos empiezan a dudar de que el determinismo climático sirviera para la finalidad invocada. Y a medida que el estudio de la Geografía se ha ido extendiendo por una parte y concretándose por otra tanto las finalidades propias de esta ciencia moderna como los métodos geográficos han adquirido el espíritu científico de que antes carecían y de ser la hermana menor de la Historia eleva su contexto, para convertirse en ciencia autónoma con objeto y método independiente.

Son otros los fundamentos a los que se encamina la Geografía humana centrándose en su verdadero campo y que a su vez se caracteriza netamente como ciencia natural. De ahí nació el concepto de *región natural,* concepto que en la actualidad alcanza su máxima expresión y que resulta el producto de un proceso de elaboración largo y difícil. Aparece por primera vez en los trabajos de los primeros geólogos franceses a finales del siglo XVIII. Entre los pioneros se encuentran al abate Guettard en 1776 y Lavoisier que, además de su eminente aportación a la química, muy joven preparó el primer

96 *Ibidem*, p. 95.

estudio geológico del país; y destaca igualmente por esta época Giraud-Soulavie que en la *Historia natural de la Francia meridional* de 1780, en un profundo análisis sobre la esencia de las comarcas detecta que la Naturaleza con sus variaciones influye en los seres organizados que en ellas se encuentran y sobre todo en las producciones vegetales. La naturaleza del suelo, la altura, el clima, justifican una división natural.

Si bien en 1841 la noción de región natural ya alcanzaba una amplia difusión sólo a partir de 1870, con el progreso de los conocimientos geológicos puede decirse que empieza la nueva era de la Geografía. En efecto la conexión que entre sí encadenan las diversas ciencias es más notable y poderosa aún en lo que a la Geografía se refiere. Su posición intermedia entre las ciencias naturales y las humanas la hace participar del método analítico de las primeras y del inductivo de las segundas. De ahí la aparente lentitud con que se desenvuelve digamos que de algún modo, forzada a esperar el progreso de otras ciencias antes de realizar la síntesis en que hayan de apoyarse.

Quizá el concepto de región natural ha ido configurándose lentamente a medida que los estudios geológicos permitían ir conociendo mejor la constitución del terreno de los distintos países; los trabajos cartográficos y de topografía determinaban el aspecto de la distribución de los territorios y las formas del relieve y así como las observaciones meteorológicas concretaban las modalidades de los climas a la vez que las investigaciones botánicas permitían establecer nuevas relaciones, pero los geógrafos han tenido que luchar además con el embarazoso inconveniente de la diferenciación que supone la idea vulgar del concepto de comarca.

Las comarcas por su existencia tradicional, están designadas por nombres derivados de antiquísimas apelaciones que por su carácter vulgar no tenían una referencia válida para una ciencia. Pero careciendo la geografía de denominaciones precisas y necesitada de una nomenclatura fácilmente aplicable antes de crear nombres nuevos adoptó las designaciones ya conocidas. En algunos casos los nombres de comarcas tradicionales se correspondían de forma precisa y otras lo hacían de forma inconcreta a determinadas regiones naturales; pero en otros muchos casos el nombre de la comarca se extendía por razones que no podían corresponder a una misma región o que comprendían parte de una región solamente. De ahí una confusión notable no sólo en la nomenclatura, sino también en el espíritu del pueblo y hasta en los mismos geógrafos.

Ya en tiempos de Osmalius d'Halloy (1839) se hicieron patentes estas dificultades y por eso encontramos que este geógrafo ya decía en los *Elements de Geologie,* "la descripction de ces inègalités presènte beacoup de dificultés, parce que les acceptions que l'on donnè aux mêmes denominations, varient selon la position où se trovent les observateurs"[97]. Y prosigue, "las denominaciones que conviene dar a las regiones no dejan de tener dificultades. No era posible designarlas por la naturaleza del terreno ni por los nombres departamentales puesto que una misma formación geológica se encuentra a veces en sitios distantes unas de otros y que los departamentos a menudo resultan atravesados por varias divisiones naturales... He pensado que podía emplear los mismos nombres vulgares con los que los habitantes distinguen los países caracterizados por su aspecto o ya sean los nombres de antiguas provincias que pudieran encontrarse comprendidas en el territorio de las regiones y que habiendo perdido su demarcación administrativa, no presentan una delimitación tan precisa como los actuales departamentos"[98].

A medida que los estudios geográficos al desarrollarse, han ido alejándose de las divisiones artificiales, y sintiendo cada vez más la necesidad de amoldarse a las indicaciones de la Naturaleza, la atención de los geógrafos se fijó más en los nombres comarcales. Unos han querido atribuir a cada región natural un nombre de comarca y hasta invirtiendo los términos del problema han creído ver en cada comarca una directiva cómoda para la determinación de sus regiones. Otros observadores más precisos y conocedores de la Historia han comprendido que muchos de estos nombres sólo tienen un

97 J. B. OSMALIUS D'HALLOY, *Elements de geologie* (París, Chez Pitois-Levrault, 1839), p. 25.

98 *Ibidem*, p. 25.

origen histórico y a veces no son más que cómodas designaciones s valor geográfico. Fácil es deducir de los datos aportados, una defin región natural como, aquella en la que el clima, el relieve, la vegetació modalidades de la vida presentan un aspecto de unidad netam diferenciado de las regiones que la rodean. Como podemos apreciar, geógrafo alcanza un concepto, similar al que dedujimos para la comarc natural. La diferencia como establecen los geógrafos, se sitúa en una estricta gradación de escala. Los elementos físicos al igual que los condicionamientos humanos se orientan hacia un mismo fin. Resulta conveniente recordar la opinión de Caro Baroja, "quiero hacer aquí algunas consideraciones sobre palabras de empleo tan común (y a primera vista tan claras en su significado) como son las de *región* y *comarca* para hacer ver que debemos andar con tiento al emplearlas, si no queremos pecar de inexactos."[99].

También como asegura Benito Arranz, "hoy, después de un largo siglo de vida soterrada la región, al igual que la comarca, vuelve a demandar el florecimiento de otras épocas. El conocimiento de esta realidad llevó a la Asamblea del Consejo de Europa, en su reunión de 1960, a señalar que la ordenación del territorio europeo debería establecerse sobre el cañamazo de las regiones ya que "la región es un conjunto territorial menos vasto que el Estado, en el que los hombres encuentran intereses comunes debido a los diferentes lazos geográficos, a las costumbres y a veces a las lenguas, se ha desarrollado un sentido común de pertenencia a un cierto medio de vida"[100].

La geografía española en cualquier tipo de división general de la Península ha de tener muy presente lo que encierra cada región de realidad sociológica. Y por otra parte, "las regiones se perfilan en el continente europeo a lo largo de los tiempos medievales, época en que la vida socio-económica se desarrolla dentro del marco de comunidades más reducidas que los actuales Estados y durante centurias estas comunidades fueron identificándose según

---

99 J. CARO BAROJA, *"Sobre los conceptos de región y comarca"*, cit. p.3.

100 J. BENITO ARRANZ, "División regional de España", cit. p. 97.

caracteres culturales, jurídicos, sociales, y cuando se iniciaron los tiempos modernos ya estaban plenamente identificadas"[101].

En La Edad Moderna surge el Estado, pero el sustrato de las regiones sobrevive en su interior configurándolas como entes administrativos prefigurados con vida propia y que el devenir de los años fue decantando sus específicas particularidades hasta que "las doctrinas igualitarias del nacionalismo liberal que propagó la revolución francesa, impuso su fragmentación en parcelas territoriales menores, denominadas provincias o departamentos, relegando la región como ente político-jurídico en el año 1793 en Francia, en 1833 en España, y en la década 1860 en Alemania. No obstante la abolición jurídico-política de las regiones no consiguió extinguir definitivamente su espacialidad real"[102]. En España como apunta L. Racionero, "junto a reconocidas divisiones geográficas, se debe prestar atención a publicaciones de tipo oficial que funcionan con criterios administrativos lo cual es también válido para la delimitación regional. En algunos casos nos aproximaríamos a la concepción de una región de la clase que algunos autores denominan "de *actuación*"[103]: regionalismo funcional que busca la neutralidad compatible con cualquier planteamiento. "Tres caracteres definen a una región: los vínculos entre sus habitantes, la organización en torno a un centro y la integración funcional en una economía global"[104].

La región resulta contextualizada como la acepción clásica del término, considerada como proyección histórica, equivalente a una estructura forjada en el espacio territorial. La perspectiva histórica lleva a Parejo Alfonso a sostener que, "aún cuando la afirmación de que el conocimiento de los antecedentes históricos constituye una exigencia metodológica insoslayable

---

101 *Ibidem*, p. 95.

102 *Ibidem*, p. 96-97.

103 L. RACIONERO, *Sistemas de ciudades y ordenación de territorio* (Madrid, Alianza, 1979), p. 108.

104 *Ibidem*, p. 324.

para el jurista carece de fiabilidad. La temática tan de actualidad de la Región exige un soporte de la perspectiva histórica"[105].

"La Filosofía política como evidencia Cosculluela Montaner, desde finales de la Edad Media se preocupó de la creación de un Estado nacional capaz de concentrar el Poder Político superando el fraccionamiento que representaban los pequeños reinos en aquél momento histórico; más tarde la preocupación se vuelca en contra del absolutismo formulando la institucionalización del Estado de Derecho por medio de la división de poderes y progresivamente el afianzamiento de la participación democrática en el Poder; y a finales del siglo XIX, la Filosofía política impulsada por el regionalismo se decanta por la descentralización en general y las autonomías regionales en particular con las manifestaciones ideológicas de estas dos posiciones conceptuales más definidas"[106].

La unión de municipios forma la comarca y la unión de las comarcas, a su vez, supone el precedente del antiguo reino y de igual modo representa el antecedente de la nación moderna. En la Reconquista española es la región la que funcionó como reino y con el devenir del tiempo la unión de regiones fundamentaron la nación. Codón Fernández, al analizar el pensamiento del regionalista aragonés Vázquez de Mella, matiza: la "región no es la parcela variable de un mapa, es una personalidad asentada sobre una demarcación natural"; y destacando este concepto añade, "la región es una nación incipiente que sorprendida en un momento de su desarrollo por una necesidad poderosa que ella no puede satisfacer se asocia con otra u otras para formar la nación"[107]. Y en esto hace consistir Vázquez de Mella la esencia del regionalismo. La región no está dotada de medios para cumplir su propios fines políticos pero como entidad natural mantiene un cierto derecho a disponer de los medios necesarios para disfrutar de su efectivo gobierno dentro de su delimitación, sin perjuicio de las unidades de orden superior.

---

105 L. PAREJO ALFONSO, "La región y la legislación histórica del Régimen Local", o. cit., p. 19.

106 L. COSCULLUELA MONTANER, "Las vertientes del Regionalismo", cit., p. 195 y ss.

107 J. Mª CODÓN FERNÁNDEZ, "El municipio y la Región en la doctrina de Mella", en *Centenario de Vázquez Mella*, o. cit., p. 108.

Las exigencias de una regionalización de la política enmarcada en la planificación administrativa de la economía a escala prospectiva, se hace coincidir en un significativo momento el que el tema de la descentralización en general y de las autonomías en particular, como dice Cosculluela Montaner, "originan una verdadera eclosión doctrinal" que relaciona, para esta coyuntura, una importante concurrencia de escritos que en gran número analizan la importancia del naciente regionalismo. Este período coincide con la percepción política del agotamiento del modelo franquista previa a la Constitución de 1978. Y como matiza Linde Paniagua, "no quiero decir con esto que la descentralización política y administrativa no sean necesarias; por el contrario, quiero poner de manifiesto que autonomía y descentralización no son ideas neutrales"[108] en cuanto vienen propiciadas por la reacción a la ideología totalmente adversa del franquismo y matiza, que deshacer lo realizado en este período no implica desdeñar una construcción de futuro. Consideración que igualmente hace extensiva a los partidos políticos de izquierda que asumieron esta ideología regionalista en cuanto, entendían, implicaba su significación democrática, pero la desmitificación del regionalismo resulta una exigencia de futuro en la que, en opinión del mismo autor, "la utilización de la ideología del Estado cuando se ha querido asimilar Nación a Estado o cuando se ha querido hacer aparecer el Estado como integrador de las nacionalidades.

Descendiendo a un nivel práctico observaremos que no es indiferente la superposición del Estado sobre las realidades nacionales o territoriales y tampoco es indiferente el territorio sobre el que se superpone el Estado. He aquí otro de los problemas silenciados en la actualidad"[109]. "Ideología es para nosotros, dice también el mismo autor, una forma de conciencia. Es una representación desviada de la realidad, es por tanto conciencia y error pero la ideología existe realmente". Linde Paniagua al estudiar la evolución histórica

---

108 E. LINDE PANIAGUA, o. cit. p. 286.

109 *Ibidem*, p. 279.

del regionalismo dice que, "existen factores que además vien[illegible] [illegible]plicar el estudio de este tema. Fundamentalmente nos referimos a la evol[illegible] [illegible]rica del mismo. Regionalismo y nacionalismo admiten contenidos co[illegible] [illegible]o pueden tenerlos muy diversos, de la misma forma que a lo largo de [illegible] tampoco ha sido idéntico, de modo que difícilmente pueden compren[illegible] nacionalismos decimononos; cuestión previa al análisis de las ide[illegible] regionalistas debe ser la aclaración conceptual de una idea regionalista"[110].

Reitera también el mismo autor que el significado de la ideolo[illegible] regionalista no se puede asociar a la extensión de los *Fueros,* aunqu[illegible] reiteradamente resultan citados en su apoyo; la discontinuidad de est[illegible] concepto medieval es manifiesta respecto a los Estatutos de Autonomía que suponen la concepción moderna de la idea del regionalismo actual. Así como el término Nación hace referencia a connotaciones culturales por el contrario en la palabra región la referencia específica es el marco territorial y a pesar de la ambigüedad de sus significaciones, resulta difícil pretender asociarla a otras significaciones culturales.

La importancia de la Historia es grande pero hay otros factores que es preciso tener en cuenta, al lado de ella o en su lugar. La región en el sentido que aquí nos interesa, es una creación de la Geografía humana. Pero en opinión de otros geógrafos, por mucho que el hombre humanice la tierra ésta sigue constituyendo, con sus costas y sus montañas, el elemento básico que determina en buena medida la distribución y la naturaleza de los asentamientos humanos y las relaciones de estos entre sí. Por ello la Geografía física ha de tener voz en este capítulo a la hora de definir y configurar las regiones, en nuestro caso las españolas.

Para F. Espiago, "la cuestión regional es una constante en la Historia Moderna de España desde la introducción del Estado centralista; baste citar como muestras relevantes que la Guerra de Sucesión, las guerras carlistas, la revolución del 68 y la Primera República todas ellas acaban en una solución

110 *Ibidem,* p. 251.

federal. La Segunda República origina un resurgimiento formal de la cuestión regional que cristaliza en los Estatutos de Autonomía, aprobados en el proyecto, para Cataluña, País Vasco y Galicia; obviamente detrás de este hecho latía todo el fervor nacionalista acumulado desde finales del siglo XIX. En la actualidad el tema regional vuelve a enseñorearse de la política estatal y si algo cabe destacar en comparación con lo antes realizado es la generalización de los nacionalismos"[111] que superan conceptualmente al regionalismo.

Como señala Vilá Valenti, "un nuevo sesgo aparece, que sigue en estrecha relación con la región política, cuando el Renacimiento consideraba las divisiones de antaño. Este nuevo enfoque que en varios casos fue el inicial, tanto en descripciones geográficas como en representaciones cartográficas da lugar a la consideración de lo que denominamos *regiones históricas*; con más razón en este caso *político-históricas,* así el Renacimiento dará lugar a la aparición de una geografía del pasado"[112]. También el Romanticismo, enlazando con la tendencia corográfica clásica y con algunas corrientes medievales singularmente dentro de la cultura árabe, se limitó con exclusividad o prefirió claramente las divisiones políticas como marco de presentación geográfica, tanto más cuanto que el estado renacentista se mostró por lo general, como un hecho pujante. Políticamente la Región en el concepto del regionalismo, es una comunidad social que forma parte de un compuesto nacional que integrada por elementos iguales a los de éste, puede servir de base a un Gobierno y a una Administración autónoma.

La región como la nación, son conceptos de la ciencia social. Etimológicamente, viene de *rego*: regir, gobernar, dirigir; etimología de carga, eminentemente política o incluso jurídica más que social; sentido político que le lleva a decir a Royo Villanova, "la región forma parte de un todo de mayor extensión e intensidad, la nación, pero de la misma naturaleza y significación

111 F. J. ESPIAGO y R. MAS HERNÁNDEZ, "El valor de la región histórica", en *La región la geografía española* (Valladolid, AGE, 1980), p. 84.

112 J. VILÁ VALENTI, "Concepto de región", en *Jornadas sobre La región y la Geografía española* (Valladolid, AGE, 1980), p. 15.

que aquella" y también en este sentido consideran la región los regionali... como una porción del territorio y comunidad nacionales; tanto la región co... el departamento (traducción neolatina de la provincia romana) dan p... supuesta la idea de un todo al que pertenecen. En otro momento de l... constante difusión del regionalismo, precisa Royo Villanova, "la región supone la supervivencia histórica con carácter administrativo de los antiguos reinos, que representaban la diversidad política, antes de lograrse la unidad nacional"[113]. De este modo las regiones sirvieron para dividir la estructura de un Estado o de una ciudad (como en los tiempos de Servio Tulio, que dividió a Roma en cuatro regiones) no como sectores administrativos, sino como porciones de un todo vivo (la nación).

Un Estado puede dividirse en otros varios pero una nación no se divide en naciones, porque el bloque social que el compuesto nacional significa al escindirse lo hace en regiones, demostrándose así una vez más que lo social es el obligado precedente de lo político y de lo jurídico pero no al revés. La región a la que no separa de la nación más que la escasa diferencia de un grado, se engendró en la nación misma y de esta suerte viene a representar una menor extensión e intensidad de las características nacionales. Y ésta y no otra, es la razón de que ciertos grupos sociales aspiren a la categoría de naciones y por la misma causa, el regionalismo desemboca fácilmente en el nacionalismo y hasta con términos de no mucha propiedad, se llegue a hablar de *regionalismo nacionalista.*

En el concepto del regionalismo matiza F. Badía, "la región es un hecho geográfico, histórico y cultural vivido en común, puede ser definido, como un área homogénea que posee características físicas y culturales distintas de las áreas que la rodean; forma parte del dominio nacional pero mantiene un grado de conciencia que define a sus miembros como un grupo humano unitario con distintivo sentimiento de identidad cultural"[114]. Si bien la

113 A. ROYO VILLANOVA, *La descentralización* y *el regionalismo: apuntes de actualidad* (Zaragoza, Cecilio Gasca, 1900), p. 79.

114 J. FERRANDO BADÍA, "La Región y el Estado regional", en *Federalismo y Regionalismo* (Madrid, Centro de

"doctrina no se ha puesto de acuerdo acerca de la naturaleza jurídica del Estado regional un grupo numeroso de escritores, entre los que figuran Posada y Royo Villanova, consideran al Estado regional como una nueva forma de Estado unitario mientras que por el contrario otro grupo defiende otra formulación regionalista y definen el Estado regional como estado federal"[115] llegando a enumerar hasta cuatro tendencias regionalistas.

Otra de las tendencias del regionalismo representada por Vázquez de Mella, autor nada sospechoso de separatista y máximo teórico del regionalismo tradicionalista, le lleva a decir que "mientras que la Nación subyace como realidad sustentadora de las formas de Estado, la Región lo es del Estado regional"; y reafirma que: "la Región es una nación incipiente que sorprendida en un momento de su desarrollo por una necesidad que ella no puede satisfacer, se asocia con otra u otras naciones completas y les comunica algo de su vida y se hace partícipe de la suya pero sin confundirlas. Así se forman las regiones que llegan a tener una personalidad histórica"[116].

En este sentido, insistía Vázquez de Mella, "no es una parcela variable de un mapa, es una personalidad asentada en una demarcación natural del territorio, señalada por la topografía y la condición de vida que imponen. Se revela en caracteres étnicos; en diferencias filológicas que se manifiestan en modificaciones dialectales, en tradiciones y en costumbres que rara vez dejan de trascender al Derecho"[117]. Potencialmente la Región es un elemento de total significación para limitar el absolutismo del poder. Quizá en esa consideración, para combatir la concepción absorbente del Estado, la Constitución de 1978 consagró políticamente, la división nacional en diecisiete Comunidades Autónomas que sin embargo no son enteramente homologables con las regiones naturales ni siquiera se asemejan estrictamente.

Estudios Constitucionales, 1979), p. 328.

115 *Ibidem,* p. 336.

116 J. VÁZQUEZ MELLA, *Regionalismo y Monarquía,* ed. de S. Galindo Herrero (Madrid, Rialp, 1957, p. 84 y 85.

117 J. VÁZQUEZ MELLA, "La semana Regionalista de Santiago" en *Regionalismo II* (Madrid, Junta del Homenaje a Mella, 1935), p. 269.

Vázquez de Mella sostiene que España tiene una unidad geográfica muy definida, las fronteras están claramente delimitadas (con la excepción de Portugal escindido en su momento de la Hispania tradicional), igualmente las vertientes hidrográficas resultan propias, ningún río es compartido y los mares definen perfectamente el territorio. Los problemas de la reivindicación autonomista, a decir de A. de Goigoechea, sólo se plantean en la vida de las naciones por una de estas causas: la primera, porque así lo imponga una realidad geográfica creada por la distancia (autonomía colonial); la segunda es aquella que pone de manifiesto las condiciones de heterogeneidad que crean entre sus moradores una oposición irreductible; y la tercera, es la que sitúa el particularismo regional español. "Las aspiraciones autonomistas no surgen en España como consecuencia de la existencia de pleitos autonomistas. La causa del particularismo no es ninguna oposición irreductible entre los pueblos que son étnicamente de los más homogéneos de Europa, sino consecuencia de una convicción jurídica común a todos de que sólo hay un medio de asegurar la libertad, entregar a cada uno a su su suerte"[118]. Pero este argumento en boca de regionalistas no resulta un fundamento coherente.

En España como apunta L. Racionero, "junto a reconocidas divisiones geográficas se debe prestar especial atención a múltiples estudios de tipo oficial que funcionan con criterios administrativos, lo cual es también válido para la delimitación regional. En algunos casos nos aproximaríamos a la concepción de una región de la clase que algunos autores denominan "de actuación"[119]. "Tres caracteres definen a una región: los vínculos entre sus habitantes, la organización en torno a un centro y la integración funcional en una economía global"[120]. La región resulta así contextualizada como la idea clásica de este espacio territorial considerado como fenómeno espacial equivalente a una estructura proyectada en el espacio territorial.

118 A. GOIGOECHEA, "Los problemas de la reivindicación autonómica", en *Semana Regionalista de Santiago* (1918), p. 57.

119 L. RACIONERO, *Sistemas de ciudades y ordenación de territorio* (Madrid, Alianza, 1979), p. 108.

120 *Ibidem*, p. 324.

Como reitera Benito Arranz, "la Región en España ha generado la conciencia de compartir una misma comunidad en cuya base está también el saberse poseedores de una Historia común y de un mismo pasado cultural. En este sentido la Región hispana es una Región cultural"[121], y está más allá de constituir una delimitación territorial aislada respecto al exterior, responde además a una unidad definida hacia el interior; supone un espacio con rasgos comunes perfectamente conexionados, que matiza Parés i Maicas: "és curiós, però cal indicar que la regió és més antiga i més entranyablent espanyola, i alhora més apropiada per a fer front a les exigències del temps"[122].

Jordana de Pozas, recuerda que los centralismos políticos evolucionan manifiestamente. La Constitución italiana de 1944 en sus arts. 106 a 125, define la estructura del país de un modo estricto "en una declaración de principios muy semejante a la de la Constitución francesa, proclama la indivisibilidad de la República y afirma que ésta "promueve la autonomía local". Y postula esta autonomía en tres órdenes de entidades: *Regiones, Provincias y Municipios,* si bien más adelante admite la subdivisión de las regiones en distritos de carácter exclusivamente administrativo[123]. En España la división regional se mantuvo latente en todo el siglo XIX: "las demarcaciones de la Constitución de Cádiz eran 19; 11 las del proyecto de Escosura de 1847; 15 las del proyecto de Moret de 1884 y 13 las proyectadas por Sánchez Toca en 1891"[124]. La Constitución de 1931 abrió la división regionalista para ser consagrada definitivamente en la de 1978.

De lo antedicho podemos deducir que resulta enteramente similar a lo expuesto sobre la comarca lo cual nos evidencia que la equiparación comarca-región se reproduce en un concepto similar, siempre con la salvedad de la proporción de escalas.

---

121 J. BENITO ARRANZ, o. cit., p. 95.

122 M. PARÉS i MAICAS, *La ideología regional de la prensa espanyola* (1963-1973) (Barcelona, Ediciones 62, 1984), p. 184.

123 L. JORDANA de POZAS, o. cit, p. 545.

124 *Ibidem*, p. 572.

6.- La nación

El *Diccionario de la Lengua Española* señala que la etimología de la palabra *nación*: proviene del verbo latino *nascere* que significa nacer y la derivación *natîo,* implica, "acción y efecto de nacer", si bien inicialmente el concepto no conllevaba un contenido espacial, en su sentido actual la acepción, 4) recoge esta significación, "conjunto de personas de un mismo origen étnico y que generalmente hablan un mismo idioma y tienen una tradición común"[125], incluye "el territorio de ese mismo país" y lo convierte en un sinónimo equivalente a Estado. Hace referencia a agrupaciones humanas con características comunes de lengua, costumbres y espacio donde se asientan las mismas; así en un sentido actual B. Anderson, define la nación: "comunidad de gente cuyos miembros resultan unidos por un sentido de solidaridad enraizado en un apego histórico a un territorio, a una cultura común y por una conciencia de ser diferentes de otras naciones. El término es frecuentemente intercambiado de manera equívoca con *Estado o Estado-Nación* sobre la base de que todo Estado es una nación y viceversa aunque los escritos nacionalistas generalmente sostienen que están influidos los unos por los otros porque ninguno está completo sin los demás" [126].

Una definición interesada por el minimalismo regionalista del siglo XIX incide sobre el significado conceptual de la nación, se ha llegado a decir que "nación es el conjunto humano que cree ser una nación". Ciertamente resulta un equívoco tautológico aunque tiene el mérito de poner de manifiesto que el hecho espiritual expresado por la palabra nación es la manifestación de una "conciencia". Este concepto, como se sabe, es un sentimiento que supera

125 *Diccionario de la Lengua Española*, 19ª edición (Madrid, 1970), p. 909.

126 ANDERSON, B, *Diccionario Akal de Geografía Humana,* trad. Rosa Mecha López (Madrid, Ediciones Ariel, 2000), p. 407

los elementos naturales (territorio, raza, región, etc.) se abstrae de situaciones políticas o jurídicas (Constitución, soberanía y otras causas que confluyen en el concepto de Estado) y que ni siquiera está determinado por elementos culturales (lengua, religión) si bien todos estos elementos en medida diversa, según las distintas configuraciones históricas, colaboran para hacernos sentir la idea de nación que a la postre resulta un concepto ético. Max Weber nos aporta una de las definiciones más citadas cuando dice, "una nación es una comunidad de sentimiento que se manifiesta de un modo adecuado en un Estado propio"[127], "en general la significación de la *nación* se basa en la insustituibilidad de los valores culturales"[128].

Ahora bien el moderno concepto de nación como identidad espiritual de un grupo humano tiene su nacimiento en la segunda mitad del siglo XVIII, es obvio que los siglos precedentes en los cuales resultaría antehistórico trasladar un concepto de la cual no tuvieron conocimiento, no pueden mostrarnos sino el proceso con el cual es posible individualizar el nacimiento de aquellos componentes y su progresivo asociarse en la síntesis ideal que será un día reconocida por todos. Resulta igualmente obvio que este proceso histórico no obedece a leyes paradigmáticas sino que varía de un conjunto humano a otro; aunque todos los grupos tienen en común en su Historia un punto de origen y que ninguno de ellos emergió directamente como nación porque la conciencia de ser nación fue para todos una laboriosa conquista. El hecho espiritual que la España histórica representa a nuestros ojos se resuelve, en el proceso formativo de su conciencia nacional.

F. Calasso, haciendo referencia al hecho espiritual de la nación italiana tardíamente articulada en la Historia de la humanidad dice, "non pensiamo a una realità etnica, razziale, ma, anche qui, a un fatto spirituale: a quel fatto spirituale che venne scoperto e celebrato dal Savigny nel mondo del diritto, e che, ispirandosi al Savigny e allargando il concetto a tuta la storia

127 MAX WEBER, *Ensayos de Sociología Contemporánea,* ed. de H. Gerth y C.W. Mills (Barcelona, Martínez Roca, 1972), p. 216. Citado igualmente por J. Ferrando Badía, o. cit., p. 324.

128 *Ibidem,* p. 216.

umana, Hegel defini con queste parole: "la sua religione, il suo culto, la morale, i suoi usi, la sua arte, la sua constituzione, le sue leggi politiche, tu quanto abbracia le sue istitucioni".

En el siglo XIX E. Renan formulaba la célebre cuestión *¿Qué es una nación?* Y pese a la extensa literatura vertida, la pregunta sigue latente; a la hora de fijar conclusiones, juegan posiciones encontradas que la empañan en sus términos objetivos. Ocurre con la idea y el concepto de nación, como con otros conceptos que el término es objeto de un uso espontáneo y se generaliza antes de ser objeto de la consideración científica, que evidencia, con meridiana claridad el hecho de que ya formaba parte de la conciencia popular.

De este modo el concepto de nación aparece como término con el que habitualmente se designa un grupo cohesionado por diversos factores que la dotan de individualidad frente a los demás existentes y que se ha considerado como base sociológica para la formación del Estado. En este mismo sentido para A. Hauriou, "por Nación se entiende una agrupación humana en la que los individuos se sienten unidos los unos a los otros por lazos materiales y espirituales y se consideran diferentes de los individuos que componen las otras agrupaciones nacionales"[129]. Y añade, "dada la complejidad de factores que influyen en la formación de las Naciones, en el siglo XIX han surgido diversas interpretaciones acerca de la importancia de estos factores. La concepción alemana se basa en los elementos étnicos: lengua, religión y principalmente en el elemento racial. En cambio la concepción francesa considera que la formación de las Naciones es más compleja y que al lado de los elementos étnicos hay que tener en cuenta los acontecimientos históricos, los intereses comunes y sobre todo los lazos espirituales"[130].

A este respecto el profesor Suñé Llinás, recuerda: "entre los diversos conceptos de Nación, el más antiguo y a la vez actual es el que combina una

---

129 A. HAURIOU, *Derecho Constitucional e Instituciones Políticas,* trad. de la 4ª ed. de (1966) por J. A. González Casanova (Barcelona, Ariel, 1971), p. 114.

130 *Ibidem,* p. 115.

base socio-cultural común; de ahí que se trate de una comunidad total, lo que explica que el Estado-Nación haya sido tradicionalmente tenido por una forma política perfecta o al menos en la que cabe una articulación de la convivencia mucho menos complicada que en el caso de los Estados plurinacionales, o las naciones pluriestatales"[131], concepto que pone de manifiesto la ineludible conciencia cultural. Varios son los vínculos que unen a los habitantes de los pueblos para integrar con ellos un grupo nacional. Entre los más destacables se encuentra el sustrato cultural, la comunidad de tradiciones, lenguaje y religión. Otro es el territorial que une a las personas residentes en zonas determinadas igualmente interesadas en conseguir en esa base territorial el modo de vivir; y el tercero el racial o étnico que surge entre los que tienen prosapia o abolengo común; el cuarto vínculo que mantiene frmemente unidos a los componentes de un grupo nacional formando una nación es la soberanía. Esta soberanía significa que quien la posee tiene poder para gobernarse, hacer sus leyes e imponer su cumplimiento y ningún otro poder superior puede regir al Estado soberano. La doctrina plantea un gran número de teorías sobre las cuales pretende fundamentar la idea de unidad que la nación representa. La teoría de la raza, la unidad idiomática, el territorio, la religión, la cultura, la unidad histórica, suponen otras tantas bases comúnmente aceptadas y prolijamente comentadas por los tratadistas. La religión también sirvió para fundamentar la unidad del grupo nacional que no se concebía sin un "bautismo místico".

El pensamiento romántico de principios del siglo XIX impulsó la idea de recuperar otro modo de pensar; la nación cuando menos, es algo común, un mundo de valores. El apogeo de la idea de nación surge a partir de la formulación de Manzini del principio de las nacionalidades y es el caso significativo de que la batalla de Leipzig fue denominada "de las naciones" y esto revela el significado que el término alcanzaba. La ecuación Estado-Nación o Nación-Estado constituyó su preocupación. Actualmente atraviesa una

131 E. SUÑÉ LLINÁS, *La sociedad civil en la cultura post-contemporánea* (Madrid, Universidad Complutense, 1998), p. 62.

verdadera crisis el principio nacional que va dejando de ser fundamento de la organización política o cuando menos, se conjuga con ideas supra-nacionalistas que sin negar diferencias específicas, tratan de organizar los estados en grandes bloques. Se ha hablado también de un desengaño del nacionalismo producido por el carácter interdependiente de los problemas políticos, económicos y sociales de nuestro tiempo, que han evidenciado la insuficiencia de los estados nacionales.

En el siglo XX la idea de nación agudiza su condición polémica. Esta carga de rivalidad ya se había incrementado como consecuencia de una contrapuesta evolución histórica; por un lado la eclosión de una serie de nacionalismos producidos por la desintegración de determinadas federaciones, en 1991 de la Unión Soviética y en 1993 de Checoeslovaquia, precedida por la de Yugoslavia; y por otro lado la fuerte tendencia en determinadas regiones a la integración de Estados independientes en conjuntos supra-estatales, con abandono voluntario de grandes cuotas de soberanía, la Unión Europea es el ejemplo más logrado de esta tendencia. Los titubeos actuales en esta organización ponen de manifiesto que el contenido del concepto de nación en la conciencia popular, cuestiona la previsible generosidad en el desprendimiento de alguna de sus parcelas de poder para su incorporación en otra unidad superior de tendencia más acorde con la globalización.

Parece oportuno incorporar un cuadro comparativo con los nombres de los espacios territoriales que cada país de nuestro entorno cultural europeo utiliza para designar los distintos ámbitos territoriales con la simple finalidad de poder establecer las correspondientes asimilaciones lingüísticas que determinan el origen del concepto teniendo siempre en cuenta la anunciada equiparación entre comarca y región.

Español	MUNICIPIO	COMARCA	REGIÓN	PROVINCIA	NACIÓN
Griego	Kom-árjes	Períoikon	Farsos	Dióikesis	Ethnos
Latín	Municipium	Confinium	Regio	Provintia	Natio
Inglés	Municipality	Country	Region	Province	Nation
Alemán	Gemeinde	Landstrich	Gegend	Province	Nation Volk
Francés	Conmune	Conttrée	Région	Depart	Nation
Italiano	Municipio	Paese	Regione	Provincia	Nazione
Portugués	Municipio	Comarca	Regiâo	Provincia	Naçâo
Croata	Municipij	Oblast	Predjel	Pokajina	Narod
Checo	Obec	Okres	Kraj	Provincie	Národ
Polaco	Gmina	Okçg	Rejon	Prowinja	Naród
Rumano	Comuna	Judet	Regiune	Province	Natiune
Ruso	муниципий	Комарка	область	провинция	нация

Un simple análisis del cuadro comparativo que precede, con los términos usados habitualmente en los idiomas tradicionales de las culturas europeas para denominar los espacios o instituciones territoriales, se advierte que mientras la raíz de los términos municipio, región, provincia y nación, se deduce una derivación común del nombre y del concepto; por el contrario la peculiar exigencia de los geógrafos, usuarios de una ciencia eminentemente empírica no encuentran en dichos términos la equiparación deseada y en este sentido Precedo Ledo, puntualiza, "el término comarca forma parte del vocabulario castellano pero carece de equivalencia exacta en el lenguaje científico internacional aunque existan expresiones analógicas como los "*land*" o los "*counties*". De modo general en todos los repertorios de términos geográficos se hace referencia a lo que la comarca significa en el análisis territorial haciéndola equivalente al concepto de región, un segmento diferenciado del territorio"[132].

132 A. PRECEDO LLEDO, *Galicia: estructura del territorio y organización comarcal*, o. cit., p. 272.

El concepto no resulta uniforme e igualmente el término que lo define tampoco es idéntico en el entorno europeo lo cual admite la simple explicación de configurarse como un concepto de tipo eminentemente local que precede claramente en el tiempo a un tipo de afinidad se configura en las relaciones humanas. Si a este respecto analizamos un repertorio de términos jurídicos, como es el caso del conocido *Dictionnaire de termes juridiques en quatre langues* de E. le Docte, encontramos que para el término "región" aporta: region, berzirk m. y gebiet n., en cambio el término "comarca" no resulta siquiera citado[133]. Si trasladamos este mismo criterio a otro conocido *Diccionario Akal de Geografía Humana,* observamos que entre los términos geográficos tampoco recoge el vocablo comarca.

Como complemento de lo relacionado en este capítulo, sobre la comarca natural, me parece oportuno recoger como Base Documental, la relación de las comarcas naturales más significativas de España recogiendo los respectivos datos de: Nombre, capital, extensión territorial, número de habitantes, partido judicial, y municipios que la integran, todo ello extractado de los textos citados a lo largo del presente capítulo: *Regiones Naturales de España, Ensayo acerca de las Regiones Naturales de España,* de Dantín Cereceda; *Comarcas Españolas,* del AISS; L*as provincias y sus comarcas,* del Ministerio de Gobernación; *Concejos y ciudades en la Edad Media,* de Sánchez Albornoz. (C E M); *Subdivisión en partidos judiciales de la nueva división territorial de la Península e Islas adyacentes: Aprobada por S. M. el 21 de abril de 1834*; *Mapas Provinciales* del Instituto Geográfico Nacional; complementados con los Nomenclátor *y Censos de Población* del Instituto Nacional de Estadística, entre otros que igualmente se citan.

133 E., LE DOCTE, *Dictionnaire de termes juridiques en quatre langues* (Apeldoorn, Maklu Uitgevers, 1995), p. 597.

CAPÍTULO II

LA CONFIGURACIÓN HISTÓRICA DE LA COMARCA. ACUÑACIÓN DEL NOMBRE

La configuración del concepto de comarca partiendo de la idea de la comarca natural no deja de suponer un proceso que es preciso investigar, porque en esto radica justamente la esencia de aquello que la evolución histórica representa. Las instituciones jurídicas, en un sentido sociológico, implican la consolidación del asentamiento territorial del hombre en el que la Historia resulta una de las fórmulas de análisis y exige la constitución de modelos que se acrediten por su capacidad para justificar situaciones concretas que habitualmente han de representar períodos que tipifican cada época. Denominaciones de períodos como Feudalismo, Antiguo Régimen y aún la clásica división en Edades, corresponden a modelos historiográficos de funcionalidad indudable.

Para concretar nuestro tema resulta imprescindible establecer ciertas delimitaciones en los periodos históricos y de este modo analizar con relativa coherencia el nacimiento y desarrollo del concepto del ente territorial de la comarca. La clasificación de estos períodos parece conveniente hacerlos coincidir con la clásica división de las Edades históricas en que precisamente los expertos clasifican el devenir de la Historia. Los hechos prominentes de cada época vienen determinados por el modo de pensar de la sociedad en dicho período, que de un modo natural condicionan también la manera de actuar produciendo análogos acontecimientos en el ámbito de una cultura más o menos similar en el entorno de su relación con los otros pueblos geográficamente coincidentes, en cuanto que la permeabilidad cultural constituye un hecho natural constante en el tiempo y en el espacio.

1.- El entorno del mundo clásico

Las culturas más conocidas del mundo antiguo se extendieron en torno al Mediterráneo oriental. Geográficamente el mundo griego, predecesor cultural del latino, se asienta en la gran fosa tectónica, que acogió a muchas regiones periféricas configurando una gran comunidad de destino histórico. El espacio vital de los griegos resulta definido por espacios geográficos perfectamente delimitados. Las tres penínsulas balcánicas, más orientales, se extienden hacia el Sur y se adentran profundamente en el Mediterráneo. Integradas totalmente en este mar y aisladas parcialmente del Continente por las imponentes cadenas montañosas balcánicas, que configuran "una situación geográfica específica, feliz y abierta al mundo", como la califica Nack-Wägner[1].

Si mencionamos a Épiro, Tesalia, Beocia, Ática, Peloponeso, Corinto, Acaya, Argólida, Élida, Arcadia, Laconia o Mesenia, bien podríamos pensar que nos encontramos evocando la bucólica ensoñación de otras tantas patrias de héroes griegos de los poemas homéricos. En realidad nos encontramos relacionando "comarcas" naturales que albergaron pueblos, cuya situación geográfica configuró un estilo de vida singular con una personalísima vocación marinera peculiar del pueblo heleno. Obviamente el mundo griego no habla explícitamente de la comarca como hoy la conocemos en cuanto no podemos extrapolar un concepto formulado muchos siglos después, pero resulta indudable que lo intuía en todo su contenido.

El mar no supuso una barrera excluyente para los pueblos griegos,

1 E. NACK-W. WÂGNER, *Grecia, el país y el pueblo de los antiguos helenos* (Madrid, Labor, 1960), p. 13.

más bien se configuró como una vía de comercio en la que las innumerables islas suponen puntos de escala para la navegación costera. El mar lo era todo para el griego y donde no tenía puerto el monte lo convierte en pastor. El espacio habitable griego, desde Epiro y Tesalia hasta la punta meridional del Peloponeso en su reducida extensión de 88.000 km.[2] se manifiesta diversamente articulado como no se encontraría otro en el mundo.

Nuestro concepto tradicional de comarca como, "territorio que en una región geográfica se identifica por determinadas características físicas o culturales"[2], ya es asumido por los pueblos clásicos griegos. Cadenas montañosas de considerable altitud y proximidad a la costa, el Monte Athos, que el Egeo rodea por tres de sus partes; el Olimpo, con sus 2.917 m. a 18 km. del Golfo de Salónica y el mismo Taigeto, con 2.409 m. a 13 km. de la costa jónica, conforman una orografía accidentada, que origina valles profundos y pequeñas llanuras, pero su aislamiento hace que concuerde plenamente con nuestro concepto de comarcas naturales en las que el nexo de comunicación venía determinado por el mar. El Mediterráneo era la ruta universal. Si, por una parte, la dispersión impuesta por la complejidad del relieve fomentó el individualismo, la disgregación política también exacerbó el sentido de la libertad y la conciencia cultural de su existencia; pero por otra parte el estar siempre abiertos al mar los protegió contra un nacionalismo desmedido y configuró su decidida vocación de apertura al mundo occidental. El ansia de libertad supuso desde su origen la diferencia con los grandes imperios centralistas de Oriente. La comarca, aún sin definirla, constituía una constante reiteración del concepto.

Como oportunamente sugiere Codón Fernández, citando a Summer Maine, "el genio helénico era tan grande que, a excepción de las fuerzas de la naturaleza nada se mueve en este mundo que no sea griego en su origen"[3], así como a la hora de puntualizar el concepto del municipio no se puede intentar

2 RAE, *Diccionario esencial de la lengua española* (Madrid, Espasa Calpe, 2006), p. 366.

3 MAINE, HENRY SUMMER, SIR: *Las instituciones primitivas*, editor Agustín Avrial, 1890

localizarlo en Grecia en cuanto la ciudad griega no distinguía entre el gobierno de la localidad y el del Estado. Atenas, Corinto, etc. no eran municipios sino comarcas que se traducían en auténticas naciones"[4]. El municipio en cambio, es una creación jurídica de Roma.

Esta fragmentación de los pueblos griegos se asemeja mucho a la idea tradicional del concepto de comarca natural con todos los condicionamientos que tradicionalmente se le atribuyen, un pequeño territorio, con una clara unidad geográfica y unos límites suficientemente precisos, que comprenden cierto número de aldeas y comunidades humanas, que en la época clásica se patentizan como verdaderas mancomunidades políticas La unidad de territorio que se deduce del espacio delimitado y que se traduce en una estrecha relación de vecindad entre los pueblos que comparten ciertas condiciones naturales, la misma tradición, la misma cultura, el mismo idioma y la misma conciencia de pueblo; una religión, unos mitos y todo ello configura una estructura "comarcal" perfectamente definida. También como pueblo se patentiza en una cohabitación matizada con las distintas idiosincrasias comarcales. Como en casi todos los pueblos antiguos no es posible constatar un origen común, un cataclismo se cernió sobre el territorio griego sumergiendo la cultura micénica en una profunda oscuridad ocultándonos el origen inmediato de sus pobladores.

La configuración geográfica condiciona la diferencia del tipo de territorio en Roma. Con relatos míticos sus historiadores explican la serie de migraciones mediante las cuales lograron establecerse los "latinos" en el país que lleva su nombre. Aunque reducidos a los medios que proporciona la simple inducción alcanzamos ciertos indicios que no carecen de verosimilitud. En un principio el territorio romano se dividía en un determinado número de circunscripciones perteneciendo cada una de ellas a una *familia* y a su vez se agrupaban entre sí para formar los antiguos cantones y *tribus rusticae.*

---

4 CODON FERNÁNDEZ, JOSE Mª: "Municipio y Región", cit., p. 98.

En Roma, como en el resto de la península itálica y como ocurrió en Grecia, cada cantón va formándose progresivamente con cierto número de aldeas situadas en los lugares próximos y cuyos habitantes pertenecían a las mismas familias. Los *kómai y* los *démoi* helénicos se equiparan a los romanos *vicus*-casa y *pagus*, edificar; la reunión de la tribu bajo el mismo techo. Así como las casas tienen su solar, la aldea y las áreas habitadas de la comunidad, también tienen su territorio determinando, su espacio patrimonial. "La ciudad se compone de un cierto número de *pagi* con un origen común, hablan la misma lengua y están obligados a asistirse los unos a los otros con justicia y leyes iguales, asociados para la defensa o la guerra"[5]. Las "comarcas" romanas, y especialmente las itálicas, resultan elementos territoriales estancos y a sus límites los romanos denominaron *confinium*. Todo ello supone la integración del sentido que le atribuimos al concepto tradicional de comarca que enlaza coherentemente con el mundo clásico greco-romano.

Si examinamos la estructura de la sociedad de la España romana encontramos que la *gentilitas* o clan era la agrupación de familias descendientes de un tronco común y que también en común tenían sus dioses gentilicios, su culto familiar y su propio Derecho; sus miembros o "gentiles" estaban unidos por vínculos recíprocos de protección y auxilio, habitaban espacios homogéneos de territorio, y que podría traducirse en una pequeña o gran "comarca", según el número de grupos concurrentes. Esta estructura natural se rompe con la lenta conquista de Roma.

La romanización supuso una profunda transformación social en la que se mantiene una cierta permisividad y un tradicional respeto de los romanos a los pueblos indígenas amigos que se conjugaba con la estricta conquista que después de una primera etapa de consentida permeabilidad se convertía en condición previa para la subsiguiente fusión, que concluía produciendo la romanización definitiva. En el año 409 penetran en la Península el pueblo germánico occidental de los suevos, el germánico oriental

---

5 THEODOR MOMMSEN, *Historia de Roma,* vol. I, trad. A. García Moreno (Madrid, Turner, 1983), p. 60.

de los asdingos y silingos y el pueblo iranio de los alanos. Buscaban tierras para asentarse y según opiniones cualificadas, mediante un *foedus*, pactado con el Imperio de Occidente en el 411, se reparten las provincias de Galaecia, la Cartaginense y la Bética respectivamente quedando excluida la Tarraconense.

Según Bosch Gimpera, "el intento romano de recuperar el dominio de España no se consigue a pesar de enviar por delante a los visigodos como milicia al servicio de Roma, y este pueblo se hace independiente en el sur de Francia y en Cataluña"[6]. En una segunda fase, el pueblo visigodo, que había penetrado en el 415, partiendo de la Tarraconense, consigue dominar el centro de la península, en plena pugna con otros pueblos germánicos, lo que da origen a una profunda reestructuración territorial; con ellos además, penetraba en España la nueva fuerza del germanismo y cuando los visigodos logran constituir en la Península un consistente "Estado" hispano-visigodo que tendrá una marcada influencia en la transformación de las instituciones romanas.

Estos pueblos, calificados como bárbaros en el sentido de extraños, estructuralmente ya gozaban de una determinada organización económico-agraria constituida por la *Marca (Mark)*, palabra que, a su vez, dio origen al nombre de comarca. La ganadería aun prevalece sobre la agricultura, la tierra pertenecía a la comunidad local, que es dueña del suelo del poblado, de los campos de labor, de los prados y bosques próximos, que formaba la Marca, asociación económica que se convertirá en titular patrimonial de la tierra; la posesión y utilización correspondería en común a los comarcamos.

Según testimonio de C. Tácito cuando escribió *Germania* (siglo I), "las parcelas de las tierras de cultivo (*Ackerflur*) se sorteaban periódicamente entre los comarcamos o vecinos de un poblado para su aprovechamiento privado, siendo de propiedad doméstico-privado de cada uno de los miembros de la comunidad la casa, el corral y el huerto; en cambio los pastos, las

6 P. BOSCH GIMPERA, "Emporion" en *IV Congreso Internacional de arqueología* (Barcelona, Expo. Internacional de Barcelona, 1929), p. 31.

lagunas y los bosques lo eran de la comunidad vecinal como bienes de uso común (*Allmende:* de todos), y cada lugar o pueblo tomaba tanta tierra para labrar cuanto tiene de hombres que la labren y lo reparten después entre sí, conforme a la calidad de cada campo; es fácil la partición por los muchos campos que hay y mudan todos los años de heredades"[7].

La configuración comarcal predominante en las primeras etapas de la dominación visigoda es evidente, en cuanto se organiza en comunidades políticas en las que se insertaban los grupos familiares o gentilicios y en la que cada grupo se cohesionaba formando la *Sippe,* institución germana de una marcada singularidad cuya influencia medieval resulta también de indudable trascendencia que interesa destacar por su acusado sentido cohesionador. Sin embargo, la superación del dominio romano por el visigodo, su nueva estructura político-administrativa y la debilitación de los vínculos de adscripción forzosa de las posesiones, aún subsistiendo los derivados de las relaciones del hombre con la tierra definieron el creciente desarrollo de los vínculos de dependencia personal y determinaron, entre otras causas, que la estructura social en la España visigoda, sin diferir esencialmente de las antiguas provincias hispánicas, se configurase de un modo distinto.

La nobleza hispano-romana de la clase de los senadores se fusionó con la nueva clase visigoda de los *seniores,* vinculada al monarca en el *Aula Regia,* (Consejo adjunto al rey visigodo). Los ducados y los condados sustituyen la estructura territorial de la antigua provincia romana. Un *Comes civitatum,* designado por el rey godo, vino a sustituir al antiguo municipio romano en cuanto órgano de administración contribuyendo a la decadencia de las instituciones municipales. El municipio y la ciudad, en este período, perdieron la conciencia de la apuesta en común, por lo que la situación de la "comarca" corrió igual suerte. Cierta similitud encuentran muchos historiadores

---

7 C. CORNELIO TÁCITO, *Germania y Diálogo de los oradores*, trad. de S. Álamos Barrientos (Madrid, Calpe, 1919), p. 30.

en la institución del Señorío Medieval que sustituye a órganos de la Administración.

2.- Desarrollo medieval

A la hora de precisar el desarrollo del concepto de comarca en nuestro Derecho medieval resulta imprescindible acudir a la meritoria labor del historiador del Derecho español Galo Sánchez. Las investigaciones sobre el Derecho por él calificado de "Derecho territorial" se complementa con los estudios realizados por García Gallo y las aportaciones de Sánchez Albornoz, el maestro de la Historia medieval de las instituciones españolas. El estudio de ese Derecho territorial llevó a Galo Sánchez, a deducir que, "no coincidiendo en absoluto el territorio cuyo Derecho recogen los textos que hemos de describir con el que se llama así modernamente, empleamos tal denominación ya consagrada a falta de otra más exacta. Al hablar de Derecho territorial, expresión que adoptaremos por análogo motivo, por no tener a mano otra más adecuada, designamos dentro del Derecho el de una comarca o región que tiene su propio sistema de fuentes jurídicas, las normas generalmente aplicables en ella en defecto de prescripciones locales"[8].

Durante los primeros siglos de la Reconquista la fisonomía de los territorios peninsulares es muy semejante, desde el punto de vista de las fuentes jurídicas, falta en ellos la ley en el sentido propio de la palabra, esto es, la ley territorial, ya que -en contraste con el pasado visigodo- ni el rey legisla ni existen aún asambleas legislativas; aparte del Código visigodo las fuentes de su Derecho se reducen a la costumbre, a las sentencias judiciales y a los privilegios. Las costumbres locales de Cataluña y los fueros municipales en el resto de la península recogen, en época más avanzada, varios de estos

---

8 Z. GALO SÁNCHEZ, "Para la historia de la redacción del antiguo Derecho Territorial Castellano", en *Archivo Histórico del Derecho Español,* nº. 6 (1929), p. 261.

elementos. Pero al llegar al siglo XI, en plena "edad diplomática", el país leonés primero y Cataluña, después, redactan oficialmente sus derechos territoriales respectivos. Las leyes leonesas de 1017 descubiertas por Sánchez-Albornoz, constituyen la más antigua legislación territorial propiamente española y más tarde los otros territorios peninsulares siguen este ejemplo.

En Castilla el desenvolvimiento de las fuentes jurídicas tomó caracteres singulares. En realidad Castilla vivió sin leyes hasta el siglo XIII; si bien algunos autores hablan de leyes ya peculiares de Castilla o comunes a Castilla y a otros de sus territorios de antes del siglo XIII, pero en todo caso su valor ha sido tan escaso que no precisa mención especial. El Código visigodo se aplicó en la antigua Castilla de modo esporádico con mucha menos frecuencia que en León y Toledo. La costumbre jurídica variaba de una a otra localidad y no estaba fijada aún por escrito salvo alguna excepción.

Los jueces castellanos son los verdaderos creadores del Derecho comarcal de Castilla como auténtica consagración de la independencia del poder señorial. Al no existir redacciones extensas de Derecho local, el juez halló fácil el camino para convertirse en creador de este tipo de Derecho. No se limitó siempre a desempeñar el papel de director del proceso jurídico que el Derecho de otros reinos le asignaba; el juez castellano fue con frecuencia un verdadero legislador pues "sentencia conforme a su libre albedrío" y al sentenciar de este modo establecía la regla jurídica aplicable en el futuro para casos análogos y es sobradamente conocido que el nombramiento del juez era una de las atribuciones específicas del señorío. Así surgen las fazañas que sin ser desconocidas fuera de Castilla es aquí donde realmente florecen. "Castilla tierra sin leyes es la patria de las *fazañas*, el país del Derecho libre"[9], en opinión del mismo Galo Sánchez.

Alfonso X en el prólogo de la segunda redacción de las *Partidas* ya condenaba la práctica de fallar los pleitos a "ventura y a voluntad" de los jueces e igualmente atestiguaba con cierta ponderación, en el prólogo del

9 *Ibidem*, p. 79.

Fuero Real que en la mayor parte de sus reinos se juzgaba por "fazañas e por albedríos departidos de los omes"[10]; y como consecuencia de ello en el siglo XIII ya existía en Castilla una masa considerable de Derecho territorial, material disperso que no emana del poder central y carece de homogeneidad, criterio en el que coincide Menéndez Pidal, que igualmente lo recoge con estas palabras, "todos los jueces de estas regiones se atenían al Derecho escrito, al promulgado por los reyes toledanos o por las curias superiores; pero los jueces castellanos creaban el Derecho, pues dejando a un lado las leyes escritas, fallaban por propio albedrío siguiendo los usos y las prácticas de la tierra, escogiendo la que parecía mejor entre las sentencias o fazañas dadas en juicios anteriores"[11] de ello se deduce que, "lo excepcional de Castilla consistía en haber cambiado en sus costumbres más que las otras comarcas y en haber percibido en el siglo X, antes y con más viveza que el resto de España la necesidad de nuevas normas jurídicas"[12]. Y en otro de sus textos igualmente matiza: "es de notar precisamente que al ser el origen de estos jueces de tipo señorial y composición territorial este tipo de formación del Derecho tenga un significativo origen comarcal previo a la institucionalización de las comarcas"[13]. La herencia de primitivas costumbres ibéricas y germánicas de raigambre visigodo adquieren en Castilla "mayor flexibilidad evolutiva", sus normas jurídicas configuran el carácter castellano como perdurable y singular, "sus caballeros nobles y sus villanos ennoblecidos constituyen la fuerza nueva que impulsa la reconquista"[14].

Si bien desde un principio la repoblación de los territorios reconquistados al Islam se tradujo en múltiples dificultades, la abundancia de campos yermos y la escasez de medios económicos supuso el predominio de

10 *FUERO REAL*. Prólogo, (13), p. 2.

11 R. MENÉNDEZ PIDAL, "Carácter originario de Castilla", Conferencia del milenario de Castilla en Burgos, 1943, en *Revista de estudios Políticos*, nº. 13-14 (abril 1994), p.390.

12 *Ibidem*, p. 390.

13 R. MENÉNDEZ PIDAL: *España y su Historia*, t. I (Madrid, Minotauro, 1979, p. 361.

14 R. MENÉNDEZ PIDAL: *Carácter originario de Castilla*, o. cit., p. 388.

pequeñas propiedades rústicas y la aparición de señoríos constituidos a tierras dispersas. La cuenca del Duero quedó casi totalmente despoblada, "comarcas" de la zona norte peninsular sufrirían el mismo efecto; pequeñas propiedades y diminutos poblados reflejaban una desoladora apariencia en estos momentos. La configuración territorial sufrió un duro golpe que afectó no solamente a su estructura interna que incluso desaparece en su casi totalidad, exigiendo en fase posterior la reimplantación de esa población y la reconstrucción de una historia común.

Sin embargo, alguna de estas comarcas, como la de El Bierzo, repoblada por el rey astur Fruela, incrementó rápidamente su economía y población y en una fase inmediata se transformó en elemento repoblador que pone de manifiesto H. Flórez, en un documento del año 878 relativo a la disputa de la villa de Brimeda, dice: "cuando en tiempo del señor Ordoño gente del Bierzo con su Conde Gatón salieron para poblar Astorga"[15]. Este documento correlaciona el protagonismo colonizador del *populus de Bergido*: Bercianos del Páramo, Bercianos del Real Camino, San Pedro Bercianos y un "Bercianos" citado pero no localizado;[16] Bercianos de Aliste, Bercianos de Vidriales y Bercianos de Valverde en la de Zamora son otras tantas villas que conservan el inequívoco epónimo "berciano" de su origen colonizador.

La repoblación favoreció a los reyes, como directores de la Reconquista porque necesitaban defender todo el territorio desertizado para hacerlo defendible, por lo cual retuvieron para sí grandes masas de bienes raíces; a los nobles porque colaborando con los reyes en la dirección de la empresa repobladora, podían también acaparar extensas porciones de tierra; a

15 E. FLÓREZ, o. cit., p. 31.

16 El asentamiento poblacional de Bercianos, se encontraba en el Arciprestazgo de San Miguel del Camino y ya el Becerro de Presentaciones de la Catedral de León (Inventario de los pueblos y parroquias de la diócesis), realizado en la segunda mitad del siglo XII, lo incluye entre los despoblados, y quizá guarde relación con otra documentación incompleta de la sede que hace referencia en el año 1021 cuando se habla de una corte en..., que muy bien podría coincidir con dicha localidad. En el año 878 el Obispo Indisclo logró a su favor una sentencia de los señores del Consejo de Alfonso III, sobre la propiedad de la Villa de Brimeda, en la que aún constaba este asentamiento, E. Flórez, *España Sagrada*, t. XXVI, p. 132, cit.

los monasterios, que recibieron importantes donaciones territoriales por parte de los reyes o recibían bienes en compensación de renovos y de otros píos donatarios como aquel Prepósito del Monasterio de Celanova, Cresconio, que entre los años 989-1010, como dice Sánchez Albornoz, acumuló un cuantioso patrimonio que dona parcialmente al monasterio. El curioso documento enumera con toda riqueza de detalles y se recrea en la tipificación de las numerosas adquisiciones, "por compensación de insolvencia de los pequeños propietarios: viñas, pomares, cerezales, manzanares, linares, perales, almendrales heredades y casas que termina donando al monasterio de Celanova"[17] pensando, "quia sicut aqua extinguit ignem, sic elemosyna extinguit peccatum"[18], (en una peculiar confesión de la dudosa procedencia de algunos de dichos bienes) (Tumbo de Celanova, vol. 63).

Las nuevas condiciones de vida determinaron un verdadero "renacimiento" sobre todo un resurgimiento económico comarcal al que los historiadores denominaron "revolución comercial". Y esta mutación afectó profundamente a la formación y desarrollo de las ciudades y sus instituciones, que presupone la decadencia irremediable de la Edad Media rústica y feudal, como mantiene Henri Pirene. En la Baja Edad Media la ciudad con su alfoz o distrito rural que de ella dependía, constituía ya un centro administrativo autónomo (municipio-comarca), y la personalidad colectiva se configuraba en las murallas que la rodeaban signo visible de la segregación del territorio. Además era municipio, y como tal un órgano jurídico y a la vez centro de convivencia humana que atendía a todos los fines de la vida en común, económicos, jurídicos e incluso espirituales.

El origen de la ciudad medieval resulta un tema muy polemizado; Sánchez Albornoz haciendo referencia a los municipios medievales de Castilla y León, lo sitúa en el *Concilium,* "Concejo", y lo justifica en las necesidades de la

---

17 C. SÁNCHEZ ALBORNOZ, *Viejos y Nuevos Estudios sobre las instituciones medievales españolas* (Madrid, Espasa Calpe, 1980), p. 1345.

18 *Iidem,* p. 1350 y en *Investigaciones y documentos sobre las instituciones hispanas* (Santiago de Chile, Editorial Jurídica, 1970), pgs. 180-183.

repoblación que paulatinamente impulsaban a los reyes a reconocer también la autonomía político-administrativa a esa asamblea vecinal. El *Concilium* era la comunidad misma actuando consuetudinariamente en la regulación de algunas actividades de interés común; pastos, bosques, montes, precio de jornales o de alimentos, pesas y medidas constituían algunas de sus atribuciones; se le reconocía una representación rudimentaria de régimen local, un vínculo de unión que contribuyó a la paulatina formación de una conciencia colectiva de la comunidad de vecinos y creciente intervención de esta conciencia en la ordenación de la vida de la localidad[19].

Dice G. de Azcárate que, "en la Península Ibérica el municipio romano sobrevivió a la invasión de los godos pero paulatinamente es reemplazado por la "parroquia" en el siglo VII, favoreciendo la reconquista y las tradiciones romanas; se desarrolla al constituirse las villas y fundarse las ciudades; sirve de amparo a los hombres libres y facilita la emancipación de los siervos"[20]. También en los núcleos menores de población surge la institución representada por las "*Collationes*" en cuanto *concilium* o consejo de la "parroquia" entendida no sólo en el sentido religioso, sino también como ámbito de organización de una determinada comunidad local y representando los intereses político-sociales de la misma en el ámbito de su organización. A este respecto, el profesor alemán E. Wohlhaupter, reseñando un estudio de E. Mayer, equipara estas instituciones gallegas y especialmente las de El Bierzo a las Corporaciones parroquiales alemanas de Colonia, deduciendo que la *"Colación"* es una corporación organizada a manera de guilda protectora del Derecho y de la paz"[21] incorporada a los pueblos germánicos.

El indudable desarrollo de la ciudad medieval se apoya principalmente en los municipios urbanos con autoridad sobre un extenso

19 C. SÁNCHEZ ALBORNOZ, o. cit., p. 180-83. Citada igualmente por F. Tomás Valiente; o. cit., p. 120.

20 G. de AZCÁRATE, *Estudios filosóficos y jurídicos* (Madrid, Santa Fe, 1877), p. 193.

21 E. WOHLHAUPTER, "Las corporaciones parroquiales en España y su paralelismo con instituciones alemanas", en *Investigación y Progreso,* (abril 1931), p. 52.

término municipal poblado de aldeas sometidas al gobierno de la ciudad y cuyo área de influencia por lo regular constituía lo que en el siglo XVIII vendría a denominarse una "comarca". Este municipio-ciudad es precisamente el modelo que asumimos básicamente, para la conceptualización de la comarca por lo que el auge municipal del medievo conlleva el máximo florecimiento de este ente territorial. El ámbito expansivo del pequeño componente territorial que denominamos comarca lleva a ponderar otros argumentos pues ya en los siglos XIII, al XV los municipios urbanos, con jurisdicción y autoridad sobre las aldeas situadas en sus términos llegaron a constituir el equivalente de un señorío, que tenía por coto el término municipal y por señor al Municipio mismo de la ciudad o villa, personificado en su Concejo. Precisamente en la Edad Media todas las grandes ciudades eran Concejos o Municipios, y su jurisdicción se extendía a su "alfoz" que a veces comprendía una comarca geográfica extensa que le había sido atribuida por el Rey mediante un privilegio o fuero y que habitualmente compraba y que podía incluir otros Concejos rurales subordinados al Concejo de la ciudad.

En la etapa repobladora del siglo XII, las ciudades y villas fronterizas del Duero o Tajo en Castilla, y de Daroca o Calatayud en Aragón, el Concejo de la ciudad abarcaba bajo su autoridad una amplia extensión territorial (Alfoz) y formaba una comunidad con la población de la que era su centro y el de su término comarcal y en la cual el Consejo podía establecer otras "pueblas" como eran denominadas por los Fueros respectivos bajo la fórmula de la repoblación concejil e integrada en un régimen común con la villa o ciudad repobladora. Así surgieron las denominadas "Comunidades de Villa y Tierra", que en opinión de Domínguez Ortiz, "fueron un modo de organización de tipo municipal intermedio entre la plena autonomía de los núcleos de población y el dominio de uno sobre los demás, muy extendidos al norte del Tajo, asemejaban federaciones, si bien el carácter igualitario nunca se lograría plenamente"[22] pero estos lazos concluyeron en estrechos vínculos.

22 A. DOMÍNGUEZ ORTIZ, *Antiguo Régimen: los Reyes Católicos y los Austrias* (Madrid, Alfaguara, 1975), p. 110.

La comarca, en su sentido tradicional, reproduce el prototipo que en la época medieval se reiteraba en las instituciones antes descritas y afincadas sobre un territorio homogéneo y perfectamente determinado como unidad de vida colectiva. Frente a la corriente doctrinal que no considera probada la existencia de los Municipios-Comarca como base territorial del Antiguo Régimen, de algún modo podemos constatar cuando menos, su existencia en esta época medieval, su carácter jurídico-legal y su nacimiento como entidad territorial y funcional de aspecto y configuración administrativa con naturaleza no idéntica a la comarca natural, aunque casi siempre complementaria.

Luis Mateo Díez no duda en vincular los "concejos" medievales de la provincia leonesa a la leyenda de la insubordinación, que el escritor asocia reiteradamente a estos valles y comarcas leonesas, "el suicidio colectivo de los habitantes de los castros ante la invasión romana sería el precedente de la insumisión de los concejos, institución que ampara el acuerdo de hombres libres ante el despotismo feudal en lo relativo a la mitificación del carácter colectivo de sus gentes"[23]. Se dice igualmente en el mismo texto que "la leyenda ayuda a preservar la memoria del olvido... En el patrimonio de los valles del occidente septentrional leonés, la leyenda es un elemento sustancial de la memoria[24], la libertad era el aliento de la vida de aquellos antepasados que fueron ante el Rey a defenderla"[25].

Si queremos resumir la situación medieval, encontramos que la tradición hispano-romano-visigoda se reproduce tal como se desarrollaba en su última redacción escrita que había sobrevivido al Reino visigodo y es conservada en el texto jurídico del *Liber Iudiciorum* y en la forma consuetudinaria de la mencionada tradición, que se presenta como Derecho general de la alta Edad Media en el doble sentido de aplicarse en todos los

23 Mª. PAYERAS GRAU, "De Babia al Páramo. Espacio narrativo de Luis Mateo Díez", en *Introducción a* la ed. del *Relato de Babia* (Valladolid, Ámbito Ediciones, 2003), p. 19.

24 *Ibidem*, p. 17.

25 *Ibidem*, p. 35.

reinos cristianos con la pretensión de regular todas las situaciones de la vida social. Su aplicación se encuentra limitada por la aparición de una serie de Derechos especiales orientados a regular nuevas necesidades con la única pretensión de completar un orden jurídico ya existente.

El *Liber*, enraizado en la costumbre, representa el Derecho General al que hace referencia en todo momento el Derecho especial, como "malos usos": Derecho de la tierra no organizada de forma autónoma como Derecho municipal, Derecho de la tierra organizada de forma autónoma. Al aproximarse la Baja Edad Media como consecuencia del nuevo orden de ideas se consolida el poder regio, a mitad de camino del *Liber y de los Derechos especiales*; no es el heredero directo de aquél pero se convierte en el verdadero Derecho General promulgado por cada monarca. Frente al carácter expansivo del Derecho municipal y del Derecho regio, el Derecho de la tierra no organizada de forma autónoma, cristaliza en "malos usos" que se intenta conservar frente a un Derecho municipal incorporado como perceptor de un beneficio; situación perfectamente aplicable al funcionamiento normal de los señoríos territoriales. Nace así el Derecho municipal cuya evolución ya hemos seguido, como superación del Derecho de las comarcas de señorío con el germen de la autonomía. El Derecho de las relaciones señoriales, nacidas por la desaparición del poder público visigodo, sirvió mediante su culminación para propiciar el alumbramiento del Derecho municipal, que vino a ser una especie de superación del señorial en los centros urbanos pero continuaría viviendo en los señoríos para regular su vida[26].

26 A OTERO VARELA, "El códice de López Ferreiro en el Liber Iudiciorum", en *AHDE*, nº. 29 (1989), p. 474.

3.- El denominado Derecho comarcal castellano

La vida medieval, por definición es "vida rural" y como dice García Oro, "se alimenta de las realidades y productos del campo; se ordena y jerarquiza en estricta correspondencia con los valores de la vida campesina... Dentro de esta tónica de vida agraria, el escenario natural de la vida y de la historia es el señorío; en particular su coto o reserva señorial y los casales que lo rodean. En el primero se instala el propietario de las tierras titular de todos los derechos y señor de sus colonos. En los segundos viven y trabajan los colonos en situación de dependencia y carentes de derechos"[27]. De la tierra y sus prerrogativas justifica la sociedad medieval sus riquezas y su categoría social. La nobleza mantiene su voluntad latifundista, heredada de romanos y visigodos configurando la fisonomía típica del señorío español en el período Alto Medieval de los siglos VII y XI.

Partiendo de que la institución del Señorío constituye un precedente histórico de la estructuración jurídica de la comarca administrativa, y con la idea de precisar, en lo posible dicho antecedente, resulta interesante analizar el significado que supuso la aparición del Señorío para luego deducir la equiparación respecto a la comarca administrativa. En la necesidad política de un control territorial podemos deducir que el señorío se desarrolla en un espacio territorial de las condiciones de una pequeña comarca en la que el titular puede gobernar y dirigir íntegramente las funciones específicas y mantenerlas directamente controladas.

Resultaría exagerado presuponer la identificación total del señorío y la comarca pero, si la situación histórica la retrotraemos a la Alta Edad Media,

---

27 J. GARCÍA ORO, *Galicia en la Baja Edad Media. Iglesia, Señorío y Nobleza*, 2ª edición (Santiago, Edt. Bibliófilos Gallegos, 1981), p. 11.

con la precariedad de medios de transporte y de comunicación, resulta inevitable el planteamiento de la necesidad de minimizar los espacios territoriales y de este modo el señorío como unidad administrativa, encontró su equivalencia en las dimensiones de la pequeña comarca. Es también evidente que un señorío no resulta asimilable a la significación de una extensa comarca, como la de El Bierzo. La configuración de una comarca como la berciana, resulta más equiparable a una región que integra varios señoríos como los de La Cabrera, Valcarce, Villafranca, Ponferrada, Fornela, Toral, Priaranza o Valle del Boeza que muchos historiadores no dudan en calificar de auténticas mini-comarcas naturales. De la peculiaridad del control directo atribuido a su titular, se deducía que los señoríos venían condicionados como superficies territoriales más reducidas. El modelo nos patentiza que el área territorial de una comarca resultaba un espacio ideal, en el que el noble, titular del poder señorial podía controlar y dirigir personalmente las explotaciones existentes.

Antes de abordar la figura de la comarca administrativa y enlazando con el momento histórico, que se afronta, me parece oportuno tomar en consideración las diversas figuras que adopta el ejercicio del poder público en los territorios del Reino de Castilla y León en función del título ordinario de que dimana. "El poder político, como dice Monreal Luque, se desenvuelve en la Alta Edad Media en un triple plano, que conceptualmente es preciso diferenciar: el político-público, el privado o dominical y el de las relaciones personales. En el primer caso se aprecian, a su vez, dos niveles; en el superior que es el de la soberanía, operaba el poder regio que corresponde exclusivamente al príncipe y en un plano inferior estaba compuesto por el haz de competencias administrativas y fiscales, que en nombre del príncipe ejercitaban sus oficiales colocados al frente de los Distritos en que se dividía el espacio territorial. De forma excepcional en algunos territorios, y ésta será la singularidad que llegaría a conseguir el gobierno de Vizcaya, los oficiales que ejercían este poder inferior, designados por el rey, se convertían en gobernadores vitalicios e incluso hereditarios que llegan a constituirse en propietarios del cargo. A la realidad jurídica-pública que brota de esta forma de titularidad del gobierno inferior se le denomina señorío jurisdiccional"[28].

En un segundo plano el señorío privado o dominical, llegará a imponer una extensa estructura pública. Los propietarios de los latifundios alto-medievales (nobles, iglesias y monasterios) pretenden extender las ya amplias facultades que ejercían sobre las personas relacionadas con la explotación de la tierra, en virtud del derecho de propiedad que sobre la misma ostentaban en virtud de la "potestad dominical", liberándose de la autoridad de los oficiales reales. Las primeras manifestaciones de este fenómeno se producen a finales del siglo IX cuando algunos monasterios de Castilla consiguen que sus tierras queden exentas, "eximidas" de las cargas debidas al "*ius regale*" y la consiguiente prohibición de entrada en las mismas de los oficiales reales, convirtiéndose así en "*cautum* o coto".

En una simplificación del proceso, el efecto principal de tal privilegio determinaría la asunción por el propietario de algunas o todas las facultades públicas que constituían el gobierno del territorio, configurando de este modo el modelo denominado de Señorío dominical, jurisdiccional o solariego. "La titularidad del poder público sobre el territorio podía dimanar también del plano de las relaciones personales o de un pacto feudal con ocasión de la vinculación que las relaciones de vasallaje que se establecían entre un noble y el rey, podía el noble recibir un beneficio, un oficio o función pública, "honor o tenencia". En Castilla apenas tiene alguna vigencia este sistema de otorgamiento del poder inferior"[29].

Para A. Mª. Guillarte, "el régimen jurídico de los señoríos se explica como un traspaso de competencias que la Corona realiza en favor del señor de vasallos. El fenómeno provoca como consecuencia, una diversidad en lo que se refiere al poder del Rey, según las distintas demarcaciones ya que mientras a unas llega a través de sus delegados en las de los señoríos actúa por

28 G. MONREAL LUQUE, "El Señorío de Vizcaya. Origen y naturaleza jurídica. Estructura institucional", en *Anuario de Historia del Derecho Español,* nº. 123 (1973), p. 122.

29 *Ibidem*, p. 123.

intermedio del titular"[30]. El concepto de "inmunidad" que se aplica a determinadas tierras en virtud de la cual el inmunista sustituye a los delegados del Rey en el ejercicio de competencias de gobierno, viene a constituir un rasgo fundamental en la constitución del señorío. De este modo la autoridad del real aqlcanza a algunos lugares mediante delegaciones temporales (gobernadores) y a otras mediante delegaciones perpetuas (magnates laicos o eclesiásticos), funciones que ejercen en el territorio de su gobierno y que consisten en la delegación de competencias.

"Entre las facultades más importantes que comportaba la jurisdicción, como dice García Hernán, y centrándonos en este caso en el señorío laico, se encontraban las de ejercer funciones específicas de gobierno (normalmente de tipo reglamentario) del señor para con sus vasallos, la capacidad para cobrar tributos de carácter fiscal y la administración de justicia como uno de los elementos configuradores básicos. El mero imperio hacía referencia a la plena jurisdicción criminal que se otorgaba al señor; y el mixto imperio implicaba la gran amplitud de sus facultades jurisdiccionales.

Por otra parte y haciendo referencia al Derecho comarcal, destacando el título y calidad del gobierno territorial podemos concretar que, bajo la forma de Derecho municipal se alude al Derecho propio de una población o ciudad. Pero en la Edad Media la utilización de esta forma de Derecho local estaba vinculada al uso de otro complementario, el "Derecho territorial", que, a nuestro entender y siguiendo a Iglesia Ferreirós, se pasa por alto las razones últimas de la formación de aquel Derecho que encuentra una mayor acogida en la denominación de Derecho municipal en cuanto es el resultado de la autonomía municipal en la Edad Media[31].

Tanto el Derecho municipal romano como el Derecho municipal de la época moderna, utilizan esta denominación en un sentido abstracto que nada tiene que ver con lo que se suele designar con ella en cuanto constituía un

30 A. Mª. GUILLARTE, *El régimen señorial en el siglo XVI*, cit., p. 17.

31 A. IGLESIA FERREIRÓS, *Enciclopedia Rialp*, t. VII, p. 493 y 526.

Derecho surgido precisamente en la circunstancia de la crisis en que entraron diversos grupos abandonados a su propia suerte como fenómeno típicamente medieval y que además en España coincidía con la Reconquista. La vida municipal por la ruralización de la vida, dejaba de ser el centro de convivencia nuclear y la nueva organización de las estructuras vitales exigía unos Derechos específicos diferentes.

Surgen de este modo nuevos hechos que caracterizarán el mundo de la relación medieval. Son, por lo general, los Fueros breves y las Cartas fundacionales, basados en un privilegio regio o señorial por el cual se concede al municipio la propiedad de sus términos y con ello la razón de su autonomía. Los fueros constituyen el motor fundamental de las ordenaciones jurídicas municipales al conceder la autonomía a las poblaciones o a las ciudades. Esta nueva organización municipal genera su propio Derecho mediante la respuesta a las nuevas necesidades. Se adquieren nuevos privilegios a la vez que se interpretan extensivamente los ya adquiridos.

Con el concepto de "Derecho territorial" se intenta describir el Derecho de la Edad Media propio de un determinado espacio. La territorialidad del Derecho visigodo se ha delimitado gracias a la idea de la personalidad del Derecho; en la Edad Media se habla de Derecho territorial, contraponiéndolo a "Derecho municipal o local". No es la autonomía municipal la diferenciada, sino que apunta a un ámbito más reducido de dicho entorno territorial, en nuestro caso el espacio comarcal podía venir definido tanto por un municipio-comarca como por la comarca territorial.

Existe constancia de que en el siglo XIII y por obra privada de personas no formadas en las nuevas escuelas, se trata de transformar el Derecho indefinido "de los castellanos" en un Derecho concreto "de Castilla" a través de una regulación comarcal del núcleo originario que no comprende las nuevas tierras adicionadas al Reino, a las que se aplica el Fuero Juzgo o el Derecho de "Extremadura"[32] en el sentido de extra-fronterizo. La primera de

32 J. LALINDE ABADÍA, o. cit., p. 128.

las recopilaciones obtenida en forma no sistemática recogiendo redacciones anteriores recibe el nombre de "*Libro de los Fueros de Castiella*" (redactada ya en castellano tosco, posiblemente en Burgos entre 1248-1252, con una larga extensión de trescientos capítulos, y con técnicas de elaboración similar a la empleada en los fueros extensos; produce una acumulación de disposiciones diversas, unas de orden local y otras procedentes de distintos Fueros castellanos incluso otras de índole territorial, "fazañas", procedentes del rey, de sus alcaldes, jueces locales, adelantados, obispado de Burgos, merino mayor de Castilla, del infante D. Alfonso y de los Señores de Haro.

La segunda gran elaboración del Derecho comarcal castellano se condensa en el "*Fuero Viejo de Castilla*", redactado con una estructuración sistemática que parece proceder del siglo XIV, y que se le supone, igualmente, escrito en Burgos. También utiliza las transcripciones anteriores aprovechadas por el *Libro de los Fueros.* Siguiendo el prólogo de dicho texto[33], Alfonso VIII confirma a los concejos los privilegios de Alfonso VI, Alfonso VII y de él mismo, ordenando a los ricos homes y fijosdalgos de Castilla que le presenten por escrito los fueros, costumbres y fazañas favorables que posean, petición que no resulta cumplimentada, según Lalinde Abadía, por la "priesa del rey"[34]; entretanto los concejos continúan aplicando su Derecho hasta que Alfonso X en 1255 concede el *Fuero Real* declarando en suspenso el Derecho de los castellanos. Y como consecuencia de las graves alteraciones habidas en 1272 obtienen de nuevo de Alfonso X la autorización para volver a utilizar el "*Fuero Viejo*", texto que en fase posterior, reinando Pedro I en 1356 recibe una nueva estructuración en libros y títulos.

---

33 Alfonso VIII "otorgó a todos los Conseios de Castiella todas las cartas que avien del rey Alfonso el Viejo, que ganó a Toledo, e las que avien del emperador, e las suas mesmas del"; al mismo tiempo pidió a los nobles castellanos "que catasen las istorias e los buenos fueros e las buenas costumbres et las buenas façañas que avíen e que las escriviesen e que se las llevasen escritas e quel las viri; e aquellas, que fuesen de enmendar, el gelas enmendarie; e lo que fuese bueno a pro del pueblo, que gelo confirmarie". *Prólogo del Fuero Viejo,* p. *XIX.*

34 Se conoce positivamente que la denominada "priesa del rey" resultaba producida inequívocamente por sus manifiestos reparos a la confirmación de los antedichos fueros, según la interpretación generalizada de los medievalistas.

Estos ordenamientos comarcales para nuestro estudio resultan de intrínseca relevancia en cuanto evidencian esa conciencia del ámbito comarcal en un período y en una amplia región pero apenas sobrepasan ese limitado testimonio que la historiografía parece silenciar; ciertamente que en cuanto ordenamientos legales, tampoco aportaron trascendencia en su aplicación. Pero el simple hecho de que el llamado "*Pseudo-Ordenamiento I de Nájera*" obtenga el reconocimiento legal al ser recogido por Alfonso XI en el Ordenamiento de Alcalá resalta su particular importancia y es el mismo rey quien declara haber excluido algunas cosas que no se usaban o que no favorecían a los fijosdalgo ni a las demás personas aceptando las que eran buenas y útiles para todos y en especial para los fijosdalgo con el consejo de los cuales ordena su cumplimiento; esta dedicación de la Corte Real parece demostrar que conservaban una relativa vigencia.

Una singular manifestación de la presencia comarcal la constituye la concurrencia de redacciones del Derecho de una comarca. La mayoría de las fuentes, como apunta Tomás y Valiente, "son anónimas y aparentemente privadas, aunque en algunas, como el *Fuero Viejo de Castilla,* no se descarta la intervención del rey para aprobar el texto, pero aun en esos casos la iniciativa procede espontáneamente de las personas interesadas en que sea recogido por escrito el Derecho de una comarca"[35].

Como consecuencia de la necesidad de defensa ocasionada por la falta de protección se produce un repliegue a las comunidades inferiores en las cuales se refuerza la cohesión y la solidaridad para suplir la tutela del Poder público. La acuciante necesidad de cubrir el vacío producido por la desaparecida tutela de aquél poder conduce también a las relaciones de protección; con lo cual surgen nuevas relaciones planteadas en términos muy distintos a los desarrollados en épocas precedentes. La ausencia de Poder público acentuaría la necesidad de protección y conduciría a las relaciones de

35 F. TOMÁS y VALIENTE, "El Tribunal Constitucional y la organización territorial", en *Organización territorial del Estado* (Salamanca, Ediciones Universidad, 1993), 159.

dependencia señorial en una situación similar a la que se producía en Europa, con la desaparición del poder del Imperio de Occidente y la incorporación progresiva de las instituciones germánicas personalizadas en los invasores. En las comarcas en que se dispensaba la protección señorial se iría formando en torno a este poder, un Derecho especial para regular estas relaciones de los protegidos entre sí y de éstos con el Señor que vendría a configurarse como Derecho señorial. Otra singular manifestación de seguridad y protección mutua la constituye la organización de las Hermandades cuyo poder en su organización ha sido siempre parcialmente determinado.

"La contraposición entre Derecho territorial y Derecho local, como sugiere Iglesia Ferreirós, parece haberse convertido en el medio más adecuado para comprender el Derecho medieval"[36]. En este lenguaje hablar de Derecho local o de Derecho territorial representa un criterio espacial que viene determinado por la extensión del territorio sobre el que se aplica el Derecho; esta territorialidad, supone a su vez, una diferenciación arbitraria, en cuanto no se puede materializar en una realidad concreta la estructuración de un Derecho comarcal en cuanto Derecho que no es local, ya que, se aplica sobre un territorio más amplio pero que no alcanza a ser territorial.

Tampoco el concepto de Derecho local concuerda con la significación actual asignado por el Derecho administrativo aunque resulte equiparable, a un Derecho municipal caracterizado por la autonomía. podemos deducir la idea de que el Derecho territorial era el no municipal; configuración en la que se encuadran las redacciones del llamado Derecho territorial castellano. La oposición entre Derecho local y Derecho territorial despojado de su carácter nobiliario, pero que en cambio supone una probable identificación con un Derecho señorial aplicado tanto a los nobles como a sus vasallos. Este Derecho no puede ser incorporado a un presunto Derecho territorial pero tampoco al Derecho municipal al ser Derecho de la tierra que

36 A. IGLESIA FERREIRÓS, "Derecho municipal, Derecho señorial, Derecho regio", en *Historia, Instituciones y Documentos* (Sevilla, Universidad, 1977), p. 116.

"no se ha organizado de forma autónoma", que no se ha configurado como un municipio libre. Derecho municipal y señorial que servirán para estructurar un Derecho medieval que trasciende en los textos de la época muy especialmente para los castellanos. Incluso García Gallo, parece aceptar una mayor aplicación del *Liber Iudiciorum* no limitada a los *hispani* y mozárabes del reino de León tras el asentamiento mozárabe en el Reino de Toledo.

En las Cortes de Carrión de 1317 se pidió al monarca que: "los alcaldes de Castiella que libren los pleytos et las cartas de Castiella ssigund quelo an de ffuero, et los alcaldes del regno de León que libren los pleitos et las cartas del rregno de León ssigund quelo an de ffuero, et los alcaldes dela Extremadura que libren las cartas e los pleitos dela Extremadura ssigund sus fueros de cada logar, e a los del rregno de Toledo que ayan alcaldes del rregno de Toledo queles libren sus pleitos et sus cartas ssigund sus ffueros e vsos assy commo lo ouyeron en tiempo delos otros rreys"[37]. Asimismo en las Cortes de Toro de 1371 Enrique II establece que en la corte del rey existan ocho alcaldes ordinarios, dos de Castilla, dos de León, uno de Toledo, dos de las Extremaduras y uno de Andalucía; pero a estos "alcaldes de la nuestra corte de las dichas provincias" no se les ordena que juzguen conforme a los fueros de cada lugar y en cambio en la regulación de ausencias si no están los de Castilla, librarán los pleitos y las cartas de Castilla los de Extremadura". Los jueces no son establecidos en atención al Derecho aplicable, sino en atención a la comarca o provincia sobre la que extienden su jurisdicción.

El Derecho municipal, el Derecho señorial y el Derecho regio son los tres modelos que permiten abordar el problema de la creación específica del Derecho en la Edad Media. La identificación del Derecho señorial y las redacciones privadas del Derecho territorial castellano plantea una cuestión en la que no están muy de acuerdo los tratadistas; un punto de partida lo podemos situar en otro controvertido tema localizado puntualmente en el conocido "mito de los jueces de Castilla" cuyo origen, como el de todos los

37 CLYC, (*Cortes de los antiguos reinos de León y Castilla*) I, 302-3 (Madrid, 1317), cap. 3.

mitos, suele resultar desconocido, pero que debió tener mucho que ver con lo que reiteradamente estamos denominando estructura comarcal de ese Derecho propio de la época medieval y que posiblemente personificó una indiscutible trascendencia teniendo en cuenta el gran número de documentos que originó.

El Derecho regio y el Derecho municipal aparecen configurados con el florecimiento del reino castellano, en el Ordenamiento de Alcalá pero al mismo tiempo surge también perfectamente delimitado, como señala Otero Varela, el Derecho "de la tierra no organizada de forma autónoma". El rey no sólo se preocupa de determinar las relaciones entre el Derecho regio y el Derecho municipal, sino que al final de dicho texto delimita un tercer elemento, el Derecho de la tierra no organizada de forma autónoma; "este Derecho señorial, se generó en los núcleos municipales dando lugar al Derecho municipal, al ser superado este Derecho municipal en Alcalá por la renacida legislación regia, siguió persistiendo en las comarcas de Señorío y se perpetuó dentro de la legislación"[38], "e porque los fijosdalgo de nuestro Regno han en algunas comarcas fuero de alvedrío e otros fueros porque se juzgan ellos è sus vasallos"[39]; este "fuero de alvedrío" y otros fueros, (el fuero de las comarcas) que el monarca decide respetar aunque de forma limitada y que puede coincidir con el uso de la Corte: "costumbre e uso es en la nuestra Corte que acuerda con el Fuero de Alvedrío de Castiella"[40].

"La terminología inicialmente utilizada, dice Iglesia Ferreirós, nos pareció menos expresiva que la de Derecho señorial y más proclive a la confusión. Utilizar comarca frente a municipio nos permitía deslindar el Derecho comarcal y el Derecho municipal; el primero sería el Derecho de la tierra que no llegó a organizarse en forma de municipio ni se incorpora al mismo; pero en los textos medievales el término comarca tiene un sentido más amplio. Se suele pedir en Cortes que en la casa del rey que los alcaldes "que

38 A. OTERO VARELA, "El códice López Ferreiro del Liber Iudiciorum", en *AHDE*, nº. 29 (1989), p. 474.

39 *Ordenamiento de Alcalá, Título XXVIII,* Ley 1ª (Madrid, Joaquín Ibarra, MDCCLXXIV), p. 71.

40 *Ordenamiento de Alcalá,* título XI, Ord. cit., p. 16.

ssean delas comarcas delos rregnos" para que libren cada uno los "pleytos ssus comarcas"; la justicia debe hacerse "por el fuero de cadavnos de logares". En este caso no se trata de contraponer comarca, tierra n organizada de forma autónoma, frente a municipio sino de englobar en u término más amplio las distintas partes del reino castellano-leonés[41].

En 1351 se pide que no se permita a los alcaldes de Castilla se ocupen de los pleitos leoneses o toledanos: "porque viene desto ala tierra dagno por quanto los alcalles de cad vnna de las comarcas saben mejor los fueros e las condiçiones que cada vna de sus villas an". En 1371, al establecerse los alcaldes del Reino de Castilla, de León, de Toledo, de las Extremaduras y de Andalucía, así como el de los hidalgos y de las alzadas y del resto se afirma: "et que libre cada vno dellos en las provincias donde sson alcalles así en los pleitos como en las cartas". Y en este sentido sigue argumentando Iglesia Ferreirós, "podría hablarse del Derecho señorial castellano como de un Derecho comarcal pues es el Derecho señorial de Castilla, o más bien de un Derecho señorial propio de los fijosdalgos castellanos y de sus vasallos.

Este Derecho señorial encuentra su redacción definitiva en el Fuero Juzgo sistemático (FVS) y aceptada esta identificación, se deduce la necesidad de abandonar la categoría de Derecho territorial y de hablar en cambio de: FVS, Pseudo-Ordenamiento I de Nájera, Pseudo-Ordenamiento II de Nájera, Pseudo-Ordenamiento de León, Fuero Antiguo y Devysas como textos de Derecho señorial y no como textos de Derecho territorial y mientras será necesario reservar al *Libro de los Fueros de Castiella* una nueva ubicación. Así, mientras el Fuero Viejo se presenta como una recopilación del Derecho de la tierra no organizada autónomamente, de los Fueros de Castiella se forman extractos condensados con el prefijo "esto es por fuero de Castiella".

El agitado ambiente que se vivía a finales del reinado de Doña Urraca y los problemas surgidos al final del reinado de Alfonso VI,

41 IGLESIA FERREIRÓS, "Derecho municipal, Derecho señorial y Derecho Regio, cit., p. 181.

convulsionaron el Reino; la política renovacionista supuso en su momento la atracción del clero ultramontano que provocó el cambio de la letra gótica y la liturgia mozárabe, pero por otra parte indujeron, la reacción del pueblo, especialmente la de los fijosdalgo que se sintieron postergados ante los ultramontanos. Otero Varela, insinúa que, "una vez conseguida la paz entre los fijosdalgo se concedieron garantías para sus personas y sus bienes, mediante el riepto que suponía un premio por su colaboración en la labor de apaciguamiento. Este premio vendría a suponer la confirmación del Derecho que los fijosdalgo venían usando en las comarcas de su señorío"[42]; era el colofón natural y conforme a los usos de la época. El reconocimiento y confirmación del Derecho señorial de las comarcas estaría reflejado en el Ordenamiento de Nájera; "en este Ordenamiento tenemos la primera fuente del Derecho señorial y en torno a él girará toda la historia de los textos de Derecho señorial, que fueron denominados impropiamente Derecho territorial, Derecho de las comarcas".

"Las tres categorías: país, región y comarcas naturales recuerda Hernández Pacheco, no suelen tener límites definidos pasándose de una región a la inmediata por el simple tránsito de variación en las características naturales que las originan"[43], dice igualmente, que "la diversidad de las comarcas tiene fundamento natural y a la vez histórico y es habitual que los señores o titulares intentasen ampliar su territorio fuera de los límites comarcales"[44]. La estructuración territorial de los reinos de España "tiene un origen medieval, como consecuencia del destino histórico y están fundamentados en razones principalmente económicas"[45] y permanecen a lo largo de los siglos sin apenas evolución significativa. Como precisa Hernández-Pacheco, "Felipe II acometió la ardua tarea de la ordenación de España en

42 A. OTERO VARELA, o. cit. p. 480.

43 E. HERNÁNDEZ PACHECO, *Fisiografía del solar hispano,* t. II (Madrid, R. Academia de las Ciencias, 1956), p. 194.

44 *Ibidem,* p. 195.

45 *Ibidem,* p. 206.

divisiones territoriales y como labor previa se impuso el conocimiento topográfico y estadístico de la nación y de sus diversas regiones, dirigiendo personalmente la vasta empresa de estudio, la cual no fructificó por la minuciosidad con la que comenzó a realizarse. Los datos reunidos fueron importantes, pero de todo ello no quedaron sino las numerosas relaciones que atesoran los archivos de la biblioteca del Escorial"[46].

Hasta el siglo XVIII perduraron dos tipos de divisiones: la territorial de las circunscripciones eclesiásticas, con su estructura en arzobispados, obispados, arciprestazgos y parroquias, y otra de orden político, fundamentada en los antiguos reinos tanto cristianos como los conquistados a los musulmanes, convertidos en regiones políticas que conservaron sus tradiciones históricas hasta la implantación constitucional decimonónica. Igualmente indica Hernández-Pacheco, "en tiempos de Carlos III se trató de establecer una división más estructurada de los territorios españoles. Tomás López, "geógrafo de los dominios de Su Majestad trabajó incansable en tal estudio, reuniendo datos y trazando mapas; aunque la empresa era ardua se llegó a un primer avance a fines del siglo XVIII". Posteriormente las innovaciones constitucionales de J. de Burgos resultaron complementadas con las aportadas en la Constitución de 1978 en el orden territorial, las Comunidades Autónomas y las comarcas, en las que se hace patente la idea de conjugar el componente histórico con el elemento natural, con especial significación de lo político.

4.- Origen del vocablo *comarca*. Su consagración en los albores de la Edad Moderna y su evolución posterior

El vocablo comarca, común en todas las lenguas romances, no tiene precisamente su origen en el griego clásico, como parecería consecuente por

46 *Ibidem*, p. 209. y 210

razones de fuente idiomática, aunque inicialmente algunos historiadores de la lengua del siglo XVI y XVII, no dudaron en atribuirle ese origen como, dice Gili Gaya[47]: "comarca es nombre griego de *Kóme*, villa, castellum, vicus, pagus". Incluso S. Covarrubias en la edición de 1611 del *Tesoro de la lengua castellana*, aun mantenía esta procedencia griega; reproduciendo el mismo texto en la edición de 1674, "comarca es nombre griego de *kóme*"[48]. Igualmente Eseverri Hualde recoge la voz comarca: *kom-arjes*, de *kóme,* aldea y *árjo*[49] mandar y quizá más preciso, en la acepción del derivado, comarcano, que el griego clásico conserva en *Komárkhes* para designar al Gobernador que tenía a su cuenta todas estas villas; autoridad administrativa cuya mención ya aparece en el antiguo Egipto. Con todo hay que afirmar que no se conoce en griego un vocablo equivalente a comarca, a pesar de que la estructura territorial griega, como anteriormente hemos comentado, se aproxima mucho al concepto tradicional de comarca natural desarrollado en la época medieval.

Incluso es conveniente precisar que a pesar de que las lenguas romances en España y en particular el castellano se configuran a partir del latín clásico, el vocablo "comarca" tampoco tiene raíz latina en cuanto se incorporó tardíamente al latín bajo medieval. En opinión generalizada de los filólogos el vocablo latinizado "marca" procede del germánico "*mark*", que indica confín y límite, en coincidencia significativa con el término latino "*confinium*", cuyo contenido conceptual viene a resultar muy similar. Raimundo de Miguel lo recoge en este sentido, en su *Diccionario de Latín-Español.* Incluso en época mucho más moderna y en un texto político de significativa importancia, como es la justificación legislativa que la Generalitat de Catalunya incorpora en 1937 en la Propuesta de la división territorial de Cataluña en Comarcas, hace referencia también a esta significación: "en la

47 S. GILI GAYA, *Tesoro Lexicográfico* (Madrid, 1492), p. 560.

48 S. COVARRUBIAS OROZCO, *El tesoro de la lengua castellana o español,* facsímil, 1ª y 2ª ed. respectivamente (Madrid, Castalia, 1994), p. 336 y 341.

49 C. ESEVERRI HUALDE, *Diccionario etimológico de Helenismos Españoles* (Burgos, Ediciones Aldecoa, 1994), p. 143.

documentació llatina dels darriers segles l'Etat Midjana l'expressió apareéis amb el significat de frontera o terra fronterera"[50].

La etimología y significado inicial del vocablo "comarca" resulta coincidente en este sentido; ya el *Diccionario de la Lengua Española* de 1729 le atribuía el origen germánico: "es voz compuesta de la preposición *con* y el nombre m*arca,* que significa confín, del latín confinium"[51]. Los filólogos sitúan esta palabra como derivada del vocablo germánico "*mark*". Para Balari Jovany, el nombre *marca* es un sustantivo alemán. En el alto-alemán antiguo, son variantes de *marca* las palabras: marka, marcha y marha, con significación de término, confín, país limítrofe y también distrito o provincia", según los estudios de O. Schade, con el nombre de *marca*, importado de los francos, significábase el país de los cristianos en contraposición al de los sarracenos que era llamado Hispania"[52].

Se deben a Joan Corominas[53] las más acreditadas investigaciones lingüísticas sobre este término. Después de un análisis exhaustivo de las derivaciones fonéticas, sitúa inequívocamente su procedencia en el verbo *merken* (del alemán antiguo) y su incorporación a las lenguas romances se justifica por derivación del longobardo *markan*: en anglosajón *meark, mark* también en escandinavo rúnico o medieval, *marz* en persa (país fronterizo), y en italiano *marcare* que matizan la significación de marcar, señalar con una marca, anotar y los sustantivos de signo, señal, marco, marchio y marca; aunque parece inclinarse por el origen primario de la forma verbal. "De Italia han de proceder, pues, las formas de las demás romances. Y en efecto, la reducción del tipo germánico *markjan* "*markan* es normal en la fonética

---

50 CONSELLERÍA d'ECONOMÍA de la Generalitat de Catalunya, *La Divisió Territorial de Catalunya* (Barcelona, 1937), p. 47.

51 RAE, *Diccionario de la lengua castellana*, llamado de Autoridades. Tomo A-B, 1726, C, 1729..., S-Z, 1739 (Madrid, Francisco del Hierro, 1729). Ed. facsímil de la 4ª reimpr. (Madrid, Gredos, 1979), p. 426.

52 J. BALARI JOVANY, *Orígenes históricos de Cataluña* I (Sant Cugat, Cultura Románica, 1964), p. 55.

53 J. COROMINAS, *Diccionario Crítico Etimológico Castellano e Hispano*, 2ª reimpr. (Madrid, Gredos, 1987), p. 842 y ss.

longobarda ejemplificada en palabras de estructura parecida por los germanismos italianos"[54]. "Marca, frontera o territorio fronterizo", parece ser el sentido etimológico de la familia germánica (de donde pasó a "señal que marca un límite" y en este sentido se incorporó al galorrománico por conducto del fráncico, desde el occitano o desde el latín galicano se extendió el vocablo a España, donde ya lo registra A. Nebrija, si bien como voz nueva; *comarca: confinium.* Es apreciable en todo caso el carácter secundario e importado que tiene el vocablo en España. Nuestros escritores del Siglo de Oro lo usan escasamente, fenómeno que también ocurrió en Francia con los vocablos equivalentes *marque* y *marquer,* que no aparecen hasta el siglo XV.

Tempranamente en 1129, en el texto anónimo del *Fuero de Castrotorafe* (Zamora) encontramos la primera versión del vocablo "comarca" que curiosamente lo registra en masculino *"comarco",* "et per heredade quantum habet en aqueste "comarco", vobis concilio de Castrotoraf el forno del rio Dacentas".

Pero sin duda el primer texto en romance peninsular que recoge la palabra *"comarca"* lo encontramos en *La vida de Santo Domingo de Silos,* uno de los poemas más significativos del Mester de Clerecía, de Gonzalo de Berceo, en el año 1236 que ya en román paladino, recoge el vocablo *comarca*:

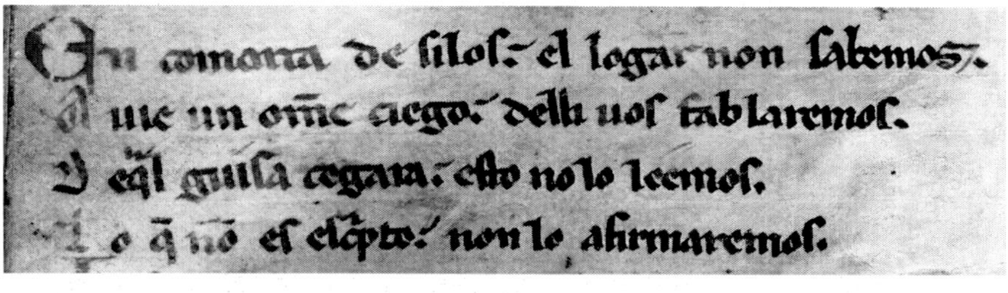
En comarca de silos: el logar non sabemos.
Fue un omne ciego: dell uos fablaremos.
De qual guisa cegara: esto no lo leemos.
Lo q̃ no es escripto: non lo afirmaremos.

AMS (Archivo monasterio de Silos), Ms. 12, estrofa 336 de la *"Vida de Santo Domingo de Silos"*[55].

---

54 *Ibidem,* p. 843.

55 Cortesía de la Biblioteca del Monasterio de Santo Domingo de Silos.

En **comarca** de Silos, el logar non sabemos,
avié un omne ciego, d'elli vos fablaremos;
de qual guisa cegara esto no lo leemos
lo que no es escripto non lo afirmaremos.[56]

En el mismo año, o al menos entre1236 y 1246, Gonzalo de Berceo, en *Los signos del juicio final* nos reitera la palabra:

...que corre cuanto quiere, sin nulla consedat:
en qual **comarca** quiere, ý prende vecindat.

En 1237 el anónimo *Libro de los doce sabios o Tratado de la nobleza y lealtad* recoge igualmente esta palabra. El también anónimo *Libro de Aleixandre,* entre 1240 y 1250, reiteradamente repite la palabra comarca y las desinencias verbales. En las *Cantigas de Santa María* de Alfonso X el Sabio, en romance gallego, en torno a 1282 se generaliza el vocablo:

..."daquela terra e á
en pode-la **comarca**"[57]...

También en el texto gallego de 1275 de la *General Estoria* de Alfonso X aparece la derivación verbal "camarcava": "enque elles **comarcauâ** de guysa que quisessem facer semellança de tal deluvio"[58]. Y en el habla de ciertas zonas de El Bierzo colindantes con Galicia se conservó tanto el sustantivo "comarca" como el verbo "comarcar" en el sentido de deslindar, limitar, aplicándose al deslinde de fincas rústicas.

Si bien fonéticamente el origen del vocablo comarca es evidente, la evolución semántica del término es más compleja e incluso podemos comprobar que es reciente el sentido actual que se le da en castellano y que difiere conceptualmente del considerado tradicional. Aunque pudiera

---

56 G. de BERCEO *Vida de Santo Domingo de Silos* y *Poema de Santa Oria,* edición de Aldo Ruffianato (Madrid, Espasa Calpe, 1992), p. 100.

57 ALFONSO X, *Cantigas de Santa María,* ed. y notas de Walter Metman (Madrid, Castalia, 1988), p. 50.

58 ALFONSO X, *General Estoria, Versión gallega del siglo XIV* manuscrito: O. I. i. del Escorial, Ramón Martínez López (Oviedo, Universidad, 1963), p. 57.

representar un ejercicio lingüístico complejo, me parece obligada, la cita de los primeros textos que incorporan a nuestro idioma el vocablo "comarca", precisamente para intentar valorar, desde su inicio, el concepto originario de la comarca y precisar el sentido que se le asignaba cuando se acuñó el término, para luego hacer posible el estudio de su evolución y en base al mismo, intentar establecer en las propias fuentes su contenido conceptual y mediante el seguimiento de su evolución histórica precisar las distintas significaciones que en el transcurso del tiempo se le han ido confiriendo.

Las primeras constataciones escritas del vocablo "comarca" mantuvieron un significado equivalente a confín o espacio situado en el límite con otro territorio tomando el significado original de marca, como ya se apuntó anteriormente al precisar el origen y también como límite o señal de borde, manteniendo el sentido de espacio colindante. En nuestros textos clásicos tenemos ocasión de completar la forma verbal de "comarcar" y el adjetivo "comarcano", en el sentido literal de proximidad, espacio que rodea o en el que se inserta un lugar; los diccionarios antiguos también le confieren la significación de territorio fronterizo, el *confinium* latino. En idéntico sentido, nuestro ilustre gramático y humanista Elio Nebrija lo registra en su *Dictionarium Latinum-Hispanicum et Hispanicum-Latinum* de 1495, donde anota: "comarca, confinium"[59]; significado trascendente, teniendo en cuenta que la aportación de Nebrija le confiere la importancia decisiva que supone su extraordinaria autoridad en la fijación y consolidación de la lengua castellana.

En este sentido coincide con el que se consigna en el *Diccionario de Autoridades* en su versión de 1726: " *comarca*, el país contiguo y cercano a una tierra o lugar que eftá en contorno de ella. Es voz compuefta de la preposición -*con*- y del nombre -*marca*-, que significa confín. lat. *Confinium*, región fronteriza[60]. En el mismo sentido lo hace el *Diccionario de las voces españolas*

59 A. NEBRIJA, *Dictionarium ex hispaniensi in latinum sermonem*, ed. facsímil (Madrid, Real Academia, 1951), p. (d. ij).

60 RAE, *Diccionario de la lengua española*, llamado de *Autoridades*, o. cit., p. 426.

geográficas de la Real Academia de la Historia de 1796, entre cuyas acepciones figura la de distrito, de contorno. Con ello se hace referencia a un ámbito espacial de escala intermedia entre el espacio local y el regional que se inicia en el siglo XVI. En este mismo sentido, Pero de Mexía en 1561 también hace referencia al concepto de comarca "allênde defto, eran muy grandes los insultos y opresiones que se padecían en Roma y en su "comarca" de la gente de guerra"[61]; que coincide con la definición de "comarca" dada por la Real Academia Española en 1729, "comarca, el país contiguo y cercano a una tierra o lugar que está en contorno de ella"[62]. Con el mismo sentido la usa Salas Barbadillo: "cuya fama estaba ya mui extendida por aquella comarca"[63]. *El Diccionario castellano con voces de ciencias y artes* de E. de Terreros de 1786, también recoge la voz "comarca": "los confines de alguna ciudad, provincia; confín, le *voisinage* (en francés) y *confinia* en latín. Sentido que igualmente le atribuye S. Covarrubias en la edición de 1611 del *Tesoro de la lengua castellana* donde la define: "confinium el entorno y lo cercano a una tierra".

También podemos aducir una significación similar en el francés de la época que estamos considerando, como pone de manifiesto C. Oudin en el *Tesoro de las dos lenguas francesa y española* de 1565, que en su pág. 282 establece una correlación idiomática con el vocablo "comarca": "país, province, une marche, confín, le contour, le voisinage d'un territoire, la marche". En portugués la significación del vocablo "comarca" difiere levemente del sentido que recibe en castellano. Inicialmente, como podemos apreciar en la Carta de D. Joâo I de 18 de novembro de 1409, leemos, "algûas persoas, que houvessem dever em cada *comarca*, segund lhe per nós devisado", evidentemente con el sentido de limitar o confinar que resulta coincidente con el que se aplicaba en castellano. Ello en contraste manifiesto con la significación actual que el *Grande Diccionário da Língua Portuguesa* de Morais

61 P. MEXÍA, *Historia Imperial Cesárea*... (Amberes, Viuda de M. Nucio, 1561), p. 48.

62 *RAE*, Diccionario..., cit., p. 426.

63 A. de SALAS BARBADILLO, *Coronas del Parnaso*, fol. 75.

Silva consigna en esta lengua al vocablo comarca, "de (com + marca). Cada una das subdivisôes de un distrito judicial, sob a alçada de un juiz de direito"[64]. Coincidente con el ya citado *Diccionario de las voces geográficas* de la Real Academia de la Historia.

Resulta igualmente interesante la derivación que se produce en otra lengua romance (como es el gallego) en la que figura desde muy antiguo la voz *marco, mouteira*: (mojón que se coloca en los acirates o lomas que sirven de lindero a las heredades); mojón o piedra que señala la división entre dos de éstas; un singular dicho popular de mucha antigüedad, que recoge Valladares: "de marco a marco n'hai arco"[65]. Y otra derivación gallega, igualmente recogida en la obra anterior, sería la de "comareiro", "cómaro", que hace referencia a la faja o resto de tierra dejada a inculto alrededor de una heredad labrantía, para que sirva de división o tránsito y que igualmente origina otro dicho explícito, también de mucha antigüedad: "labradores novos, mal po los comareiros"[66]. Vocablos que igualmente encontramos en Rosalía de Castro:

"Un, enriba dun **cómaro**,
séntase caviloso e pensativo
(¡Pra Habana!, p. 476).

que enraízan con marca y comarca a los que hacemos referencia.

Por su significación, también resulta ilustrativo aportar la opinión del geógrafo catalán Pau Vila i Dinarés, director de la Ponencia que elaboró la División Territorial de Comarcas y Veguerías de la Generalitat Republicana: "el mot comarca no es troba pas usat pels nostres escriptors clàssics en el sentid d'espressar una entitat territorial; alguna vegada apareix, però, a manera d'indicació d'una extensió imprecisa de territori com es pot veure en aquesta frase: les aljames dels jueus que en aquella *comarca havia*. Hem trobat, demés,

64 A. de MORAIS SILVA, *Grande Diccionário da Língua Portuguesa,* 10ª ed. Vol. III (Lisboa. Confluencia, 1945), p. 274.

65 M. VALLADARES N., *Diccionario Gallego-Castellano* (Santiago, Seminario, 1884), p. 369.

66 *Ibidem*, p. 123.

aquest mot usat com a verb, en sentit d'afrontar o confrontar dues terres, en un document de l'any 1305 en el qual es diu: "Bertran de la Papia, de Caersi qui es et *comarca* amb la terra... En la documentació llatina dels darrers segles de l'Etat Mitjana l'expressió *comarcha, comarchia, o comarca* apareix amb el significat de frontera o de terra fronterera. En trobem una traducció a les *Partidas,* d'Alfons el Savi, en una de les lleis de les quals es llegeix "*Marqués, tanto quiere dezir como sennor de alguna gran tierra que está en "comarca" de reinos"*[67]. El mismo significado latino de *confinium* reproducido en el texto legal de la *Nueva Recopilación* (1567), (Pragmática de D. Fernando e Isabel, Toledo 81): "los Procuradores de las ciudades i villas de nuestro Reino, se quexaron por su petición en estas Cortes, diciendo que unos Concejos a otros i algunos cavalleros, i otras personas injusta i no devidamente toman i ocupan los lugares, que "comarcan" con ellos".

Si nuestra pretensión informativa se detiene en un texto que por su naturaleza específica y de notable antigüedad como es el *Diccionario de las voces españolas geográficas* de la Real Academia de la Historia de 1729, contra todo pronóstico vemos frustrado nuestro interés al constatar la ausencia de la voz "comarca"; ausencia que puede resultar explicable en el sentido, antes apuntado, de que la evolución en el ámbito espacial no había alcanzado la diferenciación clara entre lo local y lo regional. Para satisfacer nuestra inquietud hemos de avanzar más de medio siglo y situarnos en la versión de 1796 para conseguir dicha definición: "c*omarca*: en Portugal se llama así el Distrito de un Corregimiento o partido, cuyo juez reside en la capital; y en el resto de España equivale esta voz a lo mismo que distrito del contorno" (p. 26). Y precisamente leemos: "territorio que comprende la jurisdicción de un prelado, juez o señor"[68] (p. 32). Cabalmente el concepto de comarca específico de un largo periodo histórico que conocemos como el Antiguo Régimen.

---

67 P. VILA i DINARÈS, La *Divisiö Territorial de Catalunya. Selecció d'escrits de Geografía* (Barcelona, Curial, 1977), p.47.

68 RAH, *Diccionario de las voces españolas geográficas* (Madrid, RAH, 1796), p. 26.

Realizando un minucioso recorrido por los contenidos del *Diccionario de la Real Academia Española de la Lengua* (RAE) como máximo exponente de los significados de las palabras en el idioma español, nos encontramos con una sutil evolución en el concepto y significado del vocablo "comarca" que patentiza el significado cambiante que se pone de manifiesto en la comentada evolución. La primera edición del Diccionario de 1780[69] en su pág. 244, define así la comarca: "territorio que compre(he)nde un pueblo con todos sus alrededores, *confinium"*; y el término "comarcano": como cercano, inmediato, confinis, conterminus, vecinus; e igualmente incluye la forma verbal "comarcar": confinar un país, o pueblo, o heredad con otra". La misma definición se mantiene en ediciones sucesivas: la 2ª de 1783 (p. 258), la 3ª de 1791 (p. 233), la 4ª de 1803 (p. 208), la 5ª de 1817 (p. 214) y la 6ª de 1822 (p. 197). Todo ello concuerda con la definición, atribuida al Antiguo Régimen.

Acudiendo de nuevo a la orientación de nuestros académicos de la lengua en el intento de precisar la definición por ellos elaborada, el *Diccionario de la RAE,* en su 12ª ed. de 1884 hace una pequeña matización sobre el término comarca: "de *con* y *marca,* provincia. División de territorio que comprende varias poblaciones"[70]. El concepto de límite o *confinium* se reconvierte en centralidad de un entorno que engloba varias poblaciones. Concepto asumible para los periodos constitucionales y que figura sucesivamente hasta la 22ª edición de 2001, se hace referencia a la etimología del *vocablo* e igualmente perfila el nuevo concepto de carácter administrativo de la comarca. De ese modo el sentido del *vocablo comarca* ha pasado de ser un término referido al ámbito fronterizo, o cuando menos a un área límite, a aplicarse al área que rodea un lugar. Es una división territorial que se presenta con un contenido de varias poblaciones o municipios aunque no se llega a precisar el porqué ni la finalidad de esa división. Se hace patente una evolución de algo preexistente, una alteración que se produce desde el siglo XVI y que se desarrolla a finales del XVIII para consolidarse en el siglo XIX.

69 *Diccionario de la RAE,* 1ª ed. (Madrid, Joaquín Ibarra, 1780*),* p. 244.

70 *Diccionario de la RAE,* 12ª ed. (Madrid, Imprenta Gregorio Hernando, 1884), p. 261.

En la 7ª edición del *Diccionario de la RAE*, de 1832 (p. 180)[71], el *vocablo* estudiado adquiere un nuevo significado, para nuestros académicos: "comarca es la división de un territorio que comprende varias poblaciones". La 8ª edición de 1837 (p. 180), la 9ª de 1843 (p. 173), la 10ª de 1852 (p. 169) y la 11ª de 1869 (p. 187) mantienen idéntica definición, que los expertos estiman coincide con el nuevo concepto de comarca que viene a representar también un nuevo sentido más acorde con las ideas imperantes en el Nuevo Régimen. Sin embargo, el *Diccionario esencial de la lengua española*, en su edición de 2006, como anticipo de la próxima edición del Diccionario de la Lengua, en su 2ª acepción, define: "entidad administrativa compuesta por una pluralidad de municipios en el seno de una provincia" (p. 366); lo que, en un plazo corto de tiempo se erigirá en nueva definición. En todo caso, resulta evidente la concurrencia de una doble significación del concepto de comarca en un sentido *stricto* y un sentido *lato*, que implícitamente se deduce de todo lo expuesto que no exige una mayor consideración.

Otras definiciones más simples, como la que aporta García Rubio: "debemos partir de la inexistencia, hasta la época medieval, de un ámbito geográfico denominado comarca, puesto que el término comarca tiene origen medieval entre los términos "comes" (conde u oficio palatino) y *mark* o marca (circunscripción histórica de defensa del imperio carolingio) así igual que la marca hispánica prototípico origen del condado de Barcelona y del Principado de Cataluña, tenemos las marcas sajonas o las marcas danubianas, que defendían el Imperio carolingio de los ataques bárbaros o de la expansión musulmana, en el caso de la marca hispánica"[72].

---

71 *Diccionario de la RAE*, 7ª edición (Madrid, Imprenta Real, 1832), p. 180.

72 F. GARCÍA RUBIO, *Evolución histórica del espacio comarcal* (Madrid, Dykinson-Universidad Rey Juan Carlos, 2007), p. 13.

CAPÍTULO III

INSTITUCIONALIZACIÓN Y REGULACIÓN JURÍDICA DE LA COMARCA EN LA MODERNIDAD

Con el propósito de profundizar en el concepto de la comarca como elemento básico de nuestra cultura institucional y administrativa aparecen muchos matices aplicables a esta calificación que demuestran la existencia de rasgos fundamentales. También he tenido ocasión de contrastar en este concepto la presencia de un componente cultural constantemente puesto de manifiesto en el devenir histórico; incluso la institución comarcal se ha perfilado en todo momento como entidad de naturaleza territorial o circunscripción dirigida desde el poder central para la aplicación de las funciones administrativas sobre el territorio con una orientación organizativa y además se ha puesto de manifiesto su sentido supramunicipal con la orientación que proviene de la organización imperial romana, pero hemos de tener en cuenta que el sentido de entidad local de la comarca se ha visto siempre supeditada a la significación territorial.

También se ha hecho referencia a la opinión cualificada de algunos expertos que se han manifestado siempre a favor de la consideración de la comarca como entidad territorial. En esta misma línea encontramos también que algunos de ellos aun admitiendo la legitimidad de dar vida jurídica y administrativa a los entes comarcales opinan que no ha de ser a costa de la organización provincial. En este sentido Morell Ocaña, afirma que además de la oportuna convivencia, resulta manifiesta la necesidad de ambas organizaciones, "el interior de los marcos provinciales y contemplando la organización administrativa de las Comunidades Autónomas tiene que incorporar de algún modo la idea de la comarca".

Y prosigue, "ciertamente en favor de estos espacios infra-provinciales subyace un criterio de resurrección de unidades históricas, desnaturalizadas o desaparecidas con la institucionalización, a principios del siglo XIX, de una configuración distinta del territorio como una constante del Derecho comparado en la medida en que las comarcas suponen un espacio capaz de superar las limitaciones de los pequeños municipios que constituyen el componente general del régimen local. En Europa el tema de la comarca se ha venido suscitando en las últimas décadas como paliativo ideal de las limitaciones de estos pequeños municipios para construir una eficaz organización prestadora de servicios públicos. En Comunidades Autónomas como Cataluña o País Vasco la comarca va a representar la continuidad de instituciones locales que llegan hasta comienzos del siglo XIX"[1].

En los ordenamientos jurídicos más significativos (por ejemplo los *Kreise* de la República Federal de Alemania y los *counties* en Gran Bretaña) configuran el segundo nivel local no como una institución de cooperación y suplencia del primer nivel municipal, sino como ámbito de gestión propia que permite una mayor descentralización de servicios del Estado o de las entidades sub-estatales o autonómicas. Se trata en definitiva, de reforzar el propio poder local a través de entidades de esta naturaleza cuyo espacio territorial superior al municipio permite trasladar al ámbito local responsabilidades públicas que en otro caso continuarían ejerciéndose de forma centralizada[2].

A la hora de suplir la capacidad municipal con la configuración de un espacio comarcal capaz de asumir el ejercicio directo de las competencias

1 L. MORELL OCAÑA "La provincia en la configuración y ordenación territorial de las Comunidades Autónomas", Revista Española de Derecho Administrativo, nº. 31 (1981), p. 613 y ss.

2 A. BAYONA i ROCAMORA, "Descentralización y desconcentración en las leyes de organización territorial de Cataluña", en *Revista de Documentación Administrativa,* nº. 214 (abril de 1984), p. 144.

municipales tal como se encuentran actualmente estructuradas en nuestro ordenamiento se produce un efecto descentralizador de abajo a arriba que podría incluso considerarse contrario al principio de descentralización. Sin embargo esta impresión es cuando menos incompleta. Si no se opta por la reforma municipal puede ocurrir que muchos municipios dejen de cumplir el contenido funcional que legalmente se les atribuye y que en la práctica supone una pérdida de contenido real y efectivo del mismo poder local.

Por consiguiente el establecimiento de un nuevo nivel local y autonómico, puede solventar esa situación que se traduce en un reforzamiento cualitativo del propio gobierno local aunque éste se desarrolle en un nivel distinto al municipal. Por ello hay que pensar que la incidencia de la comarcalización sobre el ejercicio de las competencias municipales resultaría lógica y el propio legislador admite esa posibilidad aunque con la limitación especificada en el art. 42.2 de la Ley de Bases del Régimen Local ((LBRL), "la creación de las comarcas no podrá suponer la pérdida por los municipios de la competencia para prestar servicios mínimos e igualmente de las previsiones del art. 25.2", que implica la prevalencia del principio de voluntariedad y colaboración como inspiradora del trasvase de funciones entre el municipio y su comarca.

Significativamente en 1983 Lliset Borrel, a la hora de analizar el ámbito competencial de la comarca en Cataluña ya establecía ciertas conclusiones; la comarca, "creada como entidad territorial por el art. 5º del Estatuto de Cataluña al amparo del artículo 152.3 de la Constitución, en función de la necesaria inflexión que ha de producirse en las competencias municipales y provinciales en cuanto esta variación no afecte al núcleo esencial de la autonomía garantizada constitucionalmente por los artículos 137, 140 y 141 de la Constitución"[3]. "En cualquier caso, como sugiere Castro Alcaide, "los defensores de la organización comarcal lo son en cuanto que

3 F. LLISET BORREL, "Determinación de las competencias de las comarcas en Cataluña", en *Revista de Administración Pública,* nº. 100-102 (enero-diciembre de 1983), p. 2055.

sitúan el nivel comarcal como marco idóneo para el acercamiento de los servicios de distinta índole al ciudadano; como los derivados para la mejora de infraestructuras territoriales, fomento y orientación de productos agrícolas, promoción de zonas industriales, asistencia social o servicios sanitarios"[4].

Desde el punto de vista histórico la comarca institucionalizada carece de un referente definido y desde la perspectiva estrictamente jurídica resulta, hasta cierto punto, un producto actual por sus precedentes inmediatos y por ello resulta inadecuado hablar de la historia o de los antecedentes de la comarca como realidad institucional con vida propia. Surge tardíamente en la aquiescencia constitucional para desarrollarse en los respectivos Estatutos de Autonomía, circunstancia que la reduce a ese ámbito concreto y aplicable a las escasas Comunidades Autónomas que la han institucionalizado.

Por otra parte en el ámbito cultural y operativo la antigüedad de nuestras comarcas resulta un extremo difícil de precisar dada la ausencia de documentos anteriores al siglo IX. Aunque es en la Edad Media cuando empezamos a tener referencias de las comarcas es también cuando adoptan un cierto carácter administrativo y jurisdiccional y no podemos por menos que pensar que muchas de esas comarcas gozaban de un reconocimiento muy anterior. Determinado tipo de demarcaciones territoriales bien fuesen Concejos, Señoríos o divisiones religiosas, dieron pie a la formación de las respectivas comarcas pero de ello no puede deducirse que ese fue el origen de todas ellas. Con frecuencia el proceso se presenta a la inversa y es la demarcación del Señorío la que se asienta sobre la comarca ya definida por circunstancias geográficas o humanas.

En los siglos precedentes a la Monarquía astur no conocemos cómo aparecieron las comarcas y si gozaron ya de algún tipo de entidad administrativa pese a que la mayor parte de ellas cuenta con nombres latinos, bien formados en tiempo del Imperio (como Laciana, Platiana), bien durante el

---

4 R. CASTRO ALCAIDE, "Los Consells Comarcals. Un estudio: La Comarca del Baix Llobregat", en *REALA*, nº. 248 (1990), p. 7.

Medievo o incluso precisando que también muchas de ellas se denominaban con nombres prerromanos y otras que nos resultan de etimología desconocida por su antigüedad lo cual nos deja sumidos en la duda, sin ofrecer pistas fiables sobre los extremos citados.

1.- Las vicisitudes de la comarca en el Antiguo Régimen

El régimen señorial, como apunta M. Artola, "se identifica en el Antiguo Régimen, con el ejercicio de una jurisdicción más o menos amplia según los lugares y con el derecho a percibir determinadas prestaciones que responden a tres tipos básicos y que pueden darse independientemente. En primer lugar, están los cánones territoriales que si en un tiempo pudieron guardar cierta proporción con los rendimientos de bienes del contribuyente no conservan más que un carácter simbólico como ocurre con la marzazga y otras prestaciones. En segundo lugar, existen los privilegios fiscales de tipo portazgo o pontazgo y en tercer lugar, las denominadas penas de "cámara", constituidas por el producto de las sanciones judiciales de naturaleza económica"[5].

Las rentas decimales aunque constituían un ingreso señorial no eran rentas jurisdiccionales al igual que las cábalas y la renta de la tierra que se pagaba a resultas de un contrato. Por ello el espíritu del Decreto de 6 de agosto de 1811 de la estructura liberal burguesa que supuso la abolición de los Señoríos, hace referencia explícita a las prestaciones tanto reales como personales que debían su origen a título jurisdiccional. El art. 5º, de dicho Decreto disponía, en efecto, que "los señoríos territoriales y solariegos quedan desde ahora en la clase de los demás derechos de propiedad particular". La abolición de la territorialidad señorial influye directamente en el concepto de distrito anteriormente asumido en la definición del *Diccionario de la Historia* y afecta igualmente al concepto de comarca implícito en esta época histórica.

---

5 M. ARTOLA, *Antiguo Régimen y Revolución Liberal* (Barcelona, Ariel, 1978), p. 170.

Si bien la conquista de Granada representó la culminación de anhelos arduamente perseguidos en intentos anteriores de consolidación y organización del Estado, la unión de Castilla y Aragón fue el resultado lógico de una política de enlaces matrimoniales que desde mucho antes practicaban las casas reinantes y que aportó el reforzamiento de la autoridad monárquica lo cual, visto bajo un punto de vista práctico, representa la aparición de un poder central estatalizado. No hubo ruptura sino desarrollo progresivo. El mérito de aquellos reyes estuvo en llevar a la práctica un programa que la debilidad de sus predecesores no había logrado consolidar. La prominencia de Castilla posibilitó que Aragón aún muy influenciado por los privilegios y muy apegado a sus fueros, desarrollase modelos más absolutos.

Los reinos estaban divididos en provincias pero estas no suponían una auténtica división territorial en cuanto habían sido creadas en virtud de una relación de vasallaje de origen medieval. Los señores, las órdenes militares y las instituciones religiosas eran dueños de territorios que prestaban homenaje, y así se constituyeron en provincias y es frecuente que estas provincias se convirtieran en territorios fragmentados de tamaño muy desigual. Sólo la Inquisición permitió a los reyes tener una jurisdicción uniforme y en todo el Reino con lo que la estructura provincial resulta poco eficaz.

Por lo que respecta a la organización política las Cortes de Castilla eran reunidas pocas veces, aunque algunas de estas convocatorias fueron de gran importancia, como las celebradas en Toledo en 1480; que fijaron en 17 (luego se añadió Granada) el número de ciudades que tenían el privilegio de enviar procuradores; juraron al Príncipe D. Juan como heredero y formularon un vasto programa de reformas que comprendía la reorganización de los altos cuerpos administrativos, nombramiento de escribanos, saneamiento de la Hacienda, defensa de los Consejos del intrusismo de los poderosos nobles y muchos otros asuntos de vital interés en aquel momento.

Los reyes actuaban por mediación de los Secretarios reales, precedente de los actuales Ministerios. Y ya en época posterior se puso en marcha el sistema polisinódico, usual en Europa y predominante con los Austrias que establece un Consejo de Castilla como órgano central al que sucedían en el orden jerárquico las Chancillerías. Y si bien en Castilla la ordenación del territorio resultaba más racional el caos territorial era evidente y a Felipe II le resultó difícil encontrar un equilibrio entre el centralismo autoritario de la Monarquía y la tendencia secesionista de la periferia. En 1556 el territorio peninsular se dividió en 40 partidos, de los cuales 18 fueron provincias que tenían por capital ciudades con voto en Cortes.

El sistema democrático representado por la asamblea vecinal conservó su arraigo en las pequeñas comunidades; pero en los grandes municipios, villas y ciudades, los vecinos ya delegaban sus funciones, unas veces de buen grado y otras muchas forzados, en una Asamblea limitada (Justicia y Regimiento) encargada de aplicar la justicia de la administración. Estos cargos que surgían inicialmente como vitalicios, se convirtieron en fase posterior en hereditarios, e incluso a partir de Carlos I derivaron en objeto de venta real. Los reyes por su constante penuria financiera enajenaban estos cargos y los Regidores empleaban con frecuencia las rentas del común en comprar los oficios municipales que creaban los reyes. Las crecientes exigencias reales llevaron a los municipios a una situación de verdadero agobio económico arrastrando a la institución a una grave crisis.

La auténtica figura político-administrativa del Reino en la Administración Territorial la constituía la institución del Corregimiento y su titular el Corregidor que el *Diccionario de la Lengua Española* de la Real Academia define, a) "magistrado que en su territorio ejercía la jurisdicción real con "mero y mixto imperio", conocía de las causas contenciosas y castigo de los delitos", b) "alcalde que con arreglo a cierta legislación municipal nombraba libremente el Rey en algunas poblaciones importantes para presidir el ayuntamiento y ejercer algunas funciones administrativas". La institución, que en su origen tuvo un carácter estrictamente político inició su funcionamiento en el siglo XIV y si bien en principio afectó únicamente a alguna de las principales ciudades se generalizó en Castilla a partir de 1480.

Los Corregidores nombrados por el Consejo de Castilla y en estrecha relación con dicho Consejo constituyeron el nervio del gobierno interior del Reino, así como los *batles* y *vegueres* lo fueron en la corona de Aragón con la diferencia de que en los territorios catalo-aragoneses la preponderancia real no se manifestaba con tanta intensidad, ni resultaba tan marcada la decadencia municipal. El Corregidor era una especie de Gobernador que aunaba funciones judiciales, desempeñaba el cargo de comandante militar y presidía el ayuntamiento cabeza de partido y en el siglo XVII también se complementaba como jefe superior de la administración de las rentas reales.

El Teniente Corregidor, uno de sus principales ayudantes, un legalista que atendía las obligaciones judiciales del Corregidor constituía una instancia intermedia entre los alcaldes y las audiencias. Se desconoce con precisión la extracción social de estas autoridades aunque se la supone variada, como variada resultaba también la retribución asignada que ascendía a los 415.000 maravedíes de una de gran responsabilidad, como Toledo en el siglo XVI; en cambio el de Salamanca, también importante, percibía 150.000 y el de Ponferrada 60.000, que por supuesto pesaba sobre las respectivas haciendas comarcales. El número de los Corregidores también resultaba variable, llegando a alcanzar 86, al final de la época de los Austrias.

Los Corregidores casi no tenían funciones reales; el mismo Rey tampoco disponía de los funcionarios necesarios para gobernar directamente, se dejaba que los municipios lo administraran todo pero a la vez se fiscalizaba estrechamente toda su actuación, de suerte que la autonomía local era más aparente que real; una especie de tácita delegación de poder compatible con una inspección rigurosa que lo condicionaba todo. Existían reinos, el de León, el de Toledo, el de Aragón, el de Córdoba etc., que ostentaban una titulación que no se correspondía con la realidad y que en este aspecto no eran verdaderas unidades administrativas. Una de las cuestiones de fondo la constituía el concepto de naturaleza y extranjería. Será *natural* de un sitio, de un reino, aquél que esté vinculado a la tierra y al señor titular de la misma por relación de vasallaje. Si el noble se encuentra avasallado con el rey es *natural,* al igual que sus vasallos del lugar, comarca o estado, pero si el noble se rebela tanto él como su territorio salen del reino; ello implica que los naturales de un Reino resulten extranjeros en otro, aunque pertenezca a la misma corona. Pero en tanto existe una cierta uniformidad en la división jurídica y política la administración provincial se traduce en una total diversidad; mientras Asturias se compone de 113 concejos, Ávila se divide en seis sexmos, cinco partidos y siete estados; Burgos lo hace en partidos, merindades, cuadrillas y valles; y León en hermandades, provincias, concejos y jurisdicciones.

La división provincial se configura con una total desproporción que va desde las 52 leguas cuadradas de Guipuzcoa a las 1.199 de Extremadura, división a su vez complicada con la existencia de abundantes enclaves de unas provincias en otras que hacen del "*Atlas* de Tomás López un auténtico caos. Toro estaba constituida por tres distritos discontinuos (Toro, Carrión y Reinosa). El distrito de Antequera situado entre Sevilla, Córdoba y Granada no pertenecía a ninguna de las tres. Baños de Palencia tenía cuatro feligresías, tres en la provincia de Orense y otra en Santiago; dos lugares, uno en la provincia de Salamanca y otro en la de Toro y una aldea en la provincia de Cuenca"[6]. Si además añadimos que "una escasa población entre 10 y 12 millones de habitantes, a finales del siglo XVIII se distribuye entre 148 ciudades, 4.716 villas, 14.525 lugares, 1.881 aldeas y 1.251 granjas, con predominio de la población rural sobre la urbana"[7]. La obra unificadora de Felipe V y el centralismo de sus sucesores borró muchas de sus antiguas diferencias; pero el país estaba muy lejos de su vertebración. Y cuando en 1808 se inicia el proceso liberal, España dista mucho de ser una nación homogénea.

Sin embargo, como dice Ferreira Fernández, "resulta sorprendente constatar cómo, al tratar de la comarca es frecuente que se la califique, tanto en textos legales, como en estudios doctrinales, de forma tradicional de

6 M. ARTOLA, *Los Orígenes de la España Contemporánea,* cit., p. 25 y 26.

7 *Ibidem,* p. 23.

convivencia, de hecho constante y natural en nuestro Derecho histórico, de realidad histórica permanente o calificativos similares, que intentan resaltar cómo la institución de la comarca hundía sus raíces en la organización político-territorial del Antiguo Régimen, y que, como tal, sobrevive e incluso subyace al esquema uniformista implantado en nuestro país a partir de la Constitución de Cádiz"[8].

La configuración político-administrativa durante el Antiguo Régimen, supone para muchos una diferenciación bastante artificial y resulta todavía poco conocida. Puede incluso afirmarse que cada ciudad, cada villa, cada pueblo disfrutaba de un régimen jurídico singular. Por eso muchos administrativistas no dudan en derivarla de la institución de la comarca, basándose en el reconocido prestigio de esta institución, concurrente en el municipio-comarca y en la ciudad-comarca, o en el partido-comarca de la época medieval y que mantuvo su vigencia hasta el final del Antiguo Régimen.

2.- El Nuevo Régimen. La abolición de los señoríos

En la historia de nuestras instituciones jurídicas, la referencia al Nuevo Régimen, se vincula esta expresión en correspondencia a un corto periodo de tiempo en el que se produce el desmantelamiento de las instituciones tradicionales vigentes y en el que la Monarquía absoluta del Antiguo Régimen resulta sustituida por un Estado liberal, regulado por una norma suprema, la Constitución. El origen de algunas de las instituciones precedentes no resultan totalmente conocidas ni uniformemente aceptadas. Este periodo de desmantelamiento institucional tiene una especial significación en el cambio de nuestro concepto tradicional de la comarca. El prototipo de comarca como repetidamente he tenido ocasión de exponer se encontraba fundamentado en la institución del señorío territorial.

---

8 X. FERREIRA FERNÁNDEZ, *La comarca en la Historia* (Santiago, Universidad, 2000), p. 24.

La porfiada lucha liberal para lograr la erradicación del señorío afectó radicalmente a ese concepto que resulta desprovisto de su configuración tradicional; la comarca que subyace en el nuevo concepto es preciso analizarla con detalle antes de intentar ofrecer una nueva definición; razón por la cual resulta oportuno valorar puntualmente el momento del debate político-institucional en el que se origina esta mutación y posteriormente adecuar una nueva definición a la vista de la distinta configuración de una institución que radicalmente cambia de sentido razón suficiente para dedicarle una ponderada consideración especialmente a sus precedentes.

La progresiva articulación hacia el modelo del señorío se aprecia en todas las comarcas de los reinos cristianos y se agudiza en las fases de depresión en los siglos XIV y XV situándola destacadamente en la segunda mitad de este siglo en los reinados de Enrique II (mercedes enriqueñas) y en general de los Trastámaras castellanos hasta Isabel I; y en los reinados de Alfonso IV y Pedro IV, en la Corona de Aragón. Este proceso desintegrado resulta igualmente reiterado por los Austrias, que agobiados por una Hacienda inflacionista crónica dio ocasión a lo que S. Moxó denominó desamortización eclesiástica del siglo XVI. Las Tierras de realengo y de las Órdenes Militares van a parar nuevamente a la nobleza y en algún caso a otros ricos propietarios, con la evidente intención de ennoblecerse (compra de hidalguías) y cuya finalidad era netamente continuista, la de convertirse en señores de vasallos.

La institución señorial permanece ostensiblemente enraizada en la base de la organización social hasta las Cortes de Cádiz, no exenta de movimientos antiseñoriales, "luchas de bando", "remensas catalanas", "irmandiña gallega", "comuneros castellanos". Violentos conflictos sociales que igualmente se reproducen en toda Europa a partir de la peste negra de 1348; no revisten un carácter de oposición total, más bien ponen de manifiesto que la verdadera clase antagónica de la nobleza señorial lo era la burguesía ciudadana (liberal) sino el campesinado.

Los antecedentes inmediatos que motivaron la excitación de los liberales y a la vez sirvieron de base para la formulación de sus reivindicaciones es conveniente analizarlas con precisión por la trascendencia que implican en el cambio radical de la vida de la comarca. A finales de la Edad Media la autoridad del monarca se debilita y el poder efectivo pasa a un pequeño número de jefes militares que aspiran a ejercerla en su favor o en el de su grupo, provocando la aparición de instancias interpuestas entre el imperio del Monarca y la gran masa de la población.

El predominio del carácter local de ese ejercicio resulta evidente, y las pretensiones de los denominados magnates feudales desembocan ineludiblemente en una comarcalización del poder prefigurando que la obra de gobierno se realizase a nivel comarcal o regional. Ya en determinados momentos de esta exposición hemos tenido ocasión de considerar cómo el momento más significativo de este concepto tradicional de comarca coincide con la implantación del señorío territorial destacando la repercusión social que relaciona su desarrollo con la conciencia y la mentalidad colectiva de quienes habitan en una comarca o feudo determinado por habilitarse la doble dependencia, la inmediata presencia del señor y la más lejana del Monarca.

La cohesión territorial, social y jurídica que asociamos en la descripción del concepto tradicional encuentra en esta institución histórica su peculiar representación. La habitual ordenación de las posesiones feudales bajo el régimen del señorío territorial de instituciones agrarias o jurisdiccionales configuran un único mercado local en lo que tiene de concepto comercial reducido que centraliza la actividad económica y que de algún modo supone una división rudimentaria que se identifica intrínsecamente en la territorialidad natural de la comarca.

En el plano político los rasgos apuntados de comarcalización del poder y la aparición de instancias intermedias entre el monarca y sus súbditos no dejan de estar presentes en la organización medieval hispánica; la ocupación musulmana había acentuado la manifestación del comarcalismo como una de las realizaciones tardías que conoció el Occidente europeo, que al igual que la normanda favoreció la descentralización feudal en la Europa transpirenaica. Este deslizamiento hacia la comarcalización del poder en el orden político se tradujo en tendencias autonomistas y secesionistas en la parte oriental del Reino coincidiendo con la pujanza igualmente agresiva de los magnates galaicos en la zona occidental.

Otra institución vigorosa aflora con la "inmunidad" que aparece en la formación del régimen señorial muy influyente en Cataluña y que en el Reino leonés se decanta en favor de establecimientos y dignidades eclesiásticas. A través de esta inmunidad el titular de la nobleza territorial excluía de la jurisdicción de su dominio a los oficiales regios en cuya autoridad se subrogaba, por su poderío solariego, se posicionaba en un escalón interpuesto entre el monarca y cierto grupo de sus súbditos, como peldaño de una estructura escalonada que tenía su representación más destacada en atribuciones jurisdiccionales. No menos importante resulta su trascendencia en el ámbito económico de una civilización netamente agrícola regida más por una aristocracia guerrera que por su profesionalismo castrense que lleva el peso de la Reconquista seguido a cierta distancia por la behetría. La realidad nos muestra que la sociedad medieval hispana "había hecho del señorío y del régimen señorial su soporte económico y el marco a través del cual se ejercía la dirección de grupos humanos ligados al señor por el vínculo territorial"[9].

Independientemente de que en fase posterior resulte obligado referirse a la desacertada oposición liberal con fnalidades mediáticas desvirtuando la cultura feudal de nuestra Historia, la nueva realidad nacional implica que del mismo modo que sucede fuera de España, también encontremos en la Península la expresión cultural del carácter feudal; como atestigua Menéndez Pidal, el género épico, con su contenido político-social se manifiesta vibrante dentro de los reinos hispano-cristianos de la Edad Media. La gran epopeya española reflejada en los cantares de gesta constituye una

---

9 S. de MOXÓ, "Feudalismo, Señorío y Nobleza", en *La Castilla Medieval* (Madrid, RAH, 2000), cit., p. 55.

nota significativa como reflejo dinámico del espíritu feudal peninsular destinada a ensalzar las hazañas y el género de vida de nuestros guerreros en lucha con el Islam. *El Cantar del Mio Cid* sublima el valor y la lealtad al igual que lo hacen Gonzalo de Berceo y los cronistas medievales. Esta muestra cultural se patentiza igualmente a través de los numerosos castillos y las ruinas que coronan gran parte de los altozanos peninsulares como símbolo del gobierno señorial que esa época nos legó como muestra de su definición cultural. Feudalizadas las estructuras sociales y en pleno desarrollo el régimen señorial, el feudalismo español resulta distinto del predominante en Europa, pero las características peculiares de un pueblo y unos Reinos de frontera conforman un tipo de civilización señorial.

Parece indudable que el tema primordial lo constituyan los avatares de la disolución de los señoríos, la "desvinculación" y sus efectos. Señorío es en la acepción del *Diccionario de la Lengua Española,* "el territorio perteneciente al señor y dignidad de señor", es modesta la precisión que se hace de una institución histórica, y cultural de indudable trascendencia en nuestra historia. La primera y más simple discriminación es la que se refiere a la naturaleza de los titulares de los señoríos laicos y eclesiásticos agrupables en la denominación general de abadengos y solariegos respectivamente. En el primer grupo general de abadengos, en el sentido de señoríos monásticos frente a otros señoríos eclesiásticos en cuanto están sometidos a las Mitras o Cabildos, pero a su vez configurados por lar Órdenes Militares y las Órdenes Religiosas.

La institución señorial a la que hace referencia el presente estudio es la de los grandes señores o hidalgos generalmente laicos. Señoríos nobiliarios conocidos también con el sobrenombre de solariegos en contraposición al dominical de realengo, al abadengo y a la antigua behetría. Adentrándonos en el proceso evolutivo del régimen señorial también encontramos nuevas diferenciaciones y se forjan nuevos modelos cuyos conceptos, señorío jurisdiccional y solariego (territorial o basado en el dominio del suelo), además de las posibles atribuciones judiciales o gubernativas de sus titulares y un gran número de diversificaciones posibles. La precisión del ámbito conceptual resulta condición imprescindible en cuanto que constituyó la premisa sobre la cual los legisladores de Cádiz basaron en 1811 su obra abolicionista.

"Con el notable avance de la Reconquista la creación de las Órdenes Militares, la aportación del impulso de la Orden del Císter y el influjo feudal ultrapirenaico a través de la Casa de Borgoña que empieza a reinar en Castilla y Portugal y con el incremento notable de las inmunidades jurisdiccionales que engloba una serie de funciones públicas, surgen en esta época señoríos poderosos que abarcan comarcas naturales enteras como las de Molina, Cameros, Albarracín o Portugal (convertido pronto en Reino), cuyo carácter territorial compacto y homogéneo así como las amplias facultades de que gozaban sus señores, los acerca a los grandes feudos europeos"[10]; si bien el modelo predominante en nuestro marco político-administrativo lo fueron los entonces denominados *Estados* más pequeños y menos concentrados y también con frecuencia entrelazados; la diversidad y complejidad dominicales resultan características señaladas, pese a la preponderancia que alcanzarían algunas familias en determinadas comarcas. Las inmediatas consecuencias se configuran en que la autonomía señorial se mantenga en la esfera administrativa sin llegar a provocar una quiebra de la soberanía dejando a salvo el señorío real superior y la jurisdicción suprema que lleva perfilada la institución señorial en la órbita de la administración local.

La difusión de la justicia como facultad ordinaria y relevante en el señorío de la Baja Edad Media con las atribuciones prescriptivas lícitas del Ordenamiento de Alcalá producen un efecto de mimetismo sobre los señoríos que inicialmente estaban desprovistos de esas facultades jurisdiccionales con lo cual podemos decir que la casi totalidad de los señoríos de la Edad Moderna superan el carácter inicial, solariego, si bien podemos añadir que son muy pocos los de creación moderna de los Reyes Católicos, de Carlos V y Felipe II que resultan en todo momento mucho más circunscritos, lo que supone cuando menos un cambio cualitativo.

---

10 S. de MOXÓ, o. cit., p. 142.

Si retrotraemos los datos facilitados por el Catastro de Ensenada se llega a la conclusión de que el manifiesto envejecimiento del régimen señorial a finales del Antiguo Régimen, produjo en el sistema un cambio de sentido irreversible, en el que el carácter económico de la tierra declina rápidamente para convertirse en una mera dignidad honorífica que los historiadores califican de un "poder de vanidad" por su escaso rendimiento. La administración de justicia (nombramiento de jueces y oficiales judiciales) y el nombramiento de los oficios del Concejo se instituyen en funciones típicas del señorío jurisdiccional moderno. Así el régimen señorial habiendo nacido indisolublemente vinculado a la tierra, relega a ésta, en la Edad Moderna, a elemento secundario para reorientarse preferentemente en el ejercicio de funciones públicas y en la ostentación de una dignidad de aspecto honorífico que cada día se destaca más en los nuevos señores jurisdiccionales que ausentes de sus *Estados* (dominios) se convierten en meros rentistas del suelo.

Los diputados de Cádiz para llevar a cabo la abolición del régimen señorial, maniobran a favor de una corriente ya iniciada por los incorporacionistas ilustrados y los reformistas del siglo XVIII con el beneplácito del centralismo monárquico y los desesperados intentos de saneamiento de la Hacienda Pública que consolidaron así el dominio territorial y sientan los precedentes para eliminar la función pública del señor. Aunque la solución más consecuente en el ánimo de muchos, hubiese sido modernizar el modelo comarcal heredado, la realidad se tradujo en una reacción revolucionaria no directamente en contra del modelo en cuanto causa, pero que en cuanto efecto, sufre las consecuencias del vendaval liberal revolucionario provocando no tanto el total abandono del concepto, pero si al menos originando una desviación o cambio sustancial de su contenido.

En otro momento de este estudio se reivindicaba para la comarca su contenido natural de concepto coherente de "distrito del contorno" como concepto heredado, frente al innovado sentido actual de "división de un territorio que comprende varias poblaciones". La contraposición unión-división es el entorno decimonónico que ahora toca dilucidar; de aquí que resulte nuevamente imprescindible referirse al momento político en el que se provoca este cambio y a la vez que se intenta determinar las causas, se busca, igualmente, precisar el momento en que se produce. Y todo ello a ser posible, con apoyo en los documentos parlamentarios correspondientes.

La Relación de los Pueblos de España de orden del Conde de Floridablanca, elaborada por los Intendentes, con el título "*España dividida en Provincias e Intendencias*"... de 1789, y el Censo confeccionado bajo el Gobierno de Godoy en 1797 permiten conocer la realidad existente en las postrimerías de la España del Antiguo Régimen. El *Índice de Floridablanca,* recoge la cifra total de 21.937 pueblos, de cuya cifra se pueden desglosar, granjas, barrios, aldeas y despoblados; y se redondea habitualmente en 19.899 el número de pueblos. El *Censo* de Godoy a su vez cifra en un total de 25.330 (no desglosables las granjas y aldeas). Y también a su vez el *Catálogo de Tabacos,* enumera 28.162. Estableciendo la premisa de que la institución básica del señorío territorial, independientemente de la disparidad de cifras, lo importante consiste en poder establecer las correspondientes proporciones de las clases de señoríos en cada muestra y en el citado momento histórico en que entendemos se inicia el proceso de cambio institucional.

Según S. de Moxó, los datos son bastante precisos. "*El Índice de Floridablanca* recoge 9.429 lugares de señorío nobiliario laico, 6.814 de realengos, 2.615 señoríos eclesiásticos y 733 de Órdenes Militares. *El Catalogo de Tabacos*, en la copia, que dice disponer el Padre H. Flórez: 12.968 de señoríos nobiliarios, 7.718 de realengos, 5.578 de abadengos y eclesiásticos y 1.898 de dominio mixto. En el *Censo de Godoy* de 1797 la preponderancia corresponde al realengo con 11.921 pueblos, el señorío secular 8.681, el eclesiástico 3.916 y las Ordenes Militares 712 villas"[11]. En el ámbito provincial, de los 306 pueblos del reino de Valencia, sólo 33 eran de realengo y los restantes de señorío; proporción, como vimos anteriormente, no equiparable a

11 S. de MOXÓ, *La disolución del régimen señorial en España* (Madrid, CSIC, 1965), p. 6.

la media nacional de España, ni siquiera comparable a otras regiones como el caso de Andalucía en la que de los 744 núcleos de población, 306 lo eran de realengo y 438 de señorío nobiliario, eclesiástico o de Órdenes Militares.

A este respecto resulta igualmente significativo el escrito presentado por el diputado Sr. Alonso y López en la Sesión del día 1º de junio de 1811, de los preliminares de la Constitución gaditana y que recoge el Diario de Sesiones de las Cortes Generales y Extraordinarias, "no pueden ser pequeños los valores de tales enajenaciones si atendemos al número de privilegiados que gozan fueros de señorío en la Monarquía. Entre los 20.428 estados de esta clase que comprende la Península y sus islas adyacentes hay solamente 6.620 señoríos Reales o de la Corona; los 13.808 restantes están enajenados, formando señoríos seculares, eclesiásticos y de órdenes militares... Es sobre la paciente y laboriosa Galicia en donde cargaron más las arbitrariedades de estas enajenaciones, que tanto pesan sobre la labranza y su industria fabril: de los 3.755 estados de señorío que componen aquél, hay 300 solamente que sean realengos o de la Corona, y los 3.455 restantes pertenecen a seglares, eclesiásticos y órdenes de caballería"[12].

Con una poco justificada disparidad de datos se pone de manifiesto la indudable presencia del régimen señorial en la última etapa de la sociedad del Antiguo Régimen principalmente en la España rural, puesto que en la predominantemente urbana, resulta en todo momento muy significativa la permanencia de los grandes centros de población en el ámbito realengo; e igualmente se acentúa una leve tendencia a la incorporación a la Corona de este tipo de señoríos que comparativamente con la Europa continental siempre resultó superior en el Continente. Este tipo de Sociedad, de Estado y de Derecho venían siendo sustituidos en Europa durante los últimos decenios de siglo XVIII (en Francia) y a lo largo de las primeras décadas del XIX en el resto de los países europeos, por otro modelo de organización económica jurídica y política, que se conoce como la Revolución burguesa en referencia a la clase que la protagoniza y que a su vez resulta la beneficiada del cambio.

12 *Diario de Sesiones* de: *Las Cortes Generales*, nº., 243 (Cádiz, 1808), p. 1162.

En la nueva sociedad de la que ya se hace eco la inspiración constitucional de Cádiz se postuló la eliminación de los estamentos privilegiados y se predicó la igualdad jurídica de todos los hombres aunque esta ampulosa declaración de igualdad era más aparente que real; se implantó la libre circulación de bienes, comenzando por la liberación del régimen jurídico de la propiedad de la tierra y el viejo régimen señorial fue suprimido como indudable aportación constitucional de Cádiz pero las relaciones de producción e intercambio comercial se sometieron a una incipiente economía capitalista y la Monarquía absoluta es sustituida por un Estado liberal regido por una Constitución.

Además de estas importantes razones genéricas concurren otras específicas también originadas en ese momento histórico, que justifican un detenido estudio de sus causas. Por lo que hace referencia a la comarca, tema específico de este estudio, coinciden ciertamente otras razones, ya apuntadas anteriormente al hablar del cambio conceptual. Por ello, creo conveniente exponer con cierto detenimiento los pormenores que concurrieron en la conformación del hecho jurídico-político que produjo la nueva situación. Lo específico del cambio liberal consistió en la liquidación de las bases del Antiguo Régimen y en la simultánea creación de unos nuevos fundamentos de la organización social y de las bases de un nuevo sistema jurídico y político.

Es notorio que tanto el Estatuto de Bayona como las Cortes de Cádiz, desde el primer momento, hicieron tabla rasa de la tradición jurídica española. La unificación jurídica concibió el nuevo Derecho como un producto puro de la razón, desligado del peso de la tradición y de las situaciones existentes copiando el modelo francés; tanto José I como los legisladores de Cádiz pretendieron ignorar la pluralidad de ordenamientos que imperaban en las distintas regiones que seguían denominándose Reinos. Igualmente en el nuevo Derecho privado las reformas se orientaron desde el primer momento a modificar el régimen la propiedad especialmente el de la tierra desmembrando los grandes señoríos y facilitando el tráfico inmobiliario.

"Por el Estatuto constitucional de Bayona, dice Sanz Cid, trataban de introducirse tímidamente y sin grandes audacias los principios liberales incorporados a la vida de los pueblos por la Revolución francesa que resultaban en pugna con las costumbres de España. Por el nuevo estatuto se suprimían los privilegios que contradecían la soberanía de la nación, se establecía decididamente la igualdad ante la ley y la libertad económica frente a las jurisdicciones particulares de señores y obispos... se abría paso en España la exaltación de la personalidad del individuo"[13]. Así el art. 98 del texto constitucional decía: "la justicia se administrará en nombre del Rey, por tribunales que él mismo establecerá. Por tanto los tribunales que tienen atribuciones especiales y todas las justicias de abadengo, órdenes y señorío, quedan suprimidos". Y el art. 135 añade, queda abolido: "todo fideicomiso, mayorazgo o sustitución, de los que actualmente existen..."

Es decisión de los liberales, intentar usufructuar sin demora la popularidad política del movimiento incorporacionista ya fomentada por los Consejeros y Ministros ilustrados de Carlos III y Carlos IV, facilitada por la existencia de una corriente de opinión favorable a la abolición de los señoríos como lo confirman el extraordinario número de pleitos anteriores y otros muchos pendientes en dicha época y todo ello potenciado por el inmediato precedente de Napoleón con el Decreto de la abolición del régimen señorial y las importantes transformaciones introducidas por el Estatuto de Bayona determinan que el fundamento jurisdiccional que soportaba el señorío, como base territorial-comarcal del Antiguo Régimen se desmantele en beneficio de una estructura provincial como previsión territorial del Nuevo Régimen en el que desaparece la comarca como su tradicional soporte.

García Herreros, en la sesión de 4 de junio de 1811 expone ante las mismas Cortes, "cómo los señoríos jurisdiccionales suponían una desmembración de la Soberanía"[14]; por ello formula la proposición

13 C. SANZ CID, *La Constitución de Bayona* Madrid, Editorial Reus, 1922), p. 448.

14 *Diario de Sesiones,* o. cit., p. 1175.

abolicionista sobre dos bases esenciales de contenido diferente. [illegible]mera se incorporaban -o abolían- todos los señoríos jurisdiccionales [illegible]ier clase y condición que fueren, debiéndose proceder al nombrami[illegible] jueces y funcionarios necesarios para la nueva estructura territorial [illegible] de los territorios de realengo. En la segunda, se determina la conv[illegible] propiedades particulares de los señoríos territoriales y solariegos caso [illegible] por su naturaleza no sean incorporados a la Corona, "esta reversión res[illegible] autorizada, a juicio de Alonso y López, por nuestras mismas leyes antiguas [illegible] que indican los varios casos en que deben anularse legalmente, las mercedes, las donaciones y las enajenaciones hechas por los Reyes o por sus tutores"[15], lo cual resulta difícilmente comprensible en cuanto se desvanece intrínsecamente toda la estructura territorial precedente.

Precediendo a la discusión y promulgación de la Constitución de Cádiz las Cortes aprobaron y la Regencia autorizó el trascendental Decreto LXXXII de 6 de agosto de 1811, de *Incorporación de los señoríos tradicionales a la Nación* cuya iniciativa se debió al diputado valenciano Lloret y Martí, que en la sesión de 30 de marzo de 1811 proponía, el reintegro inmediato a la Corona de todas las jurisdicciones "civiles o criminales" consideradas como regalías de primera clase o inherentes a aquellas, sin perjuicio de las oportunas compensaciones. La petición de este Diputado es apoyaba directamente por la moción de J. L. Villanueva, presentada en la misma sesión de Cortes que reivindicaba la restitución a la Corona de ciudades, villas y lugares enajenados del Reino de Valencia, mediante justa "compensación y tanteo". Como dice Sanz Cid, "escindir del cuerpo general de la Historia un fenómeno cualquiera para particularizar su conocimiento, tiene siempre algo de arbitrario"[16], en este caso el hecho revolucionario que supone la sustitución de un régimen comarcal por otro que implica una nueva estructuración territorial de base provincial.

---

15 *Diario de* Sesiones, Sesión de día 1 de junio de 1811, p. 759.

16 C. SANZ CID, o. cit., p. 449.

El Conde de Toreno remedando con su actitud la del Vizconde de Noailles ante la Asamblea Francesa la noche del 4 de agosto de 1789 se sumó a la moción, "Señor, yo dueño de varios señoríos pido al Sr. García Herreros que fije las proposiciones y ruego al Congreso encarecidamente se digne aprobarlas"[17]. "La razón más principal de conservarse en fuerza los derechos señoriales provenía de la naturaleza de los feudos aunque jamás se establecieron en España como en Francia, Alemania y otros países, y quizá también por la elevación y grandeza del carácter nacional que obligaba al señor a acudir con el Rey en los tiempos de guerra con hombres, armas y caballos, manteniendo todo a su costa; y es claro que el ingreso total de las contribuciones del día se recaudaba entonces bajo distintas formas en fracciones o partes por distintos ramos que al cabo servían para sostener las huestes que "estos derechos jurisdiccionales gravan a los pueblos del modo más pesado. La diferente condición entre los que sufren y los que se hallan libres de ellos puede servir de prueba de esta verdad". Y el mismo diputado prosigue en su argumentación, "además, señor, esos mismos derechos son poco útiles a sus dueños. Su conservación más bien promueve la vanidad y altanería de los grandes y señores, más que un aumento real de riqueza. Su abolición, siendo provechosa a los pueblos, refluirá a la larga en utilidad misma de los que los pierden" y "demostrado que la abolición de los señoríos es una consecuencia necesaria de haberse proclamado del modo más solemne por las Cortes Generales y Extraordinarias el eterno principio de la soberanía nacional que contra tan sagrado derecho no puede alegarse ni propiedad, ni posesión, ni prescripción, ni otros títulos, cualesquiera que ellos sean"...

Seguidamente en un calculado efecto escénico hace leer la Ley 3ª, del Libro 5º, Título X de la *Nueva Recopilación,* "que el Rey no pueda hacer donación de las Ciudades y lugares de fu corona real, contra el tenor de lo contenido en efta ley"[18] y con calculada ironía prosigue el Sr. Argüelles,

17 *Diario de sesiones, cit.,* p. 1163.

18 *Recopilación de las leyes de estos Reinos* (Madrid, Catalina del Barrio,1640), p 24.

"Señor, V. M. advierta que cuando esta ley se promulgó no había Monitores, ni revolución de Francia, ni publicistas, ni filósofos modernos, el anacronismo sería intolerable". Y haciendo referencia a las acusaciones de exagerada premura en la promulgación del Decreto de abolición; no escatimaba disimulos citando el consejo de Luis XIV de Francia a su nieto Felipe V, "no derogues las Cortes en España pero no las convoques jamás". Y "si V. M. no aprovecha este momento feliz para sancionar la proposición en modo y forma que convenga no sé yo si pasada esta coyuntura habrá fácilmente lugar a su aprobación... es pues mi dictamen que en el punto de jurisdicciones y señoríos decreten las Cortes sin la menor dilación, quedar abolidos para siempre"[19].

Resulta evidente que el alto interés de los liberales en la propuesta revolucionaria, aprovechando la corriente favorable generada por la secuencia de hechos acaecidos y que por todos los medios estos representantes de una burguesía floreciente aspiraban a la consecución del poder político conscientes de la falta de resistencia efectiva para mantener el régimen señorial -en la estructura básica tradicional- por sus propios titulares que dirigen sus esfuerzos a la defensa de sus dominios territoriales, conscientes del clima de inspiración democrática y antinobiliaria imperante. Los elogios posteriores de muchos diputados de diversas tendencias evidencian la oportunidad del Decreto que incluso sobrevivió a la derogación de la Constitución.

La cuestión primordial, ya contenida en la propuesta básica de García Herreros respecto a la diferenciación entre el señorío jurisdiccional y el simple señorío territorial o solariego se había ido debilitando a partir de la Edad Media hasta provocar las máximas dificultades en la interpretación de la legislación abolicionista. Si bien para ambos preveía el Decreto la indemnización, la determinación de la cuantía planteaba mayor dificultad para los primeros; de ahí la profusión legislativa desarrollada para su interpretación tanto en los períodos constitucionales como en la etapa de retorno de Fernando VII. La desidia y la imposibilidad del Fisco para arbitrar recursos, ante

19 *Diario de sesiones*, cit., p. 1194-1199.

cuya situación García Herreros recomienda paciencia y Martín de las Heras, más pragmático, deduce en 1814 ¡cómo iba a indemnizarse a los señores en un momento en que el Reino se hallaba en los mayores apuros!

Se postulaba distinto trato entre señoríos jurisdiccionales y solariegos pero los contornos que delimitaban ambas modalidades de señorío resultaban imprecisos en el siglo XIX, ya Sánchez Albornoz advertía en su momento que "los límites de los señoríos jurisdiccionales y territoriales eran borrosos"[20]. La fórmula cancilleresca "con la jurisdicción, civil y criminal, alta y baja, mero y mixto imperio" difundida tras las donaciones generalizadas de los Trastámaras nos pone de manifiesto que el señor además del dominio sobre la tierra, concentraba en sus manos, rentas, tributos y jurisdicción.

El régimen señorial español tenía una configuración jurídica más individual, pivotando en forma concreta sobre una villa o alguna ciudad. En otras ocasiones operaban sobre alguna pequeña comarca natural de varios pueblos. Mientras unos señores consiguieron la jurisdicción a través de un nuevo privilegio real, otros la usurparían aprovechando el desequilibrio interior y la pujanza señorial de Castilla a fines de la Edad Media y una vez usurpada esta jurisdicción por señores poco escrupulosos continuarían ejerciéndola en la Edad Moderna al amparo de la posesión inmemorial que si bien los Fiscales del Consejo la combatían, en cambio los Tribunales no dejaron de admitir, al menos, como de título incierto. Las complejidades aumentan con la indudable existencia de la jurisdicción compartida y cierta permanencia de estructuras de condominio arcaico de las behetrías a cuya disgregación pretende poner freno a la floreciente institución de los mayorazgos señoriales que convergen en un feudalismo tardío, hasta el siglo XVIII, con vigor creciente en Castilla al igual que en Europa y con una clara reorientación hacia el ejercicio de funciones públicas y judiciales, pero que no pierden la noción de su primitivo dominio sobre la tierra.

La simple lectura del Decreto de 1811 pudiera sugerir que la

20 C. SÁNCHEZ-ALBORNOZ, *La reforma agraria ante la Historia* (Madrid, 1932), p. 75.

abolición alcanzaba a la integridad del señorío jurisdiccional cuyos elementos diversos, jurisdicción, rentas, censos, fincas o tributos, deberían incorporarse a la Nación. Sin embargo muy lejos se hallaban los ánimos de tal interpretación, y la tendencia interpretativa se orientaba en otro sentido al diseñado por los diputados de Cádiz. La abolición resulta totalmente decidida como se aprecia en la intervención del ponente García Herreros, en la sesión del 4 de junio de 1811, "supresión en un sólo renglón"; pero la disposición deja en la penumbra cuestiones esenciales como eran la igualdad o diferencia de lo jurisdiccional y lo territorial y la posible exigencia de títulos para convalidar la nueva fórmula dominical. Esta sombra legal, voluntaria o inconsciente, derivó tempranamente en litigios y alborotos de inusitada virulencia que se prolongaron en el tiempo sobre todo en regiones de Galicia y Valencia, en las que las relaciones vasalláticas siempre resultaron tensas. Es un caso singular la reacción de un municipio como Alcalá del Valle, cuyo Ayuntamiento al dar las gracias a las Cortes por el Decreto de Abolición les comunica haberse apropiado de la Dehesa de Tomillos y otros incoherentes planteamientos municipales más frecuentes, como la suspensión de los pagos de tributos, rentas, censos y otros derechos no todos de carácter jurisdiccional cuya larga lista resultó motivo de reivindicaciones de todo tipo.

El tono agrio de algunos de estos litigios pone de manifiesto el trasfondo revolucionario del problema de la liquidación del régimen señorial del Antiguo Régimen. Se trataba nada menos que de una disposición dirigida contra fundamentos básicos y seculares de la estructura social, y administrativa imperante en España durante siglos que el diputado Joaquín Rey puntualiza, "la complejidad de la materia, ha transmitido cierta oscuridad a la ley"[21]. El art. 5º del Estatuto de Bayona, disponía, "los señoríos territoriales y solariegos quedan desde ahora en la clase de los demás derechos de propiedad particular si no son de aquellos que por su naturaleza deban incorporarse a la Nación o de los que no hayan cumplido las condiciones con que se concedieron lo que

21 *Diario de sesiones*, 1820, cit., p. 1775.

resultará de los títulos de adquisición". En la práctica la interpretación suponía la subsistencia de los Derechos territoriales algo no deseado por los Ministros ilustrados ni por las corrientes ideológicas provenientes de Francia, cuando los nobles se resignaron en principio al abandono de sus antiguas facultades jurisdiccionales como algo inevitable e impuesto por el ritmo de los tiempos. Esta clara imprevisión hace ver hasta que punto parecía estar lejos de la conciencia española la posibilidad de una revolución interna.

La presión moral de la tradición española se intentó ejercerla con un reconocimiento tan fuerte de los diputados gaditanos que el recurso a la comprobación histórica resultó el tipo de argumento más recurrido por parte de unos y otros. El diputado liberal recurre con la misma frecuencia que el realista a la Edad Media, pero niega sistemáticamente el recurso a sus contrarios acusando de oscura cerrilidad a los realistas a los que califican además de serviles. Una personalidad de extraordinaria erudición, como era A. Argüelles al intentar especificar los aciertos de la Constitución, procuró insistentemente configurar una raíz histórica española a las reformas incluso citando algunas leyes especificas afirmando que era mérito del trabajo de la Comisión, denostando simultáneamente a quienes no reconocían que las palabras de la Comisión y las suyas propias respondían a un hecho real.

Según J. L. Comellas, "no cabe duda que la homogeneidad del conjunto de la Constitución de Cádiz es tan perfecta que fuerza es sospechar que fue un sólo individuo de la comisión quién trazó su estructura de modo que las discusiones no versaron sino sobre un plan preestablecido, a diferencia de la notable falta de compromiso que caracterizó a casi todas las Constituciones posteriores"[22]. Y en lo que respecta al tema concreto de esta investigación ignoramos cuál pudo ser el pensamiento de ese personalísimo ideólogo o de aquél reducido grupo de activistas liberales respecto a la configuración de la comarca en cuanto estructura del régimen local imperante.

A juzgar por el desarrollo de las sesiones parlamentarias podemos

22 J. L. COMELLAS, o. cit., p. 100.

asegurar que su principal propósito se concentraba exclusivamente en la abolición de los señoríos. Y una vez conseguido este propósito se percataron del vacío generado sin una solución inmediata para la reposición del mismo; y ya posteriormente en la fase de discusión constitucional creyeron resolverlo con el reforzamiento de la institución municipal del art. 310, "se pondrá ayuntamiento en los pueblos que no le tenga". Dejando igualmente pendiente la división territorial prevista en el art. 11, "se hará una división más conveniente del territorio Español". Aquí resulta evidente la mentalidad liberal en lo referente a la división territorial dado que incluso con posterioridad a la implantación de la provincia en 1833 como entidad territorial algunas instituciones como las referentes a la Administración de justicia seguirán manteniendo su estructura territorial de base comarcal.

3.- El periodo constitucional

La revolución ideológica de finales del siglo XVIII guiada por las corrientes de pensamiento que la alimentaron, el racionalismo, el historicismo, el romanticismo y el liberalismo, se apoyó en una revolución social y económica paralela que supuso la decadencia de los estamentos tradicionales, la incorporación presencial de las clases medias y la libertad económica, vinculadas a una revolución técnica y sobre estos hechos se plantearon los problemas políticos que determinaron la herencia de un enmarañado patrimonio. A este respecto, tienen un valor extraordinario los Decretos de 6 de agosto de 1811, de 14 de enero de 1812 y el de 8 de octubre de 1813, que suprimieron los señoríos y privilegios exclusivos, declararon la libre propiedad, la libertad agraria y del comercio de sus frutos y la libertad de trabajo, complementado todo ello con la supresión de los vínculos y los mayorazgos y la desamortización civil y eclesiástica, preconizando la posterior de Mendizábal en 1836 y no todas ellas de neta inspiración liberal exaltada.

Mientras los revolucionarios franceses hacían una separación radical del *"Ancien Régime* y el *Nouveau Régime*", acentuada con la implantación de un nuevo calendario, la revolución española de 1812, quiso atemperarse en una revolución más moderada. Así, a este respecto, el Discurso preliminar de la Comisión Constituyente decía literalmente, "las bases de este Proyecto han sido para nuestros mayores verdades prácticas, axiomas reconocidos y santificados por la costumbre de muchos siglos"[23]. Ya en el segundo período constitucional, significado por el Estatuto Real de 1834, se afirma que se pretendía "restablecer en su fuerza y vigor las Leyes fundamentales de la Monarquía"[24]. Pretensión que reitera la Constitución de 1845 que en su Preámbulo se propone "poner en consonancia con las necesidades actuales del Estatuto los antiguos fueros y libertades de estos reinos".

El siglo XIX se debate entre el Antiguo Régimen y el Estado liberal, con dos conceptos antagónicos de gobierno; el nuevo Estado, inspirado en la Ilustración y en la revolución francesa necesita una nueva ordenación territorial con leyes iguales a aplicar sobre espacios iguales o al menos territorialmente asimilables, con el objetivo de obtener resultados también equivalentes. La necesaria estructuración llega de la mano de Napoleón, es tutelada por los Bonaparte y resulta aplicada en España por José I. El proyecto del mapa prefectual aportado por el clérigo J. A. Llorente en 1810 pretende establecer la nueva división territorial siguiendo la experiencia francesa en base a 38 prefecturas y 111 subprefecturas haciendo tabla rasa de los condicionantes históricos. El proyecto no llegó a entrar en vigor pero su espíritu repercutió, primeramente en las Cortes de Cádiz de 1811, que derogaron los señoríos jurisdiccionales e influyó luego directamente en la Constitución de 1812 que eludió el reconocimiento de la personalidad política de los antiguos territorios históricos precisamente fundamentados en la aludida territorialidad. Al reincorporarse Fernando VII se establecieron 29

23 A. ARGÜELLES. *Discurso preliminar,* leído en las Cortes al presentar la Comisión de Constitución el proyecto (Madrid, 1820), p. 2 y 119.

24 Decreto de promulgación de 10 de abril de 1834.

intendencias y 13 consulados que únicamente venían a representar un paréntesis en las reformas liberales de principios del siglo XIX ubicadas en los períodos constitucionales.

Como acabamos de precisar, la reforma del régimen territorial es una de las necesidades sentidas con mayor urgencia por el Nuevo Régimen. La señorialización de los municipios, consecuencia de la enajenación de oficios, desvirtuó totalmente la relación monarca-municipio. Y resulta muy significativo la sorprendente exactitud de la posición liberal con la Historia institucional española, podemos decir que la ordenación municipal del Antiguo Régimen difiere sustancialmente de la establecida por el Nuevo; y en este sentido 1808 es el año crepuscular de una España que a grandes rasgos, continúa perviviendo en nuestros días.

La Revolución es un fenómeno político que encubre una radical reorganización de la sociedad partiendo de concepciones totalmente distintas. Mientras Ortega y Gasset sostiene que, "constituye un sugestivo proyecto de vida en común", Sánchez Agesta hace constar, "la insistente referencia de los diputados gaditanos a las instituciones históricas" no deja de representar un eufemismo en cuanto reinos, señoríos y comarcas resultan sustituidos por instituciones foráneas y desconocidas en la estructuración tradicional a pesar de que "la interpretación que hacen los liberales de la Historia política española es tendenciosa, lo suficiente para permitirles buscar en ella lo que de antemano se han propuesto encontrar"[25]. Y como matiza en otro punto del mismo texto: "en el siglo XIX se ha construido el pasado en función del futuro, en vez de trazar el futuro sobre un legado tradicional"[26].

Hablar de constitucionalismo en España ineludiblemente nos hace retornar la atención una y otra vez a la primera y más significativa de todas las Constituciones españolas, la de Cádiz. Como sugiere puntualmente H. Jurtshke, "el propio hecho de que se concibiera la idea de celebrar Cortes en

---

25 L. SÁNCHEZ AGESTA, *Historia del constitucionalismo español*, 4ª ed. (Madrid, CEC, 1984), p. 37

26 *Ibidem*, p. 36.

medio de una guerra encarnizada con el invasor presente resulta algo sorprendente y lleva a muchos a plantearse la pregunta de si las clases cultas apoyaban todavía el Antiguo Régimen o si ya había serias grietas de la estructura moral antes de que se produjera la catástrofe de la invasión"[27]. El texto de Cádiz cuenta a su favor con una atención muy superior a la que se ha destinado a la mayoría de las Constituciones promulgadas con posterioridad.

La implantación en España del constitucionalismo liberal supuso para nuestro concepto tradicional de la comarca la quiebra total; podemos asegurar que la abolición del régimen jurisdiccional cumplimentado en el art 11, del Título II, de la Constitución de Cádiz de 1812 que textualmente dice: "se hará una división más conveniente del territorio español por una ley constitucional luego que las circunstancias políticas de la Nación lo permitan"[28]. Supuso un giro radical en las estructuras implantadas en el régimen territorial de tipo jurisdiccional vigente desde la época medieval mantenido en el Antiguo Régimen. Un acto consciente pero ciertamente indeterminado y que se demostró polémico e incluso no resultó uniformemente aceptado en la misma Constitución. De todos modos una división homogénea se hacía imprescindible a efectos organizativos y administrativos.

El señorío ya fuera eclesiástico, solariego o realengo resultaban otras tantas manifestaciones de la territorialidad vigente que si bien en lo económico implicaba un derecho a percibir el canon correspondiente y el ejercicio de la jurisdicción, en la práctica también entrañaba un funcionamiento legal producto de su propia evolución en muchos siglos de existencia, quizá compleja pero suficiente para la época y totalmente distinta de la nueva implantación. La comarca tradicional o la comarca-municipio era el soporte o se ensamblaba perfectamente en la estructura territorial del

---

27 HANS JURETSCHKE, "Los supuestos históricos e ideológicos de las Cortes de Cádiz", en *Revista Nuestro Tiempo,* nº. 18. (1955), p. 13.

28 "BOE Constitución Española de 1812", en *Constituciones Españolas*; cit., p. 4.

Estado; pero la suplantación por la nueva regulación constituc conformando una discordante territorialidad basada en la provincia generó nueva estructura que fácticamente relegó a la comarca a un tipo de enti desprovista de contenido.

La desamortización civil se inició como acción revolucionaria con Decreto de 27 de septiembre y la Ley 11 de octubre de 1820 que declaraba "suprimidos todos los mayorazgos, patronatos y cualesquiera otra especie de bienes raíces, semovientes, censos, juros, foros, o de cualquiera otra naturaleza, los cuales se declaran desde ahora a la clase de absolutamente libres" (art. 1º), y en los siguientes artículos se hace extensible a la amortización eclesiástica. Desvinculación, desamortización civil y eclesiástica que atraviesan ciertas vicisitudes hasta su culminación con Madoz en 1854-1856. Y en todo caso interesa destacar que el desarrollo de la institución comarcal de la época medieval resultó truncado a pesar de la reproducción de la división departamental francesa con el nombre definitivo de provincia pero que en poco se asemeja a la institución tradicional castellana.

El Estatuto Real de 1834, que para muchos constituye una Carta otorgada e inspirada en la francesa de la Restauración, se traduce en la práctica, en una desafortunada imposición ante la necesidad de suplir la ausencia de medios materiales, respaldada por el Trono e incorporaba a su defensa al partido liberal ante el incremento del apoyo popular del carlismo que se traducía en una situación desestabilizadora en el desarrollo de la guerra civil. El devenir histórico de la situación se consolidó con la Constitución Progresista de 8 de junio de 1837. De los 77 artículos de su contenido, los cuatro correspondientes del Título 2º se dedican a la regulación y desarrollo del Régimen Local de Diputaciones y Ayuntamientos con la pretensión de convertirlos en motor de la inspiración revolucionaria. Consagrada definitivamente la división provincial la atención a la comarca quedó limitada a la circunscripción judicial y a alguna que otra cuestión marginal, que las posteriores Constituciones del siglo XIX mantuvieron residualmente.

La Constitución Moderada de 23 de mayo de 1845, la última del reinado de Isabel II, asociando usos viciados y abusivos de las instituciones, con interpretaciones y violaciones implícitas prolongó su vigencia por espacio de cuatro lustros y perduró a pesar de los cuatro intentos de reforma; el más significativo propiciado por Bravo Murillo en 1852 con la pretensión de acentuar la preponderancia del Gobierno y dar al Senado un carácter nobiliario a cuyo efecto se intentaba el restablecimiento de los mayorazgos; conato planteado para acentuar su moderación[29] que implícitamente resucitaban las vinculaciones; Bravo Murillo publicó el proyecto y denegó su discusión, intento que pocos días después le costó el cargo. No obstante el Gobierno de Narváez-Pidal introdujo una reforma del Senado por Ley de 17 de julio de 1857 que de acuerdo con el proyecto anterior autorizaba las vinculaciones lo cual nos evidencia que las instituciones comarcales de siglos precedentes pugnaban constantemente por su supervivencia.

La regulación territorial viene establecida en el Título XI con amplias delegaciones en su desarrollo legislativo posterior lo que facilitaba la diversidad de interpretaciones. El mismo preámbulo de la Constitución, planteado por el Gobierno, pretendió matizar una nueva visión de la tesis constitucional basada en un pacto que, "lejos de acudir a principios abstractos más o menos vagos respecto al origen de las Constituciones, vuestros Secretarios de Despacho han juzgado preferible anunciar un hecho, que en la Constitución que va a regir España están de acuerdo la Corona y las Cortes deseando concurrir unidas a acomodar los antiguos fueros y libertades de la nación a su estado y necesidades actuales, dando a las Cortes la intervención que en todos los tiempos han tenido en la resolución de los asuntos de la Monarquía"[30].

La Revolución de septiembre de 1868, con el precedente del pronunciamiento liberal de 1854 se convierte en la Constitución Republicana, promulgada el 6 de junio de 1869. El diputado López de Ayala, fiel exponente del manifiesto de Cádiz con sus consagrados "*!queremos¡*", "queremos que el

29 *"Gaceta"*, 2 de diciembre de 1852.

30 *Diario de sesiones*. Apéndice 9, de 18 octubre de 1845.

encargado de observar y hacer observar la Constitución no sea su enemigo irreconciliable; "*¡queremos!*" que las causas que influyen en las supremas resoluciones las podamos decir en alta voz delante de nuestras madres, de nuestras esposas y de nuestras hijas"[31]; lo que en definitiva provocó el derrocamiento de Isabel II y la implantación de la 1ª República, como consiguiente desarrollo de la tesis de que la soberanía nacional radica en el pueblo frente a la idea de la tradicional autoridad histórica de la Corona. Un nada pacífico período de la Historia de España en el que se barrunta como libertad absoluta el federalismo de Pi y Margall. El Título VIII corresponde a la regulación de la Administración Local estableciendo precisiones sobre la publicidad de las Sesiones, publicación de los Presupuestos y delimitaciones en el ámbito tributario. Por otra parte la institución comarcal inicia tímidamente su reaparición por la vía del regionalismo.

En la Constitución de la Restauración, de 30 de junio de 1876, el Título X regula la presencia de Diputaciones provinciales y Ayuntamientos. El problema ya esbozado en la Constitución de Cádiz entre la fidelidad a la tradición española y los que se planteaban la europeización entre el sentido autóctono y el mimetismo político, se reproduce con parecido sentido en esta Constitución de 1876. Ferrer del Río, Pi y Margall y Castelar por un lado, Balmes, Donoso Cortés y Menéndez y Pelayo por otro, cuestionan el ámbito cultural y político. El casticismo frente a lo exótico del que efusivamente hablan Menéndez y Pelayo y Unamuno; se polemiza sobre las causas. Lo que lleva a Joaquín Costa a decir que: "todo el orden político y administrativo español es pura apariencia; no hay ayuntamientos, ni diputaciones, ni comicios, ni electores, ni Cortes, ni partidos"[32].

En el siglo XX la Constitución Republicana, de 9 de diciembre de 1931, presenta una nueva perspectiva del constitucionalismo. "El testimonio anecdótico de la vigencia del principio constitucional no significa que en 1931

31 L. SÁNCHEZ AGESTA, *Historia del Constitucionalismo español*, 4ª ed. (Madrid, CEC, 1984), p. 259.

32 *Ibidem*, p. 439.

no se hubiera alterado el sentido con que entendieron las Constituciones todos los Cuerpos Constituyentes del siglo XIX. La Constitución sigue siendo un instrumento revolucionario, el texto en el que se compendian las aspiraciones de los grupos que se han adueñado del poder. Pero las aspiraciones de estos grupos en 1931 rebasan los principios del constitucionalismo liberal. La Constitución de 1931, es ya la misma revolución en marcha, el proceso de disgregación en su punto de fusión: la guerra ideológica, la lucha de clases, la disolución misma de la unidad nacional"[33]. La nación no era el heredero histórico de la Monarquía porque se negaba virtualidad al sentimiento de la nacionalidad e incluso la invocación liberal de la libertad quedaba relegada a un segundo término. No obstante, en la Constitución de 1931 se reconocen instituciones que implícitamente enlazan con las estructuras precedentes. El art. 11 del texto constitucional, habilita la facultad de constituirse en Regiones, "si una o varias provincias limítrofes, con características históricas, culturales y económicas comunes, acordaran organizarse en región autónoma. La condición de limítrofe no es exigible a los territorios insulares entre si".

"Una vez aprobado el Estatuto será la ley básica de la organización político-administrativa de la región autónoma y el Estado español la reconocerá como parte integrante de su ordenamiento jurídico"[34]. Presentarán su Estatuto y por ese Estatuto podrán recabar para sí las atribuciones que se determinan en los artículos 15, 16 y 17. De este modo la institución comarcal reaparece explícitamente por el desarrollo estatutario de Cataluña que en el ámbito regional recupera el gran protagonismo subyacente que habían tenido en la Historia tradicional de España. El criterio de proximidad se convertirá en argumento explícito para el desarrollo del criterio comarcal

La Constitución de 27 de diciembre de 1978, hace referencia implícita a la comarca, al establecer el art. 141.3: "se podrán crear agrupaciones de municipios diferentes de la provincia" cuya competencia

33 L. SÁNCHEZ AGESTA, *Historia del Constitucionalismo español.* cit., p. 506

34 Ordenamiento. cit., p. 317.

fundacional se confiere íntegramente al ámbito estatutario de las Comunidades Autónomas. La importancia que muchas de ellas han concedido a la comarca, integrándola en su ordenamiento y convirtiéndola de nuevo en pujante institución histórica y es previsible que en el futuro se reclame una nueva regulación de rango constitucional para reconocer plenamente su necesidad pese a que los avatares políticos y las disposiciones legales la habían relegado al olvido. Merecen expreso reconocimiento un amplio grupo de intelectuales que en la época del franquismo conscientes de la inadecuación de las estructuras y de los espacios de la Administración, concibieron el territorio comarcal como un espacio idóneo para el desarrollo de las competencias y la prestación de servicios de un Estado moderno. En este caso la comarca es concebida como un espacio geográfico; pero en algunas situaciones muy significativas, como, por ejemplo, el de la comarca de El Bierzo, la creciente implantación de la división comarcal de Cataluña y de otros modelos en alguna otra Comunidad Autónoma permiten augurar un venturoso futuro a esta institución tradicional en España.

4.- La remisión jurídico-legal a los usos y costumbres de la comarca

El uso y la costumbre se inscriben en el entorno cultural de un pueblo y especialmente en el de la comarca; constituyen un componente de ilustración ligado al espacio cultural y comarcal; por ello es preciso destacar la importancia que estos usos y costumbres mantuvieron en cada entorno comarcal. Desde siempre el uso, al menos en el sentido jurídico, se asoció como elemento de la costumbre, como algo consustancial de la cultura. Uso, dice la *Ley de las Partidas*: "es cosa que nasce de aquellas cosas que hombre dice o face, e sigue continuadamente por gran tiempo"[35]... El uso no era en la época medieval un mero producto de la repetición de actos que cuando reunían ciertas condiciones, se convertían en costumbre. En la doctrina el uso continuado como elemento de la costumbre supone una nota esencial de la regla consuetudinaria. No se prejuzga ninguno de los problemas planteados cuando se pregunta sobre la respectiva significación del elemento externo (uso) y el elemento interno (convicción jurídica) en la formación de la costumbre; con ella se pretende tan solo caracterizar la costumbre en oposición a las demás normas de Derecho y sobre todo en contraposición a la ley.

En este sentido, volviendo a las *Partidas,* cabe decir que la costumbre, "es Derecho o Fuero que non es escrito; el qual han usado los homes luengo tiempo ayudándose de él en las cosas é en las razones sobre que lo usaron"[36]. Y como indica Sánchez Román, "si bien no hay costumbre sin uso que la preceda y que consiste en la ejecución repetida de ciertos hechos, el uso no es por sí solo bastante, para la creación de la regla jurídica que es lo que fundamentalmente le distingue de la costumbre"[37].

La *Partida* 1) 2, 5, proporciona una explicación al sentido atribuido por este texto legal al valor de la costumbre y al uso, "pueblo tanto quiere decir como ayuntamiento de gentes de aquella tierra do se allegan... É tal pueblo como este, ó la mayor partida del, si usaren diez o quince años á facer alguna cosa, como en manera o costumbre, sabiéndolo el Señor de la tierra, é no lo contradiciendo, é teniéndolo por bien, puédanla facer, é debe ser tenida, é guardada por costumbre, si en este tiempo mismo fueren dados concejeramente dos juicios... é non habiendo quién gelas contralle... É otrosí decimos, que la costumbre que el pueblo quiere poner, é usar de ella, debe ser con derecha razón, é non contra Ley de Dios, ni contra señorío, ni contra Derecho natural, ni contra pro comunal de toda la tierra del lugar do se face".

---

35 La 1ª, tit. 11, *Partida I.*

36 L , tit. 11, *Partida I.*

37 F. SÁNCHEZ ROMÁN, *Estudios de Derecho Civil,* t. 1 (Madrid, Rivadeneyra, 1911), p. 30.

En sorprendente paralelismo con la Escuela Histórica, también las Partidas parecen convertir al pueblo en el verdadero artífice de la costumbre, si bien consideran al Rey consentidor de ella, quién al ser legislador y consentir en ella, hasta parece justificar que la Partida I) 2, 8, diga, "è desta guisa será así como ley". Así pues, según las Partidas, el uso convierte los actos, en costumbre, que es Derecho que no necesita ser puesto por escrito y que, para ser más paladina, se pone por escrito al integrar el fuero. Sin embargo, al incorporar las Partidas en el Ordenamiento de Alcalá se ven sometidas a la prelación de fuentes que el mismo Ordenamiento establece: "que los dichos fueros sean guardados en aquellas cosas, que se usaron, salvo en aquellas que Nos fallaremos que se deben mejorar, è emendar, è en las que son contra Dios, è contra raçon, è contra Leys, que en nuestro libro se contienen, por las quales Leys en este nuestro libro mandamos que se libren primeramente todos los pleytos ceviles, è creminales; è los pleytos, è contiendas que non se pudieren librar por las Leys de este nuestro libro, è por los dichos fueros, mandamos que se libren por las Leys contenidas en los *Libros de las Siete Partidas*, que el Rey Don Alfonso nuestro bisabuelo mandó ordenar"[38]

El Código Civil en diversos artículos habla del uso y distingue, uso del lugar, usos locales, uso de cosas, uso de facultades y de acciones; pero en otros lugares invoca también la costumbre del lugar, de la tierra o simplemente la costumbre, encontrándose alguna que otra vez la frase consagrada en el lenguaje vulgar e incluso en el jurídico de "usos y costumbres" (art. 1976). El problema que se plantea con tan variada sinonimia es el de si todos estos términos significan una misma cosa o se refieren a conceptos diferentes. De todos modos lo que no cabe duda es la significación de la comarca en la conformación de los usos y costumbres, dando origen a una gran diversidad de unos y otros frente a la uniformidad que podía representar una codificación nacional, impropia de la tradición medieval.

Cuando el uso y la costumbre tienen fuerza normativa propia,

38 *Ordenamiento de Alcalá,* Ley 1ª, tit. XXVIII (Madrid, ed. Facsímil, J. Ibarra, 1724), p. 70.

reconocida por el Código Civil entran en juego el lugar y la comarca. En el art. 1496 se dice, "la acción redhibitoria que se funde en los vicios o defectos de los animales, deberá interponerse dentro de cuarenta días, contados desde el de su entrega al comprador, salvo que, por el uso en cada localidad, se hallen establecidos mayores o menores plazos. Esta acción en las ventas de animales sólo se podrá ejercitar respecto a los vicios y defectos de los mismos que estén determinados por la Ley o por los usos locales". La remisión al uso de la localidad y los usos locales supone una restricción en dicha remisión, que la delimita en el ámbito de los usos y costumbres del lugar de la localidad.

Recordemos asimismo que el art. 1287 del C c. dice: "el uso o la costumbre del país se tendrán en cuenta para interpretar las ambigüedades de los contratos supliendo éstos la omisión de cláusulas que de ordinario suelen establecerse". A este respecto, comenta Rodríguez Molinero, "en no pocas ocasiones el sentido que se otorga a los usos por estas remisiones del Derecho positivo es una función interpretativa de ciertas expresiones legales o estatutarias o de convenios entre particulares"[39].

Se atribuye también a los usos, una función supletoria o integradora de lagunas como la establecida en el último inciso del art. 1287 y con mayor claridad se consigna esta función en el art. 570 del mismo C. c. que regula las servidumbres existentes del paso de ganados y "en su defecto, por el uso y costumbre del lugar" e igualmente, en un texto más tradicional se alude a la costumbre de la tierra en el art. 1574, "si nada se hubiera pactado sobre el lugar y tiempo del pago del arrendamiento, se estará, en cuanto al lugar, a lo dispuesto en el art. 1171 y en cuanto al tiempo, a la costumbre de la tierra" en clara referencia que pone de manifiesto la larga permanencia de la otrora rica institución en usos y costumbres de la comarca profundamente implantada en las instituciones sociales y comerciales a lo largo de muchos siglos como podemos igualmente apreciar en otros Códigos civiles como el austriaco, en el

39 M. RODRÍGUEZ MOLINERO, *Introducción a la Ciencia del Derecho,* 5ª ed. (Salamanca, Cervantes, 2002), p. 69.

que las servidumbres de pastos, la época de estos resulta determinada por los usos y costumbres de la tierra[40].

En la península Ibérica, con la invasión árabe quebró en todos sus territorios la organización visigoda y con ella la vigencia del orden jurídico que había llegado a ser fundamentalmente territorial basada en la aplicación de la ley del *Liber Judiciorum* en la última etapa de aquel reino. La nueva vida social y económica de las formaciones políticas de la Reconquista, por las mismas circunstancias de su desarrollo se concentra en pequeñas agrupaciones de ámbito reducido, círculos locales o comarcales a lo más, con limitado alcance de posibilidades. Y como apunta Font Rius, "un nuevo Derecho surgía precisamente en razón de las necesidades económicas y sociales basado en las naturales relaciones de vecindad de los grupos humanos, fue el *usus terrae* la costumbre de cada lugar, región o comarca, la que rigió fundamentalmente la vida social de las nuevas agrupaciones y la que se aplicaba en los juicios y arbitrajes. Es el Derecho consuetudinario local el que predomina en la vida jurídica del Alto Medievo"[41].

Recordemos la significación de los usos en el Derecho Mercantil y su decisivo funcionamiento en el estudio de la comarca. Ante todo conviene advertir que en la legislación mercantil española los usos de comercio constituyen una de las fuentes generales del Derecho Mercantil que se admite por el legislador en segundo lugar, así el art. 2, dice, "los actos de comercio, sean o no comerciantes los que los ejecuten, y estén o no especificados en este Código, se regirán por las disposiciones contenidas en él; en su defecto, por los usos de comercio observados generalmente en cada plaza, y a falta de ambas reglas, por el Derecho común". La naturaleza jurídica de los usos de comercio ha sido e incluso sigue siendo motivo de gran divergencia de criterio entre los mercantilistas españoles y extranjeros, cualquiera que sea la solución que se

40 *Ibidem*, p. 70.

41 J. M. FONT RIUS, *Orígenes del Régimen Municipal de Cataluña* (Madrid, CSIC, 1946), p. 231.

adopte. Pero lo que auténticamente nos interesa destacar aquí, es su evidente conexión con el lugar y la comarca.

5.- La comarca en el Derecho Comparado.

Cualquier tema en el Derecho comparado, como dice el profesor Pallarés Moreno[42], "creemos implica, no tanto el estudio de las instituciones a considerar, en los ordenamientos extranjeros, sino más bien las relaciones o comparaciones de tales relaciones con las propias del Estado en que nos encontramos". Si bien desde el punto de vista etimológico ya hemos visto que en el ámbito europeo la raíz de la palabra comarca, a pesar de su origen germánico, no resulta enteramente uniforme lo que nos anticipa que su concepto se muestra también desigual e incluso, pudimos advertir que no es homogénea, "no existen equivalencias unívocas en las denominaciones del Derecho comparado pero siempre la comarca o institución similar abarcará un territorio superior al municipio e inferior a la provincia"[43] y siempre constituirá una realidad social con base geográfica determinada por condiciones socio-económicas de carácter natural. Podemos deducir que nuestra exposición sobre el concepto de la comarca resultaría incompleto sin esta referencia al concepto equiparable en el entorno de los países más significativos del ámbito europeo, aunque por razones lógicas esta referencia se realice de un modo, meramente testimonial y enunciativo de algunas de las posibles diferencias. En este contexto únicamente haremos referencia a Francia, Italia, Alemania y Reino Unido, limitándonos a citar algunas de las instituciones equivalentes.

Francia que antes de la Revolución se dividía en provincias, a partir de entonces lo hace en 22 Regiones, a su vez divididas en Departamentos, en

42 M. PALLARÉS MORENO, "La comarca e instituciones similares en el Derecho Comparado", en *La comarca y la Administración Territorial* (Granada, Conferencias, 1985), p. 85.

43 *Ibidem*, p. 86.

número de 100; cada capital constituye una Prefectura y la comarca viene a ser equiparable al Cantón. Como antecedente, figuraba el *arrondisements*, circunscripción administrativa cuyo número se reduce en 1926, suspendida en 1940, y se extingue en 1944. Los cantones o *contrée* constituyen entes intermedios entre los *arrondisement* y la comuna que representan principalmente un carácter electoral y dotadas de personalidad jurídica, resultan equiparables a nuestra figura comarcal y se estructuran en: a) los sindicatos de comunas (1980), b) los distritos (1959) y c) *communuatès urbains* (1966) que disfrutan de las competencias que les transfieran las Comunas y su organización resulta muy similar a nuestra comarca, dotada de un Consejo de la *Communautè*, órgano consultivo integrado por todos los alcaldes, admitiendo la diversificación en representaciones Sectoriales.

En el Reino Unido, con el precedente de la Reform Act de 1832 y su desarrollo actual en la Ley de Reforma Local para Inglaterra y Gales de 1977, figuran los Condados con su Consejo de Condado y perduran subdivididos en: a) Distritos con su Consejo de Distrito, b) las Comunidades en que se transforman los antiguos burgos, distritos urbanos y parroquia rural.

En Alemania, la Ley de Bon en su art. 28.1, configura la República Federal en: Länder, Municipios y las Landkreisse. La organización está definida por: a) la Kreistag, b) el Kreissansschuss, como Órgano de Gobierno, y c) el Landrat, como Presidente ejecutivo que configuran la *landstrich.*

Por lo que respecta a Italia, la organización política enumerada en el art. 114 de la Constitución lo integran: La Región, la Provincia y el Municipio. Existen igualmente, las asociaciones entre municipios equiparables a nuestra institución comarcal, que carecen de un concepto unívoco y diversamente son denominados: libres consorcios, Consejos del Valle o Comunidades de Montaña, atendiendo a la ubicación territorial de su ámbito de actuación, cuya amplia autonomía la perciben de leyes específicas y siguiendo igualmente a Pallarés Moreno, podemos precisar sus características, mientras los Libres Consorcios de ayuntamientos nacen del art. 15 del Estatuto de Autonomía de Sicilia y reciben del mismo su configuración, la ausencia de la circunscripción de la provincia en este Estatuto, convierte a estos Libres Consorcios en una institución intermedia entre la Región siciliana y el municipio con la particularidad de que aún recibiendo el calificativo de libre se instituye en una institución de base territorial en dicho ordenamiento y que admiten, según Stancanelli, objetivos distintos de los municipios consorciados, aunque siempre en relación con los intereses de la población y se asemejan a la institución provincial que precisamente sustituyen. La figura institucional de Consorcios o consejos del Valle o Comunidad de Montaña de (1965), requieren su carácter permanente por la generalidad de fines al igual que las comarcas catalanas de esta naturaleza, en cierto modo implican una forma embrionaria de nueva organización de entes locales, en opinión de Giraudo[44].

44 *Ibidem*, p. 105.

CAPÍTULO IV

LA MODELACIÓN CULTURAL DE LA COMARCA. SU RECREACIÓN EN LA LITERATURA MODERNA

Dice Recaséns Siches que hay en el mundo una serie de objetos que no son cosas ni hechos producidos por la naturaleza sino que son creados por los hombres, son resultados de actividades humanas, su ser esencial consiste en que poseen una intencionalidad"[1]. Esta sucesión de hechos constituye la herencia social que denominamos cultura que no vive por si misma, antes bien es algo que los hombres producen y una vez fabricados permanecen tal como fueron hechos. Por consiguiente, desde el punto de vista sociológico, llamamos cultura a todo aquello que los miembros de una determinada sociedad aprende de sus predecesores y todo aquello que añaden a ese legado. En tal sentido la cultura es la herencia social revivida y en parte mayor o menor modificada. El concepto de comarca constituye uno de esos hechos.

El modo de vida de una sociedad viene determinado principalmente por la cultura que se transmite a través de la educación. Aunque resulte obvio, esta transmisión de la cultura constituye una característica específica humana por ello es importante determinar el contenido cultural que subyace en la agrupación social configuradora de la comarca. La conducta de las especies animales de nuestro entorno viene predeterminada por la transmisión física

---

1 L. RECASENS SICHES, *Introducción al Estudio del Derecho*, 8ª ed. (México, Editorial Porrúa, 1990), p. 25.

pero en la vida humana la conducta instintiva desempeña un papel irrelevante. En cambio la cultura transmitida por la educación cambia con celeridad, en contraste con la rigidez de la conducta instintiva, y supone una de las características que a través de los años ha permitido al hombre obtener su preponderancia sobre las otras especies del planeta.

1.- La cultura como agente configurador de la comarca

Al enumerar los elementos de la comarca natural ya constatábamos la presencia de ciertos componentes que inciden en la conceptualización de la comarca y que figuran también claramente como inseparables de ella. Entre estos elementos es preciso destacar, como señala Díez González:[2]

a) "Una unidad física, geográfica, definida por la naturaleza".

b) Su tradición histórica, "sin historia no hay comarca", que sostiene Domínguez Berrueta y que fija el ámbito cultural como relación consustancial a la vida humana; Pío Baroja añade, "es un campo al que hay que ir animando con las representaciones propias".

c) El tercer elemento constitutivo es un cierto ensamblaje étnico; porque sobre la comarca se afinca su "casta íntima", el soporte y la etopeya comarcales componen un poema feliz de inspiración y armonía, como decía M. de Unamuno, "La comarca hace la casta" y "el paisaje el paisanaje".

d) Díez González establece un cuarto elemento, que describe como, "un vigoroso movimiento comarcal, social y espiritual. Bien puede hablarse de una fuerza comarcal equiparable a un poderoso imán, con un misterioso, casi telúrico poder aglutinante"[3].

---

2 F. A. DÍEZ GONZÁLEZ, *Comarcas de León en la España comarcal* (León, Diputación de León, 1984), p. 55 y 56.

3 *Ibidem*, p. 56.

e) Sutilmente, Unamuno y Ortega sostienen que la simbiosis de tierra y clima, historia y cultura, es necesaria para adecuar la especial fisonomía de la "región", y podemos sostener que esos mismos elementos en idéntica función de simbiosis, cuando se aparejan, hacen brotar el auténtico "paisaje" que constituye el verdadero "rostro" de la comarca".[4] La simbiosis comarca-cultura resulta un hecho de gran trascendencia y no podemos presuponer una comarca sin una determinada cultura propia; la situación inversa, es decir, la de un centro de cultura que ubicado en un ámbito rural llegue a configurar una comarca, viene a constituir un suceso relevante que merece la pena reseñar.

El sociólogo inglés D. Thurlow[5], investigador de la vida comarcal, relata el hecho del joven inglés H. Morris como autor de una memorable experiencia que guarda relación con el concepto dual de la comarca-cultura que venimos estudiando. En 1925 el Condado de Cambridgeshire recibió un memorándum de este joven, entonces Secretario del Consejo de Educación de este Condado que versaba sobre "la provisión de facilidades docentes y sociales para las zonas rurales". Para contrarrestar la fuerza centrípeta que ejerce el atractivo de la ciudad sobre el campo y para vivificar las pequeñas comunidades rurales y evitar su despoblamiento, D. Thurlow propuso a Mr. Morris la idea de la concentración de algunos colegios rurales. Considerando que una aldea independiente dejaba de tener la fuerza suficiente para construir una unidad cultural y social de la importancia que la sociedad actual demanda, para ello optó por la agrupación de varios pueblos de una región rural construidos alrededor de un centro comarcal. El plan consistía en que estas aldeas rurales se erigiesen en Comunidades organizadas con las debidas

4 Cfr. F. A. DÍEZ GONZÁLEZ, o. cit., p. *57*.

5 D. THURLOW, "Los colegios rurales de Gran Bretaña", en *Revista Nacional de Educación,* nº. 58 (Madrid, 1946), p. 23-26.

instituciones docentes y culturales dotadas de toda clase de servicios. El núcleo del centro comarcal contaría con un centro docente para niños y adultos, servicios médicos y de salud, biblioteca, salas de recreo, cines, y restaurantes organizados y dirigidos por la propia Comunidad.

El proyecto de D. Thurlow se llevó a la realidad. El primero de los colegios construidos de acuerdo con el novedoso proyecto fue el de Sawston a unas cuantas millas de distancia de la Ciudad Universitaria de Cambridge que el Príncipe de Gales el día de su inauguración en 1930 calificó como "una original tentativa para demostrar cómo pueden darse a la campiña inglesa oportunidades relativas a la educación, a la vida social y diversiones iguales a las que disfrutan los habitantes de las grandes ciudades". La aceptación popular de la idea constituyó pronto un notable éxito que la sociedad inglesa calificó como equivalente a una comarca natural con la denominación de Comarca de Sawston del Condado de Cambridgeshire. De los once colegios proyectados según el plan de D. Thurlow, únicamente se llegaron a construir cuatro. Dos de ellos, el de Impington y el de Sawston por su notoriedad obtuvieron para las respectivas zonas rurales concentradas la notoria denominación de "Comarcas naturales del Condado de Cambridgeshire". Así claramente la cultura resultó la configuradora de la comarca.

Según el *Diccionario de la Real Academia Española de la Lengua* la palabra "folklore", del inglés "*folk*", pueblo, popular, y "*lore*", ciencia, saber; constituye "el conjunto de tradiciones y costumbres de las clases populares"; con esta denominación pueden participar en mayor o menor escala las supersticiones, las leyendas, el lenguaje e incluso cualquier manifestación de arte popular en sus distintas facetas. Viene a constituir un saber, cuya amplitud abarca todos los estudios antropológicos, las reacciones espirituales y el proceso de quienes nos precedieron en el camino de la Historia. En este sentido, Caro Baroja puntualiza, "acaso el que con profundo espíritu sintético llegó a una mayor proximidad a la idea que inició en el estudio del folklore europeo fue A. L. Kroeber, al señalar lo que los griegos llamaron *οικουμε̃νε*, desde un punto de vista histórico-cultural. Pero a su cultura ecuménica le faltaba el vínculo político y religioso que establece para varios de los pueblos integrados dentro de ella; el Imperio romano es el que les proporciona una estructura más estable... La Iglesia cristiana, heredera de muchas instituciones imperiales, al aceptar o al condenar ciertas costumbres nos ha marcado los primeros límites para estudiar ciertas posibilidades de continuidad[6].

El estudio del desarrollo cultural de nuestros pueblos y sus comarcas apenas si puede remontarse más allá de las primeras fuentes escritas. Ni la Prehistoria, ni la Arqueología, ni el Derecho comparado han conseguido ensanchar de un modo significativo el ámbito de nuestros conocimientos acerca de las instituciones de los primitivos pueblos españoles antes de su romanización, como ponía de manifiesto Caro Baroja. Para Gª de Valdeavellano, "el conocimiento de las instituciones de esos pueblos es inseguro y fragmentario. Las referencias de los escritores griegos y latinos (Polibio, Estrabón, Diodoro de Sicilia, Tito Livio, César, etc.) en combinación a veces con los restos arqueológicos y la ciencia del Derecho comparado permiten una elemental reconstrucción de nuestras instituciones primitivas que únicamente se fundamenta en noticias aisladas y en meras conjeturas"[7].

Los conocimientos que tenemos sobre los iberos, cántabros, astures, tartesios, turdetanos, celtas, verones, carpetanos, vaceos, arévacos, lusitanos, etc., se reducen a una simple enumeración de pueblos que habitaban nuestro suelo con anterioridad a la llegada de fenicios y romanos. El estado cultural de estos pueblos, cuando empezamos a tener noticias de ellos, no presentan caracteres de uniformidad ni configuran el mismo grado de desarrollo. Los escritores romanos nos proporcionan noticias de algunas costumbres singulares como un cierto tipo de matriarcado en el noroeste de la Península y concretamente en El Bierzo que se evidenciaba en la manifestación de la *"covada"* y la forma de configurar la propiedad que marcaba su idiosincrasia

6 J. CARO BAROJA, *Estudios sobre la vida tradicional española* (Madrid, Península, 1968), p. 356.

7 L. GARCÍA de VALDEAVELLANO, *Curso de Historia de las Instituciones españolas*, 3ª ed. (Madrid, Revista de Occidente, 1973), p. 111.

cultural. Pero no solamente resultaba diverso el estado de la cultura sino también su lenguaje, su religión, su Derecho y el grado de desarrollo de su economía. Posiblemente sólo tengan en común el que ya se trata de pueblos sedentarios y agricultores, que habitaban poblaciones amuralladas u otros poblados más reducidos pero también fortificados (*castella*). Toda su vida cultural se reducía al círculo vivencial que ocupaban. Y precisamente ese círculo vital se identifica plenamente en la comarca y por ello podemos asegurar que en la realidad geográfica se materializa también el modelo cultural de la comarca natural.

El progreso cultural fue muy diferente según las distintas civilizaciones. Esta diversidad comarcal no resulta sorprendente habida cuenta de que, hasta hace muy poco, los medios de comunicación en el entorno territorial del hombre eran también muy dispares. Se puede decir que en los últimos tres siglos, al menos en la civilización occidental, el ritmo de cambio social aumentó considerablemente debido en gran parte al avance logrado por los medios de comunicación. El escritor catalán Josep Pla en el relato *"El payés y su mundo*" al profundizar en el estudio sobre las costumbres de los payeses, especialmente en la comarca ampurdanesa, hace esta observación, "la tradición es una creación de la cultura y de la poesía. Es una elaboración de los hombres de letras"[8]. Hace referencia a un tradicionalismo integral de unos payeses ricos y cultivados que configuran la conciencia de un pueblo, de una comarca. Y es que este hecho singular presupone la existencia de la comarca presente en su devenir histórico.

En el ámbito de la pequeña comarca, el cultivo de los suelos aluviales permitió a los pueblos en ellas asentados, que llevaron a cabo la hazaña de producir, un excedente de alimentos superior al mínimo requerido para la subsistencia básica de la población que vivía en ese ámbito comarcal. Y es este excedente el que liberó a una privilegiada minoría de parte de su tiempo y proporcionó la energía alternativa de un trabajo sustitutivo y

8 J. PLA, *El payés y su mundo* (Barcelona, Ediciones Destino, 1990), p. 127.

posibilitó que ese tiempo se invirtiese en otros usos, sobre todo en actividades creadoras, aunque circunscritos al espacio comarcal y como consecuencia elaborar algunos productos más depurados y con ellos trascendían el ámbito comarcal contribuyendo a un incipiente comercio regional en el que cada comarca se especializaba en la elaboración de algunos productos que poco a poco configuraban la idiosincrasia de cada una de ellas; el ritmo comercial y cultural, patrimonio exclusivo de cada pequeña circunscripción, enseguida superó el ámbito comarcal y alcanzó a constituir un estilo de comercio y una cultura propia que en su irradiación progresiva muchas veces alcanza a rebasar el espacio comarcal haciéndolo extensivo al ámbito regional.

2.- El retorno a la naturaleza. Exaltación de los espacios naturales y correlativamente de la comarca en el romanticismo

Azorín se plantea una cuestión singular, "¿Cómo ha nacido el gusto por el paisaje y por la Naturaleza en la literatura?... En España resulta curioso observar la huella, que han ido dejando en la literatura cuantos han tenido ojos para el campo"[9]. La preponderancia que tuvieron en el Renacimiento los modelos antiguos se traduce en la literatura de nuestro Siglo de Oro en una destacada singularidad, el postulado de la necesidad de un retorno a lo natural que el filólogo panameño Baltasar Isaza interpreta: "un soplo romántico recorre las letras españolas, imprimiéndoles un carácter peculiar que las diferencia de las francesas en las cuales la preocupación normativa del genio galo se anquilosa con la severa disciplina clásica, por el contrario las letras españolas se robustecen; ráfagas de romanticismo atraviesan la creación nacional que discurre desde las *Serranillas* del Arcipreste, a la *Serrana de la Vera* y adquieren en las manifestaciones literarias el relieve de la protesta

9 AZORÍN, *El paisaje de España visto por los españoles,* 8ª ed. (Madrid, Espasa Calpe, 1975), p. 7.

contra el medio social"[10], un reintegro a la naturaleza y un regreso a la bucólica comarca natural en la que no es ajena la admiración que la Iglesia siente por la Naturaleza fundando monasterios en parajes apartados en contacto pleno con la montaña, con el bosque y con el valle.

Este mundo en el que romances, serranillas y creaciones dramáticas se multiplican frente al ideal caballeresco medieval, supuso el ensalzar la naturaleza, especialmente representada por la comarca natural que proporciona temas como el *Beatus* ille, la *Aurea mediocritas,* la *Alabanza de aldea* y la no menos significativa de la tendencia realista representada por las *Serranillas* del Arcipreste de Hita y los *Romances de la Serrana,* con un desarrollo mucho más relevante en su manifestación dramática en, La *Serrana de la Vera* (1599) de Lope de Vega y la también *Serrana de la Vera* (1603) de Vélez de Guevara y otros temas recurrentes como *La Serrana de Plasencia* (1619) de José de Valdivieso y *El amante más cruel o La serrana bandolera.* El entorno de la comarca natural se convierte en fuente de inspiración creadora. Lope de Vega al comentar la tierra de *El peregrino en su patria*, ensalza a "Toledo, ciudad en el corazón de España, fuerte por sitio, noble por antigüedad, ilustre por la conservación de nuestra fe desde el tiempo de los godos y en los cristianos mozárabes, generosa por letras y belicosa por las armas, de apacible cielo y de fértil tierra a quién el caudaloso Tajo, siendo ceñido de un alto aunque agradable monte, por cuya causa a las peñas y a las casas sirve de eterno espejo, fue patria de mis padres y mía"[11].

"El gusto por la Naturaleza en la literatura es moderno", dice Azorín. En Francia Rouseau inaugura el "Paisaje literario" y abre el camino a B. Saint-Pierre paisajista admirable"[12]. En época posterior y como siempre coincidiendo con un profundo cambio cultural encontramos otro modelo también muy cualificado de retorno a la Naturaleza, aunque distinto y no por ello menos

---

10 B. ISAZA CALDERÓN, *El retorno a la naturaleza* (Madrid, Aguilar, 1966), p. 149.

11 LOPE de VEGA; *El peregrino en su patria* (Madrid, Clásicos Castalia, 1973), p. 246.

12 AZORÍN, o. cit., p. 7.

entrañable, representada por una añorada comarca que la ...z conceptualiza equiparándola a una imagen integrada en la Natu... Rouseau describe con admirable maestría la exaltación del hábitat n... estado natural del hombre representado por el "buen salvaje". El ginebrino al final de su atormentada vida, gustaba de pasear ... alrededores de la comarca parisina con el atractivo contacto de la natu... "mis largos paseos solitarios y las ensoñaciones que lo llenan todo cuando ... mi cabeza enteramente libre y a mis ideas seguir su inclinación sin resisten... ni traba. Esas horas de soledad son las únicas del día en que soy y... plenamente y para mi sin distracción ni obstáculo, y en que verdaderamente puedo decir que soy lo que la naturaleza ha querido"[13].

Este sugestivo retorno a la Naturaleza, como el mismo Rousseau asegura, le inspiró *Las ensoñaciones de un paseante solitario.* Ensoñaciones, que el filósofo pretende enlazar con sus *Confesiones* y suponen un retorno a lo básico de una Naturaleza que le rodea, "comprendí que había tardado mucho en ejecutar este proyecto", y prosigue, "tomé el camino entre viñas y prados. Me divertía recorriéndolos con ese placer que siempre me han proporcionado los parajes agradables y deteniéndome de cuando en cuando para contemplar las plantas entre la hierba"[14]. Y luego en otra inequívoca afición botánica que traduce por "herborizar" y, "después de haber pasado revista detalladamente a otras muchas plantas vi dos que raras veces contemplaba en los alrededores de París". "La campiña, aún verde y risueña, pero deshojada en parte y casi desierta, ofrecía por doquier una imagen de soledad, una mezcla de impresión dulce y triste, demasiado análoga a mi edad"[15].

Las *Ensoñaciones* roussonianas constituían, a decir de sus críticos, un permanente retorno a la Naturaleza, a la "soledad campesina en que pasé la

---

13 J. J. ROUSSEAU, *Las ensoñaciones del paseante solitario,* trad. de M. Armiño, 2º paseo (Madrid, Alianza Editorial, 1998), p. 37.

14 *Ibidem, p. 37 y 51.*

15 *Ibidem,* p. 51.

flor de mi juventud"; así el ciudadano ginebrino, en su etapa de París, alargaba sus paseos por el entorno rural de las inmediaciones parisinas, acomodando sus sentimientos a esa Naturaleza que le subyugaba y "atraído por los risueños campos que me rodean, los contemplo, los comparo, aprendo al fin a clasificarlos y héme aquí de pronto tan botánico como necesita serlo quien sólo quiere estudiar la naturaleza para encontrar sin cesar nuevas razones de amarla". Y siguiendo esta vinculación con el hábitat natural, "no busco tampoco instruirme, es demasiado tarde para ello". "Las plantas parecen haber sido sembradas con profusión sobre la tierra, como las estrellas en el cielo, para invitar al hombre por el atractivo placer y de la curiosidad al estudio de la Naturaleza; pero así como los astros están colocados lejos de nosotros...; las plantas lo están cerca. Nacen bajo nuestros pies y en nuestras manos por así decirlo... Subo a las montañas, me hundo en los valles, para ocultarme cuando puedo. No volveré a ver esos bellos paisajes, esos bosques, esos lagos, esos roquedales, esas montañas, cuyo aspecto siempre han conmovido mi corazón; pero ahora que no puedo recorrer esas felices comarcas no tengo más que abrir mi "herbario" y enseguida me transporta allí. Me transporta a estancias apacibles en medio de gentes sencillas y buenas como aquellas en que viví antaño; me recuerda mi edad juvenil"[16].

El romántico Rousseau añoraba la comarca ginebrina en la que discurrió su infancia; evidentemente significaba un retorno a lo "natural", a aquel concepto cultural de comarca equiparable a la pureza natural. Y todo ello resulta verdaderamente insólito para una mente privilegiada que se encontró en su vida social rodeado de un sin número de enemigos reales y potenciales, que él mismo contrastaba con la idealización de un sentimentalismo romántico "porque jamás mal premeditado se acercó a mi corazón".

El crítico de su obra, Isaiac Berlin, comenta, "sería necio negar que la doctrina de Rousseau fue uno de los factores que influenciaron el movimiento

---

16 *Ibidem*, p. 122.

romántico. Sin embargo debo repetir una vez más que su influencia se ha exagerado"[17]. Si consideramos lo que Rousseau dijo, contrastado con el modo en que lo expresó, encontramos un mensaje totalmente racionalista. "vivimos en una sociedad corrupta e hipócrita donde los hombres se mienten y son falsos los unos con los otros"[18]. Lo trascendente de lo que Rousseau decía no era muy diferente a la doctrina oficial de la Ilustración del siglo XVIII. Cuando Rousseau "comienza a describir, las emociones que pugnan en su interior, los violentos paroxismos de ira o la alegría que padece, usa un tono muy diferente del habitual de este siglo. Aunque ésta no es la doctrina que heredaron los jacobinos y que influenciaron en el siglo XIX". Pero sí hay muchos pasajes que justifican que sea considerado como uno de los padres del romanticismo; "no hice uso de la razón, filosofé..., seducido me entregué a la confusión de esas grandes ideas... El universo me sofocó e intenté dar un salto a lo infinito. Mi espíritu se entregó a un soberbio éxtasis"[19]. Así se refería a su devoción por la Naturaleza frente a la superestructura ilustrada de la sociedad humana, que se imponía en dicho momento.

No resulta uniforme el sentido del romanticismo en su forma de expresarse. Mientras para Goethe el romanticismo es lo débil, un grito de combate de una escuela de poetas frenéticos y de reaccionarios católicos; para Stendhal en cambio, es lo moderno y lo interesante, "también es lo familiar, el sentido de pertenencia a una única tradición, el gozo por el aspecto alegre de la naturaleza cotidiana, por los paisajes y sonidos costumbristas de un pueblo rural, simple y satisfecho, por la sana y feliz sabiduría de aquellos hijos de la tierra de mejillas sonrosadas"[20], es el extremo misticismo de la naturaleza.

La idea de retorno a la Naturaleza está siempre presente. "El

---

17 ISAIAC BERLÍN, *Las raíces del romanticismo.* Conferencias de A. W. Mellon, ed. de H. Hardy, trad. Silvina Marí (Madrid, Taurus, 2000), p. 80.

18 *Ibidem,* p .81.

19 *Ibidem,* p. 81.

20 *Ibidem,* p. *35.*

primitivismo que aparece a comienzos del siglo XVIII en la poesía inglesa, la vida simple y los patrones irregulares de acción espontánea en franca oposición a la sofisticación corrompida y al verso alejandrino que resultan de una sociedad altamente desarrollada. Intenta demostrar que existe una ley natural y que ésta puede identificarse de modo más patente en el corazón de un nativo no corrompido por la instrucción, o en el de un niño no instruido"[21]. Sin embargo para los escritores del siglo XVII o XVIII la palabra "naturaleza" resulta equiparable a "vida natural", un término muy común pero con un significado poco preciso. La comarca representada por esta imagen de la Naturaleza se muestra peculiarmente ensalzada.

El romanticismo otorgó al sentimiento una relevancia hasta entonces poco estimada y consagró la supremacía del sentimiento frente a la razón. La comarca se traduce en una forma de sentir la Naturaleza en un regreso del hombre a ella, en cuanto representación de lo inmediato; por ello resulta distinta en cada uno de los países en los que el movimiento romántico tuvo una significación relevante. Es cierto también que con el romanticismo se produjo una destacada exaltación nacionalista al igual que el liberalismo lo hace frente al despotismo ilustrado.

En el Siglo de Oro de las letras españolas se produce una reacción de retorno a la naturaleza en la que el concepto natural de la comarca resultaba singularmente ensalzado; esta misma reacción, como movimiento cultural, se producía también una reacción revolucionaria en contra del racionalismo de la Ilustración y del clasicismo en otro significativo movimiento cultural originado en Alemania y Reino Unido con el romanticismo. Los románticos amaban la naturaleza como símbolo de todo lo auténtico. Mientras el romanticismo se traduce en una forma de sentir y concebir la naturaleza, un regreso del hombre a esa naturaleza representada en lo inmediato por la comarca; por ello resulta distinta en cada país y una de sus directas manifestaciones se produce en la exaltación nacionalista. El liberalismo hace frente al despotismo ilustrado. El

21 *Ibidem*, p. 39.

mismo Rousseau en el discurso, sobre *El origen de la desigualdad entre los hombres* (1775) deduce que la civilización ha envilecido al hombre [illegible] llo su aspiración se reorienta en un retorno al estado primitivo, al hombre [illegible] en su esencia, a la naturaleza como medio natural. Los críticos hacen no[illegible] defensa y elogio del romanticismo, "después de las etapas de madurez en [illegible] culturas de los diversos pueblos surgió el afán crítico e infecundo que lo lle[illegible] todo"[22].

J. Mª Valverde, en la Introducción a la edición de *Los poetas románticos ingleses,* dice que, "la imagen del romanticismo, para la conciencia mundial, la difundieron los franceses a pesar de que en el orden de las ideas fueron los alemanes quienes crearon la gran Filosofía romántica, pero fueron los ingleses los que escribieron la mejor poesía romántica. El romanticismo en las letras inglesas empezó tempranamente. Cabe decir que el término *romantic*, en sentido de novelesco, ya figuraba en *El Diario Secreto* de *Pepys*, (1660-1669) aunque no fue descifrado hasta la época romántica"[23]; y si bien "los ingleses, siempre reacios a las ideas abstractas, nunca quisieron hacer de ese término una etiqueta de escuela, ni una doctrina partidista"[24].

En términos literarios la Naturaleza no aparecía en conflicto con la razón, ni con la cultura; incluso, hasta bien entrado el siglo XX, la religión, en Inglaterra, era suavemente racional y aparecía integrada en el sistema de vida en común. La poesía para la ilustración inglesa no requeriría de cambios radicales para hacerse romántica, incluso en criterio de Addison en 1710, "es imposible que sea bello ningún pensamiento que no sea justo y no tenga su fundamento en la naturaleza de las cosas, pues la base de todo ingenio es la verdad, y ningún pensamiento puede ser valioso si el buen sentido no es su cimiento"[25].

---

22 UTHEA; *E. cultural, t.* IV (México, Unión Tipográfica, 1957), p. 414.

23 BYRON, SHELLEY, KEATS, COLERIDGE, WORDSWORTTH, *Los poetas románticos ingleses,* Intr. y trad. de J. Mª Valverde (Barcelona, Planeta, 1989), p. IX.

24 *Ibidem,* p. IX.

25 *Ibidem,* p. XI.

El romanticismo inglés no desdeña el retorno a la naturaleza aunque sin importarle expresamente. En realidad el progreso económico que supone la minería y la industria de algún modo circunscriben al romanticismo en una aparente superficialidad de consenso pacífico en la que el grupo de poetas "*laguistas*", Coleridge y Wordsworth aportan una voluntad de realismo moderado con la exaltación de la Naturaleza. Con ellos convive otro grupo de poetas los denominados "satánicos" de ideas marcadamente exaltadas, entre los que destaca a Lord Byron capaz de tonos irónicos y trágicos; Shelley que lleva al paroxismo el tono patético y un Keats arquetipo de la pura gracia lírica. Los cinco, coetáneos en un corto período de tiempo se instituyen en los principales representantes del romanticismo.

Wordsworth, en el *Prefacio a la Excursión* (1814) confiesa que se retiró a las montañas natales, de su ensoñada comarca, con la esperanza de ser capaz de construir una obra literaria que pudiera vivir, un poema filosófico y que contuviera visiones del hombre, de la Naturaleza y de la Sociedad desde la misma perspectiva de la Naturaleza. La descripción del contacto con la Naturaleza de su comarca la sublima el poeta:

... ir vagabundeando
con placer por los campos y senderos rurales,
no preguntar el orden de la horas,..."

Y posteriormente:

"Fue la Naturaleza quien, por pasión extrínseca,
antes pobló mi mente de formas -bellas o
sublimes- enseñándome a amarlas"[26]...

En otro pasaje del Canto II de la misma composición se siente totalmente ensimismado en una Naturaleza, que además de añorada surge como una necesidad íntima:

---

26 WORSWORD, "El Preludio", en *Poetas románticos ingleses* (Barcelona, Planeta, 1989), p. 31.

"... y puedo decir ya
que la Naturaleza, hasta entonces ayuda
secundaria, era ahora largamente buscada
por sí misma"[27]...

Resulta esencial su comarca natural, "para sustentar el espíritu de religioso amor en que yo caminaba por la Naturaleza". Y en otros apuntes líricos, "yo entonces, veía esparcidas en torno de mi, las bendiciones como un mar..."[28], y algunos versos más adelante añade:

"Si de cantar dejara, con voz de gratitud,
de vosotras, montañas, y de vosotros, lagos,
cataratas ruidosas, y neblinas y vientos
que moráis en los montes donde yo me crié"[29].

Y ya dirigiéndose a su amigo Coleridge acaba el poema diciendo:

... "Pues buscaste
de servir en el templo de la Naturaleza,
fuiste su más asiduo ministro: en muchas cosas"[30]...

Igualmente se advierte esa constante referencia a la Naturaleza en los otros poetas del grupo. A pesar de las notables exageraciones de algunos de los escritores románticos como recuerda Stendhal, "tous les grands écrivains ont èté romantiques de leur temps"[31], bien mirado "todos los grandes escritores han sido románticos en su época". Shsakespeare fue romántico porque presentó a los ingleses de 1590, las sangrientas catástrofes producidas por las guerras civiles, y para descansar de estos tristes espectáculos, una

27 *Ibidem*, p. 35.

28 *Ibidem*, p. 38 y39.

29 *Ibidem*, p. 40 y 45.

30 *Ibidem*, p. 41.

31 STENDHAL, (ENRIQUE BEYLE), *Racine y Shakespeare*, texte établi et anoté, preface et avant-Proyos par Pierre Martino (París, Libraire Edvuard Champiom, 1925), p. 92.

multitud de finas pinturas de los movimientos del corazón y de los matices más delicados de las pasiones"[32]. También fueron románticos, cada uno a su manera, figuras tan relevantes como Goethe, Schiller, Byron, Víctor Hugo, Espronceda, Larra y Zorrilla. "Middelton Murry agrega que todos los grandes escritores a partir de Rousseau han sido románticos. Sin embargo para el crítico marxista Goorg Lukács ningún gran escritor ha sido romántico, ni tan siquiera Scott, V. Hugo o Stendhal"[33]. Por lo que hace referencia a nuestro tema hemos de destacar la importante vinculación cultural con la idea medieval de la comarca en cuanto concreción de la Naturaleza que incluso se proyecta en otros movimientos literarios posteriores, como el naturalismo, al que se suele atribuir un odio visceral al romanticismo o un deseo expreso de huir de él -bastante común en la época; un modelo que se consideraba como estilo caduco y afeminado. Recordemos *El sabor de la tierruca* (1881) y *La madre Naturaleza* (1887).

Pero frente a la Naturaleza tranquila de los escritores neoclásicos se dice que el romanticismo impuso el predominio del sentimiento sobre la razón. Como un modelo atemperado de romanticismo en su gusto por la Naturaleza, por el paisaje y por los panoramas campestres de la comarca merece citarse a Gil y Carrasco[34], entrañablemente subyugado por el paisaje de su comarca nativa. En 1844 se publicó *El Señor de Bembibre* a la que su editor, historiador y autor de una notable Tesis Doctoral sobre el poeta, en la Sorbona, el francés J.-Louis Picoche sostiene que además de su vinculación a la comarca berciana no duda en calificar de "la mayor novela del romanticismo español"[35]. Sin embargo como insiste Azorín, "la novela de Enrique Gil es candorosa e infantil...; pero en las páginas de este libro nace por primera vez en España el

32 STENDHAL,(ENRIQUE BEYLE), *Obras completas,* trad., recopilación, ensayo bibliográfico y prólogo de Consuelo Bergés adrid, Aguilar,1988), p. 1129 y 1111.

33 ISAIAH BERLIN, o. cit., p. 36.

34 E. GIL y CARRASCO, *El Señor de Bembibre,* ed. y notas de Jean-Louis Picoche (Madrid, Clásicos Castalia, 1986).

35 *Ibidem,* p. 61.

paisaje en el arte literario... *El Señor de Bembibre* no es más que eso, una colección de paisajes"[36]. "El Bierzo lo ha pintado E. Gil (1815-1846)". Y reitera el mismo Azorín, la fábula de la novela se desenvuelve en la Edad Media; pero, lo verdaderamente importante es el paisaje de la comarca; "la Naturaleza con pocas variantes a lo largo de los siglos, allí está, con sus arboledas, y sus serenos lagos". Y ratifica, "apenas se pasan seis u ocho páginas sin tropezar con alguna bella descripción, casi todas revisten un singular encanto"[37] y nada mejor para confirmarlo que acudir a las inigualables descripciones con las propias palabras de E. Gil que prontamente en el relato romántico centra su interés en el entorno comarcal: "el risueño paisaje que se desplegaba alrededor, a los primeros rayos de sol de mayo."[38], paisaje que va a constituir el hilo conductor compaginado con la trama novelesca.

El autor dice de su protagonista que "tenía una mirada penetrante"[39], y el editor J. L. Picoche reafirmando la perspectiva paisajista de Azorín lo corrobora en su integridad, aduciendo que se trata de una cualidad autobiográfica que "E. Gil tenía, en efecto, una vista agudísima que le permitía discernir los menores detalles en la lontananza. Y esto se aprecia perfectamente en sus descripciones"[40]. "No es extraña la elección del nombre del protagonista *Álvaro Yáñez.* Álvaro es el héroe del Duque de Rivas y Yáñez el apellido del último Maestre del Temple, que precisamente resulta encarnar su sobrino"[41]. A la familia Yáñez pertenecía la fértil ribera del Boeza y muchas de las montañas de la comarca. El mismo crítico hace ver que el autor no describa casi nunca la comarca, evoca tan sólo la feracidad de la ribera que refuerza la perspectiva paisajista postulada por Azorín, y en palabras del propio

36 AZORÍN (José Martínez Ruiz), *El paisaje de España visto por los españoles,* 8ª ed. o. cit. (Madrid, Espasa Calpe, 1975), p. 17.

37 *Ibidem,* p. 17.

38 E. GIL y CARRASCO, *El señor de Bembibre,* ed. cit., p. 96.

39 *Ibidem,* p. 78.

40 *Nota 52* en el texto del editor, p. 43.

41 *Nota 17* en el texto del editor, p. 43 y 68.

Gil y Carrasco como cuando en el texto de su novela dice, "el risueño paisaje que se desplegaba alrededor, a los primeros rayos de sol"[42].

El entorno de la comarca se diluye en una singular enumeración de bellos parajes con los que prosigue la descripción, "a su espalda quedaba la fortaleza de Ponferrada; por la derecha se extendía la dehesa de Fuentes Nuevas, con sus hermosos collados plantados de viñas que se empinaban por detrás de sus robles; por la izquierda corría el río entre los sotos, pueblos y praderas que esmaltaban su bendecida orilla y adornaban la falda de la sierra de la Aquiana y al frente descollaba entre castaños y nogales, casi cubierta con sus copas y en vergel perpetuo de verdura, la majestuosa mole del monasterio fundado a la margen del Cúa"[43].

Don Álvaro recurre a la intercesión del abad de Carracedo para que interponga su influencia con el padre de Doña Beatriz y lo hace incorporándolo al mismo paisaje de la comarca, "tal vez el sosiego de esta comarca son asuntos dignos de vuestro augusto ministerio y del sello de santidad que ponéis en cuanto tocáis". Pero las presiones del abad exigiendo a Don Álvaro el abandono de sus obligaciones con el Temple origina un momento de extraordinaria tensión que el abad solventa, y "sin hablar palabra asió del brazo a Don Álvaro y le lleva a una ventana, desde ella se divisaba una colina muy hermosa, sombreadas sus faldas de viñedo al pie de la cual corría el Cúa y la cumbre rematada en una hermosa explanada con el azul del cielo por fondo. Un montón confuso de ruinas, algún lienzo de edificio cubierto de yedra y todo el recinto estaba rodeado aún de una muralla por donde trepaban las zarzas. Aquel "campo de soledad, mustio collado" había sido el *Bergidum romano*[44], la antigua ciudad romana que dio nombre a esta singular comarca a la que cabe el honor de ser la primer comarca administrativa erigida constitucionalmente con la configuración histórica de que siempre gozó.

42 *Ibidem*, p. 73 y 96.

43 *Ibidem*, p. 97.

44 *Ibidem*, p. 99 y 101.

Sigamos con el relato novelesco, "el convento, reclusión obligada de Dª Beatriz, ha desaparecido, pero el pueblo de Villabuena, junto al cual estaba, todavía subsiste y ocupa una risueña situación al pie de unas colinas plantadas de viñedo. Rodéanlo praderas y huertas, llenas las más de higueras y de toda clase de frutales, y las otras cercadas de chopos y álamos blancos. El río le proporciona riego abundante y fertiliza aquella tierra, en que la naturaleza parece haber derramado una de sus más dulces sonrisas". Doña Beatriz, a pesar de su cautiverio, "su corazón llagado se entregaba con inefable placer a aquellos goces del espíritu que ofrece el espectáculo de una naturaleza frondosa y apacible"[45]. Así es la comarca descrita por Gil y Carrasco.

La angustiosa llamada de auxilio de Doña Beatriz es llevada por su criada Martina y el intrépido Bruno a "la fértil ribera de Bembibre bañada entonces por los rayos melancólicos de la luna que rielaba en las aguas del Boeza y en los muchos arroyos que como otras tantas venas suyas, derramaban la fertilidad y la alegría por el llano". Prestamente un angustiado Don Álvaro abandonó su castillo encaminándose a Ponferrada y a Cornatel, "caminaba a orillas del Sil, ya entonces junto al Boeza, con la pura luz del alba e iba cruzando aquellos pueblos y valles que el viajero no se cansa de mirar... Ora atravesaba un soto de castaños y nogales, ora un linar cuyas azuladas flores semejaban la superficie de una laguna, ora praderas fresquísimas de un verde delicioso y de cuando en cuando un camino abierto a manera de dosel con rústico emparrado. Por la izquierda subían en un declive manso a veces, y a veces rápido, las montañas que forman la cordillera de la Aquiana con sus faldas cubiertas de viñedo y por la derecha se dilataban hasta el río huertas y alamedas de gran frondosidad... Si Don Álvaro llevase el ánimo desembarazado de las angustias y sinsabores que de algún tiempo atrás acibaraban sus horas, hubiera admirado sin duda aquel paisaje que tantas veces había cautivado sus sentidos en días más alegres"[46].

---

45 *Ibidem,* p.121.

46 *Ibidem,* p. 135 y 138.

El relato se sumerge por entero en la belleza de la comarca. "Siguiendo Don Álvaro en sus propósitos de allegar aliados a su causa se dirige al Castillo de Cornatel que a juicio del editor Picoche, concentra una de las grandes descripciones de El Bierzo. "Todo está perfectamente observado, aunque tal panorama sólo puede distinguirse en días muy claros y exentos de niebla[47]. Don Álvaro es recibido efusivamente por el alcaide del castillo de Cornatel. Enseguida le contó la visita de Martina esa misma noche. Acompañado del Comendador Saldaña ascendieron al torreón predilecto de Don Gutierre, "quedáronse entonces entrambos en silencio como embebidos en la contemplación del soberbio punto de vista que ofrecía aquel alcázar reducido y estrecho, que semejante al nido de águilas, dominaba la llanura.

Por la parte de oriente y norte le cercaban los precipicios y derrumbaderos horribles, en cuyo fondo corría un riachuelo con un ruido sordo y lejano, que parecía un continuo gemido. Entre norte y ocaso se divisaba un trozo de la cercana ribera del Sil lleno de árboles más allá del cual se extendía el gran llano de El Bierzo poblado entonces de monte y dehesas y terminado por las montañas que forman aquel hermoso y feraz anfiteatro. El Cúa cubierto por las interminables arboledas y sotos de sus orillas corría por la izquierda al pie de la cordillera besando la falda del antiguo *Bergidum* y bañando el monasterio. Y hacia poniente, el lago azul y transparente de Carucedo harto más extendido que en el día, parecía servir de espejo a los lugares que adornan sus orillas y a los montes de suavísimo declive que lo encierran. Crecían al borde mismo del agua encinas corpulentas de ramas pendientes parecidas a los sauces que aún hoy se conservan, chopos altos y doblegadizos como mimbres que se mecían al menor soplo del viento y castaños robustos y de redonda copa. De cuando en cuando una bandada de lavancos y gallinetas de agua revolaba por encima describiendo círculos, y luego se precipitaba en los espadañales de la orilla o levantando el vuelo

47 *Ibidem*, p.144.

desaparecía detrás de los encarnados picachos de las Médulas"[48]. Así de bello es el paisaje de la comarca berciana descrito por Gil y Carrasco que hace honor al título de "escritor del paisaje de El Bierzo" que Azorín le confiere.

Igualmente el poeta acentúa el matiz paisajístico de la comarca berciana que si bien resulta siempre bello, pero distinto, según la estación en la que la visitemos. Como lo confirma este otro pasaje, "el otoño había sucedido a las galas de la primavera y a las canículas del verano y tendía ya su manto de diversos colores por entre las arboledas, y viñedos de El Bierzo"[49]; también "la naturaleza entera parecía despedirse del tiempo alegre y prepararse para los oscuros lutos del invierno"[50].

La falsa prueba de la muerte de Don Álvaro aunque ya descrita en los *Amantes de Teruel*[51] no deja de representar una imagen de inspiración romántica, al igual que el equívoco que introduce para ordenar las secuencias posteriores. En el forzado cautiverio de Tordehumos, Don Álvaro "no dejaba de suspirar por los collados del Boeza y las cordilleras de Noceda... Y acostumbrado al aire puro de sus nativas praderas y montañas, por la noche, veía en sueños todos los ríos frescos y murmuradores de su pintoresco país, coronados de fresnos, chopos y mimbreras que se mecían graciosamente al soplo de los vientos apacibles y allá a lo lejos una mujer vestida de blanco..."[52]. Aún en el momento intensamente dramático del relato con la liberación de Don Álvaro el reencuentro con Beatriz y la desesperada profesión en la Orden del Temple no olvida Enrique GIL las bellas imágenes de la comarca y las descripciones de los paisajes. En la atormentada mente de Beatriz, "Don Álvaro había salido del sepulcro sólo para morir de nuevo y para siempre a los ojos de su esperanza y en vez de aquellas arboledas frondosas, de tantos trinos de

---

48 *Ibidem*, p. 144-45.

49 *Ibidem*, p. 203.

50 *Ibidem*, p. 204.

51 J. E HARTZEMBUSCH, *Los amantes de Teruel*, acto III, escena III, de la versión de 1838).

52 E. GIL y CARRASCO, o. cit., p. 231.

pajarillos y de las auras suaves de mayo, los vientos del invierno silbaban tristemente entre los desnudos ramos de árboles, los arroyos estaban aprisionados con cadenas de hielo y sólo algunas aves acuáticas pasaban silenciosas sobre sus cabezas o graznando ásperamente a descomunal altura". ¡Dolorosa consonancia de una naturaleza amortecida y yerta con un corazón desnudo de alegría y vacío del perfume de la esperanza!"[53].

Los preparativos para la guerra contra los templarios recluyen nuevamente a Doña Beatriz en el convento de Villabuena, momento psicológico que el novelista aprovecha para brindarnos otra bella descripción en la que la presencia de la comarca berciana resulta evocada en toda su belleza. Doña Beatriz "desde las ventanas del monasterio, veía correr el Cúa turbio y atropellado arrastrando en su crecida troncos de árboles y sin número de plantas silvestres; los viñedos plantados al pie de la colina, donde todavía se divisaban las ruinas de la romana *Bergidum* despojados de sus verdes pámpanos dejaban descubierta la tierra rojiza y ensangrentada que los alimenta y en las montañas lejanas una triste corona de vapores y nublados oscilaba en giros vagos y caprichosos al son del viento". Y este otro pasaje también de intenso ritmo poético, "reinaba un silencio funeral y todos tendían los ojos por aquel hermoso paisaje que aunque desnudo de hojas y azotado por el soplo del invierno, todavía parecía agraciado y pintoresco a causa de los variados términos de la perspectiva y la suave graduación de las montañas"[54].

Y estos otros unidos por una secuencia incomparable: "pasado el río hay una cuesta muy empinada desde la cual a un tiempo se divisan entrambas orillas del río Sil, todo el llano que forma su cuenca el convento de Carracedo con su gran mole blanca en medio de una fresquísima alfombra de prados y los diversos términos y accidentes de las cordilleras que por dondequiera cierran y amojonan aquel país". Descripción a la que sigue otra igualmente singular, "del otro lado descollaban las sierras de la Aquiana con sus crestas

53 *Ibidem*, p., 265-66.

54 *Ibidem*, p. *315 y* 331.

coronadas de nubes a la sazón, y los agudos y encendidos picachos de las Médulas remataban su cadena con una gradación muy vistosa. Casi al pie se extendía el lago de Carucedo, rodeado de pueblos, cuyos tejados de pizarras azules vislumbraban al sol siempre que se descubría, y terminado por dos montes, de los cuales el que mira a Mediodía estaba cubierto de árboles, mientras el que da al Norte formaba extraño contraste por su desnudez". La naturaleza se hermana estrechamente con el paisaje de la comarca.

"En aquellos días fatales su amor a la Naturaleza subió de punto y su ansia por contemplar las hermosas escenas de aquellos alrededores era extraordinaria"[55]. Y otra alegre imagen complementa su relato, "en el jardín de la quinta gorjeaban los jilgueros, calandrias y un sinfín de pajarillos, y las flores, abriendo sus cálices, llenaban el aire de perfumes". Y otro paisaje singular, "San Pedro de Montes en medio de las ásperas sierras que ciñen El Bierzo por el lado del mediodía, revela bien el terrible ascetismo de sus fundadores, pues está montado sobre un precipicio que da al riachuelo de Oza y por todas partes lo cercan montes altísimos, riscos inaccesibles y oscuros bosques. El rumor de aquel arroyo encerrado en su hondísimo y peñascoso cauce tiene un no sé qué de lastimero y los pájaros que comúnmente se ven son las águilas y los buitres"[56].

Si bien *El Señor de Bembibre*, en palabras del editor debe considerarse una recreación poética de la Orden del Temple encaminada a reivindicar su papel fundamental en la historia de España"[57] en el que el paisaje y la comarca constituyen un apéndice instrumental, en cambio el *Bosquejo de un viaje a una provincia del Interior,* la estrecha vinculación con la naturaleza de su comarca constituyen el principal motivo de su ponderación que, "hemos procurado observar lo que quedaba de su antigua grandeza, y al

55 *Ibiden*, pgs. 392 y 394.

56 *Ibidem*, p. 404 y 414.

57 E. GIL y CARRASCO, *Obra Poética Completa*, ed. de E. Peral Vega (León, Instituto Leonés de Cultura, 2000), p. 103. (Nota del editor).

llegar a las risueñas montañas de El Bierzo... ¿Quién antes ni después, se ha acordado de este rincón maravilloso de El Bierzo, de las raras propiedades y milagrosas riquezas de su suelo, de sus agraciados paisajes?"[58].

Las magníficas pinceladas de la comarca se derraman por doquier en el transcurso del relato, "el pintor que dibujase las vistas de Las Médulas, del apacible y hermoso lago de Carucedo, de la cuenca deliciosa del Vilela y del campestre anfiteatro de Corullón, de la frondosa ribera de Bembibre y de las fértiles orillas del Sil"... "Se despliega la cordillera altísima de la Aquiana, el Sil centelleante como una serpiente de escamas de oro a los últimos resplandores del sol, se deslizaba besando su falda... Y la bella descripción prosigue, "a nuestro frente El Bierzo en toda su extensión, desde Villafranca hasta el Manzanal, con su vistosísima escala, con las cordilleras que lo surcan, los ríos que lo bañan, los castillos que lo decoran, los monasterios e iglesias que lo santifican, las poblaciones que lo adornan, las arboledas que lo refrescan y los campos, praderas y viñedos que derraman en él sus raudales de abundancia"...; "la ribera de Bembibre con su fértil llano de linares y trigo, las graciosas ondulaciones de sus laderas y el convento de la Peña que la enseñorea como una atalaya desde su escarpada altura se presenta risueña. ¡Estamos seguros que será una de las mejores vistas de la Península![59]".

El "Valle del Silencio" estrecho y escarpado no menos que el que dejábamos, aunque más solitario y silvestre todavía. A su cabecera hay un pequeño altozano con su linda planicie saliendo de sus lóbregas angosturas, parece muy iluminado y alegre. Tres montañas blancas y desnudas, se levantan junto a él y abren paso a otros reducidos valles. En vano el corzo buscaría la sombra de los arbustos en sus descarnadas laderas, ni plantas ni yerbas crecen entre sus grietas. Una maldición misteriosa pesa al parecer sobre estos picos, calcinados por algún antiquísimo volcán y condenadora esterilidad en medio

58 E. GIL y CARRASCO, *Bosquejo de un viaje a una provincia del interior, 2ª ed.* Mª Paz Taboada, (León Instituto Leonés de Cultura, 1999), p. 101.

59 *Ibidem*, p. 135.

de una naturaleza pomposa y llena de lozanía"[60]. La singular presencia de la Naturaleza en su comarca también se encuentra profusamente cantada en su obra lírica: "secó tus lauros y rompió tu lanza. ¡Sobre tu tumba crecerá el ciprés". (Poesía) Al *dos de mayo* [61].

La naturaleza sublimada en el paisaje berciano también fascina a un ascético F. Giner de los Ríos cuando nos describe el *Monasterio y Palacio de Carracedo* y eleva un canto a la naturaleza: "su hermosa vista sobre el paisaje y huertos, cuyas hiedras, zarzas y arbustos, enseñoreados de la construcción, le dan un aspecto pintoresco lleno de poesía"[62]. Y ensalza igualmente la comarca, "tal es, en sumario compendio, este monumento, perdido en el fondo de aquella risueña comarca y uno de los datos que más importaría conservar para la historia de nuestra arquitectura"[63].

El romanticismo ensalza igualmente a la Naturaleza en las letras gallegas. Emilio Castelar en el Prefacio de *Follas Novas*, dice en 1880, "apenas hay rincón de la Península donde los espectáculos de la Naturaleza no estén realzados por las grandiosas escenas de la Historia"[64] e igualmente asegura que "la Naturaleza se refleja en la conciencia de sus bardos"[65]. Nuestro enunciado del capítulo -La exaltación de los espacios naturales- adquiere una especial relevancia si pretendemos hacer referencia a Rosalía de Castro y a las letras españolas; la ternura se mezcla con la tristeza, la luz con el misterio y la inspiración con la verdad. El sentimiento de la Naturaleza de Rosalía se asemeja a un canto místico que sobrepasa al pos-romanticismo imperante e igualmente supera al naturalismo. Su incomparable lirismo identificado con la

60 *Ibidem*, p, 137.

61 GIL y CARRASCO, *Obra Poética*, o. cit., p. 81.

62 FRANCISCO GINER de los RÍOS, "Monasterio y Palacio de Carracedo", en *Boletín de la Institución Libre de Enseñanza*, nº. 231 y 232 (1896), p. 286.

63 *Ibidem*, p. 296.

64 ROSALÍA de CASTRO, *Follas Novas*. (A Coruña, La Voz de Galicia, 2001), p. 10.

65 *Ibidem*; p. 15.

comarca del Sar, su comarca nativa; Padrón, Santiago, Lestrove son el escenario de la Naturaleza de Rosalía.

En el "*Adiós*":

"Adiós, montes e prados, igrexas e campanas,
¡adiós!, Sar e Sarela cubertos de enramada"...
¡Qué prácidamente brilan
o río, a fonte i o sol! Cál a Natureza fermosa
sorría maio que a mimou"...

Igualmente Emilio Castelar en el prólogo citado, "los tiempos pasados se avivan y resucitan en el escenario donde sus tragedias sucedieron"[66], pocos ejemplos tan líricos, nos puede ofrecer la literatura hispana reflejando la conciencia cultural de los pueblos, constatando la identificación de la comarca que soporta el sustrato de sus vidas, como reiteradamente tratamos de demostrar. De algún modo Emilio Zola había proscrito todo derroche imaginativo de la narrativa, por lo que el realismo y el naturalismo imperantes en la segunda mitad del siglo XIX, tanto en Europa como en España resultaban ajenos a la exaltación lírica que Rosalía postulaba sobre la Naturaleza, manteniendo la inspiración que el romanticismo enfatizaba en la comarca natural y que recogía de alguna manera del primer romanticismo surgido en la inspiración medieval.

Precedida por la segunda parte de la *Regenta* de Clarín, en el entorno naturalista Pardo Bazán, publica en 1886 y 1887 *Los Pazos de Ulloa* y *La Madre Naturaleza,* novelas ambientadas en la misma atención al medio natural de la comarca con singulares descripciones. Dª. Emilia a pesar de no haber escrito nada en gallego, su narrativa no se puede extrapolar fuera del contexto cultural galaico. En las C*onfesiones autobiográficas* que preceden a la edición de *Los Pazos de Ulloa,* en "Arte y Letras" confiesa que "durante los veranos; los paseos a caballo, en coche y a pie a través de Galicia, empezaron a

66 ROSALÍA de CASTRO, *Obras completas,* t. I, Prólogo a Follas Novas de Emilio Castelar, o. cit. (Madrid, Aguilar, 1977), p. 253.

orientar mis ojos hacia el mundo exterior, me revelaron el reino de la Naturaleza y me dispusieron a ser la incansable paisajista actual, prendada del gris de las nubes, del olor de los castaños, de los ríos espumantes presos en las hoces de los prados húmedos y de los caminos hondos de mi tierra"[67]. En *La Madre Naturaleza,* doy rienda a mi afición al campo, al terruño y al paisaje"[68]. Indudablemente en Galicia hablar de la montaña, del paisaje o hablar de la Naturaleza es hablar de la comarca, de cada trozo de su territorio"[69]. La idea de la Naturaleza equiparada al soporte físico de la comarca se reitera en la narración. El naturalismo de la obra de Pardo Bazán coincide en la exaltación de los espacios naturales y se sincroniza con el reconocimiento comarcal, si bien el énfasis con que lo hace resulta diferente a las manifestaciones culturales de otras orientaciones literarias. En *"Los Pazo*s" la montaña gallega, el caciquismo y la decadencia de un noble solar, se complementan en La Madre Naturaleza; pero la comarca que describe Pardo Bazán en Los Pazos de Ulloa genera imágenes tenebrosas.

3.- La comarca como ubicación geográfica de algunas famosas obras literarias

Además de las citadas y de algunas otras que merecen recordarse, la comarca es el escenario de dos famosas novelas inglesas del siglo XIX: *Wuthering Heights* de Emile Brontë y *The Return of the Native* de Thomas Hardy. Ambas mantienen un tono dramático y si en algo difieren sustancialmente es en la trama psicológica que sus autores supieron

---

67 E. PARDO BAZÁN, "Apuntes autobiográficos", en *Los Pazos de Ulloa* (Madrid, Ediciones Bercimuel, 2009), p. 33.

68 *Ibidem,* p. 72.

69 E. PARDO BAZÁN, *Los Pazos de Ulloa* (Madrid, Cátedra, 1999), p. 14; haciendo referencia al capítulo I, de *Los Pazos de Ulloa,* p. 83.

imprimirles de acuerdo con las vivencias de su infancia en los respectivos territorios. La comarca en la que los hechos se suceden tiene una base real por mucho que sea una creación de ficción. En la literatura española contamos también con una pieza literaria maestra e igualmente de tono dramático cuyo espacio territorial es una comarca descrita con precisión, *La Tierra de Alvargonzález,* un poético cuento-leyenda escrito en 1911 por A. Machado y publicada por primera vez en enero de 1912 en la Revista Mondial de París. Tratemos de recordar sus respectivos argumentos y la localización geográfica de la comarca en la que se desarrollan sus historias.

A) La sobrecogedora comarca de Wuthering Heights

"¡Realmente es hermosa esta comarca!". Así empieza la novela *Wuthering Heights* de Emily Brontë publicada con el seudónimo de Ellis Bell[70]. Con seudónimo, como era habitual en las escritoras femeninas en esa época. La comarca se antepone a la trama literaria. Efectivamente es en la región occidental de Yorkshire, en el Noroeste de Inglaterra, en la que se desarrolla la trama dramática; existe una comarca de extremada dureza pero de cautivadora belleza. En el ensayo biográfico escrito por su hermana C. Brontë dice que, "los extraños no pueden ver el menor interés en los páramos agrestes del norte de Inglaterra; el lenguaje y las costumbres domésticas de los habitantes de esa comarca tienen que resultarles incomprensibles a estos lectores, o repulsivos si los entienden"[71]. El texto de la novela no se extiende en largas especificaciones más bien son pinceladas aisladas que matizan la descripción de la comarca;

70 Usamos la traducción de Carmen Martín Gaite, que transcribe por "*Cumbres Borrascosas",* 2ª ed. (Barcelona, Alba, 2008), En las alusiones que siguen citaremos siempre por esta edición.

71 Del prólogo a la ed. de 1850 de *Wuthering Heights*, recogido en la trad. de C. Martín Gaite, ed. cit., p. 523.

pero su naturaleza sobrecogedora trasciende al mismo texto que en todo momento se intuye en su aspecto grandioso.

La misma novela explica el significado de *Wuthering Heights* diciendo que se trata de un nombre provincial que alude a la naturaleza agreste del paraje en que se sitúa la fnca del señor Heatchcliff, su protagonista. "Heights" que la traductora transcribe por "cumbres", haciendo referencia a una denominación de la toponimia local, y "borrascosas" es el adjetivo que alude a las perturbaciones atmosféricas a las que se ve sometida la comarca. Las referencias a esta naturaleza agreste del lugar son muy precisas a lo largo de la novela, "la inclinación de unos cuantos abetos desmadrados que hay al final de la casa y por la fila de espinos raídos orientando todas sus ramas en el mismo sentido como implorando una limosna del sol; es fácil imaginar el poderío del viento del norte; la casa de piedra con su porte severo y frmemente asentada en el suelo parece diseñada para soportar las inclemencias que se barruntan en las alturas". Y refiriéndose expresamente a la comarca de su entorno también dice que sobre ella se cierne "un horror de gran oscuridad en su atmósfera eléctrica y tormentosa, se veía a veces alentar el relámpago y la luz del día nublado y del sol eclipsado que siguen manifestando su existencia"[72]. La comarca es agreste y nudosa como la raíz del brezo. No sería lógico que fuera de otra forma habiendo nacido y habiéndose criado en ella la autora de los páramos en que siempre vivió.

"Un viento muy fuerte azotaba la casa y rugía en la chimenea. La negra noche caía prematuramente, el cielo y las colinas se confundían en un mismo remolino asfixiante de nieve y ventisca"; "en la inhóspita cumbre de aquella colina, la tierra estaba dura de escarcha y el aire hacía tiritar todos mis miembros", así encuentra esta comarca el visitante señor Lockwood que acababa de alquilar la granja para una estancia vacacional. Espero que le sirva de escarmiento, le recriminaba ásperamente Heathcliff, justificando la dureza invernal del lugar. Los escasos habitantes de la comarca parecían conformados con el carácter áspero y desabrido. "¡Vaya comienzo para una vida de eremita!;

72 *Ibidem*, p. 12 y 524.

vientos glaciales, crudos cielos norteños, caminos intransitables y esos médicos rurales que se eternizan en llegar y luego la total carencia de rostros humanos, y -lo peor de todo- la amenaza horrible de Kennet de que no se me ocurra soñar con salir de casa hasta que llegue la primavera"[73].

Pero en la agreste comarca también hay lindas flores silvestres para la convaleciente Catherine, "¡Son las primeras flores de las Cumbres! Me recuerdan las brisas templadas del deshielo, los cálidos rayos de sol y la nieve a punto de fundirse y Edgar añade, ya casi no hay nieve, no veo más que dos manchas blancas por toda la extensión del páramo. El cielo está azul, cantan las alondras y los torrentes vienen crecidos hasta rebosar[74]. Era un amable sucedáneo ya ausente del follaje estival que apagaba aquella otra música por los alrededores de la Granja cuando los árboles estaban cubiertos de hojas.

Todas estas apreciaciones sobre el lugar y la singular comarca parecen fundirse en un nuevo molde. Tal es el sentido de la narración cuando dice que, para los oídos de la adolescente Caty el pueblo de Gimmerton era únicamente un nombre y el único edificio donde había entrado algunas veces era en la iglesia, sin embargo cuando se quedaba contemplando el paisaje desde la ventana de su cuarto, solía preguntar ¿Cuánto tiempo falta todavía para que yo pueda subir a aquellas cumbres? ¿Qué es lo que se ve al otro lado de las montañas? ¿Qué impresión hacen aquellas rocas doradas cuando llegas al borde de ellas? El abrupto despeñadero de Pennistone Crags despertaba igualmente su atención. La agreste belleza deslumbraba su imaginación infantil. ¡Me gustaría tanto subir a esas cumbres!. Las reiteradas preguntas sobre aquellas deslumbrantes montañas recibía siempre la misma respuesta paterna; -cuando seas mayor- y el cómputo de esa fecha cada día acrecentaba su ilusión. Así eran las "Cumbres" en muchas mentes infantiles pero igualmente inquietantes resultaban para los visitantes que las contemplaban.

"La estancia en aquel lugar se había convertido en algo fantasmal y

73 *Ibidem,* p. 143.

74 *Ibidem,* p. 208.

nebuloso" confesaba el señor Lokwood que se reconocía como solitario inquilino de la Granja de los Tordos al que una posterior visita a la comarca evoca una impresión contrapuesta: "hacía un tiempo muy hermoso aunque demasiado caluroso para viajar. Pero el calor no me impidió disfrutar del encantador panorama que se extendía sobre mi cabeza y a mis pies. De haberlo visto en las proximidades de agosto, seguro que hubiera vuelto a sentir la tentación de pasarme un mes en aquella soledad"[75] y a no dudarlo ésta era la verdadera sensación que igualmente reproducía en sus visitantes

No olvidemos que entre los recuerdos que la hermana mayor Carlotte, destacaba en Emily, al referirse a su carácter, dice que en él parecían tocarse los extremos de la sencillez y el vigor. Bajo una cultura sencilla, gustos naturales y modesta apariencia y que tampoco contaba con la experiencia de la vida; sus facultades no se adaptaban a los asuntos prácticos de la existencia. Aunque los personajes por ella descritos son imaginarios y fruto de la ficción novelística, tampoco se puede decir que se ajusten totalmente a la realidad de la comarca que pretende describir. Más bien trataba de reproducir un entorno realista de sus experiencias infantiles y en la conciencia cultural de los habitantes de una región dura e inculta no exenta de una fuerza intrínseca que intenta transmitir a los lectores que no están familiarizados con el lugar en que se sitúa la narración novelística y a quienes les son ajenos los habitantes, las costumbres y las características naturales de las colinas y caseríos remotos de la región occidental de Yorkshire[76].

Mientras esos personajes pueden resultar incomprensibles o repulsivos, con lenguaje tosco, la descripción del paisaje rústico se refleja con encomiable originalidad; las colinas natales son para ella mucho más que un espectáculo, eran su hogar al igual que para las aves silvestres. Los personajes no hacen la comarca, pero resultan influenciados por lo agreste de la misma. "sobre buena parte de *Cumbres Borrascosas* se cierne un horror de gran

75 *Ibidem*, p. 462.

76 *Ibidem*, p. 521.

oscuridad, que en su atmósfera eléctrica y tormentosa se veía a veces alentar el relámpago". Como dice Charlotte Brontë (Currer Bell) en defensa de la obra de su hermana, "*Cumbres Borrascosas* se talló en un taller natural, con herramientas sencillas y materiales del lugar"[77]. La comarca situada en la región de Yorkshire encarna un prototipo de comarca natural que se íntegra en la conciencia de sus habitantes y que culturalmente constituye un prototipo universalizado de comarca por medio de una recreación literaria singular.

La controversia desatada en la primera recepción de *Wuthering Heights,* precisa Mª P. Kindelán, predominan las duras críticas, "dos notas englobarán la crítica literaria, la fuerza, el poder, la realidad que se desprende de la obra. En otra crítica de la *Revista Britania,* haciendo referencia a la descripción de la comarca en la que se desarrolla el relato novelesco, el mismo crítico "empieza haciendo una alusión a la ferocidad salvaje que se observa a veces en la naturaleza, una rusticidad que no produce una sensación agradable, pero que en su rudeza anida un elemento de belleza, presentando formas tan pintorescas que fascinan y atraen la vista del que las contempla. Lo mismo ocurre en la vida real con el carácter que no ha sido cultivado"[78].

Otro de sus críticos literarios, matiza, "*Wuthering Heights,* está escrita como una historia terrorífica asociada a un lugar horrendo" y es igualmente significativa la diferenciación que se establece en el relato entre las dos mansiones, "la antigua Granja, en lo alto de los páramos caracterizada por un desapacible malestar, habitada por personajes misteriosos, que contrasta sensiblemente con la residencia de los Linton, en el valle Thrshcross Grange en donde reina el confort y la alegría y cuyos habitantes pertenecen a una clase gentil que parece condiciona la vida de sus ocupantes"[79]. Aclarada por su hermana Charlotte, en la edición de 1850, la identidad de Emily como autora de *Wuthering,* destaca una orientación personal por los páramos y la nostalgia

77 *Ibidem,* p. 526 y 524.

78 *Ibidem,* p. 412.

79 *Ibidem,* p. 415 y 419.

cuando se veía alejada de ellos, su valentía y su mente tan lógica, que todos estos aspectos sirven a la crítica para homogeneizar la vida y la obra; la extraña elección del tema y del tono de la novela es fruto de la fuerza imaginativa, "la obra estaba construida con una destreza minuciosa y premeditada" lejos de un especimen de arte torpe, inmaduro o inconsciente"[80]. El modelo de comarca se configura aquí como un auténtico prototipo y la áspera rusticidad se convierte en el elemento fundamental que supe[illegible] propio relato.

B) La comarca en *The Return of the Native*

Otra novela inglesa en la que la comarca también constituye la base argumental es *The Return of the Native (El Regreso del nativo),* de Thomas Hardy publicada en 1878[81]. La comarca real se sobrepone a la ficción El soporte comarcal y los recuerdos de la infancia influencian la forma literaria de los espacios imaginarios descritos, que se corresponden con lugares y poblaciones reales. Angleburg responde a Wavehum y Casterbridge a Dorchester, situados en el condado de Dorset en el suroeste de Inglaterra. El páramo imaginario de Egdon se corresponde con un espacio geográfico real con sus caseríos y localidades. La acción discurre entre los años 1840 y 1850, como se relata en el prefacio de la novela, cuando el antiguo balneario de Budmout aún conservaba el aura de alegría y prestigio de que había gozado en la época georgiana como para inspirar una fascinante atracción en el alma romántica de un solitario habitante del interior del país; es agradable imaginar que los páramos de Egdon Heath pudieron corresponder al páramo de Lear, el legendario rey de Wessex, un punto singular en su extenso territorio.

80 *Ibidem*, p. 451.

81 Traducida con el título *El Regreso del Nativo,* por Esther Pérez (Madrid, Montesinos, 2000).

La traducción de Esther Pérez como *El Regreso del Nativo* sirve de elemento conductor del relato y enlace natural de los matices de una comarca singular que constantemente aflora en la descripción. Relato y descripción que recopilaremos en locuciones literales del texto examinado como máxima expresión del espíritu narrativo que conlleva la novela. A ese lugar inhóspito es el lugar donde Clim Yeobrigth regresa después de haber vivido en la cosmopolita ciudad de París y es el mismo lugar del que insistentemente intenta huir la joven Eustacia. El paisaje es lúgubre, sus caminos tortuosos, los lugareños toscos, sus pozas peligrosas, pero hay algo magnético en Egdon, algo capaz de atrapar a sus moradores y retenerlos en un mundo en el que el tiempo parece haberse detenido, "era una comarca que retornaba a la memoria de quienes la amaban. El ocaso se combinaba con el paisaje de Hegdon Heath para producir algo que era majestuoso sin ser severo y grandioso en su simplicidad". Y prosigue el relato, "El escuálido Egdon apelaba a un instinto más sutil y escaso..., la circunspecta excelsitud del yermo, la tormenta era su amante y el viento su amigo; esa región oscura, reliquia del Catastro realizado por Guillermo el Conquistador, allí descubre su condición como la de un baldío ralo, cubierto de aulaga y zarzas, al que se le da el nombre de Bruaria"[82].

Las costumbres en la comarca mantienen su tradición ancestral, "el 5 de noviembre una a una comenzaron a encenderse las fogatas de otras parroquias y poblados dedicadas a la misma conmemoración del Complot de la Pólvora, en la que participan alegremente la totalidad de sus habitantes"[83]. El susurro del viento barre lagunas y senderos. Y la narración continúa describiendo con singular belleza, "lo que allí se oía no era dado escucharlo en ningún otro sitio; se sucedían innumerables ráfagas procedentes del noroeste, y cuando pasaban, el rumor de su avance se resolvía en tres elementos. Resonaban en él, voces de soprano, tenor y bajo. Los botes generales del conjunto en hondonadas y elevaciones eran responsables de los tonos más

82 *El Regreso del Nativo,* traducción. cit., p. 14 y 15.

83 *Ibidem,* p. 24 y 25.

graves del repique. A continuación se dejaba oír el zumbido de barítono del acebo. Más débil, pero en tono más alto, una voz menguada intentaba con todas sus fuerzas entonar una melodía bronca, que era el sonido peculiar de la localidad. En ella se encerraba lo que podría denominarse la peculiaridad lingüística de la comarca como no era posible oírla en ningún otro lugar del planeta que no fuera el páramo, brindaba cierta explicación a la tensión de la mujer, que seguía tan inconmovible como antes"[84].

La descripción del paisaje, "era un susurro fatigado y rozaba de manera tan clara el oído que, quienes estaban acostumbrados a él podían detectar, como si lo tocaran, los materiales en los que se originaba. Era el producto compuesto de infinitesimales causas vegetales, que no eran ni tallos, ni hojas, ni briznas de hierba, ni musgos. Eran las momificadas flores de brezo que el verano anterior originariamente tiernas y púrpuras, ahora lavadas de todo color por las lluvias de otoño y secadas hasta convertirse en briznas muertas, por los soles de octubre. No era que hablaran las flores marchitas, era una única, sintonía que hablaba al unísono por intermedio de cada una de ellas; los riscos, los arbustos y las flores, habían roto el silencio"[85].

De la descripción precisa del territorio y de sus paisajes resulta evidente que la comarca era algo vivo en la conciencia de sus habitantes. "Pero el amor, la cólera y el fervor celestiales habían resultado un tanto malgastados en el infernal Egdon, para Eustacia resulta su hades y desde que llegara allí, había absorbido mucho de lo que había de lúgubre en su tono. La atalaya de Egdon, en cambio había cautivado la imaginación del Capitán Vye abocando a su nieta a vivir en la oscura pizarra de un Egdon muy distinto al de su abuelo"[86]. Eustacia, con evidente desencanto, confiesa a Wieldeve, el vendedor ambulante y singular personaje del relato, igualmente desencantado de la comarca, "odias el páramo como yo también lo aborrezco. ¡Cuán lúgubre sopla

84 *Ibidem*, p. 58.

85 *Ibidem*, p. 59.

86 *Ibidem p. 71 y ss.*

el viento a nuestro alrededor en este momento!; el sonido del viento efectivamente era solemne y avasallador. Sé que el paisaje tiene cierta belleza, pero para mi es como una prisión; de todos modos la desilusión de estos dos habitantes de la comarca, no resultaba enteramente inmune a los hechizos que sí compartían intensamente los demás residentes"[87].

Si alguien conocía bien el páramo era precisamente Clyn; estaba realmente permeado de sus paisajes y podía decirse que era su producto; una bucólica placidez se recreaba intensamente en su espíritu, allí se habían abierto por primera vez sus ojos y las primeras imágenes de su memoria se mezclaban con la fisonomía de tan peculiar comarca; el páramo había matizado su concepto de la vida, sus flores habían sido las campanillas púrpuras del brezo y las amarillas de la aulaga; sus animales, las culebras y los "segadores del páramo" (singulares caballos de la comarca). Las múltiples aversiones que sentía Eustacia Vye, traducidas en amores, prendaban el corazón de Clyn que contemplaba embelesado el paisaje; todo ello a pesar de las desventuras que la vida le deparaba a raudales: "abriré una escuela lo más cerca posible de Egdon para poder regresar caminando" se decía a sí mismo. El sol de julio brillaba sobre la comarca y hacía arder los brezos rojos con un fuego escarlata; era la única estación del año y el único tiempo durante esta estación en que el páramo resultaba exuberante y más allá el gran valle de brezos púrpuras, silenciosamente resultaba estremecido por el sol[88].

Un atribulado Clyn, "con frecuencia paseaba a solas por el páramo y entonces el pasado le aprisionaba con su manto de sombras y lo retenía allí para que escuchara su historia. Su imaginación poblaba el lugar de sus antiguos habitantes, a su alrededor recorrían los senderos de las olvidadas tribus celtas y casi se sentía vivir entre ellas"[89]. Resulta innecesario sondear la

87 *Ibidem*, p. 88-95.

88 *Ibidem*, p. 169 y 227.

89 *Ibidem*, p, 357.

profundidad de un pensamiento que une el autor a una comarca que aún tratándose de un páramo yermo, le impregna con su peculiar belleza.

4.- Dos tipos de comarcas en la literatura española: A) *El sabor de la tierruca*, de José Mª. Pereda

"A poco más de cincuenta varas de la fuente de la cajiga se llega al borde de una amplia meseta, sobre la cual se desparrama un pueblo, entre grupos de frutales, cercas de fragante seto, redes de camberones, paredes y callejas; un pueblo de labradores montañeses, con sus casitas bajas, de anchos aleros y hondo soportal; la iglesia en lo más alto, y tal o cual casona, de recia portalada y huerta de altos muros"[90]. Pereda nos transporta al pueblo de Cumbrales, y haciéndonos subir al campanario de la iglesia, desde él nos muestra el inigualable paisaje. "¡Hermoso cuadro, en verdad! La meseta llega por el Oeste, a la zona de sierras, y con ellas se funde cerrando la vega por este lado, en el recodo mismo que forman la meseta y la sierra, al unirse, hay otro pueblo, recostado en la vertiente y estribando con los pies en aquél extremo de la vega. El nombre le cae a maravilla, Rinconeda". Y sigue la configuración de la comarca, "a la parte de allá de la sierra que domina y asombra a Rinconeda, está la villa, de la cual se surten los pueblos de lo que no sacan de su terruño. y allende las montañas, está la ciudad. Hay más de seis leguas entre ésta y la villa"[91]. Y detrás de esa gran muralla del Norte se estrella el Cantábrico, camino de la desdicha de estos pueblos. La emigración atlántica se convierte en la principal desventura de la mitad de la juventud de la comarca.

Una ciudad, una villa como centro inmediato, algunos pueblos y caseríos dispersos configuran esta comarca asentada en la Tierruca, un entorno

90 J. Mª PEREDA, *El sabor de la Tierruca*, 3ª ed. (Buenos Aires, Espasa-Calpe Argentina, 1960), p. 11.

91 *Ibidem*, p. 11 y 12.

de comarca natural que la Naturaleza dota de un marco de privilegiado verdor. El viento del sur azota con virulencia las alturas de Cumbrales y a su vez la lluvia deja sentir sus efectos en el hondo valle de Rinconeda. En la inocente y maliciosa confrontación comarcal, mientras unos "vuelan", por el viento de los altos, los otros "nadan" en determinadas ocasiones por las insistentes lluvias; la vida discurre en el anhelo común de la emigración americana que se cierne como entorno cultural para toda la comarca; las montañas, el verdor y la lluvia a raudales la comparten por igual todos ellos; también por igual cultivan el maíz y el recreo de sus huertos en tiempos de bonanza; excelentes tocadores de tarrañuelas y grandes jugadores de bolos e incansables bailadores son sus mozos que compiten con el canto primoroso de sus mozas, y las largas veladas invernales se suceden en torno a una chimenea que escucha reiteradas historias. Un perpetuo desafío y constante provocación constituye la diversión entre los pueblos vecinos que en ocasiones se convierte en multitudinarias pendencias sin otra razón que la de ocupar el tiempo de alguna manera. En este entorno singular se suceden las más peregrinas historias en las que la anodina comarca envuelve a sus habitantes sin otra motivación que la de acrecentar su lucida cabaña.

B) *La tierra de Alvargonzález* en la comarca del Alto Duero

Un tributo inigualable de las letras castellanas a la hora de evidenciar el concepto cultural de la comarca nos lo ofrece la entrañable creación de *La tierra de Alvargonzález* configurada en una doble versión en prosa y verso de A. Machado. Nada nos aclara el poeta sobre si el texto en romance fue anterior a la prosa. Sabemos que el modelo en prosa fue escrito en París en 1911 y publicado también en París por Rubén Darío en la revista *Mondial Magazine* en enero de 1912 y posteriormente en junio en *Campos de Castilla.* Si nos atenemos a la fecha de su aparición enero de 1912, tampoco nos lo aclara; de todos modos el asunto deviene intrascendente para nuestro propósito, como irrelevantes resultan las pequeñas diferencias del texto en cada uno de ellos. El paralelismo entre ambas versiones resulta tan cercano que a veces, digamos que se complementan y de todos modos la vena poética de Antonio Machado no deja de manifestarse en ambas versiones e incluso más de un crítico encuentra mayor contenido poético en el texto en prosa, poniendo en entredicho las fronteras entre una y otra forma literaria.

Nuestro interés lo constituye la concurrencia de una leyenda que enlaza con la presencia cultural del concepto de la comarca objetivada en *La tierra de Alvargonzález,* ubicada en la comarca soriana de Pinares en el Alto Duero, y con un específico desarrollo desde la época alto-medieval, en la que los ricos hacendados castellanos devienen hidalgos del conde García Fernández. La leyenda es contada a Machado por el sagaz campesino, acompañante ocasional de viaje, "pienso en lo mucho que ellos saben y nosotros ignoramos, y en lo poco que a ellos importa conocer de cuanto nosotros sabemos"[92]. "El campesino cabalgaba delante de mi, silencioso. El hombre de aquellas tierras, serio, y taciturno, habla cuando se le interroga, y es sobrio en la respuesta. Cuando la pregunta es tal que pudiera excusarse, apenas se digna contestar. Sólo se extiende en advertencias inútiles sobre las cosas que conoce bien, o cuando narra historias de la tierra".

Después de cabalgar dos horas cruzamos un puente de madera sobre el Duero, "por aquel sendero, me dijo el campesino, señalando a la diestra, se va a las tierras de Alvargonzález; campos malditos hoy; los mejores antaño, de esta comarca". Y a mi pregunta, al respecto respondió, "Alvargonzález fue un rico labrador más nadie lleva ese nombre por estos contornos. La aldea donde vivió se llama como él se llamaba, y las tierras de Alvargonzález los páramos que la rodean". De este modo tan sutil nos introduce Antonio Machado en la comarca soriana de Pinares. El campesino añade que siendo niño "oí contar a

92 ANTONIO MACHADO, *La tierra de Alvargonzález* (Madrid, Almacenes Generales de Papel, 1978, p. 47.

un pastor la historia de Alvargonzález y sé que anda inscrita en papeles y que los ciegos la cantan por tierras de Berlanga con singular connotación de la épica castellana. De la comarca que riega el Duero, desde Urbión donde nace, hasta que se aleja por tierras de Burgos, se habla de las bodas de Alvargonzález rico labrador de este territorio"[93].

Como es tradicional en las acaudaladas gentes de Castilla mientras el primogénito hereda y asegura la estirpe el resto de los descendientes se reparten entre la Iglesia y las armas aunque en este caso únicamente Miguel, el menor de los hijos es el destinado al seminario pero "prefería las lindas mozas a los rezos" y dispuesto a no vestirse más por la cabeza manifiesta a su padre la intención de embarcarse para las Américas. "Mucho lloró la madre pero Alvargonzález vendió el encinar y entregó a su hijo cuanto había de heredar: toma lo tuyo, hijo mío y que Dios te acompañe"[94].

Los páramos que rodeaban la aldea de Alvargonzález formaban parte de la floreciente comarca en la que se había asentado el solícito labrador, en una tierra a la que prodigaba sus generosos esfuerzos sin desdeñar su íntimo agradecimiento, "Dios mi señor, que colmaste las tierras que labran mis manos a quien debo pan en mi mesa, mujer en mi lecho y por quien crecieron robustos los hijos que engendré, por quien también mis majadas rebosan de blancas merinas y se cargan de fruto los árboles de mi huerto y tienen miel las colmenas de mi abejar; sabe Dios mío, que sé cuanto me has dado, antes de que me lo quites"[95]. Así de este modo, al pie de una fuente que un olmo gigantesco sombreaba, después de refrescarse con unos sorbos de agua, recostado en la tierra, plácidamente se quedó dormido.

Y prosigue la descripción, "como si las hadas que hilan los sueños hubiesen puesto en sus ruecas un mechón de negra lana, ensombrecióse el sueño de Alvargonzález". Un hachazo en el cuello y cuatro puñaladas en el

93 *Ibidem*, p. 50.

94 *Ibidem*, p .51.

95 *Ibidem*, p. 52.

pecho pusieron fin a sus sueños. Mala muerte le dieron al labrador los malos hijos, a la vera de la fuente. El hacha que tenían de sus abuelos y que tanta leña cortó para el hogar tajó el robusto cuello y el cuchillo con el que el buen padre cortaba el pan que repartía a los suyos en torno a la mesa, se hundió en el más noble corazón de aquella tierra[96].

"En su avariciosa ofuscación, los hijos de Alvargonzález no saben lo que han hecho. Al padre muerto arrastran hacia un barranco y en la Laguna Negra que no tiene fondo, arrojan su cadáver con una piedra atada a los pies. La laguna está rodeada de una muralla gigantesca de rocas grises, donde anidan las águilas. Las gentes de la tierra en aquellos tiempos no osaban acercarse a la laguna ni aun en los días claros. Los viajeros que, como usted, visitan hoy estos lugares, han hecho que se le pierda el miedo. Consumado el parricidio los hijos de Alvargonzález tornaban por el valle. Dos lobos asomaron al verles pasar, pero los lobos huyeron espantados. Así heredaron los malos hijos la hacienda del buen labrador y turbaron la paz de la comarca, pero nadie osó acusar del crimen a los hijos de Alvargonzález, porque el hombre del campo teme al poderoso y la laguna jamás devuelve lo que se traga"[97].

Hasta aquí los detalles más significativos de la leyenda con las inigualables palabras de Antonio Machado. No cabe duda que en la mentalidad de los habitantes de una región está muy presente el concepto de comarca traducido en el prototipo cultural de la misma. Físicamente se trata de una comarca con una clara unidad geográfica que comprende buen número de aldeas y lugares, pequeños y dispersos, y que se identifica totalmente con el modelo comarcal descrito a lo largo de nuestro estudio e indudablemente inspirada en el contexto natural geográfico de las fuentes del Duero. En numerosos topónimos comarcales se alude a la población que constituye el núcleo fundamental como ocurre en la leyenda, con la aldea de Alvargonzález que extiende su influencia a las colectividades agrícolas de los páramos que la

96 *Ibidem*, p. 57.

97 *Ibidem*, p. 58.

rodean y que constituyen un territorio caracterizado por cierta uniformidad en los rasgos físicos, que incluso resulta extensible al inmanente contexto cultural que pone de manifiesto el valor afectivo de sus moradores destacado por la abundancia de aquellos campos y la hermosura con que recompensa a sus cultivadores, "el sol de primavera iluminaba el campo verde y las cigüeñas sacaban a volar a sus hijuelos en el azul de los primeros días de mayo. Crotoraban las codornices entre los trigos; verdeaban los álamos y los ciruelos del huerto se llenaban de flores, sonreían las tierras de Alvargonzález"[98].

Una connotación precisa en la configuración de una comarca lo constituye el sentimiento colectivo de unidad y pertenencia en común de sus habitantes; sentimiento que pone de manifiesto la leyenda, en cambio el parricidio personifica la ruptura de la misma. "La codicia tiene garras para coger pero no tiene manos para labrar". La ruptura de esa cohesión afectiva con la comarca, la leyenda se encarga de resaltar los maleficios, cuando llegó el verano la tierra empobrecida parecía fruncir el ceño. Entre los trigos había más amapolas y hierbajos que rubias espigas. Heladas tardes habían secado en flor los frutos del huerto y las ovejas morían por docenas víctimas de ignorada hechicería. Aquellos campos estaban malditos y los dos hermanos y sus mujeres rodeaban un hogar mezquino, querellas y enconos frecuentes surgían entre las familias; cada uno de ellos tuvo dos hijos que no pudieron lograrse porque el odio había envenenado la leche de las madres[99].

La leyenda reitera la simbiosis de los habitantes con "la afectividad comarcal" que destacamos en todo momento como valor cultural intrínseco en la constitución de la misma. Vincula la desaparición de ese valor afectivo en la perpetración de un segundo crimen, en el fratricidio de Miguel, convirtiendo en decrépita la pervivencia de la misma. Una fría noche de invierno Miguel el hermano menor regresa de las Américas convertido en un acaudalado caballero indiano; ignorando que sus propios hermanos con el crimen cometido en su

98 *Ibidem*, p. 59.

99 *Ibidem*, p. 60 y 61.

padre resultaban los causantes de las desgracias sobrevenidas; generosamente, se ofrece para aliviar la penosa situación en que se encuentran, simbolizado por el decrépito fuego de un hogar sin leña, y decide comprarles parte de la herencia por más oro del que nunca había valido. Mientras los hermanos mayores dilapidaban la fortuna sobrevenida, el entusiasmo y el esfuerzo de Miguel devuelven todo su esplendor a la parte de los campos que cultivaba con cariño, en contraposición a los desmedrados campos desdeñosamente labrados por sus hermanos.

La indiscutible sabiduría práctica del campesino que sagazmente pone de manifiesto el trasfondo cultural de la leyenda, corrobora que el complemento indispensable para la configuración de una comarca se basa en la conciencia de esa unidad común. La comarca natural pertenece al que la habita e indefectiblemente es del que la siente. Este sentimiento configurador intrínseco del propio concepto de comarca resulta sabiamente definido por Machado en la leyenda de *La tierra de Alvargonzález*. Los demás componentes extrínsecos de la trama literaria decaen ante la magistralidad que incorpora ell concepto tradicional de la comarca. En este sentido es de destacar la opinión de Moreno y Moreno[100], "evidentemente el poeta utilizó para el relato sucesos ocurridos en la región; el crimen de Duruelo ocurrido en julio de 1910; y las estimaciones que el campesino narrador formula sobre la tierra y su gente, la razón que condiciona la emigración de los pinariegos a ultramar y la ilusión acariciada del regreso del indiano enriquecido; la sicosis que por crímenes impresionantes sufría la provincia aquellos años; era irrelevante que el pueblo de Alvargonzález estuviera a la derecha de La Muedra o que pudiera haber sido sugerido por Villálvaro, en las proximidades de San Esteban de Gormaz, que pueden estimarse como anotaciones accesorias fruto de la fantasía de Machado".

Una veintena de cumbres por encima de los dos mil metros destacan

100 M. MORENO MORENO, *Apuntes y ocurrencias sobre "La tierra de Alvargonzález" y "Campos de Castilla"* (Madrid, Imprenta Ferreira, 1975), p. 16 y 17.

el majestuoso Pico de Urbión (2.228 m.) y configuran con sus lagunas de origen glaciar las Sierras de Urbión "entre dos ríos" en euskera y cuyas vertientes meridionales integran la comarca soriana de Tierra de Pinares, que constituye la mayor superficie continua de coníferas de la Península y es precisamente el omnipresente pino silvestre el que ha forjado a través de los siglos, junto a la ganadería de la trashumancia de merinas, la ingente riqueza de una comarca de transportistas, pastores e hilanderas.

Recuerda Ian Gibson que Machado hace el viaje a la Sierra de Urbión en la ingente cordillera que divide las provincias de Soria, Burgos y Logroño atraído por el nacimiento del Duero y la Laguna Negra: "una mañana de los primeros días de octubre decidí visitar la fuente del Duero"[101]. Quizá resultara deslumbrado por el relato que pudo hacerle Pío Baroja de su ajetreado recorrido montañoso que un duro mes de noviembre, a principios de siglo, había realizado con su hermano Ricardo y el montañero suizo Paul Schmitz a los Picos de Urbión en los que la nieve anticipándose al invierno resultó abundante. "Llegamos al Pico del Urbión; al norte se ven las estribaciones de los Pirineos y el Moncayo, como una pirámide blanca; a la izquierda, los montes de Oca, las sierras de Burgos; mirando hacia Castilla se divisan los montes de Toledo. Y al fondo de un barranco nos muestran la Laguna Negra... Se dice que de la de Urbión toma nacimiento el Duero; sin embargo ninguna de ellas tiene salida; el río debe nacer de sus filtraciones y de los muchos regatos que corren por la hondonada. (Covaleda, noviembre"[102]). Para Antonio Machado, igualmente su objetivo es el mítico nacimiento del Duero.

Toda comarca que se precie, como reiteradamente anotaba Caro Baroja, además de su cultura privativa también debe compartir algún hecho o actividad singular que sirva de unión a sus habitantes. Mientras de la cultura prehistórica de la zona nos restan necrópolis singulares que nos ponen de manifiesto la existencia de un tipo de pueblo asentado en la comarca, en

101 A. MACHADO, o. cit., p. 45.

102 PÍO BAROJA, " A orillas del Duero", en *Obras Completas*, t. VII (Madrid, Bibl. Nueva, 1951), p. 807.

cambio del desarrollo de los vestigios de su vida económica tenemos constancia de largos siglos de la existencia inédita de la Carretería, una sorprendente empresa institucional de transportes "cuya vida oficial comienza, como nos dicen R. Ganuza y A. Sanz, en 1497 cuando los Reyes Católicos instituyen la Cabaña Real de Carreteros"[103]. Este singular modelo de transporte, en cuanto empresa oficial, como nos relatan los antedichos investigadores, "ocupaba a la mayor parte de la población de la comarca pinariega, ya fuera en la cría de bueyes, en la fabricación de las carretas o viajando en el transporte durante ocho meses al año. El acarreo se articulaba en grupos de 30 carretas donde viajaban el mayoral, ayudantes, gañanes, pasteros, conductores y reparadores. Junto a ellos circulaban los bueyes de refresco y algunas vacas con sus terneros...

La Ruta del Norte transportaba lana a los puertos del Cantábrico y a Madrid madera de pino, y cereales. Todo ello sumado a otras rutas a Extremadura, La Mancha, Aragón y Cataluña que alcanzaron a contabilizar 6.500 carretas y 17.000 bueyes que representó una ingente actividad localizada en gran parte en la comarca y que perdura hasta la llegada del ferrocarril"[104]. Pío Baroja en el citado relato a los Picos de Urbión de principios del siglo XX, nos deja constancia igualmente de esta actividad cuando en su desorientado descenso del Urbión dice: "empezó a desfilar por el camino una interminable fila de carros de bueyes cargados de madera aserrada y ramaje de roble; por delante de cada yunta con la aguijada al hombro iban mujeres negruzcas con la cabeza cubierta por el refajo"[105].

El nacimiento del Duero, los Picos de Urbión y la comarca de Pinares, con la Tierra de Alvargonzález, quizá con ubicación geográfica en Mallaumbre, se instituyen en patrimonio de renombre de Antonio Machado y su espíritu poético impregna cada lugar trascendiendo su peculiar difusión.

---

103 RUFO GANUZA y ALICIA SANZ, *Las sierras de Urbión, Neila y Cebollera*, 2ª ed. (Madrid, El Senderista, 2008), p. 49.

104 *Ibidem*, p. 49 y 50.

105 PÍO BAROJA, o. cit, p. 806.

5.- Creación de territorios literarios sobre la comarca

Si bien en el transcurso de esta exposición se hace patente que el concepto de comarca supone una referencia a un contenido geográfico, a una demarcación territorial o a una delimitación humana que de ordinario se circunscribe a un entorno geográfico natural, la comarca se sublima en un "concepto universal"; su arraigada implantación en la conciencia popular la convierte en un concepto cultural que sobrepasa claramente la realidad inmediata, situándose muchas veces en el campo de la creación intelectual. En este sentido se traduce en múltiples manifestaciones culturales: romances, relatos y novelas que originan importantes manifestaciones del mundo literario y que un trabajo monográfico de este tipo debe recordar.

G. Grenne afirmaba que, "las personas reales están repletas de seres imaginarios". Igualmente es cierto que "las personas reales" están llenas de lugares fantásticos, los mundos privados de la infancia son rincones proyectados por la imaginación del niño a partir del juego; y como reconocía Julio Cortázar: "mis juegos solitarios, no con los amigos porque esos eran juegos conocidos, eran prácticamente siempre juegos mágicos. Eran juegos en donde yo me fabriqué todo un reino imaginario en el jardín de mi casa" [106].

En este marco incomparable de creación de espacios geográficos imaginarios en el que se localiza la narrativa literaria cabe destacar al escritor español contemporáneo, L. Mateo Díez, nadie como él ha recreado el espacio de una comarca; y lo hace "sobre esa imagen especular de la ficción, tan antigua y tan nueva, que hasta puede que pertenezca a la esencia de la

106 OSÉS GARCÍA, B.; "Lo fantástico en el aula", en *Revista de Literatura, Centro de Comunicación y Pedagogía*, nº. 120 (2006), p. 73.

misma". Y lo explica así, "para culminar una aventura imaginaria de esta índole, hay que lograr habitar ese trasmundo, hay que experimentar en toda su profundidad esa otra realidad que inventamos"[107]; "los fabuladores somos sin remisión una parte sustancial de lo que se refleja en el espejo de nuestras ficciones, incluido el rostro menos material de nuestros personajes". La obsesión creadora es un mecanismo mental que concita todas nuestras posibilidades hacia ese único fin. Y como dice en otro pasaje de su obra, "esa contradicción daría más o menos este resultado, la vida ya no la vivo, la escribo, y la novela ya no la escribo, la vivo"[108].

Luis Mateo ve en la ficción el espejo metafórico de la realidad y entiende la literatura como el cruce entre la imaginación, la memoria y las palabras. "A los narradores, esta idea especular de la ficción nos fascina muy especialmente, porque expresa muy bien el sentido y hasta el sentimiento de nuestro trabajo y, a la vez, una parte sustancial de la ambición del mismo"[109]; "los creadores de ficciones literarias, aspiramos a que nuestros textos reflejen la vida a base de recrearla e incluso suplantarla, sustituirla desde esa realidad imaginaria intrínseca en el cuento o en la propia novela"; pocos autores lo han conseguido con la maestría con que él lo hace. Y lo explica: "para culminar una aventura imaginaria de esta índole, hay que lograr habitar ese trasmundo, hay que vivir sin paliativos esa otra vida, hay que experimentar en toda su profundidad esa otra realidad que inventamos"[110].

Puesto que la obra de este académico leonés resulta trascendente en relación con la creación de territorios literarios fundamentados en la comarca es merecedora de un análisis ponderado de su incidencia. El profesor Sanz

---

107 L. MATEO DÍEZ, "El espejo de la ficción", en *Cuadernos de Narrativa*, Coloquio Internacional Grand Séminaire de Neuchâtel, 26-28 de octubre de 1999 (Neuchâtel, Arco Libros, 2005), p. 14.

108 L. MATEO DÍEZ, *El porvenir de la ficción* (Salamanca, Junta de Castilla y León, 1999), p. 20.

109 L. MATEO DÍEZ, "*El espejo de la ficción*", o. cit., p. 11.

110 *Ibidem*, p. 14.

Villanueva[111], tomando como referencia que en 1968 se produce el mayo revolucionario francés, con la significación de representar un hecho histórico trascendente en el mundo del pensamiento y de la expresión literaria y que puede servir de referencia dice: "no es que en España, y en su literatura, tengan especial influencia los sucesos del mayo francés, que fueron en buena medida protagonizados por unas gentes de una edad semejante a la de los narradores a los que aquí describimos.

Aquella fue la última revolución europea de nuestro siglo y el espíritu de su desenlace; la pérdida del utopismo coincide con la actitud moral y hasta política de nuestros escritores y conecta con su comentada postura, de una inventiva más libre y por una recuperación del gusto de contar", lo que le sirve a Sanz Villanueva para acuñar la denominación de "generación del 68" o "narradores del 68" aplicada a una nueva narrativa; relatos de tradición oral tan del gusto de narradores leoneses, como Pedro Aparicio, J. Mª Moreno, E. Alonso y especialmente L. Mateo embarcado por aquel entonces en la revista *Claraboya* compartida con otro grupo importante del entorno geográfico de Galicia y Asturias que daban en esa época los primeros pasos por el campo de la literatura "con el claro objetivo de que la única obligación del escritor es escribir bien (Antolín Rato) y la igualmente expresiva de L. Mateo, "siempre tuve cierta claridad, progresivamente ampliada, de que el compromiso, en la creación, convenía compaginarlo con la responsabilidad y la lucidez de la obra bien hecha" *(El Urogallo*, 26 de junio de 1988, p. 38). La expresiva hipérbole de los del "*Bloomsbury leonés"* que identifica a Luis Mateo merecedor por duplicado en 1987 del Premio de la Crítica y el Premio Nacional de Literatura por la novela de *La fuente de la edad.*

A partir del realismo documental en *Las estaciones provinciales* (1982) y hasta llegar a la esencialización de espacios y personajes de las últimas creaciones, se patentiza una progresiva evolución hacia lo mítico y la

111 S. SANZ VILLANUEVA, "La generación novelesca del 68", en *Narrativa Hispánica* (Madrid, Universidad Complutense, 1990), p. 67.

simbolización en las que el autor se consagra como auténtico maestro. "El cambio en los principios de la escritura se patentiza muy en primer término, con la atractiva recuperación de la fuerza fictiva del relato, del prodigio de la fábula, de la mágica capacidad de creación de universos de la imaginación, devolviéndole a la narración toda su riqueza diversiva. Y arrastra al lector a estrenar mundos"[112]. El título, como indicador de *La fuente de la edad,* plantea el mito como meta sublimadora y ve en la ficción el espejo metafórico de la realidad de la vida y entiende la literatura como el cruce entre la imaginación, la memoria y las palabras. Confiesa al respecto L. Mateo Díez que, "la idea de la ficción como espejo me parece que es una de las más recurrentes de la historia literaria y sin duda, de las que más siguen fascinando a los fabuladores y probablemente también a los destinatarios de las fabulaciones"[113]. Y refiriéndose a la orientación actual, declara, "hay quien dice que en ese trance de ambición es donde se mide el destino de la novela moderna que se ha decantado hacia una mayor autonomía en la materia literaria que la conforma".

A la creación de la comarca imaginaria de *Celama*, precede en el tiempo (1986) *La fuente de la edad* con una comarca igualmente de ficción, la "Omañona" (el mito de la fuente de la inmortalidad que nace junto al árbol de la vida en el centro del Paraíso); La comarca se configura enmarcada en el diseño terciario de otros tres mitos, "El baúl de don José Mª Lumajo"; "La ruta de la fuente"; y "La flor de invierno". Un relato esperpéntico en el que el grupo de los "cofrades" emprende la búsqueda de la fuente de la juventud por caminos y veredas, definidores de la también mítica comarca de la "Omañona", que en opinión de Santos Alonso, "en este topónimo ficticio realiza el escritor un homenaje a su pueblo natal de Villablino configurando el espacio de La

112 A. LÓPEZ-CASANOVA, "Mundo fantástico, imaginario, mítico y simbolización. Claves de una escritura generacional a través de tres relatos emblemáticos"; *El relato fantástico: historia y sistema* (Salamanca. Colegio de España, 1989), p. 183.

113 L. MATEO, DÍEZ, "El espejo de la ficción", en *Cuadernos de Narrativa* (Neuchâtel, Universidad de Neuchâtel, 2005), p. 11.

Omañona como una mezcla de las comarcas leonesas de Babia y Omaña"[114]. Y destaca, igualmente que, "autor y novela se erigen en cambio generacional iniciado en 1975, como renovación formal, que recogía la herencia de Cervantes y Valle-Inclán para realizar una certera parodia realista, mítica y esperpéntica de la situación política y social de la vida española durante la dictadura"[115]. Y con un desarrollo propio de tal situación observa que "tienen los cofrades establecida una fuerte complicidad hasta una especie de aceptado lenguaje, de jerga de guiños y sobreentendidos muy abocada a una cierta retórica coloquial a la que no le faltan algunos aderezos esotéricos, frente a la secta menopáusica del Casino".

El discurso de los cofrades configura en su diálogo esta parte de la novela, "concentraba don Florín la atención de los cofrades, reunidos con Olegario en una mesa lateral de la casi despejada taberna del Miserias... Entonces, dijo don Florín, todo está claro"[116]. Así se inicia la desorbitada parodia carnavalesca de la búsqueda del preciado tesoro del "baúl" que encierra la clave de *La Fuente de la edad.* Con la ineludible ayuda del tesoro del baúl, en "el Diario de la Omañona" el cofrade Aquilino es quien dispone los pormenores de la aventura por la comarca imaginaria para la búsqueda de la fuente; "quedan definidos los tres lugares en cuyo contorno don José Mª Lumajo pudo hacer el hallazgo. Espacios míticos, de ambiente sagrado, son los lugares de Peña Candín y la Cueva del Raposo. Una comarca mágica ha de contar con espacios igualmente singulares. No están lejos los unos de los otros, pero hay mucho que subir y mucho que bajar"[117]. "El monte siempre tiene algo escondido. Mil veces que subas y bajes, y siempre hay algo que no encuentras. El monte es como la vida, de ahí que guste tanto"[118].

---

114 SANTOS ALONSO, L., "Introducción a la *Fuente de la Edad"*, o. cit., p. 198.

115 *Ibidem,* p. 45.

116 L. MATEO DÍEZ, *La fuente de la edad*, ed. de Santos Alonso (Madrid, Cátedra, 2002), p. 160.

117 *Ibidem,* p. 209.

118 *Ibidem,* p. 244,

La comarca de la Omañona se transforma en un espacio mítico c determinados lugares simbólicos; la "casona" enmarca el umbral del espacio d amparo y protección de la comarca; el monte se muestra como un "anim dormido que se despierta de noche"[119]; la "alta montaña" con sus gargantas y desfiladeros, encierra la misteriosa soledad de un espacio mítico; la "cueva", lugar de retiro del maestro Madruga, espacio profundo y abismal; el espeso robledal en cuanto espacio del laberinto donde se extravían Chon Orallo y Benuza, lugar de peligro, que se acentúa con la salida por el desfiladero desde la cueva, envueltos en una tormenta de lluvia y truenos en la que han de pasar la noche. El agua se transforma en ingrediente esencial de un paisaje que corresponde a la fisonomía real de la comarca leonesa en la que está ambientada la acción. "Ríos y arroyos", "fuentes y manantiales", "aguas corrientes y remansadas", "aguas superiores", e incluso la "lluvia", están presentes en el contexto de la comarca y hasta en el momento final del relato, "los cofrades se purifican bebiendo del Caño del Rucayo".

A la comarca real de la Omaña leonesa rinde tributo la saga familiar de los Díez en la obra conjunta *Valles de leyenda,* "a Omaña la encantan docenas de arroyos y riachuelos que al río rinden servidumbre, las puras fuentes frías que refrescan aldeas y campiñas, porque la Omaña y por ello el fenómeno va implícito en su nombre, es una comarca de montes, de valles, y de aguas fáciles, vírgenes y generosas aguas"[120]. Una sucesión de irrelevantes percances jalonan el discurrir por la comarca de La Omañona, lo que lleva a los cofrades a conocer, además de diversas versiones sobre la existencia de la fuente de la eterna juventud, otras erráticas leyendas como la de la Culebra Gamona, o la de las almas en pena que vagan por la comarca, hasta purgar su culpa o la presencia sobrenatural de las "cristalinas" que habitan en las fuentes de la misma, que les cuenta Eulogio.

Con el regreso a la "casona", umbral de la mítica comarca llega a los

119 *Ibidem,* p. 242.

120 F. DÍEZ, L. MATEO DÍEZ y ANTÓN DÍEZ, *Valles de leyenda* (León, Edilesa, 1994), p. 111.

cofrades la noticia de la falsedad del apócrifo diario de la Comarca de la Omañona del presbítero don José Mª Lumajo; pero mientras la aventura mítica se derrumba estrepitosamente y la *"fons vitae"* se transmuta en un "elixir ponzoñoso" de venganza y el contenido mítico de los espacios comarcales mantienen su alto contenido simbólico, que permanecen en un trasfondo misterioso, "hay quien opina que en el mito es donde se encuentra la verdad más verdadera"[121]. La crítica ha subrayado con frecuencia en los relatos de L. Mateo el humor, la tendencia a los retratos caricaturescos, deformados y casi esperpénticos, la atención a grupos, que de un modo u otro parecen desviarse de la vida reglada de acuerdo con las convenciones sociales, como los canónigos de *Las Horas Completas* y los cofrades de *La fuente de la edad.* La riqueza léxica, de esta novela, y el lenguaje coloquial de los personajes transfieren emotivamente una compenetración cultural tan intensa que inconscientemente recrea la niñez en su identificación.

Babia, Laciana o La Cepeda, la propia comarca como materia narrativa se revela a lo largo de la obra de Luis Mateo con la impronta de un filón inagotable, el mismo filón que encontraron en la literatura contemporánea, Faulkner, García Márquez, Rulfo, Tolkien, Yaser Kemal, Franz Kafka y algunos otros que encuentran su acomodo en un espacio impreciso, pero sin duda vigente al margen de la realidad cotidiana y que no dudarían en asentir a la afirmación de que "lo pequeño puede ser lo más grande porque, como bien se sabe, en la provincia del hombre está el hombre entero"[122].

El *Relato de Babia* ilustra el tránsito que la literatura propicia desde la comarca real hasta la comarca imaginaria que L. Mateo crea anticipando los dos polos, origen y fin, del espacio que habita su mundo imaginario. El deseo de prestigiar, desde su pasado, un territorio, que es su comarca nativa o la comarca afectiva. Constituye también un elemento muy relacionado con la propia tradición familiar del autor F. Agustín Díez, su padre, erudito en temas

121 *Ibidem*, p. 256.

122 L. MATEO DÍEZ, *La línea del espejo* (Madrid, Alfaguara, 1998), p. 16.

de Historia y de Administración Local que a su dedicación profesional unió una profunda devoción por las comarcas leonesas como autor de agudas observaciones y comentarios en obras relacionadas con la Historia comarcal, y que, bajo la capa de una documentada erudición, no dejan de reflejarse las notas subjetivas que trascienden su entrañable entusiasmo por el paisaje y además por el "paisanaje", como a él le gusta definir el entorno comarcal humano; el paisanaje no es el simple habitante, encarna en un sentido muy positivo, al consciente habitante de la comarca y que naturalmente establece una corriente común orientada al reconocimiento y mitificación a la que rinde tributo la lectura y la reinvención legendaria del pasado histórico aumentado en obras de compartida autoría a la que se suma en la colaboración gráfica de Antón Díez, otro de sus hijos que componen una auténtica saga familiar.

Bade-avia, valle de la vía, del que resultaría la medieval Badavia y el más reciente de Babia, "es una palabra que nombra un mundo de la realidad y de la fantasía, un mundo geográfico situado con sus límites comarcales y con sus gentes y paisajes, y un mundo imaginario que nadie sabe con exactitud cómo se apropió del nombre verdadero para trasplantarlo a ese otro orden del mito y la leyenda. Babia como "Jauja" y otros topónimos, que comparten esa duplicada referencia al nombrar tierras de la geografía real y de la fantástica, conserva la aureola misteriosa del prestigio de la invención. Y lo conserva alimentado por la extendida creencia en su inexistencia ya que el patrimonio mayor de su conocimiento es el fabuloso, el mítico y no son muchos, más allá de nuestras fronteras los que saben que hay un país de modestos límites comarcales, que se llama Babia, al noroeste de la provincia de León"[123]. "El Rey está en Babia": el Rey no quiere saber nada de nada. "Estar en Babia", como estado psicológico que se encuentra a medias entre el "dolce far niente" y el "no quiero saber nada" y como asegura Víctor de la Serna[124], se complementa con lo que la *Pícara Justina* dice del leonés: "no he visto hombres más moridos

123 L. MATEO DÍEZ, *Relato de Babia* (Valladolid, Ámbito, 2003), p. 239.

124 VÍCTOR de la SERNA; *Nuevo viaje de España. Ruta de los foramentanos* (Madrid, Prensa Española, 1976), p. 124.

de amores por su pueblo"[125]. Consideración que enlaza directamente con apreciaciones referidas a otras comarcas leonesas y que hasta cierto punto podemos considerar como un aforismo muy significativo y de precisión muy elocuente del carácter que imprime una comarca, como la "malicia y sutileza que viene a ser la cualidad de los aldeanos de este país que incorpora el carácter de sus habitantes" y que asocia Gil y Carrasco al singular personaje Ferragús, guía singular de su visita a Las Médulas bercianas[126].

El nivel de autonomía de la comarca literaria está más que asegurado al margen de toda posible coincidencia con la Geografía leonesa. Babia, por su lugar de privilegio en los dominios de la invención representa algo así como un punto de partida, del que surge toda una geografía imaginaria supeditada al interés de la fábula, desde la comarca de origen hacia la comarca de destino que se ha dado en llamar *Celama.* Nótese que este vocablo constituye un deliberado acróstico formado por la primera sílaba del nombre de tres comarcas leonesas: (Ce) Cepeda, (La) Laciana y (Ma) La Maragatería.

Superado el aprendizaje en *La fuente de la edad* con un lenguaje ascético y despojado de todo barroquismo, Luis Mateo aborda la construcción del territorio mítico de *Celama* territorio que él mismo define como "una novela de llegada"; así, "*Celama,* un yermo desolado al noroeste de la Península Ibérica encuentra su prefiguración en *El espíritu del Páramo*; allí se dirige Rapano desde otro lugar más floreciente, el de la "Vega"; el punto de partida, el autor lo sitúa en el Quijote de Cervantes y pasa por Quevedo, Arniches, Valle Inclán, Rulfo, Cunqueiro, como "resonancias clásicas". Al igual que su colega leonés, J. Mª. Merino secundan la frase de Dalmacio en *Las horas completas,* "la maldita perdición de saber que un día sin sueño es un día perdido"[127]. La actividad onírica, como dice Dino, otro de los personajes de *La ruina del cielo,* "el ser humano, además del presentimiento tiene el sueño. Ya

125 F. LÓPEZ de ÚBEDA, *La pícara Justina* (León, El Búo Viajero, 2005), p. 114.

126 E. GIL y CARRASCO; *Bosquejo de un viaje...,* cit., p. 118.

127 DALMACIO, *Las horas perdidas* (Madrid, Alfaguara,1990), p. 147.

se sabe que somos mucho más complicados que los bichos"[128]. Aristóteles en la *Retórica* sitúa la fábula entre los "ejemplos inventados"[129] y estas fábulas, alcanzan con frecuencia el relato de L. Mateo.

La singular creación de *El reino de Celama* nos transporta a una comarca imaginaria "situada en los mapas del alma que no admite más cartógrafos que la complicidad del lector y el genio del escritor" y que supone una de las más ambiciosas conquistas de un territorio imaginario en la literatura actual en castellano. La reconstrucción de la comarca originaria le ha permitido al autor mostrar hasta qué punto el pasado legendario ha configurado literariamente la reconstrucción idealizada pero igualmente cercana a la realidad. Tres novelas *El espíritu del Páramo, La ruina del cielo* y *El oscurecer*, constituyen una trilogía que se consolida en *El reino de Celama.* La primera *El espíritu del páramo,* (1996) "cuando la tierra mantenía la identidad de su pobreza más antigua"[130], nos introduce en esa comarca mítica habitada por personajes empeñados en la supervivencia, los pozos que sangraban el yermo se contaban por miles y eran una multitud de esfuerzos disparatados que ponían en evidencia el coste de esa obsesión. Y adquiere singular trascendencia, "cuando el anuncio del agua se hizo realidad tras muchos años de no acabar de creer lo que se prometía, porque la idea del pantano era una idea extraña que parecía tan costosa como improbable"; la promesa de una nueva comarca que no encajaba en la realidad presente, pero luego, tras un despertar calenturiento, la tierra recuperó un verdor que no le correspondía; las opciones de regadío que hacen previsible la actuación intervencionista de la Administración rompen los condicionamientos interpuestos por los factores naturales a la actividad agraria[131].

Celama es la creación literaria de un tipo de comarca triste pero

128 L. MATEO DÍEZ, *La ruina del cielo* (Madrid,Ollero & Ramos, 1999), p. 182.

129 ARISTÓTELES, *Retórica,* cit., p. 406.

130 L. MATEO DÍEZ, *El reino de Celama,* cit., p. 16.

131 *Ibidem,* p. 165.

profundamente arraigada en la conciencia de sus habitantes; el fin campesino de la tierra y el trabajo es un destino bastante común aunque como es palpable "el páramo tiene su identidad de marginación y pobreza que los contados viajeros antiguos relataron mencionando su condición de tierra mendiga[132]; en este sentido y todos los estudiosos coinciden, es un espacio más en el destino de tantos otros de la Península, "una tierra de olvido y anonimato, de muertos genéricos, en la que el tiempo se amontona sobre la realidad del erial como si no existiese, ni con él existirán las vidas que arrasó la miseria de siglos". "En Celama hay poco que elegir y menos por lo que suspirar, sobre todo si eres hijo de una familia con los posibles contabilizados, las hectáreas justas y la salud como mayor riqueza"[133]. La denominación de "páramo" en una comarca literaria evoca la Comala nombre fonéticamente muy próximo a *Celama*, espacio de la famosa novela de P. Páramo, *Rulfo*. El territorio creado por L. Mateo, aunque disperso en distintas obras tiene su centro neurálgico en *Celama*, "dominio en el que asienta el señorío de su imaginación", desde ese territorio ya no es aconsejable avistar otras tierras un vecino de Ogmo, que lo intentó, quedó ciego.

En la segunda parte de la trilogía *La ruina del cielo* (del año 2.000) Ismael Cuende un médico, poeta melancólico, que ejerce su profesión en Celama a quien las obras de rehabilitación de un antiguo consultorio fortuitamente le ponen en contacto con un estudio de un antecesor, Ponce de Lesco. La rutina de casi un siglo simplemente representa un paréntesis que avanza un nuevo peldaño al incorporar a su repertorio el semi-mito de la mula con la consiguiente carga simbólica. "No son las mulas animales míticos dice Ismael Cuende en uno de los pasajes de *La ruina del cielo* a no ser que para hacer justicia a ese anónimo patrimonio de desdicha y trabajo se quiera enaltecer la aureola de la especie. Nadie lo intentó que yo sepa y no existe en Celama nada que ayude a ello. Seres anónimos que jamás ganaron fábula o

132 *Ibidem,* p, 165 a 167.

133 *Ibidem,* p. 156.

leyenda que ni siquiera se mencionan en ningún cuento, que pueda escucharse en el territorio. Nada hay que contar con las mulas"[134]. Paradójicamente tiene especial relevancia el episodio del mulo Celenque que se erige en símbolo de la Guerra Civil española emparentado con Mensa de *La ruina del cielo*.

"Otras fábulas más complejas, expresan la unión entre el hombre y la naturaleza. Sin embargo supone una intensa exploración de la memoria del territorio, del destino de la tierra y de quienes la habitaron; el suelo es contagiosamente sombrío al igual que lo son sus habitantes y lo es también su historia. "Es el espejo no del esplendor del cielo, sino de su ruina"[135]; "no es ésta, tierra de duendes y hadas, aquí siempre sobraron las fantasías; los humildes montes de *Celama* no alzan la cota indebidamente, son escasos y más oscuros; aquí lo sagrado es el signo de la miseria, el dios de *Celama* es el de la indigencia y lo sagrado es la penuria, es *Celama* a través de un cristal ahumado. Esa es la *Celama* del Catastro de Ensenada, la que todavía nos llega avalada por el tiempo que se congeló y la vida que no se mueve"[136]. Sin embargo es la *Celama* que nace en el siglo IX, época de la repoblación y se mantiene en la época feudal "con pequeños predios de propiedad privada y el aprovechamiento de extensas superficies de terreno comunal; como todas las comarcas que se precien, con su historia y su cultura tiene como cualquier otra sacrosanta comarca, su santuario y su Virgen con veneración en toda ella, un santuario peculiar, los niños de *Celama*, no es raro que indicaran el azul de los días más claros, invocando la mirada de la "Virgen de Orión" bajo el rebozo, o diciendo que las nubes eran sus vestidos, y las estrellas los ojos de Dios..., pero Celama no era el espejo del esplendor del cielo sino de su ruina"[137].

También Celama tiene su leyenda. "La noche trajo la nieve, el día la continuó... *"el niño de la Nieve"* perdido en circunstancias extrañas; esa noche

---

134 *Ibidem*, p. 345.

135 *Ibidem*, p. 208.

136 *Ibidem*, p. 294.

137 *Ibidem*, p. 303.

salió todo el pueblo de Murada, al día siguiente todos los pueblos de alrededor, el Norte de Celama se llenó de gentes que buscaban al niño, la nieve no cedía y el invierno se hizo más largo que nunca, buscó al fin todo Celama y no quedó pozo alguno sin revisar, se supo que el Niño de la Nieve musitaba en el sueño de otros niños de su edad con la mayor dulzura y sin producirles temor alguno; nadie en Celama cree más de lo necesario pero todos mentaban al Niño de la Nieve al que creían feliz, incluso dos niñas del pueblo anuncian a la madre del desaparecido, mañana vuelve, justamente cuando iba a cumplirse el año de la desaparición y con igual nevada que la del año anterior el niño llama a la puerta cubierto de nieve con las mismas ropas, pero con dos dedos más de estatura y la única justificación nadie debe preguntarme nada"[138].

Igualmente en Celama se reproduce la situación generalizada de la Desamortización de Mendizábal en el siglo XIX. Los especuladores de algún modo controlaron los lotes de las subastas públicas y bloquearon el posible acceso razonable a la propiedad de estas tierras a quienes en ellas habían involucrado su esfuerzo y destino. La desamortización afectó también a las tierras de "propios", importante recurso de las comunidades locales; la desidia y decadencia de las manos muertas contrastan con las nuevas manos en que éstas reafirmaban la voluntad especuladora de los nuevos tiempos. El arado de vertedera introduce en la comarca un notable progreso, y el regadío, a su vez, origina una nueva colonización, pues la "fiebre del agua", desde la horadación venturosa del primer pozo, marcó un hito en la voluntad de supervivencia[139]. No hay mendigos en Celama, "habiendo tanta pobreza sería un desdoro que algunos la profesionalizaran. La pobreza del territorio da pie a una condición precaria de supervivencia. Los dramas de la indigencia se solventan con la aventura de la emigración. Esta tierra provoca en la lejanía una nostalgia rara"[140] que escasamente se resuelve con el retorno feliz. Como suele suceder la

138 *Ibidem*, p. 308.

139 *Ibidem*, p. 430.

140 *Ibidem*, p. 440.

conciencia íntima de fracaso, borra de su mente esta posibili prematuramente acompaña al infortunado a la tumba oscura.

En *El oscurecer* (2002), un anciano extraviado quiere volver a Cel y un joven intenta huir: "a Celama no tengo interés en volver, dice éste, ya que lo que hago es escaparme, nunca me gustó el territorio, tampoco m agradan las gentes de Celama, se parecen demasiado al espacio en que viven. El viejo, a su vez, le contesta: también yo soy de Celama, allí viví la vida". Conociendo Celama, no es nada errado buscar alguna equivalencia en la conciencia de sus habitantes, ciertas sensaciones que los hace saberse algo así como dueños, más o menos menesterosos de una comarca de la imaginación y del ensueño. Santa Ulla es su capital y a la vez el centro comercial de la región. En su territorio palpita sin tregua el espíritu áspero[141].

Como *Yorknapatawpha*, de Faulkner, *El reino de Celama* de Luis Mateo resulta la magistral creación de una comarca literaria cuya asombrosa plasticidad evoca un excepcional valor descriptivo del concepto tradicional de la comarca cuyos aspectos singulares he pretendido puntualizar y nada mejor que utilizando las propias palabras del autor, con en un lenguaje despojado de todo barroquismo, ascético y depurado, con el que aborda la empresa de describir la inigualable comarca de Celama.

6.- La comarca en otras manifestaciones culturales contemporáneas

Cuando Graham Greene afirmaba que las personas reales están repletas de seres imaginarios, nos estaba insinuando una pregunta singular. ¿Qué significado tiene la creación imaginaria de una comarca en el mundo de

141 *Ibidem*, p. 679 y 685.

la fantasía? La interrogante así planteada guarda una especial significación porque sitúa en el ámbito de lo fantástico una figura que se circunscribe al mundo real. La sublimación de la comarca a un campo imaginario en el que el espejo de la conciencia reproduce una imagen que trasciende esa realidad. Experimentos imaginarios pero racionales, que permiten indagar sobre nuestro conocimiento de la realidad en cualquiera de sus aspectos. La creación imaginaria de otro espacio de ocupación territorial es igualmente significativo. A este respecto el intento de Jiménez Hernández de: "elucidar el estudio ontológico cultural, de las ciudades imaginarias narradas por la literatura y la historia a partir de una filosofía de la imaginación y de una teoría del discurso que se propone a partir de la lectura de Platón, Aristóteles o Kant"[142].

"Las ciudades imaginarias, en su condición de objetos discursivos, requieren de recursos imaginativos equivalentes para su elaboración narrativa ya se trate de ciudades descritas en la literatura de ficción o realista, la utopía filosófica y literaria"[143]. Fedora como ejemplo clásico de la creación de una ciudad utópica lo es bajo el prisma azul de la imaginación que al igual que otras muchas ciudades imaginarias construidas discursivamente en la literatura. L. Borges, en *El relato de Tlön, Uqbar, Orbis Tertius*, anotaba que la "literatura de Uqbar era de carácter fantástico y que sus epopeyas no se referían jamás a la realidad, sino a las dos regiones imaginarias de Miejnas y de Tlön"[144]; recrea igualmente la ciudad imaginaria de Tlön y su comarca: "con tigres transparentes y torres de sangre". La respuesta imaginativa supuso la posterior apareción los cuarenta tomos de la Anglo American Cyclopedia de Tlön.

En *Cien años de soledad,* García Márquez construye el escenario fantástico que sirve de marco fundacional para situar a Macondo aldea en la que se alternan escenarios fantásticos con otros realistas. "Macondo era una

142 J. JIMÉNEZ HERNÁNDEZ, "Ontología de ciudades imaginarias. Ficción, utopía e historia", Tesis doctoral, en *Revista de Filosofía de la Universidad de Costa Rica, XLIV,* nº. 111-112 (Enero-Agosto, 2006), p. 19 y ss.

143*Ibidem,* p. 3.

144 *Ibidem,* p. 3.

aldea de veinte casas de barro y cañabrava construidas a la orilla de un río de aguas diáfanas que se precipitaban por un lecho de piedras pulidas y enormes como huevos prehistóricos"[145]; "en pocos años Macondo fue una aldea más ordenada y laboriosa que cualquiera de las conocidas hasta entonces. Era una aldea feliz y donde nadie había muerto". Elementos fantásticos configuran un escenario geográfico totalmente ilusorio. El grupo de Arcadio Buendía un conglomerado heterogéneo de hombres, con mujeres y niños, animales y toda clase de enseres domésticos atravesaron la sierra buscando una salida al mar y al cabo de veintiséis meses desistieron de la empresa y fundaron Macondo para no tener que emprender el camino de regreso. El mapa arbitrario descubre que en la ciénaga también hay otros poblados además de Macondo que configuran una comarca "pero estaba previsto que la ciudad de de los espejismos sería arrasada por el viento y desterrada de la memoria de los hombres en el momento en que su creador acabara de descifrar los pergaminos; todo lo escrito en ellos era irrepetible para siempre, porque las estirpes condenadas a cien años de soledad no tenían una segunda oportunidad sobre la tierra".

Del conjunto de comarcas imaginarias no podemos dejar de recordar la singular configuración de *Yoknapatawpha,* de W. Faulkner: "una comarca de unas cuarenta millas de diámetro de algún modo calcada del actual Condado de Lafayette y situada al norte del Estado de Misisipi y no lejos de Memphis. Faulkner le confirió un centro urbano, Jefferson, a semejanza de Oxford, la ciudad donde transcurrió casi toda su vida. De ella obtuvo todo lo que necesitó para construir uno de los universos novelescos más coherentes de la literatura contemporánea"[146], lo fantástico puede fundamentarse en lo real modificando los campos de construcción del relato literario.

Jiménez Hernández hace referencia a la singular circunstancia de un caso inverso narrado en la novela *Lost Horizon* de James Hilton: *Shangri-la* es la comarca-ciudad imaginaria creada en la novela. La relevancia de su

145 G. GARCÍA MÁRQUEZ, *Cien años de soledad,* 2ª ed. (Madrid, Austral, 1982), p. 59.

146 J. JIMÉNEZ HERNÁNDEZ, o. cit., p. 130.

notoriedad hace que el Gobierno chino la convierta en real: "en el año 2001 Zhongdian ciudad de la región de Yunnan superó a otras 12 poblaciones que competían para cambiar de nombre por *"Shangri-la"*. El gobierno chino invertirá 10.000 millones de dólares en la región para atraer turistas y dinero a dicho paraíso"[147]. La ciudad imaginaria del relato de Hilton fue llevada al cine y difundida en Occidente como prototipo de comarca-ciudad oriental prodigiosa. La ficción la sitúa en torno a un monasterio lamaista, a más de 8.000 m. de altitud sobre el monte Karakai o Montaña Azul. Entre las particularidades atribuidas, se asegura que en ella el delito es infrecuente, también curiosamente predomina la idea de que, "para gobernar con perfección no hay que gobernar demasiado". El clima paradisíaco en ella creado, hace que los monjes y sus habitantes vivan cientos de años pero en contraposición si alguno de sus habitantes sale de la ciudad envejece precipitadamente.

Igualmente la singular comarca de Eriador, descrita en el *The Hobbit* (1937), "a finales de la Tercera Edad, apenas tenía gobierno y por decreto del rey Dúnadan de Anthedain (Argeleg II) es entregada a los hobbits con la única condición de que reconocieran su soberanía; esto ocurrió en el año 1601 en la Tercera Edad del Sol que fue contado como el año 1 de la Cronología de la Comarca"[148]. La fcción convierte esta comarca en un referente territorial singular que reúne todos los requisitos imaginables de nuestra tradicional comarca. Dividida en distritos o cuadernas tiene su autoridad en el Alcalde de Cavada Grande (o de la comarca) elegido cada siete años en la época estival, por su Consejo en la: Feria Libre de las Quebradas Blancas en Lithe.

La comarca tiene su centro cultural en la cantina, en la que en determinadas ocasiones se recita poesía, odas que ensalzan las hazañas de los héroes del pueblo o los encantos naturales de la comarca. El pacífico modo de vida de los *hobbits* se adapta al conjunto geográfico: Hobbiton, Cavada

147 *Ibidem*, p. 131.

148 TZVTAN TODOROV, *Introducción a la literatura fantástica*, trad. de Silvia Delpy, 2ª ed. (México, Ediciones Goyoacán, 1995), p. 136.

Grande, y una docena de aldeas,que conforman el territorio organizado de la comarca, que en la cuarta Edad acrecentó sus fronteras, con la integración de "los Gamos", con la familia Gamoviejo. Las connotaciones afectivas de un grupo (asimilable al humano) evidencia una comarca funcional que si bien nos revela el sentido necesario de un espacio territorial de asentamiento y de cierta singularidad, en el mismo transmite un entorno afectivo de convivencia en común culturalmente inherente al concepto de la comarca tradicional.

CAPÍTULO V

ALGUNOS MODELOS HISTÓRICOS DE CONFIGURACIÓN COMARCAL

El modelo de administración supramunicipal ha tenido otros reflejos en diferentes países y en distintas regiones españolas. La comarca en Cataluña, en Galicia, en Aragón, los *Countries* ingleses, *Landstrich* en Alemania y la C*ontrée* en Francia parecen ser el resultado de organizaciones, inicialmente informales, que pivotaron sobre un punto común, en la mayoría de los casos mercados agrícolas que agrupaban diversos núcleos de población con el sentido de pertenencia a un término espacial. El concepto de comarca en Castilla o en Aragón, está en función de los accidentes geográficos. Pero si se utiliza, como ocurrió en Cataluña, la técnica de localizar las comarcas en función de las cabeceras de mercado, se definirían con más claridad[1].

Sin necesidad de acudir a una relación exhaustiva de todo el proceso evolutivo, parece conveniente que antes de examinar otros modelos de la configuración comarcal en su desarrollo constitucional señalemos algunos factores que configuraron progresivamente la comarca como realidad geográfica y cultural. Los intentos de establecer divisiones comarcales resultaron numerosas desde hace varios siglos y constituyen uno de los objetivos fundamentales de la ciencia geográfica y más recientemente de otras

1 M. CAROL, "A país autónomo, comarcas descentralizadas", en Cuadernos para el Diálogo, nº. 263 (Madrid, 1978), p. 6.

disciplinas preocupadas por la ordenación del territorio. La trayectoria francesa, como en tantas otras cosas, resulta de especial significación ya que fue en este país donde los estudios regionales recibieron una mayor atención y por ello sus experiencias sirvieron de modelo en otros países particularmente en España.

El desarrollo positivista de las Ciencias de la Naturaleza promovió los primeros intentos de comarcalización en la Francia de finales del siglo XVIII para adecuar la distribución territorial a las necesidades sociales de los hombres y de los Gobiernos. El primer paso se realizó mediante el establecimiento de divisiones naturales sugeridas por la naturaleza en base a las cuencas hidrográficas y límites fluviales. En fase posterior la Geología determinó nuevas bases para el establecimiento de clasificaciones empíricas y así la comarca llegó a constituir una construcción meramente científica. Sin embargo la comarcalización siguió fundamentándose en la adecuación a la naturaleza enriquecida por otros criterios, también naturales, como el clima y la vegetación que a su vez permitieron configurar unidades diferenciadas y de menor tamaño; conjuntos comarcales o regionales que el enfoque historicista, acuñaba con nombres tradicionales. En el siglo XX se renovó la temática regional aportando nuevas alternativas; se critican las divisiones naturales desde los ambientes académicos y se puso el acento en las estructuras rurales como base de diferenciación física, obedeciendo a otros condicionamientos para delimitar áreas de estudio geográfico más que para una verdadera organización territorial. La delimitación de las regiones metropolitanas fruto del crecimiento poblacional en determinadas áreas urbanas propiciada por la concentración del desarrollo industrial y el espectacular progreso de los transportes que favorecieron la creación de grandes ciudades que irradian su actividad a otros núcleos más pequeños generando las “comarcas polarizadas”.

Avanzado el siglo XX surgió una gran preocupación por la acotación de unidades territoriales ya enmarcadas en la escala regional, para su ajuste a una buena administración territorial y favorecer la reanimación de la vida local ante la endémica despoblación de muchos municipios, que originó un desigual desarrollo territorial. La *región-plan*, un concepto incorporado por Boudeville, geógrafo que superando las delimitaciones académicas, pretende optimizar las interdependencias económicas en aras de una eficacia extensible a otras áreas homogéneas para convertirlas en comarcas operativas; el concepto de comarca funcional hace referencia a un espacio heterogéneo, estructuralmente jerarquizado en un número de niveles funcionales dependientes de un lugar central de orden medio (comarcas funcionales)[2].

La presencia de zonas intermedias denominadas "zonas de indiferencia", evidenció que en la práctica no se resolvía el problema, y además determinaba la aparición de un nuevo prototipo conceptual de "comarcas económicas o *regiones nodales* polarizadas" de innegable aceptación internacional, incluso en España tuvieron una clara referencia en los "Polos de Desarrollo", cuya implantación resultó truncada en la práctica, por la escasez de medios económicos disponibles.

Nuevas preocupaciones humanistas caracterizadas por el medio ambiente y el funcionalismo economicista, suscitaron el interés para conseguir un modelo y la configuración de las unidades territoriales de ámbito comarcal. "Ya no son sólo valores materiales los que se tienen en cuenta, también se ponderan los valores que están ligados a la cultura, especialmente los aducidos por sociólogos y ecologistas que sitúan al hombre en el centro del problema comarcal, teniendo en cuenta factores relacionados con la -Geografía de la percepción- y el sentimiento de pertenencia al lugar. Señala Penouil que, "toda ordenación que quiera ser operacional debe tener en cuenta las reacciones humanas a las medidas que se propongan". Este nuevo contexto otorga al espacio un marco más armónico para un hábitat ajustado a estas necesidades del hombre, que el rígido cientificismo ha sido incapaz de reconocer"[3]. El "sentido del lugar" que el hombre tiene de su territorio es imprescindible para que toda comarcalización resulte operativa.

La imposición de delimitaciones científicas, no cabe como estrategia

2 A. PRECEDO LEDO, o. cit., p. 275.

3 *Ibidem*, p. 278.

definitiva para una ordenación del territorio que quiera ser realmente operativa, como sugiere igualmente Precedo Ledo. La comarcalización tiene como objeto la cobertura de todo el territorio y de toda la población para posibilitar la satisfacción de las necesidades sociales: sanidad y educación, evitando las desigualdades y precisando para ello de una actuación redistributiva. De aquí que a la comarca le corresponde una función irreemplazable en la adecuación de las distancias subjetivas y en el acercamiento a través de la cabecera del medio rural al mundo urbano, constituyendo las unidades económicas de base que postulan los expertos en materias geográficas y económicas.

Cuando P. Claval dice que, "la adecuación de las circunscripciones territoriales a la acción administrativa busca la dimensión mínima y el deseo de reducir contrastes entre densidades y rentas"; está postulando una tercera vía que partiendo de la teoría de las "necesidades esenciales"[4] añada un contenido más justo que el derivable de los principios de mercado. La teoría de los bienes públicos busca asegurar a cada ciudadano un acceso razonable a los poderes públicos mediante una jerarquización territorial de los órganos administrativos. Salanova Alcalde, haciendo referencia a esta cuestión específica se hace la pregunta, ¿para que un nuevo nivel de Administración territorial?"[5]. No resulta un cuestionamiento gratuito y cuya precisión argumenta, "si en un Estado centralizado pueden existir justificaciones para un tratamiento uniforme de las distintas realidades de un territorio muy extenso, su estructuración en Comunidades Autónomas debe servir para que cada una de ellas adapte su organización territorial a sus necesidades peculiares. Legislar sobre la Administración local adquiere verdadera justificación sólo si se pretende incidir sobre una realidad concreta"[6].

Recordemos que la estructura del mapa municipal español presenta

---

4 P. CLAVAL, "La notión de región", en *Espace et localisation* (París, d'Economíe, 1974), p. 54.

5 R. SALANOVA ALCALDE, *La comarcalización de Aragón* II (Zaragoza, Cortes de Aragón, 2002), p. 15.

6 *Ibidem*, p. 15.

una acusada fragmentación de 9.268 municipios en 1900; 9.202 en 1960; 8.090 en 1994 y 8.116 en 2011, casi todos ellos con profundas raíces históricas. Aunque con descensos acusados en la década del 70, no hubo nunca un plan de usiones como había ocurrido en otros países europeos (Bélgica, Holanda, Dinamarca, Suecia, Gran Bretaña, Alemania). En contraste con esta estructura escasamente alterada, en el último cuarto del sig surgieron en España cambios profundos. En el aspecto jurídico-politico que tener en cuenta la Constitución de 1978, los Estatutos de Autonomía, la entrada en la Unión Europea, la nueva Ley Básica de Régimen Local de 1985 y diversas leyes autonómicas sobre las respectivas Administraciones locales.

La transformación de la sociedad demanda la ampliación de servicios mínimos. Las entidades locales se instituyen en nuevos sujetos de prestaciones diversas y la diferencia entre estas realidades, resultan notables. Las grandes ciudades afirman su personalidad frente a las pequeñas entidades de población rural y se convierten en piezas estratégicas para el conjunto del Estado, la eficiencia y coordinación de los servicios que plantea el nuevo equilibrio. Pero todo ello acarrea el problema de producir el desarraigo rural al empobrecer comparativamente el ámbito que no alcanza a resolver.

En la realidad española encontramos que persiste otro tipo de estructura local, muy significativa en algunas Comunidades, los pequeños municipios, de por sí numerosos en todo España, resultan de extraordinaria presencia en Castilla y León (2.247), Cataluña (946), Castilla-La Mancha (918), Andalucía (768) y Aragón (730). Los municipios más pequeños, además de parcos en población, pobres en recursos económicos y extensos en superficie, están configurados por una orografía difícil y una demografía desfalleciente, incapaces de crear recursos de supervivencia por lo que se cuestionan como un auténtico problema para la Administración.

El debate doctrinal resulta muy antiguo, pero el problema sigue latente en manos de unas Comunidades Autónomas que, si bien partían de una Administración con una regulación estatal uniforme ahora tienen que hacer frente a una realidad social heterogénea. Estas Comunidades se encuentran ahora en la obligación de determinar su propio modelo de configuración territorial. Son escasas y muy genéricas las exigencias constitucionales de los Poderes públicos, el principio de solidaridad, del art. 138.1; la igualdad de derechos y obligaciones en cualquier parte del territorio, del 139.1; la normativa europea sugiere que, "las competencias públicas deben incumbir a las autoridades más cercanas a los ciudadanos" (art. 4.3) como claramente establece la Carta Europea de la Autonomía Local, de 15 de octubre de 1985.

Las posibles alternativas para mejorar la estructura local han sido formuladas repetidas veces: agrupaciones y fusiones de municipios para racionalizar su número; suplencia y colaboración de la provincia; fórmulas asociativas y de cooperación intermunicipal para mejorar la prestación de servicios, y la creación de un nivel intermedio supramunicipal. La mayoría de las Comunidades Autónomas, por su proximidad al ciudadano, disponen desde el principio de estas competencias (art. 148.1.2º de la Constitución), que son además competencias exclusivas; como afirma Sánchez Morón, "el constituyente ha querido que sea cada Comunidad Autónoma la que determine la organización general de las Entidades locales en su territorio"[7]. Con posterioridad al fallido intento catalán de intervenir fomentando activamente la reducción de municipios (1986), ante la reacción producida en el ámbito municipal, ninguna Comunidad Autónoma ha abordado una política orientada a la racionalización del mapa municipal, y únicamente se han limitado a frenar nuevas creaciones de municipios, fijando mínimos de población, considerados difíciles de alcanzar, y así todas las Comunidades Autonómicas han manifestado su preocupación fijando esos mínimos poblacionales para evitar el incremento del minifundio municipal: Galicia (5.000 h., Ley 5/97); Andalucía (4.000 h., Ley 7/93); Vizcaya y Guipúzcoa (2.500 h., Ley 4/95/; Cataluña (2.000 h., Ley 13/98); Castilla-La Mancha (1.000 h., Ley 3/98);

---

7 M. SÁNCHEZ MORÓN, "Las Comunidades Autónomas y la estructura de la Administración Local", en *Revista de Administración Pública,* nº. 100-102 (1983), p. 2110

Castilla y León (1.000 h., Ley 1/98); Navarra (1.000 h., Ley F. 6/90); La Rioja (350 h., Ley 3/93); Aragón (1.000 h., Ley 7/99).

Quizá para obviar las citadas limitaciones, o más probablemente como fruto de las diversas medidas de fomento de las Comunidades Autónomas y promover una mejor organización supramunicipal de los servicios, se produce un espectacular incremento en la utilización de fórmulas asociativas. De 150 mancomunidades de municipios existentes en 1978 se ha llegado en 1999 a 893. Pero, como recuerda Salanova Alcalde, "a nadie se le ocultan la dificultad de abordar una estructuración del territorio por medio de las mancomunidades municipales como único instrumento. No se puede garantizar la estabilidad y permanencia de la colaboración entre los municipios asociados y la propia flexibilidad de fines hace que sea muy difícil establecer una red suficiente y estable que sirva de base a una distribución sistemática de competencias sobre el territorio"[8].

A este respecto puede resultar significativa la referencia comparativa de la evolución del tema en Francia para comprobar la similitud de preocupaciones, aunque precisamente el modelo francés constituye un Estado mucho más centralizado en el que la fragmentación municipal resulta igualmente extremada: 36.551 municipios en 1990, de ellos 4.084 de menos de 100 habitantes y 28.192 con menos de 1.000 h. La proliferación de fórmulas de colaboración intermunicipal determinó la presencia de 17.785 *syndicats* que suponen la alternativa adoptada. La Ley de 6 de febrero de 1992, creó las Comunidades de municipios ("Comisión interdepartamental de la Cooperación ínter-municipal") con la fnalidad de intervenir en la ordenación del territorio, de las que existen más de 750. Con el mismo propósito de introducir mayor efectividad en la cooperación, la Ley 95-115, de 4 de febrero, de Orientación para la Ordenación y el Desarrollo del territorio, introdujo la figura de "*pays*", de clara equivalencia con nuestra comarca, que se define como "espacio coherente en el aspecto geográfico que implica una

8 A. SALANOVA ALCALDE, o. cit., p. 22.

comunidad de intereses económicos y sociales y en su caso, las solidaridades recíprocas entre la ciudad y el medio rural"[9].

La comarca emerge como un espacio social individualizado, integrada en un orden superior que suministra los procesos de innovación exigidos por el desarrollo: "sus límites imprecisos deben ser definidos; los valores de territorialidad de sus habitantes son los portadores de referencia, pero que en la práctica pueden encauzarse mediante una propuesta objetiva de relación, aunque no de imposición"[10]. A la hora de constatar los modelos de comarcalización nuestras pretensiones se reducen a una sencilla enumeración de las disposiciones estatutarias de cada Comunidad, puesto que la Constitución de 1978 únicamente contempla la posibilidad de creación de "agrupaciones de municipios diferentes de la provincia" (art. 143.1). Y de estos únicamente, "mediante la agrupación de municipios limítrofes, los Estatutos podrán establecer circunscripciones territoriales que gozarán de personalidad jurídica" (art. 152.3). No se menciona la comarca expresamente y su regulación territorial se encomienda a los Estatutos de Autonomía. A pesar de esta delegación, el modelo no resulta muy diferenciado en cuanto a peculiaridades, e incluso en algunos Estatutos no ha sido desarrollado.

La mayoría de los Estatutos de Autonomía plantearon la posible creación de la comarca con esa denominación específica. Así en Andalucía (art. 5) "podrá regularse"; en Aragón (art. 5) "se podrá ordenar la constitución y regulación"; en Asturias (art. 6) "se organiza territorialmente en municipios, que recibirán la denominación tradicional de concejos y comarcas"; en Cantabria (art. 2.3) "una ley del Parlamento podrá reconocer la comarca como entidad local con personalidad jurídica y personalidad propia"; en Castilla-La Mancha (art. 29.2 a), "reconocer la comarca dentro de cada provincia); en Castilla y León (art. 19 y 46.2 del Estatuto Revisado) "la constitución de cada comarca se formalizará por ley"; Cataluña (art. 5 y 92.2 del Estatuto Revisado)

9 BERNARD, PERRIN, *La Coopération intercomunale. Bilan et Perspectives* (París, Berger-Labrault, 1998), p. 9.

10 A. PRECEDO LEDO, o. cit., p. 280.

habilita "la creación, modificación y supresión de las comarcas"; el de Extremadura (art. 2.2), "la Comunidad Autónoma podrá estructurar mediante ley su organización territorial en municipios y comarcas"; en Galicia (el art. 27.2) se propone la "organización jurídica de sus comarcas y parroquias"; Murcia (art. 3. dos) dice: "la Comunidad de Murcia se organiza territorialmente en municipios y comarcas"; en La Rioja (art. 5.2) "una Ley del Parlamento podrá reconocer la comarca como entidad local con personalidad jurídica y demarcación propia. La comarca no supondrá la supresión de los municipios que la integran"; y la Comunidad Valenciana (art. 46.2) establece que "las comarcas son circunscripciones administrativas de la Generalidad y entidades locales determinadas por la agrupación de municipios para la prestación de servicios y gestión de asuntos comunes". Real o potencialmente la comarca está presente en todos y cada uno de los Estatutos aunque también se puede comprobar que lo está de muy diversas maneras. Mientras unas Comunidades afirman claramente la necesidad de la configuración comarcal, otras, en cambio, admiten la posibilidad de su existencia; e incluso dentro del grupo que reconoce a la comarca como entidad necesaria, resultan muy pocas las Comunidades que han regulado su desarrollo normativo.

La comarca en definición del art. 42.1 de la Ley de Bases de Régimen Local, es una entidad que agrupa "varios municipios, cuyas características determinen intereses comunes precisados de una gestión propia o demanden la prestación de servicios de dicho ámbito". Como dice, Barrero Rodríguez, "aunque la Ley de Bases de Régimen Local no se pronuncia expresamente sobre la naturaleza de la comarca, de su regulación se deduce su decantación por una comarca de marcada vocación territorial, afirmación sustentada en las siguientes razones:

1.- La propia definición de la Ley de Bases de Régimen Local, que la configura como, entidad que agrupa a varios municipios cuyas características determinen intereses comunes precisados de una gestión propia o demanden la prestación de servicios de dicho ámbito" territorial".

2.- El sistema de garantías que el art. 42.2 de la Ley de Bases de Régimen

Local articula en beneficio de las competencias municipales, "la creación de comarcas no supondrá la pérdida por los municipios de la competencia para prestar los servicios enumerados en el art. 26."

3.- La exigencia de una ley para su creación, requisito que sólo tiene sentido desde unas coordenadas de redistribución del poder de más largo alcance que una mera traslación de competencias municipales a la entidad creada. La comarca es o debe ser algo más que un ente para la prestación de un servicio, es algo que se corrobora, en su propia existencia, en la indicada LBRL, que la diferencia básicamente, de otra figura diseñada con estos fines específicos y de más fácil constitución, la mancomunidad de municipios. No tendría sentido la exigencia de una figura como la comarca cuando la propia norma jurídica admite otro instrumento más fácil.

4.- Tampoco el Tribunal Constitucional dudó en admitir, en la Sentencia 214/1989, de 21 de diciembre, que los art. 141.3 y 152.3 de la Constitución amparan la creación de entes territoriales diferentes de municipios y provincias.

5.- El Ministerio para las Administraciones Territoriales buscando la aclaración a cierto confusionismo creado en torno a las diferencias que separan la comarca de las mancomunidades de municipios, afirma que esa incompatibilidad entre ambas instituciones, solamente será posible si desnaturalizamos la comarca, al ser circunscripción territorial de la propia comunidad"[11]. El modelo catalán, prefigurado en el art. 5 del Estatuto: "la Genneralitat de Cataluña estructurará su organización territorial en municipios y comarcas". Y en el nuevo texto de *Reforma del Estatuto*, Ley Orgánica 6/2006, de 18 de julio, (RECA) dispone; "la comarca se configura como ente local con personalidad jurídica propia formada por municipios para la gestión de competencias y servicios locales".

11 C. BARRERO RODRÍGUEZ, "Fórmulas asociativas de prestación de servicios supramunicipales: la comarca, mancomunidades de municipios y consorcios", en *Revista de Estudios Locales*, nº. 81 (Madrid, 2005), p. 58-59.

Otro modelo peculiar lo constituye el adoptado por Castilla y León; El Estatuto de 1983 en su art. 25.3, establecía, "mediante ley de las Cortes de Castilla y León, podrá regularse con carácter general la organización y funcionamiento de las comarcas"; e igualmente el nuevo texto reformado, de 2007, en su art. 46.1, establece, "la comarca se configura como la agrupación voluntaria de municipios limítrofes con características geográficas, económicas, sociales e históricas afines. Podrá ser también circunscripción administrativa de la Junta de Castilla y León para el cumplimiento de sus fines".

Galicia, a su vez, opta por un modelo distinto al postulado inicialmente. La comarca es entendida como área de promoción del desarrollo y de coordinación de las acciones de las distintas Administraciones sin conferirle carácter de entidad local. La Ley 7/1996, de *Desarrollo Comarcal* regula, la implantación gradual de los Planes de Desarrollo Comarcal (PDC), como instrumento de coordinación de estrategias en el ámbito de la comarca sin multiplicar las estructuras existentes; aunque se plantee entre sus prioridades proveer la creación de mancomunidades para la prestación de servicios, constituye una alternativa de comarcalización muy distinta. No se crea una Entidad local de competencias generales, ni un órgano con representación exclusiva de los municipios interesados. La Comunidad Autónoma lidera el proceso comarcal y está presente en todas las fases del mismo.

El modelo comarcal de Aragón se perfila en el art. 5 de su Estatuto: "Aragón estructura su organización en municipios y provincias. Una Ley de Cortes de Aragón podrá ordenar la constitución y regulación de las comarcas". La Ley 10/1993, de Comarcalización de Aragón: "la creación de comarcas no exigirá su generalización a todo el territorio de la Comunidad Autónoma", la constitución comarcal, por tanto, será voluntaria y la iniciativa sometida a la exigencia legal de una doble mayoría cualificada.

Del conjunto de su regulación puede deducirse un modelo específico en cuanto introduce un nivel territorial que favorece la modernización en la estructura de la Administración local aragonesa de Entidades locales de ámbitos territoriales más amplios y adaptados a las necesidades actuales; parte del respeto a los municipios preexistentes y pretende, garantizar la subsistencia de todos ellos; así mismo, esta Ley que se postula como voluntaria para cada municipio, no es tampoco obligatoria en todo el territorio de la Comunidad Autónoma y el proceso de comarcalización dependerá de la voluntad de los municipios interesados, por lo que la comarca aragonesa resulta netamente municipalista, tanto en su origen como en su configuración. Inicialmente, en cuanto nace de la voluntad municipal mayoritaria con una previsión cualificada de dos tercios del censo electoral (art. 6.1, a), y con una disposición también cualificada para su posible imposición, en el caso extraordinario de finalización del proceso comarcalizador. Ofrece una relación intensa y permanente con los municipios (art. 15.2), admitiendo la posibilidad de encomienda en la que determinados servicios comarcales puedan ser gestionados específicamente por alguno de sus municipios (art. 13). Admite, igualmente, el asociacionismo municipal al confiar la iniciativa de creación de mancomunidades de interés comarcal (art. 6.1, b, de LcomAr) y prever la posible implantación por esta vía, con las limitaciones previstas en el art. 85 de la Ley de Administración Local de Aragón.

La estructura del gobierno y administración de la comarca aragonesa corresponde al Consejo Comarcal, integrado por el Presidente, Vicepresidente y la Comisión de Gobierno en los municipios que así lo prevean sus Estatutos art. (16.1, b) y el Consejo Comarcal, en número variable en función de los residentes en la comarca (art. 17).

1.- La tradición comarcal catalana

Rovira i Virgili, ofrece una aproximación singular de la comarca en Cataluña: "és un tros de terra senyalat per fets geogràficcs, i amb caràcter propi de tradició , llenguatge, usoa, costums, etc. Aquestes comarques s'anomenen naturals i històriques, perquè la naturalesa i la història collaboren en la seva formació"[12]. Y haciendo alusión a las viejas divisiones comarcales catalanas, dice, "les primeres classificacions comarcals nostres procedeixen de la prehistòria: són les de les tribus pre-romanes. Els romans establiren una classificació en *pagi*, seguint les divisions ètniques que trobaren, per donar un caràcter d'organització natural a la seva dominació. Mes tard, en venir el cristianisme, la divisió eclesiàstica en bisbats i ardiaconats seguí també les petjades de la clasificació prehistórica. El fet històric més influent en l'evolució de les comarques, és la Reconquista"[13]. Sin embargo es Pau Vila el que matiza con precisión la tradición comarcal.

El territorio correspondiente a la Jurisdicción de la Comunidad Autonómica de Cataluña a través de los tiempos históricos ha estado dividida sucesivamente de diversas formas. La actual división como, dice este autor, "és una consecuència de la plasmació d'un concepte popular a través de la història i, per consigüent, que l'actual divisiò del territori de la Generalitat no ès més que la concreció d'un estat de consciència del poble, més o menys explicit. Podriem dir que la divisió territorial vigent és el resutat d'una elaboració democràtica a través dels segles, puis que ha estat el poble que ha fornit amb una aportació multisecular els elements bàsics per a realizar-la"[14].

El primer intento para modificar el mapa local autonómico catalán lo constituyó la aprobación por el Parlamento Autonómico de Cataluña la Ley 6/1980, de *Transferencia Urgente y Plena de las Diputaciones a la Generalidad*, que resultó parcialmente rectificada por la sentencia del Tribunal Constitucional nº. 40/81, de 28 de julio.

En el proceso de redefinición del mapa administrativo catalán influyen diversas leyes autonómicas orientadas a estructurar un nuevo modelo

12 A. ROVIRA i VIRGILI, "Les comarques a través de la Historia", en *El problema comarcal de Cataluña*, (Granollers, Casa del Vallés, 1931), p. 35.

13 *Ibidem*, p. 36.

14 P. VILA i DINARÊS, o. cit. p. 27

de Administración pública en Cataluña. La Ley 5/1987, del Régimen Provisional de las Competencias de las Diputaciones Provinciales, es uno de los intentos más sutiles donde se patentiza el rechazo a la Provincia. En su art. 1 el legislador ya apunta el propósito de eliminar las provincias, "esta Ley tiene por objeto regular el régimen provisional de las competencias de las Diputaciones Provinciales catalanas y el ejercicio de estas competencias, mientras no se produzcan las condiciones legales que hagan posible que el gobierno y la administración de las provincias se integren en la Generalidad, con la consecuente desaparición de la división provincial en Cataluña". Coincidiendo con esta promulgación fueron aprobadas las Leyes 6/1987, sobre la Organización Comarcal; la 7/1987, sobre actuaciones públicas especiales en la conurbación de Barcelona, y la 8/1987, de 15 de abril, Municipal y de Régimen Local de Cataluña, punto de referencia para determinar el régimen local vigente en la Comunidad Autónoma.

A partir de los condados y veguerías medievales, es la geografía la que en el futuro va a deslindar la división territorial catalana que pasará a configurarse en comarcas naturales y cabe destacar la importancia de los elementos estructurales que presta su singularidad fisiográfica a la región catalana. Con 31.895'3 km.^{2} destaca su relieve heterogéneo, dominado por importantes sistemas montañosos, que a su vez, delimitan llanuras y depresiones, para la proliferación de una gran cantidad de comarcas naturales, que configuran el suelo catalán. La barrera orográfica de los Pirineos y Francia la enmarcan por el norte, con altitudes que sobrepasan los 3.000 m.; por el este, un extenso litoral de 699'3 km. bordea el Mediterráneo que le confiere la peculiaridad marítima de su clima; por el oeste, marcadas depresiones fluviales la separan de Aragón; y por el sur es Castellón, en la Comunidad valenciana, la que en menor extensión comparte su frontera. Importantes macizos montañosos destacan en el interior con altitudes que sobrepasan escasamente los 2.000 m. de altitud y que conforman una amplia zona abrupta a causa de las depresiones y la pronunciada erosión de sus ríos montañosos.

Otro aspecto que cabe destacar del territorio catalán es el clima y la vegetación, que mantienen su dependencia de la altitud y latitud de cada zona, y que determinan comarcas muy diferenciadas, lluviosas, húmedas y de vegetación exuberante en el norte; en rotunda contraposición con otras comarcas configuradas por el suave clima mediterráneo; todo ello proporciona a estas comarcas una cabal conciencia de sus diferencias. Estas comarcas constituyen unidades territoriales de dimensión muy reducida y están definidas esencialmente por relaciones de vecindad entre los municipios que las configuran. Condiciones naturales y vínculos históricos comunes y el entramado de las relaciones económicas y sociales configuran la identidad de sus habitantes en una unidad territorial que se diluye en las zonas fronterizas.

Los actuales 946 municipios, con personalidad jurídica resultan entidades de una gran diversidad en cuanto a superficie y población. Frente a municipios plenamente urbanos e incluso de un sólo núcleo de la zona sur-occidental dénsamente poblada, contrastan los municipios de la zona septentrional y oriental, con núcleos poco poblados e incluso aislados y una extensión muy superior a la media. Como especifica Salvador Segarra, "de una manera informal, la primera división territorial de la región catalana puede fijarse en la división señorial de los antiguos condados dentro de los límites de la Marca Hispana. Así de los más de dos mil municipios originarios a principios del siglo XIX, su número decrece paulatinamente hasta los 931 del año 1970; pero la desbordante urbanización costera eleva parcialmente su número a los 946 actuales. Los municipios con territorios más extensos suelen corresponder a zonas de montaña, que mantienen grandes términos municipales por su origen señorial. Una vez más el vestigio medieval se manifiesta en el origen natural de la comarca"[15].

A la formidable barrera configurada por la cordillera pirenaica por el norte, se contraponen la terraza del Mediterráneo por el este y la depresión del Ebro por el oeste, que convierten a Cataluña en un enclave de paso para las

15 M. SALVADOR SEGARRA, *Les comarques i els municipis de Catalunya* (Barcelona, Generalitat, 2000), p. 17.

grandes migraciones de pueblos indo-europeos hacia la Península y la de los musulmanes en su irrupción europea y la infiltración francesa que se reproduce en el siglo XIX. Un país de mezcla de pueblos, por su condicionante fondo de saco, como lo califica Arija Rivarés[16].

La organización territorial de un país tiene siempre trascendencia política, y es ilusorio, cuando no falso, pretender efectuar un análisis totalmente aséptico. Existe una clara distinción en la definición de las opciones de organización pueden contribuir diversas perspectivas, resultando para nosotros la más importante, la jurídica, aunque sin olvidar la histórica, porque en sus planteamientos están presentes un conjunto de coordenadas que profundizan sus raíces en momentos históricos.

Cuando en el siglo XI el régimen señorial ya se generalizaba en la España cristiana con la formación de León y Castilla; en la naciente Cataluña los condados ya estaban constituidos, por la influencia franca, con arreglo a los principios feudales, estrechamente relacionados con el régimen señorial orientando la evolución social y política del feudalismo que se produjo al mismo ritmo de la evolución seguida en la Francia carolingia. La independencia del condado de Barcelona se produce por la cesión que Carlos el Calvo hizo a favor del Conde Wifredo de los bienes patrimoniales y de los de la Corona, que hasta entonces los reyes francos mantenían en la Marca Hispana. Las guerras de las que fue teatro esta región, habían dejado asolado el país, y a esta circunstancia debió Wifredo, primer Conde independiente, el título de *Comes pilosus*, (conde de las malezas o de los yermos) que aparece en la Historia como su restaurador, en una primera contrastación de la existencia del feudalismo en el condado de Barcelona.

R. Berenguer I el Viejo extendía los dominios de su Condado y empezaba a asentar sobre bases firmes la estructura del condado barcelonés y su hegemonía política en el nordeste peninsular. La tierra catalana era ya un

16 E. ARIJA RIVARÉS, *Modelos de división comarcal de Cataluña.* Tesis 25848 (Madrid, UCM, 1978), p. 21.

país feudal y la nueva organización política y jurídica de Cataluña exigía nuevas normas reguladoras que oponer a las guerras privadas entre los señores incapaces de mantener un orden jurídico eficaz, basado en los principios feudales. A la *"pax Dei"* y la *"tregua Dei"* se orientó la labor legislativa de R. Berenguer I por medio de la regulación de los usos judiciales *(usualia)* del Condado barcelonés y preceptos posteriores, recogidos por el juez Ponç Bofil de la Curia del Conde, en la compilación de los "*Usatges de Barcelona*" (Usatici Barcinonae). "El título de este Código se forma de la voz latina *us* y el sufijo *aticus, usaticus* en el bajo latín de la Marca"[17]. Precisamente por este desarrollo feudal las leyes góticas del *Liber Iudiciorum*, hasta entonces único Derecho legal en Cataluña, resultan ampliamente superadas y no bastan para satisfacer las necesidades producidas por la nueva organización jurídica fundamentada en el sistema feudal y en este sentido, las citadas reglamentaciones y leyes de R. Berenguer I sirvieron para ordenar el feudalismo catalán.

Según García de Valdeavellano, "las raíces del feudalismo catalán arrancan de principios del siglo IX; una Capitular de Ludovico Pío del año 815, dirigida a los habitantes de Hispania (o sea de las tierras catalanas, a la sazón bajo el dominio franco), se refiere ya a los "beneficios" concedidos en Cataluña por el Rey o por los Condes a sus patrocinados o vassos"[18]. Según el mismo historiador, la costumbre de conceder beneficios a los vasallos se generalizó pronto en los condados catalanes, la concesión se hizo hereditaria, y en el siglo X *"beneficio y vasallaje"* eran ya designados con los nombres de *"fevum"*, y *"feu"*. Los condados catalanes, nacidos como distritos administrativos del Reino franco, se feudalizan desde el momento en que el oficio condal y su patrimonio, vinculado el primero como relación de vasallaje y el segundo como concesión de beneficio, devinieron hereditarios, creando una dinastía condal, que con el asentamiento del feudalismo sitúa a la cabeza un "*Princeps*", consolidando la jerarquía del Principado.

---

17 *Ibidem*, p. 165.

18 L. GARCÍA de VALDEAVELLANO, *Historia de España Antigua y Medieval*, 3ª ed. (Madrid, Alianza, 1973), p. 307.

"Cataluña, no ha sido nunca reino, ducado, condado, ni marquesado, sino simplemente *Principado*, con la particularidad, de que ni los Condes soberanos de Barcelona, ni los Condes-Reyes de Aragón, ni los presuntos herederos del trono, jamás se titularon Príncipes de Cataluña; aunque ya en el siglo XIV se hace mención de Cataluña como Principado. Los eruditos han procurado investigar por qué razón existe un Principado de Cataluña, sin príncipe titular del mismo, pero a pesar de la diligencia en el estudio, la cuestión permanece sin aclarar"[19]. Anotemos que desde el siglo X en Cataluña se superponen el régimen señorial y el régimen feudal; se infeuda el Señorío o dominio territorial; principalmente la tierra y en fase posterior lo será el *"castell"*, como manifestación del Señorío. Con el dominio se infeudan también las funciones públicas y jurisdiccionales sobre los habitantes, aunque la suprema jurisdicción permanecerá vinculada al Conde de Barcelona, que además de Comes, Marqués, Marchío, el Principado resultará la Potestad máxima respecto a los otros condados catalanes. La cadena piramidal feudalizada; en su estructura superior se configuraba con el nombre genérico de Barones, Vicecomites o Vizcondes, Comitores o Copdors y Vasvassores. Y en la escala inmediata, se complementaba con los Milites y los Cavallers, similares a los infanzones castellanos, navarros y aragoneses.

La pervivencia de la comarca en Cataluña guarda una estrecha relación con la manifestación del Derecho consuetudinario. El uso en el antiguo Principado "es una larga costumbre aprobada por la antigüedad y formada únicamente por "usos". (*Usatge Unaquaeque gens*, 1º tít. XV, lib. 1 de las Constituciones de Cataluña); sin que la legislación foral del territorio ni los historiadores señalen la distinción entre uso y costumbre, ni determinen las condiciones necesarias para que aquél pueda llegar a constituir fuente del Derecho civil de la región, si bien es sobradamente conocido que cada comarca celosamente mantenía sus propios usos como fuente básica de su derecho aplicado en cada una de ellas.

---

19 J. BALARI JOVANY, *Orígenes históricos de Cataluña,* 2ª , 3º v. (S. Cugat, 1 Internacional de Cultura Románica,1964) (Zaragoza, Diputación General de Aragón, 2003), p. 63.

El hecho histórico de que el Derecho no se recopiló, ni las costumbres de Cataluña fueran redactadas, constituye una de las razones que determinaron el desarrollo de la conciencia comarcal con amplia repercusión en todo el territorio. Otra de las causas consistió en que los condados de la Marca Hispana eran dependientes del Imperio carolingio. La "Catalunya carolingia" apenas sufrió la invasión musulmana y mantuvo su continuidad en la época visigoda, por su vinculación al Imperio carolingio evolucionó por los mismos cauces de feudalización que predominaban en los pueblos de la Europa continental. La independencia de los condados catalanes respecto al Imperio se consolidó en las últimas décadas del siglo IX. Es de observar que a mediados del siglo XII el anónimo redactor de los *Usatges* aún vio la actitud del conde catalán dentro de los principios recogidos en el *Liber*, que autorizaban al monarca a dictar normas para resolver las nuevas necesidades"[20].

Dentro de este orden de ideas deben moverse ya las leyes generales de León y otros reinos. La característica principal de esta legislación deriva de su origen regio, pero además de su ámbito de vigencia; al ser un Derecho regio, es Derecho exclusivo para el reino. Paulatinamente se van poniendo las bases que conducirán a la superación del Derecho municipal y del Derecho de la tierra no organizada de forma autónoma (de los malos usos). Al estudiar la organización territorial de Cataluña e incidir en el examen de sus aspectos históricos, en su planteamiento están presentes un conjunto de coordenadas que hunden sus raíces en momentos anteriores. En las actividades que tienen como objetivo la recuperación del papel histórico de Cataluña, aparecen ya alusiones a la comarca. Más adelante, en todos los proyectos de principios de siglo, en relación con lo que se llamó el problema catalán, con frecuencia se hace referencia a aspectos de la organización territorial.

Puede decirse, añade Argullol i Murgadas, que las cuestiones

20 *USATGES, 3:* "Hoc enim facit comes autoritate Libri Judicis qui dicit: "sane adhibende sint leges, si justa novitas causarum exhigerit principalis electio licenciam habebit". "Et potestatis regie discrecione tractetur, qualiter exortum negotium legibus...".

referentes a la articulación territorial de Cataluña no son problemas que se presenten en la actualidad en función de unas posibles opciones de ciencia administrativa, sino que han tenido históricamente una relación con los propios proyectos de autonomía. Es preciso recordar que en 1931 con el establecimiento de la Segunda República y la instauración de la autonomía en el Estatuto del 9 de septiembre de 1932; el art. 10 permitía al Gobierno de la Generalitat crear las demarcaciones territoriales que creyese convenientes, con lo cual se pone de manifiesto dicha interrelación. El Decreto de 27 de agosto de 1936, establece una nueva división organizada en comarcas y regiones. Una de las primeras disposiciones que se adoptaron supuso la desaparición de la Provincia como Entidad local, situación que se mantuvo a lo largo del período de la Generalitat republicana. Pero esta eliminación del espacio provincial sólo lo fue en cuanto Entidad local, ya que la Provincia, como circunscripción administrativa, mantuvo su autonomía y la misma Generalitat republicana utilizó esta división territorial para organizar sus servicios periféricos.

Desaparecida la Provincia como Entidad local, con toda urgencia se iniciaron los estudios de la división territorial que debieron empezarse sin el marco preciso de directrices políticas de la nueva organización territorial. El recuento de los antecedentes históricos, puestos de manifiesto en los estudios iniciados en 1931, y a pesar de los repetidos elogios desde las más diversas perspectivas no resultaron suficientes para construir una nueva organización territorial en ese período y no sirvieron para orientar una nueva organización territorial, en el sentido de establecer unas nuevas instituciones de gobierno, sino que a partir de ellas simplemente se crearon nuevas demarcaciones para la prestación de servicios de la Generalitat.

"En Cataluña no se profundizó en la investigación de las Instituciones, e incluso, como puntualiza Artola Gallego, "una monografía tan valiosa como *"La Catalogne"*, de Pierre Vilar elude el problema de si se trata de una extensión territorial del señorío al sustituir la división administrativa vigente en el siglo XVIII por la que establece la Generalitat en 1932"[21]. Si intentamos analizar los datos que disponemos del siglo XVIII sobre enclaves poblacionales, como base de la territorialidad señorial que en su mayor parte corresponden a lugares de antiguos asentamientos, relacionan la existencia de más de 22.000 núcleos de población, que formarían una cuadrícula, que, de ser homogénea, hubiera proporcionado a cada uno un espacio de unos 20 $km.^2$, con lo que ninguno de sus vecinos se vería obligado a recorrer más de 5 km. desde su domicilio a la parcela más alejada, consideración muy oportuna si se tiene en cuenta la explotación agraria que incluso trasladada a la organización territorial de las administraciones, hace pensar que si los liberales de principios del XIX en vez de optar por una modificación radical, su preferencia se vuelca en una modificación más tradicional sin duda hubiera conducido a resultados más coherentes con nuestra tradición territorial.

De todos modos no podemos dejar de insistir en la complicada composición orográfica de la superficie catalana, que ya asocia el concepto de comarca al condicionamiento físico, para incorporarlo luego a su peculiar idiosincrasia hasta llegar a representar una constante en los planteamientos catalanistas iniciales y nacionalistas posteriores. El profesor Iglesies i Fort recoge, "un temps els compartiments comarcals van adquirir fins i tot un significat singulari es trobaren elevats gairebé a la categoría de simbols patriotics. Tal vegada hom veia aleshores les nostres muntanyes como mar agitada, talment com si haguessin sorgit de la fossilització sobtada i providencial dùna massa en ebullició"[22].

La complejidad de las condiciones geográficas existentes en Cataluña y las desemejanzas en la evolución de los géneros de vida, se han combinado para establecer unos marcos concretos de relación y de intercambio que a lo largo de la Historia se han convertido en unos mundos en los que se desarrolló una conciencia de grupo y la idea de arraigo al suelo. A estas unidades en

21 M. ARTOLA GALLEGO, o. cit., p. 108.

22 J. IGLESSIES i FORT, *La realitat comarcal a Catalunya* (Barcelona, Bruguera, 1966), p. 3.

Cataluña se las denomina comarcas, que de hecho, coinciden con la *petite région* o la *contrée* de la geografía francesa. Al intentar definir el concepto de comarca, aparece un primer contenido derivado de la tradición, "la comarca es un espacio concreto en el que se asienta un grupo"[23].

Pau Vila señalaba, entre los siglos XVI y XVII, el punto de partida de los estudios comarcales coincidente con el momento en que un grupo de historiadores (Pere Gil, Andreu Bosch, Onofre Manescal y Esteve Corbera) realizaban una serie de estudios en los que por primera vez se utilizaba el término comarca, aunque este concepto resultaba una definición compleja e imprecisa. Con las comarcas naturales aparecían entremezcladas las cuencas hidrográficas, las divisiones administrativas y los patrimonios señoriales y así cuando en fase posterior, al incorporar la presencia de elementos humanos se generalizó la crítica al determinismo absoluto, en Cataluña se relativizó el concepto de comarca y se pasó a considerarla como un hecho social limitado en el tiempo, objeto de debates extra-académicos que llevó a dicho geógrafo a escribir en 1936, "no existe ninguna comarca inmutable... Las comarcas, al fin y al cabo, han sido creadas por el hombre"[24]. Y matizando este pensamiento Ernest Lluch, en 1976, añade: "la divisió territorial no era un canemás neutre sinó que depenia de les opcions polítiques generals s'anava obrint pas cada vegada amb més força"[25]. Todos coinciden en la idea de que esta división territorial no es una red técnica neutra, sino la configuración territorial de una determinada opción política, motivo suficiente para intentar analizar las circunstancias culturales, políticas y la repercusión en las fuerzas dominantes del momento.

En las actividades que tienen como objetivo la recuperación del papel histórico de Cataluña aparecen las alusiones a la comarca,

---

23 Ll. CASSASAS SIMÓ, "El caso Catalán", en *Comarcalización y desarrollo local* (Santiago, Xunta de Galicia, 1993), p. 165.

24 P. VILA i DINARÈS, o. cit. p.98.

25 E. LLUCH i ORIOL NELLO, *El debat de la divisió territorial de Catalunya. Edició D'Estutudis, Prepostes i Documents(1939-1983* (Barcelona, Diputación, 1984), p. XLVI.

contraponiéndola a la Provincia, que se considera una división extraña. Con la instauración definitiva de la Provincia en 1833 en el proceso iniciado a partir de la implantación de esquemas, al menos formalmente liberales, se produce una ruptura con los modelos de organización precedentes. Más tarde, frente a estas nuevas modalidades de organización pública se realizará en el momento en que aparece un conjunto de fenómenos conocidos como la "Renaixença", una lectura que muchos califican de romántica, que veía en la Provincia una recuperación de las divisiones territoriales del Antiguo Régimen, y simplemente como tal es absolutamente repudiable; muchas manifestaciones de este enfoque se pueden encontrar en documentos del último tercio del siglo XIX.

También el fuerismo carlista y el federalismo de la Primera República Española toma cuerpo en el catalanismo como aspiración de una autonomía bajo la Restauración que se organiza en un movimiento político que poco a poco gana todos los sectores de la sociedad catalana. V. Almiral enumera una serie de manifestaciones específicas: "el memorial de greuges", dirigido a Alfonso XII, el Mensaje a la Reina Regente en 1888; la Renaixenxa y "la Unión catalanista", y las Bases de Manresa, esbozos de una constitución con lazos federales con el Estado español, la "Lliga regionalista", los obispos Morgades y Torras i Bages se muestran activamente partidarios.

Desde finales del siglo XVIII y principios del XIX, la situación política en España puede calificarse de decrépita, por la notoria coincidencia de hechos sobradamente conocidos. La Administración Central, de corte liberal, buscó la solución con la aplicación de una política territorial uniformadora, que intentó conferir mayor eficacia a la acción gubernamental, sacrificando para ello una organización territorial adaptada a las entidades históricas. La pretendida eficacia en la acción de gobierno determinó la creación de las provincias en 1833, complementada en 1834 con la división en partidos judiciales: 32 en Cataluña, que posteriormente pasarían a 35; todo ello coincidiendo con una reactivación de la economía y del auge industrial, especialmente localizado en Barcelona que, a los ojos conservadores del siglo XIX, ya representaba un potencial peligro para la estabilidad de los grupos dirigentes, pronóstico que empezó a cumplirse con la sacudida de fuertes movimientos sociales.

Sugiere Lluis Cassasas, "no es pura coincidencia la simultaneidad de todos estos hechos y la aparición de un comarcalismo político cuyos teorizantes se alejaban cada vez más de los fundamentos historicistas. Con esta nueva tendencia se trataba de plantear, como tarea inmediata, la definición de unas entidades territoriales, que tenían que servir de armazón administrativa a una Cataluña que iba orientándose a la autonomía. Frente a las provincias liberales de Javier de Burgos, que eran presentadas como una manifestación del centralismo borbónico, se querían levantar unas unidades auténticamente catalanas ideadas para el servicio de la Administración autonómica"[26].

Los teóricos del regionalismo no dejaron de manifestar los temores de marginación de la comarca frente a la ciudad; un órgano que no funciona se atrofia y la región hace muchos años tiene suspendido su movimiento vital. El peso de la Cataluña tradicional frente a la irrupción de la ciudad se puede condensar, en palabras de Torras i Bages, "es en los grandes centros urbanos donde mueren los nobilísimos sentimientos, las sanas ideas, las costumbres sencillas; y chupa la vida de la región hasta dejarla anémica"[27].

El recelo de una burguesía catalana, asustada ante los principios políticos puestos de manifiesto por la Revolución Francesa y los acontecimientos que acompañaron a la primera República Española, no es de extrañar que buena parte de esa burguesía conservadora y económicamente privilegiada basase su auto protección en la oposición al progresismo imperante. En palabras de J. Solé-Tura, "la burguesía catalana se comportará, a la vez como grupo de presión, a nivel nacional, y como clase hegemónica en Cataluña", y así "era una clase íntimamente reaccionaria que desempeñaba un papel revolucionario en el contexto hispánico, conservadora y corporativista[28].

---

26 LL. CASSASAS, o. cit., p.167.

27 M. TORRAS i BAGES y F. CAMBÓ, *La actitud tradicional en Cataluña* (Madrid, Rialp, 1961), p. 119.

28 Y. SOLÉ-TURA, *Catalanismo y revolución Burguesa* (Madrid, EDICUSA, 1970), p. 31

Como destaca Vila i Valenti en la *Introducció a l'est* *comarques catalanes*, "la comarca se presenta como una unidad geo la que cabe destacar el valor del hombre en la formación de l comarcal. En realidad son los grupos humanos los que las crean, organizan la estructura. De este modo la comarca no es sólo un territori todos sus elementos físicos; viene definida, también, por una comun humana con unas características concretas, un cierto tipo de paisaje, q finalmente acaba caracterizándola"[29]. En el espacio territorial catalán l comarca ha estado ligada a la historia de Cataluña desde su formación.

También atestigua Carreras i Verdaguer, "la vieja *Marca Hispana* halló en la comarca su forma de división más apreciada". Si la palabra comarca tuvo varios significados relacionados en general con una cierta caracterización de algún sector del territorio durante la época medieval, su concepto no apareció bien definido hasta el siglo XVII, aunque algunas veces bajo denominaciones distintas como *part o regió.* Fue en el siglo XVIII cuando la palabra y el concepto se hallaron plenamente identificados en la conciencia de los catalanes haciendo referencia a un sector del territorio en el que se manifiesta la interrelación de todos sus elementos geográficos de una manera especial y distinta"[30]. Cataluña había estado dividida en veguerías de regular distribución, pero con los años perdieron cohesión siempre que alguna villa o ciudad conseguía convertirse en cabeza de una nueva veguería o subveguería, y así a principios del siglo XVIII contabilizaba diez y seis veguerías y siete subveguerías. Está claro que no figura en la época, división tan arraigada como la producida por las comarcas catalanas con anterioridad a 1600. Y es igualmente manifiesto el interés del "movimiento conocido como la *Renaixença,* de un indudable contenido anti-centralista, al orientarse hacia la recuperación del pasado histórico de Cataluña que impulsó la necesidad de

29 J. VILA i VA LENTI, "Introducció a l'estudi de les comarques", en *El debat de la divisió territorial de Cataluya* (Barcelona, Diputación, 1984), p. 58.

30 C. CARRERAS i VERDAGUER, "Ensayos de comarcalización en Cataluña", en *La Región y la Geografía Española* (Valladolid, AGE, 1980), p. 103.

profundizar en el conocimiento del país; naturalistas, geólogos e historiadores coincidieron en la búsqueda de unas unidades naturales mínimas que se llegaron a superponer al concepto popular tradicional de comarca"[31].

Para Argullol de Murgadas, "los asentamientos tribales prerromanos, los *pagi* del Imperio, la división eclesiástica y los efectos de la Reconquista, constituyen elementos necesarios para conocer el hecho comarcal y es el caso de la demarcación territorial que aparece en el *Llibre dels Costums de Tortosa,* cos.1, rub.1, que ya configura la demarcación comarcal"[32]; de este modo, dice igualmente Vila i Comaposada, "el concepte de comarca arrellá a la conscieència dels catalans pel fet que els pobladors de cada àmbit geogràfic es compenetrarem amb les realitats geofísiques d'aquest, en les quals jugaven i jugen un paper primordial el relleu, el clima i la hidrografía. Entre la comarca i els comarcans s'estableix una mena de simbiosi independent de les divisions político-administratves arbitraries"[33]. Y añade: "el terme veguería si bé quan era vigent a Catalunya -i ho fou entre el 1228 i 1716- coorespondía a una jurisdició territorial de caràcter judicial, té a favor seu el seu origen nacional". Podemos insistir que la comarca es un hecho humano, muy presente en el sentimiento popular, y que se complementa en una "comarcalizació cultural, que resulta de l'activitat de l'home danunt un territori específic que generalment abunda danunt la diversificació natural per fer-la més i més genuïna en un procés biunívoc d'accions id'influències mútues"[34].

En un primer intento de aproximación, en 1897, Font y Sagué, señaló 33 comarcas naturales para Cataluña[35]; y en el mismo sentido Martín

31 *Ibidem*, p. 106.

32 A. ARGULLOL de MURGADAS, "L'organizació Territorial a Catalunya", en *El debat de la divisió territorial a Catalunya,* cit., p. 547.

33 MARC-AURELI i COMAPOSADA: "Les comarques de Catalunya. Notes geográfiques", en *El debat de la divisió territorial de Catalunya,* cit., p. 773.

34 *Ibidem*, p. 775 y 804.

35 N. FONT y SAGUÉ, "Determinación de las comarcas naturales o históricas de Cataluña", en G*eografía general de Catalunya,* director Carreras i Candi (Barcelona, Atlas Geografía, 1911), p. 84.

Echevarría, en 1928 ratificó el mismo número de comarcas dentro del marco clásico de la región catalana, "pero además las gentes del país, con su conocimiento del suelo que habitan, dan nombre a numerosas comarcas más pequeñas de límites y caracteres siempre bien determinados"[36]. También desde principios del siglo XX se generalizó el concepto de comarca entendida como base territorial de gobierno, que culminó en la propuesta de Pau Vila y los trabajos de la Ponencia nombrada por el Gobierno de la Generalitat, en 1931, que asumía el concepto tradicional de comarca y propugnaba la organización territorial de Cataluña en 38 comarcas; y que, en fase de coincidencias, correspondían de hecho a los partidos judiciales de la división provincial de 1834. Como herencia del romanticismo, era preciso enaltecer el concepto de la comarca como institución exclusiva del "hecho diferencial catalán", cuando la modesta realidad demuestra que la institución comarcal era compartida, con parecida eficacia, aunque con menor énfasis, por otras regiones españolas.

La conexión entre la organización y régimen de autonomía ha supuesto que durante muchos años el tema de la comarca se haya convertido en lema de la estructuración territorial de Cataluña. Incluso podría decirse que constituye una cierta fcción que permanece en el horizonte de todo planteamiento sobre la organización territorial. Ahora bien, junto a esta imagen habría que señalar los precedentes históricos que desde 1833 hasta el día de hoy la Provincia y la división provincial ha existido siempre.

La Constitución Española de 1978, inicia una nueva etapa de regulación de la vida política. En su artículo 137 organiza territorialmente el Estado en municipios, provincias y Comunidades Autónomas (Regiones), reconociendo a todas ellas autonomía administrativa para la gestión de sus respectivos intereses. Este planteamiento constitucional hace que el Estado español resulte configurado por un conjunto de Administraciones territoriales dotadas de plena autonomía, llamadas a gestionar unos intereses públicos

36 L. MARTÍN ECHEVARRÍA, *Geografía de España*, vol. 3, *Geografía regional: Aragón, Cataluña, Levante, Andalucía, Baleares y Canarias* (Barcelona, Editorial Labor, 1928), p. 37.

específicos, conformando, así, una estructura tripolar perfectamente definida: una Administración Central, Autonómica y Local. La Constitución ha configurado la autonomía como un principio general de la organización territorial del Estado, y en este sentido la autonomía de las Comunidades Autónomas, de las Provincias y de los municipios no es sustancialmente diferente, puesto que el concepto de autonomía tiene la misma naturaleza para todas las piezas que integran la organización del Estado.

La Ley Orgánica 4/1979, de 18 de diciembre, ratificó el *Estatuto de Autonomía de Cataluña* (EAC)[37]. El texto es relativamente parco en la definición de principios básicos en que debe inspirarse la organización administrativa de la Generalitat. Las exigencias constitucionales de eficacia, jerarquía y coordinación se encuentran recogidas en el art. 37.3 del Estatuto, según el cual los servicios y dependencias del Consejo Ejecutivo de la Generalitat pueden establecerse en diferentes lugares del territorio de Cataluña de acuerdo con los principios de descentralización y coordinación de funciones, cuyo contexto resulta desorientativo, en cuanto parece circunscribirse al Consejo Ejecutivo, en vez de hacerlo a la Administración General, e igualmente utiliza el concepto de descentralización cuando parece referirse a los propios servicios del aparato administrativo de la Generalidad. En todo caso el art. 103.1 de la Constitución despeja posibles dudas, y el propio Tribunal Constitucional ratifica, al calificar como una distribución vertical de poderes basados en el principio de autonomía de las entidades territoriales y hace del principio de descentralización el eje central del reparto de funciones públicas entre diferentes Administraciones.

En Cataluña la Administración Local aparece configurada con características propias inspiradas en las antiguas formulaciones del catalanismo; el art. 5.1 del Estatuto establece que "la Generalitat estructurará su organización territorial en municipios y comarcas; también podrá crear

37 Publicada Sentencia 31/2010 de 16 de julio de 2010. Los artículos, que hacen referencia a la regulación de la comarca no resultan en modo alguno afectados por esta Sentencia.

demarcaciones supra-comarcales; e incluso, el apartado 4), añade, "lo establecido en los apartados anteriores se entenderá sin perjuicio de la organización de la provincia como entidad local y como división territorial para el cumplimiento de las actividades del Estado, de conformidad con lo previsto en los artículos 137 y 141 de la Constitución".

Resulta indudable que el Estatuto de Autonomía, es la norma que pone mayor énfasis en la caracterización de la comarca como nuevo ámbito de la Administración local de carácter territorial, cuando el art. 5.1, dispone: "la Generalitat de Cataluña estructurará su organización territorial en municipios y comarcas". De la lectura de este precepto deduce Entrena Cuesta, en opinión compartida por Bayona y Rocamora, que "la comarca parece configurarse como un marco territorial general y necesario en Cataluña"[38], y al igual que los municipios, ambos deben de tener reconocida la gestión de unos intereses propios y por ello resulta evidente que el nivel comarcal ha de constituir, uno de los ejes de aplicación del principio de descentralización[39]".

El texto constitucional incorpora, en su artículo 141.3, "se podrán crear agrupaciones de municipios diferentes de la provincia". Y el Estatuto le confiere su vocación autonómica en el art. 92, atribuyéndole el desempeño de funciones que antes correspondían a los municipios, e incluso actuar como divisiones territoriales de la Comunidad. La comarca, así regulada, puede ofrecer un doble significado; por una parte suplir la falta de capacidad de gestión de los municipios agrupados en ella, y por otra, constituirse como nueva estructura administrativa susceptible de gestionar competencias propias como fruto de la descentralización que le han sido transferidas por la propia Comunidad. La Ley 6/1988, de 4 de abril, de *Organización Comarcal* aunque pretende articular ambos principios, en la práctica opta por un sistema de comarcalización dirigido por la entidad autonómica. El art. 3.1 establece que

38 R. ENTRENA CUESTA, "Organización territorial", en *Comentarios sobre el Estatuto de Autonomía de Cataluña,* vol. 1 (Barcelona , Institut. d'Estudis Autonòmics,1990), p. 222.

39 A. BAYONA y ROCAMORA,. "Descentralización y desconcentración en las leyes de organización territorial de Cataluña", cit., p.142.

"la comarca se constituirá como entidad local de carácter territorial integrada por la agrupación de municipios contiguos, tendrá personalidad jurídica, capacidad y autonomía para el cumplimiento de sus fnes"; por ello, la comarca debe tener unos intereses propios; la ley determina también los ámbitos materiales respecto de los cuales la legislación que dicte la Generalitat en los diferentes ámbitos de actuación pública debe reconocerle competencias.

La institucionalización de la comarca conlleva una profundización del principio de descentralización y posibilita la atribución de competencias a este nivel que normalmente se habrían asignado a las administraciones territoriales superiores[40]. La articulación de este principio se desarrolla en el art. 25: "la comarca ejercerá las competencias que le atribuyan las leyes del Parlamento, las cuales, en cualquier caso, otorgarán competencias sobre las siguientes materias: a) Ordenación del territorio, b) Sanidad, c) Servicios sociales, d) Cultura, e) Deporte, f) Enseñanza, g) Salubridad pública y Medio ambiente". La definición concreta de competencia administrativa se remite a la Ley sectorial correspondiente y la Ley de Organización Comarcal, que establece un elemento de garantía mínimo al determinar los ámbitos materiales sobre los cuales el legislador debe reconocer potestades a la comarca. La Ley comarcal, igualmente asegura cuando menos la existencia de las competencias de la comarca en las materias a que se refiere el art. 25, las cuales, además, no deben entenderse de forma tasada, sino como contenido mínimo lo cual supone que en la elaboración de esta legislación sectorial primen los intereses de la propia Administración autonómica por encima de los intereses locales.

La opción prevista en los artículos 20, 21 y 22 de la Ley 8/1987, de 15 de abril, *Municipal y de Régimen Local de Cataluña,* por primera vez contempla la posibilidad de la reforma general de las estructuras municipales, así la comarcalización adquiere una relevancia especial como posible modelo de reforma indirecta de las estructuras municipales. Resulta significativo, en

40 Ley catalana de Organización Comarcal de Cataluña, *Preámbulo* (BOE) Ley 6/1987. Texto Refundido de 19 de noviembre de 2003.

este sentido, el dato de que en Cataluña la mitad de los municipios no llegan a los mil habitantes, por tanto, el mantenimiento del actual mapa municipal supone, en cierta medida, el reconocimiento de una realidad fáctica tan grave como es la de admitir que un buen número de municipios no van a tener la capacidad necesaria para poder gestionar los servicios que la Ley en principio les encomienda. La función supletoria de las Diputaciones provinciales difícilmente puede darse mediante la asunción directa de la prestación de los servicios o ejercicio de las competencias municipales.

La Provincia, por el contrario, tiene como fin propio garantizar los principios de solidaridad y equilibrio intermunicipal, en el marco de la política económica y social. Igualmente la Ley de Bases de Régimen Local se articula mediante fórmulas de asistencia indirecta, pero que no trasladan al ámbito supramunicipal la responsabilidad de la prestación o gestión de servicios. La previsión técnica de dispensa de la prestación de servicios municipales, del art. 26.2, pone de manifiesto una quiebra importante de la misma garantía. El proceso de comarcalización adquiere de este modo especial relieve como fórmula idónea para corregir el déficit municipal; se trata de mantener el mapa municipal configurado en el ámbito comarcal como una institución capaz de asumir el ejercicio directo de las competencias municipales, la idea de la comarca-municipio, que se ha contemplado en otros momentos históricos.

No cabe duda que la organización comarcal de Cataluña responde a un planteamiento político que ha considerado siempre a la comarca como un elemento básico para la ordenación territorial catalana y a la vez como estructura superadora de la artificiosa división provincial, producida por el pensamiento liberal. El "hecho comarcal" se planteó en las Bases de Manresa como un objetivo político, sin una definición clara del nuevo ente local; la comarca fue concebida como una simple división administrativa, a través de la cual el órgano político de la Generalitat pretendía implantar sus servicios. La naturaleza de la comarca como ente local, aparece implícitamente en el art. 141.3 de la Constitución y explícitamente en el art. 5 del Estatuto y en el art. 3.2 de la Ley 7/85, de 2 de abril, Ley de Bases de Régimen Local; no figura con igual claridad en su naturaleza territorial o institucional, si bien la Ley 7/85 se inclina por la opción institucional, al hablar de, "intereses comunes a varios municipios" y no de los intereses generales propios de un determinado territorio, igualmente definido por el art. 42.3 que dice, "los órganos de gobierno de la comarca son representativos de una agrupación de ayuntamientos y no de la población residente en su territorio".

Por otra parte, el art. 5.1, del Estatuto al disponer que "la Generalitat de Cataluña estructurará su organización territorial en municipios y comarcas, también podrá crear demarcaciones supra-comarcales", se inclina a concebir la comarca como una entidad local de naturaleza territorial; naturaleza ratificada en el art. 3.1, de la Ley 6/87, de 4 de abril, de *Organización Comarcal* de Cataluña; "la comarca se constituye como una entidad local de carácter territorial formada por la agrupación de municipios contiguos"; y en el mismo sentido el art. 2, de la Ley de Ordenación Comarcal catalana define la comarca como un espacio geográfico en el que se estructuran las relaciones básicas de la actividad económica y en el que se agrupan municipios con características sociales e históricas comunes y a la vez, dicho espacio resulta el ámbito más adecuado para hacer efectivos los principios de eficacia, descentralización y participación en la prestación de los servicios públicos. En su condición de entidad local territorial, la comarca goza de autonomía para el cumplimiento de sus propios fines, y precisamente al reconocerse a la comarca la naturaleza de ente territorial, a su vez se la habilita para el ejercicio de las potestades públicas, propias de estos entes, recogidas en el art. 8.1 de la Ley 8/87, Municipal y de Régimen Local de Cataluña.

La creación de la comarca catalana, como afirma Lliset Borrell, "nace con el peso que la división republicana en 38 comarcas ejercida, sobre la ideología catalanista. También adolece de una defectuosa articulación en los países tributarios del régimen local francés; entre las comarcas que se esbozan como entes locales la Generalitat declara singularmente la coexistencia de las comarcas y la de unos usos periféricos de la Generalitat, en la mejor línea de una administración paralela y duplicada[41]. Queda reconocida la existencia de unos intereses comarcales específicos, con la pretensión de convertir la comarca en un ente local cuya base fundamental es el territorio.

El aspecto cualitativo de la representación se aparta notoriamente del art. 42.2, su homólogo en la Ley de Bases de Régimen Local, que establece que los órganos de gobierno de la comarca serán representativos de los Ayuntamientos que agrupen. Por consiguiente, este precepto tiene sentido en un contexto en el que la comarca es un ente local de naturaleza institucional, que gestiona intereses comunes al conjunto que agrupa; los órganos de gobierno forzosamente han de resultar representativos de los titulares de los intereses en juego. No ocurre lo mismo con la comarca catalana, la cual se postula como un ente territorial con la responsabilidad de representar y administrar los intereses generales de la población residente en su territorio; ello hace necesario que aquellos órganos de gobierno estén formados por representantes de la población.

La elección de estos representantes, según el art. 20 de la Ley de *Organización Comarcal,* se realiza por un procedimiento indirecto, que toma como base el número de concejales y votos obtenidos en la comarca por cada partido o agrupación de electores, según las reglas fijadas en el antedicho precepto aunque legalmente nada hubiera impedido que dicha designación se realizase por un sistema de elección directa, como ocurre en los municipios. A este respecto es preciso tener presente que la comarca es un ente local dotado de autonomía y precisamente una de las manifestaciones propias del principio de autonomía, radica en la potestad de auto-organización e igualmente una manifestación palmaria de esta potestad se patentiza en la posibilidad de que cada entidad pueda aprobar su propio reglamento orgánico. En este caso cada "Consell" puede otorgarse una organización propia en función de las características de cada comarca, sin otras limitaciones que las normas de

41 F. LLISET BORRELL, "La determinación de las competencias de las comarcas de Cataluña", en *Revista de Administración Pública,* nº. 100 (1983), p. 2045.

aplicación obligatoria contenidas en la propia Ley que le da vida, la Ley de *Organización Comarcal.* Está claro que el legislador puede aumentar o restringir las competencias otorgadas, e incluso la Generalitat se reserva la potestad de avocar las competencias comarcales defectuosamente ejercidas.

La articulación institucional del ente comarcal "queda estructurada en una Junta Comarcal de representación indirecta de los municipios integrados desde 7 a 21 miembros según la cifra de población y un Gerente designado libremente por la Junta"[42]. En la terminología de la propia Ley, el "Consell" de la comarca, estará formado por un número de miembros variable en función de los residentes en la comarca de acuerdo con la siguiente escala: Hasta 50.000 residentes 19; de 501.000 a 100.000: 25; de 100.001 a 500.000: 33, y de más de 500.000: 39.

Los órganos de gobierno son: el Consell Comarcal en Pleno, el Presidente, el Vice-Presidente, la Comisión Especial de Cuentas y el Gerente. Concebida la comarca como un elemento "potenciador de la capacidad de gestión de los municipios", la figura del Gerente, tal como la recoge el art. 17 de la Ley 6/1987 de *Organización Comarcal,* constituye una auténtica novedad en el ámbito local y es el órgano clave de la organización comarcal; al introducir el cargo de Gerente, como órgano ejecutivo no supeditado al Presidente, sino al *Collegium* o Junta comarcal; resulta manifiesta la voluntad del legislador de dotar al Consell Comarcal de una figura con carácter gremial-profesional. Frente a un presidencialismo débil, por ser mero Presidente de un órgano colegiado, la figura del Gerente, en cambio, se postula como brazo ejecutor de los acuerdos del Pleno, así como de las instrucciones del Presidente, lo cual lo convierte en un cualificado gestor dotado de una mayor fortaleza administrativa y general. La relevancia de las funciones que le resultan encomendadas lo sitúa más cerca de la clase política que de la funcionarial que le exige la Ley, y por ello no es extraño que le sean requeridas otras condiciones específicas. Nombrado y separado por el Pleno Comarcal, su

---

42 *Ibidem,* p. 2046.

condición será la de funcionario eventual, y al tratarse de una persona de confianza del Consell, con la función específica de gestión y ejecución, queda supeditado al mismo su nombramiento o deposición.

El art. 32.6 del Estatuto prevé que se reconozca por Ley la iniciativa legislativa, "a los órganos políticos representativos de las demarcaciones supramunicipales de la organización territorial de Cataluña"; el art. 40 de la Ley OCC reconoce a favor de los Consells la potestad de ejercer la referida iniciativa legislativa ante el Parlamento de Cataluña, por medio de la presentación de proposiciones de Ley, con la exigencia de una quinta parte de los Consells Comarcals como mínimo, salvo el caso de referirse a una materia de interés exclusivo de la comarca o comarcas respectivas. El Presidente del Consell constituye un órgano representativo, moderador y de supervisión: preside más que gobierna. Otros órganos comarcales, como la Vicepresidencia o vicepresidencias y la Comisión Especial de Cuentas y otros posibles órganos complementarios, representan un interés más condicionado.

La organización comarcal pretende impulsar una reforma indirecta de las estructuras municipales y la descentralización de la Generalitat. El art. 25.1 de la Ley de Organización Comarcal, Decreto Ley, de 4 noviembre de 2003, (OCC), señala que la comarca ejercerá las competencias que le atribuyan las leyes del Parlamento, y como mínimo fija las siguientes: ordenación del territorio y urbanismo, sanidad, servicios sociales, cultura, deporte, enseñanza, salubridad pública y medio ambiente; competencias propias de la Generalitat que sectorialmente descentraliza a favor de las comarcas. Existe otro conjunto de competencias municipales que son asumidas por las comarcas y que específicamente se circunscriben a asumir los mínimos municipales no cumplidos por éstos o delegados en base al art. 26 de la Ley de Bases de Régimen Local y el art. 64 de la Ley Municipal y de Régimen Local en Cataluña (MRLC), previa solicitud de dispensa. La conversión de estas competencias municipales precisa que una ley lo autorice o atribuya, acordada por la mayoría absoluta del Consell Comarcal y otras exigencias que enumera.

Los recursos de las Haciendas Comarcales, figuran especificadas en el art. 43, de la Ley de Organización Comarcal (OCC); si bien es preciso observar que cualquier participación que se establezca en los impuestos estatales, así como en los ingresos de las provincias y municipios, debe resultar validada por una norma estatal, puesto que, si bien la Generalitat tiene competencia en el régimen local, las Bases de dicho régimen son de incumbencia exclusiva del Estado. Por otra parte, la Generalitat se reserva la potestad de avocar las competencias comarcales defectuosamente ejercidas, que, en opinión de Lliset Borrell, a la vista de los recursos puestos a disposición de los nuevos entes supramunicipales, serán sin duda importantes.

No se concede a las comarcas impuesto alguno que garantice una mínima autonomía financiera, a no ser el controvertido canon de producción eléctrica, que la legislación vigente atribuye a la Diputaciones provinciales, previa reasignación que la Ley de Presupuestos de la Generalitat determine los criterios a seguir[43]. Criterios de reparto de competencias al que la Sentencia del Tribunal Constitucional de 28 de junio de 1981 hace referencia en estos términos: "la Constitución preconfigura una distribución vertical del poder público entre entidades de distinto nivel que son fundamentalmente el Estado, titular de la soberanía, las Comunidades Autónomas caracterizadas por su autonomía política, y las provincias y municipios, dotadas de autonomía de distinto ámbito", "si el poder público ha de distribuirse entre más entes que los anteriormente existentes, cada uno de éstos ha de ver restringida lógicamente parte de la esfera de dicho poder que tenía atribuida".

En definitiva, hay que efectuar una redistribución de competencias en función del respectivo interés entre las diversas entidades para que el modelo de Estado configurado por la Constitución tenga efectividad práctica. Y aludiendo a las agrupaciones municipales distintas de la provincia, e incluso, al actuar como divisiones territoriales de la Comunidad autónoma para el ejercicio descentralizado de las potestades propias de ésta, ya se pronunció la misma Sentencia: "es obvio que la aparición de nuevas entidades territoriales

43 F. LLISET BORREL, o. cit., p. 2046.

ha de tener una profunda repercusión sobre la delimitación de cual sea el interés propio de las hasta ahora existentes y, en consecuencia, sobre su ámbito competencial"; circunstancias sorteadas, más que resueltas en este tema, aunque la misma Sentencia, en su fundamento jurídico tercero, relativiza: "el legislador puede disminuir o acrecentar las competencias existentes, pero no eliminarlas por entero; el debilitamiento de su contenido sólo puede hacerse con razón suficiente y nunca en daño del principio de la autonomía, que es uno de los principios estructurales básicos de nuestra Constitución"[44].

La estabilización que se instaura hacia 1725 en Cataluña origina un período de regularización, superando los efectos de la depresión a que se vio sometida después de la Guerra de Sucesión. Se inició la colonización de las despobladas regiones meridionales y occidentales del Principado. Empezó un proceso, que a lo largo del siglo produciría la expansión de los regadíos ubicados en los llanos del Ampurdán[45]. A pesar de este resurgimiento económico, el malestar rural originó un primer brote de revuelta en 1825, severamente reprimida, originando otra mucho más significativa, la de los *malcontents,* que desde el Ampurdán, se extiende a casi toda Cataluña en la primavera de 1827; avalada por los carlistas, aunque desautorizada por D. Carlos, hermano de Fernando VII la cual determinó la presencia del monarca, con una serie de concesiones y una fuerte protección aduanera, que atrajo a la burguesía industrial; aparentemente se daba por terminada la revuelta de los *malcontents*; pero retornado el Rey a la Corte, el nuevo Capitán general, Conde de España, inició otra dura represión contra los sospechosos, que resultó la más cruel sufrida por los catalanes, Abdó Terradas se hace eco del terror de estos años con inigualable realismo en la novela *La explanada.*

El procedimiento para establecer la división comarcal de Cataluña se regula en el art. 4 de la Ley de Ordenación Comarcal que prevé una consulta

44 *Ibidem,* p. 27.

45 A. BALLCELLS, *Cataluña Contemporánea I. Siglo XIX* (Barcelona, Siglo XXI ed., 1977), p. 2.

previa a todos los municipios y la posterior aprobación mediante Ley de la Generalitat, requisito igualmente exigible en cualquier modificación de la demarcación comarcal así como en la creación de nuevas comarcas, incluso en el cambio de denominación de las mismas o de su capital. La Ley de Ordenación Comarcal preveía el establecimiento de las 38 comarcas definidas por la Generalitat republicana en 1936, ampliadas posteriormente a 41 a través del mecanismo de modificación de las demarcaciones comarcales previsto en la misma Ley. En abril de 1987 se realiza la consulta a todos los municipios para que manifiesten su voluntad de aceptar la demarcación propuesta. De los 940 municipios consultados, 833 se manifiestan favorables a la integración en la comarca asignada y 107 se pronuncian en contra. En consecuencia la Ley de 16 de diciembre de 1987, de División y Organización Comarcal aprobó la organización comarcal en 38 comarcas. Tres meses después, mediante la Ley 5/1988, de 28 de marzo, se otorgó vía legal a tres nuevas comarcas: la del Ato Ribagorça, la del Pla de l'Estany y la del Pla d'Urgell, alcanzando así el total de las 41 comarcas, que contempla el mapa comarcal catalán.

El art. 25.1 de la Ley de Ordenación Comarcal señala que las comarcas ejercerán las competencias atribuidas por las leyes del Parlamento. El escaso desarrollo legislativo de estas materias, a excepción de algunos decretos de 1989, de algún modo condiciona una auténtica autonomía competencial. Otro bloque de competencias susceptibles de ser traspasadas a las comarcas son las que continúan ejerciendo las provincias, que conforme a la legislación sectorial, deberán ser desarrolladas por la Generalitat. De las competencias provenientes de los municipios se incluirían los servicios municipales prestados, básicamente los mínimos del art. 26.1 y 26.2, de la Ley Reguladora de Bases de Régimen Local y el art. 66 de la Ley Municipal y de Régimen Local de Cataluña (MRLC) previa autorización de la Generalitat.

Si la determinación de las competencias resulta un tema complejo, el acuerdo de la financiación comarcal se convierte en un asunto espinoso. El art. 43 de la Ley de Ordenación Comarcal determina las fuentes. La comarca, en cuanto entidad de responsabilidad autonómica, no tiene acceso a participaciones directas en ingresos estatales. La Ley de Presupuestos de la Comunidad Autónoma en su art. 44 prevé que la Generalitat establezca un porcentaje de participación a favor de las comarcas en el Fondo de Cooperación Local, lo que a la postre se convierte en la garantía financiera.

Podemos deducir que, si el modelo comarcal resulta embarazosamente definible desde el punto de vista competencial, mayores dificultades plantea desde el punto de vista financiero[46]. A efectos de la consolidación de la comarca, esta Comunidad dispone de un sistema mixto, en el que se acoplan las subvenciones vinculadas a ciertos servicios traspasados con transferencias incondicionadas que arrancan de una cantidad fijada con carácter anual por la Ley de Presupuestos de la Comunidad. Ahora bien, los criterios de reparto los fija periódicamente el Gobierno de la Generalitat, aproximadamente el 72% del fondo en función de la población, y el resto depende de otras variables como superficie, número de núcleos de población y la renta comarcal, entre otras.

El progreso económico implica un cambio de la realidad territorial que poco a poco, incide sobre la organización administrativa de Cataluña. El territorio es uno de los elementos que conforman los entes locales. Razón por la cual resulta ineludible a la hora de cerrar este apartado sobre la tradición comarcal de Cataluña hacerlo con una visión general sobre la naturaleza y el origen de las cuarenta y una comarcas que conforman la organización territorial vigente. Igualmente advierten los estudiosos del tema, que esta estructura no se puede considerar definitivamente cerrada, porque se asemeja a un ser vivo que evoluciona al ritmo de las realidades socio-económicas y demográficas siempre cambiantes.

En el correspondiente Apéndice Documental que se adjunta, se detallan las 41 comarcas administrativas instituidas, especificando su composición municipal, poblacional y capitalidad, determinando las fuentes utilizadas. Igualmente dicho apéndice, se amplía con determinadas referencias

---

46 R. CASTRO, o. cit., p. 809.

históricas localizadas en las bibliografías dispersas que se citan.

Igualmente se establece una referencia cronológica del marco normativo general de la ordenación legal de la comarca en Cataluña:

- Ley Orgánica 4/1979, de 18 de diciembre, que aprueba el Estatuto de Autonomía de Cataluña. EAC, (Estatal).

- Ley 23/1983, de 21 de noviembre, de Política Territorial de Cataluña.

- Ley 7/1985, de 2 de abril, Reguladora de las Bases de Régimen Local. (RBRL).

- Ley 6/1987, de 4 de abril, Modifica la Organización Comarcal de Cataluña.

- Ley 8/1987, de 15 de abril, Municipal y de Régimen Local en Cataluña.

- Decreto 216/1987, de 19 de mayo, propone Mapa Comarcal de 1936.

- Ley 22/1987, de 16 de diciembre, División y Organización Territorial.

- Ley 3/1990, de 8 de enero: de Modificación de la División Comarcal.

- Ley 30/1992, de 26 de noviembre: RJPAC

- Decreto Legislativo 13/1994, de 26 de julio: de Adecuación Legislativa.

- Ley 22/1998, de 30 de diciembre, Carta Municipal de Barcelona.

- Ley 31/2002, de 30 de diciembre, de Medidas Fiscales y Administrativas.

- Decreto Legislativo 4/2003, de 4 de noviembre: Texto Refundido de la Ley de Organización Comarcal de Cataluña.

- Ley 8/2005, de 8 de junio, de Protección, gestión y ordenación del paisaje.

- Ley Orgánica 6/2006, 19 de junio: de Reforma del Estatuto de Autonomía.

- Ley 16/1990, de Régimen especial de la comarca del Valle de Arán.

A este marco legal general hay que añadir las nuevas leyes autonómicas de creación singularizada de cada una de las comarcas:

- Ley 2/1983, de 16 de marzo, crea las comarcas: Alt Urgel (19 mun.), Cerdanya (17 mun.) y Pallars Jussà (17 mun.). (3 comarcas, con 53 mun.).

- Ley 6/1987, de 4 de abril, crea las comarcas de Alt Empordá (68 mun.), Bagès (35 mun.), Baix Empordà (6 mun.), Berguedà (31 mun.), Garrigues (24 mun.), Garrotxa (21 mun.), Gironés (27 mun.), Maresme (30 mun.), Pallars

Sobirà (15 mun.), Ribera d'Ebre (14 mun.), Selva (26 mun.), Solsonés (15 mun.), Terra Alta (12 mun.) y Val d'Arán (9 mun.). (14 comarcas con 363 mun.).

- Ley 5/1988, de 28 de marzo, que crea las Comarcas: Alta Ribagorça (3 mun.), Pla de l'Estany (11 mun.) y Pla d'Ugel (16 mun.). (3 comarcas, con 30 mun.).

- Ley 3/1990, de 8 de enero, modifica las Comarcas de Alt Camp (23 mun.), Alt Penedés (27 mun.), Anoia (33 mun.), Baix Camp (28 mun.), Baix Ebre (14 mun.), Baix Llobregat (30 mun.), Baix Penedès (14 mun.), Barcelonès (5 mun.), Cerdanya (17mun.), Conca Barberà (22 mun.), Garraf (6 mun.), Montsià (12 mun.), Noguera (30 mun.), Osona (51 mun.), Priorat (23 mun.); Ripollès (19 mun.), Segarra (21 mun.), Segrià (38 mun.), Tarragonès (21 mun.), Urgell (20 m.), Vallés Occidental (23 mun.) y Vallés Oriental (43 mun.); (22 comarcas con 972 municipios). Bergueddà, Cerdanya, Osona y Selva, incluyen municipios pertenecientes a dos provincias.

En resumen:	Barcelona:	11 comarcas con 308 municipios.
	Girona:	8 comarcas con 223 municipios.
	Lleida:	12 comarcas con 229 municipios.
	Tarragona:	10 comarcas con 177 municipios.
	TOTAL:	41 comarcas con 946 mun., en Cataluña.

2.- Un ejemplo clásico: La comarca del Bajo Ampurdán

Como destaca Comte Freixanet, el Ampurdán representa la comarca con más personalidad del suelo catalán por su origen histórico; "ya iniciada la Reconquista al constituirse la Marca Hispánica, con la consiguiente división en condados, uno de ellos fue el del Ampurdán, asentado en una cierta unicidad fisiográfica, nacían las comarcas actuales del mismo nombre; en aquel momento con límites poco precisos y a veces hasta contradictorios; pero con elementos físicos y humanos suficientes para constituir un país de hondas raíces en Cataluña"[47]; ya "en documentos de la Edad Media resulta frecuente la mención de la "provincia de l'Ampurdá, que igualmente englobaba todo el ámbito territorial, y se cita otro documento del siglo XV, aportado P. Briot, en el que ya se precisa la división en Alto y Bajo Ampurdán"[48].

Esta comarca resulta el auténtico prototipo de la representación comarcal y cualquier referencia a la comarca ampurdanesa evoca la imagen que siempre mantuvimos de ese modelo de convivencia específica, un ejemplo clásico de comarca histórico-natural. Antes de producirse el *boom* turístico de la Costa Brava, ya formaba parte de nuestro acerbo cultural que a su peculiar encanto paisajista unió siempre una agradecida agricultura, complementada con el soporte económico de la pesca y la floreciente industria del corcho, fundamental para la conservación del vino catalán.

Señala Pella y Forgas que El Ampurdán, "abarca lo que en tiempos lejanos se denominó tierra de los intikes, fue después territorio de la griega Emporion, luego de la ciudad de Emporiae de la época romana y es nombrada en los siglos de la Edad Media provincia d'Empurdà en la Cataluña vella. Hoy pertenece a la provincia y obispado de Gerona. No son lindes admitidos, que como cosa nacida de opinión vulgar y embrollada por diversos repartimientos eclesiásticos, señoriales, políticos o administrativos, así entendemos que el Ampurdán es una región circunscrita por fronteras naturales"[49]. Y luego el mismo autor, nos dice: "otra opinión vulgar es la de que por Ampurdán se entiende el territorio comprendido entre los montes Pirineos, la sierra de las Gabarras, el Mediterráneo y Castellfollit; opinión que habiendo sido acogida por los que se dedican a los estudios históricos se ha dicho que confrontaba perfectamente con los límites de la antigua Indigecia, la comarca que en la antigüedad dependía de la ciudad de Ampurias.

"A todo ello nosotros añadiremos que en punto a fijar los límites de

---

47 A. COMPTE FREIXANET, *El Alto Ampurdán,* T 7502 (Madrid, UCM, 1964), p. 3.

48 P. BIROT, *Morfologie des Pyrrenees orientales* (París, A. Celin, 1977). COMPTE, p, 3.

49 J. PELLA y FORGAS, *Historia del Ampurdán* (Olot, Aubert Impresor, 1980), p. 8)

esta región tenemos muy en cuenta la opinión popular, aunque sobre ella, conviene colocar la topografía y las costumbres que unas y otras harto indican que son regiones naturales en un territorio, pero sólo hasta el punto en que no se pase de lo natural"[50]. Podemos deducir que el Ampurdán constituye una región compuesta de dos comarcas naturales perfectamente definidas, aunque integradas en la misma matriz. Como explica Carandell Pericay, "decimos Bajo y Alto, antepuestos al nombre, porque es así, y no al revés, como todo el mundo nombra a estas comarcas, un matiz lingüístico francés o anglosajón".

El Alto Ampurdán o Ampurdán grande, cuya cabecera, es la ciudad de Figueres, coincide con el Norte respecto al Ampurdán Bajo, mas no es por esto por lo que se llaman así respectivamente, sino porque el primero se extiende desde el segmento del extremo-oriental de los Pirineos hasta el Mediterráneo por el este, y hasta el río Fluviá por el sur, y entre este río y la cordillera citada por el oeste. El hecho de tener como cabecera los Pirineos, presupone que en el Bajo Ampurdán no existen las elevaciones del relieve pirenaico y la cordillera pierde bruscamente la enorme altitud, precisamente en el punto donde el Alto Ampurdán la toma, por decirlo gráficamente"[51]. "Desde mucho tiempo atrás reitera Compte Freixanet, se divide el Ampurdán, en dos porciones o sub-comarcas, convertidas hoy en entidades administrativas perfectamente delimitadas, el Alto y el Bajo Amprdán; denominaciones que hacen referencia no a su altitud, sino a su situación más alejada o más cercana de lo que puede considerarse el centro de Cataluña, el de más allá o *"d'amunt"* en el norte es el Alto, siendo el Bajo Ampurdán el de acá o *" d'avall"* en la porción Sur[52]. Si bien las cualidades generalmente enumeradas son preferentemente aplicables al Bajo Ampurdán, portador de los valores de la esencia comarcal enmarcada en su peculiar cultura, e incluso en su proverbial comercio. A todos los efectos constituyen dos comarcas perfectamente diferenciadas y así reconocidas por la Administración catalana.

---

50 *Ibidem*, p. 9.

51 J. CARANDELL y PERICAY, *El Bajo Ampurdán. Ensayo geográfico* (Granada, Boletín de la Universidad de, 1942), p. 16.

52 A. COMTE FREIXANET, o. cit, p. 6.

Dice Estrabón, que los emporitanos "vivían antes en una islita cercana a la costa, que actualmente recibe el nombre de Ciudad Antigua, pero ahora habitan tierra firme. La ciudad dividida en dos por una muralla por haber tenido anteriormente como cohabitantes a algunos indicetes, los cuales, aunque se regían por leyes propias, quisieron por razones de seguridad tener en común con los griegos el recinto amurallado, y éste fue doble, dividido por una muralla medianera (III, 4-8)"[53], ciudades costeras propicias al comercio del genio griego, son enclaves que resultan inmediatamente anteriores a la intervención romana en la península y que se inició en el suelo de esta comarca. Como es sabido la importancia del asentamiento, para el conquistador romano, radica en las posibilidades de comunicación, orientadas hacia los fines bélicos de la conquista y dominación de Hispania, lo cual nos hace pensar en un desarrollo privilegiado.

En documentos de la Edad Media es frecuente que además de la denominación de provincia d'Empordá, igualmente se haga referencia a la antigua comarca de Indigecia, que dependió siempre de la ciudad de Ampurias. Estos incomparables versos de la *Orae Maritimae* del poeta Festo Avieno, nos hablan de la antigüedad de la comarca, versos reproducidos por Pella y Forgas[54], posiblemente copiados o inspirados en la relación de un viaje fenicio de mediados del siglo IV a. de C.; en todo caso Festo Avieno o el navegante que escribió estos versos vio y describió la tierra del Bajo Ampurdán, versos que nos hablan de la antigüedad de la comarca:

Después los Indigetes ásperos se encuentran
gente dura, gente feroz, a la caza
y a las cuevas apegados.
Entonces la cima de la montaña (cabo de Bagur)
adelanta sus espaldas a la mar salada.

---

53 M. PORCIUS ESTRABÓN, *Geografía III y IV*, trad. de J. Mª Piñeiro, III; 4-8 (Madrid, Editorial Gredos, 1992), p. 98-99.

54 J. PELLA y FORGAS, o. cit., p. 128.

Aquí estuvo la ciudad de Cypsela (playa de Pals,)
sólo existe la fama de ello, pues ningún vestigio
de la primera ciudad áspero el suelo conserva
Se abre allí puerto de gran seno
y muy lejos y profundamente se interna el mar en la
campiña (playa de Pals y llanura de Torroella)
después de esto se tiende a la ribera Indigética
del Pirineo hasta la saliente punta..."

La referencia a las islas Medas, al Golfo de Rosas, al estanque Tonón, a la montaña Tononita, al río Anystos, a los ceretes, al pueblo Çordo, a la ciudad de Pirene y al litoral de los Cynetes... Indicios inequívocos de la descripción de la costa ampurdanesa"[55]. En un claro precedente de lo que representaron nuestras comarcas medievales. Para explicarnos cómo se formó Ampurias, Pella y Forgas, dice que "el hombre lleva la patria, y a su manera la reproduce en todas las latitudes a donde prósperos o adversos sucesos le llevaron; la patria adoptiva se desarrolla por igual camino que la de origen. Para saber, pues, cómo se formó Ampurias, Marsella nos lo dirá con su ejemplo"[56]. E interpretando a M. P. Estrabón, añade, "esta ciudad hallábase en fuerte posición, situada en un promontorio que por tres lados el mar bañaba; bien fortificada, poseyendo un puerto cómodo, y para los enemigos con toda seguridad cerrado. Esto no obstante el territorio que la rodeaba no era muy considerable, y su población apenas se extendía al interior"[57].

"Emporion", Empuries en catalán, o Ampurias, que bajo la dominación romana pasaría a convertirse en "*Emporium*" y más tarde en "Empordium" o "Empurdium", en el que el cambio de la -*e*- por la -*a*- parece, a simple vista, una castellanización; mas lo cierto es que en catalán no está claro si, fonéticamente, debe decirse Empordá, Empurdá o Ampordá", y que según, J. Carandell, constituyó una factoría establecida por los griegos

55 *Ibidem*, p. 128.

56 *Ibidem*, p. 151.

57 *Ibidem*, p.152.

focenses, procedentes de Marsella, establecidos sobre unos islotes, que unidos al litoral del golfo de Rosas por una lengua arenosa, constituían un "tómbolo", al igual que Peñíscola, Ifach o Gibraltar.

Como sugiere Carandell, la denominación de Bajo Ampurdán presupone la existencia de otra comarca hermana, el Alto, que se sitúa al norte, el Ampurdán grande, y "no inmediatamente, sino con un espacio que se denomina *Meso Ampurdán*, y que por razones geográfico-históricas reputamos como la matriz de las tierras ampurdanesas"[58]. Esta pequeña Mesopotamia, cubierta hoy día por las dunas arenosas de La Escala guardan las reliquias arqueológicas de la antigua Emporión, que dio nombre a las comarcas naturales situadas al norte y sur de dicho punto. Emporión (mercado en griego), configuró una comarca con destacadas costumbres mercantiles desde el inicio de su historia; la delimitación de las comarcas del Alto y Bajo Ampurdán lleva a muchos historiadores catalanes a configurar esa zona central del Ampurdán como espacio de enlace entre ambas comarcas, discusión que en nuestro moderno concepto de comarca, carece de interés, en cuanto que la delimitación comarcal resulta configurada por la suma de los límites territoriales de los correspondientes municipios que han manifestado democráticamente su voluntad de integración en una u otra comarca.

Pla y Cargol, "sitúa geográficamente el Alto Ampurdán, entre el río Fluviá y la frontera de Francia y desde el Fluviá al valle del Aro y San Feliu, en la franja litoral el Bajo Ampurdán"[59]. La orografía comarcal, resulta eminentemente montañosa, y la porción llana se corresponde, en buena parte con el Bajo Ampurdán. Carandell traslada la comparación a la meseta hispánica, cuya altitud media es de 600 m. y establece la presunción "de que en ella misma hasta las depresiones aledañas del Ebro y Guadalquivir sean muy pocas las comarcas que se puedan establecer sobre premisas exclusivamente fisiográficas; bien al contrario, en las tierras exteriores al núcleo central,

58 *Ibidem*, p. 16

59 J. PLA CARGOL, *Girona y sus comarcas* (Girona, Editorial Dalmau, Pla, 1965), p. 9.

afectadas por lo menos por dos revoluciones orogénicas, como sucede en Cataluña, el número de comarcas es cuantioso, pero minúscula su extensión"[60].

Cuando se compara una comarca catalana con las extensas zonas geográficas del resto de España, o cuando se llega a Cataluña, es el hombre el que predomina sobre el paisaje, y el mismo horizonte se convierte en un panorama cercano, en contraposición a lo que ocurre en otras regiones hispanas, donde el hombre resulta empequeñecido ante la grandiosidad de los horizontes; aquí el paisaje y las comarcas aparecen minimizadas. En contraposición al Alto Ampurdán, enlaza con la barrera de significadas altitudes de los Pirineos y el Bajo Ampurdán, aunque existen tres bloques montañosos que se encuadra en los 700,5 kilómetros cuadrados de que consta la comarca, distan mucho de la contundencia pirenaica"[61].

Para valorar la comarca del Bajo Ampurdán necesariamente tenemos que hacer una referencia comparativa a su emplazamiento. Cataluña tiene una superficie de 32.114 km.^{2}, con 946 municipios; 693,3 kilómetros de costa y un censo de 7.539.618 habitantes (2011). A su vez la provincia de Girona con una superficie de 5.910 km.^{2}, 221 municipios y una población de 747.782 habitantes (2010) y 260 km de costa. La comarca del Bajo Ampurdán, cuya capital es La Bisbal, cuenta con 701,6 km.^{2}, 36 municipios y una población de 130.738 habitantes (2008) y con 60 km. de costa; en cambio no llega al centenar de km. en sus límites con las comarcas colindantes: del Alto Ampurdán, Gironés y La Selva; constituye una comarca de reducida superficie, influenciada por el medio marítimo, su mar omnipresente se divisa desde cualquier punto de ella por poco elevado que este sea.

Al analizar el tipo de población encontramos modelos distintos de habitabilidad que afectan a la comarca ampurdanesa, muy distinta al desarrollo actual en poblaciones costeras. Las poblaciones del interior tampoco eran concentraciones importantes y más bien se caracterizaban por su

60 J. CARANDEL PERICAY, o. cit., p. *8*.

61 *Ibidem*, p. 31.

dispersión territorial. Pella y Forgas entendía así la distribución de los pueblos del Ampurdán, "desde muy antiguo, tanto las tribus como la gentilidad o la familia tenían sus villas o behetrías, situadas casi siempre en los altozanos que dominaban la llanura, e incluso, en el mismo lugar que ocuparon las estaciones lacustres, que eran fortaleza y granero, y al propio tiempo lugar de consejo y asamblea religiosa, en las cuales halló raíces profundísimas la organización municipal y la tradición de los pueblos catalanes"[62].

La histórica configuración poblacional resultaba interior y desperdigada, pues no se concibe un pueblo sin una situación estratégica. En esta comarca el parecido a los castros galaicos recuerda también la presencia céltica; Carandell asocia esta analogía al país vasco y a Westfalia. Cada 300 metros una casa, y esto es lo que ocurre en las planicies de los deltas del Daró y del Ter, y atribuye esta configuración poblacional a una consecuencia propia de la idiosincrasia peculiar del ampurdanés: "se trata de una impronta gótica, una reminiscencia que data del siglo IX; esta dispersión refleja el individualismo, el deseo de vivir independiente del vecino aunque bajo la protección y jerarquía del señor feudal, dueño de las tierras, que los siervos trabajaban con un modelo de tipo comunal; sistema que ya resultó utilizado por las tribus iberas, y que al morir Carlomagno reaparece a la vez que se instaura el feudalismo, con su característico, cultivo en común, donación y prestación al jefe". "en los tiempos medievales y hasta finales del siglo XV, no existían pueblos estrictamente litorales, como no fuesen plazas fuertes defendidas por castillos, murallas y torreones y mucho menos se prodigaría su visibilidad mar adentro, con el fin de no resultar aún más perjudicados por los asaltos de los piratas o los turcos"[63]. Si a ello, además, añadimos el inminente peligro de las invasiones árabes y las endémicas luchas intestinas de los señores feudales, todo ello explica que "la existencia en cada pueblo del Bajo Ampurdán de un recinto fortificado, a veces más antiguo que la acrópolis, con

---

62 J. PELLA i FOERGAS, *Historia del Ampurdán,* cit., p. 97.

63 *Ibidem,* p. 68.

murallas y fosos a veces tallados en roca viva, e incluso la ciudad se levantaba sobre un mogote estratégico en el extremo de una loma mediocre como la de "Peratallada"[64], construcciones que vemos en muchas de las poblaciones de esta comarca. Heródoto, hace de los templos de los escitas una descripción que recuerda el castro céltico; "y no otra cosa puede representar el casquete rocoso, con el nombre de Carmansò en la cumbre del castillo de Bagur"[65].

La configuración feudal de la de la comarca, proviene de su pasado histórico, condicionado por la incursión árabe que resultó poco duradera. Puntualiza Carandell, "Carlomagno, al extender sus dominios en Cataluña, se erigió en protector de los ampurdaneses y de los godos refugiados de la península en las luchas de unos y otros y contra la invasión árabe. Cuando no bastó la resistencia del Conde de Barcelona, Carlomagno envió tropas, que llegaron hasta Gerona, como acontecía en el año 785". Y prosigue este historiador, "pudo el Emperador anexionar el Ampurdán a sus dominios ultra-pirenaicos; que a ello concitaba el estrecho parentesco godo. Pero decidió nombrar condes, vizcondes y barones, a manera de delegados que gozaron de gran autonomía. Tanto es así que los ampurdaneses se sintieron más apegados a las Galias que al propio principado catalán, con tal de sacudirse el yugo de la nobleza gótica que se les había echado encima. Esos condados fueron, entre otros, los de Ampurias-Castelló, Rocaberti, Perallada, con los señoríos laicos convivían los eclesiásticos y monásticos: Gerona, La Bisbal, San Pedro de Roda, Sant Feliu de Guixols, etc. Todos constituyeron la raíz del feudalismo medieval con sus privilegios y sus perennes discordias resueltas casi continuamente a trompazo limpio, pervivencia germánica"[66].

Cualquier comarca, por pequeña que sea, siempre aparece enmarcada por el curso fluvial de un río capaz de conferirle su peculiar idiosincrasia. El

---

64 *Ibidem*, p. 71. Piedra cortada aludiendo al foso abierto en la roca de forma semicircular y que dejaba al pueblo aislado.

65 J. CARANDELL PERICAY, *El Bajo Ampurdán*, cit., p. 71.

66 *Ibidem*, p. 69 y 70.

río, además de proporcionar el agua imprescindible para las necesidades de la vida, supone una indudable vía de comunicación; y si bien el Ter destaca también, por otras características muy diferentes de las habituales, su presencia en la comarca ampurdanesa viene compartida con el Daró y el Ridaura en el sur. En nuestro caso el papel integrador resulta configurado especialmente por el Ter, el río más largo de Cataluña y el más notable en desniveles y caudales. No se trata, por tanto, de un río estrictamente ampurdanés, pues nace en el Puigmal (2.909), en la altísima divisoria pirenaica. Cuando penetra en el Bajo Ampurdán lleva recorridos 200 kilómetros de presencia industrial y de regadío, discurriendo por Ull (2.325 m), Camprodón (925 m), Ripoll (678 m), Gerona (60 m); después de este vertiginoso descenso penetra en la comarca por el espacio territorial de Vergés, y tras un corto recorrido, desemboca en la Playa de Pals. En el Bajo Ampurdán, discurre su tramo final en un extenso delta, cuando, "cansado de caer rápido en tantas pendientes y en tantas turbinas, siéntese viejo y lento, pero en sazón de ir rellenando con los sedimentos que ya no puede arrastrar a los senos marinos del golfo de Rosas, desembocando frente a las Islas Medas"[67], después de haber depositado en el delta la cantidad de más de un millón de metros cúbicos de tierras, en estimación de los geógrafos.

Alrededor de 1302, se tiene constancia de que el Conde Poncio Hugo de Ampurias, quizá de modo involuntario, pues al colocar vallas en el río como protección y derivación de la antigua acequia, al torcer su corriente en Vergés, acaso originó que años después, como relata J. Pella[68], "unas grandes lluvias sobrevenidas en los últimos días de agosto de 1311 provocaran un gigantesco arrastre de arenas que originó el desvío del río de su curso primitivo por las cercanías de Torroella hacia su desagüe actual por la playa de Pals". El hecho motivó un conocido memorial de *greuges*[69]. El Rey Jaime II ordenó a los

67 *Ibidem*, p. 31

68 J. PELLA y FORGAS, o. cit., p. 572.

69 *Archivo de la Corona de Aragón.* R. 200, fol. 228 vello. Año 1303.

técnicos que se reintegrase a su cauce antiguo, o que lo dejasen en la nueva situación si era de utilidad a las poblaciones de Torroella, Gualta, Fontanilles, Palau y Pals, como evidentemente así era, por lo que se mantiene este cauce, conservándose algunos vestigios del antiguo curso que perduran con nombres como Ter Vell. El P. Villanueva[70], haciendo referencia a las memorias del Monasterio de Ullá, también afectado por la gran inundación, anota: "consta ya con referencia al siglo XIII un cambio del Ter, que a la primera avenida enterró la iglesia del monasterio, de modo que la nueva se levantó sobre la anterior cubierta por las arenas. Entonces el Ter se dividió en dos brazos, uno que se dirigía a la Escala, otro a Torroella, y estuvo a la mano de los condes de Ampurias aumentar una u otra de las dos corrientes".

El nada pacífico curso del Ter, a finales del siglo XVIII sufrió, por segunda vez, una nueva desviación en su curso habitual, con la bifurcación de su desembocadura, y desde entonces sus cienos arrastran el suelo marino de Pals, de modo que Torroella, que era puerto en la época romana, hoy está a más de 5 kilómetros del mar, y en el año 1300, el mar que rodeaba la ciudad fenicia de Cypsela o de Fonollera (siglo VI a. de C.), anterior a la griega *Emporion*, hoy claramente ha retrocedido casi dos kilómetros.

Los límites meridionales del Bajo Ampurdán resultaron desde antiguo un tema controvertido, tanto para la geografía como para la administración. Para Revenga Carbonel, "existe una gran discrepancia en cuanto a su límite meridional"; mientras Madoz, en su *Diccionario geográfico*, lo fija en el curso del Fluviá, reduciendo considerablemente la extensión que le asignó Dantín Cereceda al hacerla llegar hasta el río Torderá, límite entre las provincias de Girona y Barcelona pero adoptando un criterio intermedio, Plá y Cargol, en la *Geografía de la provincia de Girona*, fija como límite meridional del Ampurdán la alineación de los montes Gabarras, accidente que la separa de la Selva, situada al sur. L*a Geografía de Catalunya,* dirigida por Solé Sabarís da como límites los del partido de La Bisbal aunque la discusión resulta hoy día

70 J. VILLANUEVA, t. XV, cit., p. 216.

intrascendente y zanjada, como anteriormente se apuntó, al primar las delimitaciones municipales en las nuevas comarcas catalanas.

"El clima benigno, como corresponde a una zona de influencia mediterránea, suave en temperaturas (con una media de 16°, moderadas lluvias (680 m. l.), se altera por el viento norte o tramontana, haciéndose algo más riguroso en invierno. El Bajo Ampurdán, liberado en parte de la tramontana, que aquí sopla sin la violencia del Alto Ampurdán, se configura como un territorio ondulado por suaves colinas, que se elevan al sur de los montes Gabarras y que desplegados hasta el vecino Gironés, presentan su más poblada cobertura forestal de alcornocales"[71].

La violencia ocasional de la tramontana obliga a esta comarca agrícola a proteger sus cultivos con barreras forestales. Josep Pla, define la comarca ampurdanesa como el país del viento, "puesto que conoce el húmedo y bochornoso garbí". Y en palabras del mismo Pla: "El Ampurdán es un impresionante laboratorio meteorológico, un campo de batalla de actividad incesante entre las dos fuerzas que alternativamente dominan el país. Cuando J Maragall, calificó al Ampurdán de "palacio del viento" tuvo una intuición genial, de este rincón de mundo tan bello"[72]; el viento del "levant y el xaloc", traen lluvias y convierten las tranquilas aguas mediterráneas, en temporales. La costa, playas y calas abrigadas por rocosos promontorios convierten esta comarca en una significativa área de turismo de calidad. Pueblos de pescadores, ahora superados por centros de turismo selecto, que superan económicamente al sector tradicional.

Los romanos, llegaron a España por vez primera con ocasión de la segunda guerra Púnica comandados por Cneo Escipión en el 218 a. de C., que desembarcó en Empurias, no como conquistador, sino en calidad de aliado de los saguntinos para hacer frente a los cartagineses; pero este asentamiento provisional en la comarca se turnó definitivo dejando desde el primer momento

71 E. ARIJA RIVARES, o. cit., p. 173.

72 JOSÉ PLA, *Cosas del mar y de la Costa Brava,* cit., p.114.

la huella indeleble de su cultura y de su organización en la que se integró plenamente la comarca ampurdanesa.

Los nombres geográficos son vestigios que perduran como testimonio de los más antiguos pobladores. A la hora de contrastar la cultura de cualquier pueblo moderno, resulta inevitable esa mirada retrospectiva a los pueblos que les precedieron, pues sin duda ellos nos darán la pauta de muchas de las costumbres de los habitantes de cada comarca. Se estima que la población del Bajo Ampurdán a finales del siglo XV alcanzaría los 15.000 habitantes; si bien muchos de estos pueblos mantuvieron un lento crecimiento; en 1846 ya se duplicaba la cifra anterior, y encontramos una población de 37.378 habitantes; el censo de 1858 arroja la cifra de 46.330; en 1900 eran 51.118; en 1931 57.702; en 1950 se produce un pequeño ajuste migratorio resultando 53.147, para duplicarse nuevamente en el 2001, y superar los 130.738 en el año 2008. Teniendo en cuenta que se trata de una comarca relativamente pequeña se puede hablar de una densidad que supera la media nacional; figuran municipios de escasa población, pero su extensión es igualmente reducida, por lo que no se producen zonas significativamente depauperadas. Palafrugell, Palamós y San Feliú, por el contrario, concentran una cuantiosa población sobre un espacio reducido.

La considerable extensión del litoral ampurdanés, de unos 60 km., convierte esta comarca en un espacio muy influenciado por el medio marítimo. Los puertos y la pesca aportaron una notable riqueza, que unida a la tradicional vocación comercial, llevó a sus pobladores a continuas proezas marítimas incluso de carácter corsario. En la Batalla de Lepanto destaca la presencia de "los ampurdaneses de Sant Feliu de Guixols, con sesenta oficiales, entre ellos Camisó y Pedro Roig, que en 1571 apresan la nave capitana de los turcos en el transcurso de la batalla naval. De las atarazanas de los puertos de Bagur y Cadaqués salieron innumerables goletas; maestros del hacha que en el dicho de la tierra"[73]; "son sardos y ligures que si de todo han aprendido, nada han olvidado"[74], como atestigua Carandell Pericay.

73 J. CARANDELL PERICAY, o. cit, p. 110.

En la pesca y peculiarmente en el comercio del coral, competían los ampurdaneses con los monopolistas griegos; como recuerda J. Plá: "en el curso de mi infancia oí hablar, creo que como todos los niños del mundo de mi edad, de los negocios del coral, como de cosa fabulosa unida a la aventura y a la fascinación que en este país ha producido siempre la vida libre del hombre en el mar"[75]. El coral es un elemento escaso, restringido a pequeñas zonas marítimas, y una de ellas la sitúa Plá en el cabo de San Sebastián.

La filoxera arruinó la principal riqueza vinícola de Bagur, al igual que la industria corcho-taponera que también decayó sensiblemente dejando la emigración, como única medida que resultó venturosa para los ampurdaneses a juzgar por la magnificencia que muestran las construcciones de la villa de Bagur. El vulgar tapón de corcho, igualmente representó una fuente de riqueza, de la que se hace eco Madoz en su *Diccionario geográfico*, en 1846, que se lamenta de no disponer de datos económicos "debido a la resistencia de los corcheros a declararlos por no ver aumentadas las contribuciones". El champagne francés, en el siglo XVI, "hubo de quedar herméticamente cerrado no con tapón de corcho, sino con tacos de cáñamo, lana y lino"[76], mientras el vino catalán puede hacerlo con el corcho ampurdanés.

Especial significado han tenido siempre en Cataluña, y singularmente en el Ampurdán, los mercados comarcales, especialmente los de La Bisbal y Torroella. Este mercado tradicional constituía el motor económico de la comarca; con los productos agropecuarios confluían todo tipo de mercancías, tanto es así, que el prototipo le sirvió de base a la Generalitat para la reconstrucción territorial que utiliza la administración autonómica catalana para redefinir sus comarcas.

---

74 *Ibidem*, p. 112.

75 J. PLÁ o. cit., p. 5.

76 *Ibidem*, p. 117.

La relación mercado-comarca adquiere una significación de notable importancia de estos mercados ampurdaneses, que motivan la elocuente descripción que en 1942 J. Carandell dedica al mercado de La Bisbal, "esta ciudad, capital del Bajo Ampurdán, ¡tenía 4.300 habitantes en 1931!. Hemos llegado a contar hasta 30 autobuses y muchos de ellos hacen durante esos días varios viajes, lo cual supone un contingente de un millar de personas. A renglón seguido vienen varios largos convoyes de tranvías a vapor de Flassá y Palamós, que transportan otras 500 personas... Está además el contingente que se reúne en la seca rambla del río Daró que asciende a otros dos centenares de vehículos. A dos personas por unidad alcanzan a 800 individuos, los cuales, con los anteriores, hacen 2.300 personas. Quedan los autos particulares, en número de 30 ó 40, a cuatro personas, son otras 150; y no olvidemos las que desde cerca acuden en ciclo o a pie; otras 300 por lo menos. En total, de 2.750 a 3.000 personas. !Hermoso aluvión febril por unas horas a lo largo de calles, avenidas y plazas; impresionante desfile, a media tarde, bajo el túnel de los plátanos monumentales que ciñen las carreteras!"[77]. De todo ello se deduce una conclusión, a la que con singular sorpresa no podemos por menos que sumarnos: "si tenemos en cuenta una vez más el tamaño de las urbes de Torroella y La Bisbal, échase de ver que los mercados, representaban para ellas, una pulsación semanal realmente formidable".

Sabemos que en Narbona los romanos elevaron un templo a la *tramontana*, para mantenerla propicia como una fuerza saludable y vital. Igualmente la tramontana fue considerada fuerza higiénica y antimiasmática, según narra Pella y Forgas en su *Historia del Ampurdán,* "en mitad de la epidemia, un genio solar saneaba la atmósfera desencadenando un viento cuyo aliento gigante choca, furioso, en las rocas de los Pirineos, corre dentro de las selvas de Recaséns y por fin se lanza sobre las llanuras ampurdanesas, limpiando el cielo de nubes y los pantanos y las tierras de miasmas"[78], una fuerza de la naturaleza singularmente divinizada.

77 *Ibidem*, p. 140.

78 J. PELLA i FORGAS, o. cit., p. *110.*

Cuenta igualmente J. Plá: "de joven fui enemigo declarado y me burlé de todos los escritores que lo habían contado, que son innumerables. Observaba la admiración que, en el rondo, le tiene la gente de mi país y hasta qué punto es viva la observación de L. A. Séneca, de cómo la Narbo antigua, poseyó una zona lacustre mortífera poblada de miasmas y de mosquitos, tuvieron el Alto y Bajo Ampurdán -según se desprende de los archivos públicos- una situación parecida. La mortalidad originada por las fiebres en épocas pasadas en este país fue extraordinaria. No hace muchos años que todavía se hacían en algunos pueblos de la frontera peregrinaciones y romerías a lejanas ermitas del Pirineo para ir en busca de la tramontana y pedir a Dios que les concediese un golpe de agua y viento higiénico, impetuoso y aullador. *Tramontana, fresca y sana*, que decían los viejos"[79]. La *tramontana* resultó siempre un dios en la conciencia social de la comarca.

Administrativamente, la comarca del Ampurdán, como todas las comarcas catalanas, encuentra su regulación básica en el Estatuto de Autonomía, cuyo artículo 5.1 dice: "la Generalidad de Cataluña estructurará su organización territorial en municipios y comarcas"[80]. En el Estatuto renovado[81], la comarca catalana se regula en el art. 42.1: "los poderes públicos deben promover las políticas públicas que fomenten la cohesión social y que garanticen un sistema de servicios sociales de titularidad pública adecuada a los indicadores económicos y sociales de Cataluña"; y en base a este principio, establece el régimen jurídico en el art. 92.2: "la creación, modificación y supresión de las comarcas, así como el establecimiento de su régimen jurídico, se regula por una ley del Parlamento"; para la puesta en marcha de la entidad administrativa que representan las comarcas, como agrupación de municipios,

79 J. PLÁ, o. cit., p. 131.

80 Ley Orgánica 4/1979, de 18 de diciembre.

81 Ley Orgánica 6/2006, de *Reforma del Estatuto de Autonomía de Cataluña* (BOE, nº. 172, de 20 de julio de 2006).

hay que tener en cuenta la *Ley de Política Territorial,* 23/1983, de 23 de noviembre, cuya Exposición de Motivos declara: "es necesario emprender una política equilibradora que favorezca la extensión, por todo el territorio, de los niveles de renta y de calidad de vida adecuados y que, impulsando el aprovechamiento racional de los recursos locales disponibles, corrija la tendencia, que conduce al debilitamiento y el desaprovechamiento del territorio, por una parte, y a la excesiva concentración de población y actividades, de otra". Dedica un largo enunciado de previsiones, en especial su art 5, que dispone el Plan Territorial General y en la Disposición Transitoria: "en lo que respecta al ámbito comarcal, a que se refiere la presente Ley, se entenderá que el espacio geográfico ocupado por cada comarca es el establecido en la división comarcal decretada el 23 de diciembre de 1936".

La Ley 6/1987, de la *Organización Comarcal de Cataluña*, especifica en su Preámbulo que "la comarca ha sido un elemento permanentemente ligado a la Historia reciente de Cataluña, cuyos antecedentes más relevantes podemos encontrarlos en las Bases de Manresa y en la división promulgada en 1936, fruto del Decreto de octubre de 1931 del Presidente F. Maciá, que creó la Comisión, entre cuyos miembros destaca el Vicepresidente Vila i Dinarès, y J. Iglesisa como secretario. Sin embargo, es el Estatuto de Autonomía el que decididamente se pronuncia sobre la naturaleza y entidad natural administrativa de la comarca, al disponer en su art. 3, "la comarca se constituirá como una entidad local de carácter territorial formada por la agrupación de municipios contiguos, tendrá personalidad jurídica propia, plena capacidad y autonomía para el cumplimiento de sus fines".

El art. 4.2, a) prevé "la consulta previa de todos los municipios", sobre la propuesta que se adjunta en el Anexo de la Ley (básicamente las recogidas en los Decretos de 27 de agosto y de 23 de diciembre de 1936). Y como municipios integrantes de la comarca del Baix Empordá, menciona los 36 siguientes: Albons, Begur, Belcaire d'Empordá, Bisbal d'Empordá (La), Calonge, Castell-Platja d'Aro, Colomers, Corça, Cruilles-Monells-Sant Sadurni de l'Heura, Foixá, Fontanilles, Forollac, Garrigoles, Gualta, Jafre, Mont-ras,

Palafrugell, Palamós, Palau-sator, Pals, Parlavá, Pera (La), Regencós, Rupiá, Sant Feliu de Guixols, Santa Cristina d'Aro, Serra de Daró, Tallada d'Ampurdá (La), Torrent, Torroella de Montgri, Ullá, Ullastret, Ultramort, Vall-llobrega, Verges y Vilopriu estableciendo como capital a La Bisbal.

En la misma Ley de *Organización Comarcal de Cataluña* y en cumplimiento del mandato estatutario, se institucionalizó la comarca como entidad territorial dotada de autonomía y con personalidad jurídica propia. El requisito de la consulta a los municipios se realizó en la convocatoria establecida en el Decreto 216/1987, con el respaldo mayoritario de los municipios. Asimismo por Ley 22/1987, se establece la División y la Organización Comarcales de Cataluña. La Ley 3/1990, de Modificación de la División Comarcal, llevó a cabo una importante reestructuración, que no altera a la previa configuración de esta comarca.

3.- Los territorios históricos vascos

Dantín Cereceda, en el *Ensayo de las Regiones Naturales de España*, anticipa una posible explicación de las peculiaridades físicas y sus consecuencias en la configuración de las comarcas del entorno vasco: "el país vasco-cántabro desde Peña Labra a Roncesvalles supone una depresión en la cadena montañosa del norte de la Península; sus culminaciones son aquí mucho más bajas que en el resto de la cordillera... La pertinaz erosión de un país lluvioso, explica su extremada accidentación, contribuyendo en amplia medida al aislamiento del pueblo vasco y al alto número de valles con individualidad propia, no sólo desde al punto de vista natural, sino incluso desde el mismo político. *La Cendea* no es sino su expresión"[82].

82 J. DANTÍN CERECEDA, o. cit. p. 136-137.

Un clima marino, propiciado por las cadenas montañosas de formación costera, origina ríos caudalosos de corto recorrido que discurren por pequeños valles en múltiples direcciones, originando igualmente reducidas comarcas, espacios con diferencias significativas hasta el punto que desde muy antiguo sus propios habitantes llegaban incluso a definirlas con nombres desiguales: Cuadrillas, Merindades, Encartaciones, Uniones, Mancomunidades, y otras denominaciones con el apelativo que le proporciona la orografía del terreno: costas, montes y ríos especialmente en Guipúzcoa, todo ello pone de manifiesto la ausencia de un concepto unívoco de la comarca. Mientras Aragón y principalmente Cataluña unifican su futuro basado en la historia comarcal, el País Vasco busca su alternativa en la implantación de servicios supramunicipales en base a un concepto funcional de comarcalización mediante la ordenación del territorio.

Erquicia Olaciregui puntualiza, "las primeras ciudades vascas más que para comunicarse unos hombres con otros, se organizaron para defenderse unos hombres de otros primando la seguridad. Por eso la ciudad primera se edifica en lo alto sin otro plan preconcebido que garantizar la invulnerabilidad de sus habitantes. No obstante, la ciudad va a convertirse cada vez más claramente en vida en común; como realidad sociológica va a reflejar la capacidad de los grupos humanos para comunicarse unos con otros y esta comunicación se produce gracias a un elemento dinámico por excelencia, el transporte, que se convierte en elemento primordial de preservación"[83]. En Vizcaya las Villas de Fundación, coincidiendo con el desarrollo espectacular de los siglos X y XII, al igual que ocurría en toda Europa medieval, a los criterios defensivos se aúna la necesidad de comunicación con el alfoz y con otros puntos estratégicos de la comarca; el desarrollismo industrial del siglo XIX hace imprescindible la reforma interior de las ciudades, el ensanche de sus poblaciones, la ordenación de la ciudad, y en este sentido se produce la idea de la Ordenación del Territorio como concepto comarcal.

83 J. Mª ERQUICIA OLACIREGUI, *La ordenación territorial y la legislación sectorial en la CAPV: Apuntes genéricos* (Oñati, Instituto Vasco de la Administración Pública, 2006), p. 23.

La historia se deduce como la fórmula más veraz de análisis de las instituciones jurídicas. Bosquejando una breve síntesis de la Historia jurídica institucional Vasca, encontramos que en Guipúzcoa, en sus alianzas los várdulos y carisios, como observa Tomás y Valiente[84], tendían a inclinarse hacia el reino astur, y en fase posterior, a su sucesor Castilla, cuyos espacios intermedios en gran parte repoblaron. Por el contrario, los vascones volcaron su orientación hacia el Este con Navarra, para decantarse definitivamente también en el ámbito de Castilla. Lo inestable de esta situación determinó que "la célula básica de la organización territorial resultase definida por el caserío, y así entre los habitantes de un mismo valle o comarca surgieron lazos de vecindad, corporaciones vecinales de carácter pre-municipal, *Universitas vecinorum*"; y en contraposición surgen igualmente los bandos de hostilidad entre parentelas organizadas. El caserío y la familia son realidades básicas de ese arcaico ordenamiento típico de los pueblos trashumantes y ganaderos.

Vizcaya, a su vez, condicionó su incorporación a Castilla al reconocimiento de Alfonso VI a su Conde (Íñigo López), y con ello jurídicamente propició el progresivo desarrollo de sus peculiaridades. De este modo, ni Guipúzcoa ni Vizcaya resultaron internamente homogéneas y más bien derivaron intrínsecamente muy diferenciadas, consolidándose su carácter autónomo que evolucionó en un sistema normativo peculiar, como ya reconocía el dictamen del Consejo Real de Castilla de 1390 en el *Derecho de la "Tierra llana"*, de la costumbre no escrita. La indefinición territorial de Euskadi en el que el espacio vasco, como apunta C. Cubillas, "además de su reducida extensión superficial, se caracteriza por la peculiar topografía del suelo; la ausencia de barreras naturales continuas a lo largo de todo el perímetro fronterizo y las facilidades de contacto con las áreas circundantes contrasta con la presencia de un relieve interior muy desarticulado en el que las tendencias al aislamiento localista de sus regiones y comarcas parecen

84 F. TOMÁS y VALIENTE, o. cit., p. 255.

encontrar un escenario adecuado. El interior del territorio vasco no dispone de fronteras terrestres que lo separen fisiográficamente de su entorno"[85].

El Estatuto de Autonomía[86], en el art. 3, ya anticipaba que, "cada uno de los territorios históricos que integran el País Vasco podrán, en el seno del mismo, conservar, o en su caso restablecer y actualizar, su organización e instituciones privativas de auto gobierno". De aquí que en el mismo texto se declare entre sus competencias exclusivas (art. 10.31), "la ordenación del territorio". Regulación que asimismo destaca la Ley 27/1983, de Relaciones entre las *Instituciones Comunes de la Comunidad Autónoma y los Órganos Forales de sus Territorios Históricos,* al establecer que corresponde íntegramente a la Comunidad Autónoma la capacidad legislativa en materia de Ordenación del Territorio y Urbanismo. Y como igualmente dice la Ley 4/1990: "la competencia de la *Ordenación del Territorio* ha de comprender el conjunto de facultades precisas para determinar la ubicación de los diversos usos sobre el territorio, definición que ha de estar fundamentada sobre la base de un criterio coordinador, tanto desde la óptica de las políticas sectoriales que inciden sobre el espacio físico, como desde la consideración competencial de los distintos Entes de naturaleza territorial". Y en consecuencia, según especifica el art. 2) de la Ley 4/1990, "la ordenación territorial del País Vasco se realizará a través de: las Directrices de Ordenación Territorial, Planes Territoriales Parciales, y Planes Territoriales Sectoriales".

Entre las competencias que el Estatuto de Autonomía confiere en exclusiva al País Vasco figura en el artículo 10.31 "la *Ordenación del territorio y el litoral*"; exclusividad que asímismo ratifica la Ley 27, de 1983, sobre la relación entre Instituciones y Ordenación del Territorio y Urbanismo. Si bien históricamente se habla de las Comarcas del País Vasco, lo cierto es que dicho texto no cita el término "comarca" a lo largo de todo su articulado; Roca

85 E. CLEMENTE CUBILLAS: "El país vasco. País vasco-navarro", en *La región y la Geografía española. Jornadas de la Asociación de Geógrafos españoles* (Valladolid, 1980), p. 131.

86 Ley Orgánica 3/1979, de 18 de diciembre.

Roca[87], entiende que la referencia al ámbito supramunicipal viene determinada por el art. 37.3: "los órganos forales de los territorios históricos se regirán por el régimen jurídico privativo de cada uno de ellos"; que en el apart. 3), dispone, "en todo caso tendrán competencias exclusivas dentro de sus respectivos territorios en las siguientes materias: demarcaciones territoriales de ámbito supramunicipal, que no excedan los límites provinciales". La única referencia estatutaria se contiene en este artículo, que engloba a la comarca.

La alusión a demarcaciones de ámbito comarcal o demarcaciones supramunicipales, resultan términos ambiguos que pueden ser interpretados como una circunscripción territorial periférica de los órganos forales u otra circunscripción territorial de orden funcional, que pudieran crear los territorios históricos. Otra podría ser la conclusión, como expone García Rubio[88], si tales demarcaciones tuvieran por imperativo legal personalidad jurídica, como las circunscripciones a las que se refiere el art. 152.5 de la Constitución.

La ausencia de barreras naturales continuas hacía pensar que la estructura territorial vasca se definiese en torno a las siete regiones históricas individualizadas (herrialdes). Pero, como ya anticipa la Introducción de la Ley 4/1990, "dentro del concepto de Ordenación del Territorio se integran el conjunto de actuaciones realizables en orden a conseguir la más racional utilización del suelo y de sus recursos, incluida la definición de las relaciones que han de establecerse entre las distintas instancias cuya actividad ha de incidir sobre los espacios territoriales". Esta división, en cambio se decanta por un nuevo modelo funcional, y al igual que la legislación autonómica gallega postula la creación de los Planes Comarcales como entes funcionales, la legislación del País Vasco promueve su *Ordenación del Territorio.*

"La competencia de la Ordenación del Territorio, según la misma

87 E. ROCA ROCA, "Comarca y Estatutos de Autonomía", en *La Comarca y la Administración territorial* (Centro de Estudios Municipales y Cooperación interprovincial de las Diputaciones de Almería, Granada, Jaén y Málaga,1986), p. 126.

88 F. GARCÍA RUBIO, *Evolución histórica del espacio comarcal* (Madrid, Editorial Dykinson, 2007), p. 179.

Exposición de motivos, ha de integrar, el conjunto de facultades precisas para determinar la ubicación de los diversos usos sobre el territorio, definición que ha de estar fundamentada sobre la base de un criterio coordinador, tanto desde la óptica de las políticas sectoriales incidentes sobre el espacio físico, como desde la consideración jurisprudencial de los distintos entes de naturaleza competencial". "La Comunidad Autónoma del País Vasco precisa la conformación de un marco jurídico propio que establezca las líneas maestras de lo que ha de ser la organización administrativa en materia de Ordenación del Territorio". Y así el art. 2.1, establece que "la ordenación territorial se realizará a través de los estos instrumentos:

a) Las Directrices de Ordenación territorial (DOT).

b) Los Planes Territoriales Parciales (PTP).

c) Los Planes Sectoriales Parciales" (PSP).

Las "Áreas Territoriales Parciales" se instituyen en el órgano administrativo supramunicipal equivalente a la "comarca", si bien resulta ya incrementado con importantes competencias atribuidas por sus leyes específicas. Atribuciones que se definen en el art. 1: "es objeto de la presente Ley la definición y regulación de los instrumentos de ordenación territorial del País Vasco"... y el art. 2, determina los instrumentos: a) Las directrices de Ordenación Territorial; b) los Planes Territoriales Parciales; y c) los Planes Territoriales Sectoriales". Con lo cual queda definida la estructura del área funcional a la que deberán atenerse tanto los Planes Urbanísticos como los Planes Territoriales Sectoriales y Actuaciones con incidencia territorial en el Área Funcional. Un ente netamente supramunicipal similar a la comarca definida en el resto de las legislaciones autonómicas.

El art. 4, del Decreto 28/1997: Ámbitos para la redacción de Planes Territoriales Parciales, dispone: "de acuerdo con el art. 6.5, de la Ley 4/1990, de *Ordenación del Territorio*, y con la composición municipal que se señala para cada Área Funcional en el texto de las Directrices, se establecen los siguientes ámbitos para la redacción de Planes Territoriales Parciales; fijando un total de 15 Áreas Funcionales:

1).- Área de **Balmaseda**-Sodupe-Zalla (Orden 15 octubre de 2009), incluye los municipios de: Arcentales, Balmaseda, Carranza, Galdames, Godexola-Güeñes, Lanestosa, Sopuerta, Trucios-Turtzioz, y Zalla; en VIZCAYA. (9 mun.).

2).- Área Funcional de **Beasaín**-Zumárrega (Goierri) Decreto 534//2009, de 29 de septiembre, que incluye 22 municipios: Altzaga, Arana, Ataun, Beasain, Ezkio-Itsaso, Gaviria, Gaintza, Idiazablal, Itsasondo, Lazkao, Legazpia, Legorreta, Mutiloa, Olaberria, Ordizia, Ormaiztegui, Segura, Urretxu, Zaldibia, Zegama, Zerain y Zumarraga Incluye los ámbitos de la Parzonería general de Álava y Guipuzcoa y Enrío de Aralar); en GUIPÚZCOA (22 mun.).

3).- Plan Parcial **Bilbao** Metropolitano. (Decreto 179/2006, 26 de septiembre, incluye 34 municipios: Abanto-Ciérvana, Alonsotegui, Arrankudiaga, Arrigorriaga, Barakaldo, Barrica, Basauri, Berango, Bilbao, Derio, Erandio, Etxébarri, Galdakao, Getxo, Górliz, Larrabetzu, Leoia, Lemoniz, Lezama, Loiu, Muskiz, Ortuella, Plenzia, Portugalete- Santurzi, Sestao, Sondika, Sopelana, Ugao-Miravalles, Urduliz, Valle de Trápaga-Trapagarán, Zamudio, Zaratano, Zeberio y Zierbena; en VIZCAYA (34 mun.).

4).- Área Funcional de **Donostia**-San Sebastián, incluye 13 municipios: Andoáin, Astigarraga, Donostia-San Sebastián, Hernani, Lasarte-Oria, Lezo, Oiarzun, Pasaia, Rentería, Urnieta y Usúrbil; en GUIPÚZCOA (13 mun.).* F/P.

5).- Área Funcional del **Duranguesado**, incluye 11 municipios: Abadiño, Amorebieta-Echano, Atxondo, Bérriz, Durango, Elorrio, Garai, Iurreta, Izurza, Mañaria, y Zaldívar; en VIZCAYA (11 mun.).* F/P.

6).- Área Funcional de **Eibar** (Bajo Deva). (Decreto 86/2005, de 12 de abril), incluye 8 municipios: Deva, Eibar, Elgoibar, Ermua, Mallabia, Mendaro, Mutriku y Soraluce-Placencia; en GUIPÚZCOA (8 mun.).* F/P.

7).- Área Funcional de **Gernika**-Markina, que incluye 30 municipios: Ajánjiz, Amoroto, Arratzu, Aulesti, Bermeo, Berriatúa, Bustuaria, Ea, Elanchove, Ereño, Etxevarría, Forua, Gautteguiz de Arteaga, Gernika-Luno, Gizanuruaga, Ibarranguelúa, Ispáster, Kortezubi, Lekeitio, Markina-Xeméin, Mendata, Mendexa, Morga, Mundaka, Munitibar-Arbaiztegi- Gerrickaitz,Murueta, Múxika-Nabarniz, Ondárroa y Sukarrieta, Rigoitia; de VIZCAYA (30 mun.).* F/P.

8).- Área Funcional de **Igorre**, incluye 7 municipios: Aránzazu, Areatza, Bedia, Dima, Igorre, Lemona y Zeanuri, de VIZCAYA, (7 mun.).* F/P.

9).- Área Funcional de **Laguardia**, Decreto 271/2004, de 28 de diciembre, que incluye 14 municipios: Baños de Ebro, Elciego, Elvillar, Kripán, Labastida,

Laguardia, Lanciego, La Puebla de Labarca, Leza, Moreda de Álava, Navaridas-Oyón-Oion, Samaniego, Villabuena de Álava y Yécora; de ÁLAVA (14 mun.).

10).- Área Funcional de **Llodio**, (Decreto 19/2005, de 25 de enero, que incluye 8 municipios: Amurrio, Arakaldo, Artziniega, Ayala, Llodio, Okondo, Orduña y Orozco, de ÁLAVA (8 mun.).

11).- Área Funcional de **Mondragón**-Bergara (Alto Deba), (Decreto 87/2005, de 6 de junio, qu incluye 9 municipios: Antzuola, Aramaio, Aretxabaleta, Arrasate-Mondragón, Bergara, Elgueta, Eskoriatza, Leinz-Gatzaga y Oñati, de GUIPÚZCOA (9 mun.).

12).- Área Funcional de **Munguía**: Arrieta, Baqio, Barrika, Derio, Erandio, Frúniz, Gámiz-Fica, Gatica, Górliz, Larreabezúa, Lauqiniz, Lemóniz, Lezama, Lujua, Maruri-Jatabi, Meñaca, Munguía, Plencia, Sondika, Sopelana, Urdúliz y Zamudio; de VIZCAYA (22 mun.).* F/P.

13).- Área Funcional de **Tolosa**, que incluye 27 municipios): Abaltzikueta, Aduna, Albíztur, Aleia, Alkiza, Altzo, Amézketa, Anoeta, Asteasu, Beliarráin, Belaunza, Berástegi, Berrobi, Bidegoyan, Gaztelu-Elduain, Hernialde, Ibarra, Icaztegieta, Irura, Larraul, Leaburu, Lizarza, Orendáin, Orexa Tolosa, Villabona y Zizurkil; en GUIPÚZCOA (27 mun.).* F/P.

14).- Área Funcional de **Álava** Central, (Decreto 277/2004, de 28 de diciembre, incluye 31 municipios: Alegría-Dulanzi, Armiñón, Arraia-Maeztu, Arrazua-Ubarrundia, Aspárrena, Barrundia, Berantevilla, Bernedo-Campezo, Kuartango, Elburgo, Iruña de Oca, Iruraiz-Gauna, Lagrán, Lantaron, Legutiano, Otxandio, Peñacerrada-Urizaharra, Ribera Alta, Ribera Baja, Añana, Salvatierra, San Millán, Ubide, Urkabustaiz, Valdegovia, Valle de Arana, **Vitoria-Gasteiz**, Zalduondo, Zambrana, Zigoitia y Zuia Y los ámbitos de Sierra Brava de Badaya, la Parzonería de Entzia, la Comunidad de Peñacerrada-Urizaharra, Lagrán y Laño; en ÁLAVA (31 mun.).

15).- Área Funcional de **Zarautz**-Azpeitia. (Decreto 14/2009, 27 de enero, que incluye 11 municipios: Aia, Aizanazabal, Azpeitia, Azkoitia, Beizama, Errezil, Getaria, Orio, Zarauz, Zestosa y Zumaia; en GUIPÚZCOA (11 mun.).

También en el ámbito supramunicipal del territorio histórico de Bizkaya, existe una regulación aprobada por la Norma Foral 3/1995 sobre entidades de ámbito supramunicipal, que dedica la mayor parte de su regulación (20 de los 33 artículos) al control de la institución de las Mancomunidades"[89].

Homogeneizando la información de cada región, se cita la relación de las disposiciones que integran su regulación jurídica, son éstos:

MARCO NORMATIVO GENERAL.

- Ley Orgánica 3/1979, de 18 de diciembre, Estatuto de Autonomía del País Vasco, (Estatal).

- Decreto 27/1983, de 25 de noviembre: Relaciones entre Instituciones Comunes y Forales.

Ley 7/1985, de 2 de abril: Bases de Régimen Local (Régimen peculiar de los Territorios Históricos, Disposición Adicional Segunda).

- Ley 4/1990, de 31 de mayo: de Ordenación del Territorio del País Vasco. (15 Áreas Funcionales) (art.10, 18,2, Decreto).

- Decreto 263/1990, de Comisión de Ordenación del Territorio. (modificado por el Decreto 77/2002).

- Norma Foral de Bizcaya 3/1995, de 30 de marzo: Entidades de ámbito supramunicipal (Mancomunidades).

- Decreto, 28/1997, de 11 de febrero, de Directrices de Ordenación del Territorio.

- Decreto 77/2002, de 26 de marzo: Comisión de Ordenación del Territorio, (modifica el Decreto 263/1990).

- Decreto 22/2003, de 4 de febrero: Programas de Desarrollo Rural de las comarcas de: Arratia-Nervión (9), Enkartaciones, Tolosaldea, Urola Kosta, Cantábrica Alavesa, Estribaciones del Gorbea, Llanada Alavesa, Montaña Alavesa, Rioja Alavesa y Valles Alaveses: (210 comarcas).

- Decreto 206/2003, de 9 de septiembre, sobre Directrices de Ordenación Territorial.

- Decreto 229/2003, de 1 de octubre, sobre Ordenación Rural. Iniciativa Comunitaria "LEADER" (12 comarcas).

89 A. FERREIRA FERNÁNDEZ, o. cit., p. 207.

PLANES TERRITORIALES PARCIALES en el País Vasco (COMARCAS).

- Decreto 22/2003, de 22 julio Plan Territorial Parcial; Bilbao Metropolitano de Vizcaya.

- Decreto 271/2004, de 28 de diciembre, Plan Territorial Parcial del Área Funcional de Laguardia (Rioja Alavesa), de Álava.

- Decreto 277/2004, de 28 de diciembre, Plan Territorial Parcial del Área Funcional de Álava Central, de Álava. (32 municipios).

- Decreto 19/2005, de 25 de enero, Plan Territorial Parcial del Árrea Funcional de Llodio, de Álava. (8 municipios).

- Decreto 86/2005, de 12 de abril: Plan Territorial Parcial de Eibar (Bajo Deba), de Guipuzcoa (8 municipios).

- Decreto 87/2005, de 12 de abril, Plan Territorial Parcial del Área Funcional de Mondragón-Bergara (Alto Deba), de Guipuzcoa, (9 municipios).

- Decreto 32/2006, de 21 de febrero, Plan Territorial Parcial del Área Funcional de Zarauz-Azpeitia (Urola Costa), de Guipuzcoa, (11 municipios).

- Decreto 179/2006, de 26 de setiembre, Plan Territorial Parcial: Bilbao Metropolitano, de Vizcaya. (35 municipios).

- Decreto 14/2009, de 27 de enero, Modificación PTP Zarautz-Azpeitia.

- Decreto 534/2009, de 29 de septiembre, Plan Territorial Parcial: Beasain-Zumarraga (Goierri).

Resultan reconocidas en:

ÁLAVA:	7 comarcas, con 51 municipios.
GUIPÚZCOA:	7 comarcas, con 88 municipios.
VIZCAYA:	7 comarcas, con 112 municipios.
TOTAL PAÍS VASCO:	21 comarcas, con 251 municipios.

4.- Algunas peculiaridades de la comarca en Galicia

Con no poca frecuencia, comenta Precedo Ledo, se ha postulado la necesidad de recuperar las tradicionales divisiones comarcales de Galicia. En estos últimos años la configuración de Galicia como Comunidad histórica dotada de autogobierno ha vuelto a poner de manifiesto la conveniencia de proceder a una ordenación del territorio, que mantuviese la comarca como unidad básica de nivel intermedio. No es de extrañar que a valiosos estudios realizados principalmente con fines académicos se hayan sumado otras propuestas con el fin de establecer las bases para establecer una división comarcal del territorio gallego, como expresión de una preocupación comúnmente sentida. El examen de las propuestas realizadas permite observar que esas divisiones no son en modo alguno coincidentes, dependiendo en cada caso de los criterios y objetivos con que se establecieron. Podría pensarse que la realidad comarcal en Galicia no está claramente definida más que en determinadas áreas en las que tiene explícito arraigo, quedando gran parte del territorio como un espacio indiferenciado, lo que explicaría la aleatoriedad de las delimitaciones[90], e incluso el pueblo, consciente de esta duda, se manifiesta con desigual apego a la institución comarcal.

Precedo Ledo sitúa "las antiguas merindades, jurisdicciones y cotos así como la denominación de "tierras" que encuentra equivalentes a comarcas". Investigadas dichas delimitaciones por Carré Aldao, de entre las descritas aparecen en la provincia de Lugo 67, y en la entonces provincia de Mondoñedo 25. En otra parte de su estudio dice que corresponden 52 jurisdicciones a la provincia de Betanzos y 122 a la de Santiago. A su vez Otero Pedrayo establece las siguientes unidades: en Santiago 47 jurisdicciones y 58 cotos; en Coruña 8 y 25; en Betanzos 16 y 37; en Mondoñedo 24 y 28; en Lugo 62 jurisdicciones, y en Tuy, 25 jurisdicciones. Sin contar con los datos de Ourense, aparecen en total 180 jurisdicciones. Y aplicado el concepto de comarca a las jurisdicciones, resulta casi equivalente a los 220 municipios de las actuales cuatro provincias, que suponen territorios de reducida dimensión, y la equivalencia propuesta no se ajusta al concepto actual de comarca como asociación de municipios. Por otra parte Carré Aldao, al enumerar las

90 A. PRECEDO LEDO, *Galicia: Estructura del territorio...* cit., p. 280.

principales comarcas de la provincia de La Coruña, menciona solamente ocho: Condado de Ortigueira, Las Mariñas, Tierras de Bergantiños, Xallas, territorios de La Mahía y el Padrón, tierras de Ordes y Mesía, la Montaña de Arzúa y Mellid, y la Ulla, que se asemejan mucho más a nuestra idea de comarca que a la de Jurisdicciones a que hacen referencia.

A la vista de los textos citados, es preciso aclarar que la reorganización administrativa del territorio gallego también sufrió la consiguiente reestructuración liberal a principios del siglo XIX. Galicia se dividió en provincias desde principios del siglo XVI; en número de cinco, que pasaron luego a seis, para convertirse en siete en el último tercio de dicho siglo. División que permanecerá vigente hasta el siglo XIX. En 1809 se organiza todo el territorio español en Departamentos (siguiendo el modelo francés) y se hace una propuesta de división en base a las cuencas hidrográficas. Galicia fue dividida en cuatro Departamentos, con las denominaciones de las cuencas fluviales: Departamento del Tambre, del Miño Alto, del Miño Bajo y del Sil. División que, como es sabido, no llegó a implantarse. En 1822 se modifica nuevamente el esquema territorial, para retornar en 1823 al tradicional de provincias históricas, y definitivamente implantarse la división actual, en la que se consolidan los límites provinciales de las cuatro provincias y en consecuencia también se redefinen las delimitaciones comarcales.

Resulta ingeniosa la propuesta de Huerga Fidalgo para proponer una nueva división comarcal de Galicia con base en las cuencas hidrográficas, a las que superpone una comarcalización funcional, e incluso una distribución poblacional: "uha cifra povoacional de 40.000 habitantes por comarca e de unas distancias entre a capital e a extremas do territorio de 30 km para que as viajes non suponha mais de media hora entre calquera ponto de comarca e a sede administrativa"[91], manifiestas incoherencias internas e indefiniciones de límites, la hicieron inviable desde su inicio.

91 J. G. HUERGA FIDALGO, "División Administrativa e realidade socio-económica e Territorial en Galicia", en *Revista galega de estudios agrarios,* nº. 7 e 8 (Santiago, 1979), p. 64.

El concepto de comarca natural, tan cercano al determinismo naturalista, fue aplicado en Galicia por Dantín Cereceda, como inicio de su proyecto para delimitar las regiones naturales. El proyecto general de España, iniciado en 1917, fue publicado en 1942, inacabado; al iniciarse por Galicia, el estudio resultó completo para esta región, y se puede constatar su encomiable valor, al proponerse delimitar con precisión las comarcas naturales de Galicia, con un total de 50 comarcas naturales desagregadas del ámbito parroquial y municipal. Con independencia de sorprendentes vacíos espaciales, justificables por las propias dificultades de la época, pero en dicha relación se encuentran todas aquellas que poseen una denominación asumida por el pueblo y la literatura. El sentimiento de pertenecer a una comarca determinada no es un hecho que pueda generalizarse a toda la población gallega, ni por tanto a todo el territorio. Según esto podría pensarse que en una gran parte de Galicia la comarca representa una entidad añadida sin base cultural suficiente, pareciendo más el resultado de actuaciones exógenas con fines específicos, que una realidad inherente al propio territorio, de lo cual se deriva, en muchos casos, la escasa definición de las delimitaciones.

La dificultad para precisar con exactitud los límites de cada una de las comarcas se deriva de que los límites no estaban claros para nadie, lo cual contrasta con la precisión con que eran conocidos los límites de las "parroquias" por los vecinos, incluso en la época medieval. En esta misma opinión redunda Precedo Ledo, "el examen de las propuestas realizadas nos permitirá observar cómo dichas divisiones no son en modo alguno coincidentes, dependiendo en cada caso de los criterios y objetivos con que se establecieron. Esto que parece ser una contradicción entre el deseo explícito de recuperar las comarcas tradicionales y la aparente inexistencia de coincidencias en su delimitación espacial a la vista de los resultados, podría pensarse que la realidad comarcal en Galicia no está tan claramente definida"[92].

92 A. PRECEDO LEDO,"Las propuestas de División Comarcal en Galicia", en *Historia de la*

Algunas comarcas que enumera Dantín Cereceda, abarcan un reducido número de parroquias y otras incluso coinciden con los límites municipales. En estudios posteriores, como los de Otero Pedrayo (1923) y Fraguas (1953), su concepto de comarca se aleja del postulado por Dantín Cereceda. Para Fraguas, "el conjunto de características que determinan una comarca natural: relieve, clima, vegetación, etc."[93], en clara referencia a la concepción geográfica resulta sintetizadora de factores físicos y humanos. La comarca, como agrupación de municipios, es en Galicia un espacio funcional y en cierto modo básico para la organización territorial. En la propia Ley Orgánica 1/1981, del *Estatuto de Autonomía* para Galicia se contempla, como posibilidad, la introducción de la comarca en el esquema de la organización del territorio gallego. El art. 2.2 hace referencia a la organización comarcal y dice al respecto: "la organización territorial tendrá en cuenta la distribución de la población y sus formas tradicionales de convivencia y asentamiento".

Las competencias de la Comunidad Autónoma se regulan en el Título II; el art. 27.2 se ocupa de la, "organización y régimen jurídico de las Comarcas y Parroquias rurales como entidades propias de Galicia, alteraciones de términos municipales comprendidos dentro de su territorio y las funciones que sobre el régimen local correspondan a la Comunidad Autónoma al amparo del art. 149.1,18ª, de la Constitución y su desarrollo". Igualmente el art. 30.7, c) alude a los "programas de actuación referidos a comarcas deprimidas o en crisis". Igualmente, al tratar de la organización de la administración pública, señala la urgencia de, "reconocer la comarca como Entidad local con personalidad jurídica y demarcación propia, la comarca no supondrá, la supresión de los municipios que la integren" (Tít. III; art. 40. 1).

Después de la exposición de los contenidos estatutarios, se deduce que "la comarca constituye una forma tradicional en la organización del territorio en Galicia, incluyendo en su demarcación las parroquias y municipios,

Administración Pública (Santiago, Xunta de Galicia, 1993), p. 237.

93 A. FRAGUAS FRAGUAS, *Geografía de Galicia* (Santiago, Edit. Moret 1953) p. 234.

cuyo régimen jurídico deberá ser determinado en su momento. Se recoge también la elaboración de programas de desarrollo para las comarcas deprimidas o en crisis, razón por la cual el Plan de Desarrollo Comarcal confiere preeminencia a las comarcas de estas características"[94]. La comarca así definida está formada por la agrupación territorial de municipios y parroquias, cuya función administrativa es la de servir como instrumento estratégico para la coordinación voluntaria, es decir, procede de un consenso libremente aceptado, pudiendo alcanzar sus objetivos sin necesidad de introducir nuevos entes en una estructura jerárquica ya de suyo compleja, especialmente si se contempla bajo la óptica de la organización territorial de la Comunidad Europea.

Galicia presenta una serie de rasgos territoriales específicos. El carácter accidentado de su topografía da lugar a unidades de reducida extensión y a una fuerte compartimentación del territorio, que configura la peculiaridad de sus comarcas; y esta atomización se ve incrementada por la prominencia de la parroquia como unidad histórico-social, que introduce otro principio natural de descentralización en la organización territorial, lo que en principio se deduce como una institución difícil de precisar.

Aún cuando el territorio tiene un papel protagonista en la identidad diferencial de Galicia, la comarca al igual que la provincia no va a ser uno de sus pilares. En las bases del galleguismo político son otras las constantes que en el plano territorial mueven su espíritu diferencial. "Desde el momento de su implantación, dice Ferreira Fernández, la provincia es considerada un elemento ajeno a la personalidad de Galicia. Anticipándose a la división liberal, en 1821 apareció un folleto publicado bajo el título de *Proyecto* para la división de Galicia, que cita Barreiro Fernández[95], en el que se plantea la supresión de la circunscripción provincial y se postula, como solución organizativa, una gran

---

94 A. PRECEDO LEDO, *Desarrollo Territorial y Planificación comarcal* (Santiago, Xunta de Galicia,1987), p. 123.

95 X. R. BARREIRO FERNÁNDEZ, X. *Historia de Galicia* (Vigo, Alaxia, 1981), p. 30.

provincia dividida en otras seis regiones menores. A partir de ese momento, la doctrina de Huerga, en sus diversas expresiones, rechaza de forma unánime la Provincia como parte de la estructura local de Galicia.

La idea de acabar con la tetraparticipación provincial de Galicia, junto con el reconocimiento de ésta, como unidad política y administrativa, serán los ejes vertebradores del denominado movimiento provincialista; se parte, de la idea de Galicia como provincia única, idea que será reiterada por el pensamiento federalista y regionalista primero y nacionalista después, sin un planteamiento de solución alternativa, un mero planteamiento de carácter político y escaso contenido jurídico-administrativo, lo que se traducirá en cierta ambigüedad de las propuestas formuladas[96]. Frente al planteamiento municipalista de 1812, el galleguismo se volcará en defensa de la parroquia como espacio local de primer nivel. Y ya en el Proyecto de Estatuto de Autonomía de 1936, se precisa en su art. 14. a): "corresponde á rexión galega... a organización e réxime local de Galicia, sobre a base de plena autonomía do Municipio e recoñecimiento de persoalidade xurídica á parroquia rural e a división do territorio a estos efectos".

Desde los años 80 se produce un gran cambio en la forma de pensar sobre el desarrollo regional en Europa, desplazando el centro de atención del ámbito estatal a los espacios europeos continentales en un orden global. Las políticas en la época de la posguerra estuvieron por lo general basadas en la dirección y planificación estatal y en la capacidad de derivar la inversión pública y privada de las regiones más florecientes a las menos desarrolladas o en declive[97]. Las perspectivas económicas de Galicia están determinadas por su localización periférica, tanto dentro de España como de Europa. Galicia está fuera de las principales rutas comerciales, y las expectativas de comercio marítimo en la época del imperio español resultaron frustradas por el monopolio del comercio con América mantenido desde Cádiz.

---

96 X. FERREIRA FERNÁNDEZ, o. cit., p. 145.

97 M. KEATING 303, "Reconsiderando la Región. Cultura, Instituciones y desarrollo económico en Cataluña y Galicia", en *Revista de Derecho Político,* nº. 48-49 (2000), p. 221.

El modelo de administración supramunicipal ha tenido diversos reflejos en diferentes países occidentales y en diferentes regiones españolas. La Ley 5/1997 de *Administración Local de Galicia,* establece una estructuración casi reglamentaria de las áreas metropolitanas, las mancomunidades de municipios y los consorcios locales. En su preámbulo la Ley declara: "ya que la realidad ha demostrado que estos entes asociativos, por su capacidad de acomodación a las distintas necesidades reales, constituyen la fórmula idónea para la prestación de determinados servicios, que, sin precisar de un marco organizativo superior, exceden de la capacidad individual de los municipios"; y en otro párrafo de la misma Exposición de Motivos se declara expresamente su carácter funcional: "una vez que el Plan de desarrollo comarcal, con su origen en el acuerdo del Consello de la Xunta de Galicia de diciembre de 1990, está consolidado, tanto en su estructura como en su inserción social, la Ley de Desarrollo Comarcal reguló lo que era un modelo experimental de planificación e intervención en el territorio".

Esta ley elude la configuración de las comarcas como entidades locales de carácter territorial de forma que éstas carecerán de personalidad jurídica diferenciada, dado que el coste económico y la duplicidad de funciones que esto supondría, así como la experiencia de otras Comunidades Autónomas, recomiendan atrasar la creación de nuevas administraciones públicas en nuestro país". A este supuesto se dedican nada menos que 32 artículos a la regulación de estas entidades. Con estas previsiones, a juicio de Ferreira Fernández, "se vacían de contenido las previsiones estatutarias en materia comarcal, lo que en el caso de La Rioja o, en nuestra opinión, de Galicia, supone una manifiesta transgresión del Estatuto, de dudosa constitucionalidad al reconocer esta Comunidad a la Comarca como una parte integrante de su organización territorial de necesaria creación"[98].

Otras Comunidades Autónomas, sin establecer medidas concretas,

---

98 X. FERREIRA FERNÁNDEZ, o. cit., p. 211.

han adoptado una decidida política de fomento de la cooperación municipal elaborando proyectos de Estatuto-tipo, prestando ayuda económica, redactando estudios sobre directrices básicas para la prestación mancomunada de servicios municipales, o creando servicios permanentes en el ente regional para promocionarlos[99]. Como resultado de la política autonómica está el hecho de que desde el establecimiento de las Comunidades Autónomas se ha producido un incremento sostenido del número de Mancomunidades de municipios. Partiendo de las 165 Mancomunidades que podían contabilizarse en 1978, se llega en 1994 a 763 y un total de 4.842 municipios asociados, lo que representa un 55% del total de municipios potenciales.

Galicia ha seguido unos derroteros muy distintos a los previstos por su Estatuto de Autonomía, en efecto la comarca es considerada una entidad local determinada por la agrupación de municipios, que tiene como fin la vertebración territorial interna del territorio gallego, y que, como tal, debe ser considerada un ente necesario de naturaleza territorial. Sin embargo, la "cuestión comarcal" difícilmente puede ser integrada dentro de dicho ámbito material. Los esfuerzos comarcalizadores se dirigen a promover el desarrollo a través de una actuación territorial basada en la dinamización de los recursos endógenos y las iniciativas locales (art. 1 de la Ley de Desarrollo comarcal de Galicia), o como apuesta por un modelo comarcal de desarrollo progresivo, que igualmente puede deducirse del mismo texto legal: "sería un instrumento para ir dotando de capacidad de actuación a las comarcas".

El proceso de comarcalización desde la aprobación del Estatuto de Autonomía, el 6 de abril de 1981, ha resultado una evolución en la que se prodigan propuestas legislativas y previsiones normativas no exento de constante debate político; Ferreira Fernández[100] lo divide en tres fases muy acentuadas: la primera década determinada por una cierta voluntad de institucionalizar los entes comarcales como órganos locales dotados de plena

99 *Ibidem*, p. 207.

100 *Ibidem*, p. 255.

personalidad jurídica con la pretensión de convertirlos en base geográfica del proceso de comarcalización y competencias autonómicas. En este sentido en el Decreto 5/1987, la comarca se concibe como ente vertebrador del territorio y posible alternativa de sustitución de la entidad provincial; y la Ley 8/1989 orientada hacia una nueva configuración territorial de Galicia, potenciando la comarca con la finalidad de la creación de una comunidad uniprovincial.

Una serie de Proposiciones de Ley se suceden en 1983, e incluso el importante Proyecto de Organización Territorial en su fundamental pretensión de "diseñar el mapa estructural básico de las diversas entidades públicas" condicionadas por las Sentencias del Tribunal Constitucional, de julio de 1981 y de 5 de agosto de 1983; el art. 7 del Proyecto, en el que la comarca sería recogida, junto con la parroquia, como una de las "entidades locales propias de Galicia" y "como un área de prestación de servicios y delegación periférica de la Administración de la Comunidad Autónoma", proyecto también retirado.

Es preciso reconocer que este cúmulo de Proyectos venían determinados por una sostenida demanda parlamentaria y doctrinal, como es el caso de las Primeras Jornadas Administrativas, en las que Meilán Gil preconizaba que "la importancia del territorio es algo consustancial al Derecho; y éste es, en buena parte, ley de la tierra[101], para demandar abiertamente en las Sextas Jornadas celebradas en Santiago el 26 y 27 de febrero de 1988, "el reconocimiento de la comarca como ente territorial propio de Galicia dotado de plena personalidad jurídica y de necesaria creación"[102].

La segunda fase, que Meilán Gil sitúa entre 1990 y 1994, supone el abandono de la posibilidad de un desarrollo inmediato de las previsiones de la comarca para acondicionarla al marco de la ordenación del territorio y de la planificación económica. Con este propósito se crea, en 1990, el Gabinete de Planificación e Desenvolvemento Territorial, órgano esencialmente técnico

101 J. MEILÁN GIL, *Primeras Jornadas Administrativas de Galicia* (Santiago de Compostela, Colección Alcalá, 1968), p. 15.

102 J. L. MEILÁN GIL, *Primeras Jornadas Administrativas de Comarcalización* (Santiago,1988), p. 7.

cuya finalidad radicaba en la elaboración y coordinación del Plan de Desarrollo Comarcal. Las comarcas no van a ser unas "nuevas unidades administrativas", que puedan entrar en confrontación directa con Municipios y Provincias sino unidades de planificación y desconcentración. Como dice Precedo Ledo, "toda comarca, por su propia naturaleza, es el ámbito espacial que tiene como rasgo definitorio la cohesión interna de los grupos sociales que en ella habitan; es, un pequeño mundo, diferenciado y diferenciador. Su vigencia a lo largo de la Historia a pesar de carecer de una delimitación o un *status* legal, por ser la conformación de una conciencia territorial colectiva basada en el arraigo al terreno y a la identificación con la cultura local. La comarca emerge como el marco territorial cotidiano en la percepción de sus habitantes"[103].

El art. 27, del título IV de la Ley 7/1997, de *Desarrollo Comarcal*, dice, "la aplicación formal y temporal del Plan de Desarrollo Comarcal se concretará en un Mapa Comarcal, en el que aparecerá la delimitación territorial de las distintas comarcas; la comarca queda así como un ámbito territorial intermedio entre el municipio y la provincia, formada por un conjunto de municipios contiguos, por cohesión interna basada en hechos naturales, históricos y funcionales", que sirven de marco territorial para la coordinación de las distintas Administraciones públicas para la puesta en práctica de los modelos de planificación territorial integrada; en cuyo sentido tomaría cuerpo la Resolución de 9 de enero de 1991 del precedente Acuerdo del Consello de 14 de diciembre de 1990, en el que se aprueba el Plan de Desarrollo Comarcal de Galicia (PDC) y se desarrolla el proceso de comarcalización, sobre un planteamiento piloto en cuatro comarcas, y que en fase posterior se extenderá a toda Galicia. En una tercera fase, que culminará con la ordenación general establecida en la Ley 10/1995 de *Ordenación Territorial* y que va a suponer una limitación funcional de los Planes de Desarrollo Comarcal en favor de otros instrumentos de ordenación, los planes territoriales integrados y los planes Coordinados de Actuación. Y recoge el mismo texto, "por eso, se

103 A. PRECEDO LEDO, *Nuevas realidades territoriales para el siglo XXI. Desarrollo local, identidad territorial y ciudad difusa* (Madrid, Editorial Síntesis, 2004), p. 123.

entiende la organización comarcal más como proceso abierto que como un acto único de carácter dispositivo".

La comarca se convierte, así, en un espacio territorial para el desarrollo de determinadas políticas y la delimitación geográfica sobre la que desarrollan su acción órganos administrativos, instituciones públicas y privadas, como establece el art. 1 de la Ley de Demarcación Comarcal. Este desarrollo comarcal se realizará "a través de una actuación territorial basada en la dinamización de los recursos endógenos y de las iniciativas locales, mediante la implantación voluntaria participativa de los planes de desarrollo comarcal, que permita la integración de la planificación socio-económica del territorio, así como la coordinación de las distintas administraciones y de las inversiones públicas en los ámbitos comarcales que se configuren y que serán el instrumento para ir dotando de capacidad de actuación a las comarcas". Del art. 27, podemos deducir que la comarca es el ámbito territorial formado por un conjunto de municipios limítrofes que tienen cierta cohesión interna, basada en hechos geográficos. Por el Decreto 65/1997 se aprobó el *Mapa comarcal de Galicia*, en el que se prevén 53 comarcas: 18 en la provincia de A Coruña, 13 en la de Lugo, 12 en la de Ourense y 10 en la de Pontevedra.

Los fines del desarrollo comarcal que se persiguen con la aprobación de la *Ley de Demarcación Comarcal* vienen determinados en el art. 2:

"1) la coordinación de las diferentes Administraciones implicadas para favorecer el desarrollo local, mediante un modelo de cooperación horizontal y vertical, que permita una mayor y más eficiente asignación de recursos;

2) la configuración de las áreas comarcales en unidades supramunicipales, como el ámbito más adecuado para la coordinación, la planificación socio-económica y para la protección del medio ambiente;

3) la implantación de estrategias de planificación integrada sin multiplicar las estructuras administrativas;

4) el fortalecimiento de las organizaciones administrativas intermedias;

5) la aplicación de los principios y de los métodos del modelo de desarrollo

local a todo el territorio, mediante una implantación gradual, voluntaria y participativa;

6) la búsqueda de una solución para las situaciones críticas que se deriven de los procesos de despoblamiento demográfico y descapitalización;

7) la definición de las especificidades productivas comarcales, que permitan establecer las ventajas comparativas dentro de una oferta de calidad;

8) la reducción de los desequilibrios territoriales existentes; y

9) la contribución a la ordenación del territorio". Todo un lenguaje empírico pero que deja trascender dos fines: la búsqueda de un desarrollo equilibrado y la coordinación de las actuaciones de las Administraciones públicas limitado al espacio comarcal, enumera igualmente, los objetivos de estandarización, desarrollo social etc.

El Plan de Desarrollo Comarcal, o Plan de Planes, es el instrumento a utilizar y el marco de referencia. La voluntariedad de la participación constituye el eje fundamental; el Plan de Desarrollo Comarcal no puede llegar más allá, pues de lo contrario podría suponer una transgresión de la autonomía, constitucionalmente garantizada. Aparentemente estos Planes se van a limitar a la promoción de mancomunidades voluntarias de servicios, pero la propia Ley de Desarrollo Comarcal reconoce un complejo aparato institucional, con forma jurídico-privada, dirigido a la gestión y promoción del mismo que supone la configuración de la *Sociedad Anónima para el Desarrollo Comarcal.* Esta Sociedad se erige en Sociedad Anónima de carácter instrumental, constituida por la Xunta de Galicia y tiene como objeto la realización de actividades y prestación de servicios relacionados con los estudios y la planificación territorial y el desarrollo comarcal, así como la elaboración de programas, proyectos, obras, etc..

Al frente de cada una de estas fundaciones se incorporará un Gerente, vinculado por contrato laboral, un Patronato integrado por representantes de la Administración Autonómica (el Presidente de todos los Patronatos será el Jefe de Gabinete de Planificación y Desarrollo Territorial), y un representante de la Sociedad para el Desarrollo Comarcal y local (todos los Alcaldes de los municipios integrados en la comarca y un representante de la Diputación Provincial, además de los agentes sociales y organizaciones intermedias representativas de la comarca (normalmente en número de cuatro). A su vez los agentes estarán coordinados por la Sociedad Gallega para el Desarrollo Comarcal. Y se observa claramente que frente a la posibilidad de creación de una entidad local de ámbito comarcal se opta por la creación de una institución pública con forma jurídico-privada, de base comarcal, encargada de la acción pública para dinamizar la vida socio-económica de las diferentes comarcas. Una institución compleja que asumirá las funciones de la comarca pero que no se acomoda a la institución clásica del concepto.

Relación legislativa referida al marco estatal y autonómico:

I. MARCO NORMATIVO GENERAL

- Estatuto de Autonomía de Galicia, Ley Orgánica, 1/1981, de 6 de abril.

- Decreto 5/1987, de 14 de enero, crea, las Delegaciones Comarcales.

- Ley 10/1995, de 23 de noviembre, de Ordenación del Territorio.

- Ley 7/1996, de 10 de julio, de Desarrollo Comarcal.

- Decreto 65/1997, de 20 de febrero por el que se aprueba el Mapa Comarcal.

- Ley 6/2007, de 11 de mayo, de Medidas Urgentes en materia de Ordenación del territorio y del litoral de Galicia.

II.- LEYES DE CREACIÓN DE LAS COMARCAS SINGULARES.

- Ley 65/1997, de 20 de febrero, que reconoce todas las Comarcas de Galicia, con esta distribución provincial:

CORUÑA: Arzúa (4 mun.); Barbanza (4 mun.); Barcala (2 mun.); Bergantiños (7 mun.); Betanzos (11 mun.); Coruña (9 mun.); Eume (5 mun.); Ferrol (11 mun.); Fisterra (5 mun.); Muros (2 mun.); Noia (4 mun.); Ordes (7 mun.); Ortegal (4 mun.); Santiago (7 mun.); O Sar (3 mun.); Terra de Melide (4 mun.);

Terra Soneira (3 mun.) y Xallas (2 mun.). (A CORUÑA, 18 comarcas y 94 municipios).

LUGO: Os Ancares (6 mun.); Chantada (3 mun.); Fonsagrada (3 mun.); Lugo (8 mun.); Mariña Central (6 mun.); Mariña Occdental (5 mun.); Mariña Oriental (4 mun.); Meira (4 mun.); Quiroga (3 mun.); Sarria (7 mun.); Terra Cha (9 mun); Terra de Lemos (6 mun.); y A Ulloa (3 mun.). (LUGO, 13 comarcas y 67 municipios).

OURENSE: Allariz-Maceda (6 mun.); Baixa Limia (11 mun.); Carballiño (9 mun.); Ourense (12 mun.); Ribeiro (10); Terra de Caldelas (4 mun.); Terra de Celanova (10 mun.); Terra de Trives (4 mun.); Valdeorras (9 mun.); Verín (8 mun.); y Viana (4 mun.). (OU(RENSE, 11 comarcas y 67 municipios).

PONTEVEDRA: Baixo Miño (5 mun.); Caldas (7 mun.); Condado (5 mun.); Deza (6 mun.); Morrazo (4 mun.); Paradanta (4 mun.); Pontevedra (8 mun.); Salnés (9 mun.); Tabeiros-Terra de Montes (3 mun.); y Vigo (11 mun.). (PONTEVEDRA,10 comarcas y 61 municipios).

En resumen:

Coruña (A)	19 comarcas, con 94 municipios.
Lugo	13 comarcas, con 67 municipios.
Ourense	12 comarcas, con 92 municipios.
Pontevedra	10 comarcas, con 61 municipios.
TOTAL GALICIA	54 comarcas, con 314 municipios.

5.- La singularidad aragonesa

En la Alta Edad Media, en Aragón y en el reino castellano-leonés, la persistencia del Derecho visigodo como ordenamiento general supuso la aparición, de *Derechos especiales*: el Derecho de la tierra organizada de forma autónoma y el Derecho de la tierra no organizada de forma autónoma. A su vez el Derecho de Jaca que se expande por el reino de Aragón que no implicó la aparición de un Derecho territorial, representa únicamente un derecho asumido por cada uno de los municipios que aceptan el modelo pero sigue siendo un Derecho propio. Al fundar sobre el Fuero de Jaca la legislación territorial aragonesa; las Cortes de 1247 consagraron la unificación, reuniendo el instrumento jurídico territorial de la sociedad aragonesa integrando los componentes francos, mozárabes y musulmanes que se consolidan en la comunidad legal impuesta por Jaime I, integrándose este Fuero en la *Compilación de Huesca;* "las tradiciones locales tienden a desaparecer al igual que ocurrió con el idioma originario de Francia en que fue redactado el primer código territorial de Aragón. Parece resonar el dicho aragonés recogido por Sánchez Albornoz, que "primero tuvieron fueros antes que reyes"[104].

Los enfrentamientos medievales resultan fiel reflejo de la estructura comarcal; cada configuración territorial planteaba una auténtica escisión política en conflicto con el vecino colindante, que originaba disputas constantes debidas a la marcada idiosincrasia de cada comarca y de cada emplazamiento rural, que fácilmente podían estar integrados en señoríos con las consiguientes diferencias. También aquí resulta clara la referencia a la realidad concreta aragonesa. El comentario de una Ley de comarcalización de un territorio concreto obliga a tener presentes sus características peculiares.

Territorialmente Aragón tiene una superficie de 47.719,20 km.^{2}, con una población que ya alcanzaba en 2009, 1.326.918 habitantes y una densidad media de 27 habitantes por km.^{2}, alarmantemente baja y dispersa en el ámbito rural, sobre todo teniendo en cuenta que Zaragoza, la capital regional, concentra más de la mitad de la población de toda la Comunidad Autónoma; y si a ello añadimos el acusado envejecimiento de su población, el problema demográfico se proyecta como uno de los más alarmantes para su futuro. Por otra parte, la escasa población se reparte desigualmente sobre el territorio; el número de ciudades resulta pequeña, y se encuentran muy distantes las unas de las otras para determinar el efecto conveniente de polarización; la división en sentido inverso origina un gran número de municipios: de ellos 202 en Huesca, 236 en Teruel y 296 en Zaragoza, que se

104 C. SÁNCHEZ ALBORNOZ, en *Revista Tradición*, nº. 128 y en *Orígenes, III*, p. 131).

fracciona, igualmente, en otros 1.426 núcleos habitados. De los 734 municipios, 129 no alcanzan los 100 habitantes; otros 393 tampoco llegan a los 500 y sólo veinte de ellos sobrepasan los 5.000. Por otra parte, la extensión territorial media de los términos municipales es de 65 km.^{2}, aunque hay municipios que no alcanzan los tres km.^{2} lo cual contrasta sensiblemente con otros, como el de Zaragoza, que con 1.059 km.^{2} representa uno de los municipios más extensos de la geografía nacional. El minimalismo poblacional de muchos municipios se traduce en la correlativa dificultad para consolidar una red urbana que haga viable el mantenimiento de servicios accesibles en una deseable condición de vida con cierto nivel de calidad.

La estructura regional aragonesa, hasta que los decretos de Nueva Planta (1707-1711) introducen el sistema administrativo castellano, se mantienen básicamente en su estructura medieval. La cúspide de la organización venía enmarcada por las Tenencias. El castillo y el territorio, que ostentaba un Tenente, se denominaba "Honor" y en la escala inmediata el Merinado tenía como misión administrar el patrimonio real y el cobro de los impuestos; merinados eran: Barbastro, Calatayud, Daroca, Ejea, Huesca, Jaca, Ribagorza, Sobrarbe, Tarazona, Teruel, y Zaragoza. Bailíos y Sobrecullidas constituían las inmediatas subdivisiones que se complementan en tiempo de Pedro IV con Las Generalidades, y posteriormente, en el siglo XVII, con las Veredas y las sesmas, en algunas partes del territorio como Albarracín, Calatayud, Daroca y Teruel, con vigencia hasta la época de Felipe V.

La división provincial tuvo especial trascendencia en el orden comarcal; la creación de los partidos judiciales (Decreto de 21 de abril de 1834), que con ligeros ajustes perviven hasta la Ley 38/88, de diciembre de 1988, de *Demarcación y Planta judicial*, absorbieron muchas de las particularidades existentes llegando a conformar la conciencia de pertenecer a comarcas, que los dirigentes políticos no encontraron dificultades en reconducir a las comarcas administrativas consagradas por la actual legislación autonómica. "Hablar, pues de la comarca en Aragón no es nuevo ni importado", como asegura Salanova Alcalde, el interés por la organización comarcal encuentra una clara vinculación en las reivindicaciones autonomistas de nuestra historia reciente. La comarca aparece en todos los documentos regionalistas que pueden considerarse precedentes de la autonomía aragonesa"[105]. Como señala Royo Villanova, "la Constitución de 1812 no es partidaria de la división en regiones, y las únicas manifestaciones regionalistas proceden de los defensores de los derechos públicos forales"[106].

Dentro del intento federalista de la primera República Española de 1873, creada el 11 de febrero y transformada en federal el 7 de junio, aunque no llegó a entrar en vigor, por lo que los 17 estados federados no pasan de representar una simple proposición en la nueva Constitución de 1876; tampoco las regiones españolas prosperaron en proyectos posteriores, como el de Moret en 1884 con quince regiones, en el que una de ellas recibía el nombre de Aragón, formado por las provincias de Huesca, Zaragoza y Logroño, y con otro proyecto de igual nombre, pero mucho más extenso, con la incorporación de las provincias de Teruel, Valencia, Castellón y Cuenca.

El Proyecto para un Estatuto de la Región Aragonesa, presentado en 1923 por la Unión Regionalista Aragonesa, se refería a las comarcas: "siendo la razón del regionalismo que toda comarca con fisionomía propia se organice según sus necesidades, el territorio se subdivide en comarcas, cuya existencia confirman la geografía y la tradición"[107], y enumeraba veintiséis comarcas que tendrían como órgano de gobierno una asamblea comarcal, formada por un representante de cada uno de sus municipios.

Igualmente el Anteproyecto de Estatuto del Congreso de Caspe de 1936, también preveía que la "agrupación de municipios constituye la comarca. El Gobierno de Aragón establecerá dentro de su territorio las demarcaciones territoriales que crea conveniente"[108]; y en el mismo sentido se

105 R. SALANOVA ALCALDE, *La comarcalización de Aragón (II)* (Zaragoza, Cortes Aragón, 2002), p.36.

106 C. ROYO VILLANOVA, *El regionalismo aragonés* (Zaragoza, Guara Editorial, 1978), p. 15.

107 *Ibidem*, p. 83.

108 *Ibidem*, p. 100.

pronunciaba el Proyecto de Estatuto de 1936, de los Cinco Notables al decir que: "las comarcas y los municipios integrantes de la región, serán autónomos en las materias de su respectiva competencia" (art. 7), así como "dentro del territorio de Aragón existen colectividades intermedias, grupos de municipios unidos por vínculos geográficos, históricos y económicos" (art. 36)[109].

Antes de iniciarse el proceso de aprobación de la Ley de Comarcalización, la Diputación General de Aragón ya había establecido diversas delimitaciones comarcales para la organización de algunos servicios. En el ámbito científico también se habían realizado estudios, como el de Bielza de Ory, incluyendo una propuesta experimental que alcanzaba a treinta comarcas. Por otra parte, algunas de las Mancomunidades de municipios constituyen el antecedente de una comarcalización administrativa pretendida por los interesados. La insuficiencia de la estructura municipal en la gestión de determinados servicios originó en su momento un gran desarrollo promovido por la Ley 6/1987 de *Administración de Aragón* (derogada por Ley 7/1999), de *Mancomunidades de Municipios*; se produjo un notable incremento del número de municipios asociados voluntariamente para gestionar servicios; hasta el año 2001 llegaron a constituirse noventa y una Mancomunidades que incluían 661 municipios asociados, la práctica totalidad regional.

Resulta consecuente que, a partir de la formación de diversas comarcas, las Mancomunidades de fines generales sean reemplazadas por las respectivas comarcas, y a partir de ese momento se produce una disminución paulatina del número de Municipios mancomunados y la disolución de algunas Mancomunidades (Alto Gállego y Valles de Calatayud). A partir del Decreto 6/1989 pasan a denominarse de *Interés Comarcal* y como tales disfrutan de una financiación privilegiada para la previsible consolidación comarcal.

La Ley autonómica 10/1993, de *Comarcalización de Aragón*, renunció a incluir el mapa comarcal, tema potencialmente conflictivo, como se puso de manifiesto, pero la propia creación de las comarcas evidenciaba su

109 *Ibidem*, p. 110.

necesidad. Las demarcaciones administrativas supramunicipales respondían a diversas variantes de organizaciones periféricas y en su configuración no intervenía la voluntad de la población interesada; las decisiones eran tomadas por la autoridad administrativa y como es obvio, las bases de convivencia con características geográficas y vínculos culturales que han venido definiendo ámbitos supramunicipales con acentuada personalidad propia, como se puede destacar en Sobrarbe y Los Monegros, en Huesca, y en Albarracín y El Maestrazgo en Teruel. "La iniciativa de creación de una comarca podrá adaptarse: a) por todos o algunos de los municipios que hayan de integrarse... Deberá ser promovida por un número de municipios no inferior a las dos terceras partes de los que deban constituir la comarca", requisito que exige una delimitación previa, al igual que el posible rechazo de "las dos quintas partes de los municipios que debieran agruparse en la comarca".

Al igual que en el resto del territorio nacional, el mapa municipal aragonés se estabilizó tras la significativa disminución de municipios en la década de los años 70. De los 935 municipios existentes en el año 1960 se reduce sensiblemente a 731 en el último padrón de 2007. Subsisten, cuarenta y tres entidades de ámbito inferior al municipio en su mayor parte por la supresión de los antiguos municipios, incorporados o fusionados por la pérdida de población, lo que pone de manifiesto el gran interés de los núcleos de población por conservar su personalidad jurídica, especialmente como municipios. A la hora de planificar en una estructuración racional de la estructura municipal, se deduce su inviabilidad política, pero no por ello deja de evidenciarse esta aspiración. Cualquier municipio, por el mero hecho de serlo, es una Administración pública con competencias y potestades públicas de cierta trascendencia para cuyo ejercicio se precisan medios económicos y en este caso la comarca se instituye como salvaguarda legal y efectiva.

Destaca Salanova Alcalde, "hay una cierta ironía en la exaltación de la autonomía municipal entendida como conservación de la estructura heredada del municipio a que gran número de esos municipios tengan un papel meramente doméstico, que los margina de los grandes proyectos; 422

municipios aragoneses podían considerarse terminales por su grado de envejecimiento". Y añade, "el grado de envejecimiento de los municipios aragoneses es muy alto y pone en peligro la supervivencia, a medio plazo, para 8 de cada 10 de ellos, cuya situación es de agotamiento poblacional"[110]. En este sentido la comarca podría ser la última posibilidad de una vertebración que mantenga la administración de las entidades locales de fines generales y las perspectivas de su población, frente a otras posibles opciones, que en aras de la eficacia pueden ofrecer consorcios, centros de desarrollo, cuya actuación se convierte en el señuelo de la pretendida eficacia.

Si nos remontamos al Proyecto de Bases para el Estatuto de la Región Aragonesa, presentado en 1923 por la Unión Regionalista Aragonesa, hacía referencia a la comarca en estos términos: "siendo la razón del regionalismo que toda comarca se organice y administre según sus necesidades y economía, el territorio se divide en las siguientes comarcas cuya existencia afirman la geografía y la tradición"; y enumeraba veintiséis comarcas que tendrían como órgano de gobierno una asamblea comarcal formada por un representante de cada uno de los municipios que la integraban. También pudimos advertir que el anteproyecto de Estatuto del Congreso de Caspe, de 1936, disponía que "la agrupación de municipios constituye la comarca", y que el Gobierno de Aragón establecerá, dentro de su territorio, las demarcaciones territoriales que crea convenientes" (art. 9). Igualmente el Proyecto de Estatuto denominado de "los Cinco Notables", también de junio de 1936, señalaba que "las comarcas y los municipios, serán autónomos en las materias de su competencia" (art. 7).

En en las primeras Jornadas de la Comunidad General de Aragón (nov. de 1975), se adoptaba la conclusión: "la Comunidad considera que la comarcalización de nuestros municipios, será uno de los instrumentos que debamos utilizar para obtener el equilibrio social y humano que Aragón necesita, sin que pueda confiarse a la eficacia de una acción coherente sobre

---

110 R. SALANOVA, o. cit., p. 36 y 37.

núcleos municipales cuya viabilidad resulte improbable. La comarcalización debería orientarse a que las acciones provinciales estimularan la concentración de la población en un número menor de municipios como medio de potenciar la vida comarcal y de procurar la garantía de unos servicios que aseguren a la población la satisfacción de sus necesidades básicas".

Otro precedente lo encontramos en el Anteproyecto de Estatuto de Autonomía, elaborado en 1977 por una Comisión de juristas a instancias del Colegio de Abogados de Zaragoza, que se refería a las comarcas como "entidades territoriales delimitadas por vínculos geográficos, históricos y socio-económicos", y enumeraba con carácter indicativo veintidós comarcas (art. 70 y 71). Cada una determinaría sus propias instituciones, existiendo en todas, como órgano representativo una Asamblea, integrada por representantes de cada localidad, elegidos por sufragio universal, directo y secreto (art. 73), refrendada por una Ley regional, que determinaría los servicios y competencias de cada comarca (art. 74). Igualmente la referencia a la comarca figuró en todas las versiones del Anteproyecto de Autonomía y en todas las fases de su elaboración, en las Bases (2ª) de la Mesa de Partidos (de 28 de mayo de 1981), en el Texto de la Comisión técnica de Alcañiz, y en el aprobado por la Asamblea mixta de Zaragoza (16 de julio de 1981).

Cabe añadir que el proceso jurídico-político de la comarcalización de Aragón se inicia, con el *Estatuto de Autonomía*, Ley Orgánica 8/1982. Como precedente inmediato para iniciar este proceso, la Diputación General presentó una comunicación a las Cortes de Aragón sobre las "propuestas para una política de organización territorial de Aragón", que fue aprobada en la Sesión plenaria de 22 de noviembre de 1991, en la cual se instaba al Gobierno Regional para que pusiera en marcha las previsiones del art. 5 del Estatuto, al disponer que una ley de dichas Cortes podrá ordenar la regulación de las comarcas, remitiendo el oportuno proyecto de ley. La resolución, igualmente, decía: "la organización comarcal, como nivel intermedio de la Administración local, debe hacer posible la pervivencia de los pequeños municipios que carezcan de población y medios... El proyecto de ley que la regule, como norma marco del proceso de comarcalización, deberá fijar sus principios generales, sus competencias, sus órganos de gobierno y de financiación".

La creación efectiva de cada comarca era confiada "a la iniciativa de los municipios que la forman". Con estas directrices, el proyecto de ley tuvo entrada en las Cortes autonómicas el 15 de junio de 1992. Después de una accidentada tramitación parlamentaria de dieciséis meses de duración que resuelve casualmente un cambio de Gobierno autonómico, cristalizando en la Ley 10/1993, de *Comarcalización de Aragón* (LcomAr). Complementada por la posterior Ley 7/1999, de *Administración Local de Aragón*, como se advierte en la Exposición de Motivos, "en cuanto a las comarcas, la Ley se remite a su legislación específica, puesto que no se considera conveniente modificar las leyes de comarcalización y de delimitación comarcal de reciente aprobación", haciendo una excepción a su mismo postulado. La auto-definición de "norma marco de la organización comarcal" (art. 2), que será complementada por la Ley de creación de cada comarca y su Reglamento orgánico.

La Ley 23/2001, de *Medidas de Comarcalización,* complementa la (LComAr) de 1993. Las nuevas aportaciones de esta Ley hacen que la regulación sea común para todas las comarcas: capitalidad, denominación, supuestos en la elección del Presidente, composición de la Comisión de Gobierno, personal propio y encomienda de gestión a personal autonómico, relación con mancomunidades preexistentes, elección de los Consejos comarcales, entre otros. Determina, además, las competencias de las comarcas definiendo algunas nuevas y desarrollando las funciones concretas que a cada una correspondan. Por último se arbitran medios para materializar la descentralización y se establece la previsión de fondos para la cohesión comarcal y para la viabilidad de la Hacienda Comarcal.

De este modo la comarca aragonesa se configura como una entidad local integrada por municipios limítrofes vinculados por características e intereses comunes (art. 1). Con pertenencia exclusiva de cada municipio a una comarca y su espacio geográfico adscrito a la actividad económica de esa misma comarca, en la que cada población esté vinculada por características sociales, de historia y tradición comunes (art. 4). Se reconoce el carácter de Entidad Local a la comarca, con personalidad jurídica propia y con capacidad y autonomía para el cumplimiento de sus fines (art 3.1). La Ley, asimismo, define a la comarca como entidad local territorial, con espacio territorial delimitado, como grupo social estable vinculado por características sociales, historia y tradición comunes (art. 4.1) y con unos intereses peculiares.

De este modo la comarca aragonesa admite competencias propias, delimitadas por la LComAr y la LMCom, que a su vez han de resultar concretadas en la Ley de creación específica (art. 8). Con amplitud de funciones y potestades muy amplias (reglamentaria y expropiadora, art. 3). La representación de los órganos de Gobierno le viene conferida en función de los resultados electorales en las elecciones municipales (art. 18). Todas ellas atribuibles a su naturaleza territorial. La comarca aragonesa disfrutará de plena capacidad jurídica para el cumplimiento de sus fines (art. 5 LBRL). Hay una amplia relación de potestades (art. 3, LComAr) y un largo catálogo de prerrogativas necesarias para cumplir las funciones de Administración pública en interés de la población y territorios representados. Financieramente la Ley de Haciendas Locales (art. 136) no admite a las comarcas la exigencia de impuestos ni recargos, pero su configuración como ente territorial le confiere otras potestades, entre ellas las expropiatorias.

Las Mancomunidades municipales suponen un nuevo intento para superar las insuficiencias de la gestión de determinados servicios, respetando la autonomía municipal, la incorporación y el abandono de una Mancomunidad es voluntaria; el diseño de sus fines y los órganos de Gobierno corresponde a los Estatutos pactados con amplia libertad y dentro de unas normas básicas que admiten gran flexibilidad. Esta comunidad Autónoma ha sido la primera que dedicó una Ley específica para la regulación de las Mancomunidades, la Ley 6/1987, que supone un decidido apoyo a la cooperación municipal culminado por el Decreto 64/1989 por el que se desarrollan las ayudas destinadas a las Mancomunidades y su posible calificación de interés comarcal. Asimismo los sucesivos Decretos, que fijan los Planes Provinciales de obras y servicios incluyen partidas destinadas al fomento de tal cooperación. Tras la regulación aragonesa, han sido varias las Comunidades que han dedicado una atención explícita a la figura de las Mancomunidades[111].

El papel de las Mancomunidades como apoyo a posibles entes comarcales fue ya aludido en la Exposición de Motivos de la Ley 6/87: "las Mancomunidades de municipios, al basarse en la voluntaria asociación de sus miembros resultan una fórmula organizativa que puede dar el cauce adecuado a la realización de obras y servicios, al tiempo que puede contribuir, mediante el ejercicio de la solidaridad y de la acción común, a configurar ámbitos territoriales supramunicipales más idóneos para la gestión de las competencias municipales y que supongan la base para una alternativa futura a la actual organización territorial. Por ello, las Mancomunidades trascienden el círculo de intereses de sus propios miembros al afectar, de algún modo, al diseño general de la organización del territorio de la organización y de la Administración local y a constituir una nueva entidad local de más amplia circunscripción. De ahí la importancia que este fenómeno asociativo tiene para la Comunidad Autónoma. Circunstancia igualmente ponderada en el Decreto 64/89, que reguló la calificación de "interés comarcal".

Mancomunidades y comarcas, aunque tienen en común ser entidades locales y representar agrupaciones de municipios, se diferencian intrínsecamente, mientras la Mancomunidad se constituye por la libre asociación de los municipios, la creación de la comarca corresponde a la Comunidad Autónoma, sus municipios han de ser limítrofes y su integración puede resultar forzosa en casos tasados. La representatividad en los órganos de Gobierno, en la comarca viene determinada en función de los resultados electorales, en cambio en la Mancomunidad esa proporcionalidad dependerá únicamente del acuerdo estatutario pactado. Sin embargo, las Mancomunidades, a pesar de sus innegables ventajas plantean ciertos inconvenientes para servir de base a una nueva organización territorial.

111 X. FERREIRA FERNÁNDEZ, o. cit., p. 206.

Alcanzado un determinado grado de desarrollo su consolidación y el mantenimiento de sus expectativas tropiezan con dificultades derivadas de la precariedad que le confiere el carácter definitorio de la voluntariedad y flexibilidad inherentes a su carácter asociativo y a la posible inadecuación de su ámbito territorial para una eficiente gestión de servicios; también la inseguridad que plantea el posible abandono de uno o más municipios decisivos en su estructura e incluso la excesiva dependencia de la financiación finalista y la dificultad lógica de una programación anticipada. Todo ello convierte a las Mancomunidades en entidades muy válidas, pero no en auténticas alternativas de la organización comarcal[112].

La Ley de las Comarcas de Aragón prevé los Consejos Consultivos (art. 34) como órganos colegiados de carácter deliberante. Se trata, como puede suponerse, de situaciones transitorias llamadas a desaparecer una vez creadas y constituidas todas las comarcas. La creación de cada comarca, que en el modelo aragonés debe hacerse por Ley (art. 5 del Estatuto de Autonomía de Aragón y en el 43.3 de la Ley de Bases de Régimen Local), además de la regulación general, cada comarca concreta, según el art. 5 de la Ley de Comarcas de Aragón, precisa otra Ley de creación específica de las Cortes de Aragón, con independencia de que no exigirá su generalización a todo el territorio de la comunidad. Por lo que respecta a la iniciativa, ésta es ejercitable por los municipios, por las Mancomunidades de interés cultural, o en casos tasados, por el Gobierno de Aragón. Esta iniciativa mantiene en todos los casos (art. 6.2 LComAr) la exigencia de una Carta Fundacional que deberá ir acompañada de un Estudio documentado que justifique su creación, denominación, municipios que comprende, capitalidad, funciones, servicios, órganos de Gobierno, medios económicos, vínculos que la configuran, eficacia administrativa, presupuesto estimativo de su puesta en marcha y el presupuesto ordinario de funcionamiento.

Las características institucionales de la comarca suponen un

112 Cfr. R. SALANOVA, o. cit., p. 43.

elemento interpretativo para valorar el sistema competencial y su aprobación por el legislador. Entre los posibles objetivos que el legislador aragonés se ha propuesto con la creación de la comarca, se mencionan el apoyo al pequeño municipio. Además la comarca debe hacer posible la supervivencia del pequeño municipio que como tal resulta insustituible. Este pequeño municipio, sin embargo, carece de medios para cumplir su función de Administración prestadora de servicios, tarea que puede desempeñar la comarca. El fin primordial de la comarca que justifica su creación no es otro que "la prestación de servicios y gestión de actividades de ámbito supramunicipal".

Finalmente, la Ley 8/1996, de *Delimitación Comarcal de Aragón*, en la que se proponían 34 comarcas, reduce la división del territorio aragonés a treinta y tres, fijando su delimitación y enumerando los municipios que integran cada una de ellas. El resultado arroja valores muy diversos. Si hacemos referencia a su extensión territorial varían entre los 2.901 km.[2] de la de Cinco Villas y los 416 de la Ribera Alta del Ebro; y en cuanto a población, los datos resultan muy influenciados por las capitales de provincia que pueden oscilar entre los 970.313 habitantes de Zaragoza, los 56.609 de la Hoya en Huesca, los 42.793 de Teruel o los 2.500 del Maestrazgo.

El número de municipios agrupados resulta también desigual y oscila entre los 67 de la comarca de Calatayud y los 6 de Andorra. Hay incluso cuatro comarcas que agrupan municipios de dos provincias (Huesca y Zaragoza) en Jacetania, Hoya de Huesca, Monegros y Bajo Cinca. El mapa comarcal previsto exigió una corrección inesperada: los municipios de Calaceite y Valdeltorno, en la comarca del Bajo Aragón, como enclaves aislados, por la prevalencia del art 75 de la Ley 7/1999, de Administración local apart. 2), "en todo caso la comarca deberá tener continuidad territorial" lo que determinó su integración en la comarca de Matarraña. El establecimiento de la capitalidad de la comarca y centralidad de los servicios queda encomendada a la decisión de la propia comarca, una vez constituida por su ley específica.

Un caso singular lo supone la comarca de Zaragoza (pendiente de regulación), que incluye la capital regional, y cuyo extenso municipio (1.059

km.²) concentra sensiblemente más de la mitad de la población aragonesa con las peculiaridades que esto supone en cuanto a creación de riqueza y empleo, y por su estratégica situación geográfica; el amplio perímetro circundante permanece estrechamente vinculado a la metrópoli. La organización de este espacio metropolitano supone una distorsión en el concepto de la comarca, e incluso plantea dudas importantes sobre la institucionalización de este tipo de entidad metropolitana. Las mismas Directrices Generales de la Ley 7/98 señala, que "la expansión del entorno metropolitano de Zaragoza, la ordenación de los usos del suelo en frecuente conflicto, la necesidad de racionalización en la gestión de determinados servicios (transporte, agua, vertidos, etc.) y la búsqueda de una justa distribución socio-territorial de las cargas financieras y tributarias" que aconsejan la elaboración de "una Directriz Parcial Territorial del entorno metropolitano de la ciudad de Zaragoza para conseguir una ordenación de conjunto de las relaciones intermunicipales con criterios de eficacia, complementariedad y equidad socio-territorial".

La Ley de Comarcalización de Aragón deja abierta la posibilidad de una regulación específica del entorno de Zaragoza por sus especiales características ante las dudas que plantea la institucionalización de una Entidad metropolitana. Salanova Alcalde recogía en 2002, "actualmente ya está redactado un avance del proyecto de Directrices de Ordenación Territorial del espacio metropolitano de Zaragoza habiéndose iniciado un período de información y consulta a los distintos municipios interesados y a los Departamentos de la Administración Autónoma"[113]. Aunque la comarca funciona de facto con la adhesión de 20 municipios, pero su institucionalización administrativa sigue pendiente en las Cortes Aragonesas.

Para completar el estudio del modelo comarcal aragonés nos queda únicamente efectuar una breve referencia a los aspectos organizativos, y delimitar los órganos específicos de la comarca, lo cual sólo puede hacerse en términos generales a partir de los pronunciamientos legales mediante una

113 R. SALANOVA ALCALDE, *La comarcalización*, cit. p. 231.

remisión a la Ley 7/1999, de *Administración Local de Aragón*, complementada, en su caso, con la Ley de Bases de Régimen Local. El apart. 2) de la Exposición de Motivos de la Ley de Administración Local se deduce que es la pauta de referencia al integrar la normativa básica estatal con las opciones propias de la Comunidad Autónoma, fundamentalmente referidas a las atribuciones y funcionamiento del Pleno del Ayuntamiento y del Alcalde (arts. 29 y 30), y Reglamento Jurídico de las Entidades Locales, Real Decreto 2568/1986.

La potestad auto-organizadora de la comarca se plantea "como una materia específica que necesariamente queda remitida al ámbito de las decisiones propias de las entidades locales" enmarcadas en las coordenadas constitucionales; en todo caso se contempla la existencia obligatoria de unos órganos necesarios (Consejo Comarcal, Presidente, Vicepresidente y Comisión Especial de Cuentas) difiriendo los órganos complementarios para un desarrollo reglamentario. El art. 23.1 de la (Ley Comarcal de Aragón) dispone que "el Consejo Comarcal y su Presidente ejercerán las atribuciones y ajustarán su funcionamiento a las normas relativas al Pleno del Ayuntamiento y al Alcalde contenidas en la legislación de régimen local".

La Carta Europea (art. 6.1) hace referencia explícita a esta potestad de auto-organización al decir, "sin perjuicio de las disposiciones más generales creadas por la Ley, las entidades locales deben poder definir por sí mismas las estructuras administrativas internas con las que pretenden dotarse con objeto de adaptarlas a sus necesidades específicas para permitir una gestión eficaz". El Presidente del Consejo Comarcal se configura como máxima autoridad política y responsable administrativo con amplios poderes para la toma de decisiones, con la específica excepción de las "pruebas selectivas del personal comarcal" que quedan reservadas al Consejo Comarcal.

Por lo que respecta a la elección del Consejo Comarcal, la Ley Orgánica 5/1985, del *Régimen Electoral,* no contempla medidas normativas específicas, reconociendo implícitamente a las Asambleas legislativas de las Comunidades la facultad de establecer las normas electorales. Remisión que se completa con lo previsto en la Disposición adicional primera de la misma. La

Ley de Bases de Régimen Local dedica una atención muy limitada a la comarca. Las entidades comarcales no se encuentran entre las que se definen como Entidades locales territoriales, como el Municipio y la Provincia. La concreción que dicha ley hace al referirse a la Comarca se expone en el art. 42: "se reconoce la posible creación de estos Entes por los Parlamentos Autonómicos" con limitaciones tasadas; pero en general, el apartado" 3) define: "las leyes de las Comunidades Autónomas determinarán el ámbito territorial de las comarcas, la composición y el funcionamiento de los órganos de Gobierno que serán representativos de los Ayuntamientos que agrupen, así como las competencias y recursos económicos que en todo caso, se les asignen"; con lo cual se veta explícitamente cualquier procedimiento de elección directa, que además de estar en línea con las directrices derivadas del Derecho comparado hubiera aportado una interesante e innovadora legitimación a la nueva entidad comarcal.

Otro punto controvertido, a partir de lo preceptuado en la Ley de Bases de Régimen Local, es que no resulta segura la obligatoriedad de ocupar el cargo de concejal, que prácticamente se le supone, en la virtualidad de ente colaborador de los Ayuntamientos. Coincidiendo con la Ley catalana, se atribuye un número de consejeros en cada comarca en proporción a la población respectiva: "hasta 10.000 habitantes, 19; de 10.001 a 25.000 habitantes, 25; de 25.001 a 50.000 habitantes, 35; de más de 50.001 habitantes, 39". La distribución de los puestos del Consejo Comarcal coincide también con el modelo catalán de electores con las peculiaridades de los municipios con menos de doscientos cincuenta habitantes.

Por lo que respecta al personal al servicio de la comarca, surge la previsión de la figura del "Gerente comarcal" que puede llegar a crearse con carácter potestativo" si las necesidades funcionales de la Comarca lo aconsejan"; y, a diferencia del modelo catalán, no se conceptúa aquí como parte de la organización comarcal aunque sus funciones sean las mismas: gestión técnica y ejecutiva y el impulso de los servicios comarcales, desde el punto de vista profesional sin la precisión catalana de su clasificación de personal eventual; carácter, por otra parte incompatible con la legalidad aragonesa que impide otorgar funciones directivas al personal eventual.

La referencia a los recursos económicos de las comarcas, los textos específicos de creación de cada una de las comarcas reiteran el contenido del art. 26 de la Ley aragonesa de 1993 con algún leve retoque, y con la salvaguardia de "los demás ingresos de Derecho público", en previsión, por si acaso no figurase alguno en la enumeración de la larga lista. Al igual que en el modelo catalán la financiación comarcal constituye una cuestión privativa de la Comunidad Autónoma conforme al (art. 39.2) de la Ley estatal de Haciendas Locales, "las Entidades locales participarán en los tributos propios de las Comunidades Autónomas en la forma y cuantía que se determine por las leyes de sus respectivos Parlamentos". En este sentido, el art. 42.3 de la Ley de Medidas de Comarcalización, en su apart. 3 dispone, "el Programa de Política Territorial incluirá las cuantías anuales necesarias para la puesta en marcha y funcionamiento de la organización y actividades de las comarcas constituidas de acuerdo con la siguiente escala" proporcional al número de habitantes. Los precios públicos pueden quedar como una figura marginal, habida cuenta de que la tasa, que siempre puede establecerse en su lugar, presenta sobre los precios indudables ventajas y similares garantías por lo que puede erigirse en la figura impositiva básica de la comarca.

Veamos el marco legislativo de Aragón, distinguiendo el marco normativo general y el específico de creación de cada una de sus comarcas.

1.- MARCO NORMATIVO GENERAL.

- Ley Orgánica 8/1992, de 10 de enero, Estatuto de Autonomía.
- Ley 11/1992, de 24 de nov., de Ordenación Territorial de la Comarca.
- Ley 10/1993, de 4 de nov. de Comarcalización de Aragón.
- Ley 8/1996, de 2 de dic. de Delimitación Comarcal de Aragón.
- Ley 7/1999, de 9 de abril, de Administración Local de Aragón.
- Ley 23/2001, de 26 de dic., de Medidas de Comarcalización.

II: LEYES ESPECÍFICAS DE CREACIÓN DE COMARCAS SINGULARES.

1.- Aranda, Ley 9/2000, de 27 de diciembre, crea la comarca de:

2.- Calatayud; Ley 9/2001, de 18 de junio, crea la comarca de:

3.- Alto Gállego; Ley 13/2001, de 2 de julio, crea la comarca del:

4.- Tarazona y el Moncayo; Ley 14/2001, de 2 de julio, crea la comarca de:

5.- Valdejalón; Ley 16/2001, de 29 de octubre, crea la comarca de:

6.- Campo de Borja; Ley 18/2001, de 19 de nov., crea la comarca de:

7.- Ribera Alta del Ebro; Ley 21/2001, de 21 de dic., crea la comarca:

8.- Gúdar-Javalambre; Ley 22/2001, de 21 de dic., crea la comarca de:

9.- Cinca Medio; Ley 3/2002, de 25 de marzo, crea la comarca del:

10.- Somontano de Barbastro; Ley 4/2002, de 25 de mar., crea la comarca:

11.- Matarraña/Matarranya; Ley 7/2002, de 15 de abril, crea la comarca de:

12.- Maestrazgo; Ley 8/2002, de 3 de mayo, crea la comarca del:

13.- Jacetania; Ley 9/2002, 3 de mayo, crea la comarca de la:

14.- Bajo Aragón; Ley 10/2002, de 3 de mayo, crea la comarca del:

15.- Andorra-Sierra de Arcos; Ley 11/2002, de 14 de may, crea la comarca:

16.- Ribagorza; Ley 12/2002, de 28 de mayo, crea la comarca de:

17.- Ribera Baja del Ebro; Ley 13/2002, de 10 de jun., crea la comarca de:

18.- Monegros; Ley 17/2002, de 5 de julio, crea la comarca de los:

19.- Campo Daroca; Ley 18/2002, de 5 de julio, crea la comarca de:

20.- Bajo Cinca/Baix Cinca; Ley20/2002, de 7 de octubre, crea la comarca:

21.- Campo de Belchite; Ley 24/2002, de 12 de nov., crea la comarca

22.- La Litera; Ley 25/2002; de 12 de nov., crea la comarca de la:

23.- Cinco Villas; Ley 26/2002, de 26 de nov., crea la comarca de las:

24.- Hoya de Huesca; Ley 27/2002, de 26 de nov., crea la comarca:

25.- Cuencas Mineras; Ley 28/2002, de 17 de dic., crea la comarca:

26.- Campo Cariñena; Ley 31/2002, de 27 de dic., crea la comarca:

27.- Sierra de Albarracín; Ley 1/2003, de 11 de febrero, crea la comarca de:

28.- Sobrarbe; Ley 5/2003; de 26 de febrero, crea la comarca de:

29.- Comunidad de Teruel; Ley 7/2003, de 12 de mar, crea la comarca de:

30.- Bajo Martín; Ley 8/2003; de 12 de marzo, crea la comarca del:

31.- Bajo Aragón-Caspe; Ley 12/2003, de 24 de marzo, crea la comarca del:

32.- Jiloca; Ley 13/2003; de 24 de marzo, crea la comarca de:

33.- Zaragoza: Pendiente de regulación.* P/R.

En conjunto, distribuidas por provincias, tenemos:

HUESCA	10 comarcas, con 209 municipios.
TERUEL	10 comarcas, con 236 municipios.
ZARAGOZA	13 comarcas, con 296 municipios.
TOTAL en ARAGÓN:	33 comarcas, con 734* municipios

6.- Algunas comarcas notables de otras regiones de España

El Apéndice Documental nº 1, B) Comarcas Naturales incluye una relación de más de doscientas comarcas naturales que Dantín Cereceda y otros investigadores citan reiteradamente; esta relación aunque extensa no pretende ser exhaustiva por lo cual es preciso limitar la enumeración a las más significativas dentro del contexto geográfico nacional. Para evitar la reiteración, omitimos la referencia de las correspondientes a las comunidades Autonómicas de Cataluña, Aragón, Galicia y País Vasco, al igual que la comarca leonesa de El Bierzo, por la sencilla razón de su formal reconocimiento como entes locales reconocidos en vía administrativa figurando en la relación específica de comarcas citadas en dicha relación documental.

Existe, igualmente, otro tipo de comarcas que por su gran extensión geográfica, reciben el predicamento de "gran comarca", como el Páramo, la Huerta Valenciana, la Tierra de Campos e incluso la Ribera Baja de Navarra que sobrepasan el concepto técnico habitual de la comarca, acercándose más al concepto de región, y también para obviar posibles confusiones, resulta conveniente recordar la existencia de una cantidad innumerable de nombres de comarcas, que, si bien no han recibido el calificativo de comarca legal administrativa, no por ello dejan de merecer el debido reconocimiento en cuanto conjunto territorial de municipios, pueblos y aldeas que mantienen un nivel de coherencia histórica, económica y cultural de integración de vida que unas veces resultó manifiesta en el Señorío medieval y otras dentro del ámbito del Partido Judicial que siguen de algún modo constatando la unidad específica de este tipo de entidades que agrupan municipios y pueblos.

En este sentido, y a modo de ejemplo paradigmático, "podríamos anotar los cincuenta nombres de comarcas naturales de la variada geografía leonesa", que contabiliza F. A. Díez[114], entre las cuales resaltan las de Luna, Babia, Laciana, los Oteros y las Omañas, la Cepeda y la Maragatería"; igualmente encontraríamos en Zamora la Tierruca, la Carballeda, o la Requijada, juntamente con la Tierra del Pan, la Tierra del Vino y la de Alba y Aliste; y en Salamanca la Armuña, Los Arribes, Candelario y las Batuecas; o las comarcas de Gredos, el Alberche, la Moraña y la Paramera en Ávila; o La Bureba y el Valle de Mena; y las de Cerrato con su capital Agilar de Campoó y Guardo en Palencia; Ágreda, Osma, Ribera de Duero y Pinares en Soria. Significativas resultan igualmente la de Pas, Liébana, Buelna y Valderredible en Santanter; Baztán y las Bardenas en Navarra.

Si a modo de ejemplo hacemos una simple lectura del mapa geográfico de Extremadura nos llevaremos la sorpresa de encontrar una considerable cantidad de comarcas naturales significativas y nada imaginable

114 F. A. DÍEZ GONZÁLEZ, "La Comarca. Caracteres. Supuestos", en *Informaciones Municipales,* nº. 5 (1965), p. 6.

en una región que no se destaca precisamente como prototipo de región orográficamente montañosa: Las Hurdes, Sierra de Gata, Caparra, Valle de Ambroz, Valle del Jerte, Valle del Alagón, La Vera, Campo Arañuelo, Los Ibores, Las Villuercas, Miajadas, Lácara, Vegas del Guadiana, La Siberia, La Serena, Tierra de Barros, Tentudia y Campiña Sur.

Lejos de simular un ejercicio memorístico, representa una realidad de nuestra geografía corroborada por nuestra Historia y presente en nuestra cultura territorial que igualmente se pone de manifiesto con la Alcarria, Montiel, la Sagra y Anchuras en Castilla-La Mancha; Lamanzora, Andrax, los Pedroches, las Alpujarras y la Axarquía en Andalucía; Jumilla en Murcia; Vinalopó, Orihuela, Maestrazgo y la Plana en Alicante y Castellón; además de la universalmente conocida Huerta valenciana, y todo ello sin olvidar las diminutas, pero significativas comarcas insulares de Baleares y Canarias.

Nombres que, por si mismos, ponen de manifiesto la significación de una denominación geográfica y también toda la carga cultural e histórica de su origen medieval, que ni la pobreza, ni las veleidades de las mutaciones de la Edad Moderna han podido relegar al olvido. El Estatuto de Castilla-La Mancha, art. 29.2 c), se propone "reconocer el hecho de comunidades supramunicipales, tales como las de Villa y Tierra, el Señorío de Molina y otras análogas" que confieren un reconocimiento a hechos naturales que igualmente la Historia configuró en las lejanas épocas medievales.

La relación de comarcas naturales de España, que se adjunta como apéndice documental se complementa con la relación detallada de otros datos, que resultan muy significativos: la capitalidad, municipios que comprende cada una, la superficie, la población e incluso su relación con el partido judicial, en cuanto consolida la primitiva configuración territorial. En dicho Apéndice se especifica, también, la bibliografía utilizada como base para la conformación del correspondiente resumen.

CAPÍTULO VI

UN CASO PRADIGMÁTICO: EL BIERZO COMO COMARCA

Reiteradamente a lo largo de esta investigación se hace referencia a la comarca de El Bierzo y la razón es obvia, El Bierzo desde siempre ha constituido un prototipo de comarca calificado de modelo natural a efectos geográficos. Por otra parte, para mi constituye un motivo especial en cuanto es la comarca nativa y aunque las vivencias se reducen a los años de la niñez, la cordial vinculación se convierte en motivo suficiente para dedicarle el tributo de un agradecido recuerdo en el indeclinable interés por su historia y por sus singularidades que me propongo matizar. La peculiar idiosincrasia de esta comarca la ha convertido en motivo de estudios monográficos y de tesis universitarias, como se pone de manifiesto en la bibliografía reseñada; por ello a la hora de iniciar el estudio sobre esta comarca, ante la dificultad por una parte, y la imposibilidad por otra de analizarla en toda su profundidad creo que resulta más oportuno circunscribir el tema limitándolo exclusivamente a resaltar una serie de peculiaridades diferenciales que merecen ser destacadas.

Para su estudio, el origen histórico de la comarca de El Bierzo no es posible, ni tampoco necesario, retrotraerla tan lejos como algunos historiadores pretenden remontando su origen a los tiempos prehistóricos que además de difícil, resulta carente de utilidad. Como observa Tuñón de Lara, "si se trata de considerar la historia de una comarca natural como un escenario donde se han ido desarrollando una serie de procesos, tendríamos que dar muchas páginas a los tiempos prehistóricos, puesto que representan una suma de tiempo muy superior a la la época histórica. Pero si por el contrario, de lo que se trata es de estudiar los pueblos que precedieron a la aparición normal de la escritura, una buena parte de la prehistoria resulta superada por la realidad, y ante la imposibilidad de concretar los datos correspondientes a este período, únicamente cuentan algunos de los referidos a partir del primer milenio a. de C."[1]. La época prehistórica constituye "un fondo común humano" y nuestro propósito necesariamente ha de circunscribirse al territorio de la comarca de El Bierzo, con la singularidad que se formula en el enunciado del capítulo: *Un caso paradigmático: El Bierzo como comarca* y así acreditar un ejemplo que evidentemente ha de enmarcarse en las edades históricas relegando los tiempos anteriores al común acervo cultural de la humanidad.

Aun cuando la consideración histórica en su conjunto no es imprescindible, existen otros muchos datos históricos que es preciso destacar para poder situar el origen y la significación de las peculiaridades que es necesario tener en cuenta, en un estudio como éste, y parece lógico iniciarlo con la referencia al entorno de la comarcalidad leonesa de la que forma parte y dentro de este contexto natural ponderar la razón por la que posee esa singularidad con respecto al conjunto general. La literatura clásica española en obras cumbre de los escritores de nuestro Siglo de Oro consagraron las comarcas leonesas. Cervantes al situar como lugar de nacimiento del *Cautivo* en los Montes de León, "en un lugar de las montañas de León tuvo principio mi linaje, con quien fue más agradecida y liberal la naturaleza que la fortuna"[2], y Lope de Vega al describir los *prados de León*, "verdes y ásperas sierras", destaca el nombre de Nuño de Prado, hijo natural de Fruela:

"que el sobrenombre de Prado
justamente le llaman"[3]...

1 M. TUÑÓN de LARA, *Historia de España. Introducción y primeras culturas e Hispania romana* (Barcelona, Editorial Labor, 1980), p. 49.

2 M. de CERVANTES, *El Cautivo, ed.* de F. Servilla Arroyo (Madrid, Editorial Castalia, 2002), p. 89.

3 LOPE de VEGA, "Prados de León", en *Obras completas* (Madrid, Biblioteca Castro, 1998) p. 784 y 870.

El *Cantar del Mio Cid* evoca el alegre trotar del legendario "potro Moriscal", que recibe el nombre de Babieca, por el hecho de proceder de la comarca de Babia, "Don Genaro había recibido el encargo del Ruy Díaz de Vivar de encontrar un corcel de extraordinarias condiciones"[4]. La Ribera del Órbigo es igualmente recordada por Cervantes en el *El Ingenioso Hidalgo Don Quijote de la Mancha,* "y digan que fueron burla las justas de Suero de Quiñones"[5] celebradas en 1534 en el Paso Honroso del río Órbigo, "comarca del Órbigo egregio, cuajado de singulares trances bélicos, de leyendas romanas y moras en acequias renombradas"[6].

"Aunque las comarcas leonesas, como dice Sánchez Badiola, a lo largo del pasado siglo han sido objeto de no pocos estudios, cualquier pequeña incursión en la historia leonesa nos patentiza el poco interés que tradicionalmente han prestado al fenómeno comarcal historiadores y estadistas"[7]. Aún así, no se han eludido propuestas para adaptar las comarcas leonesas a las necesidades administrativas; ni tampoco han faltado estudiosos que destacan la existencia de aquéllas comarcas. Es verdad que algunos de los primeros investigadores que las han estudiado, como López Morán, Medina Bravo o Domínguez Berrueta no alcanzaron a vislumbrar la posible finalidad administrativa de estos espacios territoriales. Por su parte Díez González, con una visión más globalizadora, ya apuntaba la necesidad de conjugar provincia y región, comarca y municipio; a su vez, López Trigo intentó llevar a cabo una propuesta de comarcalización provincial basada en razones de tipo geográfico; de su estudio resultaban once comarcas divididas en otras once sub-comarcas, pero en todo caso la reivindicación comarcal no alcanzaba ese conjunto integrador que hoy día se hace imprescindible.

4 M. PAYERAS GRAU, "Estudio introductorio" del *Relato de Rabia, de Luis Mateo Díez* (Valladolid, Ámbito Ediciones, 2003), p. 35.

5 M de CERVANTES, *El Ingenioso Hidalgo Don Quijote de la Mancha,* 1ª parte, col II cap. XLIX (Madrid, Ediciones Giren, 1967), p. 722.

6 FLORENTINO A. DÍEZ GONZÁLEZ, *Las comarcas de León en la España Comarcal,* o. cit. 106.

7 J. SÁNCHEZ BADIOLA, *El fenómeno comarcal en la provincia de León* (León, Diput. León, 1991), p. 7.

Como indudable contrapeso al abandono de los pueblos españoles en la segunda mitad del siglo XX y quizá con algo de nostalgia, se originó un extraordinario interés académico por el tema, puesto de manifiesto en las décadas de los años sesenta en los que se perfilaron diversos proyectos de comarcalización realizados por las administraciones central, provincial y por instituciones tanto públicas como privadas; aunque no se alcanzó la imprescindible unificación de criterios, surgieron propuestas de división provincial en áreas de salud, partidos judiciales, mancomunidades municipales, distritos, etc., todo lo cual evidencia que el concepto de comarca resultaba difuso, carente de capacidad administrativa y de respaldo político.

Para Domínguez Berrueta, "las comarcas eran producto de factores geográficos y elementos humanos que nacen de coincidencias no buscadas, se desarrollan al calor de comunes necesidades y culminan en verdadera hermandad que para serlo no ha contado con demarcaciones oficiales ni con actas de constitución, ni necesitan para vivir perennemente un compromiso firmado en documentos enterrados en el panteón de un archivo de protocolos"[8]. Son factores muy diversos los que se aúnan en la aparición de la comarca, actuando unos u otros en mayor o menor medida según los casos, geográficos, históricos, económicos y religiosos; los cuales no resultan suficientes para la comprensión de un fenómeno tan complejo como la Historia misma y tan arraigado que perdura por encima de las divisiones políticas y administrativas. Todas estas consideraciones tienen un especial significado en la vida cultural de la comarca berciana.

8 M. DOMÍNGUEZ BERRUETA, "Regiones naturales y comarcas de la provincia de León", en *Revista de Estudios de la Vida Local*, nº. 60, año X (1951), p. 854.

1.- El Bierzo, comarca natural

Si bien no es pretensión específica de este estudio extenderse más allá de lo imprescindible sobre las condiciones de los elementos físico-geográficos, resulta por otra parte necesario hacer referencia a algunos de los condicionamientos básicos que configuran el entorno físico de la comarca berciana con el único propósito de destacar las singularidades que en este aspecto la tipifican. En pocos casos la interrelación de los elementos se puede decir que es tan notoria. Si como ya hemos indicado, siguiendo el criterio de Caro Baroja, un predicamento importante de la comarca natural lo constituye la homogeneidad geográfica, en el caso de la comarca berciana, esta uniformidad es tan evidente que muchas de sus peculiaridades determinan este prototipo e incluso llegan a configurar la singularidad de su cultura.

Geográficamente la comarca de El Bierzo está ubicada en el noroeste de la provincia de León "formando una pronunciada depresión o "fosa tectónica", en lenguaje de los geógrafos; origina fronteras naturales muy acentuadas con las provincias de Oviedo, Orense, Lugo, y Zamora e internamente también con las comarcas leonesas colindantes, de Laciana, Omaña, La Cepeda y La Maragatería. Las estribaciones montañosas configuran una depresión natural con una superficie de 3.168,49 $km.^2$ que configura un espacio irregular de 88 km. de longitud por otros 77 km. de ancho en la que discurren los ríos Boeza, Miruelos, Santalla, Cúa, Valcarce, Burbia, Oza, Cabrera, Tremor, Argutorio y Noceda todos ellos pertenecientes a la cuenca fluvial del Sil, el más largo y caudaloso de toda la comarca, tributario a su vez del Miño atlántico, únicamente anotamos la excepción de los riachuelos de Voloula y Suárbol, que, naciendo en los Ancares leoneses se adentran enseguida en Asturias orientando su curso hacia el Cantábrico, en contraposición con las restantes comarcas leonesas que vierten sus aguas a la cuenca del Duero.

La orografía de la comarca resulta apreciable desde muchos puntos de su extenso territorio lo cual llevó a Henrique Flórez a hacer una peculiar descripción destacadamente gráfica en la que presentaba El Bierzo como "una región en la que nadie puede entrar sino bajando, de no ser por donde salen las aguas por el curso que lleva al Val de Orras, metiéndose en Galicia por una estrecha garganta, que si se cerrase quedaría El Bierzo hecho un espantoso lago, que pareciese un Mar Mediterráneo"[9].

Zonas de gran altitud montañosa delimitan totalmente el perímetro de la comarca configurando en su interior un impresionante aspecto de "olla", atributo con el que es reconocida la comarca berciana desde antiguo. En este sentido M. de Terán, considera El Bierzo, "una de las comarcas mejor definidas, por su carácter de fosa tectónica bien determinada por un cinturón montañoso"[10]. De entre los elevadísimos picos que perfilan su contorno y hacen que casi todo el año la nieve esté presente en su paisaje, podemos enumerar una larguísima lista de estas montañas. En el noroeste de la comarca coincidiendo con el margen derecho del desagüe natural del río Sil que discurre a una cota de 376 m. y siguiendo hacia el oeste, en el sentido horario, encontramos todos estos picos; Penedo Mayor (849 m.); en la Sierra de la Encina: los de Tara (1099 m.), Piornal (1626 m.) y Turriera (1610 m.); en la Sierra dos Cabalos: Montouto (1542 m.) y Peña Gallarda (1507 m.); en la Sierra del Caurel: Faro (1606 m.) y Alto de Capelo (1598 m.); en la Sierra del Cebreiro: Chao da Poza (1402 m.) y El Castro (1409 m.); en la Sierra de Ancares: el Pico de Ancares (1848 m), Peñarrubia (1822 m.) y Mostellar (1924 m.); en la Sierra de Mingatón: el Peñón Pelliceras (1206 m.) y Pico Surcio (1456 m.); en la Sierra de Campuliares: el Pico Cinsa (1727 m.) y Mingatón (1841 m.); en la Sierra de la Corredoira: el de Miravalles (1689 m.) y Corredoira (1876 m.); en la Sierra de Cienfuegos: los del Allto de la Pesca (1872 m.) y el

9 H. FLÓREZ, *España Sagrada,* t. XVI, cit. (Madrid, Fortanet, 1905), p. 27.

10 M. de TERÁN, o. cit., p. 266.

Alto de la Estaca (1988 m.); en la Sierra Tres Hermanas: el Alto Burgallal (1891 m.) y el Bigardón (1939 m.); en los Montes Navariegos: el Teso Bustarán (1917 m.) y Peña Mayor (1841 m.); en Las Fontaninas: Peña Carraceo (1714 m.); en Las Rubias: el Miro de Tejedo (1845 m.).

Cuando el río Sil se adentra por el nordeste en la comarca berciana en el término municipal de Palacios del Sil, a una cota de altitud en su cauce de 914 m. elevado artificialmente con la coronación de la presa hidroeléctrica de Las Rozas a 961 m.; por la izquierda de su cauce encontramos en la Sierra de Couto: el Miró de Rabón (1981 m., el Nevadín (2077 m.), el Pico Dos Hermanas (1982), el Tambarón (2102 m.) y la Peñona (2099 m.); en la Sierra de Vizbueno: Monte Viejo (2013 m.) y el Pico de Arcos del Agua (2063 m.); en la Sierra de Fernán Pérez: Las Rozas (1987 m.) y el Teso de Bobín (1737 m.); en la Sierra de Gistredo: Piedra Hincada (1724 m.) y el Catoute (2.144 m. máxima altitud de la comarca); en los Montes de León: el Teso de Campón (1523 m.) y Meruelas (2021 m.); en la Sierra del Teleno: el Teso de la Yegua (2142 m.) y La Mayada (2021 m.); en los Montes Aquilianos: el Morredero (2031 m.) y Pico Tuerto (2051 m.); en la Sierra de La Cabrera Baja: el Alto de Pedricios (1843 m.) y Pedroso (1873 m.), y cerrando el anillo nuevamente el Sil a una cota de 376 m., después de recorrer casi un centenar de kilómetros con un desnivel en la comarca de 538,00 m.. Y si bien no deja de asombrar la larga lista de altitudes montañosas, aun deja encerradas en su interior cumbres significativas y visibles desde cualquier punto de la comarca como, la Guiana (1843 m.), el Teleno (2.185 m.) y Gistredo (1735 m.) con su manto de nieve que se hace visible en sus cumbres la mayor parte del año.

La consecuencia natural de una comarca extremadamente montañosa origina un gran número de valles especialmente significados por la pronunciada depresión en la vertiente berciana que en muchos casos superan los quinientos metros de desnivel y que, además de la diversidad de vegas y altozanos configuran una gran variedad de mini-comarcas, y en muchos casos igualmente favorecidas por el clima.

La singularidad del suelo y subsuelo bercianos resulta igualmente significativo hasta el punto de que momentos importantes de su historia giran en torno al oro, al hierro y a la agricultura, por lo que parece ineludible destacar la puntual referencia geológica: "seis son los terrenos que en la Carta Geológica de España vienen señalados en el Bierzo"[11]; como especifica Álvarez Villar, "los terrenos hipogénicos aparecen en el entorno de Ponferrada, Onamio y Molinaseca; los arcaicos destacan en Villar de Acero y Tejeira; y más claramente perceptibles resultan los terrenos primarios, a) de la zona cámbrica, en el entorno de Villafranca, b) los de la zona silúrica, extendidos por casi toda la comarca; c) los de la zona carbonífera, en la cuenca del Sil y desde Toreno hacia el Este por los Montes de León, con la presencia, de terrenos cuaternarios, que también configuran espacios agrícolas significativos"[12].

Así mismo, entre los condicionantes físicos, es preciso destacar la singularidad del clima en cuanto supone un elemento diferenciador entre el extremado rigorismo meseteño de la Maragatería y la humedad del territorio gallego. Este clima relativamente suave resulta evidenciado por las consecuencias favorables para la agricultura que hace posible que en esta comarca se produzcan muchos de los frutos de España, "lo produce todo", tópico o quizá topónimo que llevó a los romanos a justificar el sobre-título de "vergel", derivándolo, quizá, poéticamente, de *Bergidum.*

"Pocas comarcas, precisa Álvarez Villar, cuentan con una fisonomía paisajista tan personalizada como El Bierzo. Sus cambiantes tonalidades cromáticas están presentes según la rotación de las estaciones, al propio tiempo que en relación con la alternancia de cultivos, hacen que esta comarca leonesa goce de aspecto variado y muy distinto según la época del año en que realicemos la observación"[13]. Tan significativo resulta su paisaje, que Azorín lo idealiza poniéndolo en la pluma de Gil y Carrasco, al inicio de su obra, *El*

---

11 J. ÁLVAREZ VILLAR, *El Bierzo. Descripción geográfica, histórica, artística y económica de la región, con un especial estudio de Ponferrada* (Pontevedra, Gráficas Torres, 1952), p. 26.

12 *Ibidem*, p. 26-28.

13 *Ibidem*, p. 17.

paisaje de España visto por los españoles y convierte al poeta berciano en el primer paisajista de las letras españolas y añade también que, *"El Señor de Bembibre* no es más que eso, una colección de paisajes"; y en otro lugar matiza, al respecto, "en las páginas de este libro nace por primera vez en España, el paisaje en el arte literario"; y prosigue "pero la Naturaleza, siempre igual, casi igual siempre, con pocas variantes a lo largo de los siglos, allí está, con sus árboles, sus umbrías y sus serenos lagos"[14].

Por sus características internas y marcadas diferencias respecto al entorno circundante, la comarca de El Bierzo encuadra perfectamente, como especifica M. de Terán, en las "áreas caracterizadas por la afinidad de sus rasgos geográficos más importantes"[15]. Y matizando las precisiones que sobre la extensión superficial de esta comarca hace Vilá Valenti[16], al concurrir opiniones contrapuestas, en cuanto a calificar como regiones a las unidades territoriales de miles de km.^{2}, para diferenciarlas de los espacios comarcales limitados a sólo centenares de km.^{2}". Pero hasta el prototipo de-El Bierzo- falla por exceso de superficie y resulta opinión generalmente aceptada que a pesar de su enorme extensión, esta comarca que debiera por ello ser calificada de región constituye un prototipo definido de gran comarca natural, la superficie no constituye así un elemento fundamental del concepto.

Además de resultar netamente definida, la comarca de El Bierzo ofrece la singularidad que representa culturalmente el "habla berciana", refugio geográfico, en su día del idioma leonés cuando la amenazadora presencia de Almanzor en los llanos leoneses motivó el repliegue hacia El Bierzo de los aterrorizados moradores del reino de León. Investigaciones lingüísticas que incluso actualmente resultan objeto de múltiples estudios, ponen de manifiesto una destacada uniformidad idiomática. La significación

---

14 AZORÍN, (J. MARTÍNEZ RUIZ), *El paisaje de España visto por los españoles,* 8ª ed. (Madrid, Espasa Calpe, 1975), p. 17.

15 M. de TERÁN y SOLÉ SABARÍS, o. cit., p. 17.

16 J. VILÁ VALENTI, o. cit., p. 18.

dialectal escasamente conservada, actualmente representa poco más que un valor afectivo de sus habitantes, pero, a su vez, con la clara conciencia de una realidad puesta de manifiesto en la toponimia.

El "berciano" surge como síntesis de la poderosa influencia del gallego en la parte occidental de la comarca y del castellano-leonés por su parte oriental; como recuerda F. González[17], citando la referencia humorística de Castillo Solórzano del siglo XVII en la *Niña de los embustes,* "al calificar al Bierzo de "*bizco*", porque con un ojo miraba a Castilla y con el otro a Galicia". "Influencia dialectal que Menéndez Pidal también hace extensible al leonés e incluso al "bable"[18]. Y todo ello teniendo en cuenta la poderosa síntesis que representa el castellano con el poder de absorción total reafirmada con el traslado de la corte a Castilla. Mientras en El Bierzo occidental se habla una variedad de gallego en El Bierzo alto se habló el leonés. El propio nombre de Bierzo (*Bergidum*), como indica su diptongación, es una derivación leonesa y no gallega. Culturalmente no hay dos Bierzos, por ello resulta difícil perfilar los límites lingüísticos del gallego y el leonés. Para Menéndez Pidal[19], "el leonés es el más extendido, se habla en el Bierzo Alto u oriental y "la divisoria entre las cuencas del río Cúa y del Sil, debe marcar poco más o menos el límite del gallego y en esta región", además otra línea imaginaria Toreno-Vega de Espinareda polariza el bable-leonés.

2.- Los orígenes históricos de El Bierzo

Hasta ahora, con toda razón dice García y García, "se viene relacionando el nombre de El Bierzo con *Bergidum,* la ciudad prerromana

17 F. GONZÁLEZ GONZÁLEZ, *El Bierzo en la Encrucijada. Evolución histórica* (Zaragoza, Centro FPA Lamelas, 1983), p. 34.

18 R. MENÉNDEZ PIDAL, "El bable de Lena", en *El dialecto leonés* (Oviedo, Instituto de Estudios Asturianos, 1962), p. 16.

19 R. MENÉNDEZ PIDAL, *El dialecto Leonés* (Oviedo, 1962). p. 18

aniquilada y luego reconstruida por los romanos tras sus guerras con los Astures que la poblaban"[20]. Quizá la primera referencia histórica que tenemos de la palabra que da nombre a la comarca no es precisamente de Floro, como toda la historiografía desarrollada hasta el año 1970 venía sosteniendo, sino que corresponde a Claudius Ptolomaeus, astrónomo y geógrafo griego, que vivió en Egipto en la primera mitad del siglo II. En su *Geographika* (2 6 28), cita el nombre de Βέργιδον, estableciendo su localización geográfica, *"Bergidon Flaouion"*, en las coordenadas 8º 30" y 44º 10"[21] que igualmente incluía una importante colección de mapas con la lista de lugares y la localización de sus longitudes y latitudes; cuestión aparte es la viabilidad de los cálculos de estos mapas que al estar basados en una estimación de un tamaño menor de la Tierra, les privó de la exactitud debida; pero de todos modos gozaron de un incalculable valor histórico, y constituyeron auténticos documentos durante doce siglos, únicamente superados por la rectificación técnica de Copérnico, fruto de una valoración más precisa. La antigüedad de esta referencia escrita, o la noticia de la existencia, de El Bierzo, podemos documentarla en un plazo ligeramente anterior al año 168, fecha de la muerte del geógrafo ya en pleno período imperial romano.

Como se desprende igualmente de la historiografía greco-romana El Bierzo formaba parte del pueblo Astur que geográficamente ocupaba un territorio de más de 20.000 $km.^2$, con una extensión aproximadamente triangular de 100 km. en su lado norte y 200 km. en su eje norte-sur, englobando geográficamente casi la totalidad de la provincia de León y parte de la de Asturias, Lugo, Orense y Zamora, situando su vértice en el pequeño rincón del noroeste de Portugal, Castro de Avellâes en la provincia de Tras-os-Montes. Curiosamente el gran obstáculo montañoso que representaba la

20 J. GARCÍA y GARCÍA, *Pueblos y ríos bercianos (Significado e historia de sus nombres),* extracto de la Tesis doctoral (León, Edita el Autor,1994), p. 23.

21 T. MAÑANES PÉREZ, *El Bierzo prerromano y romano,* (León, Centro de Estudios San Isidoro, 1981), p. 94.

cordillera cantábrica (*iuga asturum*), en el centro de su territorio medular, para un pueblo montaraz como el astur no constituía un obstáculo insalvable pero a todos los efectos establecía una división interna entre cismontanos y transmontanos (más acá y más allá de los montes). Culturalmente supone una importante región de contacto entre los pueblos del norte peninsular y los del occidente de la meseta, con una marcada interrelación en sus manifestaciones epigráficas de todo tipo. Especial significación por su antigüedad tiene la inscripción de Cayo Valerio Arabino, (*bergidoflaviense),* localizada en una lápida en Tarragona, que nos reitera el nombre del municipio romano en la segunda mitad del siglo II.

El documento antiguo que reiteradamente cita al Bierzo es el *Itinerario de Antonino* (siglo III), quizá debido a su redacción para uso militar en el que figura como *Belgido* en la vía XVIII, y *Bergido* en la XIX y XX. Las reiteradas citas de este nombre, nos pone de manifiesto la importancia del mismo que debía tratarse de un *municipiun* reconocido como república con el privilegio de acuñar moneda y contar entre sus mandatarios a los cónsules Cómodo II y Martio Vero (179), Iuliano II y Crispino (224) que constituiría, cuando menos, un punto de referencia importante para la época en el noroeste hispano.

El nombre actual de la comarca supone una de las denominaciones más antiguas de la Península con vestigios en el Neolítico, la Edad de Bronce y en La Edad de Hierro. Resulta evidente que los astures de la "cultura castreña" eran los pobladores de este territorio en el momento de la conquista romana (19 a. C.). A. Schulten, recogiendo una cita de Gómez Moreno, dice que "hay en el Vierzo (sic), región astur, más de treinta castros, extendiéndose estos castros célticos por el Este, hacia el río Órbigo"[22].

Un pequeño grupo de investigadores defiende que a los astures bercianos que por su proximidad y cultura se les pudiera considerar de origen

22 ADOLF SCHULTEN, *Los cántabros y los astures y su guerra con Roma* (Santander, Estudio, 2000), p 66.

celta, como la propia raíz céltica más antigua parece indicar. *Bergr*, con significado de "montaña" o elevación, todavía subsiste en el alemán moderno con el mismo significado; raíz coincidente con la celtibérica *Briga* (plaza fuerte elevada) abundante en todo el Noroeste prerromano. La terminación *idus/duma,* que mantiene paralelismos con *din* (de los castros celtas irlandeses) y *duma* de origen ilirio-ligur con el mismo significado y que puede tratarse de un apócope o de un abundancial "lugar muy montañoso" o "ciudad elevada y fortificada" referido a Castro Ventosa y que perfectamente puede coincidir este topónimo con el nombre indígena de la ciudad. Hay significados historiadores, como A. Enchuleten que admite la alternativa de su ascendencia, refiriéndola al pueblo ibero, "y no parece imposible que los astures, pueblo ibérico, recibiera su nombre de los Etruscos"[23], aunque más bien parece el típico recurso a lo desconocido y denominado genéricamente como ilirio-ligur.

Entre 572 y 585, El *Parroquial Suevo,* también cita la ciudad de *Bergido* dentro del territorio de la diócesis de Astorga; el *Anonymi Ravennatis*, del siglo VI, igualmente, nombra a "*Bergidon*" en términos similares a los del *Itinerario XVIII* o Vía Nova; y con la misma palabra también es citado en la *Tabula Peutingerana.* Por otra parte, la moneda que Henrique Flórez declara poseer: "yo tengo una moneda de oro rarísima (si no es única) del rey godo Sisebuto (que empezó a reinar en el año de 612) y que en el reverso dice, BRGIDO PIUS, escrito con B el nombre del lugar, que según esto fue arruinado después de la entrada de los árabes"[24]. Moneda posiblemente originaria de una ceca que en dicho lugar -*Bergio*- emitía metálico, con ocasión la guerra de conquista de dicho rey y que destaca la importancia del lugar.

Las escasas prospecciones arqueológicas y lo limitado de las mismas condicionan significativamente el conocimiento concreto de la ubicación de la ciudad de *"Bergidum"* en cuanto municipio romano, que de todos modos exigiría la previa identificación del *Bergidum* prerromano, ubicados

23 *Ibidem,* p. 55.

24 H. FLÓREZ, *España sagrada,* cit., p. 29.

previsiblemente en lugares no muy distantes, pero que tampoco coincidieron en el mismo espacio físico de Castro Ventosa, a juicio de la casi totalidad de los historiadores. Por otra parte, basándonos en un hecho muy común en las ciudades romanas, en las que prácticamente resulta poco probable la ausencia de agua corriente y que al no estar presente este elemento de modo natural en el promontorio del castro prerromano, ni tampoco de otro modo artificial, corroborado por la ausencia de las ruinas de las cimentaciones necesarias, que exigiría una gigantesca obra de ingeniería hidráulica para la conducción lejana del líquido elemento y que de algún modo mostraría sus vestigios en algún punto de su recorrido, todo ello hace pensar en un lugar alternativo para el *Bergidum Flavium* romano en la proximidad de un curso de agua.

En el aspecto social, como señala Sánchez-Arcilla, las poblaciones del noroeste peninsular "se caracterizan por una organización colectiva de tipo gentilicio en la que las relaciones del grupo social giran en torno al parentesco. En su nivel inferior se encontraba la "*cognatio*" o agrupación de familias"[25]. Está perfectamente documentado que Roma se sirvió para su administración en el territorio astur, de las organizaciones indígenas, como las *gentilidades,* e incluso, como dice J. Mª. Blácquez, "la administración romana, al igual que no erradicó en la población indígena, ni la onomástica, ni la religión, tampoco prescindió de las organizaciones nativas, que por el contrario utilizó en la recaudación de contribuciones y en las levas de tropas"[26].

Parece evidente que el nombre de *Bergidum,* que evoca el epónimo de la comarca berciana, es anterior al *Bérgidum Flaouión,* en cuanto ubicación concreta de una civitas romana. Es preciso tener en cuenta que el romano era un mundo urbano. Aunque *civitas* no equivalía a la "*urbs*", pues también lo era el territorio que la rodeaba, y que incluye los "*vici*", los "*pagi*" y los "castros" o poblamientos similares. Los cántabros y las murallas de *Bergidum*

25 J. SÁNCHEZ ARCILLA, *Historia de las instituciones político-administrativas* (Madrid, Dykinson, 1994), p. 39.

26 J. Mª. BLÁZQUEZ MARTÍNEZ, *Nuevos estudios sobre la romanización* (Madrid, Istmo, 1989), p. 196.

no resultan compatibles con los actuales espacios físicos que nos proporcionan los conocimientos actuales de la Geografía.

El nombre comarcal está presente en *Bergidum,* que el código *Bambergensis* cita como *Bergidae,* y algunos otros códices lo trascriben como *Belgicae,* e incluso otros lo traducen en las formas corruptas de: *Vellicae, Vergida, Velligia, Vellica o Villecia*[27]. Además de Ptolomeo (2, 6, 28), "el *Itinerario de Antonino,* lo cita en los pasajes (425, 4; 429, 2; 431, 1) que sitúa a *Belgido* a 50 millas al oeste de Astorga. También es mencionado por el código *Ravennate* (320, 10) en la vía correspondiente al *Itinerario Antonino* (427, 29), con la denominación de *Bergidon.* Pero cuando se consagra el epónimo comarcal es en el *Bergidensi territori* del alto medievo, del que habla la *Vita Fructuosi* (2, 6), cuyo texto dice: "contigit tu quodam tempore pater eius eum secum habens inter montium cornualia Bergidensis terretorii[28], e igualmente en otra de sus obras, "*Incipit uita et epistola Beatissime Egerie laude conscripta fratrum bergidensium monachorum a Ualerio conlata*"[29]; la *Crónica Albeldense* alude a "*vergido*" que culmina en El Bierzo actual"[30]. Reúnen también cierto interés las crónicas del berciano Sampiro, obispo de Astorga, que hace especial referencia a hechos políticos de la Reconquista.

El modo de vida de los astures la describe Florentino Díez con un indiscutido estilo poético, "hay una ruta arqueológica donde el pasado yace como una semilla mítica. Es una ruta que surca los alcores y desvela en su profundidad las sombras más antiguas, aquellas que mezclan el sueño originario con la ruina enquistada en la vigilancia del monte. Los castros van marcando el hito de la leyenda primigenia por los altos. Son las tumbas sagradas que retienen las huellas fundacionales de los pueblos, las únicas

---

27 A. TOVAR, o. cit., p. *108.*

28 SAN VALERIO, "Vita santi Fructuosi", en *San Valerio (Nuño Valerio): Obras,* editor R. Fernández Pousa, (Madrid, CSIC, 1942), p. 67.

29 *Ibidem,* p. 101.

30 *Ibidem,* p. 324.

tumbas que no atesoran la muerte sino el estrato más hondo y lejano de la vida vecinal, aquel que permanece preservado en la soledad extrema del tiempo y apenas lastimado por el viento que lo guarda. A la sombra de estos castros crecieron las aldeas, bajo su amparo ancestral"[31]. La geografía testimonia que el modo tradicional de vida se desarrollaba en este tipo de construcciones *castra-castella* que igualmente condicionaba su cultura. Por la enumeración de Ptolomeo y las citas de Plinio y Mela deducimos la existencia de 32 poblaciones de este tipo que corresponden igualmente a 33 clanes de origen astur en la comarca.

La organización política se conoce por fuentes romanas, configurándose tempranamente en el *Conventus Asturum;* recién terminada la guerra, Augusto cede su campamento para fundar la ciudad *Astúrica Augusta* (Astorga) como su capital, y para que de ese modo los aborígenes descendiendo de la montaña se asentaran en el llano, con la denominación de astures, como lo recoge Plinio (3, 18), *regio Asturum* (4, 11) o como Asturia (4, 112 y 118). "Los *Conventus Juridicum,* deduce J. Mangas, parecieron tener su origen en los distritos judiciales a los que acudía el cuestor a ejercer la justicia"[32], recurso imprescindible en el proceso de romanización.

Si examinamos los actuales nombres comarcales sustentados por las fuentes epigráficas, claramente encontramos su origen gentilicio: Tierra de Tribes (de los tiburi); Val de Orras (de los guigurri); Pesoz de los paesici. Con la pacificación de los romanos se produce un asentamiento generalizado de los pueblos aborígenes; la vinculación de los astures a una demarcación territorial concreta debió sentirse acentuada por la presencia romana, e incluso cobraría mayor significado y precisión el propio término Asturia (país de los astures). Prontamente este pueblo se integró en la organización romana en el recién creado *Conventus Asturum* con su capital Astorga que dotó de organización

31 F. A. DÍEZ, L. MATEO DÍEZ y A. DÍEZ, o. cit., p. 21.

32 J. MANGAS MANJARES J. y J. SOLANA, "Romanización y Germanización de la Meseta Norte", en *Historia de Castilla y León,* t. II (Valladolid, Ámbito, 1985), p. 34.

administrativa al pueblo astur con la paulatina transformación de las viejas tribus en *civitates*, que acaba desembocando en la aparición de numerosos municipios en la época Flavia: *Bergidum Flavium* (¿Pieros?), Flavionavia (¿Navia?), *Interamnium Flavium* (¿Bembibre?), *Asturica Augusta* (Astorga), *Brigaecium* (Villabrázaro), *Lancia* (área de Mansilla). En lo que concierne a la comarca berciana se presupone que *Bergidum e Interamnium*, por su apelativo "Flavium" debieron alcanzar tempranamente el estatuto municipal.

La romanización, producida con inusitada rapidez resultó intensa y eficaz en la comarca berciana. Como señala Floro, el pueblo astur "mostró en lo sucesivo una fidelidad a toda prueba, y disfrutó de perpetua paz, ya sea porque el carácter de sus habitantes se hizo más pacífico, o debido a la determinación que tomó Augusto de obligarlos a poblar sus campamentos situados en el llano por temor al baluarte de las montañas, que ofrecía a aquéllos un seguro refugio"[33]; su tradicional forma de vida castreña resulta truncada aunque no totalmente abandonada.

La cultura romana y sobre todo su organización jurídica permitió el establecimiento de la vida rural sobre la base del trabajo agrícola, agrupándose dénsamente la población en residencias de familias vinculadas al agro (*villa*) que constituye el hecho incuestionable del incremento notable de la economía agraria en la comarca berciana desde el comienzo de la dominación romana. Las causas es preciso deducirlas con mucha aproximación. El régimen de la propiedad de la tierra de los pueblos celtas y astur se desarrollaba en un régimen comunal, en cambio en el sistema romano se orienta a un régimen capitalista de propiedad individual. Los veteranos de las legiones romanas y otros empresarios se beneficiarían de las privilegiadas expropiaciones del Estado, sobre todo acaparando las tierras de mejor calidad, en las que resultaba fácil obtener altos rendimientos. La mayor parte de las empresas agrícolas se dirigían desde Roma a través de un administrador; de ahí el interés de los hacendados de la Metrópoli en la explotación de la tierra productiva.

---

33 *Ibidem*, p. 146.

García Bellido, destaca el hecho de las frecuentes revueltas que originaba ese acaparamiento de tierras para a un pueblo que pierde la propiedad.

Cos-Gayón, cree encontrar la clave del incremento de la producción agraria, "en que Roma cobraba los diezmos de todos los granos y demás productos de la agricultura, que incluso en España, por un privilegio especial, alcanzaba el 20%". De este modo resultaba la principal beneficiada de la explotación agrícola por lo que orientaba todos los medios necesarios para ese fin, e incluso en El Bierzo, como dice el H. Flórez, "hízoles Augusto trabajar la tierra; y entonces supieron lo que tenían en su casa, cuando los fatigaban para sacarlo fuera"[34], significando su vinculación forzosa.

El modelo de economía astur de agricultura de suficiencia, resulta desplazado por los nuevos cultivos generalizados de la vid y el olivo, y la propiedad comunal también es desplazada por los modelos clásicos de dominio romano. La actividad económica que mayor desarrollo reportó a El Bierzo romano la constituyó sin duda, la minería del oro. La conquista romana de esta comarca minera trascendió a todo el Orbe.

Innumerables minas, con distintos sistemas de explotación (Deleitosa, Las Médulas...) representan el máximo exponente económico del territorio y los consiguientes cambios estructurales irreversibles que reportan a la comarca tres siglos de inigualado esplendor. No es relevante para este trabajo, la cantidad de oro aportado a Roma, ni el cuantioso volumen de tierra removida, pero sí lo es la delimitación de un territorio y las singulares consecuencias de los hechos en ella acaecidos. El desgaste de la guerra, que se supone cuantiosa y profundamente dolorosa para la población autóctona, en la que sus habitantes pierden la condición de hombres libres para convertirse en forzados mineros y labradores esclavos, resulta un hecho de incalculables consecuencias para un pueblo montaraz proverbialmente celoso de su libertad.

Otra repercusión de indudable trascendencia para esta población,

34 E. FLÓREZ, o. cit. t. XVI, cap. I, p. 7.

gravemente diezmada por la derrota militar, resultó el hecho de que Roma, para poner rápidamente en marcha los objetivos económicos previstos en la conquista, recurriera al asentamiento de poblaciones procedentes de otras zonas montañosas, con lo cual la identidad astur sufre un profundo desarraigo en sus unidades básicas acrecentadas con la ingente presencia de tropas, técnicos mineros y los asentamientos privilegiados de legionarios jubilados, hasta el punto de provocar rápidamente la pérdida de su identidad como pueblo que paga el penoso tributo de su integración forzosa al Imperio.

Con frecuencia Roma llevó a cabo para sus intereses económicos, traslados masivos de poblaciones que inicialmente podían tener carácter estratégico pero que no dejaban de constituir un eficaz factor de romanización. La coherencia de la población desaparece y el territorio afectado necesitará en el futuro de la configuración de otro tipo de cohesión poblacional que no llegó a producirse hasta la época medieval. Las colectividades humanas no viven por separado con cada uno de los elementos del medio que les proporciona el entorno físico, sino con todos a la vez. Como dice Pierre George: "la Geografía es la prolongación de la Historia pero difiere de ésta sustancialmente en el sentido de que la historia es "una", porque resulta de opciones entre las tendencias manifestadas sucesivamente (singularidad de la historia según Georges Gurvitch), mientras que la Geografía es "plural" porque aprehende los hechos"[35].

San Isidoro dice que Augusto mandó hacer el primer censo del orbe romano, "la era de los diferentes años fue iniciada por él cuando, al efectuar el *Censo* delimitó por primera vez el orbe romano. Recibió el nombre de "era" porque todo el orbe se comprometió a pagar un tributo a la república, denominado "*aes*"[36]. *La Cosmographía Jullii Caesaris* comienza diciendo que en el consulado de Julio César y de Marco Antonio, el orbe es recorrido por cuatro varones sapientísimos (Dídimo resultó el elegido para realizarlo en Occidente).

35 P. GEORGE, *Sociología y Geografía* (Barcelona, Ediciones Península, 1974), p. 11.

36 S. ISIDORO, *Etimologiarum.* Libro V, 36, 4, trad. J. Oroz Reta (Madrid, Biblioteca de Autores Cristianos, 1982), p. 549.

Cuestión importante supone la estimación de la población que vive en El Bierzo al producirse la integración en el Imperio romano una vez terminada la conquista. Las constantes guerras hacen pensar en la presencia de una población muy importante para la época, pero igualmente es preciso tener en cuenta que la última guerra de conquista romana la diezmó sensiblemente.

Resultan muy escasos los datos conservados, lo cual nos obliga a acudir al testimonio de C. Plinio (3, 2) como única referencia. El número de habitantes de Asturia lo deduce de la estimación de unos 60.000 hombres en armas y aplicando la relación regular entre habitantes de un pueblo y la proporción de sus guerreros de 4:1 alcanza un total aproximado de 250.000 habitantes. De la ponderación de estos cálculos se deduce que en Asturia, con unos 20.000 km.^{2}, vivían aproximadamente 10 habitantes por km.^{2}, consecuente con de la pobreza del país, pero esta relación debe ponderarse al considerar la previsible minoración de las zonas montañosas, deduciendo que está referida a los valles permanentemente habitados por lo que dicha proporción puede incluso resultar una cifra significativa de población.

Henrique Flórez, citando a Cayo Plinio, estima igualmente, en 240.000 los habitantes libres en el convento jurídico de Astorga y de la división en Augustano y Trasmontano, a cada uno correspondería la mitad de dicha suma por lo que podría atribuírsele a El Bierzo una cifra entre 20.000 y 25.000 habitantes. Un cálculo parecido lo realiza T. Mañanes[37], considerando la existencia aproximada de un centenar de castros, con una población de 200 habitantes por castro. Cifra igualmente admitida por Sánchez-Palencia, del Árbol y Sastre en su respectivo estudio[38]. Y lo más sorprendente es que algunos historiadores estiman que trabajaron simultáneamente en las minas bercianas 40.000 esclavos; cifra para otros desproporcionada pero de todos modos pone

37 T. MAÑANES PÉREZ, *El Bierzo prerromano y romano,* cit., p. 93.

38 F. J. SÁNCHEZ-PALENCIA, Mª, del ÁRBOL e I. SASTRE, "El Bierzo en la época romana", en *Qué es El Bierzo* (León, La Crónica de León,1998), p. 302.

de manifiesto la presencia de un número que resultaría muy significativa principalmente en el enclave minero de Las Médulas.

En el aspecto cultural y religioso también es de notar la lenta transformación de las creencias religiosas, perviviendo durante mucho tiempo las divinidades indígenas bien con los propios nombres o asimiladas a las romanas, como nos lo atestiguan las lápidas de Villanescos, Torre del Bierzo y San Andrinos de Monteros que testimonian un Júpiter Bolicheros, Óptimo Máximo y Celidonia, dioses, manes y lares. El cristianismo también se abrió paso, al igual que el latín, desplazando las lenguas y dialectos locales. Nuevos grupos humanos comienzan a llegar a El Bierzo iniciándose así el periodo denominado de la Antigüedad tardía que se extiende en el tiempo hasta el siglo VIII coincidiendo con la invasión musulmana del 711.

Un hecho de trascendentales consecuencias viene determinado por la invasión de los pueblos germánicos que presupone una crisis profunda del Imperio y que obviamente sobrepasa el ámbito geográfico de El Bierzo pero también en él tuvo sus específicas repercusiones; se produce el abandono de las explotaciones auríferas, el deterioro de la vida urbana con la consiguiente reclusión en las fortificaciones de los castros y se evidencia la general inseguridad puesta de manifiesto en la ocultación de tesorillos y a todo ello es preciso añadir la destacada eclosión religiosa del monaquismo y eremitismo como manifestación peculiar en este singular territorio.

3.- La importancia del monacato berciano en el medievo

La falta de rentabilidad de las explotaciones mineras conlleva el cierre de las minas del noroeste. A finales de los Severos (235), afirma Isabel Corullón, "se produce en el Imperio la crisis de la vida urbana, de la cual se derivaron cambios económicos y sociales, pues la ciudad había venido funcionando como base de la organización social, económica y de la administración. Estas transformaciones dieron lugar al desarrollo en la época visigoda de las bases de una sociedad feudal, situación en la que se integró plenamente la Iglesia hispana"[39].

A partir del 409, como señala la *Crónica de Idacio,* en Hispania los graves problemas de carácter social resultaron agravados con las invasiones de suevos, vándalos y alanos asdingos. Paulo Orosio (VII. 22.7-8), que por ser hispano se supone bien informado, afirma que la totalidad de Hispania resultó arrasada y que los invasores vivieron sobre el terreno 12 años (VII, 41, 2), aludiendo a que eran pueblos en movimiento que buscaban tierras para asentarse en ellas. Y como consecuencia de la invasión, muchas ciudades resultaron totalmente devastadas, situación a la que no resultó ajeno El Bierzo, con los casos, de la destrucción total de *Bergidum Flavium* e *Interamnium Flavium.*

A esta peculiar devastación se sumaron las disensiones en el reino suevo y la sublevación de Aspidio, apoyado por el rey suevo Miro; revueltas que finalizan en el 585 con la victoria del rey visigodo Leovigildo que pone fin a 177 años de asentamiento suevo en el territorio berciano; el *Parroquiale Suevum,* también conocido como *Divisio Teodomiri* en las probables fechas de su publicación (572-582) incluye a *Bergido* en la diócesis de Astorga. La integración de El Bierzo en el reino visigodo, reportó a la comarca una estabilidad más acusada en el ámbito administrativo y la incorporación a la provincia de *Gallaecia,* como especial diferencia respecto al período bajo-imperial romano, con la presencia de un Dux en las competencias militares similar al gobernador romano, determinando la estructura inferior de los *Territoria* con atribuciones judiciales ejercidas por un *comes o iudex;* de este modo El Bierzo se configura claramente en un *Territorium.*

A finales de la Edad Antigua, un singular movimiento religioso y social aparece en EL Bierzo y a decir de A. Quintana, se agigantó con la figura

39 I. CORULLÓN, "El eremitismo en la épocas visigoda y alto medieval a través de las fuentes leonesas "; en *Tierras de León,* nº 64 (1986), p. 49.

"señera de San Fructuoso que "puebla sus valles y riscos de monasterios y eremitorios[40], estableciendo en todas partes y con el mismo afán la vida monástica y la vida eremítica. San Valerio "el solitario del Bierzo", continuó esa doble labor. El eremitismo, como apunta I. Corullón, enraizó profundamente en este ambiente de espíritu monástico, que aquí arraigó como en ninguna otra parte hasta el punto de que llegó a contar en la época medieval con más de un centenar de monasterios simultáneos dentro de su ámbito territorial.

De manifestación histórica, califica H. Flórez, "una de las mayores glorias de la santa Iglesia de Astorga es la que resulta por matriz del territorio del Bierzo, a quien el cielo escogió para dotarle, a competencia, de bienes de la naturaleza y de la gracia, haciéndole muy digno de atención en el campo de la Historia eclesiástica de España, porque en todo el continente no encontramos otro que le iguale en razón de teatro, donde sólo se militaba para Cristo. Ninguno mejor puede competir con la Tebaida"[41]. Y añade; "parece que ni había lugar ni necesidad de otros monasterios". Con no menor énfasis, J. Mª Cuadrado matiza, "cada roca nos parecía un altar, cada roble una planta regada por el sudor de un santo, cada objeto un testimonio coetáneo de tantas visiones y maravillas como allí pasaron y allí se escribieron"[42].

Para Sánchez Badiola, el espacio geográfico que la documentación alto-medieval denomina *territorium bergidense* coincide en lo fundamental con la región así denominada en la época visigoda que conocemos gracias a las obras de San Valerio que en su probable biografía *Vita Fructuosi*, cita el lugar de Visuña situado "inter Bergidensis territorii et Galletiae prouintiae confines"[43], e igualmente se refiere a los monasterios fundados por el santo anacoreta "inter montium cornuallia Bergidensis territorii". Se evidencia pues,

---

40 A. QUINTANA PRIETO, *El eremitismo en la diócesis de Astorga* (Pamplona, Aranzadi, 1970), p. 378.

41 H. FLÓREZ, o. cit., p. 16.

42 J. Mª CUADRADO, *Recuerdos y bellezas de España, Asturias y León* (Salinas Asturias, Yalga,1977), p. 652.

43 J. SÁNCHEZ BADIOLA, "El territorio berciano durante la alta y plena Edad Media", en *Tierras de León*, nº. 109-110. (2000), p. 139.

una demarcación administrativa de segundo orden, inserta en la provincia Asturiense, que menciona San Valerio en otro de sus escritos"; todos estos datos contribuyen a reafirmar la continuidad del territorio berciano como unidad geográfica perfectamente definida.

En el orden administrativo, durante la vigencia del reino visigodo se efectúa la subdivisión de la provincia en territorios posiblemente con el ducatus de Asturias que en palabras de San Valerio se convierte en "provincia asturiensi" en la que se encontraría incluido El Bierzo; provincias a su vez subdivididas en territorios *(territoria)*, que originaban una peculiar configuración que constituyó el definitivo *Bergidense Territorium.*

El cataclismo inicial que representó para Hispania la irrupción árabe, implica un cambio diferenciador. Las regiones menos romanizadas y también menos cristianizadas, las de mayor atraso y menor relación con la monarquía goda, desde la inquebrantable lucha por su independencia, pasan a convertirse en los auténticos adalides de los valores perdidos por el reino visigodo de Rodrigo. Mientras en la frontera oriental es la cultura europea de Carlomagno la que hace frente a la incontenible expansión árabe, en la zona occidental gallegos, vascones, y principalmente cántabros y astures, tras un repliegue inicial, configuran la resistencia propiciando el nacimiento del reino astur.

Límites territoriales escasamente documentados prefiguran el nacimiento de los nuevos reinos cristianos. El Bierzo se convierte en zona de transición, reconquistada en tiempos de Alfonso II (791-842) y Ramiro I (842-850) va a iniciar el importante papel repoblador de décadas posteriores. Acontecimiento singular en la historia de la demografía leonesa es la repoblación de sus tierras en tiempos de Ordoño II y Alfonso III estrechamente relacionadas a las colonizaciones que originan las emigraciones de mozárabes, a los que se debe la fundación de varios monasterios y su expresión artística manifestada en la comarca berciana por las iglesias de Santiago de Peñalba y Santo Tomás de las Ollas. Desde los primeros años de vida del reino astur-leonés y a lo largo de un milenio, los nombres sonoros de las pequeñas comarcas leonesas aparecen una y otra vez en todo tipo de documentos, hasta el punto de resultar fácil comprobar, cómo la mayor parte de ellas ha sobrevivido a los innumerables cambios políticos habidos en más de diez siglos.

4.- La presencia señorial en El Bierzo

"Dentro del estudio de la civilización medieval, dice S. de Moxó, ningún concepto ha alcanzado difusión tan amplia como el del feudalismo, hasta el punto de que en círculos no doctos se llegan incluso a utilizar los calificativos de medieval y feudal como términos sinónimos en la conversación común"[44]. Sin embargo, como el mismo Moxó advierte, el concepto de feudalismo surgió como término académico acuñado por los historiadores y juristas, que lo difunden desde el siglo XVIII. Las influencias de las investigaciones históricas de franceses y alemanes llevaron enseguida a los historiadores hispanos a desconfiar de la existencia de un feudalismo español y pronto advirtieron que los pequeños reinos cristianos medievales, en su estructura política, no coincidían con la establecida en los países europeos. El régimen vasallático resultó mucho más diluido, especialmente en El Bierzo que por razón de la citada expansión del monacato originó un preponderante desarrollo del dominio monástico que contrarrestó sustancialmente al señorial por las exenciones concedidas durante los siglos centrales de la Edad Media.

Los títulos de soberanía de la Corona se hacen cada vez más nominales determinando el debilitamiento del dominio monástico, originado por el abuso prepotente de las encomendaciones establecidas por los señoríos civiles; la representación resultó alterada en los siglos XIV y XV, en los que, como dice García Oro: "el noble medieval es protagonista continuo de actitudes extremas: atropellos sin ley ni medida, arrepentimientos y penitencias

44 S. de MOXÓ, *Feudalismo, señorío y nobleza en la Castilla medieval,* cit., p. 13.

solemnes que confiesan sin rebozo las atrocidades cometidas y tratan de repararlas con donativos materiales"[45]. Compras, permutas y tropelías, configuran la presencia de poderosos señoríos civiles en el territorio berciano, en luchas e intrigas intestinas permanentes.

Las demarcaciones territoriales del Medievo dejaron una marcada huella en el desarrollo de las comarcas leonesas de tal forma que conservan su primitiva denominación formada generalmente con el nombre de la cabecera jurisdiccional, muchas veces acompañada del prefijo -Val -, o -Tierra de-, o incluso el de su titularidad: El Condado, El Infantado, Tierra de Boñar, de Rueda o de Valderrueda.

El proceso señorial berciano de un modo muy similar al gallego, por razón de su conformación, tiene raíces visigodas. Sabemos, que el padre de San Fructuoso, noble perteneciente a la familia real visigoda toledana, era *Dux* de la provincia de *Gallaecia*, y como compensación a los servicios extraordinarios prestados a la Corona, recibió los territorios bercianos a título patrimonial. En los primeros cuatro siglos de la Reconquista, la fisonomía típica del señorío español, estrechamente vinculado a la Corona y comprometido plenamente con las empresas del Reino, en el que la autonomía no es interpretada como emancipación frente al poder real, sino como una auto-gestión de tipo administrativo, y en este sentido la Corona no ve comprometida su función de auténtica empresa de arraigo popular que canaliza la acción rectora de la monarquía, infundiéndole un profundo sentido religioso que convierte la Reconquista en una aglutinante epopeya común. "El señorío y la hidalguía vienen a confluir en un estamento que en su categoría -ricos-homes, fijosdalgo, caballeros- mantienen un protagonismo, social, militar y político dentro de la Historia hispana medieval"[46]. El *Territorium Bergidense*, resultó herencia de San Fructuoso y como tal, estrechamente vinculado a la Corona.

45 J. GARCÍA ORO, *Señorío y Nobleza. Galicia en la Baja Edad Media*, cit., p. 17.

46 *Ibidem*, p. 11.

Por lo general, los señoríos bercianos y gallegos tienen un origen común por derivarse de circunstancias también comunes; "las presuras, escalios y cartas de población, dadas muy especialmente a los nobles y poderosos para realizar la colonización de zonas despobladas"[47] constituyen una de las principales razones en la configuración de estos señoríos. También concurren otras causas, como "la entrega voluntaria o forzada de la pequeña propiedad a los poderosos en concepto de *devoción* (donaciones pro ánima) o compensaciones por insolvencia de los pequeños propietarios"[48].

"Numerosas concesiones de villas y lugares con las tierras de su término dieron lugar en el siglo XII a la formación de señoríos, aunque sus titulares, como dice Moxó, no adquirieran la jurisdicción, al menos el diploma original encierra cierto poder coactivo que, si por un lado ofrece una vertiente de empresa agrícola nos presenta simultáneamente, por otra, su faceta de grupo humano encabezado por un jefe que lo rige con autoridad disciplinaria y cuya responsabilidad ante el poder central, más o menos según las épocas y países, le corresponde una autonomía de gobierno, de amplitud variable en el interior del coto o término señorial"[49]. Pero ya en siglos posteriores podemos asegurar que los señoríos de El Bierzo en ningún momento resultaron una excepción; alguno de ellos alcanzó la potestad del ejercicio de la justicia al que con frecuencia hacen referencia los documentos, como la potestad sobre los hombres, incluso alguno de ellos, también alcanzó en ciertos momentos la capacidad legislativa; y lo que sí resulta indudable que el señorío se extendió permanentemente a ciertos derechos.

En opinión de S. de Moxó, el régimen señorial en España no llegó a confundirse totalmente con el sistema feudal, como acaecía más allá de los Pirineos al generalizarse la infeudación de los señoríos[50]. El proceso de

---

47 *Ibidem*, p. 12.

48 *Ibidem*, p. 12.

49 S. de MOXÓ, "Señoríos", en *Revista Hispania,* nº. 95 (Madrid, 1964), p.196.

50 *Ibidem*, p. 127.

feudalización de España, por las circunstancias del dilatado dominio árabe, no siguió los cánones del modelo europeo y resulta complicado verificar un seguimiento de la evolución histórica de las competencias de estos señoríos en El Bierzo. Ordinariamente las competencias jurisdiccionales eran delegaciones regias urgentes y anexas a las necesidades de la repoblación y en este sentido en El Bierzo, de carácter netamente repoblador, sus señoríos, de algún modo resultaban anteriores a la circunstancia indicada, pero en cambio sí sabemos que alcanzó plenamente a los territorios o señoríos por ellos repoblados.

A pesar de que la dependencia representa la condición del feudalismo algunas de sus manifestaciones no son de tal naturaleza y como dice García de Valdeavellano: "durante el siglo X, muchos de los habitantes de los castros y villas, en León y Castilla, no fueron gentes sometidas por vínculos de dependencia señorial o de servidumbre, como era regla general en Europa sino que como también ha señalado Sánchez-Albornoz, de pequeños propietarios territoriales que al ocupar, por el sistema de presura, los campos yermos de las comarcas despobladas del Valle del Duero, se habían convertido en plenos propietarios de los fundos que cultivaban, y como tales los reconocían los reyes, interesados en que se repoblasen y roturasen los territorios desiertos, estimulando la libre iniciativa de los particulares en la ocupación de las tierras incultas favoreciendo a los repobladores con exenciones y liberalidades"[51], circunstancia que favoreció a la tierra de El Bierzo.

A principios del siglo VIII, con la ocupación musulmana, se produce la desintegración de la vida urbana y determinó que España se escindiera en dos mundos distintos, por una parte el cristiano en el que las ciudades degeneraron en auténtica ruina, frente a la formación de grandes urbes de la zona islámica, que disfrutaron de un reconocido esplendor en su estructura económica, comercial, política y social. La sociedad astur-leonesa de los siglos IX al XI, concretamente en El Bierzo en cuanto que la población resultaba de

51 L. GARCÍA de VALDEAVELLANO, *Orígenes de la burguesía en la España medieval,* cit., p. 87.

condición libre, predominó el régimen de la pequeña propiedad y a su vez agudizó la economía rural y agraria; únicamente León y en menor grado Barcelona, polarizaban cierto ritmo comercial y muy al contrario en la España musulmana incluso aparecían nuevas ciudades como Murcia; en cambio en la zona cristiana eran arrasadas como ocurrió con *Bergidum e Interamnium.*

Innumerables documentos del siglo IX y muchos de los diplomas del X, únicamente hacen referencia a poblaciones rurales, a las "*villae*" y los "*castra*" o "*castella*" o referencias a fortalezas pero prácticamente a muy pocas "*civitas*", como Astorga, que resulta calificada *(Astoricensis sedis civitas antiqua).* Los escasos mercados, se encontraban muy grabados fiscalmente con el "*teloneum*" o su equivalente el *portazgo.* Y dentro de la escasa actividad industrial, curiosamente hay noticias de que en Bembibre y en la merindad de Cornatel se tejían unos paños de lienzo blanco denominados los "*bierzos*", rodeados de cierto éxito que incluso se comercializaban fuera de la comarca. Además de estas peculiaridades, El Bierzo desde antiguo se singularizó por sus caracteres propios y mantuvo siempre una consideración señorial basada en su delimitación geográfica, con una indudable situación estratégica por su condición de zona de paso entre la meseta y Galicia. Como dice Fernández Pousa, "ya desde el siglo VII se destacaba su peculiar constitución geográfica y su estructura política se la denomina *Territorium Bergidense*"[52].

De la marcada hidrografía de El Bierzo, J. M. Luengo deduce su independencia formal tanto de León como de Galicia, "limitada por elevadas montañas que la cercan, formando un grandioso anfiteatro, dentro del cual se apiñan pueblos con un marcado carácter etnográfico, independiente de las regiones limítrofes, con características de una recia unidad folklórica" y añade que "esta limitación natural, tuvo su consecuencia histórica en la creación de un Condado (quizá como herencia visigoda), que debía de atender al gobierno

52 R. FERNÁNDEZ POUSA, *San Valerio. (Nuño Valerio) Obras,* ed. crítica con facsímiles de R. Fernández Pousa (Madrid, Instituto Antonio Nebrija, 1942), p. 179.

del país. En tiempos de Ramiro I (842-850) era su Conde D. Lorenzo"[53]; desde la segunda mitad del siglo IX (en cita contrastada del año 850), este protagonismo recae sobre el Conde Gatón tanto en la delimitación geográfica como en la unidad administrativa que aparece perfectamente contrastada, como se aprecia en documentos de los años 853, 857 y 872, que en la terminología feudal recibiría el nombre de merino y que se consolida en "condado".

Desde un principio, El Bierzo se configuró como uno de los grandes distritos de la región y estará tutelado por estos Condes; aunque inicialmente la secuencia en su mandato resulta difícil de establecer, aparecen aisladamente citados algunos de ellos. Así en el año 896, con Alfonso III el Magno, en el *"Chronicon"* de Sampiro, encontramos citado, a partir del mencionado D. Lorenzo, el conde Sarracino"[54] cuya memoria perdura en el Castillo de Sarracín de la Vega, situado en los límites de Villafranca que unido a la leyenda está presente en el escudo familiar de armas de los Valcarce. En el siglo X, figura el Conde Froila Gutiérrez, y en el año 997 se cita al Conde Munio Fernández; en 1027 aparece también Petrus Froilaz "*comite in terra bergidense",* en el 1033 se cita nuevamente Pedro Froilaz; en 1043 a Ecta Álvarez, y a partir de esta fecha ya resultan identificados, en secuencia correlativa totalmente acreditata.

Alfonso VII (1126-1157) estructura la organización territorial berciana en una *Tenencia*, pero la individualización administrativa de El Bierzo viene determinada con el protagonismo de Ramiro Froilaz desde 1123 hasta 1164. El proceso de feudalización discurre con la fragmentación de cada Tenencia, y el ejercicio de la jurisdicción se distancia del carácter dominical, surgiendo así la presencia de una fortaleza como manifestación del aspecto jurisdiccional básico y a la vez generador de rentas.

---

53 J. M. LUENGO MARTÍNEZ, "Noticias históricas sobre la provincia del Bierzo", en *Semanario Promesa* (Ponferrada 4 de mayo de 1951), p. 4. Citando igualmente a, R. Fernández Pousa, *San Valerio como fuente histórica* (Madrid,1943), p. 62 y 63.

54 S. GARCÍA LARRAGUETA, *Colección de documentos de la Catedral de Oviedo,* doc., nº. 16 (1962).

En el año 791 en la batalla de Burbia se produce el descalabro de Bermudo I; y otra incursión mucho más grave sobrevino a mediados del 800, de la que nos dice Sampiro, que: "taló, y pasó a sangre y fuego la llanura berciana". Mediado el siglo IX se inicia la recuperación económica de la comarca con un hecho fundamental para la la historia de El Bierzo; en el año 856 el Conde Gatón, tío del monarca asturiano recibe el encargo de repoblar la ciudad de Astorga destruida por las correrías árabes, y "acaso desde entonces van unidos los condados de Astorga y El Bierzo, como se atestigua en documentos del reinado de Ordoño II: *Sarracenus, comes Astorice et Berizo*"[55]. "Unión que perduraba en 1160 en la figura del Conde D. Gonzalo"[56]. Pero esta asociación de los dos distritos en un mismo condado no significó en momento alguno menoscabo de la personalidad administrativa ni interfirió en las funciones específicas de la comarca berciana. Y como dice también Henrique Flórez, "se fue sucediendo el título de estos Condes y en las "escrituras del *Bulario de Alcántara*" de 1183, se cita a *"Alfonsus Ramiri Comes in Verizo"*; y en el *Bulario* de *Santiago* de 1184, el citado es *"Aldefonsus comes in Bergido"*[57].

En 1187 no se habla ya de Condado, si no del "*Señorío*", y se tiene por dicho Señor a D. Velasco Fernández (Velascus Fernandiz, tenens Berizo). Posteriormente se citan Gobernadores, siéndolo el rico hombre asturiano D. Gonzalo Peláez, que lo era también de Astorga, Proaza y Buango, cuya hija, Sancha González, casó con el Conde D. Fernando y después fue Gobernadora de El Bierzo, noticia que confirma Henrique Flórez, cuando dice que la Infanta Dª. Sancha, hermana del Emperador D. Alfonso VII, fue también Gobernadora de El Bierzo, según las Escrituras de Carracedo, mencionadas por Yepes t. 5, fol. 225, dice, "*Domina Sancia tenente Vergidum*", hermana, acaso de Dª Dulce, hija de Dª Teresa, Reina de Portugal, que tuvieron su palacio en las

---

55 *Ibidem*, p. 4.

56 M. RODRÍGUEZ, *Historia de la M. N. L. y B. Ciudad de Astorga;* p. 214. Ratificado igualmente por H. FLÓREZ; *Historia Sagrada*, t. XVI, cit. p. 31.

57 H. FLÓREZ, *Historia Sagrada*, t. XVI, cit., p. 32.

estancias de las "*cámaras reales*", en parte conservadas entre las ruinas, del Monasterio de Carracedo. En marzo de 1243 (Doc. 298); en una venta al Monasterio de San Pedro de Montes se rubrica: "en El Bierzo el *merino del Rey* don García Carnota"[58], que atestigua la figura de un merino en Ponferrada. "En lo sucesivo, afirma J. Luengo, "la Historia deja de hablar de El Bierzo como administración independiente de León, a cuya suerte va ya siempre unido"[59], aunque posteriormente se cita un "*Didacus Lupi, tenens Extremaduram et Berizo*, y algunos otros cargos interrelacionados.

El Bierzo en el siglo XIII constituía una Tenencia demasiado extensa para integrar un único ámbito jurisdiccional lo cual acentuó la disgregación señorial, llegando a desintegrarse en un verdadero mosaico dominical-territorial de considerable complejidad, en el que afloran las pueblas del Camino de Santiago impulsadas por Alfonso IX, Bembibre, Ponferrada, Cacabelos y Villafranca, que el Tudense recoge, *"populavit in Berizo Benevivere et Ponten Ferrata"*, una Ponferrada que empieza a cobrar importancia en el siglo XIII, aunque parece haber sido el territorio de Ulver el centro político-militar de la región berciana en sustitución de Castro Ventosa. La fortaleza representativa de Ulver pasó posteriormente a Cornatel, y se deduce que se encontraba en sus inmediaciones. El mapa territorial de El Bierzo, muy posiblemente estaría conformado por las fortalezas de Cabrera (Peñarramiro, Ulver, Aguiar, Autares (Valcarce), San Esteban (Ancares), Ponferrada, Noceda e incluso la de Bembibre en ocasiones. A su vez las tenencias estaban ubicadas en Castrillo, Molinaseca, Priaranza, Corullón, Burbia, Vilela, Balboa, Villameca, Cacabelos, Carracedo, Cubillos y Molinaseca, con órdenes militares y hasta el considerable número de 46 señoríos monásticos, además de los señoríos correspondientes a los obispados y complementadas por las citadas Pueblas.

---

58 A QUINTANA PPRIETO, *Tumbo Viejo de San Pedro de Montes* (León, CEEI San Isidoro, 1971), Documento nº. 298, p. 402.

59 J. M. LUENGO, "Noticias históricas sobre la provincia de El Bierzo", en *Semanario Promesa* (Ponferrada, 6-V-1951), p. 4.

Historiadores eclesiásticos como H. Flórez o A. Quintana destacan en El Bierzo la preeminencia del poder eclesiástico sobre el poder secular representados especialmente por los monasterios de Carracedo, San Andrés de Espinareda, Compludo, San Pedro de Montes y el Obispado de Astorga. "Poder que en muchos casos no solamente era superior al secular, sino que incluso podía resultar también más opresivo, como se deduce del hecho de que a finales del siglo XIV los vecinos de Barrios de Salas prefiriesen el vasallaje del Conde de Benavente en vez del Obispado de Astorga"[60] y ello como mal menor, como dice Fernández Vargas, "los Concejos que reunían suficiente dinero compraban su jurisdicción, lo que constituye un hecho relevante y muy extendido"[61], y "esto admite la hipótesis de que la jurisdicción se ejercía sobre pueblos más que sobre territorio"[62].

El Bierzo, tan próximo a Galicia, dice Mª. Carmen Rodríguez y Mª. Durany, "no pudo escapar en el transcurso de la Edad Media a las ambiciones e intereses económicos de la nobleza laica gallega"[63]. Para mantener su posición social dominante, no dudaron en acudir a fórmulas dudosas como la participación en los bienes eclesiásticos a través de la encomienda, que únicamente supone el encubrimiento del uso de la fuerza con la finalidad manifiesta de apoderarse sistemáticamente de los bienes de monasterios y conventos, práctica que motivó una formal queja de la Reina Católica.

Los Osorio se introdujeron en el territorio berciano en 1388 por concesión de Juan I a D. Pedro Osorio el Bueno, "por conoscer quanto afán e trabajo abedes pasado por nuestro servicio e quanta lealtad e fianza en vos fallamos en todas las cosas que cumple a nuestro servicio"..., otorgamos los

60 J. GONZÁLEZ VECÍN, *Geografía social y económica d El Bierzo* (Madrid, Tesis UCM,1984), p. 50.

61 V. FERNÁNDEZ VARGAS, *La población y las jurisdicciones en León en los siglos XVI-XVIII.* (Madrid, UCM, 1973), p 15.

62 *Ibidem,* p. 13.

63 Mª. C. RODRÍGUEZ y Mª. DURANY, "El Conde de Lemos y su protagonismo en la conflictividad social de El Bierzo en la segunda mitad del siglo XV", en *Estudios humanísticos, Geografía, Historia y Arte* (León, Universidad de León, 1989), p. 99.

lugares de Cabrera y Ribera de Urbia, con sus castillos de Peñarramiro, Peñabellosa y Cornatel con todos sus términos y solares poblados y por poblar, y con todos los vasallos que moran y morarán allí, cristianos, judíos y moros, con todos los derechos y rentas en los dichos lugares, así como martiniegas, yantares, merindad, servicios y con todo el señorío y justicia civil y criminal", concediéndoles incluso el privilegio del mayorazgo[64].

El favorable matrimonio con Dª Beatriz, adquisiciones a entidades monásticas y acertados trueques, unido a las buenas relaciones con Juan II, consolidadas con Enrique IV, se traduce en la culminación de un extenso dominio territorial y poder político, que configura, un acusado cambio en El Bierzo; determinando una privilegiada situación señorial en los últimos años del Siglo XIV y XV, que pasa a ser polarizada por un poderoso Condado de Lemos detentado por D. Pedro Álvarez Osorio que resulta el Señorío más rico y poderoso tanto en Galicia como en El Bierzo. El matrimonio con Beatriz de Castro en 1432 supone la integración del Señorío de la Cabrera y La Ribera, Villafranca, Ponferrada, Monforte, Sarria, Soto de Valcarce, Villadepalos, Balboa y un largo número de poblaciones bercianas, incluso temporalmente Bembibre y los pueblos de su jurisdicción, además de Cacabelos y Arganza. Enrique IV en 1456, concedía el título de Conde de Lemos a D. Pedro, con lo cual pocos rincones de El Bierzo se sustraían a sus dominios.

Los señoríos monásticos declinan ostensiblemente su influencia frente a los desafueros del más fuerte. La poderosa Orden Militar del Temple, resultaba igualmente neutralizada por lo que el dominio territorial se simplificaba en el panorama señorial. Frente a la situación de crisis en que se desenvolvían los señoríos monásticos en los siglos XIV y XV, y en contraposición, o incluso como causa, nos encontramos con la aparición de los dos grandes señoríos laicos en El Bierzo, el de Boeza, (en Bembibre), por el Este y el de Villafranca, por el Oeste, cuyos precedentes venimos analizando con el condado de Lemos y el Marquesado de Villafranca.

---

64 A. FRANCO SILVA, *"El señorío de Villafranca de El Bierzo"*, en *Boletín Oficial de la RAH, t. CLXXIX, cuad. I*, p. 139 y ss.

A su vez, el señorío que tuvo como centro la villa de Bembibre, nació en el siglo XIV: en 1304 el Infante D. Alfonso de la Cerda, nieto de Alfonso X, recibió esta concesión señorial como recompensa por la renuncia a los derechos que poseía al trono. Aunque esta donación real quedó en suspenso en 1312, posteriormente en 1331 es confirmada definitivamente; de este modo Bembibre se convierte en cabeza del señorío del Boeza. El matrimonio de Isabel, nieta de D. Alfonso de la Cerda y su marido Bernar de Bearmé, recibieron de Enrique II el título de Condes de Medinaceli. Poco después en 1442 en un trueque con la Casa de Alba de Liste, una de las ramas de los Enríquez, y es Enrique Enríquez el que compra a Luis de la Cerda el señorío de Boeza, junto con los lugares de Castrocalbón y la Valdería. El señorío del Boeza cuyo ámbito territorial tenía como centro a Bembibre y el entorno de aldeas: Arlanza, Tedejo, Cabanillas, Igüeña, Quintana de Fuseros, Folgoso, Rodanillo y Viñales. Sin embargo, a pesar de la trascendental influencia sobre El Bierzo del Conde de Benavente, sus propiedades o concesiones territoriales y otros pequeños señoríos resultaban irrelevantes en la comarca.

En este período de la historia, la comarca de El Bierzo resulta casi toda ella vinculada al señorío de Lemos, y por ello se hace imprescindible establecer la correspondiente referencia a la confictividad social que de algún modo llegó a conmocionarlo. Los señores laicos, como precisa J. Valdeón, "basándose en medios coercitivos, obtenían cuantiosos ingresos del ejercicio de sus derechos solariegos, vasalláticos y jurisdiccionales"[65]. Si a esto añadimos que en tiempo de Enrique IV de Trastámara la nobleza recibía amplias donaciones (mercedes enriqueñas), consistentes en villas, tierras, rentas y derechos jurisdiccionales, consolidándose el triunfo del señorío pleno que esencialmente afectaba al mundo rural. Las exigencias arbitrarias de los nuevos señores provocaban, ya desde el siglo XIII, movimientos anti-señoriales,

65 J. VALDEÓN BARUQUE, "Las oligarquías urbanas", en *Concejos y ciudades en la Edad Media Hispánica* (Madrid, Fundación Sánchez Albornoz, 1990), p. 16.

constantes rebeliones que a diferencia de lo que ocurría en otros países europeos, como en Inglaterra en 1381, tenían carácter de rebelión general, aquí se limitaban a simples explosiones anti-señoriales en el ámbito local, y así "es fácil suponer que todas esas turbulencias en contra del señorío de Lemos afectaran tan profundamente a la sociedad gallega de fines del medioevo que traspasaran el ámbito meramente regional y se manifestaran con mayor o menor intensidad en las regiones más cercanas, como en la berciana"[66].

La muerte del conde de Lemos y la conflictividad originada por la herencia de su nieto y parcial heredero, el bastardo D. Rodrigo produce una turbulenta década con su eterno contrincante el Conde de Benavente convirtiendo El Bierzo en uno de los principales problemas políticos del reino de Castilla con el enfrentamiento militar de la Casa de Lemos y la de Benavente, haciendo ineludible la intervención político-militar de los Reyes Católicos. Falsificaciones, calumnias, y la misma intervención parcial de los Reyes Católicos en el pleito sucesorio, determinó una nueva configuración señorial de El Bierzo que a partir de 1484 reproduce un mapa territorial totalmente distinto. El eje montañoso y periférico del Cebrero enmarcó la frontera de una nueva división señorial que conlleva la solución del "pleito sucesorio". Las tierras gallegas seguirían en el patrimonio y título del Conde de Lemos y los territorios de la Cabrera y resto de El Bierzo lo serían para Dª Juana Osorio a la que se concede el título de Marquesa de Villafranca, por privilegio expedido en en Salamanca el 2 de abril de 1486[67], casada con el segundo hijo del conde de Benavente

Particular relevancia supone la venta obligada, al realengo, de la villa y fortaleza de Ponferrada, el 5 de abril de 1486, por importe de 23.000.000 maravedís (veinte e tres quentos de maravedís de la moneda usual corriente en

66 M. C. RODRÍGUEZ y M. DURANY, o. cit., p. 99.

67 El original del título, en información de A. Franco Silva, se halla en el legajo 5152 del ADMS; cfr., o. cit., p. 65. Texto que reproduce íntegro en las páginas 71 y 72 de *"Bienes, rentas y vasallos*, cit., p. 71.

estos Reynos de Castilla)[68], introduciendo al realengo como nuevo poder equilibrante en la comarca. De la lectura de los dos inventarios minuciosamente presentados por doña María de Bazán, el 22 de mayo de 1483 y de 30 de marzo del año 1500, en el pleito sucesorio; la herencia atribuida a su hija doña María Osorio-Pimentel, estaría representada por las propiedades de la zona berciana. Como Franco Silva deduce, "la lectura de ambos inventarios nos evidencia que el señorío estudiado no era nada pobre, pese a que la tierra de la que se obtenían sus recursos sí lo era, y puede ser, a la vez ilustrativo de lo que fue una fortuna señorial en el reino de León"[69].

Los Marqueses de Villafranca, como dice igualmente el mismo historiador, "obtenían sus rentas de la tierra y sobre todos los derechos jurisdiccionales que ejercían sobre sus vasallos. El señorío descansaba sobre una población empobrecida y diseminada en pequeñas aldeas y caseríos aislados unos de otros, y muchos de ellos emplazados en lugares de difícil acceso, especialmente los que se encontraban en la Cabrera"[70]. Un dato imprescindible para conocer el desarrollo de la comarca consistiría en el conocimiento de su población y la cualificación de la misma; información que aun resultando un elemento básico para la voracidad de los administradores, no llegó a comprobarse pese al interés mostrado por los Marqueses.

Los padrones de la merindad de Vega de Valcarce cuya modalidad fiscal en *"tocinos"* por vecino y ½ tocino las viudas, con un seguimiento fidedigno nos evidencia una tierra pobre, con una población escasa y campesina. En la misma Villafranca, representada por la exacción de las alcabalas de 1535, de 330 vecinos, únicamente figuran un herrero y un zapatero, y en cambio sí aparecen muchos pobres con numerosos hijos, atendidos en las instituciones de Beneficencia. A modo de ejemplo de la

---

68 A. FRANCO SILVA, "El señorío de Villafranca de El Bierzo (siglos XIV y XV), en *Boletín de la Real Academia de la Historia, CLXXIX* (1982), p. 66.

69 A. FRANCO SILVA, "Bienes, rentas y vasallos del señorío de Villafranca de El Bierzo al término del siglo XV", en *Archivos Leoneses,* nº 60 (1981), p. 51.

70 A. FRANCO SILVA, "Señorío de Villafranca de El Bierzo (siglos XIV y XV)", cit., p. 79.

situación de gobierno en esta época, tenemos constancia de la correspondiente a Villafranca. El Marqués ejercía sobre esta villa una jurisdicción administrativa completa, mediante un corregidor, dos alcaldes ordinarios con la misma jurisdicción que el anterior, un contador, un tesorero, un alcalde de fortaleza, un alguacil mayor, un escribano del Cabildo y tres procuradores.

Si analizamos la estructura recogida en *La España dividida en provincias, subdividida en partidos...*, recopilada de orden de Floridablanca en la Instrucción de 22 de marzo de 1785, previa al Censo de 1787, nos encontramos que, "el denominado Partido de Ponferrada estaba integrado por las Jurisdicciones de la, Villa de Ponferrada, Abadía de Espinareda, Valle de Ancares, Toreno, Cubillos, Abadía de Poibueno, Obispalía de Astorga, Bembibre o Benevivere, Lucillo, Compludo, Peñalba, Abadía de Montes, Abadía de Carracedo, Villafranca y Ribera de Escontra y las Merindades de: Cornadelo, Aguiar, Valcarce, Corullón, Somoza, Tabladillo, Quintería de Montes, Coto de Balboa, Coto de Barjas, Coto de Corros, el Coto de Melezna y algunos lugares con Jurisdicción para sí en el Partido de Ponferrada"[71].

Esta realidad histórica y geográfica, expresada antaño en la estructura administrativa del régimen señorial de El Bierzo, se prolonga en su aspecto básico hasta el siglo XIX de un modo muy aproximado al descrito, y se puede asegurar que de los poco significativos cambios sucesivos, coincidiendo con el momento de la abolición de los señoríos; que básicamente era la siguiente: al Este, la jurisdicción de Bembibre, que compartía territorios con la Jurisdicción, igualmente propia, de Noceda, San Justo de Cabanillas, Losada, Cobrana, Castropodame, Espinosa, Albares, La Granja de San Vicente, y los pertenecientes al cabildo astorgano: Torre, Santa Cruz, Santibáñez de Montes, Poibueno, Matavenero, San Facundo, San Andrés de las Puentes y Santa Marina y el antiguo Préstamo de Tabladillo; Tabladillo, Folgoso y Las Tejas.

En torno a su capital se extendía en el centro de El Bierzo la

71 M. de FLORIDABLANCA: *España dividida en provincias e intendencias, y subdividida en partidos...*, cit., p. 58 y 59.

Jurisdicción Real de Ponferrada: con Carracedelo, Dehesas, Villalibre, Toral, San Lorenzo, Campo, Otero, Columbrianos, Bárcena, Fuentesnuevas, San Andrés de Montejos, y algún otro lugar. Numerosos pueblos con jurisdicción propia rodeaban esta zona central: Abadía de Compludo, Los Barrios de Salas; la Merindad de Borrenes: Voces, Orellán, Chana, Borrenes, Santalla, Rioferreiros, Villavieja, San Juan, Rimor y Valdecañada, Abadía de Carracedo y, jurisdicción de Cubillos: Cubillos, Posadina, Finolledo, Cubillinos y Cabañas.

La jurisdicción de Villafranca completaba la parte occidental de la comarca, con los lugares de: Villafranca, Vilela, San Clemente, Arborbuena, Villabuena, Quilós, Valtuille de Arriba, Valtuille de Abajo, Toral, Villadecanes, Otero, Villamayor, Puente del Rey y Landoiro. Al sur estaba la merindad de Corullón, con: Viariz, Hornija, Horta, San Fiz, Fragonte y Villagroy. La tierra de los Ancares era jurisdicción del señorío de los Marqueses de Villafranca con los lugares de: Lumeras, Villarbón, Villasumil, Tejedo, Sorbeira, Candín, Suertes, Espinareda y Pereda, Suárbol y Balouta, con dependencia de Espinareda.

La Merindad de Somoza, del señorío del Marqués de Villafranca, con la excepción de Tejeira y Sotelo, que gozaron de propia jurisdicción. Valcarce (Val Carceris), Vega y Trabadelo, con la excepción de algunos cotos que formaban parte de una gobernación de los propios Marqueses, al igual que la merindad de Agilar de La Lastra: Oencia y Sobrado, y el ayuntamiento orensano de Rubiana[72]. La región septentrional, en las riberas del Cúa, integraba la jurisdicción de Vega de Espinareda, con los municipios actuales de Peranzanes, Vega, Fabero, Sancedo y Berlanga, y con la excepción de Sésamo y Cueto; y la Jurisdicción de Toreno, con: Toreno, Librán, Barrio, San Pedro Mallo y Santa Leocadia del Sil.

Hay que significar que además de los señoríos laicos, perduraron hasta el siglo XVIII, los señoríos eclesiásticos y las jurisdicciones de numerosos monasterios, cuyas exacciones fiscales detalla minuciosamente Martínez Fuertes haciendo referencia a los "derechos tributarios que la Abadía de

72 Cfr J. J. SÁNCHEZ BADIOLA, o. cit., p. 85.

Montes tenía establecidos en su jurisdicción y que por su originalidad merece la pena reproducir a título de ejemplo: *diezmos,* tributo canónico; el *quinto,* tributo civil, se cobraban todos los beneficios pecuarios y agrícolas; *Primicias,* que no se mencionan hasta una fecha avanzada, en que se computan en una cantidad fija y en una sola especie: un cuartal de centeno al año, cada labrador y medio cuartal las viudas. Todos los vasallos del monasterio pagaban el *censo* por las fincas y solares, tributo que aseguraba la perpetuidad del dominio directo que competía al monasterio. Los del Valle pagaban, además, la *martiniega* que se hacía efectiva el día de San Martín; el *yantar* para mantener al juez, escribano y peritos de los apeos de fincas, visitas etc.

Asimismo debían hacer cinco *sernas,* (las viudas que tuvieran hijos para trabajar dos y media) que consistían en trabajar cinco días al año para el convento donde el abad ordenase; la manutención de estos días era por cuenta del monasterio. Hasta época muy avanzada subsistió, en la Quintería el derecho llamado de *mañería,* según el cual el convento heredaba a los que morían sin sucesión. No se podían cortar árboles sin licencia del abad, autorización que también era necesaria para instalar molinos, hornos o poner una taberna, en donde se debía de consumir el vino del convento mientras lo hubiera... El abad tenía derecho a poner jueces, alcaldes y merinos (alguaciles) en todo el territorio de su abadengo; pero esta prerrogativa, lo mismo en lo civil que en lo criminal era más teórico que real pues de hecho lo ejercía el rey por medio de sus tribunales"[73]; el señorío civil habitualmente resultaba más oneroso para los vasallos que el abadengo.

La singularidad del sentimiento comarcal en El Bierzo, patente en el siglo XVI, revela un permanente deseo de autonomía de León, cabecera de la representación territorial. Así, en carta del Ayuntamiento de Ponferrada dirigida al Alcalde Mayor de León, con fecha de 23 de diciembre de 1563, enviando Representantes en Cortes, dice, Muy Ille. Señor: "El Sr. Marqués de Villafranca me escribió que la Justicia y Regimiento de Ponferrada tiene hecha

73 B. MARTÍNEZ FUERTES, *Montes y Peñalba...*, cit., p. 147 y ss...

cierta información diciendo que los Alcaldes Mayores desta Audiencia y Adelantamiento de León no pueden hacer justicia de los negocios que se ofrecen en el Bierzo por estar lejos de donde reside la Audiencia, y que es conveniente que se le sometan los negocios de aquella provincia al Corregidor de Ponferrada y se lo quiten al Adelantamiento de León y que pretenden pedirlo por capítulo de Cortes, según que más largo se lo dirán a Vª. Sª.

Muchos días ha que en este Ayuntamiento hemos platicado y considerado en algunas cosas tocantes al bien común de la república e su tierra, de que hay suma necesidad de remedio y hemos tenido por buena ocasión la que de presente se ofrece en enviar a Vª Sª procuradores de cortes para que en nombre de este reyno propongan e supliquen lo que conviene a esta probincia que no es de las menos principales del reino..., y que los negocios se sometan al Corregidor de Ponferrada". Anticipando así esta comarca la conciencia de su singularidad por lo que ya se autodenomina "Provincia del Reino" y de las "principales", en plena vocación de los valores que ello representa.

Todo parece indicar que permaneció como Corregimiento hasta el año 1780, en que una reforma administrativa crea en el Noroeste los partidos de León, Asturias y Ponferrada[74]. Pocos años después la pretensión autonomista de El Bierzo frente a la centralidad territorial leonesa se hace más explícita por la lejanía geográfica de la capital, con el mismo y fundamental argumento esgrimido en la formación de la provincia autónoma de 1822 y en la actual creación de la Comarca administrativa de 1991.

La denominación de "provincia" se mantuvo largo tiempo; en 1735 la encontramos mencionada en la portada del conocido libro *Historia de el célebre santuario de Nuestra Señora de las Hermitas*, escrito por J. Mª. de Contreras que en acta adjunta a la impresión dice que era cura de la parroquial de Santalla, "en la provincia de El Bierzo". Igualmente tenemos constancia de que en 1786, el geógrafo T. López dibujó el primer mapa de esta región al que

74 MATINOT, "La provincia de El Bierzo", en *Revista Bierzo* (2-12-1957), p. 10.

puso por título *"Mapa Geográfico del Partido de Ponferrada, que suelen llamar regularmente "Provincia del Vierzo"*; "evidentemente la denominación no era la oficial sino la usual, pero nacida de la aspiración continuada del país a ser considerado como tal"[75]. "La consagración oficial, como sostiene J. Luengo, la obtuvo en la división llevada a cabo en 1789, en la que se hicieron de la provincia de León tres partes, una que correspondía a León, otra a Astorga, y la tercera a El Bierzo, radicando su capitalidad en Ponferrada", y como tal figura en el *Diccionario Geográfico Universal*, publicado por A. Vegas en 1795.

También como provincia figura en un cuadro del pintor J. Canedo de 1796, que conmemora la batalla que dio origen a la fundación del Monasterio de Carracedo. Posteriormente, en el período de la invasión napoleónica y en la etapa constitucional de Cádiz no figura como tal, pero reaparece de nuevo en el trienio liberal en 1822, haciéndolo con la capitalidad en Villafranca. En la etapa de la Restauración de 1823-1833, J. Luengo dice, que posteriormente "formó parte de la provincia de Lugo, con el nombre de Comandancia del Bierzo, para reintegrarse definitivamente a la de León en 1833"[76].

La utilización del término provincia, al igual que ocurría con los siete partidos gallegos, se aplicaba también a El Bierzo. Los límites de estas provincias era el resultado de la agregación de jurisdicciones y no siempre respondía a la misma continuidad espacial. Por ello las Cortes de Cádiz al declarar la abolición de los señoríos, configuraron una profunda reordenación territorial, y concretamente en lo que al Bierzo se refiere, la propuesta de Bauzá y Larramendi de crear una provincia con capital en Ponferrada que la Comisión de Cortes denominó de El Bierzo, aunque precedida de las circunstancias, no dejó de suponer una novedad en cuanto representaba el distrito más pequeño de España. Y la justificación aducida por los comisionados: "la provincia de León se componía de 480 leguas cuadradas, 240.000 almas y seis millones de pesos fuertes de riqueza; dentro de esta

75 J. LUENGO, o. cit., p. 4.

76 *Ibidem*, p. 4.

provincia se ha formado con el valle de Valdeorras, la de Ponferrada, que aunque pequeña, necesaria por hallarse el país que la compone todo cerrado, con puertos intransitables mucha parte del año, conformidad de costumbres y producciones"[77].

El factor al que principalmente se hacía referencia era precisamente el aislamiento producido por ese carácter de fosa tectónica que en opinión de Diego Clemencín, Presidente de la Comisión, "la provincia del *Vierzo* se halla rodeada de montañas que la aíslan y naturalmente la constituyen en un estado de provincia. Gran parte de sus habitantes viven muchos meses al año como en un mundo aparte y no sería justo abandonarlos, olvidar su comodidad y privarlos de los medios de gobernarse en su mismo circuito"[78]; y como justificación del criterio especial añade, "para que las provincias situadas sobre un terreno escabroso consigan alguna comodidad, es necesario dejarlas reducidas a menor población, como sucede a la del Vierzo, situada entre montañas de primer orden"; que destaca su singularidad cultural con respecto a Galicia, "los límites de aquella provincia (Galicia) en la grande división hasta la montaña que cae sobre Foncebadón, punto en que empiezan otras cualidades de clima, figura territorial, costumbres y demás circunstancias enteramente opuestas a las que hasta allí son comunes con Galicia"[79].

Si bien en el aspecto creacional no halló oposición, en cambio la proposición de la capital generó un grave debate; mientras la Comisión proponía Villafranca, otros diputados defendían la de Ponferrada, prevaleciendo finalmente la opinión de los diputados leoneses Sierra Pambley, E. Valcarce y M. Goyanes Balboa, de Corullón, respaldados por los también diputados nacionales Clemencín y Subercase, y otros que destacaban la importancia de su colegiata, "que debiendo erigirse en silla episcopal según las

---

77 *Propuesta de ley que el Rey hace a las Cortes sobre la división territorial de la Península* (1821) (Madrid, Imprenta García, 1821), p. 12.

78 *Discusiones,* 2-10-1821, p. 86.

79 *Proyecto...,* o. cit., p. 11.

bases presentadas por la comisión eclesiástica, ofrecería el inconveniente de no estar reunidas en un mismo sitio la autoridad civil y la religiosa"[80].

De este modo, el 15 de octubre de 1821 Villafranca pasó a convertirse en la capital de la provincia de El Bierzo, que el Decreto de las Cortes de 27 de enero de 1822 convirtió en una de las cincuenta y dos provincias españolas, con una población de 86.365 habitantes. La delimitación territorial de la nueva provincia originó igualmente una porfiada contraposición de opiniones, principalmente en cuanto a la incorporación de Valdeorras que se decantó por la propuesta de la Comisión. Comprendía los Partidos Judiciales de Villafranca, Ponferrada, Toreno y El Barco de Valdeorras con una delimitación geográfica perfectamente determinada en el Anexo nº 1 del citado Decreto LIX de 27 de enero de 1822; colindaba por el N. con la de Oviedo, por el E. con la de León, por el S. con la de Zamora y por el O. con las de Lugo y Orense.

"El día 5 de julio la guerrilla realista denominada del conde "Fideli" arranca la placa de la plaza Mayor villafranquina y el día 9 se quem'an 959 ejemplares de la Constitución y uno del Código Penal"[81], lo cual anticipa el cambio de régimen y tras una corta existencia se produce la desaparición de la provincia de El Bierzo que se consuma con la promulgación del Decreto de 1 de octubre de 1823 declarando nulas las actuaciones del Gobierno constitucional del Trienio Liberal. El nuevo Gobierno restaurado comienza la represión por medio de las Juntas de Purificación, que por la calculada inhibición de los ayuntamientos bercianos resultó muy benigna a diferencia de otras mucho más reivindicativas. Resulta destacable la ausencia de Javier de Burgos en la división de 1821 a pesar de configurarse el auténtico promotor de la estructuración provincial y su ejecutor en 1833.

---

80 *Discusiones...*, p. 58. La comisión hacía suyos los argumentos de los bercianos. Su capital Villafranca, que es preferible a Ponferrada por su centralidad, mayor población, copia de edificios públicos, proporción de comunicaciones y otras circunstancias.

81 AA VV, *Historia de El Bierzo.* Coordinador Rodríguez Rodríguez (Diario de León, Instituto de Estudios Bercianos, Ponferrada, 1994), p. 141.

A la muerte de Fernando VII y restablecido el régimen liberal, el Decreto de 30 de noviembre de 1833 de Javier de Burgos, configuró una nueva división territorial, en la que no fguraba la provincia berciana, repartiendo de modo desigual algunos de sus pueblos. La comarca de Valdeorras es anexionada a Orense, al igual que los once pueblos de la antigua merindad de Aguiar y algunos de la Jurisdicción de La Cabrera, pasando el resto a la de León. Las reivindicaciones de la "provincia berciana" permanecieron latentes todo el siglo XIX con la escasa significación de que la desamortización de bienes eclesiásticos representó en El Bierzo la venta de 1.832 de los bienes de 14 conventos o monasterios de la región; pero el hecho no repercutió significativamente en el desarrollo económico de la comarca.

Los criterios de la división territorial de 1833, por lo que hace referencia a la no inclusión de la provincia de El Bierzo, es preciso deducirlos principalmente de la culminación del Estudio previo de J. de Burgos y Bauzá, y en menor medida del desarrollo parlamentario. El preámbulo del Real Decreto de 30 de noviembre de 1833 dice, "así lo habéis verificado después de haber reconocido los prolijos trabajos hechos antes de ahora por varias comisiones y personas". J. de Burgos, de matiz conservador y opuesto al liberalismo exaltado del Trienio Constitucional no reveló las fuentes; posteriormente fue nombrado ministro de Fomento el 21 de octubre, y si bien, se deduce que el proyecto partió de la división de 1822, introdujo en ella algunas modificaciones, sobre todo a la vista de las muchas reclamaciones producidas, en cuanto se habían presentado con carácter provisional, al que A. Guaita, interpretando el sentir de la Comisión tipifica como "ahistórica" en el sentido de nueva división, y en cambio J. de Burgos la considera de tradición histórica[82].

La supresión de las provincias de menor extensión: Játiva, Calatayud y El Bierzo parece resultó un criterio atemperado por otros argumentos más

82 M. ARENILLA SÁEZ, *Teoría de la Administración en Javier de Burgos desde sus escritos periodísticos* (Sevilla, Junta de Andalucía, 1996), pgs. 124-26.

racionalizadores, sobre todo en la constitución de límites más definidos que resultan distintos a los establecidos en 1822. El mismo Preámbulo de la Ley dice a este respecto: "la superficie o extensión del país que ocupa la población, es otra base que no puede perderse de vista en la designación de una provincia, y debe modificar el principio de población; porque es claro que tanto la comodidad de los habitantes como el vigor y actividad del gobierno se disminuyen en razón directa de la distancia de los pueblos a la capital, es decir, que en los países en que la población está concentrada, podrá ésta ser mayor sin inconveniente, así como en provincias poco pobladas será forzoso disminuir la cuota de los habitantes y aumentar la extensión del terreno". Para el diputado aragonés M. Cortés, la actuación del Gobierno "está siempre en razón inversa del cuadrado de las distancias" (Disc. 4 de octubre).

5.- El Bierzo, comarca administrativa

La institución de la comarca administrativa con plena personalidad jurídica, al establecer la nueva configuración territorial del Estado, no nace explícitamente del texto constitucional. Pero dos preceptos posibilitan implícitamente la creación de las comarcas, el art. 141.3, "se podrá crear agrupaciones de municipios diferentes de la provincia", y el art. 152.3 que dispone, "mediante la agrupación de municipios limítrofes, los Estatutos podrán establecer circunscripciones territoriales propias que gozarán de plena personalidad jurídica". La Constitución, por tanto, no hace un reconocimiento explícito administrativo de las comarcas pero admite la creación de agrupaciones municipales con una u otra denominación y delegando en todo caso la facultad legislativa en las Comunidades Autónomas.

Una vez aprobados los diecisiete Estatutos de Autonomía, cada uno en su caso con sus específicas facultades para el establecimiento de las comarcas, no se desarrolló hasta la promulgación de la Ley Reguladora de

Bases del Régimen Local 7/85, de 2 de abril de 1985, cuya especial vocación ordenadora estatal determinó la disposición de algunos criterios vinculantes en los procesos comarcalizadores recogidos en el art. 42 de dicha ley:

1) "Las Comunidades Autónomas, de acuerdo con lo dispuesto en sus respectivos Estatutos, podrán crear en su territorio comarcas u otras instituciones que agrupen varios municipios, cuyas características determinen intereses comunes precisados de una gestión propia o demanden la precisión de servicios de dicho ámbito".

2) "La iniciativa de la creación de una comarca podrá partir de los municipios interesados".

3) "Las Leyes de las Comunidades Autónomas determinarán el ámbito territorial de las comarcas, la composición y funcionamiento de sus órganos de gobierno, que serán representativos de los Ayuntamientos que agrupen".

4) "La creación de las comarcas no podrá suponer la pérdida por los Municipios de la competencia para prestar los servicios".

Con esta delegación legislativa, varias Comunidades Autónomas adoptaron la específica regulación estatutaria delegada con respecto a la comarca. La Comunidad de Castilla y León, en su Estatuto de Autonomía, Ley (L. O. 4/1983), en su art. 25.3 establece, "por las correspondientes Leyes de las Cortes de Castilla y León, específicas para cada supuesto, se podrán reconocer las comarcas, mediante la agrupación de municipios limítrofes, atendiendo al informe previo de los municipios afectados y a sus características, geográficas, económicas, sociales e históricas, para la gestión en común de sus servicios o colaboración en el ejercicio de sus competencias".

Igualmente en el *Estatuto Reformado* (L. O. 14/2007):

1) La regulación de la comarca se hace en el art. 46.1), "la comarca se configura como la agrupación voluntaria de municipios limítrofes con características geográficas, económicas, sociales e históricas afines. Podrá ser

también circunscripción administrativa de la Junta de Castilla y León para cumplimiento de sus fines".

2) La constitución de cada comarca se formalizará por ley de las Cortes, que definan sus competencias.

3) Una ley de las Cortes regulará la comarca de El Bierzo, teniendo en cuenta sus singularidades y su trayectoria institucional.

4) Mediante ley de las Cortes se podrá regular con carácter general la organización y el régimen jurídico de las comarcas de Castilla y León".

El 24 de febrero de 1984, un año después de aprobarse el Estatuto de Autonomía, se publicaba un Decreto de la Junta de Castilla y León por el que se creaba la Comisión de Comarcalización, cuyos trabajos se supone servirían de orientación para la redacción de la Ley creadora de la Comarca de El Bierzo, pero dichos estudios no han llegado a ser publicados. En todo caso la comarca de El Bierzo fue creada por iniciativa del Gobierno autonómico elevando al plano jurídico un sentir que ha sido evidente en esta amplia zona del noroeste de la provincia de León. La Exposición de Motivos de esta Ley de 1/1991, dice: "las previsiones del artículo 42 de la Ley Reguladora de las Bases de Régimen Local fueron cumplidas mediante la solicitud del informe por parte de la Comunidad Autónoma sin que se opusieran a la comarcalización la proporción de municipios exigida por el citado precepto.

Cumplida la exigencia legal y la indiscutida concurrencia de las características geográficas, económicas, sociales e históricas, el legislativo autonómico creó la Comarca de El Bierzo, integrada por treinta y siete municipios (hoy treinta y ocho), con una extensión territorial de 3.168,49 km.^{2} y una población de 133.155 habitantes (2011). El territorio comarcal resulta delimitado por los respectivos términos municipales que lo integran, aunque dicha superficie es susceptible de variación por la incorporación de algún municipio limítrofe que lo solicite como es el caso actual de Palacios del Sil, e incluso por la posible baja de alguno de los municipios integrantes, supuestos ahora regulados en la Disposición Adicional Primera de la Ley 17/2010.

El Parlamento de Castilla y León optó por el reconocimiento individualizado de la comarca de El Bierzo, atendiendo a su singularidad dentro del territorio regional, sin que su creación suponga el proyecto político de extender la organización comarcal al resto del territorio castellano-leonés. La comarca de El Bierzo se crea como entidad local (art. 1), con personalidad jurídica, demarcación territorial propia y autonomía para el cumplimiento de sus fines. Y en el ejercicio de sus competencias tendrá todas las potestades reconocidas a las entidades locales de carácter territorial en materia de régimen local (art. 3), bajo el principio de eficacia, eficiencia y suficiencia (art. 4).

Las atribuciones y potestades son fijadas por el legislador en el art. 2.1, "la Comarca de El Bierzo, en el ámbito de sus competencias, tendrá capacidad plena para adquirir, poseer, reivindicar, permutar, gravar o enajenar toda clase de bienes y derechos, celebrar contratos, establecer y explotar obras y servicios públicos, obligarse, interponer los recursos establecidos y ejercitar las acciones previstas en las leyes", y como establece igualmente el art. 3, "en el ejercicio de sus competencias la Comarca de El Bierzo tendrá todas las potestades reconocidas a las entidades locales de carácter territorial del art. 4.1 de la Ley 7/1985, *Reguladora de las Bases de Régimen Local*".

La atribución de competencias por las Cortes Castellano-Leonesas no resulta diferente a la establecida para los municipios por la Ley Básica Local. "El art. 4, cita un conjunto de materias sobre las que las distintas Leyes reguladoras podrán atribuir competencias a esta Comarca; parece lógico que estas Leyes han de ser autonómicas no estatales, dado que la comarca es una creación de la Comunidad Autónoma"[83], es un marco abierto, como ponen de manifiesto los arts. 6, 7 y 8. Incluso la suplencia prevista en el art. 8.2, "la Comarca de El Bierzo podrá garantizar, si no lo hiciera la Diputación Provincial, con carácter subsidiario el ejercicio en las Corporaciones municipales de las funciones públicas de Secretaría, control y fiscalización reservados a los funcionarios con habilitación de carácter nacional", previsión

83 T. QUINTANA LÓPEZ, "Las comarcas en Castilla y León. La comarca de El Bierzo", en *Revista Aragonesa de Administración Pública*, nº. 3 (Zaragoza, 1993), p. 145.

que puede resultar conflictiva con la Diputación de León en cuanto el concepto de "garantía" puede resultar distinta.

Además de las competencias que la comarca ostenta como titular, puede gestionar directa o subsidiariamente mediante delegación, las que la Comunidad Autónoma, la Diputación Provincial o incluso los municipios le deleguen expresamente, como las agrupadas los arts. 6, 7 y 9. El proceso de transferencia o delegaciones se traduce en el funcionamiento real de la comarca que se inició con el Decreto de 23 de diciembre de 1992, por el que se creó y reguló la Comisión de Colaboración entre la Comunidad Autónoma, la Diputación Provincial de León y la Comarca de El Bierzo, que incluye funciones de asesoramiento jurídico y técnico previstos en el art. 8.

La Ley 7/1985, *Reguladora de las Bases del Régimen Local* confía la Organización Comarcal a las Comunidades Autónomas en su art. 42.3 que establece: "sus leyes determinarán el ámbito territorial de las comarcas, la composición y el funcionamiento de sus órganos de Gobierno serán representativos de los Ayuntamientos que agrupen, así como de las competencias y recursos económicos que en todo caso, se le asignen". Por lo que respecta a Castilla y León, las Cortes de esta Comunidad crean y regulan la Comarca de El Bierzo por LCyL 1/1991 que en su art. 10, establecía: "el gobierno y la Administración de la Comarca de El Bierzo corresponderá al Consejo Comarcal" que se instituye en el órgano colegiado representativo, que la nueva Ley 17/2010 reproduce también en su art. 10:

1.- "El Gobierno y la administración de la Comarca de El Bierzo corresponden al C° Comarcal integrado por el Presidente y los Consejeros".

2.- "Son órganos del Consejo Comarcal: el Pleno, el Presidente, los Vicepresidentes y la Junta de Gobierno. Existirá, asimismo, una Asamblea de Ediles como órgano de asesoramiento al Consejo Comarcal".

3.- "El Consejo Comarcal, mediante reglamento orgánico con el voto cualificado de la mayoría absoluta, podrá regular los órganos complementarios que considere necesarios...". Frente a los 52 miembros previstos el la Ley

1/1981, con una configuración variable en función de la población; en el art. 12.1, de la Ley 17/2010 se establece un número fijo de veintisiete, cuyo reparto efectúa la Junta Electoral Provincial atendiendo al número de residentes en cada zona geográfica mediante una regla compleja de asignación electoral del citado artículo, complementada en los arts. 13 y 14.

Realizada la asignación de los puestos de Consejeros, la Junta Electoral convocará para cada una de las zonas geográficas delimitadas en el art. 12, los respectivos concejales para que elijan de entre las listas avaladas de candidatos al menos por un tercio de dichos concejales, a quienes hayan de ser proclamados consejeros y tres suplentes. El Pleno del Consejo "procederá a la elección del Presidente" que exigirá mayoría absoluta en primera convocatoria, o mayoría simple en las sucesivas; podrá ser destituido mediante la moción de censura o pérdida de confianza que configura el art. 16. La Comisión de Gobierno, ahora denominada Junta de Gobierno por su clara configuración ejecutiva de auxilio al Presidente, estará integrada por un número de miembros del Pleno no superior a un tercio del mismo ni inferior a siete, nombrados y separados por el Presidente" (art. 17).

La LCyL 1/1991 contemplaba como órgano potestativo o no necesario la figura del Gerente en su art. 19, apart. 1), al igual que las comarcas aragonesas, "si las necesidades funcionales de la Comarca lo aconsejan, el Pleno Comarcal podrá nombrar un gerente, con el voto cualificado de 2/3 del Pleno (apart. 3), que será el responsable de la gestión técnica y de la administración comarcal, bajo la superior autoridad del Presidente". Contrasta esta formulación con la más generalizada de la figura del gerente necesario de las comarcas catalanas y gallegas. Por el contrario la Ley 17/2010 esta delegación específica la sustituye por una opción de funcionalidad genérica y de dudosa finalidad, con la posible incorporación de "personal eventual para el desempeño de puestos de confianza", frente a la profesionalidad del funcionario.

El Presidente (art. 20), será elegido en la sesión constitutiva del Pleno del Consejo Comarcal por mayoría absoluta en primera votación, y en defecto de esta mayoría o empate, se deducirá por mayoría simple en segunda votación entre los más votados (art. 16). En cuanto a sus atribuciones resultan coincidentes con las del alcalde (Régimen Local), con la inconcreción de las reguladas en el punto n), "y aquellas que la legislación del Estado o de la Comunidad Autónoma asignen a la Comarca y no atribuyan a otros órganos comarcales". El art, 21 de la Ley 17/2010, reproduce una larga enumeración de atribuciones del Pleno del Consejo Comarcal y la posible delegación de las mismas. El art. 22.1, crea la Asamblea de Ediles como órgano de estudio, asesoramiento y participación del Consejo Comarcal cuyo Presidente y Secretario lo serán los de este órgano.

"Constituyen recursos de las Entidades supra-municipales, según el art. 131.1 de la Ley de Haciendas Locales 39/1988, los previstos en sus respectivas normas de creación y los establecidos por la presente Ley y en las disposiciones que la desarrollen". El art. 26.1 de la LCyL 1/1991, establecía: "la Hacienda de la Comarca de El Bierzo estará integrada por los siguientes recursos: a) Los ingresos procedentes de su patrimonio y demás de derecho privado; b) tasas y precios públicos, la prestación de servicios o realización de actividades de su competencia; c) contribuciones especiales; d) subvenciones y demás ingresos de Derecho Público; e) los procedentes de operaciones de crédito; f) el producto de las multas y sanciones impuestas en el ámbito de sus competencias; g) cualquier otro recurso o aportación procedente de otras Administraciones públicas en los términos y con las limitaciones establecidas en esta Ley". De acuerdo con el art. 136 de la Ley de Haciendas Locales, la LCyL 1/1991, de Creación de la Comarca de El Bierzo no incluía entre los recursos de la institución ni los ingresos derivados de impuestos y recargos, ni la participación en tributos del Estado, conceptos vedados para las entidades comarcales en cuanto instituciones de creación autonómica.

El art. 27 de esta Ley dice, "el Pleno del Consejo Comarcal establecerá los criterios para determinar las aportaciones de los municipios, que se revisarán anualmente, y serán en todo caso proporcionales al número de habitantes y al aprovechamiento de los servicios que la Comarca preste, sin perjuicio de que puedan introducirse índices correctores como el nivel de renta y riqueza de los municipios", con evidente amplitud de criterios dentro de la proporcionalidad. La posible delegación de las facultades tributarias de gestión, recaudación, inspección y revisión prevista en el art. 29, resulta un postulado que hoy día está en manos de la Diputación.

"Transcurridos varios años desde la Ley de su creación, como opina R. Salanova, la Comarca de El Bierzo tiene todavía pendiente la consolidación definitiva de su ámbito competencial"[84]. En todo caso, como también especifica Quintana López, en las reflexiones que hace sobre el lento desarrollo de la comarca berciana ya anticipaba que, "aunque sea una convicción personal, también me parece oportuno señalar, que por el momento es poco probable que la aprobación de la LCyL 1/1991, creadora de la comarca de El Bierzo, sea el inicio de un proceso de creación de otras comarcas en Castilla y León, pues si bien esta comarca reúne las exigencias estatutarias o más bien estas fueron establecidas pensando en la comarca natural de El Bierzo, difícilmente cualquier otra de las existentes en Castilla y León reúne las características geográficas, económicas e históricas peculiares de su entorno, para que pueda ser reconocida como entidad local comarcal"[85]. Es de advertir, también en opinión de T. Quintana, que el proceso no ha hecho más que empezar y todo dependerá de la voluntad política de los estamentos delegantes y del acierto en su coordinación de los órganos de la Comarca para conseguir una mayor calidad de los servicios prestados.

Analizando los datos del Instituto Nacional de Estadística y de la Junta de Castilla y León, de los 8.114 municipios de España (2011), la Comunidad de Castilla y León está integrada por 2.276, de los cuales 974 tienen menos de 1.000 habitantes, 753 menos de 500 y 480 menos de 100; únicamente 50 sobrepasan los 5.000; 15 tienen más de 20.000, y sólo 4

84 R. SALANOVA ALCALDE, *La comarcalización de Aragón* II, (Zaragoza, Cortes de Aragón, 2002), p. 31.

85 T. QUINTANA LÓPEZ, "Las comarcas en Castilla y León. La comarca de El Bierzo", cit., p. 140.

cuentan con más de 100.000. De ello se deduce claramente que la Comunidad Autónoma está formada por un gran número de municipios con escasa población y extensa superficie ofreciendo una configuración netamente rural pero de orientación urbana en la que aumentan población las capitales de provincia y decrecen ostensiblemente los municipios menos poblados. La situación en la Comarca de El Bierzo resulta equiparable a la media nacional, en la que crece de modo espectacular Ponferrada y en menor medida Cacabelos; algunos otros municipios se mantienen y la mayoría pierden población de un modo significativo y en menor medida el conjunto comarcal.

Para solventar la prestación de los servicios con esta problemática estructura municipal, la Comunidad de Castilla y León, en la LCyL 1998/191), de Régimen Local contempla las comarcas dentro de su organización territorial, a la vez que fomenta ostensiblemente las Mancomunidades, que por su capacidad de acomodación a las distintas necesidades reales constituyen la fórmula idónea para la prestación de determinados servicios que sin precisar de un marco organizativo superior, exceden de la capacidad individual de los municipios (Exposición de Motivos). "Contrasta en Castilla-León", como dice A. Ferreira: "la Comunidad donde este tipo de entes (Mancomunidades) tiene una mayor presencia; existe desde el Decreto 110/84, de 27 de septiembre, un decidido apoyo al asociacionismo municipal"[86]. De las 215 Mancomunidades de la Comunidad Autónoma, 37 corresponden a León, integrando en esta provincia a 199 de sus 211 municipios. La dualidad entre los servicios cubiertos por la Comarca y los solapados por las Mancomunidades dentro del ámbito territorial patentiza que el nivel de confianza de los políticos comarcales resultan reticentes a la unificación o quizá los habitantes tampoco lo consideren lo suficientemente atractivo para decantarse en ese sentido.

En el horizonte de la consolidación de la comarca parece que se ofrece como una estructura indicada para iniciar el proceso de puesta en funcionamiento de una nueva Administración con la configuración de

86 A. J. FERREIRA, o. cit., p. 207.

competencias que antes no se encontraban definidas, la auto-organización de nuevo cuño y el sostenimiento de las responsabilidades atribuidas en función de la valoración del coste de los servicios transferidos, suponen un nuevo reto a una realidad siempre presente.

La Ley 191/1998 de 4 de junio, de *Régimen Local de Castilla y León*, en su art. 6 establece, "la comarca es una entidad que, reconocida por la ley, agrupa a municipios limítrofes con características comunes para la gestión conjunta de sus servicios y para la colaboración en el ejercicio de sus competencias". Un motivo significativo en la vida político comunitaria de esta comarca lo constituye, sin duda, la solicitud de adhesión de un nuevo municipio, personalizado en nuestro caso, en el acuerdo municipal del Ayuntamiento de Palacios del Sil de 29 de diciembre de 2005 con la propuesta de incorporación a la Comarca de El Bierzo.

Esta ley creadora de la Comarca 1/1991, en su art. 1 contemplaba la posibilidad de ampliación territorial: "no obstante, si transcurridos los cuatro primeros años de funcionamiento de la Comarca, algún municipio limítrofe solicitare su incorporación, el Pleno del Consejo Comarcal, previo informe de la Junta de Castilla y León y la Diputación de León, podrá aceptarla. Tal solicitud habrá de ser acordada con el voto favorable de las dos terceras partes del número de hecho y en todo caso, de la mayoría absoluta del número legal de los miembros de la Corporación"; sin embargo una declaración aparentemente sencilla llega a convertirse en nuestro caso, en una cuestión compleja que la imprecisión legal convierte en un imprevisto contencioso.

El 4 de enero de 2006, el Consejo Comarcal registraba la petición de ingreso del municipio de Palacios del Sil y solicitaba seguidamente los informes preceptivos al Delegado Territorial de la Junta y al Presidente de la Diputación. Mientras la Diputación de León en Sesión del 22 de febrero aprobaba el Informe con algunas observaciones: "en el párrafo 4) de la Ley el legislador autonómico estima conveniente que por motivos de seguridad jurídica y concreción, especifique en el futuro el contenido de los conceptos "características comunes" o "intereses", e igualmente en el párrafo 5), se hace eco de posibles contradicciones que si bien, para la integración en una comarca ya constituida, no demanda una justificación de la existencia de las "características comunes" exigibles para "reconocer y crear", requiriéndose únicamente los trámites formales de colindancia territorial. También el informe destaca otros efectos no contemplados, pero posibles, tales como los que la sucesiva incorporación pueda alcanzar a todo el territorio provincial, o por el contrario al producirse la baja de un municipio también pueda originar la discontinuidad territorial que afectaría a la condición de "limítrofes", requisito formal en la legislación vigente. "En consecuencia, a juicio de esta Corporación y en atención al contenido de la problemática que se apunta, desde la perspectiva de los intereses provinciales se hace necesario una futura intervención del legislador autonómico, bien mediante la aprobación de una Ley General de Comarcas, o bien mediante la modificación específica de la Ley 1/1991, sin perjuicio de reiterar que desde el punto de vista formal no se encuentran objeciones que oponer al expediente sometido a informe".

La Junta de Castilla y León, el 20 de febrero, procede a la devolución del expediente, "al entender que la solicitud no se realiza, de acuerdo con la Ley 1/1991 y Ley 30/1992 (Régimen Jurídico de las Administraciones Públicas y Procedimiento Administrativo), al no venir acompañada de la documentación exigible que motive la pretensión del municipio".

Por su parte el Pleno Comarcal en su escrito de 2 de octubre, entiende, que la Ley 1/1991, de la Comarca no exige una justificación, como tampoco prevé una redacción más escueta que la recogida en el escrito de la Junta de Castilla y León. La cuestión justificativa de "las características comunes", en principio, no están previstas en la legislación y podría corresponder indistintamente al Municipio, a la Junta o a la Diputación, independientemente de que por principio lógico resulte el que solicita algo sea el que lo fundamente. Por otra parte, está presente la naturaleza del informe, que de acuerdo con el art. 83 de la Ley 30/1992 del Régimen Jurídico de las Administraciones Públicas y del Procedimiento Administrativo: "los informes serán facultativos y no vinculantes"; aunque, la petición sí resulta preceptiva, por exigencia legal (art. 1 de la Ley 1/1991), pero no vinculante. Así mientras, la Junta demanda la justificación, cuando la normativa aplicable formalmente no la exige y la Diputación no la considera vinculante.

Ante la problemática de no emitirse el informe en el plazo señalado, cualquiera que sea el carácter del mismo, excepto en los supuestos de informes preceptivos que resulten determinantes para la resolución, en cuyo caso se podrá interrumpir el plazo de los trámites sucesivos, el Consejo Comarcal entiende que la falta de justificación, que en modo alguno está claro, corresponde al Ayuntamiento de Palacios del Sil o al Consejo Comarcal, no debe llevar a una paralización del procedimiento, y que incluso la Junta debió valorar esas características comunes, o bien conceder un plazo para subsanarlas, y transcurrido éste, emitir el informe. De todos modos, reitera que la ausencia de este informe, que además no tiene carácter vinculante, no puede constituir impedimento para la tramitación del expediente.

Para subsanar los controvertidos términos de la incorporación del municipio de Palacios del Sil a la Comarca del Bierzo, el Presidente Comarcal elevó al Pleno la Propuesta de Acuerdo: "la situación del municipio de Palacios del Sil, al nordeste de la Comarca de El Bierzo, limítrofe con el de Páramo del Sil y con Igüeña, hace que sean muchas las características en común de tipo físico (la orografía, el río Sil que cruza El Bierzo); económicas (la minería, la agricultura, la ganadería); sociales (la influencia del medio en los aspectos socio-económicos con otros municipios de la comarca); históricas (con raíces comunes motivadas por la continuidad geográfica, y destaca el precedente de la Provincia de El Bierzo, creada por el Decreto de Cortes de 27 de enero de 1822, integrada entre otros por el municipio de Palacios del Sil), etc.". El 9 de enero de 2007, una Orden de la Consejería de Presidencia y Administración Territorial, requiere al Consejo Comarcal de El Bierzo la anulación del acuerdo, que se cita, "incorporación del Municipio de Palacios del Sil a la Comarca de El Bierzo", en base a los siguientes, Hechos:

La Junta de Castilla y León el 20 de febrero de 2006, procedió a requerir al Consejo Comarcal de la Comarca de El Bierzo la ampliación de la solicitud, ya que no resultaba acompañada de la documentación exigible que fundamente la pretensión de dicho Municipio. Pese a la ausencia del informe preceptivo, el Consejo Comarcal ratifica la incorporación del municipio de Palacios del Sil a la Comarca de El Bierzo. Deduciendo la Junta, que de esta negativa, se produce una infracción del ordenamiento jurídico, argumentando la exigencia del art. 83.1, de la Ley 30/1992 de Régimen Jurídico, "los informes dentro del Procedimiento Administrativo son facultativos y no vinculantes, salvo disposición expresa en contrario", interpretando que el art. 1.2, de la LCyL 1/1991, establece que el informe previo de la Junta será preceptivo y no vinculante, pero la omisión de un informe preceptivo dentro del régimen administrativo, constituye una infracción al ordenamiento jurídico porque el contenido del mismo puede concentrar cierta relevancia de oportunidad y legalidad en la decisión final, en cuanto puede ser generadora de indefensión. Igualmente el art. 62.1, de la Ley 30/1992, establece que serán nulos de pleno Derecho los actos dictados prescindiendo total y absolutamente del procedimiento legal establecido. La Junta de Castilla y León considera que la infracción producida al ordenamiento jurídico faculta, a dicha Junta para solicitar la anulación del acto, que formaliza el 12 de enero de 2007, elevando el correspondiente Recurso Contencioso-Administrativo con fecha 23 de marzo de 2007 reiterando básicamente los argumentos anteriormente expuestos.

Aunque el acto de inscripción del municipio de Palacios del Sil constituye la causa del Contencioso-Administrativo, supone más bien, una cuestión formal que una cuestión de fondo en cuanto que el gobierno político de la Junta habilita una vía alternativa al ser presentado en las Cortes de Castilla y León el correspondiente Proyecto de Ley, nº. 38-1 (2010), de *Modificación de la Ley 1/1991* que incluye entre los municipios integrantes de la Comarca del Bierzo al municipio de Palacios del Sil entre los pertenecientes a a la misma[87]. El día 1 de abril de 2010, en vísperas de las Elecciones Locales, el Departamento Jurídico de la Junta hace pública la retirada del recurso

87 Art. 1.- 2, *del Proyecto de Ley,* nº. 38-1 (2010), *de modificación de la Ley 1/1991, de 14 de marzo,* por la que se crea y regula la comarca de El Bierzo, p. 31913.

Contencioso-Administrativo originado por la controvertida integración del municipio de Palacios a la Comarca berciana, lo cual despeja la vía jurídico-administrativa para la incorporación de este municipio a la Comarca de El Bierzo, equivalente a un reconocimiento explícito. Quizá la demora en su aprobación radique en la controvertida redacción del art. 12 que propone la modificación del citado artículo reduciendo los Consejeros a un número fijo de 27 en base a una refundición comarcal en 12 zonas geográficas.

En la Reforma del Estatuto de Autonomía de Castilla y León, aprobado por Ley Orgánica 14/2007, de 30 de noviembre (REACL), ya se incorporaban significativas modificaciones. El art. 46.1 de dicha Ley, establece que, "la comarca se configura como la agrupación voluntaria de municipios limítrofes con características geográficas, económicas e históricas afines que podrá ser también circunscripción administrativa de la Junta de Castilla y León para el cumplimiento de sus fines"; mantiene la exigencia de la obligatoriedad de reconocimiento legal individualizado, y en el 46.2, establece igualmente que: "la constitución de cada comarca se formalizará por ley de las Cortes, que definirá sus competencias sin perjuicio de las que puedan delegarle las entidades locales de su ámbito territorial o la Comunidad Autónoma; se requerirá en todo caso acuerdo de los ayuntamientos afectados".

Independientemente de que el art. 46.4 recuerda que "mediante Ley de las Cortes se podrá regular con carácter general la organización y el régimen jurídico de las comarcas de Castilla y León". A su vez el art. 46.3 solemniza que "una ley de las Cortes de Castilla y León regulará la comarca del Bierzo teniendo en cuenta sus singularidades y su trayectoria institucional", integrando así el desarrollo estatutario y confirmando su carácter paradigmático, que a su vez supuso su constitución como la primera "comarca" administrativa institucionalizada del actual período constitucional.

Transcurridos más de 19 años desde la aprobación de la Ley de 1991 de creación de la Comarca de El Bierzo, se evidencia la necesidad de redefinir algunas cuestiones para su adecuación al desarrollo inherente al principio constitucional de descentralización. La nueva definición legislativa configura la

Comarca como agrupación voluntaria de municipios limítrofes con características geográficas, e históricas afines, eliminando la posibilidad de dudas sobre esos factores, regulando las competencias y organización comarcales, dotándola de mayor cuota de autogobierno; se garantiza su existencia presupuestaria y sobre todo resuelve el vacío legal relativo a los supuestos de creación y supresión de municipios, que pueden afectar a la delimitación territorial de la Comarca.

Como tuvimos ocasión de considerar, la nueva Ley LCyL 17/2010 introduce una importante remodelación en el Capítulo III: Organización Comarcal, e igualmente la Disposición Adicional Primera subsana las deficiencias detectadas en el procedimiento de creación o supresión de municipios y su posible afectación a la delimitación territorial de la Comarca de El Bierzo que originó el Contencioso que acabamos de relatar generando tensiones improcedentes por la indefinición legal.

Como en las comarcas descritas en capítulos anteriores, se adjunta el correspondiente desarrollo legislativo en la Comarca de El Bierzo.

MARCO NORMATIVO GENERAL PREVIO DE: CASTILLA Y LEÓN.

- Ley Orgánica 4/1983 de 25 de febrero, de Estatuto de Autonomía de Castilla y León (BOE, nº. 52, de 2 de marzo de 1983).

- Decreto 12/1984, 24 de febrero 1984, (DCyL): crea la Comisión de comarcalización.

- Decreto 110/1984, de 27 de septiembre (DCyL), de Fomento de Mancomunidades municipales (Derogado por Ley 1/1998, de 4 de junio).

- Ley 6/1986, de 6 de junio (LCyL, 1986), Reguladora de las Relaciones entre la Comunidad de Castilla y León y las Entidades Locales.

- Decreto 185/1991 (LCyL), de 20 de junio. Constitución del Pleno Comarcal de la Comarca de El Bierzo.

- Ley 30/1992, de 26 de noviembre: Ley de Bases de Régimen Local.

- Decreto/1992, de 23 de diciembre de 1992, Crea y regula la Comisión de

Colaboración entre la Comunidad Autónoma, la Diputación Provincial y la Comarca de El Bierzo.

- Ley 10/1998, de 5 de diciembre (LCyL), de Ordenación del Territorio de la Comunidad de Castilla y León.

- Ley 1/1998, de 4 de junio, (LCyL): Normas reguladoras del Régimen Local.

- Ley 14/2006, de 4 de diciembre, de modificación de Ley de Ordenación del Territorio (LCyL).

- Ley Orgánica 14/2007, de 30 de noviembre (REACyL), de Reforma del Estatuto de Autonomía de Castilla y León.

- Ley 2/20011, de 4 de marzo, Creación del Consejo de Cooperación Local de Castilla y León.

LEYES ESPECÍFICAS DE CREACIÓN DE LAS COMARCAS:

- Ley 1/1991, de 14 de marzo, de Creación de la comarca de El Bierzo.

- Ley 17/2010, de 20 de diciembre, de Modificación de la Ley 1/1991, la Comarca de El Bierzo.

CONCLUSIONES

I

Del conjunto de obras y escritos hasta ahora examinados podemos deducir que el concepto de comarca, además del sentido geográfico, aporta una connotación cultural que ha estado presente en todo tipo de civilizaciones y que nos ha sido descrita por los típicos representantes de la comunidad científica: historiadores, geógrafos y administrativistas. No parece oportuno incidir de nuevo en el problema previo de las distintas opiniones vertidas. La enorme cantidad de apreciaciones reseñadas en las páginas que preceden avalan la fijación de los términos del concepto de la comarca que hemos alcanzado y la progresiva evolución del mismo que he intentado delimitar en los seis largos capítulos que preceden.

A la hora de configurar las conclusiones finales del conjunto de la investigación realizada, mi pretensión ha sido la de contrastar ese doble caudal de fuentes con los datos de carácter cultural y geográfico e intentar asimilar el valor explícito en ellos reseñado, huyendo de valoraciones subjetivas escasamente contrastables. En una breve recapitulación cabe destacar la idea de conjunto que se ha pretendido recoger en cada capítulo examinando los puntos metódicos que sirvieron de guía para su conclusión.

La comarca es un espacio geográfico sometido a la intervención humana; por ello, el concepto que podamos deducir implica una idea que evoluciona frecuentemente, y que hace necesaria la incorporación de esos cambios. Uno de los retos inherentes a esta investigación lo constituyó, la hipótesis de la formulación de una base cultural como elemento cohesionante de la comarca y el sustrato, igualmente necesario, para su desarrollo.

II

Obtener un concepto institucionalizado de la comarca supone la premisa necesaria para iniciar su estudio; pero también representa la primera dificultad al descubrir que esta palabra no tiene una acepción única y el mismo concepto tampoco presupone un postulado unívoco en su contextualización. El hombre tiene la capacidad de modificar el entorno, circunstancia que origina un contexto evolutivo que podemos aquilatar incorporando los criterios definitorios de la comarca ya aducidos por Caro Baroja y que no es preciso repetir. La relatividad de los términos del concepto de la comarca, no nos impide alcanzar la convicción de que este espacio territorial constituye básicamente una entidad natural que se adapta al espacio geográfico en el que los condicionantes físicos se encuentran complementados con los rasgos culturales que incorpora el hombre partiendo de la configuración de la comarca como prototipo de las entidades supra-municipales.

La estructura territorial del Antiguo Régimen venía determinada por los espacios territoriales de estos reinos con su configuración en áreas poco definidas. Aunque la división regional estaba constituida por las Provincias; otras divisiones territoriales de carácter supra-municipal, recibían distintos nombres todos ellos muy significativos: las Merindades castellanas, las Hermandades leonesas, las Uniones de Guipúzcoa, las Cuadrillas alavesas, las Juntas aragonesas, las Jurisdicciones gallegas, las Gobernaciones valencianas, los Corregimientos catalanes, los Valles navarros y algunas otras que se podrían aducir en un primer nivel.

La Ciudad y su alfoz, en cuanto cabecera de comarca, se instituía en centro similar a nuestras comarcas en las que el Concejo de la Ciudad regulaba los servicios y los mercados que de este modo, resultaron espacios auto-organizados con estructura de carácter supra-municipal; con carácter infra-provincial surge el Corregimiento y el Partido.

Escritores griegos y latinos constatan en la Península Ibérica la presencia de comunidades rurales de tipos muy diversos que la romanización paulatinamente logra homogeneizar; pero son los pueblos germánicos los que van a aportar la etimología y significado inicial de la "comarca" para consolidar el concepto en la fase posterior. El *Diccionario de la Lengua Castellana* de 1729 ya recogía su origen germánico; comarca, "es voz compuesta de la preposición *con* y el nombre *marca*, que significa confín, del latín *confinium*". Otra de las importantes conclusiones de lo especificado en este capítulo, la constituye la tesis sostenida por algunos medievalistas al detectar el nexo de unión entre el desarrollo del Derecho Comarcal Castellano y la consolidación medieval de la institución del señorío.

III

La creación liberal del municipio y la abolición de los señoríos territoriales implica un nuevo concepto residual de la comarca. Aunque permanece indefinido el reparto de atribuciones territoriales entre la provincia y la región, la indeterminación sobrepasa las relaciones con el municipio que deja igualmente sin respuesta la cuestión de la endémica depauperación municipal y la consiguiente duda de si esta articulación puede servir de paliativo ideal para compensar las deficiencias organizativas de los pequeños municipios, incapaces por sí mismos de realizar las prestaciones de los servicios mínimos esenciales por la escasa capacidad económica de muchos de ellos.

Con la abolición de los señoríos resulta evidente que se produce un cambio de sentido conceptual de la comarca basada en la antigua significación romana de *confinium;* el criterio de exclusión evoluciona para convertirse en un moderno sentido de *inclusión,* que pone de manifiesto la acepción incorporada en el *Diccionario Esencial* que enlaza con el concepto de comarca administrativa integrado en la Constitución de 1978. Son los mismos criterios de delimitación comarcal los que hoy día configuran la comarca constitucional.

IV

El regreso a lo natural o "retorno a la naturaleza" de nuestros escritores clásicos representa la confirmación de la hipótesis cultural que tratamos de aducir y en el mismo sentido se producen las exaltaciones del romanticismo sobre el mismo tema y que reitera la significación de *La tierra de Alvargonzález.* También los modelos de creación cultural de *Imprigton y Sawston*, producidos en la campiña inglesa ejemplifican un prototipo de esta modelación. La creación de territorios literarios que incorpora Luis Mateo y la ficción comarcal, logra su culminación en *El reino de Celama* en que la comarca se sublima como fuente de inspiración. Como *Yorknapatawpha*, de Faulkner, *El reino de Celama* se convierte en la magistral creación de una comarca literaria que con excepcional valor descriptivo evoca el concepto tradicional recuperando todos los elementos del significado clásico. La ficción resulta igualmente significativa en otros medios de difusión como el cine y la televisión, en los que la comarca no deja de manifestar su alcance cultural.

V

Entre los modelos históricos de configuración comarcal estudiados, destacamos aquellos espacios comarcales que, además de constituir comarcas naturales, incluyen la significación de resultar comarcas definidas en vía administrativa, haciendo especial referencia a su vida jurídica, para poder establecer una relación comparativa entre ellas. En todo tiempo el hombre ha tenido conciencia de la necesidad de la organización territorial perfeccionando aquellos modelos más representativos. A las divisiones naturales proporcionadas por la naturaleza, cuencas hidrográficas y límites topográficos, siguieron otras facilitadas por la Geología, que determinaron nuevas divisiones de carácter científico.

La incorporación constitucional de la comarca sugiere esta pregunta a Salanova Alcalde, "¿Para qué un nuevo nivel de administración Territorial? Creo que no admite otra respuesta que la concreta adaptación a los postulados básicos de la institución comarcal". La implantación de la Comunidad Europea preconizando la ampliación de los servicios mínimos y la accesibilidad a todos los niveles que debe representar la implantación del régimen democrático, presupone el desarrollo comarcal como principio de aplicación para algunas regiones españolas sumidas en el minifundismo municipal, con municipios pobres en recursos y de gran extensión territorial. La creación se confía a cada Comunidad Autónoma, como Administración más cercana, facultándola para la adecuada organización, y en ese sentido, todas las Comunidades se hacen eco de la presencia comarcal, si bien resultan pocas las que acometen su desarrollo jurídico; no está claro que la legislación estatal apoye decididamente la generalización de la comarca, incluso cada Comunidad parece que pretende reservarla para situaciones específicas En todo caso la comarca emerge como espacio individualizado, destacando los valores de la territorialidad de los que sus habitantes resultan portadores.

Por su carácter significativo, se escogen como modelos, comarcas que reúnen las características peculiares de los distintos tipos existentes. El estudio de la comarca del Ampurdán tiene una doble consideración en principio es una de las comarcas más conocidas, por ello su estudio condensa implícitamente todas las connotaciones predicables de un ente comarcal de referencia. Se trata de una comarca con una extensión de tipo reducido en contraposición con otra comarca igualmente emblemática como es la de El Bierzo, con una dimensión territorial tan superior que multiplica por cuatro la superficie de la comarca ampurdanesa.

VI

Está claro que la comarca de El Bierzo constituye un auténtico modelo, pero no es mi intención reducir el estudio de esta comarca a una monografía genérica; más bien, como subyace en el mismo enunciado del capítulo, se pretende hacer una exposición de las peculiaridades que determinan la esencia de este singular espacio. El pueblo astur figura como el primer pueblo de la región del que nos deja constancia la historia escrita, como dice Domínguez Berrueta, "las comarcas eran producto de factores geográficos y elementos humanos que nacen de coincidencias no buscadas".

Con una extensión de 3.169 $Km.^2$, digamos que la superficie de la comarca berciana sobrepasa ampliamente el límite indeterminado entre la región y la comarca, pero la ponderación de todos los elementos integrados hace que los geógrafos se decanten decididamente por su configuración comarcal. Es un hecho notorio que la orografía confiere al Bierzo un incuestionable prototipo de comarca natural. La "hoya tectónica berciana" produce un hecho singular y diferencial en la geografía de la Península que no presenta otro ejemplo parecido. Un singular anillo de altas cumbres rodean el espacio comarcal con la disposición natural de una superficie encerrada en una depresión que se hace notar claramente en el paisaje, hecho reforzado por la unicidad de la cuenca hidráulica. Igualmente configurada por multitud de valles originados por el declive de las altas montañas en la vertiente berciana, que configuran un paisaje de inigualable belleza y singularidad ensalzado por Azorín y Gil y Carrasco.

Al Bierzo se le asocia una peculiar significación en la guerra de Augusto para culminar la dominación romana. Parece indiscutible que la motivación directa de la conquista venía determinada por la reserva de oro y otros metales acumulados en el subsuelo que indujo la codicia romana. Consumada la conquista, la romanización de la comarca resultó rápida y eficaz. Si bien conocemos perfectamente la ubicación del *Bergidum* prerromano situado en el promontorio fortificado de Castro Ventosa, en cambio el *Bergidum Flavium* romano no está igualmente localizado. Podemos incluso determinar que la *gens Gigurri y Susarri* son los primeros pobladores de los que tenemos constancia cierta. Nos consta igualmente que la vida de estos habitantes se desarrollaba en los castros, condicionando su cultura a este modo de vida, incluso por testimonios de Ptolomeo y citas de Plinio y Mela, podrían cifrarse en 32 los castros extendidos por los promontorios bercianos.

Mención especial suponen las explotaciones de oro ubicadas en la comarca berciana, con la singularidad que refleja hoy día el auténtico Monumento de la Humanidad representado por Las Médulas, paradigma de la grandiosidad del espíritu romano. El dicho vulgar "es obra de romanos" parece específicamente sintetizado a la vista de los restos de esta magna explotación minera cuya grandiosidad queda patentizada en su paisaje.

La irrupción árabe representó para Hispania un cataclismo sin igual, coincidente en El Bierzo con el fenómeno de un ingente movimiento monástico. Y mientras en la confluencia oriental de la Península es Carlomagno el que hace frente a la expansión árabe, gallegos, vascones y especialmente cántabros y astures, tras su inicial repliegue, configuran la Reconquista con el naciente reino astur, hasta que definitivamente el territorio berciano es reconquistado por Alfonso II (791-842), repoblado y reintegrado al reino astur por Ramiro I (842-850). Desde los primeros años de la vida del reino astur-leonés y a lo largo de un milenio, los nombres de las pequeñas comarcas leonesas aparecen reiteradamente en todo tipo de documentos. El Bierzo cobra singular importancia en la Reconquista al convertirse en un pueblo netamente repoblador. Posteriormente la configuración señorial en El Bierzo se traduce en otro de los tormentosos capítulos de la historia berciana.

La época convulsa de la guerra de la Independencia, seguida del turbio período liberal de 1812 a 1822, determinan un momento trascendente en la comarca berciana representada por la *"Provincia de El Bierzo"*. Promulgada en el Decreto de las Cortes de 27 de enero de 1822, constituye un hecho significativo en la historia de la comarca berciana al ser reconocida como una de las 52 provincias españolas. Pero el Decreto de 1 de octubre de 1823 trunca la aspiración berciana de consolidar su independencia provincial. La estructuración provincial de 1833, implantada por Javier de Burgos, nuevamente deja fuera del elenco provincial al Bierzo, pero la decidida vocación por reconocimiento la llevó a convertirse en la primera Comarca Administrativa Constitucional de 1978, por Ley Autonómica 1/1991.

Merece destacarse el Contencioso originado por la solicitud de adhesión del municipio de Palacios del Sil, que refleja una institución que precisa un desarrollo integral de adaptación. Ese desarrollo lo realiza la nueva Ley 17/2010, de 20 de diciembre.

BASE DOCUMENTAL

APÉNDICE 1: LAS COMARCAS EN ESPAÑA

A).-Comarcas con regulación jurídica

COMUNIDAD AUTÓNOMA DE ARAGÓN:
Ley Orgánica 8/1982: Estatuto de Autonomía: 19-8-1982.
Superficie: 47.719,20 km.^{2}; %: 9,4; Población:1.345.473; Densidad 28,52; Costa: 0.
Provincias: 3; comarcas: 34; municipios: 734.

PROVINCIA DE HUESCA:
Superficie: 15.636,2 km.^{2}; %: 3,10; Población: 228.409; Densidad: 15,0; Costa: 0.
Comarcas: 10; municipios: 202.
PARTIDOS JUDICIALES: 1 Jaca, 3 Boltaña, 7 Barbastro, 11 Fraga.

11.- BAJO CINCA	Ley 20/2002, 7 octubre	Ballobar, Belver C, Candasnos, Chalamera, Fraga, **Mequinenza**, Ontiñera, Osso C, Torrente C, Velilla C. y Zaidín.- Capital: Capital: FRAGA, 11 municipios. Superficie: 1.422 km.^{2}; población: 24.178 h.
8.- CINCA MEDIO	Ley 3/2002, 25 marzo	Albalate C, Alcolea C, Alfántega, Almunia San Juan, Binaced, Fonz, **Monzón**, Pueyo Sta Cruz y San Miguel del Cinca.- Capital: MONZÓN, 9 municipios.578 km.^{2}; población: 24.021 h.
6.- HOYA DE HUESCA	Ley 27/2002, 26 noviembre	Agüero, Albero Alto, Alcalá Gurrea, Alcalá Obispo, Alerre, Almudévar, Angüés, Antillón, Argavieso, Arguis, Ayerbe, Banastas, Biscarrués, Blecua y Torres, Casbas H, Chimillas, Gurrea G, **Huesca**, Ibieca, Igriés, Loarre, Loporzano, Loscorrales, Lupiñén-Ortilla, Monflorite-Lascasas, Murillo G, Novales, Nueno, Peñas Riglos (Las), Pertusa, Piracés, Quicena, Salillas, Santa Eulalia G., Sesa, Siétamo, Sotonera (La), Tierz, Tramaced y Vicién.- Capital: HUESCA, municipios: 40.

		Superficie: 2.525,6 km.^{2}; población: 66.867 h.
1.- JACETANIA	Ley 9/2002, 3 mayo	Aísa, Ansó, Aragüés P, Artieda, Bailo, Borau, Canal Berdún, Canfranc, Castiello J, Fago, **Jaca**, Jasa, Mianos, Puente Reina J, Salvatierra Escá, Santa Cilia, Sta Cruz Serós, Sigüés, Valle de Hecho y Villanúa.- Capital: JACA, 20 municipios. Superficie: 1.847 km.^{2}; población: 19.084 h.
2.- ALTO GÁLLEGO	Ley 13/2001, 2 de julio	Biescas, Caldearenas, Hoz de Jaca, Panticosa, **Sabiñánigo**, Sallent de Gállego, Yebra de Basa y Yésero.- Capital: SABIÑÁNIGO, 8 municipios. Superficie: 1.359,8 km.^{2} ; población: 14.170 h.
9.- LITERA (LA)	Ley 25/2002, 12 noviembre	Albelda, Alcampell, Altorricón, Azanúy-Alíns, Baélls, Baldellou, **Binéfar**, Camporrélls, Castillonroy, Esplús, Peralta Calasanz, San Esteban L, Tamarite L y Vencillón.- Capital: BINÉFAR, 14 municipios. Superficie: 733,9 km.^{2}; población: 19.345 h.
10.- MONEGROS	Ley 17/2002, 5 julio	Albalatillo, Albero Bajo, Alberuela Tubo, Alcubierre, Almolda (La), Almuniente, Barbués, Bujaraloz, Capdesaso, Castrejón M, Castelflorite, Farlete, Grañén, Huerto, Lalueza, Lanaja, Leciñena, Monegrillo, Peñalba, Perdiguera, Poleñino, Robres, Sangarrén, **Sariñena**, Sena, Sanés Alcubierre, Tardienta, Torralba A, Torres Barbués, Valfarta y Villanueva Sijena.- Capital: SARIÑENA, 31 municipios. Superficie: 2.766 km.^{2}; población: 21.305 h.
4.- RIBAGORZA	Ley 12/2002 28 mayo	Arén, Benabarre, Benasque, Bisauri, Bonansa, Campo, Capella, Castejón Sos, Castigaleu, Chía, Estopiñán Castillo, Foradada Toscar, **Graus**, Isábena, Lascuarre, Laspaúles, Monesma y Cajigar, Montanuy, Perarrúa, Puebla Castro (La), Puente Montañana, Sahún, Sta Liestra y San Quílez, Secastilla, Seira, Sesué, Sopeira, Tolva, Torre Ribera, Valle Bardají, Valle Lierp, Veracruz, Viacamp y Litera y Villanova.- Caital: GRAUS, 34 municipios. Superficie: 2.462 km.^{2}; población: 13.486 h.
3.- SOBRARBE	Ley 5/2003, 26 febrero	Abizanda, Aísa-Sobrarbe, Bárcabo, Bielsa, **Boltaña**, Broto, Fanlo, Fiscal, Fueva, Gistaín, Labuerda, Laspuña, Palo, Plan, Puértolas, Pueyo de Araguás, S. Juan Plan, Tella-Sin y Torla.- Capital: BOLTAÑA, 19 municipios. Superficie: 2.202,7 km^2; población: 7.830 h.
7.- SOMONTANO BARBASTRO	Ley 4/2002, 25 marzo	Abiego, Adahuesca, Alquézar, Azara, Azlor, **Barbastro**, Barbuñales, Berbegal, Bierge, Castejón P, Castillazuelo, Colungo, Estada, Estadilla, Grado (El), Hoz y Costeán, Ilche, Laluenga, Laperdiguera, Lascellas-Ponzano, Naval, Olvena, Peralta de Alcofea, Peraltilla, Pozán Vero, Salas Altas, Salas Bajas, Sta Mª Dulcis y Torres de Alcanadre.- Capital: BARBASTRO, 29 municipios. Superficie: 1.169 km.^{2}; población: 24.492 h.

PROVINCIA DE TERUEL:

Superficie: 14.808,7 km.^{2} ; %: 2,96; Población: 146.751; Densidad: 9,8; Costa: 0.
Comarcas: 10; municipios: 236.
PARTIDOS JUDICIALES: 25 Calamocha, 28 Alcañiz, 29 Teruel.

27.- ANDORRA-	Ley 12/2003,	Alacón, Alloza, **Andorra**, Ariño, Crivillén, Ejulve, Estercuel, Gargallo y

SIERRA ARCOS	24 marzo	Olite.- Capital: ANDORRA, 9 municipios. Superficie: 677 km.[2]; población: 11.542 h.
28.- BAJO ARAGÓN	Ley 10/2002, 3 mayo	Aguaviva, **Alcañiz**, Alcorisa, Belmonte San José, Berge, Calanda, Cañada de Verich (La), Castelserás, Cerollera (La), Codoñera (La), Foz-Calanda, Ginebrosa (La), Mas Matas, Mata Olmos (La), Olmos (Los), Parras de Castellote (Las), Seno, Torrecilla Alcañiz, Torrevelilla y Valdealgorfa.- Capital: ALCAÑIZ, 20 municipios. Superficie: 1.305 km.[2]; población: 30.146 h
23.- BAJO MARTÍN	Ley 8/2003, 12 marzo.	Albalate Arzobispo, Azaila, Castelnou, **Híjar**, Jatiel, Puebla H, Samper Calanda, Urrea Gaén y Vinaceite.- Capital: HÍJAR, 9 municipios. Superficie: 795,2 km.[2]; población: 7.311 h.
26.- CUENCAS MINERAS	Ley 28/2002, 17 diciembre	Alcaine, Aliaga, Anadón, Blesa, Cañizar de Olivar, Castel Cabra, Cortes Aragón, Cuevas Almudén, Escucha, Fuenferrada, Hinojosa Jarque, Hoz Vieja (La), Huesa del Común, Jarque Val, Josa, Maicas, Martín Río, Mezquita Jarque, Montalbán, Muniesa, Obón, Palomar de Arroyos, Plou, Salcedillo, Segura Baños, Torre Arcas, **Utrillas**, Villanueva Rebollar S, Vivel Río Martín y Zoma (La).- Capital: UTRILLAS, 30 municipios. Superficie: 1409 km.[2]; población: 9.386 h.
32.- GÚDAR-JAVALAMBRE	Ley 22/2001, 21 diciembre	Abejuela, Albentosa, Alcalá Selva, Arcos Salinas, Cabra Mora, Camarena Sierra, Castellar (El), Forniche Alto, **Fuentes Rubielos**, Gúdar, Linares Mora, Manzanera, Mora Rubielos, Mosqueruela, Nogueruelas, Olba, Puebla Valverde (La), Puertomingalvo, Rubielos de Mora, San Agustín, Sarrión, Torrijas, Valbona y Valdelinares.- Capital: MORA de RUBIELOS, 24 municipios. 24. Superficie: 2.353 km.[2]. Población: 8.692 h.
25.- JILOCA	Ley 13/2003, 24 marzo	Allueva, Bádenas, Báguena, Bañón, Barrachina, Bea, Bello, Blancas, Bueña, Burbáguena, **Calamocha**, Caminreal, Castejón Tornos, Cosa, Cucalón, Ferreruela Herva, Fonfría, Fuentes Claras, Lagueruela, Lanzuela, Loscos, Monforte Moyuela, Monreal Campo, Nogueras, Odón, Ojos Negros, Peracense, Pozuel Campo, Rubielos Cérida, San Martín Río, Sta Cruz Nogueras, Singra, Tornos, Torralba Sisones, Torre Negros, Torrecilla Rebollar, Torrijo Campo, Villafranca Campo, Villahermosa Campo y Villar Salz.-Capital: CALAMOCHA, 40 municipios. Superficie: 1.922 km.[2]. Población 14.485 h.
30.- MAESTRAZGO	Ley 8/2002, 3 mayo	Allepuz, Bordón, **Cantavieja**, Cañada Benatanduz, Castellote, Cuba (La), Fortanete, Iglesuela Cid (La), Mirambel, Miravete Sierra, Molinos, Pitarque, Tronchón, Villarluengo y Villarroya Pinares.- Capital: CANTAVIEJA, 15 municipios. Superficie: 1.205 km.[2]; población: 3.789 h.
33.- MATARRAÑA	Ley 7/2002, 15 abril	Arens Ledó, Beceite, Calaceite, Cretas, Fórmoles, Fresneda (La), Fuentespalda, Lledó, Mazaleón, Monroyo, Peñarroya Tastavíns, Portellada, Ráfales, Torre de Arcas, Torre del Compte, **Valderrobres**, Valdetormo y Valjunquera.- Capital: VALDERROBES, 18 municipios. Superficie: 934 km.[2]; población 8.894 h.
31.- SIERRA de ALBARRACÍN	Ley 1/2003, 11 febrero	**Albarracín**, Bezas, Bronchales, Calomarde, Frías A, Gea A., Griegos, Guadalaviar, Jabaloyas, Monterde A, Moscardón, Noguera A, Orihuela Tremedal, Pozondón, Ródenas, Royuela, Rubiales, Saldón,

		Terriente, Toril y Masegoso, Torres A, Tramacastilla, Valdecuenca, Vallecillo (El) y Villar del Cobo.- Capital: ALBARRACÍN, 25 municipios. Superficie: 1.416 km.^{2}; población: 5.014 h.
29.- COMUNIDAD de TERUEL	Ley 7/2003, 12 marzo	Ababuj, Aguatón, Aguilar Alfambra, Alba, Alfambra, Almohaja, Alobras, Alpeñés, Argente, Camañas, Camarillas, Cañada Vellida, Cascante Río, Cedrillas, Celadas, Cella, Corbalán, Cubla, Cuervo (El), Cuevas Labradas, Escorihuela, Fuentes Calientes, Galve, Jorcas, Libros, Lidón, Monteagudo Castillo, Orrios, Pancrudo, Peralejos, Perales Alfambra, Pobo (El), Rillo, Riodeva, Sta Eulalia, **Teruel**, Tormón, Torrelacárcel, Torremocha Jiloca, Tramacastiel, Valacloche, Veguillas Sierra, Villarquemado, Villastar, Villel y Visiedo. - Capital: TERUEL, 46 municipios. Superficie: 2.791,6 km.^{2}; población: 47.016 h.

PROVINCIA DE ZARAGOZA:

Superficie: 17.274,3 km.^{2}; %: 3,42; Población: 970.313; Densidad:56,2; Costa: 0.
Comarcas: 14; municipios: = 296.
PARTIDOS JUDICIALES: 5 Ejea de los Caballeros, 12 Tarazona, 16 Almunia de Dª Godina, 17 Zaragoza, 19 Caspe, 20 Calatayud, 24 Daroca.

14.- ARANDA	Ley 9/2000, 27 diciembre	Aranda Moncayo, Brea A, Calcena, Gotor, **Illueca**, Jarque, Mesones Isuela, Oseja, Pomer, Purujosa, Sestrica, Tierga y Trasobares.- Capital: ILLUECA, 13 municipios. Superficie: 562 km.^{2}; población: 7.631 h.
19.- BAJO ARAGÓN CASPE	Ley 12/203 24 marzo	**Caspe**, Chiprana, Fabara, Fayón, Maella y Nonaspe.- Capital: CASPE, 6 municipios. Superficie: 1305 km.^{2}; población: 30.146 h.
23.- BAJO MARTÍN	Ley 8/2003, 12 marzo	Abalate del Arzobispo, Azaila, Castelnou, Híjar, Jatiel, Puebla **Hijar**, Samper de Calanda, Urrea de Gaén y Vinaceite.- Capital: HIJAR, 9 municipios. Superficie: 795,2 km.^{2}; población: 7.311 h.
20.- COMUNIDAD CALATAYUD	Ley 9/2001, 18 junio	Abanto, Alarba, Aconchel A, Alhama A, Aniñón, Arándiga, Ariza, Ateca, Belmonte Gracián, Berdejo, Bijuesca, Bordalba, Bubierca, Cabolafuente, **Calatayud**, Calmarza, Campillo A, Carenas, Castejón Alarba, Castejón Armas, Cervera Cañada, Cetina, Cimballa, Clarés Ribota, Codos, Contamina, Embid Ariza, Frasno (El), Fuentes Jiloca, Godojos, Ibdes, Jaraba, Malanquilla, Maluenda, Mara, Miedes A, Monreal Ariza, Monterde, Montón, Morata Jiloca, Morés, Moros, Munébrega, Nigüela, Nuévalos, Olvés, Orera, Paracuellos Ribera, Paracuellos Jiloca, Pozuel Ariza, Ruesca, Saviñán, Sediles, Sisamón, Terrer, Tobed, Torralba Ribota, Torrehermosa, Torrelapaja, Torrijo, Valtorres, Velilla Jiloca, Villafeliche, Villalba Perejil, Villalengua, Villarroya Sierra y Vilueña (La).- Capital: CALATAYUD, 67 municipios. Superficie: 2.524 km.^{2}; población: 42.379 h.
22.- CAMPO de BELCHITE	Ley 24/2002, 12 noviembre	Almonacid Cuba, Almochuel, Azuara, **Belchite**, Codo, Fuendetodos, Lagata, Lécera, Letux, Moneva, Moyuela, Plenas, Puebla Albortón (La), Samper Salz y Valmadrid.- Capital: BELCHITE, 15 municipios. Superficie: 1.043,8 km.^{2}; población: 5.282 h.
13.- CAMPO de	Ley 18/2001,	Agón, Ainzón, Alberite S Juan, Albeta, Ambel, Bisimbre, **Borja**,

BORJA	19 noviembre	Bulbuente, Bureta, Fréscano, Fuendejalón, Magallón, Maleján, Mallén, Novillas, Pozuelo A, Tabuenca y Talamantes.- Capital: BORJA, 18 municipios. Superficie: 690,5 km.[2]; población: 15.427 h.
24.- CAMPO de DAROCA	Ley 18/2002, 5 julio	Acered, Aldehuela Liestos, Anento, Atea, Badules, Balconchán, Berrueco, Cerveruela, Cubel, Cuerlas (Las), **Daroca,** Fombuena, Gallocanta, Herrera Navarros, Langa Castillo, Lechón, Luesma, Mainar, Manchones, Murero, Nombrevilla, Orcajo, Retascón, Romanos, Santed, Torralba Frailes, Torralbilla, Used, Val S Martín, Valdehorna, Villadoz, Villanueva Jiloca, Villar Navarros, Villareal Huerva y Villarroya Campo.- Capital: DAROCA, 35 municipios. Superficie: 1.117,9 km.[2]; población: 6.493 h.
21.- CAMPO de CARIÑENA	Ley 31/2002, 27 diciembre	Aguarón, Aguillón, Aladrén, Alfamén, **Cariñena**, Cosuenda, Encinacorba, Longares, Mezalocha, Muel, Paniza, Tosos, Villanueva Huerva y Vistabella.- Capital: CARIÑENA, 14 municipios. Superficie: 774 km.[2]; población: 10.997 h.
5.- CINCO VILLAS	Ley 26/2002, 26 noviembre	Ardisa, Asín, Bagües, Biel, Biota, Castejón Valdejasa, Castiliscar, **Ejea de los Caballeros**, Erla, Frago (El), Isuerre, Layana, Lobera Onsella, Longás, Luesia, Luna, Marracos, Navardún, Orés, Pedrosas (Las), Piedratajada, Pintanos (Los), Puendeluna, Sádaba, Sierra Luna, Sos Rey Católico, Tauste, Uncastillo, Undúes Lerda, Urriés y Valpalmas.- Capital: EJEA de los CABALLEROS: 31 municipios. Superficie: 3.066 km.[2]; población: 33.584 h.
15.- RIBERA ALTA DEL EBRO	Ley 21/2001, 21 diciembre	**Alagón**, Alcalá Ebro, Bárboles, Boquiñeni, Cabañas Ebro, Figueruelas, Gallur, Grisén, Joyosa (La), Luceni, Pedrola, Pinseque, Pleitas, Pradilla Ebro, Remolinos, Sobradiel y Torres Berrellén.- Capital: ALAGÓN, 17 municipios. Superficie: 418 km.[2]; población: 26.952 h.
18.- RIBERA BAJA DEL EBRO	Ley 13/2002, 10 junio.	Alborgue, Alforque, Cinco Olivas, Escatrón, Gelsa, Pina de Ebro, **Quinto**, Sástago, Velilla de Ebro y Zaida (La).- Capital: QUINTO, 10 municipios. Superficie: 989,9 km.[2]; población 9.240 h.
12.- TARAZONA y EL MONCAYO	Ley 14/2001, 2 Julio	Alcalá M, Añón M, Buste (El), Fayos (Los), Grisel, Litago, Lituénigo, Malón, Novallas, San Martín Virgen M, Santa Cruz M, **Tarazona,** Torrellas, Trasmoz, Vera M. y Vierlas.- Capital: TARAZONA, 16 municipios. Superficie: 453 km.[2]; población: 14.747 h.
16.- VALDEJALÓN	Ley 16/2001, 29 octubre	Almonacid Sierra, **Almunia Dª Godina** (La), Alpartir, Bardallur, Calatorao, Chodes, Épila, Lucena J, Lumpiaque, Morata J, Muela (La), Plasencia J, Ricla, Rueda J, Salillas J, Sª Cruz Grío y Urrea J.- Capital; ALMUNIA DE Dª GODINA, 17 municipios. Superficie: 935 km.[2]. Población: 29.429 h.
17.- D. C. ZARAGOZA	P/Regulación	Alfajarín, Botorrita, Burgo de Ebro, Cadrete, Cuarte de Huerva, Fuentes de Ebro, Jaulín, María de Huerva, Mediana de Aragón, Mozota, Nuez de Ebro, Osera E., Pastriz, Puebla de Alfindén (La), San Mateo de Gállego, Utebo, Villafranca de Ebro, Villamayosr de Gállego, Villanueva de Gállego, **Zaragoza** y Zuera.- Capital ZARAGOZA, 21 municipios. Superficie: 2.292 km.[2]; población: 731.315 h.

COMUNIDAD AUTÓNOMA DE CASTILLA Y LEÓN:

Ley Orgánica 9/1982: Estatuto de Autonomía: 425-2-1983 y Reforma 30-11-2007.- Superficie: 94.233 km.²; %: 18,6; Población: 2.563.521; Densidad: 27,20; Costa: 0. municipios, 1 comarca

PROVINCIA DE LEÓN.

Superficie; 15.570 km.² ; %: 3,09; Población: 500.169; Densidad: 35,9; Costa: 0.
Municipios Comarcas. 1; municipios: 38
PARTIDOS JUDICIALES: I: Ponferrada (1).
COMARCA de EL BIERZO: Ext.: 3.178,7 km.²; población: 135.522 h.

EL BIERZO	Ley 1/1991, 14 marzo	Arganza, Balboa, Barjas, Bembibre, Benuza, Berlanga B, Borrenes, Cabañas Raras, Cacabelos, Camponaraya, Candín, Carracedelo, Carucedo, Castropodame, Congosto, Curullón, Cubillos Sil, Fabero, Folgoso Ribera, Igüeña, Molinaseca, Noceda, Oencia, Palacios del Sil, Páramo Sil, Peranzanes, **Ponferrada**, Priaranza B, Puente Dº Flórez, Sancedo, Sobrado, Toreno, Torre B, Trabadelo, Vega Espinareda, Vega de Valcarce, Villadecanes y Villafranca Bierzo.- Capital: PONFERRADA: 38 municipios. Superficie: 3.178,7 km.². Población: 135.922 h.

COMUNIDAD AUTÓNOMA de CATALUÑA.

Ley Orgánica 3/1979: Estatuto de Autonomía, 18-12-1979 y 6/2006, 19-7-2006. Superficie: 32.113 km.²; %: 6,3; Población 7.467.423; Densidad 232,52; Costa: 699 km.
Provincias: 4; comarcas: 41; municipios: 949.

PROVINCIA DE BARCELONA:

Superficie: 7.728 km.²; %: 1,53; Población: 5.487.935; Densidad: 710,1; Costa: 161. Comarcas 11; municipios: 318
PARTIDOS JUDICIALES: I: Villafranca del Penedés; II: Igualada; III: Manresa; IV: Prat de Llobregat, Cornellá del Llobregat, Esplugues de Lobregat, Gavà, Martorell, Sant Boi de Llobregat; V: Barcelona, Badalona, Hospitalet de Lobregat, Santa Coloma de Gramanet; VI: Berga; VII: Vilanova i Geltrú; VIII: Mataró, Arenys de Mar; IX: Vich; X: Sabadell, Terrasa, Cerdañola del Vallés, Rubí; XI: Granollers y Mollet del Vallés (24).

I.- ALT PENEDÈS	Ley 3/1990, 8 de enero	Avinyonet Penedès, Cabanyes Les, Castellet i Gornal, Castellví Marca, Font-rubí, Gelida, Granada (La), Mediona, Olèrdola, Olesa Bonesvalls, Pacs Penedés, Pla Penedés (El), Pontons, Puigdàlver, Sant Cugat Sesgarrigues, Sant Llorenç d'Hortons, Sant Martí Sarroca, Sant Pere Riudebitlles, Sant Quintí Mediona, Sant Sadurní d'Anoia, Sta Fe Penedés, Sta Margarida i Monjos, Subirats, Torrelavit, Torrelles Foix, **Villafranca Penedés** y Vilobí Penedés.- Capital: VILLAFRANCA del PENEDÉS; 27 municipios. Superficie: 592,4 km.²; población: 80.976

		H.
II.- ANOIA	Ley 3/1990, 8 de enero	Argençola, Bellprat, Bruc (El), Cabrera d'Igualada, Calaf, Calonge Segarra, Capellades, Carme, Castellfollit Riubregós, Castellolí, Copons, Hostalets Pierola (Les), **Igualada**, Jorba, Llacuna Masquefa, Montmaneu, Ódena, Orpí, Piera, Pobla Claramunt, Prats de Rei (Els), Pujalt, Rubió, Sant Martí de Tous, Sant Martí Sesgueioles, Sant Pere Sallavinera, Stª Margarida Montbui, Stª Mª Miralles, Torre Claramunt (La), Valbona Anoia, Veciana y Vilanova Camí.- Capital: IGUALADA, 33 municipios. Superficie: 866,6 km.^{2}; población: 93.529 h.
III.- BAGES	Ley 6/1987, 4 de abril	Aguilar Segarra, Artés, Avinyó, Balsareny, Calders, Callús, Cardona, Castelbell i Vilar, Castellfollit Boix, Castellgalí, Castelnou Bages, Estany (L'), Fonollosa, Gaià, **Manresa**, Marganell, Moià, Monistrol Calders, Monistrol Montserrat, Mura, Navarcles, Navàs, Pont Vilamora i Rocafort, Rajadell, Sallent, Sant Feliu Sasserra, Sant Fruitós Bajes, Sant Joan Vilatorrada, Sant Mateu Bages, Sant Salvador Guardiola, Sant Vicenç Castellet, Stª Mª d'Oló, Santpedor, Súria y Talamanca.- Capital: MANRESA, 35 municipios. Superficie: 1.295,2 km.^{2}; población: 155.112 h.
IV.- BAIX LLOBREGAT	Ley 3/1990, 8 de enero	Abrera, Begues, Casteldefels, Castelví Rosanes, Cervelló, Collbató, Corbera Ll, Cornellà Ll, Esparragera, Espluges Ll, Gavà, Martorell, Molins Rei, Olesa Montserrat, Pallejà, Palma Cervelló, Papiol El, **Prat Llobregat**, Sant Andreu Barca, Sant Boi Ll, Sant Climent Ll, Sant Esteve Sesrovires, Sant Feliu Ll, Sant Joan Despí, Sant Just Desvern, Sant Vicenç Horts, Sta Coloma Cervelló, Torrelles Ll, Vallirana y Viladecans.- Capital: PRAT del LLOBREGAT, 30 municipios. Superficie: 486,5 km.^{2}; población: 692.892 h.
V.- BARCELONÈS	Ley 3/1990, 8 de enero	Badalona, **Barcelona**, Hospitalet Llobregat, Sant Adriá Besós y Sta Coloma Gramanet.- Capital: BARCELONA, 5 municipios. Superficie: 143,15 km.^{2}; población: 2.293.670 h.
VI.- BERGUEDÀ	Ley 6/1987, 4 de abril	Avià, Bagà, **Berga**, Borredà, Capolat, Casserres, Castel l'Areny, Castellar N'Hug, Castellar Riu, Cercs, Espunyola (L'), Fíglos, Gironella, Gisclareny, Gósol, Guardiola Berguedà, Montclar, Montmajor, Nou Berguedà, Olvan, Pobla Lillet, Puig-Reig, Quar (La), Sagàs, Saldes, Sant Jaume Frontayà, Sant Julià Cernayola, Sta Mª Merlès, Valcebre, Vilada y Viver i Serrateix.- Capital: BERGA, 32 municipios. Superficie: 1.182,5 km.^{2}; población: 37.995 h.
VII.- GARRAF	Ley 3/1990, 8 de enero	Canyelles, Cubelles, Olivella, Sant Pere Ribes, Sitges y **Vilanova i Geltrú**.- Capital: VILANOVA i GELTRÚ, 6 municipios. Superficie: 592,4 km.^{2}; población: 108.194 h.
VIII.-MARESME	Ley 6/1987, 4 de abril	Alella, Arenys Mar, Arenys Munt, Argentona, Cabrera Mar, Cabrils, Caldes d'Estrac, Calella, Canet Mar, Dosrius, Malgrat Mar, Masnou (El), **Mataró**, Mongat, Òrrius, Palafolls, Pineda de Mar, Premià Dalt, Premià Mar, Sant Andreu Llavaneres, Sant Cebrià Villalta, Sant Iscle Vallalta, Sant Pol de Mar, Sant Vicenç Montalt, Sta Susanna, Teià, Tiana, Tordera, Vilassar Dalt y Vilassar Mar.- Capital: MATARÓ, 30 municipios. Superficie: 396,9 km.^{2}; población: 356.545 h.
IX.- OSONA	Ley 3/1990,	Alpens, Balenyà, Brull (El), Calldetenes, Centelles, Collsuspina,

	8 de enero	Espinelves, Folgueroles, Gurb, Lluçà, Malla, Manlleu, Masies Roda (Les), Masies Voltregà (Les), Montesquiu, Muntanyola, Olost, Orís, Oristà, Perafita, Prats Llunçanès, Roda Ter, Rupit i Pruit, Sant Agustí de Lluçanès, Sant Bartomeu Grau, Sant Boi Lluçanès, Sant Hipòlit Voltrgà, Sant Julià de Vilatorta, Sant Martí d'Allbars, Sant Martí Centelles, Sant Pere Torelló, Sant Quirze Besora, Sant Sadurní d'Osmort, Sant Vicenç Torelló, Stª Cecilia Voltregà, Stª Eugènia Berga, Stª Eulàlia Riuprimer, Stª Maria Besora, Stª Mª Corcó, Seva, Sobremunt, Sora, Taradell, Tavèrnoles, Tavertet, Tona, Torelló, **Vic**, Vidrà, Viladrau y Vilanova de Sau.- Capital: VICH, 51 municipios. Superficie: 1.263,8 km.²; población: 129.543 h.
X.- VALLÉS OCCIDENTAL	Ley 3/1990, 8 de enero	Badia V, Barberá V, Castellar V, Castelbisbal, Cerdanyola V, Gallifa, Matadepera, Montcada i Reixac, Palau-Solita i Plegamans, Polinyà, Rellinars, Ripollet, Rubí, **Sabadell**, Sant Cugat Vallés, Sant Llorenç Savall, Sant Quirze V, Sta Perpétua Mogoda, Sentmenat, **Terrasa**, Ullastrell, Vacarisses y Viladecavalls. (Comparten capitalidad).- Capital: SABADELL y TERRASA, 23 municipios. Superficie: 580,7 km.²; población: 736.682 h.
XI.- VALLÉS ORIENTAL	Ley 3/1990 , 8 de enero	Aiguafreda, Ametlla V., Bigues i Riells, Caldes Montbui, Campins, Canovelles, Cànoves i Samalùs, Cardedeu, Castellcir, Castellterçol, Figarò-Montmay, Fogars Monteclús, Franqueses Vallés, Garriga (La), Granera, **Granollers**, Gualba, Llagosta, Lliça d'Amunt, Liça de Vall, Llinars del Vallès, Martorelles, Mollet del Vallès, Montmeló, Montornès del Vallès, Montseny, Parets del Vallés, Roca del Vallés, Sant Antoni Vilamajor, Sant Celoni, Sant Esteve Palautordera, Sant Feliu Codines, Sant Fost Campsentelles, Sant Pere Vilamajor, Sant Quirze Safaja, Sta Eulàlia Ronçana, Sta Mª Martorelles, Stª Mª Palautordera, Tagamanent, Vallgorguina, Vallromanes, Valfromanes, Villalba Sasera y Villanova Vallés.- Capital: GRANOLLERS, 44 municipios. Superficie: 851,9 km.²; población: 321.431 h.

PROVINCIA DE GIRONA:

Superficie: 5.910 km.²; %: 1,17; Población: 747.782; Densidad: 126,5; Costa 260
Comarcas: 8; municipios: 225.
PARTIDOS JUDICIALES: I: Girona; II: Bisbal del Empordá, Sant Feliu Guixols; III: Puigcerdá; IV: Olot; V: Girona; VII: Ripoll; VIII: Sta Coloma Farners, Blanes.

I.- ALT EMPORDÀ	Ley 6/1987, 4 de abril	Agullana, Albanyà, Armentera L', Avinyonet de Puigventós, Bàscasra, Biure, Boadella de Empordà, Borrassà, Cabanelles, Cabanes, Cadaqués, Cantallops, Capmany, Castelló d'Empuries, Cesta, Cistella, Colera, Darnius, Escala (L'), Espolla, Far d'Empordà, **Figueres**, Fortià, Garrigàs, Garriguella, Jonquera, Lladó, Llançà, Llers, Maçanet de Cabrenys, Masarac, Mollet de Perelada, Navata, Ordis, Palau Stª Eulàlia, Palau-saverdera, Pau, Pedret i Marzà, Perelada, Pont de Molins, Pontós, Port de Selva (El), Porbou, Rabós, Riumors, Roses, Sant Climent Sescebes, Sant Llorenç Muga, Sant Miquel Fluvià, Sant Mori, Sant Pere Pescador, STª Llogaia d'Allguema, Saus, Selva de Mar (La), Siurana, Terrades, Torroella Fluvià, Vajol (La), Ventalló, Vilabertran, Vilademat, Vilafant, Vilajuïga, Vilamacolum, Vilamalla,

		Vilamaniscle, Vilamant, Vila-Sacra y Vilaür.- Capital: FIGUERES, 68 municipios. Superficie: 1.342,4 km.²; población: 99.321 h.
II.- BAIX EMPORDÂ	Ley 6/1987, 4 de abril	Albons, Begur, Belcaire E., **Bisbal del Empordá**, Calonge, Castel-Platja d'Aro, Colomers, Corçà, Cruilles-Monells i Sant Sadurní Heura, Foixà, Fontanilles, Forallac, Garrigoles, Gualta, Jafre, Mont-ras, Palafrugell, Palamós, Palau-sator, Pals, Purlavà, Pera (La), Regencós, Rupià, Sant Feliu Guixols, STª Cristina Aro, Serra d'Aro, Tallada d'Empordà, Torrent, Torroella Montgrí, Ullà, Ullastret, Ultramort, Vall-llobrega, Verges y Vilopriu.- Capital: BISBAL EMPORDÁ, 36 municipios. Superficie: 700,5 km.²; población: 102.566 h.
III.- CERDANYA	Ley 2/1983, 16 de marzo	Alp, Bolvir Cerdanya, Bolvir, Das, Fontanals Cerdanya, Ger, Guils Cerdanya, Isòvol, Lles C, Llívia, Meranges, Montellà i Martinet, Prats i Sansor, Prullans, **Puigcerdà**, Riu C y Urús.- Capital: PUIGCERDÁ, municipios: 17. Superficie: 46,4 km.²; población: 14.158 h.
IV.-GARROTXA	Ley 6/1987, 4 de abril	Argelaguer, Besalú, Beuda, Castelflollit Roca, Maià Montcal, Mieres, Montagut i Oix, **Olot**, Planes d'Hostoles, Preses (Les), Riudaura, Sales Llierca, Sant Aniol Finestres, Sant Feliu de Pallerols, Sant Ferriol, Sant Jaume Llierca, Sant Joan Fonts, Sta Pau, Tortellà, Vall d'en Bas La y Vall de Bianya.- Capital: OLOT, 21 municipios. Superficie: 592,4 km.²; población: 47.747 h.
V.- GIRONÈS	Ley 6/1987, 4 de abril	Aiguaviva, Bescanó, Bordils, Campllong, Canet d'Adri, Cassà de la Selva, Celrà, Cervià de Ter, Flaçà, Fornells Selva, **Girona**, Juià, Llagostera, Llambiles, Madremanya, Quart, Salt, Sant Andreu Salou, Sant Gregori, Sant Joan Mollet, Sant Yordi Desvalls, Sant Julià Ramis, Sant Martí Llémena, Sant Martí Vell, Sarrià de Ter, Vilablareix y Viladesens.- Capital: GIRONA, 27 municipios. Superficie: 575,5 km.²; población: 136.543 h.
VI.- PLA de l'ESTANY	Ley 5/1988, 28 marzo	**Banyoles**, Camós, Cornellà de Terri, Crespià, Esponellà, Fontcuberta, Palol de Revarddit, Porqueres, Sant Miquel de Campmajor, Serinyà y Vilademuls.- Capital: BANYIOLES, 11 municipios. Superficie: 262,7 km.²; población: 24.347 h.
VII.- RIPOLLÉS	Ley 3/1990, 8 de enero	Campdevànol, Campelles, Camprodon, Gombrèn, Llanars, Llosses (Les), Molló, Ogassa, Pardines, Planoles, Queralbs, Ribes de Freser, **Ripoll**, Sant Joan Abadesses, Sant Pau Segúries, Setcases, Toses, Valfogona Ripollès y Vilallonga Ter.- Capital: RIPOLL, 19 municipios. Superficie: 958,7 km.²; población: 25.744 h.
VIII.- SELVA	Ley 6/1987, 4 de abril	Amer, Anglès, Arbúcies, Blanes, Breda, Brunyola, Caldes M, Cellera Ter, Fogars S., Hostalric, Lloret Mar, Maçanet S, Massanes, Osor, Riells i Viabrea, Riudarenes, Riudellots S, Sant Feliu Buixalleu, Sant Hilari Sacalm, Sant Julià Llor i Bonmatí, **STª Coloma Farners**, Sils, Susqueda, Tossa Mar, Vidreres y Vilobí d'Onyar.- Capital: STA COLOMA de FARNERS, 26 municipios. Superficie: 995,5 km.²; población: 117.393 h.

PROVINCIA DE LLEIDA:

Superficie: 12.150 km.²; %:2,41; Población:436.402; Densidad: 35,9; Costa: 0.

Comarcas; 12; Municipios: 224
PARTIDOS JUDICIALES: I: Seu d'Urgell; IV: Balaguer; VI: Tremp; VIII: Cervera; IX: Lleida; XII: Vielha, Mijaran (7).

I.- ALT URGEL	Ley 2/1983, 16 de marzo	Alàs i Cerc, Arsègel, Bassella, Cabó, Cava, Coll Nargó, Estamariu, Fígols i Alinyà, Josa i Tuixén, Monferrer i Castellbò, Oliana, Organyà, Peramola, Pont de Bar, Ribera d'Urgellet, **Seu d'Urgell**, Valls d'Aguilar, Valls de Valira y Vansa i Formols.- Capital: SEU D'URGEL, 19 municipios. Superficie: 1.446,9 km.²; población: 19.105 h.
II.- ALTA RIBAGORÇA	Ley 5/1988, 28 marzo	**Pont Suert** (El), Val de Boí y Vilaller.- Capital: PONT de SUERT, 3 municipios. Superficie: 426,8 km.²; población: 3.477 h.
III.- GARRIGUES	Ley 6/1987, 4 de abril	Albagés (L'), Albi (L'), Arbeca, Bellaguarda, **Borges Blanques**, Bovera, Castelldans, Cervià G., Cogull (El), Espluga Calba (La), Floresta (La). Fulleda, Granadella (La), Granyena G., Juncosa, Juneda, Omellons Els, Pobla de Cérvoles, Puiggròs, Soleràs (El), Tarrés, Torms Els, Villosell (El) y Vinaixa.- Capital: BORGES BLANQUES, 24 municipios. Superficie: 799,7 km.²; población: 18.999 h.
IV.- NOGUERA	Ley 3/1990, 8 de enero	Àger, Albesa, Algerri, Alòs de Balaguer, Artesa Segre, Avellanes i ST^{a} Linya (Les), **Balaguer**, Baronía Rialp (La), Bellcaire U, Bellmunt U, Cabanabona, Camarasa, Castelló Farfanya, Cubels, Foradada, Ivars Noguera, Menàrguens, Montgai, Oliola, Os de Balaguer, Penelles, Ponts, Preixens, Sentiu de Sió (La), Térmens, Tiurana, Torrelameu, Valfogona B, Vilanova l'Aguda y Vilanova Meià.- Capital: BALAGUER, 30 municipios. Superficie: 1.733 km.²; población: 34.744 h.
V.- PALLARS SOBIRÀ	Ley 6/1987, 4 de abril	Alins, Alt Aneu, Baix Pallars, Espot, Esterri d'Aneu, Esterri Cardós, Farrera, Guingueta d'Aneu, Lladorre, Llavorsí, Rialp, Soriguera, **Sort**, Tírvia y Vall Cardós.- Capital: SORT, 15 municipios. Superficie: 1.355,2 km.²; población: 6.174 h.
VI.- PALLARS JUSSÀ	Ley 2/1983, 16 marzo	Abella Conca, Castell Mur, Conca Dalt, Gavet Conca, Isona i Conca Dellá, Llimiana, Pobla Segur, Salàs Pallars, Sant Esteve Sarga, Saroca Bellera, Senterada, Talarn, Torre Capdella y **Tremp**.- Capital: TREMP, 14 municipios. Superficie: 1.290 km.²; población: 12.057 h.
VII.- PLA D'URGEL	Ley 5/1988, 28 marzo	Barbens, Bell-lloc d'Urgell, Belvís, Castelnou de Seana, Fondarella, Golmés, Liars de Urgell, Linyiola, Miralcamp, **Mollerussa**, Palau d'Anglesola (El), Poal (El), Sidamon, Torregrosa, Vilanova de Belpuig y Vila-sana.- Capital: MOLLERUSSA, 16 municipios. Superficie: 304,5 km.; población: 29.723 h.
VIII.- SEGARRA	Ley 3/1990, 8 de enero	Biosca, **Cervera**, Estaràs, Granyanella, Granyena Segarra, Guissona, Ivorra, Massoteres, Montoliu Segarra, Montornès de Segarra, Oluges (Les), Plans de Sió, Ribera d'Ondara, Sanaüja, Sant Guim Freixenet, Sant Guim Plana, Sant Ramon, Talavera, Tarroja de Segura, Torà y Torrefeta i Florjacs.- Capital: CERVERA, 21 municipios. Superficie: 721,2 km.²; población: 18.497 h.
IX.- SEGRIÀ	Ley 3/1990, 8 de enero	Aitona, Alamús El, Albatàrrec, Alcanó, Alcarràs, Alcoletge, Alfarràs, Alfés, Alguaire, Almacelles, Almatret, Almenar, Alpicat, Artesa Lleida, Aspa, Benavent Segrià, Corbins, Gimenells i el Pla Font, Granja

		d'Escarp (La), Llardecans, **Lleida**, Maials, Masslcoreig, Montoliu Lleida, Portella (La), Puigverd Lleida, Roselló, Sarroca Lleida, Seròs, Soses, Sudanell, Sunyer, Torrebesses, Torrefarrera, Torres de Segre, Torre-Serona, Vilanova Barca y Vilanova de Segrià.- Capital: LLEIDA. 38 municipios. Superficie: 1.393,7 km.^{2}; población: 166.090 h.
X.- SOLSONÉS	Ley 3/1990, 8 de enero	Castellar Ribera, Clariana Cardener, Coma i Pedra (La), Guixers, Lladurs, Llobera, Mallosa La, Navès, Odèn, Olius, Pinell Solsonès, Pinós, Riner, Sant Llorenç Morunys y **Solsona**.- Capital: SOLSONA, 15 municipios. Superficie: 998,6 km.^{2}; población: 11.486 h.
XI.-URGELL	Ley 3/1990, 8 de enero	Agramunt, Anglesola, Belianes, Bellpuig, Castellserà, Ciutadilla, Fuliola (La), Guimerà, Maldà, Nalec, Omells de na Gaia, Ossó de Sió, Preixana, Puigverd A, Sant Martí Riucorb, **Tárrega**, Tornabous, Vallbona Monges, Verdú y Vilagrasa; Capital TÁRREGA. 20 municipios. Superficie: 586,2 km.^{2}; población: 31.026 h.
XII.- VAL d'ARÁN	Ley 16/1987, 13 de julio	Arres, Bausen, Bordes (Els), Bossòts, Canejan, Les, Naut Arán, **Vielha e Mijaran** y Vilamós.- Capital VIELHA, 9 Municipios. Superficie: 620,5 km.^{2}; población: 7.691 h.

PROVINCIA DE TARRAGONA:

Superficie: 6.303 km.^{2}; %: 1,25; Población: 803.331; Den: 127,5; Costa: 278.
Comarcas: 10; municipios: 184.
PARTIDOS JUDICIALES: I: Valls; II: Reus; III: Tortosa; IV: Vendell (El); VI: Amposta; VII: Falset; IX: Tarragona; X: Gandesa (8).

I.- ALT CAMP	Ley 3/1990, 8 de enero	Aiguamùrcia, Alcover, Alió, Bràfim, Cabra del Camp, Figuerola del Camp, Garidells, Masó (La), Milà (El), Montiferri, Mont-ral, Nulles, Pla de Stª Mª, Pont d'Armentera (El), Puigpelat, Querol, Riba (La), Rodonyà, Rourel (El), Vallmoll, **Valls**, Vilabella y Vila-rodona.- Capital: VALLS, 23 municipios. Superficie: 544,6 km.^{2}; población: 33.635 h.
II.- BAIX CAMP	Ley 3/1990, 8 de enero	Albiol (L'), Aleixar (L'), Alforja, Almoster, Arbolí, Argentera (L'), Borges C, Botarell, Cambrils, Capafonts, Castellvell C, Coldejou, Duesaigües, Febró La, Maspujols, Montbrió C, Mont-roig C, Prades, Pratdip, **Reus**, Riudecanyes, Riudecols, Riudoms, Selva Camp, Vandellós i Hospitalet L'Infant, Vilanova E, Vilaplana y Vinyols i els Arcs.- Capital: REUS, 28 municipios. Superficie: 695,3 km.^{2}; población: 145.675 h.
III.- BAIX EBRE	Ley 3/1990, 8 de enero	Aldea (L'), Aldover, Alfara de Carles, Ametlla de Mar (L'), Ampolla (L'), Benifallet, Camarles, Deltebre, Paüls, Perelló (El), Roquetes, Tivenys, **Tortosa** y Xerta.- Capital: TORTOSA, 14 municipios. Superficie: 987,9 km.^{2}; población: 66.369 h.
IV.- BAIX PENEDÉS	Ley 3/1990, 8 de enero	Albinyana, Arboç (L'), Banyeres Penedès, Bellvei, Bisbal Penedès, Bonastre, Calafell, Cunit, Llorenç Penedès, Masllorenç, Montmell (El), Sant Jaume Domenys, Stª Oliva y **Vendrell (El)**.- Capital: VENDRELL, 14 municipios. Superficie: 295,5 km.^{2}; población: 61.256 h.
V.- CONCA	Ley 3/1990,	Barberà Conca, Blancafort, Conesa, Espluga Francoli (L'), Forès,

BARBERÀ	8 de enero	Llorac, **Montblanc**, Passanant, Piles (Les), Pira, Pontils, Rocafort Queralt, Sta Coloma Queralt, Sarral, Savallà de Comtat, Senan, Solivella, Vallclara, Vallfogona Riucorb, Vilanova de Prades, Vilaverd y Vimbodí.- Capital: MONTBLANC, 22 municipios. Superficie: 648,9 km.^{2}; población: 18.786 h.
VI.- MONTSIÀ	Ley 3/1990, 8 de enero	Alcanar, **Amposta**, Freginals, Galera (La), Godall, Mas Barberans, Masdenverge, Sant Carles Ràpita, Sant Jaume d'Enveja, Sta Bàrbara, Sènia (La) y Ulldecona.- Capital: AMPOSTA, 12 municipios. Superficie: 708,7 km.^{2}; población: 57.550 h.
VII.- PRIORAT	Ley 3/1990, 8 de enero	Bellamunt Priorat, Bisbal Falset (La), Cabacés, Capçanes, Cornudella Montsant, **Falset**, Figuera (La), Gratallops, Guiamets (Els), Lloà, Marçà, Margalef, Masroig (El), Molar (El), Morera Montsant, Poboleda, Porrera, Pradell, Torre Fontaubella, Torroja Priorat, Uldemolins, Vilella Alta y Vilella Baixa.- Capital: FALSET, 23 municipios. Superficie: 496,2 km.^{2}; población: 9.196 h.
VIII.- RIBERA d'EBRE	Ley 6/1987, 4 de abril	Ascó, Benissanet, Flix, Garcia, Ginestar, Miravet, **Mora d'Ebre**, Móra Nova, Palma d'Ebre, Rasquera, Riba-Roja E, Tivissa, Torre de l'Espanyol y Vinebre.- Capital: MORA D'EBRE: 14 municipios. Superficie: 825,3 km^2; población: 21.656 h.
IX.- TARRAGONÉS	Ley 3/1990, 8 de enero	Altafulla, Catllar (El), Constantí, Creixell, Morell (El), Nou de Gaià (La), Pallaresos (Els), Perafort, Pobla de Mafumet (La), Pobla de Montornès (La), Renau, Riera Gaià, Roda Barà, Salomó, Salou, Secuita (La), **Tarragona**, Torredembarra, Vespella Gaià, Vilallanga Camp y Vila-Seca.- Capital: TARRAGONA, 21 municipios. Superficie: 317,1 km.^{2}; población: 181.384 h.
X.- TERRA ALTA	Ley 6/1987, 4 de abril	Arnes, Batea, Bot, Caseres, Corbera d'Ebre, Fatarella La, **Gandesa**, Horta Sant Joan, Pinell de Brai (El), Pobla de Massaluca, Prat Comte y Vilalba dels Arcs.- Capital: GANDESA, 12 municipios. Superficie: 740 km.^{2}. Población: 12.196 h.

COMUNIDAD AUTÓNOMA DE GALICIA:

Ley Orgánica 1/1981: Estatuto Autonomía: 6-4-1981.
Superficie: 29.574 km.^{2}; %: 5,8; Pobl.: 2.796.089; Dens.: 94,54; Costa: 1.598 km
Provincias: 4; comarcas: 53; municipios: 315.

PROVINCIA DE A CORUÑA:

Superficie: 7.950 km.^{2}; %1,58; Población: 1.145.488; Dens.:144,1: Costa: 956 km.
Comarcas: 18; municipios: 94.
PARTIDOS JUDICIALES: I: Arzúa; II: Negreira; III: Ribeira; IV: Carballo; V: Betanzos; VI: Coruña; VIII:Ferrol;IX: Corcubión; XI: Muros; XII: Noia; XIII: Ordes; iX: Ortigueira; XV: Snntiago de Compostela; XVI: Padrón (XIV).

I.- ARZÚA	Ley 65/1997, 20 de febrero	**Arzúa**, Boimorto, Pino (O) y Touro.- Capital: ARZÚA, 4 municipios. Superficie: 485 km.^{2}; población: 18.692 h.

II.- BARCALA	Ley 65/1997, 20 de febrero	Baña (A) y **Negreira**.- Capital: NEGREIRA. 2 municipios. Superficie: 213,5 km.²; población: 11.385 h.
III.- BARRBANZA	Ley 65/197, 20 de febrero	Boiro, Pobra do Caramiñal, Rianxo y **Ribeira**.- Capital: RIBEIRA, 4 municipios. Superficie: 247 km.²; población: 69.941 h.
IV.- BERGANTIÑOS	Ley 67/1997, 20 de febrero	Cabana de Bergantiños, **Carballo**, Coristanco, Laracha, Laxe, Malpica de Berbantiños y Ponteceso.- Capital:CARBALLO, 7 municipios. Superficie: 739 km.²; población: 70.698 H.
V.- BETANZOS	Ley 67/1997, 20 de febrero	Aranga, **Betanzos**, Cesuras, Coirós, Curtis, Irixoa, Miño, Oza, Paderne, Vilarmaior y Vilasantar.- Capital: BETANZOS, 11 municipios. Superficie: 676 km.²; población:39.238 h.
VI.- CORUÑA (A)	Ley 67/1997, 20 de febrero	Abegondo, Arteixo, Bergondo, Cambre, Carral, **Coruña (A)**, Culleredo, Oleiros y Sada.- Capital: ACORUÑA, 9 municipios. Superficie: 470,7 km.²; población: 384.616 h.
VII.- EUME	Ley 67/1997, 20 de febrero	Cabanas, Capela (A), Monfero, **Pontedeume** y Pontes de García Rodríguez (As).- Capital: PONTEDEUME, 5 municipios. Superficie: 576,2 km.²; población: 27.899 h.
VIII.- FERROL	Ley 67/1997, 20 de febrero	Ares, Cedeira, Fene, **Ferrol**, Moeche, Mugardos, Narón, Neda, San Sadurniño, Somozas (As) y Valdoviño.- Capital: FERROL, 11 municipios. Superficie: 613,4 km.²; población: 163.669 h.
IX.- FISTERRA	Ley 67/1997, 20 de febrero	Cee, **Corcubión**, Dumbría, Fisterra y Muxía.- Capital: CORCUBIÓN. (5) municipios. Superficie: 340 km.²; población: 23.852 h.
X.- TERRA-MELIDE	Ley 67/1997, 20 de febrero	Brión, **Melide**, Santiso, Sobrado y Toques.- Capital: MELIDE, 5 municipios. Superficie: 370 km.²; población:13.911 h.
XI.- MUROS	Ley 67/1997, 20 de febrero	Carnota y **Muros**.- Capital: MUROS, 2 municipios. Superficie: 138,9 km.²; población: 15.335 h.
XII.- NOIA	Ley 67/1997, 20 de febrero	Lousame, **Noia**, Outes y Porto do Son.- Capital: NOIA, 4 municipios. Superficie: 324,7 km.²; población: 36.482 h.
XIII.- ORDES	Ley 67/1997, 20 de febrero	Cerdeda, Frades, Mesía, **Ordes**, Oroso, Tardoia y Trazo.- Capital: ORDES, 7 municipios. Superficie: 755 km.²; población: 38.442 h.
XIV.- ORTEGAL	Ley 67/1997, 20 de febrero	Cariño, Cerdido, Mañón y **Ortigueira**.- Capital: ORTIGUEIRA, 4 municipios. Superficie: 392 km.²; población: 16.016 h.
XV.- SANTIAGO	Ley 67/1997, 20 de febrero	Ames, Boqueixón, Brión, **Santiago de Compostela**, Teo, Val do Dubra y Vedra.- Capital: SANTIAGO de COMPOSTELA, 7 municipios. Superficie: 689 km.²; población: 150.286 h.
XVI.-SAR O	Ley 67/1997, 20 de febrero	Dodro, **Padrón** y Rois.- Capital: PADRÓN; 3 municipios. Superficie: 173 km.². Población: 17.354 h.
XVII.- TERRA-SONEIRA	Ley 67/1997, 20 de febrero	**Camariñas**, Vimianzo y Zas.- Capital CAMARIÑAS, 3 municipios. Superficie: 372 km.²; población: 20.886 h.
XVIII.- XALLAS	Ley 67/1997, 20 de febrero	Mazaricos, Santa Comba y **Xallas**.- Capital: XALLAS, 3 municipios. Superficie: 398 km.²; población: 16.343 h.

PROVINCIA DE LUGO:

Superficie: 9.856 km.^{2}; %: 1,95; Población: 355.195; Densidad: 36; Costa: 144 km.
Comarcas: 13; municipios: 67.
PARTIDOS JUDICIALES: I: Becerreá; II: Chantada; III: Fonsagrada; IV: Lugo; V: Mondoñedo; VI: Viveiro; X: Sarria; XI: Vilalba; xu: Monforte de Lemos (9).

I.- ANCARES (OS)	Ley 67/1997, 20 de febrero	Baralla, Becerreá, Cervantes, Navia de Suarna, **Nogais** (As) y Pedrafita do Cebreiro.- Capital: AS NOGAIS, 6 municipios. Superficie: 1.049 km.^{2}; población: 13.367 h.
II.- CHANTADA	Ley 67/1997, 20 de febrero	Carballedo, Chantada y **Taboada**.- Capital: TABOADA, 3 municipios. Superficie: 4462 km.^{2}; población: 16.390 h.
III.- FONSAGRADA	Ley 67/1997, 20 de febrero	Baleira, Fonsagrada y Negreira de Muñiz.- Capital: FONSAGRADA, 3 municipios. Superficie 678,9 km.^{2}; población: 7.020 h.
IV.- LUGO	Ley 67/1997, 20 de febrero	Castroverde, Corgo (O), Friol, Guntín, **Lugo**, Outeiro de Rei, Portomarín y Rábade.- Capital: LUGO, 8 municipios. Superficie: 1.362,9 Km.^{2} ; población: 119.568 h.
V.- MARIÑA CENTRAL	Ley 67/1997, 20 de febrero	Alfoz, Burela, Foz, Lourenzá, **Mondoñedo** y Valadouro.- Capital: MONDOÑEDO; 6 municipios. Superficie: 503,7 km.^{2}; población: 30.359 h.
VI.- MARIÑA OCCIDENTAL	Ley 67/1997, 20 de febrero	Cervo, Ourol, Vicedo (O), **Viveiro** y Xove.- Capital: VIVERO, 5 municipios. Superficie: 494 km ^{2}; población: 27.516 h.
VII.-MARIÑA ORIENTAL	Ley 67/1997, 20 de febrero	Barreiros, Pontenova (A), **Ribadeo** y Trabada.- Capital: RIBADEO, 4 municipios. Superficie: 393 km.^{2}; población: 17.225 h.
VIII.- MEIRA	Ley 67/1997, 20 de febrero	**Meira**, Pol, Ribeira de Piquín y Riotorto.- Capital: MEIRA, 4 municipios. Superficie: 311,7 Km.^{2}; población:5.864 h.
IX.- QUIROGA	Ley 67/1997, 20 de febrero	Folgoso do Courel, **Quiroga** y Ribas del Sil.- Capital: QUIROGA, 3 municipios.Superficie: 581 km ^{2}; población: 6.800 h.
X.- SARRIA	Ley 67/1997, 20 de febrero	Incio (O), Láncara, Paradela, Páramo (O), Samos, **Sarria** y Triacastela.- Capital: SARRIA, 7 municipios. Superficie: 836,2 Km. ^{2}; población: 24.904 h.
XI.- TERRA-CHA	Ley 67/1997, 20 de febrero	Abadín, Begonte, Castro Rei, Cospeito, Guitiriz, Muras, Pastoriza (A), **Vilalba** y Xermade.- Captal: VILLALBA, 9 municipios. Superficie: 1.788 km ^{2}; población: 47.210 h.
XII.- TERRA LEMOS	Ley 67/1997, 20 de febrero	Bóveda, **Monforte de Lemos,** Pantón, Pobra de Brollón (A), Saviñao (O) y Sober.- Caital: MONFORTE DE LEMOS, 6 municipios. Superficie: 940 km^2; población: 34.848 h.
XIII.- ULLOA A	Ley 67/1997, 20 de febrero	**Antas de Ulla**, Monterroso y Palas de Rei.- Capital: ANTAS DE ULLA, 3 municipios. Superficie: 418 km^2; población: 10.786 h.

PROVINCIA DE OURENSE:

Superficie: 7.273 km.^{2}; %: 1,44; Población: 335.642; Densidad: 46,1; Costa: 0 km.
Comarcas: 12; municipios: 92.

PARTIDOS JUDICIALES: II: Bande; III: Xinzo de Limia; IV: Carballiño;V: Ourense; VI: Ribadabia; VIII: Celanova; IX: Pobra de Trives; X: Barco de Valdeorras; XI: Verín (9).

I.- ALLARIZ-MACEDA	Ley 67/1997, 20 de febrero	**Allariz**, Baños de Molgas, Maceda, Paderne de Allariz, Xunqueira de Ambia y Xunqueira de Espadañedo.- Capital: ALLARIZ, 6 municipios. Superficie: 388,1 km.^{2} ; población: 15.120 h.
II.- BAIXA LIMIA	Ley 67/1997, 20 de febrero	**Bande**, Entrimo, Lobeira, Lobios y Muiños.- Capital: BANDE; 5 municipios. Superficie: 530,3 km.^{2}; población: 24.266 h.
III.- LIMIA A	Ley 67/1997, 20 de febrero	Baltar, Blancos (Os), Calvos de Randín, Porqueira, Rairiz de Veiga, Sandiás, Sarreaus, Trasmiras, Vilar de Barrio, Vilar de Santos y **Xinzo de Limia**. Capital: XINZO DE LIMIA, 11 municipios. Superficie: 801,9 km.^{2}; población: 24.266 h.
IV.- CARBALLIÑO O	Ley 67/1997, 20 de febrero	Beariz, Boborás, **Carballiño (O)**, Irixo (O), Maside, Piñor, Punxín, San Amaro y San Cristovo de Cea.- Capital: CARBALLIÑO, 9 municipios. Superficie: 552 km.^{2}; población: 29.813 h.
V.- OURENSE	Ley 67/1997, 20 de febrero	Amoeiro, Barbadás, Coles, Esgos, Nogueira de Ramuín, **Ourense**, Pereiro de Aguiar, Peroxa (A), San Cibrao de Viñas, Taboadela, Toén y Vilamarín.-Capital: OURENSE,12 municipios. Superficie: 623,1 km.^{2}; población: 144.282 h.
VI.- RIBEIRO O	Ley 67/1997, 20 de febrero	Arnoia (A), Avión, Beade, Carballeda de Avia, Castrelo de Miño, Cenlle, Cortegada, Leiro, Melón y **Ribadavia**.- Capital: RIBADAVIA, 10 municipios. Superficie: 406,9 km^2; población: 20.258 h.
VII.- TERRA de CALDELAS	Ley 67/1997, 20 de febrero	**Castro Caldelas**, Montederramo, Parada del Sil y Teixeira (A).- Capital: CASTRO CALDELAS, 4 municipios. Superficie: 313,2 km^2; población: 4.298 h.
VIII.- TERRA de CELANOVA	Ley 67/1997, 20 de febrero	Bola (A). Cartelle, **Celanova**, Gomesende, Merca (A), Padrenda, Pontedeva, Quintela de Leirado, Ramirás y Verea.- Capital: CELANOVA, 10 municipios. Superficie: 508,8 km.^{2}; población: 22.053 h.
IX.- TERRA DE TRIVES	Ley 67/1997, 20 de febrero	Chandrexa de Queixa, Manzaneda, **Pobra de Trives** y San Xoán de Río.- Capital: PUEBLA DE TRIVES, 4 municipios. Superficie: 471,7 km.^{2}; población: 5.473 h.
X.- VALDEORRAS	Ley 67/1997, 20 de febrero	**Barco de Valdeorras (O)**, Bolo (O), Carballeda de Valdeorras, Larouco, Petín, Rúa (A), Rubiá, Veiga (A) y Vilamartín de Valdeorras.- Capital: BARCO VALDEORRAS, 9 municipios. Superficie: 969 km.^{2}; población: 29.024 h.
XI.- VERÍN	Ley 67/1997, 20 de febrero	Castrelo do Val, Cualedro, Laza, Monterrei, Oimbra, Riós, **Verín** y Viladervós.- Capital: VERÍN, 8 municipios. Superficie: 1007Km.^{2}; población: 28.811 h
XII.- VIANA	Ley 67/1997, 20 de febrero	Gudiña (A), Mezquita (A), **Viana do Bolo** y Vilariño de Conso.- Capital: VIANA DO BOLO, 4 municipios. Superficie: 946,3 km.^{2}; población; 7.316 h.

PROVINCIA DE PONTEVEDRA:

Superficie: 4.495 km.²; ‰: 0,89; Población: 959.764; Dens.: 213,5; Costa: 398 km.
Comarcas: 10; municipios: 62.
PARTIDOS JUDICIALES: I: TUI; II: Caldas de Reis; III: Ponteareas; IV: Lalín; V: Cangas del Morrazo, Marín; VII: Pontevedra; VIII: Cambados, Villagarcá de Arousa; IX: Estrada; X: Porriño, Redondela (13).

I.- BAIXO MIÑO O	Ley 67/1997, 20 de febrero	Guarda (A), Oia, Rosal (O), Tomiño y **Tui**.- Capital: TUY; 5 municipios. Superficie: 315,1 km.²; población: 47.145 h.
II.- CALDAS	Ley 67/1997, 20 de febrero	**Caldas de Reis**, Catoira, Cuntis, Moraña, Pontecesures, Portas y Valga.- Capital:CALDAS DE REIS, 7 municipios. Superficie: 288.7 km.²; población: 35.120 h.
III.- CONDADO O	Ley 67/1997, 20 de febrero	Mondariz, Mondariz-Balneario, Neves (As), **Ponteareas** y Salvaterra de Miño.- Capital: PONTEAREAS; 5 municipios. Superficie: 341 km.²; población: 39.532 h.
IV.- DEZA	Ley 67/1997, 20 de febrero	Agolada, Dozón, **Lalín**, Rodeiro, Silleda y Vila de Cruces.- Capital: LALIN; 6 municipios. Superficie: 1.027 km.²; población 45.793 h.
V.- MORRAZO O	Ley 67/1997, 20 de febrero	Bueu, **Cangas**, Marín y Moaña.- Capital: CANGAS; 4 municipios. Superficie: 140,1 km.²; población: 81.228 h.
VI.- PARADANTA A	Ley 67/1997, 20 de febrero	Arbo, **Cañiza** (A), Covelo (O) y Crecente.- Capital: A CAÑIZA, 4 municipios. Superficie: 333 km.²: población: 17.286 h.
VII.- PONTEVEDRA	Ley 67/1997, 20 de febrero	Barro, Campo Lameiro, Cotobade, Lama (A), Poio, Ponte-Caldelas, **Pontevedra** y Vilaboa.- Capital: PONTEVEDRA, 8 municipios. Superficie: 624,4 km.²; población: 120.644 h.
VIII.- O SALNÉS	Ley 67/1997, 20 de febrero	Cambados, Grove (O), Illa de Arousa (A), Meaño, Meis, Ribadumia, Sanxenxo, **Vilagarcía de Arousa** y Vilanova de Arousa.- Capital: VILAGARCÍA DE AROUSA, 9 Municipios. Superficie: 276 km.²; población: 107.214 h.
IX.- TABEIROS Tª de- MONTES	Ley 67/1997, 20 de febrero	Cerdedo, **Estrada** (A) y Forcarei.- Capital: A ESTRADA, 3 municipios. Superficie: 529 km.²; población: 29.141 h.
X.- VIGO	Ley 67/1997, 20 de febrero	Baiona, Fornelos de Montes, Gondomar, Mos, Nigrán, Pazos Borden, Porriño (O), Redondela, Salceda de Caselas, Soutomnaior y **Vigo**.- Capital: VIGO, 11 municipios. Superficie: 613,4 km.²; población: 413.996 h.

COMUNIDAD AUTÓNOMA DEL PAÍS VASCO

Ley Orgánica 3/1979: Estatuto Autonomía: 18-12-1979
Superficie: 7.235 km ²; ‰:1,43; Población: 2.162.944; Dens. 300,27; Costa: 246 km
Comarcas: 15; municipios: 286.

PROVINCIA DE ÁLAVA:

Superficie: 3.037 km.²; ‰: 0,59; Población: 313.560; Densidad: 105,9; Costa: 0.

Comarcas: 3; municipios: 53
PARTIDOS JUDICIALES: 10: Amurrio; 14: Vitoria-Gasteid.

14.- ÁREA F. de ÁLAVA CENTRAL: Llanada Alavesa Cuadrillas de: Vitoria Añana Campezo Salvatierra y Zuya	Dº 277/2004, 28 diciembre	Alegría-Dulanzi, Armiñón, Arraia-Maeztu, Arrazua-Ubarrundia, Asparrena, Barrundia, Berantevilla, Bernedo-Campezo, Zigoitia, Kuartango, Elburgo, Iruña de Oca, Iruráiz-Gauna, Lagrán, Lantarón, Legutiano, Otxandio, Peñacerrada-Urizaharra, Ribera Alta, Ribera Baja, Añana, Salvatierra, San Millán, Ubide, Urkabustaiz, Valdegovia, Valle de Arana, **Vitoria-Gasteiz**, Zalduondo, Zambrana y Zuia. Incluye los ámbitos de Sierra Brava de Badaya, Parzonería de Entzia, Comunidad de Peñacerrada-Urizaharra, Lagrán y Laño.- Capital: VITORIA; 31 municipios. Superficie: 784 km.^{2}; población: 250.652 h. (2009).
10.- ÁREA F, de LLODIO: Valles Alaveses Cuadriillas de: Ayala y Llodio	Dº 19/2005, 25 enero	Amurrio, Arakaldo, Artziniega, Ayala, **Llodio**, Okondo, Orduña y Orozko.- Capital: LLODIO, 8 municipios. Superficie: 585 km.^{2}; población: 5.721 h.
9.- ÁREA F. de LAGUARDIA: Cuadrilla de Alava	Dº 271/2004, 28 Diciembre	Baños de Ebro, Elciego, Elvillar, Kripan, Labastida, **Laguardia**, Lanciego, Lapuebla de Labarca, Leza, Moreda de Álava, Navaridas-Oyón-Oion, Samaniego, Villabuena de Álava y Yécora.- Capital: LAGUARDIA, 14 municipios. Superficie: 481 km.^{2}; población: 3197 h.

PROVINCIA DE GUIPUZCOA:
Superficie: 1.980 km.^{2}; %: 0,38; Población: 698.271; Densidad: 369,8; Costa: 92.
Comarcas: 6; municipios: 88.
PARTIDOS JUDICIALES: 4: San Sebastián; 6: Eibar; 11: Bergara; ? Irún; 13: Tolosa; 15: Azpeitia.

11.- ÁREA F. de: MONDRAGÓN-BERGARA: Alto Deva	Dº 87/2005, 12 abril	Antzuola, Aramaio, Aretxavaleta, Arrasate-Mondragón, Bergara, Elgueta, Eskoriatza, Leinz-Gatzaga y Oñati, .-Capital: MONDRAGÓN; 9 municipios. Superficie: 342,7 km.^{2}; población: 61.842 h.
6.- ÁREA F de:. EIBAR: Cª Bajo Deva	Dº 86/2005, 12 de abril	Deva, **Eibar**, Elgóibar, Ermua, Mallabia, Mendaro, Mutriku, y Soraluce-Placencia de las Armas.- Capital: EIBAR; 8 municipios. Superficie: 212,5 km^2; población: 71.565 h.
4.- ÁREA F. de: S.AN SEBASTIÁN DONOSTIA Bajo Bidasoa	P/Reg. Orden inicial 16-07-10	Andoain, Astigarraga, **Donostia-San Sebastián**, Hernani, Hondaribia, Irún, Laserte-Oria, Lezo, Oiarzun, Pasaia, Rentería, Urnieta y Usúrbil.- Capital: SAN SEBASTIÁN; 13 municipios. Superficie: 305,7 km.^{2}; población: 322.148 h.
2.- ÁREA F. de: BEASAIN-ZUMÁRRAGA: Cª del Goierri	Dº 534/2009, 29 septiembre	Altzaga, Arama, Ataun, **Beasain**, Ezkioga-Itsaso, Gaviria, Gaintza, Idiazabal, Itsasondo, Lazkao, Legazpia, Legorreta, Mutiloa, Olaberria, Ordizia, Ormaiztegui, Segura, Urretxu, Zaldibia, Zegama, Zerain,y Zumarraga. Además incluye los ámbitos de Parzonería general de Álava y Guipuzcoa y Enirio de Aralar. - Capital: BEASAÍN, 22 municipios. Superficie:

		424,5 km.^{2}; población: 67.216 h.
13.- ÁREA F. de: TOLOSA: Tolosaldea	P/ Reg. Anuncio	Abaltzisketa, Aduna, Albíztur, Alegia, Alkiza, Altzo, Amezketa, Anoeta, Asteasu, Baliarrain, Belaunza, Berástegi, Berrobi, Bidegoyan, Gaztelu-Elduain, Hernialde, Ibarra, Ikaztegieta, Irura, Larraul, Leaburu, Lizarza, Orendáin, Orexa, Tolosa, Villabona y Zizurkil. Incluye el ámbito de Enirio de Aralar.- Capital: TOLOSA, 27 municipios. Superficie: 331,4 km.^{2}; población: 47.401 h.
15.- ÁREA F. de: ZARAUZ- AZPEITIA Cª Urola Costa	Dº 14/2009, 27 enero	Aia, Aizamazábal, Azpeitia, Azkoitia, Beizama, Errezil, Getaria, Orio, **Zarauz**, Zestoa, y Zumaia.- Capital: ZARAUZ; 11 municipios. Superficie: 325,8 km.^{2}; población: 72.544 h.

PROVINCIA DE VIZCAYA:

Superficie: 2.217 km.^{2}; ‰: 0,44; Población: 1.151.113; Dens.: 519,9; Costa: 154 km.
Comarcas: 6; municipios: 112 municipios.
PARTIDOS JUDICIALES: 1: Balmaseda; 3: Bilbao, Barakaldo, Getxo; 7: Guernika-Luno.

8.- ÁREA F. de: IGORRE. Cª Arratia. Nervión	P/ Reg.	Aránzazu, Areatza, Bedia, Dima, Igorre, Lemona y Zeanuri.- Capital: IGORRE, 7 municipios. Superficie: 401 km.^{2}; población: 23.025 h.
3.- ÁREA F. de: BILBAO-METROPOLI	Dº 36/2010 2 Febrero	Abanto-Ciérvana, Alosontegui, Arrankudiaga, Arrigorriaga, Barakaldo, Barrika, Basauri, Berango, **Bilbao**, Derio, Erandio, Etxébarri, Galdakao, Getxo, Górliz, Larrabetzu, Leioa, Lemoniz, Lezama, Loiu, Muskiz, Ortuella, Plenzia, Portugalete-Santurzi, Sestao, Sondika, Sopelana, Ugao-Miraballes, Urduliz, Valle de Trápaga-Trapagaran, Zamudio, Zarátamo, Zeberio y Zierbena. Capital MARKINA, 34 municipios. Superficie: 355 km.^{2}; población: 869.842 h.
7.- ÁREA F. de: GUERNIKA-MARKINA: Comarcas: Artibai-Lea Busturrialdea Urtubai. Lea Artiba	P/Reg.	Ajanjiz, Amoroto, Arratzu, Aulesti, Bermeo, Berriatúa, Busturia, Ea, Elanchove Ereño, Errigoiti, Etxebarría, Forua, Gautteguiz de Arteaga, Gernika-Luno, Guizaburuaga, Ibarrangelúa Ispáster, Kortezubi, Lekeitio, MarKina-Xemein, Mendata, Mendexa, Morga, Mundaka, Munitibar-Arbaitzegi-Gerrikaitz, Murueta, Muxika- Nabarniz, Ondárroa y Sukarrieta.- Capital GUERNIKA, 30. municipios). Superficie: 206 km.^{2}; población: 26.547.
5.- ÁREA F. de: DURANGO. Cª Bajo Deva	P/Reg.	Abadiño, Amorebieta-Echano, Atxondo, Bérriz, **Durango**, Elorrio, Garai, Iurreta, Izurtza, Mañaria y Zaldívar.- Capital: DURANGO, 11 municipios. Superficie: 317 km.^{2}; población: 321.061.
1.- ÁREA F. de: BALMASEDA-ZALLA Sodupe-	Orden 15 octubre 2009	Arcentales, **Balmaseda**, Carranza, Galdames, Godexola-Güeñes, Lanestosa, Sopuerta, Trucíos-Turtzioz, y Zalla.- Capital: BALMASEDA, 9 municipios, en Vizcaya. Superficie:

Encartaciones		429,52 km.^{2}; población: 30.966 h.
12.- ÁREA F. de: MUNGUÍA.. Cª de Uribe..	P/ Reg.	Arrieta, Bakio, Friz, Gámiz-Fika, Gatika, Laukiz, Maruri, Meñaca y **Munguía**.- Capital: MUNGUÍA, 9 municipios, en Vizcaya. Superficie: 212.km ^{2}; población: 50.628 h.

FUENTES: Legislación oficial referenciada.

Eustat.

Sistema de información territorial de Galicia

B).-Comarcas naturales

COMARCAS NATURALES	MUNICIPIOS INEGRANTES DE CADA UNA DE LAS COMARCAS NATURALES:

COMUNIDAD AUTÓNOMA DE ANDALUCÍA:

Estatuto de Autonomía: Ley Orgánica 6/1981, 30- 12- 1981.
Superficie: 87.598 km.²; %: 17,3; Población: 8.285.692; Densidad: 94,95; Costa: 945
Provincias: 8; comarcas: 60; municipios: 774.

PROVINCIA DE ALMERÍA:

Supuperficie: 8.775 km.²; %: 1,74%; Población: 684.426; Dens.: 78,0; Costa: 249.
Comarcas: 9; municipios: 102.
PARTIDOS JUDICIALES: I: Vélez-Rubio; II: Huércal-Olvera, Vera; III: Almería; IV: Berja, Roquetas de Mar; VII: Purchena.

I.- VÉLEZ RUBIO	Chirivel, María, Vélez Blanco, y **Vélez-Rubio**; Capital: VELEZ RUBIO, 4 Municipios.
II.-ALMANZORA Baja	Antas, Bédar, Cuevas A, Gallardos, Garrucha, **Huércal-Overa**, Mojácar, Pulpí, Turre y Vera.- Capital: HUÉRCAL, 10 municipios.
III.- ANDARAX Bajo NÍJAR	**Almería**, Benahadux, Carboneras, Gádor, Huercal A, Níjar, Pechina, Rioja, Sª Fé Mondújar y Viatro.- Capital: ALMERÍA, 10 municipios.
IV.- DALÍAS Campo	Adra, Benímar, Berja, **Dalías**, Darrical, Enix, Felíx, Roquetas de Mar y Vicar.- Capiital: DALIAS, 9 municipios.
V.- ANDARAX Alto ALPUJARRAS	Alcolea, Alhama Al, Alicún, Almócita, Bayarcal, Bairés, Bentarique, **Gayancar**, Fondón, Huécija, Illar, Instinción, Laujar A, Ohanes, Padules, Paterna Río, Rágol y Terque.- Capital: GAYANCAR; 18 municipios.
VI.- CERGAL	Abla, Abrucena, Alboloduy, Alhabia, Alsodux, Fiñana, **Cergal**, Nacimiento, Olula Castro, Stª Cruz y Tres Villas.- Capital: CERGAL; 11 municipios.
VII.- ALMANZORA Alta	Alcóntar, Armuña Al, Bacares, Bayarque, Lúcar, **Purchena**, Serón, Sierro, Somontín, Sufli, Tijola y Urrácal.- Capital: PURCHENA; municipios 12.
VIII.- ALMANZORA Media	Albanchez, **Albox**, Alcudia M, Arboleas, Cantoria, Cóbdar, Chercos, Fines, Laroza, Líjar, Lubrin, Macael, Olula Río, Oria, Partaloa, Taberno y Zurgena.- Capital: ALBOX, 17 municipios.
IX.- CAMPO de	Benitagla, Benizalón, Castro Filabres, Lucainema Torres, Senés, Sorbas,

TABERNAS	**Tabernas**, Tahal, Turrillas, Uleila Campo y Velefique.- Capital: TABERNAS, 11 municipios.

PROVINCIA DE CÁDIZ:

Superficie: 7.436 km.^{2}; %: 1,47 %; Población:1.230.594; Densidad: 165,5; Costa: 285. Comarcas: 6; municipios: 42

PARTIDOS JUDICIALES:I: Rota, San Lúcar de Barrameda; II.- Jerez de la Frontera; III: Arcos de la Frontera, Ubrique; IV: Algeciras, La Línea de la Concepción, San Roque; V.- Barbate, Ciclana de la Frontera; VI: Cádiz, Puerto de Santa María, Puerto Real y San Fernando.

I.- SAN LÚCAR	Chipiona, Rota, **San Lúcar de Barrameda** y Trebujena.- Capital: SAN LÚCAR BARRAMEDA; 4 municipios.
II.- JEREZ FRONTERA	Alcalá Gazules, **Jerez de la Frontera**, Medina Sidonia y Paterna-Rivera.- Capital: JEREZ de la FORNTERA; 4 municipios.
III.- SIERRA	Alcalá Valle, Algar, Algodonales, **Arcos de la Frontera**, Benaocaz, Bornos, Bosque (El), Gastor (El), Espera, Grazalema, Olvera, Prado Rey, Puerto Serrano, Setenil, Torre Alhaquine, Ubrique, Villaluenga Rosario, Villamartín y Zahara Sierra.- Capital: ARCOS DE LA Frontera, 19 municipios.
IV.- GIBRALTAR Campo	**Algeciras**, Barrios (Los), Castellar Frontera, Jimena de la Frontera, Línea Concepción, San Roque y Tarifa.- Capital: ALGECIRAS; 7 municipios.
V.-TRAFALGAR	Barbate, Conil Frontera, **Chiclana** y Vejer Frontera.- Capital: CHICLANA, 4 municipios.
VI.- BAHÍA CÁDIZ	**Cádiz,** Puerto ST^a María, Puerto Real y San Fernando.- Capital: CÁDIZ, 4 municipios.

PROVINCIA DE CÓRDOBA:

Superficie: 13.771 km.^{2}; %: 2,73%; Población: 803.998; Densidad: 58,4; Costa: 0. Comarcas: 6; municipios: 75.

PARTIDOS JUDICIALES: I.- Peñarroya-Pueblo Nuevo; II: Montoro, Pozoblanco; III: Córdoba y Posadas; IV: Baena; V: Aguilar de la Frontera, Cabra, Lucena y Puente Genil; VI: Priego de Córdoba.

I.- SIERRA	Belalcázar, Bélmez, Blázquez, Espiel, Fuente Laracha, Fuente Obejuna, Granjuela, Hinojosa Duque, Hornachuelos, **Peñarroya-Pueblo Nuevo**, Santa Eufemia, Valsequillo, Villanueva Rey, Vallaralto, Villaviciosa C y Viso.- Capital: PEÑARROYA-PUEBLO NUEVO, 16 municipios.
II.- PEDROCHES	Alcaracejos, Adamuz, Añora, Cardeña, Conquista, Dos Torres, Guijo, Montoro, Obejo, Pedroche, **Pozoblanco**, Torre Campo, Villaharta, Villanueva C y Villanueva Duque.- Capital: POZOBLANCO, 15 municipios.

III.-GUADALQUIVIR	Almodóvar Rio, Carpio, **Córdoba**, Fuente Palmera, Palma Río, Pedro Abad, Posadas, Villa Río y Villafranca.- Capital: CÓRDOBA, 9 municipios.
IV.- CAMPIÑA	**Baena**, Bujalance, Cañete Torres, Carlota, Castro Río, Espejo, Fernán-Núñez, Guadalalcázar, Montalbán C, Montemayor, Rambla, San Sebastián Ballesteros, Santaella, Valenzuela y Victoria.- Capital: BAENA, 15 municipios
V.- OLIVARERA	Aguilar Frontera, Alfambra, **Cabra**, Doña Mencía, Lucena, Luque, Montuerque, Moriles, Nueva Carteya, Puente Genil y Zueros.- Capital: CABRA, 11 municipios.
VI.-PENIBÉTICA	Almedinilla, Benamejí, Carcabuey, Encinas Reales, Fuente Tójar, Iznájar, Palenciana, **Priego Córdoba** y Reute.- Capital: PRIEGO de CÓRDOBA, 9 municipios.

PROVINCIA DE GRANADA:

Superficie: 12. 647 km.²; %: 2.51; Población: 907.428; Densidad: 71.8; Costa: 81. Comarcas: 9; municipios: 166.
PARTIDOS JUDICIALES: I: Baza, Huéscar; II: Guádix; IV: Orgiva; V: Motril, Almuñécar; VII: Granada, Loja y Santa Fe.

I.- ALTIPLANICIE BAZA Hoya	**Baza**, Benamaurel, Caniles, Castillejar, Castril, Cortes-Baza, Cúllar-Baza, Freila, Galera, Huéscar, Orce, Puebla Don Fadrique y Zújar.- Capital: BAZA, 13 municipios.
II.- GUADIX-Hoya	Beas G, Benalúa G, Cortes-Graena, Darro, Dehesas G, Diezma, Fronelas, Gor, Gorafe, **Guadix**, Lugros, Marchal, Peza, Policar, Purullena, Valle Zalabi y Villanueva Torres.- Capital: GUADIX, 17 municipios.
III.- ZENETE Marquesado	Albuñán, Aldeire, **Alquite**, Calahorra, Cogollos Guadix, Dólar, Ferreira, Huéjeja, Jerez Marquesado y Lanteira.- Capital: ALQUITE, 10 municipios.
IV.-ALPUJARRAS	Albondón, Almegíjar, Alpujarra Sierra, Bérchules, Bubión, Busquístar, Cádiar, Cañar, Capileira, Carataunas, Cástaras, Juviles, Lanjarón, Lobras, Murtas, Nevada, **Orjiva**, Pampaneira, Pórtugos, Soportújar, Taha, Torvizcón, Trevélez, Turón, Ujíjar y Válor.- Capital: ORJIVA. 26 Municipios.
V.- COSTA	Albuñol, Almuñécar, Castell Ferro, Güajares, Gualcos, Itrabo, Jete, Lentegí, Lújar, Molvízar, **Motril**, Otívar, Polopos, Rubite, Salobreña, Sorvilán y Vélez Benaudalla.- Capital: MOTRIL, 17 municipios.
VI.- LECRIN Valle	Albuñuelas, **Dúrcal**, Lecrín, Nigüelas, Padul, Piñar, Valle y Villamena.- Capital: DÚRCAL, 8 municipios.
VII.- ALHAMA Tierra de	Agrón, **Alhama Granada**, Arenas Rey, Cacín, Chimeneas, Escúzar, Jayena, Malá, STª Cruz Comercio, Ventas Huema y Zafarraya.- Capital:

ZAFARRAYA	ALHAMA DE GRANADA, 11 municipios.
VIII.-GRANADA Valle de VEGAS (Las)	Albolote, Alfacar, Alhendín, Armilla, Atarfe, Beas, Granada, Cájar, Calicasas, Cenes V, Cijuela, Cogollos V, Cúllar V, Chauchina, Churriana V, Dílar, Dúdar, Fuente Vaqueros, Gabias, Gójar, **Granada**, Guéjar-Sierra, Güevejar, Huétor-Santillán, Huétor-Tajar, Huétor V, Jun, Loja, Macarena, Monachil, Moraleda Zafauona, Nívar, Ogíjares, Otura, Peligros, Pinos-Genil, Pinos Puente, Pulianas, Quéntar, Salar, Santa Fe, Vegas Genil, Villanueva-Mesía, Víznar y Ubia.- Capital: GRANADA, 46 municipios.
IX.- MONTES	Alamedilla, Algarinejo, Alicún Ortega, Benalúa Villas, Campotéjar, Calomera, Deifontes, Gobernador, Guadahortuna, Huélago, Illora, Iznalloz, Moclín, **Montefrío**, Montejícar, Montillana, Morelábor, Pedro Martínez, Piñar y Torre Cardella.- Capital: MONTEFRÍO, 20 municipios.

PROVINCIA DE HUELVA:

Superficie: 10.128 km.^{2}; %: 2,01; Población: 513.403; Densidad: 50,7; Costa: 122. Comarcas: 8; municipios: 90.

PARTIDOS JUDICIALES: I: Ayamonte; III: Valverde del Camino; IV: Palma del Condado; V: Huelva y Moguer; VI: Aracena.

I.- COSTA	**Ayamonte**, Cartaya, Isla Cristina, Lepe y Punta Umbría.- Capital: AYAMONTE, 5 municipios.
II.-ANDÉVALO	Almendro, Cabezas Rubias, Granado, Paymogo, **Puebla de Guzmán**, San Bartolomé Torre, Sanlúcar G, San Silvestre Guzmán, ST^a Bárbara, Villablanca y Villanueva Castillejos.- Capital: PUEBLA DE GUZMÁN, 11 municipios.
III.-C^a MINERA	Alosno, Berrocal, Calañas, Campillo, Cerro A, Granada Río Tinto, Minas Río Tinto, Nerva, **Valverde del Camino**, Villanueva Cruces y Zalamea Real.- Capital: VALVERDE DEL CAMINO, 11 municipios.
IV.- CONDADO NIEBLA	Almonte, Bonares, Bollullos C, Chucena, Escacena C, Hinojosa, Lucena P, Manzanilla, Niebla, **Palma del Condado**, Paterna C, Rociana C, Villalba Alcor y Villarasa.- Capital: PALMA DEL CONDADO, 14 municipios.
V.- TIERRA LLANA	Aliaraque, Ayamonte, Beas, Candón, Cartaya, Gibraleón, **Huelva**, Isla Cristina, Lepe, Lucena P, Moguer, Palos Frontera, Punta Umbría, Rociana Condado, S. Juan Puerto, S. Silvestre G, Tariquejo, Trigueros y Villablanca.- Capital: HUELVA, 19 municipios.
VI.-ARACENA (Sierra)	Alájar, **Aracena**, Campofrío, Corteconcepción, Cortelazor, Fuenteheridos, Galaroza, Higuera S, Linares S, Marines, Puerto Moral, ST^a Ana Real, Valdelarco y Zufre.- Capital: ARACENA, 14 municipios.
VII.-CORTEGANA	Almonaster Real, Aroche, Castaño Robleda, **Cortegana**, Jabugo, Nava y

(Sierra)	Rosal Frontera.- Capital: CORTEGANA, 7 municipios.
VIII.-SEPTENTRIONAL	Arroyomolinos León, Cala, Cañaveral L, **Cumbres de Enmedio**, Cumbres S Bartolomé, Cumbres Mayores, Encinasola, Hinojales y STª Olalla Cala.- Capital: CUMBRES DE ENMEDIO, 9 municipios.

PROVINCIA DE JAÉN:

Superficie: 13.489 km.^{2}; %: 67; Población: 669.782; Densidad: 49,7; Costa: 0.
Comarcas: 6; municipios: 95.
PARTIDOS JUDICIALES: I: Andújar; II: Carolina y Linares; III: Cazorla; IV: Baeza, Úbeda y Villacarrillo; VI: Alcalá la Real, Jaén y Martos.

I.-VEGA GUADALQUIVIR	**Andújar**, Arjona, Arjonilla, Cazanilla, Espeluy, Higura A, Lopera, Marmolejo, Mengibar, Torreblascopedro, Villatorres y Villanueva Reina.- Capital: ANDÚJAR, 12 municipios.
II.- NORTE	Aldeaquemada, Arquillos, Bailén, Baños Encina, Carboneros, Carolina, Castellar Santisteban, Chiclana Segura, Guarramón, Jabakquino, **Linares**, Montizón, Navas S Juan, STª Elena, Santisteban P. y Vilches.- Capital: LINARES, 16 municipios.
III.- CAZORLA	Beas Segura, Benatae, Cazorla, Chilluevar, Génave, Hinojares, Hornos, Huesa, Iruela, **Orcera**, Peal Becerro, Pozo Alcón, Puente Génave, Puerta Segura, Quesada, Santiago-Pontones, Santo Tomé, Segura Sierra, Siles, Torres Albanchez y Villarrodrigo.- Capital: ORCERA, 21 municipios.
IV.- ÚBEDA LOMA	Baeza, Begijar, Canena, Ibros, Iznatoraf, Lupión, Rus, Sabiote, Sorihuela Cuadalimar, Torreperogil, **Úbeda**, Villacarrillo y Villanueva Arzobispo.- Capital: ÚBEDA, 13 municipios.
V.- SIERRA MAGINA	Albanchez U, Bedmar-Garcíiez, Bélmez M, Cabra STº Cristo, Cambil, Campillo Arenas, Cárcheles, Guardia J, **Huelma**, Jimena, Jódar, Larva, Noalejo, Pegalajar, Torres, Valdepeñas Jaén y Villares.- Capital: HUELMA, 17 municipios.
VI.- CAMPIÑA	Alcalá la Real, Alcaudete, Escañuela, Frailes, Fuensanta Martos, Fuerte Rey, Higuera Calatrava, **Jaén**, Janilena, Mancha Real, Martos, Porcuna, Santiago Calatrava, Torre Campo, Torredonjimeno y Villardompardo.- Capital: JAÉN, 16 municipios.

PROVINCIA DE MÁLAGA:

Superficie: km.^{2} 7.308; %: 1,45; Población: 1.593068; Densidad: 218,0; Costa: 208.
Comarcas: 7; municipios: 100.
PARTIDOS JUDICIALES: I: Antequera y Archidona; III: Torrox y Vélez Málaga; IV: Málaga; V: Coín y Torremolinos; VI: Esteponoa, Fuengirola y Marbella, Torremolinos; VII: Ronda.

I.- ABDALAGÍS ANTEQUERA Llº	Alameda, Almargen, **Antequera**, Archidona, Campillos, Cuevas Bajas, Cuevas San Marcos, Fuente Piedra, Humilladero, Molina, Sierra Yeguas,

NORTE	Teba, Valle Abdalajís, Villanueva Algaidas, Villanueva Rosario, Villanueva Tapia y Villanueva Trabuco.- Capital: ANTEQUERA, 17 municipios.
II.- CENTRO	Alfarnate, Alfarnatejo, Almogía, Casabermeja, **Colmenar** y Riogordo.- Capital: COLMENAR, 6 municipios.
III.- AXARQUÍA ESTE	Alcaudín, Algarrobo, Almáchar, Archez, Arenas, Benamargosa, Benamocarra, Borge, Canillas Aceituno, Canillas Albaida, Comares, Cómpeta, Cútar, Frigiliana, Iznate, Macharaviaya, Moclinejo, Nerja, Periana, Rincón Victoria, Salares, Sayalonga, Sedella, Torrox, Totalán, **Vélez-Málaga** y Viñuela.- Capital: VÉLEZ-MÁLAGA, 27 municipios.
IV.- MÁLAGA-HOYA	Málaga.- Capital: MÁLAGA, 1 municipios.
V.-GUADALHORCE	Alahurín T, Alahurín G, Alora, Alozaina, Ardales, Cártama, Carratraca, Casarabonela, **Coín**, Guarro, Monda y Pizarra.- Capital: COÍN, 12 municipios.
VI.- COSTA del SOL	Benahavís, Benalmádena, Casares, Estepona, Fuengirola, Istán, Manilva, **Marbella**, Mijas, Ojén y Torremolinos- Capital: MARBELLA, 11 municipios.
VII.- COSTA OCCIDENTAL	Algatocín, Alpandeire, Arriate, Atajate, Benadalid, Benalauría, Benoaján, Benarrabá, Burgo (El), Cañete Real, Cartajima, Cortes Frontera, Cuevas Becerro, Faraján, Gaucín, Genalguacil, Igualeja, Jimera Líbar, Jubrique, Júzcar, Montejaque, Parauta, Pujerra, **Ronda**, Tolox y Yunquera.- Capital: RONDA, 26 municipios.

PROVINCIA DE SEVILLA:

Superficie: 14.036 km.^{2}; %: 2,78; Población: 1.900.224; Densidad: 138,4; Costa: 0. Comarcas: 7; municipios: 101.

PARTIDOS JUDICIALES: I: Cazalla; II: Lora del Río; III: Carmona, Écija, Marchena, Osuna; IV: Estepa; V: Morón de la Frontera; VI: Lebrija y Utrera; VII: Coria del Río; VIII: Sevilla, Alcalá de Guadaira y Dos Hermanas; IX: San Lúcar la Mayor.

I.- SIERRA NORTE	Alanís, Almadén Plata, Aznalcollar, Castilblanco Arroyos, Castillo Guardas, Cazalla S, **Constantina**, Garrobo, Gerena, Guadalcanal, Madroño, Navas Concepción, Pedroso, Puebla Infantes, Real Jara, Ronquillo y San Nicolás Puerto.- Capital: CONSTANTINA, 17 municipios.
II.- Vega-GUADALQUIVIR	Alcalá Rio, Alcolea Río, Algaba, Breñes, Burguillos, Cantillana, Guillema, **Lora Río**, Peñaflor, Rinconada, Tocina, Villanueva Río y Minas y Villaverde Río.- Capital: LORA DEL RÍO, 13 municipios.
III.- CAMPIÑA	Arahal, Campana, Carmona, **Écija**, Fuentes Andalucía, Lantejuela, Luisiana, Marchena, Osuna, Paradas y Rubio.- Capital: ÉCIJA, 11

	municipios.
IV.- OLIVAR ESTEPA	Aguadulce, Badolatosa, Casariche, **Estepa**, Gilema, Herrera, Lora Estepa, Marinaleda, Pedrera y Roda A . Capital: ESTEPA, 10 municipios.
V.- SIERRA SUR	Algámitas, Coripe, Corrales, Martín Jara, Montellano, **Morón de la Frontera**, Pruna, Puebla Cazalla, Saucejo y Villanueva San Juan.- Capital: MORÓN DE LA FRONTERA, 10 municipios.
VI.- UTRERA	Cabezas San Juan, Coronil, Lebrija, Morales, Palacios y Villafranca, **Utrera**.- Capital: UTRERA, 6 municipios.
VII.- MARISMA	Aznalcázar, Coria del Río, **Puebla del Río** y Villamanrique Condesa.- Capital: PUEBLA DEL RÍO, 4 municipios.
VIII.- SEVILLA y ALCOR	Alcalá Guadaira, Dos Hermanas, Mairena Alcor, **Sevilla** y Viso Alcor.- Capital: SEVILLA, 5 municipios.
IX.- ALJARAFE	Albaida Aljarafe, Almensilla, Benacazón, Bollullos M., Bormujos, Camas, Carrión Céspedes, Castilleja Guzmán, Castilleja, Cuestaja Gampo, Espartinas, Gelves, Huevar, Mairrena Aljarfe, Olivares, Palomares Río, Pilas, Salteras, S. Juan Aznalfarache, **San Lúcar la Mayor**, Santimponce, Tomares, Umbrete, Valenciana Concepción y Villanueva Ariscal.- Capital: SAN LUCAR MAYOR, 25 municipios.

COMUNIDAD AUTÓNOMA DE ASTURIAS:

Ley Orgánica 7/1981: Estatuto Autonomía: 30-12-1981.
Superficie: 10.605 km.^{2}; %: 2,10; Población: 1.085.289; Densidad: 102,3; Costa: 401
Provincias: 1; Comarcas: 9; municipios: 79.

PARTIDOS JUDICIALES: I: Castropol y Grandas de Salime; II: Avilés, Pravia, Soto del Barco; III: Gijón y Villaviciosa; IV: Cangas de Onís, Llanes, Piloña; V: Langreo y Laviana; VI: Oviedo y Pola de Siero; VII: Mieres y Pola de Lena; VII,: Grado; IX: Cangas de Narcea y Tineo.

I.- LUARCA	Boal, Castrpol, Coaña, EL Franco, Grandes Salime, Illano, **Luarca**, Navia, Pesoz, San Martín Oscos, San Tirso A, Santa Eulala Os, Tapia C, Taramundi, Vegadeo, Villanueva O, Valdés y Villalló.- Capital: LUARCA, con 18 mun.
II.- AVILÉS	**Avilés**, Castrillón, Corvera A, Cudillero, Gozón, Illas, Muros Nalón, Pravia y Soto Barco.- Capital: AVILÉS, 9 municipios.
III.- GIJÓN LES MARIÑES	Carreño, Colunga, **Gijón** y Villaviciosa.- Capital: GIJÓN, 4 municipios.
IV.- CUETO Abajo, CUETO Arriba, PICOS EUROPA	Amieva, Cabrales, Cabranes, Cangas Onís, Caravia, Llanes, Onís, **Parres**, Peñamellera Al, Peñamellera Ba, Piloña, Ponga, Ribadedeba y

	Ribadesella.- Capital: PARRES, 14 municipios.
V.- NALÓN Cuenca	Caso, **Langreo**, Laviana, San Martín R Aurelio y Sobrescobio.- Capital: LANGREO, 5 municipios.
VI.- OVIEDO	Bimenes, Llanera, Nava, Noreña, **Oviedo**, Ribera Ar, Sariego y Siero.- Capital: OVIEDO 8 municipios.
VII.- CAUDAL Cª	Aller, **Mieres**, Morcín, Pola de Lena, Quirós y Riosa.- Capital: MIERES, 6 municipios.
VIII.- GRADO SOMIEDO	Belmonte Miranda, Candamo, **Grado**, Proaza, Regueras, Salas, Santo Adriano, Somiedo, Teverga y Yermes-Tameza.- Capital: GRADO, 10 municipios.
IX.- NARCEA Valle	Allande, **Cangas de Narcea**, Degaña, Ibias y Tineo.- Capital: CANGAS DE NARCEA, 5 municipios.

COMUNIDAD AUTÓNOMA DE LAS ILLES BALEARS:

Ley Orgánica 2/1983: Estatuto de Autonomía: 25-2-1983.
Superficie: 5.014 km.²; ‰: 0,987; Población:1.095.426; Densidad: 219,44. Costa: 1.428
Provincias: 1; Comarcas: 10; municipios: 65.

PARTIDOS JUDICIALES: I: Palma de Mallorca; IV: Inca; V: Manacor; VIII: Ciudadela de Menorca y Mahón; IX: Eivissa.

I.- OCCIDENTAl-BA	Andraitx, Calviá, Marratxsí, **Palma** y Sª Mª Camí.- Capital: PALMA DE MALLORCA, 5 municipios.
II.- MONTAÑA	Benyalbufar, Bunyola, Deyá, Escorca, Esporlas, Estellenchs, Fornalutx, Puigpuyent, **Soller** y Valldemosa.-Capital: SOLLER, 10 municipios.
III.- SEPTENTRIÓN	Alcudia, Muro, Pollensa, **Puebla** y STª Margarita.- Capital: PUEBLA, 5 municipios.
IV.- INCA	Alaó, Benisalem, Búger, Campanet, Consell, Costitx, **Inca**, Lloret Vista Alegre, Lloseta, Llubí, Mancor Valle, María Salud, Sancellas, Selva y Sineu.- Capital: INCA, 15 municipios.
V.- ORIENTAL MANACOR	Artá, Capdepera, **Manacor**, Petra, S. Juan, S. Lorenzo Cardessar, Son Servera y Villafranca Bonani.- Capital: MANACOR, 8 municipios.
VI.- LLUCHMAYOR	Algaida, Campos Puerto, **Lluchmayor**, Montuiri, Porreras y STª Eugenia.- Capital: LLUCHMAYOR, 6 municipios.
VII.- FELANTIX	**Felantix**, Santanyi y Ses Salines.- Capital: FELANTIX, 3 municipios.
VIII.-MENORCA TRAMONTANA	Alayor, Ciudadela de Menorca, Ferrerías, **Mahón**, Mercadal, San Luis y Villa Carlos.- Capital: MAHÓN, 7 municipios.

IX.- IBIZA	**Eivissa**, S. Antoni Abad, S. José, S. Joan Labrija y Sª Eulalia del Río.- Capital: EIVISSA, 5 municipios.
X.- FORMENTERA	Formentera.- Capital FORMENTERA: 1 municipio.

COMUNIDAD AUTÓNOMA de CANARIAS:

Ley Orgánica 10/19 82: Estatuto Autonomía: 10-8-1982

Superficie: 5.289 km.²; %: 1,47; Población: 2.103.992; Densidad: 282,52; Costas: 1.583.
Provincias: 2; Comarcas: 13: municipios: 88.

PROVINCIA DE LAS PALMAS:

Superficie: 4.066 km.²; %: 0.81; Población: 1.083.502; Densidad; 266,5; Costa: 815.
Comarcas: 8; municipios: 34.
PARTIDOS JUDICIALES: I: Las Palmas de Gran Canaria; II: Teide; IV: Arucas;VI: San Bartolomé de Tirajana; VII: Puerto del Rosario; San Bartolomé de Tirajana; VIII: Arrecife de Lanzarote.

I.- G. CANARIA ARINGA LL	**Las Palmas Gran Canaria** y STª Brígida.- Capital: LAS PALMAS, 2 municipios.
II.- TEIDE	Agüines, Ingenio, **Teide** y Valsequillo G C.- Capital: TEIDE, 4 municipios.
III.- S.NICOLÁS	**San Nicolás Tolentino**.- Capital: SAN NICOLÁS DE TOLENTINO, 1 municipios.
IV.- TEROL	Artenara, Tejeda, **Terol**, Valleseco y Vega San Mateo.- Capital: TEROL, 5 municipios.
V.- VALSEQUILA	Agaete, **Arucas**, Firgas, Gáldar, Moya y STª Mª de Guía de Gran Canaria.- Capital: ARUCAS, 6 municipios.
VI.-SÓO, PEÑÓN FENAUSO FEMÉS	Moagán, **San Bartolomé Tirajana** y STª Lucía.- Capital: SAN BARTOLOMÉ, 3 municipios.
VII. FUERTEVENTURA JANDÍA Penín	Antigua, Betancuria, Oliva, Pájara, **Puerto Rosario** y Tuineje.- Capital: PUERTO ROSARIO, 6 municipios.
VIII.- LANZAROTERPILA NCONES	**Arrecife de Lanzarote**, Haria, S. Bartolomé, Tahiche, Teguise Tías, Tinajo y Yaiza.- Capital: ARRECIFE de LANZAROTE, 7 municipios.

PROVINCIA DE TENERIFE:

Superficie: 3.381 km.^{2}; %: 0.67; Población: 1.020.490; Densidad:301,8; Costa: 768.
Comarcas: 5; municipios: 54.
PARTIDOS JUDICIALES: I: Icod de los Vinos, La Laguna, La Orotava, Puerto de la Cruz y Santa Cruz de Tenerife; II: Arona,Granadilla de Abona y Güimar; III: Llanos de Ariadne, San Cristóbla de la Palma y Santa Cruz de la Palma; IV: San Sebastián de la Gomera; V: Valverde.

I.- ANAGA ROSARIO OROTAVA TENERIFE Norte	Buenavista Norte, Garachico, Guancha, Icod Vinos, Laguna, Matanza Acentejos, Orotava, Puerto Cruz, Realejos, San J Rambla, **STª Cruz Tenerife**, STª Úrsula, Sauzal, Silos, Tacoronte, Tanque, Tegueste y Victoria Acentejo.- Capital: STA CRUZ DE TENERIFE. 18 municipios.
II.- CAÑADAS Teide TENERIFE-SUR	Adeje, Arafo, Arico, Arona, Candelaria, Fasnia, **Granadilla Abona**, Guía Isora, Güímar, Rosario, San Miguel, Santiago Teide y Vilaflor.- Capital: GRANADILLA ABONA, 13 municipios.
III.- BANDA La BREÑAS FUENCALIENTE TIJARAFE	Barloventeo, Breña Alta, Breña Baja, Fuencaliente P, Garafia, Llanos Aridane, Paso, Puntagorda, Puntallana, San Andrés-Sauces, San Cristóbal de la Palma, **STª Cruz Palma**, Tazacorte, Tijarafe y Villa Mazo.- Capital: STA CRUZ de la PALMA, 15 municipios.
IV.- ISLA GOMERA GRAN REY	Agulo, Alajaro, Hermgua, **San Sebastián Gomera**, Valle Gran Rey y Vallehermoso.- Capital: S. SEBASTIÁN de la GOMERRA, 6 municipios.
V.- ISLA HIERRO FRONTERA	Frontera y **Valverde**.- Capital: VALVERDE, 2 municipios.

COMUNIDAD AUTÓNOMA DE CANTABRIA:

Ley Orgánica 8/1981: Estatuto de Autonomía: 30-12-1981.
Superficie: 5.253 km.^{2}; Porcentaje:1,04; Población: 589.235; Dens.: 112,2; Costa: 284
Comarcas: 9; municipios: 102.

PARTIDOS JUDICIALES: I: San Vicente de la Barquera; II: Torrelavega, III: Medio Cudeyo y Santander; IV: Laredo, Castro Urdiales y Santoña; VII: Reinosa.

I.- BARÓ-CERECEDA VALDÁLIGA	Comillas, Herrerías, Ruiloba, San Vicente Barquera, Udías, Valdáliga y Val S. Vicente.- Capital: SAN VICENTE de la BARQUERA, 7 municipios.
II.- BUELNA Valle LUENA-TORANZO	Alfoz Lloredo, Cabezón Sal, Cartes, Castañeda, Cieza, Corrales B, Mazcuerras, Miengo, Piélagos, Polanco, Puente Viesgo, Reocín, San Felices de Buelna, Santillana, Suances y **Torrelavega**.- Capital: TORRELAVEGA, 16 municipios.
III.- SANTANDER	Arnuero, Astillero, Bareyo, Camargo, Entrambasaguas, Hazas Cesto, Marina Cudeyo, Medio Cudeyo, Meruelo, Noja, Ribomontán Mar, Rbomontán Monte, STª Cruz Bezana, **Santander**, Solórzano y Villaescusa.- Capital: SANTANDER, 16 municipios.

IV.- GURIEZO Valle LIENDO MARISMAS	Argoños, Bárcena Cicero, Castro Urdiales, Colindres, Escalante, Guriezo, Laredo, Liendo y **Santoña**.-Capital: SANTOÑA, 9 municipios.
V.- ANSÓN Valle	**Ampuero**, Limpias, Ramales Victoria, Rasines, Villaverde Trucios y Voto.- Capital: AMPUERO, 6 municipios.
VI.- CARRIEDO PAS-PISUEÑA RUESGA Vª SOBA Vª	Anievas, Arenas Iguña, Arredondo, **Corvera Toranzo**, Liérganes, Luena, Miera, Molledo, Penagos, Riotuerto, Ruesga, Santiurde T, Saro, Selaya, Soba, STª Mª Cayón, San Pedro Romeral, San Roque Riomiera, Vega Pas, Villacarriedo y Villafufre.- CORVERA TORANZO, 21 municipios.
VII.- CAMPOO LUCENA VALDEPRADO VALDERRIBLE	Bárcena Pie Concha, Campoo Yuso, En Medio, Hermandad Campoo, Pesquera, **Rienosa**, Roizas, San Miguel Aguayo, Santiuerde Reinosa, Valdeolea, Valdeprado Río y Valderredible.- Capital: REINOSA, 12 municipios.
VIII.-CABUÉRNIGA LAMASÓN	**Cabuérniga**, Lamasón, Polaciones, Riomansa, Ruente, Tojos y Tudanca.- Capital: CABUÉRNIGA, 7 municipios.
IX.- CERREDA LIÉBANA	Cabezón Liébana, Camaleño, Cillorigo-Castro, Peñarrubia, Pesaguero, **Potes**, Tresviso y Vega Liébana.- Capital: POTES, 8 municipios.

COMUNIDAD AUTÓNOMA DE CASTILLA Y LEÓN:

Ley Orgánica: 4/1983. Estatuto Autonomía: 25-2-1983.
Superficie: 94.225 km.^{2}; %: 18,6; Población: 2.563.521; Densidad 27,20; Costa: 0.
Provincias: 9; Comarcas: 64; Municipios: 2.254.

PROVINCIA DE ÁVILA:

Superficie: 8.50 km.^{2}; %: 1,80; Población: 171.680; Densidad: 21; Costa: 0
Comarcas: 9; municipios: 261.
PARTIDOS JUDICIALES:II: Arenas de San Pedro; III: Piedrahita; IV: Arévalo; VII: Ávila.

I.- ALBERCHE Valle	Barraco, Burgohondo, **Cebreros**, Herradón, Hoyo Pinares, Navalmoral Sierra, Navalperal Pinares, Navaluenga, Navas Marqués, Peguerinos, S. Bartolomé Pinares, S. Juan Nava, STª Cruz Pinares y Tiemblo.- Capital: CEBREROS, 14 municipios.
II.- TIÉTAR Vª	Adra, Arenal, **Arenas S. Pedro**, Candeleda, Casavieja, Casillas, Cuevas Valle, Fresnedilla, Gavilanes, Guisando, Higuera Dueñas, Hornillo, Lanzahita, Mijares, Mombeltrán, Navahondilla, Pedro Bernardo, Piedralaves, Poyales Hoyo, S: Esteban Valle, STª Cruz Valle, STª Mª Tiétar, Sotillo Adrada y Villarejo Valle.- Capital: ARENAS de SAN PEDRO, 24 municipios.
III.- CÓRNEJA Valle	Aldeanueva STª Cruz, Aldehuela, Aliseda Tormes, Avellaneda, Barco Ávila, Becedas, Becedillas, Bohoyo, Bonilla Sierra, Carrera, Casas PTº

Villatoro, Collado Mirón, Encinares, Gilbuena, Gilgarcía, Horcajada, Hoyorredondo, Junciana, Lastra Cano, Losar Barco, Llanos Tormes, Malpartida C, Medinilla, Mesegar C, Mirón, Navacepilla Corneja, Nava Barco, Navaescorial, Navalonguilla, Navatejares, Neilla S. Miguel, **Piedrahita,** Puerto Castilla, S. Bartolomé Béjar, S. Bartolomé Corneja, S. Lorenzo Tormes, S. Miguel Corneja, STª Lucía Sierra, STª Mª Caballeros, Santiago Collado, Solana Béjar, Tormellas, Tórtoles, Tremendal, Umbrías, Villafranca Sierra, Villar Corneja y Zarza.- Capital: PIEDRAHITA, 48 municipios.

IV.- MORAÑA-Llana ARÉVALO-Tierra PAJARES-Valle

Adanero, Aldeaseca, **Arévalo,** Barromán, Bercial Zapardiel, Bernuy Zapardiel, Blasconuño M, Blascosancho, Bohondón, Cabezas Alambre, Cabezas Pozo, Canales, Castellanos Z, Constanza, Donjimeno, Donvidas, Espinosa C, Fuente Sauz, Fuentes Año, Gutiere Muñoz, Horcajo Torres, Langa, Madrigal Altas Torres, Mamblas, Moraleja M, Nava A, Órbita, Pajares A, Palacios Goda, Pedro Rgz, Rasueros, Sanchidrián, S. Esteban Zapardiel, S. Vicente A., Sinlabajos, Tiñosillos y Villanueva Aceral.- Capital: ARÉVALO, 39 municipios.

V.- MORAÑA Baja

Ajo, Albornos, Aveinte, Berlanas, Cabizuela, Cantiveros, Cisla, Collado Contreras, Crespos, Flores A, **Fontiveros,** Gimialcón, Gotarrendura, Hernansancho, Mingorría, Monsalupe, Muñomer Peco, Muñosancho, Narros Castillo, Narros Saldueña, Oso, Papatrigo, Peñalba A, Pozanco, Riocablado, Rivilla Barajas, Salvadios, S. Cristóbal Trabancos, S. Juan Encinilla, S. Pascual, S. Pedro Arroyo, STª Domingo Posadas, STª Tomé Zabarcos, Vega Sª Mª, Velayos, Villanueva Gómez y Viñegra Moraña.- Capital: FONTIVEROS, 37 municipios.

VI.- CENTRO Zona (GRAJOS)

Arevalillo, Blascomillán, Brabos, Bularros, Cabezas Villar, **Cardeñosa,** Carpio Medianero, Cillán, Chamartín Sierra, Diego Álvaro, Gallegos Altamiros, Gallegos Sobrinos, Grandes y S. Martín, Herreros Suso, Hurtampascual, Mancera Arriba, Manjabálago, Marlín, Martiherroro, Martínez, Mirueña, Muñico, Muñogrande, Narrillos Álamo, Narrillos Rebollar, Parral, Pascualcobo, Sanchorreja, S. García Ingelmos, S. Juan Olmo, S. Miguel Serrezuela, Sigeres, Solana Rioalmar, Vadillo Sierra, Valdecasa, Villaflor, Villanueva Campillo, Vita y Zapardiel Cañada.- Capital: CARDEÑOSA, 40 municipios.

VII.- (AMBLÉS) ÁVILA Tª (PARAMERA)

Amavida, **Ávila,** Casasola, Colilla, Fresno, Gemuño, Hija de Dios, Mengamuñoz, Mironcillo, Muñana, Muñochas, Muñogalindo, Muñopepe, Muñotello, Narros Puerto, Niharra, Padiernos, Poveda, Prados Segar, Riofrío, Salobral, Sª Mª Arroyo, Serrada, Solosancho, Sotalvo, Torre y Villatoro.- Capital: ÁVILA, 27 municipios.

VIII.- OJOS ALBOS

Bernuy Salinero, Berrocalejo Aragona, Maello, Mediana Voltoya, **Ojos Albos,** S. Esteban Patos, STª Mª Cubillo, Tolbaños, Tornadizos A y Urraca Miguel.- Capital: OJOS ALBOS, 10 municipios.

IX.- GREDOS Sierra

Cepeda Mora, Garganta Villar, Horcajo Ribera, Hoyocasero, Hoyos

Collado, Hoyos Espino, Hoyos Miguel Muñoz, Navacepeda Tormes, Navadijos, Navalacruz, Navalosa, Navaquesera, **Navarredonda** Gredos, Navarredondilla, Navarrevisca, Navatalgordo, S. Juan Gredos, S. Juan Molinillo, S. Martín Vega Alberche, S. Martín Repollar, Serranillos y Zapardiel Ribera.- Capital: NAVARREDONDA, 22 municipios.

PROVINCIA DE BURGOS:

Superficie: 14.022 km.^{2}; %: 2,788; Población: 373.672; Densidad; 26,9; Costa: 0. Comarcas: 5; municipios: 351.
PARTIDOS JUDICIALES: I: Villarcayo; II: Briviesca y Miranda de Ebro; III: Salas de los Infantes; IV: Aranda de Duero; V: Burgos y Lerma.

I.- LOSA LA Vª MANZANEDO Vª de MENA Vª de SOTOSCUEV TOBALINA Vª VIRGA

Aforados Moneo, Alfoz Bricia, Alfoz STª Gadea, Arija, Berberana, Espinosa Monteros, Junta Oteo, Junta Río Losa, Junta S. Martín Losa, Junta Traslaloma, Junta Villalba Losa, Jurisdición San Zadornil, Medina Pomar, Merindad Cuesta Urría, Merindad Montija, Merindad Sotoscueva, Merindad Valde Porres, Merindad Valdivielso, Partido Sierra Tobalina, Trespaderne, Valle Manzanedo, Valle Mena, Valle Tobalina, Valle Valdebezana, Valle Zamancas y **Villarcayo de la Merindad.** -Capital: VILLARCAYO, 26 municipios.

II.- BUREBA MIRANDA

Abajas, Aguas Cándidas, Aguilar de Bureba, Alcocero de Mola, Altable, Ameyugo, Arraya de Oca, Bañuelos de Bureba, Bascuñana, Belorado, Bentretea, Berzosa de Bureba, Bozcó, Briviesca, Bugedo, Busto de Bureba, Cntabrana, Carcedo de Bureba, Carrias, Carcajares de Bureba, Castil de Carrias, Castil de Lences, Castildelago, Castil de Peones, Cerezo de Río Tirón, Cerratón de Juarros, Cillaperlata, Condado de Treviño, Cubo de Bureba, Encío, Espinosa del Cambio, Fresneña, Fresno de Riotirón, Frías, Fuentebureba, Galbarros, Grisaleña, Ibrillos, Lences, Llano de Bureba, **Miranda de Ebro**, Miraveche, Monasterio de Rodilla, Navas de Bureba, Oña, Padrones de Bureba, Pancorvo, Piérnigas, Pozo de la Sal, Prádanos de Bureba, Puebla de Arganzón, Quintanabureba, Quintanaélez, Quintanaloranco, Quintanvides, Quintanilla de San García, Redecilla del Camino, Redecilla del Campo, Reinoso, Rojas, Rublacedo de Abajo, Rucandio, Salas de Bureba, Salinillas de Bureba, Santa Gadea del Cid, Stª María del Invierno, Stª Mª de Ribarredonda, Stª Olalla de Bureba, Solduendo, Tosantos, Vallarta de Bureba, Valle de Oca, Valluércanes, Vesgas (Las), Vid de Bureba, Vileña, Viloria de Rioja, Villaescusa la Sombría, Villambistia, Villanueva de Teba y Zuñeda.- Capital: MIRANDA DE EBRO, 81 municipios.

III.- LA SIERRA

Arauzo Miel, Arauzo Salce, Arauzo Torre, Arlanzón, Barbadillo H, Barbadillo M., Barbadillo P., Cabezón Sierra, Camplara, Canicosa, Carazo, Cascajares S., Castrillo Reina, Castroviejo, Contreras, Espinosa C., Eterna, Fresneda S., Gallega (La), Garganchón, Hacinas, Hinojar Rey, Hontoria Pinar, Hortigüela, Hoyuelos Sierra, Huerta A., Huerta Rey,

Jaramillo F., Jaramillo Q., Jurisdición Lara, Membrillas Lara, Mamolar, Monasterio S., Moncalvillo, Monterrubio D., Neila, Palacios S., Palazuelos S., Pineda S., Pinilla Barruecos, Pinilla M., Pradoluengo, Puras Villafranca, Quintaqnar S., Quintanaraya, Rabanera P., Rábanos, Regumiel S., Revilla (La), Riocavado S., Salas de los Infantes, Salgüero y Jarrros, San Adrián J., San Millán L., Santa Cruz J., Santa Cruz Valle U., Santo Domingo Silos, San Vicente Valle, Tinieblas, Torrelara, Valle Valdelaguna, Valmala, Viviestre Pinar, Villaespasa, Villafranca Montes Oca, Villagalijo, Villamiel S., Villanueva Carazo, Villasur Herrerosobe, Villoruebo y Vizcaínos.- Capital: SALAS de los INFANTES, 71 municipios

IV.- RIBERA (HIZÁN Lomas)

Adrada Haza, Aguilera, Anguix, **Aranda Duero**, Arandilla, Baños Valdearados, Berlanga Roa, Brazacorta, Caleruega, Campillo Aranda, Castrillo Vega, Coruña Conde, Cueva Roa, Fresnillo Dueñas, Fuentecén, Fuentelcesped, Fuentelisendo, Fuentemolinos, Fuentenebro, Fuentespina, Gumiel Hizán, Gumiel Mercado, Guzmán, Haza, Hontangas, Hontoria Valderados, Horra, Hoyales Roa, Mambrilla Castejón, Milagros, Moradillo Roa, Nava Roa, Olmedillo R, Oquillas, Pardilla, Pedrosa D, Peñalba Castro, Peñaranda D, Quemada, Quintana Pidio, Quintanamanvirgo, Roa, S. Juan Monte, S. Martín Rubiales, ST[a] Cruz Salceda, Sequera Haza, Sotillo Ribera, Terradillos Esgueva, Torregalindo, Tortoles Esgueva, Tubilla Lago, Valdecondes, Valcavado R, Valdeande, Valdezate, Vid, Villaescusa R, Villalba Duero, Villalvilla Gumiel, Villanueva Gumiel, Villatuelda y Zazuar.- Capital: ARANDA de DUERO, 62 municipios.

V.- PÁRAMO (LORA) (VALDELUCIO) (VIVAR Páramo)

Albillos, Alfoz Quintanadueñas, Altos, Arcos, Arenillas Riopisuerga, Atapuerca, Ausines, Avellanosa Muño, Avellanosa Páramo, Bahabón Esgueva, Balbases, Barrio Muño, Belbimbre, Bumiel, **Burgos**, Cabañes Esgueva, Cavia, Cañizar Argaño, Carcedo Burgos, Cardenadijo, Cardeñajimeno, Cardeñuela Riopicio, Castellanos Castro, Castrillo Val, Castrillo Riopisuerga, Castrillo Matajudíos, Castrillo Solarana, Castrojeriz, Cayuela, Cebrecos, Celada Camino, Ciadoncha, Cilleruelo Abajo, Cilleruelo Arriba, Ciruelos Cervera, Cogollos, Covarrubias, Cubillo Campo, Cuevas Juarros, Cuevas S Clemente, Escalada, Estepar, Fontioso, Frandovinez, Fresno Rodilla, Gredilla Sedano, Grijalba, Guadilla Villamar, Hontanas, Hontoria Cantera, Hormazas, Hornillos Camino, Huérmeces, Humada, Hurones, Ibeas Juarros, Iglesiarrubia, Iglesias, Isar, Itero Castillo, Lerma, Madrigal Monte, Madrigalejo Monte, Mahamud, Manciles, Mazuela, Mecerreyes, Melgar Fernamental, Merindad Río Ubierna, Modular Emparedada, Montorio, Nebreda, Nidáguila, Olmillos Muñó, Orbaneja Castillo, Orbaneja Riopicio, Padilla Abajo, Padilla Arriba, Palacios Benaver, Palaciosriopisuerga, Palazuelos Muñó, Pampliega, Pedrosa Páramo, Pedrosa Príncipe, Pedrosa Río Urbel, Peral Arlanza, Pesquera Ebro, Piedra, Pineda Trasmonte, Pinilla Trasmonte, Presencio, Puentedura, Quintanalara, Quintanaortuño,

Quintanapalla, Quintanilla Mata, Quintanilla Coco, Quintanilla Pedro Abarca, Quintanilla-Tordueles, Quintanilla Vivar, Quintanillas, Rabé Calzadas, Rebolledo Torre, Retuerta, Revilla Cabriada, Vevilla Campo, Revillarruz, Revilla Valleguera, Rezmondo y Royuela Riofranco.- Capital: BURGOS, 111 municipios.

PROVINCIA DE LEÓN:

Superficie: 15.570 km.²; %: 3,09; Población: 500.169; Densidad: 32,1; Costa: 0. Comarcas: 9; municipios: 233.
PARTIDOS JUDICIALES: I: Ponferrada; II: Villablino; III: Cistierna; IV: León; V: Sahagún; VIII: La Bañeza; IX: Astorga.

I.- BIERZO	La comarca administrativa de EL BIERZO se incluye entre las comarcas con regulación jurídica, en la presente relación se recogem las Subcomarcas de El Bierzo: Los Ancares, la Cabrera, Boeza, Fornela y Toral, únicamente a efectos estadísticos.- Capital: PONFERRADA, municipios: 37 + 1 Palacios del Sil (anteriormente de Villablino) = 38.
II.- LUNA Montaña BABIA LACIANA Vª	Barrios de Luna, Cabrillanes, Carrocera, Murias de Paredes, Pola de Gordón, Riello, Robla (La), Rodiezmo, San Emiliano, Sena de Luna, Soto- Amio y Villablino.- Capital: VILLABLINO, 12. municipios.
I.- (BOÑAR (CURUEÑO) PICOS EUROPA VALDEBURÓN (VALDEÓN)	Acebedo, Boca Huérgano, Boñar, Burón, Cármenes, **Cistierna**, Cremenes, Ercina, Maraña, Matallana, Oseja Sajambre, Pedrosa Rey, Posada Valdeón, Prioro, Puebla Lillo, Renedo Valdetuejar, Reyero, Riaño, Sabero, Valdelugueros, Valdepiélago, Valderrueda, Valdeteja, Vecilla La, Vegacervera y Vegaquemada.- Capital: CISTIERNA, 26 municipios.
IV.- LEÓN Tierras OMAÑAS-Valle	Almanza, Cebanico, Cimanes Tejar, Cuadros, Cubillas Rueda, Garrafe Torío, Gradefes, **León**, Omañas, Prado Guzpeña, Rioseco Tapia, S. Andrés Rabanedo, STª Colomba Cureño, STª Mª Ordás, Santovenia Valdoncina, Sariegos, Valdefresno, Valdepolo, Valverde Virgen, Vega Almanza, Vegas Condado, Villamartín Don Sancho y Villaquilambre.- Capital: LEÓN, 23 municipios.
V.- SAHAGÚN LOS OTEROS VALLE GRANDE	Bercianos Real Camino, Burgo Ranero, Calzada Coto, Castrotierra, Cea, Escobar Campos, Galleguillos Campos, Gordaliza Pino, Grajal Campos, Joara, Joarilla Matas, Saelices Río, **Sahagún**, STª Mª Monte Cea, Vallecillo, Villamol, Villaselán y Villazanzo Valderaduey.- Capital: SAHAGÚN, 18 municipios.
VI.- ESLA-CAMPOS (COLLE)	Algadefe, Cabreros Rio, Campazas, Campo Villavidel, Castifalé, Castrofuerte, Cimanes Vega, Corbillos Oteros, Cubillas Oteros, Fresno Vega, Fuentes Carbajal, Gordoncillo, Gusendos Oteros, Izagre, Mansilla Mulas, Mansilla Mayor, Matadeón Oteros, Matanza, Orzonilla, Pajares Oteros, S. Millán Caballeros, STª Cristina Valmadrigal, Santas Martas, Toral Guzmanes, Valdemora, Valderas, **Valencia D Juan**, Valverde

	Enrique, Vega Infanzones, Villabráz, Villademor Vega, Villafer, Villamandos, Villamañán, Villamoratiel Matas, Villanueva Manzanas, Villaornate, Villaquejida, Villasabariego y Villaturiel.- Capital: VALENCIA de DON JUAN, 40 municipios.
VII.- PÁRAMO LEÓN	Antigua, Ardón, Bercianos P, Bustillo P, Chozas Ab, Laguna Dalga, Laguna Negrillos, Pobladura Pelayo García, Pozuelo P, Roperuelos P, S. Adrián Valle, S. Pedro Bercianos, **STª Mª Páramo**, STª Mª Rey, Urdiales P, Valdefuentes P, Valdevimbre, Villacé, Villadangos P, Villazala y Zotes P.- Capital: STA MARÍA del PÁRAMO, 21 municipios.
VIII.- BAÑEZA LA	Alija Infantado, **Bañeza La**, Castrillo Valduerna, Castrocalbón, Cebrones Río, Destriana, Palacios Valduerna, Quintana Marco, Quintana-Congosto, Regueras Arriba, Riego Vega, S. Cristóbla Polantera, S. Esteban Nogales, STª Elena Jamuz, STª Mª Isla, Soto Vega y Villamontán Valduerna.- Capital: LA BAÑEZA, 17 municipios.
IX.-MARAGATERÍA La CEPEDA (ÓRBIGO) (RIBERA LA)	**Astorga**, Benavides, Brazuelo, Carrizo, Hospital Orbigo, Llamas Ribera, Magaz Cepeda, Quintana Castillo, S. Justo Vega, STª Coloma Somoza, Santiago Millas, Turcia, Valderrey, Valdesamario, Val S Lorenzo, Villagatón, Villamejil, Villaobispo, Villarejo O y Villares O.- Capital: ASTORGA, 20 municipios.

PROVINCIA DE PALENCIA:

Superficie: 8.052 km.²; %: 1,60; Población: 173.306; Densidad: 18,5; Costa: 0.
Comarcas: 4; municipios: 197.
PARTIDOS JUDICIALES: I: Cervera de Pisuerga; III: Carrión de los Condes y Palencia.

I.- LA MONTAÑA	**Aguilar de Campoo**, Barruelo S., Berzosilla, Brañosera, Castrejón Peña, Cervera P., Cozuelos O, Dehesa M., Fresno Río, Guardo, Herreruela C., Mantinos, Mudá, Nestar, Perazancas, Pernia (La), Polentinos, Pomar V., Respenda P., Salinas P., San Cebrián M., Santibáñez P., Triollo, Velilla Río C., Villalba G. y Villanueva Henares.- Capital: AGUILAR de CAMPOO, 26 municipios.
II.- LOS PÁRAMOS (BOEDO Valle) (OJEDA Valle)	Alar Rey, Ayuela Valdivia, Bascones Ojeda, Buenavista V, Bustillo Vega, Calahorra Boedo, Collazos B, Concosto V, Dehesa Romanos, Herrera **Pisuerga**, Lagartos, Ledigos, Micieces O, Olea B, Olmos O, Pedrosa V, Pino Río, Poza V, Puebla V, Páramo B, Payo O, Prádanos O, Quintanilla Onsoña, Renedo Vega, Revilla Collazos, San Cristóbal B, STª Cruz B, Santibáñez Ecla, Serna, Sotobañado-Priorato, Tabanera V, Valderrábano, Vid O, Villabasta, Villaeles V, Villaluenga V, Villameriel, Villamoronta, Villanuño V, Villaprovedo, Villarrabé, Villasila y Villota Páramo.- Capital: HERRERA DE PISUERGA, 44 municipios.
III.- CAMPOS Tª CARRIÓN Rº) (CUEZA Valle)	Abarca, Abia Torres, Amayuelas Ar, Ampudia, Amusco, Arconada, Astudillo, Autilla Pino, Autillo Campos, Boquerín C, Bárcena C, Becerril C, Belmonte C, Boada C, Boadilla Camino, Boadilla Rioseco, Bustillo

VALDAVIA Valle	Páramo, Calzada Molinos, Capillas, Cardeñosa Volpejera, Carrión Condes, Castil Vela, Castrillo Villavieja, Castromocho, Cervatos Cueza, Cisneros, Espinosa Villagonzalo, Frechilla, Frómista, Fuentes Nava, Fuentes Valdepero, Grijota, Guaza C, Husillos, Itero V, Lantandilla, Loma Ucieza, Lomas, Manquillos, Marcilla C, Mazariegos, Mazuecos V, Melgar Yuso, Meneses C, Monzón C, Moratinos, Nogal Huertas, Osornillo, Osorno Mayor, **Palencia**, Paredes Nava, Pedraza C, Perales, Piña C, Población A, Población C, Pozo Urama, Requena C, Revenga C, Riberos Cueza, Ribas C, San Cebrián C, San Llorente V, San Mamés C, San Román Cuba, STª Cecilia Alcor, Santoyo, Támara, Torremomojón, Valde-Ucieza, Valle Retortillo, Villacidaler, Villada, Villaherreros, Villalaco, Villalcázar Sirga, Villalcón, Villalobón, Villamartín C, Villamuera Cueza, Villanueva Rebollar, Villarmentero C, Villarramiel, Villasarracino, Villaturde, Villaumbrales, Villerías, Villodre, Villoldo y Villovieco.- Capital. PALENCIA, 91 municipios.
IV.- CERRATO	Alba Cerrato, Antigüedad, **Baltans**, Baños C, Castrillo D Juan, Castrillo Onielo, Cevico Torre, Cevico Navero, Cobos C, Cordovilla Real, Cubillas C, Dueñas, Espinosa C, Hérmedes C, Herrería Valdecañas, Hontoria C, Hornillos C, Magaz Pisuerga, Palenzuela, Población C, Quintana Puente, Reinoso C, Soto C, Tabanera C, Tariego, Torquemada, Valbuena Pisuerga, Valdeolmillos, Valle C, Vertavillo, Villaconancio, Villahán, Villamediana, Villamuriel C, Villaviudas y Villodrigo.- Capital: BALTANS, 36 municipios.

PROVINCIA DE SALAMANCA:

Superficie: 12.349 km.²; %: 2,45; Población: 334.608; Densidad: 28,7; Costa: 0
Comarcas: 10; municipios: = 361.
PARTIDOS JUDICIALES: II: Vitigudino; IV: Salamanca; V: Peñaranda de Bracamonte; VIII: Béjar; IX: Ciudad Rodrigo.

I.- RIBERA DUERO	Ahigal Aceiteros, **Aldeadávila Ribera**, Fregeneda, Hinojosa D, Masueco, Mieza, Pereña, Saucelle, Sobradillo, Vilvestre y Villarino.- Capital: ALDEADÁVILA, 11 municipios.
II.- ABADENGO ARRIBES del DUERO TREMENDALTO	Ahigal Villarino, Bañobárez, Barceo, Barruecopardo, Bermellar, Bogajo, Brincones, Cabeza Caballo, Cerezal P, Cerralbo, Cipirez, Cubo D Sancho, Encinasola C, Espadaña, Fuenteliante, Grandes, Guadramiro, Iruelos, Lumbrales, Manzano, Milano, Morona, Olmedo Camaces, Peña, Peralejos Ab, Peralejos Ar, Pozos Hinojo, Puertas, Redonda, Saldeana, Sanchón Fr, San Felices Gállegos, Trabanca, Valderrodrigo, Valsalabroso, Vídola, Villamuerto, Villar Peralonso, Villar Samaniego, Villares Yeltes, Villasbuenas, Villavieja Yeltes, **Vitigudino**, Yecla Yelte y Zarza Pumadera.- Capital: VITIGUDINO, 45 municipios.
III.- LEDESMA	Aldearrodrigo, Almenara Tormes, Almendra, Añover T, Arco, Doñinos Ledesma, Encina S Silvestre, Gejuelo Barro, Golpejas, Juzbado,

	Ledesma, Mata L, Monleras, Palacios Arzobispo, Rollán, Sando, San Pedro Valle, San Pelayo Guareña, ST[a] M[a] Sando, Santiz, Sardón Frailes, Tabera Ab, Tremendal T, Valdelosa, Vega Tirados, Villarmayor, Villasdardo, Villaseco Gamitos, Villaseco Reyes, Zamayón y Zarapicos.- Capital: LEDESMA, 31 municipios.
IV.- SALAMANCA-ARMUÑA TORMES V[a]	Aldealengua, Aldeanueva F, Aldearrubia, Aldeatejada, Arabayona, Arapiles, Arcediano, Babilafuente, Barbadillo, Cabezabellosa C, Cabrerizos, Calvarrasa Ab, Calzada Valdunciel, Canillas Ab, Carbajosa A, Carbajosa Sagrada, Carrascal Barregas, Castellanos Moriscos, Castellanos Villiquera, Cordovilla, Doñinos S, Encinas Zab, Espinoso Orbada, Florida Liébana, Forfoleda, Gomecello, Huerta, Machacón, Mata A, Miranda Azán, Monterrubio A, Moriñigo, Moriscos, Mozarbez, Negrilla Palencia, Orbala, Pajares L, Palencia N, Parada Ar, Parada Rubiales, Pedrosillo Ralo, Pedroso A, Pelabrayo, Pino Tormes, Pitiegua, **Salamanca**, San Cristóbal Cuesta, San Morales, ST[a] Marta Tormes, Tardaguilla, Topas, Torresmenudas, Valdunciel, Valverdón, Velles, Villagonzalo T, Villamayor, Villares Reina, Villaverde Guareña y Villoruela.- Capital: SALAMANCA, 61 municipios.
V.-PEÑARANDA	Alaraz, Alconada, Aldeaseca F, Bóveda Río Almar, Campo P, Cantalapiedra, Cantalpino, Cantaracillo, Macotera, Malpartida, Mancera Ab, Nava Sotobral, Palaciosrrubios, Paradinas S Juan, **Peñaranda Bracamonte**, Poveda Cintas, Rágama, Salmoral, Santiago Puebla, Tarazona Gureña, Tordillos, Ventosa Río Almar, Villaflores, Villar Gallimazo, Villoria y Zorita Frontera.- Capital: PEÑARANDA de BRACAMONTE, 26 municipios.
VI.- TORMES	**Alba Tormes**, Aldeaseca A, Anaya A, Armenteros, Beleña, Buenavista, Calvarrasa, Coca A, Chagarcía Medianero, Ejeme, Encinas Ar, Fresno Alhándiga, Gajates, Galinduste, Galisancho, Garcihernández, Horcajo M, Lorrodrigo, Martinamor, Maya, Monterrubio S, Navales, Pedraza A, Pedrosillo A, Pedrosillo Aires, Pelayos, Peñarandilla, Sieteiglesias T, Terradillos, Valdecarros y Valdemierque.-Capital: ALBA de TORMES, 31 municipios.
VII.- GUIJUELO	Berrocal Salvatierra, Casafranca, Cespedosa, Fuenterroble S, Gallegos Solmirón, Guijo Ávila, **Guijuelo Montejo**, Pizarral, Salvatierra Tormes y Taja.- Capital: GUIJUELO, 10 municipios.
VIII.- CANDELARIO SIERRA FRANCIA	Alberca, Aldeacipreste, Arroyomuerto, Bastida, Béjar, Cabaco, Cabeza B, Calzada B, Candelario, Cantagallo, Casas Conde, Cepeda, Cereceda S, Cerro, Cilleros Bastida, Colmenar Montemayor, Cristóbal, Endrinal, Escurial S, Frades S, Fresnedoso, Garcibuey, Herguijuela S, Herguijuela C, Horcajo M, Hoya, Lagunilla, Ledrada, Linares Riofrío, Madroñal, Miranda Castañar, Mogarraz, Molinillo, Monforte S, Monleón, Montemayor Río, Navacarros, Nava Francia, Navalmoral B, Navamorales, Navarredonda R, Navarredonda S, Peñacabellera,

Peromingo, Pinedas, Puebla S Medel, Puente Congosto, Puerto B, Rinconada S, Sanchotello, San Esteban S, San Martín Castañar, San Miguel Valero, Santibáñez B, Santibáñez S, Santos, Sequeros, Sierpe, Sorihuela, Sotoserrano, Tejado, Tejeda-Segoyuela, Tornadizo, Valdefuentes Sangusín, Valdehijaderos, Valdelacasa, Valdelageve, Valero, Valverde V, Villajera Riofrío y Villanueva Conde.- Capital: BÉJAR, 71 municipios.

IX.- ALZABA C° BATUECAS — Agallas, Alameda Gardón, Alamedilla, Alba Yeltes, Alberguería Argañán, Aldea Obispo, Atalaya, Bodon, Bouza, Campillo Azaba, Carpio A, Casillas Flores, Castillejo Martín Viejo, **Ciudad Rodrigo**, Dios le Guarde, Encinas, Espeja, Fuenteguinaldo, Fuentes Oñoro, Gallegos Argañán, Herguijuela C Rodriga, Ituro Alzaba, Maillo, Martiago, Monsagro, Morasverdes, Navasfrías, Pastores, Payo, Peñaparda, Puebla Azaba, Puerto Seguro, Robleda, Saelices Chico, Santi-Spiritus, Saúgo, Serradilla A, Serradilla Llano, Tenebrón, Villar Argañán, Villar Ciervo, Villar Yegua, Villasrubias y Zamarra.- Capital: CIUDAD RODRIGO, 45 municipios.

X.- BERZOSA DEHESAS — Abusejo, Aldehuela Bóveda, Aldehuela Yeltes, Barbalos, Berrocal Huebra, Boada, Buenamadre, Cabrillas, Carrascal Obispo, Castraz, **Fuente S Esteban**, Garcirrey, Martín Yeltes, Matilla Caños, Membrive, Morille, Narros Matalayegua, Pelarrodríguez, Puebla Yeltes, Retortillo, Robliza Cojos, Sagrada, Sanchón Sagrada, San Muñoz, San Pedro Rozados, Sepulcro Hilario, Tamames, Vecinos, Veguillas y Villalba Llanos.- Capital: FUENTE SAN ESTEAN, 31 municipios.

PROVINCIA DE SEGOVIA:

Superficie: 6.796 km.^{2}; %: 1,35; Población: 164.864; Densidad: 24,3; Costa: 0.
Comarcas: 5; municipios: 212.
PARTIDOS JUDICIALES: I: Cuéllar; II: Sepúlveda; IV: Segovia; V: Santa Mª Real de Nieva.

I.- CUÉLLAR Tierra — Adrada Pirón, Adrados, Aguilafuente, Aldea Real, Bernuy Porreros, Brieva, Cabañas Polendos, Cantimpalos, Carbonero Mayor, **Cuéllar**, Chañe, Encinilla, Escalona Predo, Escarabajosa Cabezas, Espirdo, Escobar, Fresneda C, Frumales, Fuente Olmo Iscar, Fuentepelayo, Gomezserracín, Hontalbilla, Hontanares Eresma, Lastras Cuéllar, Mata C, Mozoncillo, Navalmanzano, Olombrada, Perosillo, Pinarejos, Pinargrillo, Remondo, Roda Eresma, Samboal, Sanchonuño, San Cristóbal C, San Martín-Madrián, Sauquillo Cabezas, Tabanera Luenga, Torreiglesias, Valseca, Vallelado, Villaverde Iscar, Yanguas Eresma y Zarzuela Pinar.- Capital: CUÉLLAR, 45 municipios.

II.- CANTALEJO NORDESTE — Alconada Maderuelo, Aldealcorvo, Aldealengua STª Mª, Aldeanueva S, Aldeasoña, Aldehorno, Aldeonte, Arahuetes, Arevalillo Cega, Barbolla, Barcimuel, Boceguillas, Caballar, Cabezuela, Calabazas, Campo S Pedro, **Cantalejo**, Carrascal Río, Castro Fuentidueña, Castrojimeno, Castroserracín, Cedillo Torre, Cilleruelo S. M., Cobos F., Condado C.,

Cubillo (El), Encinas, Fresno C., Fresno F., Fuentepiñel, Fuenterrebollo, Fuente Olmedo F., Fuentesauco F., Fuentesoto, Fuentidueña, Grajera, Honrrubi C., Laguna C., Maderuelo, Matilla (La), Membibre Hoz, Montejo Vega S., Moral Hornuez, Muñoveros Naravilla, Navares A., Navares E., Navares C., Pajarejos, Pelayos A., Pradales, Puebla Pedraza, Rebollo, Riaguas San Bartolomé, Riahuelas, Sacramenia, San Miguel B., San Pedro G., Sebucor, Sepúlveda, Sequera F., Torreadrada, Torrecilla P., Turégano, Urueñas, Valdevacas M., Valdevacas G., Valdetiendas, Valle Taladillo, Valleruela, P. Valleruela S., Veganzones y Villaverde.- Capital: CANTALEJO, 73 municipios.

III.- AYLLÓN Tierra de SEPÚLVEDA Tierra de LA SIERRA	Aldealengua Pedraza, Aldeanueva Monte, Arcones, Ayllón, Basardilla, Becerril, Casla, Castillojo Mesleón, Castroserna Ab, Cerezo Ar, Collado Hermoso, Corral Ayllón, Curuelo, Espinar, Gallegos, Grado Pico, Ituero y Lama, Languilla, Losa, Madriguera, Matabuena, Muyo, Navafría, Navas S Antonio, Negredo, Orejana, Otero Herreros, Palazuelos Eresma, Pedraza, Prádena, **Riaza**, Ribota, Riofrío R, Saldaña A, San Ildefonso, STª Marta Cerro, Santibáñez A, Santiuste P, STº Domingo Pirón, STº Tomé Puerto, Sotillo, Sotosalbos, Torrecaballeros, Torre V S Pedro, Trescasas, Valdeprados, Vegas Matute, Ventosilla y Tejadillo, Villacastín, Villacorta y Zarzuela M.. Capital: RIAZA, 52 municipios.
IV.-GUADARRAMA	Lastrilla, **Segovia** y Valverde Manzano.- Capital: SEGOVIA, Municipios: 3.
V.- AZÁLVARO COCA	Abades, Aldeanueva C, Aldehuela C, Anaya, Armuña, Bercial, Bernardos, **Coca**, Codorniz, Domingo García, Donhierro, Fuente S, Garcillán, Huertos, Juarros M, Juarros V, Labajos, Lastras P, Marazuela, Martín Miguel, Martín Muñoz O, Martín Muñoz P, Marugán, Melque C, Migueláñez, Montejo A, Monterrubio, Muñopedro, Nava A, Navas Oro, Nieva, Ortigosa P, Rapariegos, San Cristóbal V, Sangarcía, STª Mª Real Nieva, Santiuste S J Bautista, Tolocirio y Villeguillo.- Capital: COCA, 39 municipios.

PROVINCIA DE SORIA:

Superficie 10.303 km.^{2}; ‰: 2,04; Población: 95.101; Densidad:9,2; Costa 0.
Comarcas: 7; municipios: 184.
PARTIDOS JUDICIALES: I: Burgo de Osma; IV: Soria; VII: Almazán .

I.- BERLANGA Mº GORMAZ OSMA	Alcubilla, Avellaneda, Blacos, **Burgo de Osma**, Caracena, Carrascosa Ab, Castillejo Robledo, Espeja S Marcelino, Espejón, Fresno Caracena, Fuentearmegil, Fuentecambrón, Gormaz, Langa Duero, Liceras, Miño S Esteban, Montejo Tiermes, Muriel Fuente, Navafría Ucero, Quintanas Gormaz, Recuerda, Retortollo Soria, San Esteban Gormaz, STª Mª Hoyas, Torreblancos, Ucero, Valdemaluque, Valdenebro y Villanueva Gormaz.-Capital: BURGO de OSMA, 29 municipios.

II.- PINARES URBIÓN	Abejar, Cabrejas del Pinar, Casarejos, Covaleda, Cubilla, Duruelo de la Sierra, Herrera de Soria, Molinos del Duero, Muriel Viejo, Navaleno, Salduero, **San Leonardo Yagüe**, Talveila, Vadillo y Vinuesa.- Capital: SAN LEONARDO YAGÜE, 15 municipios.
III.- TIERRAS ALTAS	Aldehuelas, Cerbón, Cigudosa, Fuentes Magaña, Magaña, Montenegro Cameros, Oncala, Poveda S, Rebollar, Rollamienta, Royo, San Felices, **San Pedro Manrique**, STª Cruz Yanguas, Sotillo Rincón, Suellacabras, Valdeavellano Tera, Valdelagua Cerro, Valdeprado, Valtajeros, Villar Alta, Vizmanos y Yanguas.- Capital: S. PEDRO MANRIQUE, 23 municipios.
IV.- SORIA GOMARA	Alconaba, Aldealafuente, Aldealices, Aldealseñor, Aldehuela Periáñez, Aliud, Almajano, Almarza, Almenar S, Arancón, Arévalo S, Ausejo S. Buberos, Buitrago, Cabrejas C, Calatañazor, Candilichera, Carrascosa S, Castilfrío S, Cidones, Cirujales Río, Cubo Solana, Estepa S Juan, Fuentecantos, Fuentelsaz S, Garray, Golmayo, Gómara, Losilla, Narros, Portillo S, Rábanos, Renieblas, **Soria**, Tejado, Torrubia S, Velilla S, Villaciervos, Villares S y Villaseca Arciel.- Capital: SORIA, 40 municipios.
V.- ÁGREDA Tª de ÓLVEGA	Ágreda, Aldealpozo, Beratón, Borobia, Castilruiz, Ciria, Cuevas A, Débanos, Fuentestrun, Hinojosa C, Matalebreras, Noviercas, **Ólvega**, Pinilla C, Pozalmuro, Tajahuerce, Trábalo, Valdejena, Villar C y Vozmediano.- Capital: ÓLVEGA, 20 municipios.
VI.- ARCOS del JALÓN	Alemisque, Almaluez, Almaluz, **Arcos del Jalón**, Bliecos, Cañamaque, Carabantes, Cihuela, Deza, Fuentelmonge, Maján, Medinaceli, Miño M, Monteagudo Vicarías, Peñalcázar, Quiñonería, Reznos, STª Mª Huerta, Se'rn Nágima, Torlengua y Velilla Ajos.- Capital: ARCOS del JALÓN, 21 municipios.
VII.- ALMAZÁN Tª. de GÓMARA MEDINACELI	Adradas, AlLcubilla de P, Almazán, Alpanseque, Arenillas, Barahona, Barca, Barcones, Bayubas Ab, Bayubas Ar, **Berlanga Duero**, Borjabad, Centenera Andaluz, Coscurita, Escabosa A, Frechilla A, Fuentepinilla, Matilla A, Momblona, Morón A, Nepas, Nolay, Quintana Redonda, Rello, Riba Escalope, Rioseco Soria, Soliedra, Tajueco, Tardelcuende, Taroda, Valderrodilla, Velamazán, Viana Duero, Villasayas y Yelo.- Capital: BERLANGA de DUERO, 36 municipios.

PROVINCIA DE VALLADOLID:

Superficie km.²; %: 1,61; Población: 532.535; Densidad: 65,7; Costa: 0
Comarcas: 9; municipios: 228.
PARTIDOS JUDICIALES: I: Medina de Rioseco; III: Valladolid; VI: Medina del Campo.

1- A) CAMPOS MEDINA DE RIOSECO)	Aguilar C, Barcial Loma, Berrueces, Cabreros M, **Medina de Rioseco**, Montealegre, Moral Reina, Morales C, Palacios C, Palazuelo Vedija, Pozuelo Orden, San Pedro Latarce, STª Eufemia Arroyo, Tamariz C, Tordehumos, Urueña, Valdenebro Valles, Valverde C, Villabrágima,

	Villafrechós, Villagarcía C, Villamuriel C, Villanueva Caballeros, Villanueva S Mancio, Villardefrades y Villavellid C.- Capital: MEDINA de RIOSECO, 27 municipios.
II.- MONTES TOROZO Valle Hornija	Adalia, Barruelo, Benafarces, Bercero, Berceruelo, Casasola Arión, Castrodeza, Castromembribre, Castromente, Ciguñuela, Gallegos Hornija, Mazarles, Matilla Caños, **Mota del Marqués**, Mudarra, Pedrosa Rey, Peñaflor Hornija, Robladillo, San Cebrián Mazote, San Pelayo, San Salvador Valle, Tiedra, Torrecilla Torre, Torrelobatón, Vega Valdetronco, Velilla, Velliza, Villalar Comuneros, Villalba Alcores, Villalbarba, Villán Tordesilla, Villanubla, Villasexmir y Wamba.- Capital: MOTA del MARQUÉS, 34 municipios.
III.-A) PISUERGA -Campiña	Arroyo, Boecillo, Cabezón P, Cigales, Cistérniga, Corcos, Cubillas STª Marta, Fuensaldaña, Geria, Laguna Duero, Mucientes, Quintanilla Trigueros, San Martín Valvení, Santovenia P, Simancas, Triguros V, Tudela Duero, Valoria Buena, **Valladolid**, Viana Cega y Zaratán.- Capital: VALLADOLID, 22 municipios.
IV.-A) ESGUEVA	Amusquillo, Canillas E, Castrillo T., Castronuevo E, Castroverde Cerrato, **Encinas** E, Esguevillas E, Fombellida, Olivares D, Olmos E, Piña Es, Renedo, Torre Es, Villabáñez, Villaco, Villafuerte, Villanueva In, Villarmentero Es y Villavaquerín.- Capital: ENCINAS, 19 municipios.
V.- TIERRA PINARES	Aguasal, Alcazaren, Aldea S Miguel, Almenara Adaja, Bahabón, Bocigas, Camorredondo, Cogeces Iscar, Cogeces Monte, Fuente Olmedo, Hornillos, Iscar, Llano Ol, Megeces, Mojados, Montemayor Pililla, **Olmedo**, Parrilla, Pedraja Portillo, Pedrajas S Esteban, Portillo, Puras, Ramiro, San Miguel Arroyo, Santibáñez Arroyo, Santibáñez Valcorba, Torrescárcela, Traspinedo, Viloria Henar y Zarza.- Capital: OLMEDO, 31 municipios.
VI.- MEDINA- Tierra del Vino	Alaejos, Ataquines, Bobadilla Ca, Brahojos Medina, Campillo, Carpio, Castrejón, Cervillego Cruz, Fresno Viejo, Fuente El Sol, Gomeznarro, Lomoviejo, Matapozuelos, **Medina Campo**, Moraleja Panaderas, Muriel Zapardiel, Nava Rey, Nuevavilla Torres, Pozal Gallinas, Pozaldez, Rubí Bracamonte, Rueda, Salvador Zapardiel, San Pablo Moraleja, San Vicente Palacio, Seca, Serrada, Sieteiglesias Trabancos, Torrecilla Orden, Velascálvaro, Ventosa Cuesta y Villaverde Medina.- Capital: MEDINA del CAMPO, 33 municipios.
VII.-B) CAMPOS VILLALÓN	Becilla Valderaduey, Bolaños C, Bustillo Chaves, Cabezón V, Castrobol, Castroponde, Ceinos C, Cuenca C, Fontihoyuelo, Gatón C, Herrín C, Mayorga C, Melgar Ab, Melgar Ar, Monasterio Vega, Quintanilla Molar, Roales C, Saélices M, Santervás C, Unión C, Urones Castroponce, Valdunquillo, Vega Ruiponce, Villabaruz C, Villacarralón, Villacid C, Villafrades C, Villagómez Nueva, Villalba Loma, Villalón C, Villanueva Condesa y Villavicencio Caballeros.- Capital: VILLALÓN de CAMPOS. 32 municipios.

VIII.- B) BAJO DUERO	Castronuño, Pollos, San Miguel Pino, San Román Hornija, **Tordesillas**, Torrecilla Abades, Valdestillas, Villafranca Duero y Villanueva D.- Capital: TORDESILLAS, 9 municipios.
IX.- PEÑAFIEL	Bocos Du, Campaspero, Canalejas Pe, Castrillo Du, Corrales Du, Gariel, Fompedraza, Langayo, Manzanillo, Olmos Pe, Padilla Du, **Peñafiel**, Pesquera Du, Piñel Ab, Piñel Ar, Quintanilla Ar, Quintanilla Onésimo, Rábano, Roturas, San Llorente Palacio, Sardón Du, Torre Pe, Valbuena Du y Valdearcos Vega.- Capital: PEÑAFIEL, 24 municipios.

PROVINCIA DE ZAMORA:

Superficie: 10.561 km.^{2}; %: 2,09; Población: 195.665; Densidad: 18,5; Costa: 0.
Comarcas: 6; municipios: 249.
PARTIDOS JUDICIALES: I: Puebla de Sanabria; II: Benavente; III: Villalpando y Zamora; IV: Toro.

I.- SANABRIA	Asturianos, Cernadilla, Cobreros, Espadañedo, Galende, Hermisende, Justel, Lubián, Manzanal Arriba, Manzanal Infantes, Molezuelas Carballeda, Mombuey, Muelas Caballeros, Otero Bodas, Palacios Sanabria, Pedralba Pradería, Peque, Pías, Porto, **Puebla de Sanabria**, Requejo, Rionegro Puente, Robleda-Cervantes, Rosinos Requejada, San Justo, Trefacio y Villardeciervos.- Capital: PUEBLA de SANABRIA, 27 municipios.
II.- TERA Vª del VIDRIAL Valle TÁBARA Valle VALVERDE	Alcubilla Nogales, Arcos Polvorosa, Arrabalde, Ayoo Vidriales, Barcial Barco, **Benavente**, Bretó, Bretocino, Brime Sog, Brime Urz, Burganes Valverde, Calzadilla T, Camarzana T, Castrogonzalo, Coomonte, Cubo B, Fresno Polvorosa, Friera Valverde, Fuente Encalada, Fuentes Ropel, Granucillo, Maire Castroponce, Manganeses Polvorosa, Matilla Arzón, Melgar T, Micereces T, Milles Polvorosa, Morales Rey, Morales Valverde, Navianos Valverde, Pobladura V, Pueblica Valverde, Quintanilla Urz, Quiruelas Vidriales, San Cristóbal Entreviñas, San Miguel Valle, San Pedro Ceque, STª Colomba Monjas, STª Cristina Polvorosa, STª Croya Tera, STª Mª Vega, STª Mª Valverde, Santibáñez Tera, Santibáñez Vidriales, Santovenia, Torre Valle, Uña Quintana, Valdescorriel, Vega Tera, Villabrázaro, Villaferrueña, Villageriz, Villanázar, Villanueva Azoague, Villanueva Peras, Villaveza Agua y Villaveza Valverde.- Capital: BENAVENTE, 57 municipios.
III.- CARBAJALES VILLAFÁFILA CAMPOS Tierra del PAN	Abezames, Algodre, Almaraz Duero, Andavías, Arquilinos, Aspariegos, Belver Montes, Benegiles, Bustillo Oro, Cañizo, Castronuevo Arcos, Castroverde C, Cerecinos C, Cerecinos Carrizal, Coreses, Cotanes, Cubillos, Fresno Ribera, Fuentesecas, Gallegos Pan, Granja Moreruela, Hiniesta, Malva, Manganeses Lampreana, Matilla Seca, Molacillos, Monfarracinos, Montamarta, Morales Toro, Moreruela Infanzones, Pajares Lampreana, Palacios Pan, Piedrahita Castro, Pinilla Toro, Poblarura Valderaduey, Pozoantiguao, Prado, Quintanilla Monte,

Quintanilla Olmo, Revellinos, Roales, San Agustín Pozo, San Cebrián Castro, San Esteban Molar, San Martín Valderaduey, San Pedro Nave-Almendra, Tapioles, Torres Carrizal, Valcabado, Vega Villalobos, Vezdemarbán, Vidayanes, Villafáfila, Villalba Lampreana, Villalobos, Villalonso, Villalpando, Villalube, Villamayor C. Villanueva C, Villardefallaves, Villárdiga V, Villardondiego, Villarrín Campos, Villaseco Pan y Villavendimio y **Zamora**.- Capital: ZAMORA, 66 municipios:

IV.- SURESTE (GUAREÑA) VINO Tierra del	Arcenillas, Argujillo, Bóveda Toro, Cañizal, Casaseca Campeán, Casaseca Chanas, Castrillo Guareña, Cazurra, Corrales, Cubo Tierra Vino, Cuelgamuros, Entrala, Fuentelapeña, Fuentesauco, Fuentespreadas, Gema, Guarrate, Jambrina, Maderal, Madridanos, Moraleja Vino, Morales Vino, Pego, Peleangonzalo, Peleas Abajo, Perdigón, Piñero, STª Clara Avedillo, San Miguel Ribera, Sanzoles, **Toro**, Vedillo Guareña, Valdefinjas, Vallesa, Venialbo, Villabuena Puente, Villaescusa, Villalazán, Villamor Escuderos, Villanueva Campeán y Villarralbo.- Capital: TORO, 41 municipios.
V.- SAYAGO Tierra de	Alfaraz, Almeida, Argañín, **Bermillo Sayago**, Cabañas S., Carbellino, Fariza, Fermoselle, Fornillos Fermoselle, Fresno S., Camones, Luelmo, Mayalde, Moral S., Moraleja S., Moralina, Muga S., Peñausente, Pereruela, Roelos, Salce, Torregamones, Villadepera, Villar Buey y Villardiega R..- Capital: BERMILLO de SAYAGO, 26 municipios.
VI.- ALBA Tª de ALISTE Tierra de	**Alcañices**, Carbajales Alba, Faramontanos Tábara, Ferreras Abajo, Ferreras Arriba, Ferreruela, Figueruela Arriba, Fonfría, Gallegos Río, Losacino, Losacio, Mahide, Manzanal Barco, Moreruela Tábara, Muelas Pan, Olmillos Castro, Perilla Castro, Pino Oro, Pozuelo Tábara, Rabanales, Rábano Aliste, Riofrío Aliste, Samir Caños, STª Eufemia Barco, San Vicente Cabeza, San Vitero, Tábara, Trabazos, Vegalatrave, Videmala, Villalcampo y Viñas.- Capital: ALCAÑICES, 32 municipios.

COMUNIDAD AUTÓNOMA DE CASTILLA-LA MANCHA:

Ley Orgánica 9/1882: Estatuto Autonomía: 10-8-1982.
Superficie: 79.230 km.^{2}; %: 15,7; Población: 2.081.313; Densidad: 26,19; Costa: 0.
Provincias: 5; Comarcas: 31; Municipios: 903.

PROVINCIA DE ALBACETE:

Superficie: 14.926 km.^{2}; %: 2,96; Población: 400.891; Densidad: 26,6; Costa: 0.
Comarcas: 9; municipios: 86.
PARTIDOS JUDICIALES: I: Roda y Villarrobledo; III: Casas- Ibáñez; IV: Almansa; VI: Hellín; VIII: Alcaraz; IX: Albacete

I.- RODA - MONTIEL	Boinillo, Fuensanta, Lezuza, Minaya, Montalvos, Munera, Ossa M, **Roda** y Villarrobledo.- Capital: RODA, municipios: 9.

II.- TARAZONA MANCHA	Madrigueras, Motilleja, **Tarazona Mancha**, Valdeganga y Villagordo Júcar.- Capital: TARAZONA MANCHA, 5 municipios.
III.- CASAS IBÁÑEZ MANCHUELA	Abengibre, Alatoz, Alborea, Alcalá Júcar, Balsa Ves, Carcelén, Casas Juan Núñez, Casas Ves, **Casas Ibáñez**, Cenizate, Fuentealbilla, Golosalvo, Jorquera, Mahora, Navas Jorquera, Pozo-Lorente, Recueja, Villa Ves, Villamalea, Villatoya y Villavaliente.- Capital: CASAS IBÁÑEZ, 21 municipios.
IV.- ALMANSA	**Almansa**, Alpera, Bonete, Caudete, Fuenteálamo y Montealegre Castillo.- Capital ALMANSA, 6 municipios.
V.- CHINCHILLA	Corralrubio, Chinchilla Monte, Higueruela, Hoyagonzalo y Petrola.- Capital: CHINCHILLA, 5 municipios.
VI.- HELLIN Llano	Albatana, Hellín, Lietor, Ontur y Tobarra.- Capital: HELLÍN, 5 municipios.
VII.- ELCHE SIERRA	**Elche Sierra**, Férez, Letur, Molinicos, Nerpio, Socovos y Yeste. Capital ELCHE de la SIERRA, 7 municipios.
VIII.- ALCARAZ	Alcadozo, **Alcaraz**, Ayna, Ballestero El, Bienservida, Bogarra, Casas Lázaro, Cotillas, Masegoso, Paterna M, Peñascosa, Peñas S. Pedro, Povedilla, Riópar, Robledo El, Salobre, Vianos, Villapalacios, Villaverde G y Viveros.- Capital: ALCARAZ , 20 municipios.
IX.- ALBACETE Llana	**Albacete**, Balazote, Barrax, Gineta La, Herrera La, Pozohondo, Pozuelo y S. Pedro.- Capital: ALBACETE, 8 municipios.

PROVINCIA DE CIUDAD REAL:

Superficie: 19.813 km.^{2}; %: 3,93; Población: 527.273; Densidad: 26,6; Costa: 0. Comarcas: 6; municipios: 98.
PARTIDOS JUDICIALES: II: Almagro, Ciudad Real, Daimiel y Valdepeñas; III: Alcázar de San Juan, Manzanares y Tomelloso; IV: Villanueva de los Infantes; V: Puertollano; VI: Almadén.

I.- ANCHURAS MONTES Norte	Alcoba, Anchuras, Arroba Montes, Fontanarejo, Horcajo M, Luciana, Navalpino, Navas Estepa, **Piedrabuena**, Porzuna, Puebla Don Rodrigo y Retuerta Bullaque.- Capital: PIEDRABUENA, 12 municipios.
II.- CALATRAVA Campo	Alcolea C, Aldea Rey, Almagro, Almuraduy, Argamasilla C, Ballesteros C, Bolaños C, Cabezarados, Calzada C, Cañada C, Caracuel C, Carrión C, **Ciudad Real**, Corral C, Cortijos, Daimiel, Fernancaballero, Fuente Fresno, Granátula C, Malagón, Miguelturra, Moral C, Picón, Poblete, Pozuelo C, Pozuelos C, San Carlos Valle, ST^a Cruz Mudela, Torralba C, Torrenueva, Valdepeñas, Valenzuela C, Villamayor C, Villar Pozo, Villarrubia Ojos y Viso Marqués.- Capital: CIUDAD REAL, 36 municipios.
III.- MANCHA LA	**Alcázar de San Juan**, Alhambra, Arenas San Juan, Argamasilla Alba, Campo Criptana, Herencia, Labores, Manzanares, Membrilla, Pedro

	Muñoz, Puerto-Lápice, Socuéllamos, Solana, Tomelloso y Villarta San Juan.- Capital: ALCÁZAR de SAN JUAN, 15 municipios.
IV.- MONTIEL Campo	Albadalejo, Alcubillas, Almedina, Carrizosa, Castellar Santiago, Cózar, Fuenllana, Montiel, Puebla Príncipe, STª Cruz Cáñamos, Terrinches, Torre Juan Abad, Villahermosa, Villamanrique, Villanueva Fuente y **Villanueva de los Infantes**.- Capital: VILLANUEVA de los INFANTES, 16 municipios.
V.- PUERTOLLANO PASTOS	Abenójar, Almodóvar Campo, Brazatortas, Cabezarrubias P, Fuencaliente, Hinojosas C, Maestanza, **Puertollano**, San Lorenzo C, Solana Pino y Villanueva San Carlos.- Capital: PUERTOLLANO, 11 municipios.
VI.- ALCUDIA Valle	Agudo, Alamillo, **Almadén**, Almadenejos, Chillón, Guadalmez, Saceruela y Valdefranco Esteras.- Capital: ALMADÉN, 8 municipios.

PROVINCIA DE CUENCA:

Superficie: 17.141 km.²; %: 3,40; Población:217.263; Densidad: 12,7; Costa: 0.
Comarcas: 3; municipios: 235.
PARTIDOS JUDICIALES: I: Cuenca; II: Motilla del Palancar, San Clemente y Tarancón.

I.- La OBISPALÍA La SERRANÏA CUEENCA	Albaladejo C, Alcalá Vega, Algarra, Aliaguilla, Almodóvar M, Arcas Villar, Arcos S, Arguisuelas, Barchín Hoyo, Beamud, Beteta, Boniches, Buenache S, Campillos Paravientos, Campillos S, Cañada Hoyo, Cañamares, Cañete, Cañizares, Carboneras G, Cardenete, Carrascosa, Casas Garcimolina, Castillejo S, Cierva, Cólliga, Cuenca, Cueva Hierro, Enguídanos, Fresneda S, Fuentelespino M, Fuentes, Fuertescusa, Garaballa, Graja Campalbo, Henarejos, Huélamo, Huerguina, Huerta Marquesado, Laguna M, Lagunaseca, Landete, Majadas Las, Mariana, Masegosa, Mira, Mota Altarejos, Moya, Narboneta, Pajarón, Pajaroncillo, Palomera, Paracuellos, Parra Vegas, Pesquera, Piqueras Castillo, Portilla, Poyatos, Pozuelo, Reillo, Salinas M, Salvacañete, San Martín Boniches, STª Cruz Moya, STª Mª Val, Sotorribas, Talayuelas, Tejadillos, Tragacete, Uña, Valdemeca, Valdemorillo S, Valdemoro S, Valdetórtola, Valeras, Valsalobre, Valverdejo, Vega Codorno, Villalba S, Villanueva Escuderos, Villar Humo, Villar Olalla, Villora, Yémeda, Zafrilla y Zarzuela.- Capital: CUENCA, 86 municipios.
II.- MANCHA LA	Abia O, Acebrón, Alarcón, Alberca Záncara, Alcázar Rey, Alconchel E, Almarcha, Almendros, Almonacid Marquesado, Altarejos, Atalaya Cañavete, Belichón, Belmonte, Belmontejo, Buenache Alarcón, Campillo Altobuey, Campos Paraiso, Cañadajuncosa, Cañavete, Carrascosa H, Casas Benítez, Casas Fdo Alonso, Casas Guijarro, Casas Haro, Casas Pinos, Casasimarro, Castillejo I, Castillo Garcimuñoz, Cervera Llano, Fresnada Altarejos, Fuente Pedro Naharro, Fuentelespino H, Gabaldón, Graja Iniesta, Herrumblar, Hinojosa, Hinojosos, Hito, Honrubia,

Hontanaya, Hontecillas, Horcajo Santiago, Huelves, Huerta O, Iniesta, Ledaña, Mesas, Minglanilla, Monreal Llano, Montalbanejo, Montalvo, Mota Cuervo, Motilla Palancar, Olivares Júcar, Olmedilla Alarcón, Osa Vega, Palomares C, Paredes, Pedernoso, Pedroñeras, Peral, Picazo, Pinarejo, Pozoamargo, Pozorrubielos M, Pozorrubio, Provencio, Puebla Almenara, Puebla Salvador, Quintanar Rey, Rada H, Rozalen M, Saelices, San Clemente, San Lorenzo P, STª Mª Campo, STª Mª Llans, Sisante, **Tarancón**, Tébar, Torrejoncillo R, Torrubia C, Torrubia Castillo, Tresjuncos, Tribaldos, Uclés, Vallehermoso F, Valverde Júcar, Vara Rey, Villaescusa H, Villagarcía Llano, Villalgordo M, Villarpardo, Villamayos S, Villanueva Jara, Villar Cañas, Villar Encina, Villarejo F, Villarejo Periesteban, Villares Saz, Villarta, Villarrubio, Villaverde-Pasaconsol, Zafra Záncara y Zarza T.- Capital: TARANCÓN, 105 municipios.

III.- ALCARRIA

Albalate N, Albendea, Alcantud, Alcohujate, Arandilla A, Archilla C, Arrancaeliz A, Barajas Melo, Bascueña S Pedro, Buciegas, Buendía, Canalejas de Arroyo, Cañaveras, Cañaveruelas, Castejón, Frontera, Fuentenueva Jábaga, Gascueña, Huete, Leganiel, Olmeda Cuesta, Peraleja, Pineda Cigüela, Portalrubio Guadamajud, Priego, Puebla Don Francisco, Saceda Trasierra, Salmeroncillo, San Pedro Palmiches, Tinajas, Torralba, Valdecolmenas, Valdeolivas, Vellisca, Villaconejos Trabaque, Villalba Rey, Villanueva Guadamajud, Villar Domingo Gª, Villar Infantado, Villarejo Peñuela, Villar Velasco, Villas Ventosa y Vindel.- Capital: HUETE, 44 municipios.

PROVINCIA DE GUADALAJARA.

Superficie: 12.167 km.^{2}; %: 2,41; Población: 246.151; Densidad: 20,2; Costa: 0.
Comarcas: 6; municipios: 294.
PARTIDOS JUDICIALES: II: Molina de Aragón; III: Guadalajara; I.-B) Sigüenza

I.- ATIENZA LA SIERRA

Albendiego, Alcolea Peñas, Alcorlo, Angón, Arroyo Fraguas, **Atienza**, Bañueloa, Bodera, Bustares, Campillo Ranas, Campisálabos, Cantalojas, Cardoso S, Cincovillas, Condemios Abajo, Condemios Arriba, Congostrina, Galve Sorve, Gascueña Bornova, Hiendalaencina, Hijes, Huerce, Majaelrayo, Miedes Atienza, Miñosa, Navas Jadraque, Ordial, Palmaces Jadraque, Paredes Sigüenza, Prádena Atienza, Rebollosa Jadraque, Riofrío Llano, Robledo Corpes, Romanillos A, Semillas, Somolinos, Tordelrábano, Ujados, Valdelcubo, Valverde A, Villacadima, Villares Jadraque y Zarzuela J..- Capital: ATIENZA, 43 municipios.

II.- MOLINA Pª

Adobes, Alcoroches, Algar Mesa, Alustante, Anquela D, Baños Tajo, Campillo D, Castellar Muela, Castilnuevo, Ciruelos Pinar, Cobeta, Corduente, Checa, Chequilla, Enbid, Establés, Fuembellida, Fuentelsaz, Herrería, Hinojosa, Hombrados, Luzón, Maranchón, Mazarete, Megina, Milmarcos, Mochales, **Molina de Aragón**, Morenilla, Olmeda Cobeta, Orea, Pardos, Pedregal, Peñalén, Peralejos T, Pinilla M, Piqueras, Pobo

D, Poveda S, Prados Redondos, Rillo Gallo, Rueda S, Selas, Setiles, Taravilla, Tartanedo, Terzaga, Tierzo, Tordellego, Tordesilos, Torrecuadrada M, Torremocha P, Torremochuela, Torrubia, Tortuera, Traid, Valhermoso, Villel Mesa y Yunta.- Capital: MOLINA DE ARAGÓN, 59 municipios.

III.- ALCARRIA — Alaminos, Alarilla, Albalate Z, Albares, Alcocer, Aldeanueva G, Alhóndiga, Alique, Almadrones, Almoguera, Almonacid Zorita, Alocén, Aranzueque, Argecilla, Armuña Tajuña, Atanzón, Auñón, Baides, Barriopedro, Berninches, Brihuega, Budía, Bujalaro, Cañizar, Casas San Galindo, Caspueñas, Castejón Henares, Castilforte, Centenera, Cifuentes, Ciruelas, Cogollor, Copernal, Chiloeches, Chillarón Rey, Driebes, Durén, Escamilla, Escariche, Escopete, Espinosa H, Fuentelencina, Fuentelviejo, Fuentenovilla, Gajanejos, **Guadalajara**, Henche, Heras, Hita, Hontoba, Horche, Hueva, Illana, Inviernas, Irueste, Jadraque, Ledanca, Loranca T, Lupiana, Mandayona, Mantiel, Masegoso, Matillas, Mazuecos, Millana, Mirabueno, Miralrío, Mondéjar, Montarrón, Moratilla Meleros, Muduex, Olivar, Pareja, Pastrana, Peñalver, Peralveche, Pioz, Pozo A, Pozo G, Renera, Romanos, Sacedón, Salmerón, San Andrés Rey, Sayatón, Solanillos E, Taragudo, Tendilla, Torija, Torre Burgo, Tórtola H, Trijueque, Trillo, Utande, Valdarachas, Valdearenas, Valdeavellano, Valdeconcha, Valdegrudas, Valderrebollo, Valfermoso T, Villaescusa Palositos, Villanueva Argecilla, Villaseca H, Yebes, Yebra, Yélamos Ab, Yélamos Ar y Zorita Canes.- Capital: GUADALAJARA, 109 municipios.

IV.- CAMPIÑA — Alovera, Arbacón, Azuqueca Henares, Cabanillas Campo, Casa Uceda, Casar Talamanca, Cogolludo, Cubillo Uceda, Fontañar, Fuencemillán, Fuentelahiguera A, Galápagos, Humanes, Málaga Fresno, Malaguilla, Matarrubia, Medranda, Membrillera, Mierla, Mohernando, Monastario, Puebla Beleña, Puebla Vallés, Quer, Retiendas, Robledillo M, San Andrés C, Tamajón, Tba, Torrejón Rey, Tortuero, Uceda, Valdeaveruelo, Valdenuño Fdz, Valdepeñas S., Valdesotos, Villanueva T, Villaseca Uceda, Viñuelas y Yunquera H..- Capital: AZUQUECA de HENARES, 40 municipios.

V.-B) SIGÜENZA LA SIERRA — Alcolea Pinar, Algora, Anguita, Cendejas Torre, Cendejas, Enmedio Medio, Estriegana, Hortezuela Ocen, Huermeces Cerro, Iniestola, Jirueque, Luzaga, Negredo, Olmeda Jadraque, Pinilla J, Santiuste, Sauca, Sienes, **Sigüenza**, Sotillo, Torrecilla D, Torremocha C, Torremocha J y Viana Jadraque.-Capital: SIGÜENZA, 24 municipios.

VI.-C) CIFUENTES Sierra — Abánades, Ablanque, Arbeteta, Armollones, Canales D, Canredondo, **Cifuentes**, Esplegares, Huertahernando, Ocentejo, Recuenco, Riba Saelices, Sacecorbo, Saelices Sal, Sotodosos, Torrecuadradilla, Valtablado Río, Villanueva Alcorón y Zaorejas.- Capital: CIFUENTES, 19 municipios.

PROVINCIA DE TOLEDO:
Superficie: 15.370 km.^{2}; %: 3,05; Población: 689.635; Densidad: 44,9; Costa: 0.
Comarcas: 7; municipios: 160.
PARTIDOS JUDICIALES: II: Talavera; III: Illescas y Torrijos; IV: Ocaña y Quintanar de la Orden; V: Orgaz y Toledo.

I.-B) SIERRA AGUILAR	**Navalcán** y Parrillas.- Capital: NAVALCÁN, 2 munucipios.
II.- SAGRA LA	Alameda Sagra, Albarreal Tajo, Alcabón, Añover Tajo, Arcicollar, Barciente, Bargas, Borox, Burujon, Cabañas Sagra, Camarena, Camarenilla, Camarena, Carpio Tajo, Carranque, Carriches, Casarrubios Monte, Cedillo Condado, Cobeja, Chozas Canales, Domingo Pérez, Erustes, Escalonilla, Esquivias, Fuensalida, Gerindote, Huecas, Illescas, Lominchar, Magán, Mata (LA), Mesegar, Mocejón, Novés, Numancia Sagra, Olías Rey, Otero, Palomeque, Pantoja, Portillo Toledo, Puebla Montalbán, Recas, Rielves, Santo Domingo-Gudilla, Seseña, **Torrijos**, Ugena, Valmojado, Ventas Retamosa, Villaluenga Sagra, Villamiel Toledo, Villaseca Sagra, Viso S Juan, Yeles, Yuncler, Yunquillos y Yuncos. .- Capital: TORRIJOS, 58 municipios.
III.- MANCHA LA OCAÑA	Cabañas Yepes, Cabezamesada, Camuñas, Ciruelos, Consuegra, Corral Almaguer, Dosbarrios, Guardia La, Huerta V, Lillo, Madridejos, Miguel Esteban, Noblejas, **Ocaña**, Ontígola O, Puebla Almoradiel, Quero, Quintanar Orden, Romeral, ST^a Cruz Zarza, Tembleque, Toboso, Urda, Villa D Fadrique, Villacañas, Villafranca C, Villamuelas, Villanueva Alcardete, Villanueba Bogas, Villarrubia S, Villasequilla Yepes, Villatobas y Yepes.-Capital: OCAÑA, 34 municipios.
IV.- CENTRO-SUR SAGRA LA	Ajofrin, Almonacid T, Argés, Burguillos T, Casasbuenas, Cobisa, Cuerva, Chueca, Gálvez, Guadamur, Layos, Manzaneque, Mascaraque, Mazarambroz, Menasalbas, Mora T, Nambroca, Navahermosa, Navalmorales, Noez, Orgaz, Polán, Pulgar, San Martín Montalbán, San Martín Pusa, Sonseca Casalgordo, **Toledo**, Totanés, Turleque, Villaminaya y Villarejo M..- Capital: TOLEDO, 32 mmnicipios .
V.- JARA-MONTES Tierra	Aldeanueva S Bartolomé, Campillo J, Espinoso Rey, Estrella, Hontanar, Mohedas J, Nava Ricomalillo, Navalucillos, Pto S Vicente, Retamoso, Robledo Mazo, San Pablo Montes, ST^a Ana Puas, Sevilleja J, Torecilla J y Ventas Peña Aguilera.- Capital: NAVALUCILLOS, 16 municipios.
VI.-B) YÉBENES Los	Marjaliza y **Yébenes**.- Capital: YÉBENES, 2 municipios.
VII.- A) SIERRA SAN VICENTE	Almendral Cañada, Buenaventura, Cervera Montes, Carciotun, Hinojosa S Vicente, Iglesuela, Marrupe, Mejorada, Montesclaros, Navamorcuende, Nuño Gómez, Pelahustán, Real S Vicente, Sartajada, Segurilla y Sotillo Palomas.- Capital: NAVAMORCUENDE, 16

municipios.

COMUNIDAD AUTÓNOMA DE LA CIUDAD DE CEUTA:

Ley Orgánica 1/1995: Estatuto de Autonomía: 13-3-1995.

I.- CEUTA

Ceuta: Municipios: 1; Superficie: 19 km.^{2}; Población: .....Costa: . Estatuto: 13-3-1995.
PARTIDOS JUDICIALES: Ceuta, (nº 12).

COMUNIDAD AUTÓNOMA DE EXTREMADURA:

Ley Orgánica 1/1983. Estatuto de Autonomía: 25-2-1983
.Superficie: 41.602 km.^{2}; %: 8,2; Población: 1.102.410; Densidad: 26,48; Costa: 0.
Provincias: 2; comarcas: 15; municipios: 382.

PROVINCIA DE BADAJOZ:

Superficie: 21.766 km.^{2}; % : 4,31; Población: 688.777; Densidad: 31,6; Costa: 0.
Comarcas: 7; municipios: 162.
PARTIDOS JUDICIALES: I: Herrera del Duque; II: Castuera y Valle Serena; III: Llerena; IV: Fregenal de la Sierra, Jerez de los Caballeros Olivenza y Zafra; V: Villafranca de los Barros y Almendralejo; VI: Badajoz, Don Benito, Mérida y Montijo.

I.- SIBERIA de Extremadura ANCHURAS

Acedera, Baterno, Capilla, Casas D Pedro, Castilblanco, Esparragosa, Fuenlabrada Montes, Garbayuela, Garlitos, Helechosa, **Herrera del Duque**, Navalvillar, Orellana S., Orellana Vieja, Peñalsordo, Puebla Alcocer, Risco, Santi-Spíritus, Siruela, Talarrubias, Tamurejo, Valdecaballeros, Villarta Montes y Zarza Capilla.- Captal: HERRERA del DUQUE, 25 municipios.

II.- SERENA LA

Benquerencia Serena, Cabeza de Buey, Campario, **Castuera**, Coronada (La), Esparragosa Serena, Magacela, Malpartida Serena, Monterrubio S, Peraleda Zaucejo, Quintana S. y Valle de la Serena.- Capital, CASTUREA, 12 municipios.

III.- CAMPIÑA

Ahillones, Atalaya, Azuaga, Berlanga, Bienvenida, Calzadilla Barros, Campillo Llerena, Casas Reina, Fuente Cantos, Fuente Arco, Granja Torrehermosa, Higuera Llerena, Llera, **Llerena**, Maguilla, Malcocinado, Reina, Retamal Ll, Trasierra, Usagre, Valencia Torres, Valencia Ventoso, Valverde Ll y Villagarcía Torres.- Capital: LLERENA, 24 municipios.

IV.- SIERRA SUR

Alconchel, Alconera, Almendral, Barracosa, Bodonal Sierra, Burguillos Cerro, Cabeza de Vaca, Calera León, Cheles, Feria, Fregenal S, Fuentes León, Fuente Maestre, Higuera Vargas, Higuera Real, Jerez Caballeros,

Lapa, Medina Torres, Monesterio, Montemolín, Morera, Oliva Frontera, Olivenza, Parra, Puebla Maestre, Puebla Sancho Pérez, Salvaleón, Salvatierra Barros, Santos Maimona, Segura León, Táliga, Torre Miguel Sesmero, Valencia Mombuey, Valle Matamoros, Valle STª Ana, Valverde Burguillos, Valverde Leganés, Villanueva Fesno, **Zafra** y Zahinos.- Capital: ZAFRA, 42 municipios

V.- BARROS Tierra — Aceuchal, Albuera, **Almendralejo**, Corte Peleas, Entrín Bajo, Hinojosa V, Hornachos, Nogales, Palomas, Puebla Prior, Puebla Reina, Ribera Fresno, STª Marta, Solana B, Torremejía, Villafranca de los Barros y Villalba B.- Capital: ALMENDRALEJO, 17 municipios.

VI.-GUADIANA Vegas — Alange, Aljucén, Arroyo San Serván, **Badajoz**, Calamonte, Carrascalejo, Cristina, Don Álvaro, Don Benito, Esparragalejo, Garrovilla, Guareña, Haba, Lobón, Manchita, Medellín, Mengabril, Mérida, Mirandilla, Montijo, Oliva Mérida, Puebla Calzada, Rena, S. Pedro Mérida, STª Amalia, Talavera Real, Torremayor, Trujillanos, Valdetorres, Valverde Mérida, Villagonzalo, Villanueva Serena, Villar Rena y Zarza Alange.- Capital: BADAJOZ, 35 municipios.

VII.- SIERRA Norte — Albuquerque, Carmonita, Codosera, Cordovilla Lácara, Nava Santiago, Puebla Obando, Roca Sierra, S. Vicente Alcántara y Villar Rey.- Capital: ALBUQUERQE, 9 municipios.

PROVINCIA DE CÁCERES:

Superficie 18.868 km.^{2}; %: 3,94; Población: 413.633; Densidad: 20.8; Costa: 0. Comarcas: 8; municipios: 220.
PARTIDOS JUDICIALES: I: Coria; III: Plasencia; V: Navalmoral de la Mata; VI: Logrosán y Trujillo; VII: Cáceres; VIII: Valencia de Alcántara.

I.- ALAGÓN Riveros — Acebo, Acehúche, Cachorrilla, Cadalso Gata, Calzadilla, Casas Don Gómez, Casillas Coria, Cilleros, Coria, Descargamaría, Eljas, Gata, Guijo Coria, Guijo Galisteo, Hernán-Pérez, Hoyos, Huélaga, Moraleja, Morcillo, Perales Puerto, Pescueza, Portaje, Portezuelo, Pozuelo Zarrón, Robledillo Gata, San Martín Trevejo, Santibáñez Alto, Torrecilla Ángeles, Torre Don Miguel, Torrejoncillo, Valverde Fresno, Villa Campo, Villamiel, Villanueva Sierra y Villasbuenas Gata.- Capital: CORIA, 36 municipios

II.- HURDES — Caminomorisco, Casares Hurdes, Ladrillar, Nuñomoral y Pinofranqueado.- Capital: PINOFRANQUEADO, 5 municipios.

III.- PLASENCIA Valle JERTE — Abadía, Aceituna, Ahigal, Aldeanueva Camino, Aldehuela Jerte, Baños Montemayor, Barrado, Cabezabellosa, Cabezuela Valle, Cabrero, Carcaboso, Casar Palomero, Casas Castañar, Casas Monte, Cerezo, Gallisteo, Garganta, Gargantilla, Gargüera, Granja, Guijo Granadilla, Hervas, Holguera, Jarilla, Jerte, Malpartida Plasencia, Marchagaz, Mirabel, Mohedas Granadilla, Mointehermoso, Navaconejo, Oliva

	Plasencia, Palomero, Pesga, Piornal, **Plasencia**, Rebollar, Riolobos, STª Cruz Paniagua, Santibáñez Bajo, Segura Toro, Serradilla, Tornavacas, Torno, Valdeobispo, Valdastillas, Villar Plasencia y Zarza Granadilla.- Capital: PLASENCIA, 48 municipios.
IV.- VERA LA	Aldeannueva Vera, Arroyomolinos V, Collado V, Cuacos Yuste, Garganta Olla, Guijo Santa Bárbara, Jarandilla V, Jaraiz de la Vera, Losar V, Madrigal V, Pasarón V, Robledillo V., Talaveruela, Tejada Tiétar, Torremenga, Valverde V, Viandar V y Villanueva V..- Capital: JARÁIZ de la VERA, 18 municipios.
V.- ARAÑUELO Cª JARA LA	Almaraz, Belvis Monroy, Berrocalejo, Bohonal Ibor, Campillo Deleitosa, Casas Miravete, Castejada, Castañar Ibor, Fresnedosa Ibor, Garvín, Gordo, Higuera, Majadas Tiétar, Mesas Ibor, Millanes, **Navalmoral de la Mata**, Peraleda Mata, Peraleda San Román, Robledollano, Romangordo, Saucedilla, Serrejón, Yalayuela, Toril, Valdecañas Tajo y Valdehuncar, Valdelacasa Tajo.-Capital: NAVALMORAL de la MATA, 27 municipios:
VI.- TRUJILLO Campo VILLUERCAS Las	Abertura, Alcollarín, Aldeacentenera, Aldea Trujillo, Alía, Berzocana, Cabañas Castillo, Campo Lugar, Cañamero, Carrascalejo, Conquiata Sierra, Cumbre, Deleitosa, Escurial, Garciaz, Guadalupe, Herguijuela, Ibahernando, Jaraicejo, Logrosán, Madrigalejo, Madroñera, Miajadas, Navalvillar Ibor, Navezuelas, Plasenzuela, Puerto STª Cruz, Robellido T, Ruanes, Salvatierra Santiago, STª Ana, STª Cruz Sierra, STª Marta Megasca, Torrecilla Tiesa, Torrejón Rubio, **Trujillo**, Villamesías, Villar Poderoso y Zorita.- Capital: TRUJILLO, 39 municipios
VII.- CÁCERES Campos de	Albalá, Alcántara, Alcuéscar, Aldea Cano, Almoharín, Aliseda, Arroyo Luz, Arroyomolinos Montánchez, Benquerencia, Botija, Brozas, **Cáceres**, Cañaveral, Casar C, Casas Don Antonio, Casas Millán, Ceclavín, Estyorninos, Garrovillas, Hinojal, Malpartida C, Mata Alcántara, Monroy, Montánchez, Navas Madroño, Pedroso Acín, Piedras Albas, Santiago Campo, Sierra Fuentes, Talaván, Torre STª Mª, Torremocha, Torreorgaz, Torrequemada, Valdefuentes, Valdemorales, Villa Rey, Zarza Montánchez, y Zarza Mayor.- Capital: CÁCERES, 39 municipios.
VIII.- VALENCIA ALCANTARA	Carbajo, Cedillo, Herrera Alcántara, Herreruela, Membrío, Salorino, Santiago Alcántara y **Valencia de Alcántara**.-Capital: VALENCIA de ALCÁNTARA, 8 municipios.

COMUNIDAD AUTÓNOMA DE MADRID:

Ley Orgánica 3/1983. Estatuto de Autonomía: 25-2-1983.
Suprficie: 7.795 km.^{2}; %: 1,59; Población: 6.386.932; Densidad.798,2; Costa: 0.
Provincias: 1; comarcas: 7; municipios: 179.

PARTIDOS JUDICIALES: I: Torrelaguna: II: Alcalá de Henares, Arganda del Rey y Torrejón de Ardoz; III: Aranjuez, Parla y Valdemoro; IV: Fuenlabrada, Móstoles y Navalcarnero; VI: Collado-Villalba, Colmenar-Viejoy San Lorenzo del Escorial; VII: Alcobendas, Alcorcón, Coslada, Madrid, Getafe, Leganés, Majadahonda y Pozuelo de Alarcón.

I.- CABRERA TORRELAGUNA	Acebeda, Alameda Valle, Atazar, Berzosa Lozoya, Berrueco, Braojos, Buitrago L, Bustarviejo, Cabanillas S, Cabrera, Canencia, Cervera B, Garganta Montes, Gargantilla L, Gascones, Guadalix S, Hiruela, Horcajo S, Horcajuelos S, Lozoya, Lozoyuela, Madarcos, Miraflores S, Montejo, Navalafuente, Navarredonda, Oteruelo V, Patones, Pedrezuela, Pinilla V, Piñeucar, Prádena Rincón, Puebla S, Puentes Viejas, Rascafría, Redueña, Roblellido J, Robregordo, San Agustín Guadalix, Serna Monte, Somosierra, **Torrelaguna**, Torremocha J, Valdemanco, Venturada y Viilanueva L.- Capital: TORRELAGUNA, 46 municipio
II.- ALTO-JARAMA HENARES	Ajalvir, **Alcalá de Henares**, Algete, Ambite, Anchuelo, Arganda Rey, Camarma Esteruelas, Campo Real, Carabaña, Cobeña, Corpa, Daganzo Ar, Fresno Torrote, Fuente Saz J, Loeches, Meco, Mejorada C, Molar, Morata T, Nuevo Baztán, Olmeda Fuentes, Orusco, Paracuellos J, Perales T, Pezuela Torres, Pozuelo Rey, Ribatejada, San Fernando H, Santorcaz, Santos Humosa, Talamanca J, Tielmes, Torrejón Ardoz, Torres Alameda, Valdeavero, Valdeolmos, Valdepiélagos, Valdetorres J, Valdilecha, Valverde A, Velilla S A, Vellón, Villalbilla y Villar Olmo.- Capital: ALCALÁ DE HENARES, 44 municipios.
III.- ARANJUEZ	**Aranjuez**, Belmonte T, Brea T, Ciempozuelos, Colmenar Oreja, Chinchón, Estremera, Fuentidueña T, Parla, Pinto, San Martín Vega, Titulcia, Torrejón Calzada, Torrejón Velasco, Valdaracete, Valdelaguna, Valdemoro, Villaconejos, Villamanrique T y Villarejo Salvanés.- Capital: ARANJUEZ, 20 municipios.
IV.- NAVALCARNERO	Álamo, Aldea Fresno, Arroyomolinos, Batrés, Brunete, Casarrubuelos, Cubas, Fuenlabrada, Griñón, Humanes M, Moraleja En Medio, Móstoles, **Navalcarnero**, Quijorna, Serranillos Valle, Sevilla Nueva, Villa Prado, Villamanta, Villamantilla, Villanueva Perales y Villaviciosa Odón.- Capital: NAVALCARNERO, 21 municipios:.
V.-SAN MARTÍN VALDEIGLESIAS	Cadalso Vidrios, Cenicientos, Colmenar Arroyo, Chapinería, Navas Rey, Pelayos Presa, Rozas P Real y S Matín Valdeiglesias.- Capital: SAN MARTÍN de VALDEIGLESIAS, 8 municipios.
VI.-GUADARRAMA. LOZOYA. S. L. ESCORIAL	Alpedrete, Becerril S, Boalo, Cercedilla, Colmenarejo, Colmenar Viejo, Collado-Mediano, Collado-Villalba, Fresnedillas, Galapagar, Guadarrama, Hoyo M, Manzanares R, Molinos, Moralzarzal, Navacerrada, Navalagamella, Robledo Chavela, **San Lorenzo Escorial**, STª Mª Alameda, Soto Real, Torrelodones, Valgaquemada, Valdemorillo y Zarzalejo.- Capital: SAN LORENZO del ESCORIAL, 25 municipios.

VII.- MADRID y METROPOLI	Alcobendas, Alcorcón, Boadilla M, Coslada, Getafe, Leganés, **Madrid**, Majadahonda, Moraleja, Pozuelo Alarcón, Rivas Vaciamadrid, Rozas M, San Sebastián Reyes, Villanueva Cañada y Villanueva Pardillo.- Capital: MADRID, 15 municipio.

COMUNIDAD AUTÓNOMA DE LA CIUDAD DE MELILLA:

Ley Orgánica 2/1995: Estatuto Autonomía: 13-3-1995
Superficie 13 km.²; %: ; Melilla 1 municipio

PARTIDOS JUDICIALES: Melilla.

COMUNIDAD AUTÓNOMA DE MURCIA:

Estatuto de Autonomía: 9-6-1982.
Superficie: 11.317 km.²; %: 2,2; Población: 1.446.520; Densidad: 127,8; Costa: 274.
Comarcas: 7: municipios: 43.

PARTIDOS JUDICIALES: I: Jumilla y Yecla; III: Cieza, Molina de Segura y Murcia; IV: Cartagena y San Javier; VI: Lorca y Totana; VII: Caravaca de la Cruz y Mula.

I.- JUMILLA Noroeste	Jumilla y **Yecla**.- Capital: YECLA, 2 municipios.
II.- ESTE	Abanilla y **Fortuna**.- Capital: FORTUNA, 2 municipios.
III.- MURCIA Hoya RICOTE Valle del SEGURA	Abarán, Alcantarilla, Alguazas, Archena, Beniel, Blanca, Calasparra, Ceutí, Cieza, Lorquí, Molina Segura, **Murcia**, Ojós, Ricote, Torres Cotillas, Ulea y Villanueva Río Segura.- Capital: MURCIA, 17 municipios.
IV.-CARTAGENA Campo de	**Cartagena**, Fuente Álamo, San Javier, San Pedro Pinatar, Torre Pacheco y Unión.- Capital: CARTAGENA, 6 municipios.
V.- COSTERO-MERIDIONAL	Águilas y Mazarrón.- Capital: MAZARRÓN, 2 municipios.
VI.-GUADALENTÍN	Aledo, Alhama M, Librilla, **Lorca**, Puerto Lumbrera y Totana.- Capital: LORCA, mumicipios: 6.
VII.- CENTRO-OCCIDENTAL	Ibudeite, Bullas, Campos Río, **Caravaca**, Cehegín, Moratalla, Mula y Pliego.-Capital: CARAVACA, 8 municipios.

R. y A. DEL RÉGIMEN FORAL DE NAVARRA:

Ley Orgánica 13/1982: Estatuto de Autonomía: 10-8-1982
Superficie: 10.421 km²; % 2,05; Población: 630.598; Densidad: 64,3; Costa: 0
Provincias: 1; comarcas: 9; municipios: 265.

PARTIDOS JUDICIALES: II: Aoiz; III: Sangüesa; IV: Tudela; V: Estella; VIII: Pamplona; IX: Tafalla.

I.- BAZTÁN Valle CINCO VILLAS Valle SANTESTEBAN	Aranaz, Arano, Areso, **Baztán**, Bértiz-Arana, Donamaría, Echalar, Elgorriaga, Erasun, Ezcurra, Goizueta, Ituren, Labayen, Leiza, Lesaca, Oiz, Saldías, Santesteban, Sumbilla, Urdax, Urroz S, Rera Bidasoa, Yanci, Zubieta y Zugarramurdi.- Capital: BAZTÁN, 25 municipios.
II.- PIRINEO-CENTRAL RONCESVALLES	Abaurrea Al, Abaurrea Ba, **Aoiz**, Arce, Aria, Arive, Burguete, Erro, Garayoa, Garralda, Ibargoiti, Izagaondoa, Lizoáin, Lónguida, Monreal, Orbaiceta, Orbara, Oroz, Betelu, Roncesvalles, Unciti, Urrual Al, Urrual Ba, Urroz, Valcarlo y Villanueva.- Capital: AOIZ, 26 municipios.
III.- AIBAR Vª SALAZAR Vª URRAUL Vª	Aibar, Burgui, Cáseda, Castillonuevo, Escároz, Esparza, Gallipienzo, Gallués, Garde, Güesa, Isaba, Izalzu, Jaurriete, Javier, Liédena, Lumbier, Navascués, Ochagavía, Oronz, Petilla Aragón, Romanzado, Roncal, Sada, **Sangüesa**, Sanguesa, Sarriés, Urzainqui, Vidángoz y Yesa.- Capital: SANGUESA, 29 municipios.
IV.- RIBERA NAVARRA BARDENNAS	Ablitas, Andosilla, Arguedas, Armañanzas, Azagra, Bargota, Barillas, Buñuel, Busto, Cabanillas, Cadreita, Caparroso, Cárcar, Carcastillo, Cascante, Castejón, Cintruénigo, Corella, Coertes, Falces, Fitero, Fontellas, Funes, Fustiñana, Lazagurría, Lerín, Lodosa, Marcilla, Mélida, Mendavia, Milagro, Monteagudo, Murchante, Murillo Cuende, Murillo Fruto, Peralta, Ribaforada, San Adrián, Santacara, Sartaguda, Sesma, Torres Río, **Tudela**, Tulebras, Valtierra, Viana y Villafranca.- Capital: TUDELA, 47 municipios.
V.- AGUILAR Valle ESTELLA Tierra SOLANA Valle	Albáigar, Abárzuza, Aberin, Aguilar Codes, Allín, Allo, Améscoa Ba, Ancín, Aranarache, Aras, Arcos, Arellano, Arróniz, Artazu, Ayegui, Azuelo, Barbarin, Cabredo, Cirauqui, Desojo, Dicastillo, Espronceda, **Estella**, Etayo, Eulate, Genevilla, Guesálaz, Guirguillano, Igúzquiza, Lana, Lapoblación, Larraona, Legaria, Lezaún, Luquin, Mañeru, Marañón, Mendoza, Metauten, Mirafuentes, Morentin, Munes, Murieta, Nazar, Oco, Olejua, Oteiza, Piedramillera, Sansol, Sorlada, Torralba Río, Villamayor Monjardín, Villatuerta, Yerri y Zúñiga.- Capital: ESTELLA, 55 municipios.
VI.- ALSASUA	**Alsásua**, Araquil, Arbizu, Arruazu, Bacáicoa, Ciordia, Echarri-Aranaz, Ergoyena, Huarte-Araquil, Irañeta, Iturmendi, Lacunza, Olazagutia y Urdiáin.- Capital: ALSÁSUA, 14 municipios.
VII.- ANUÉ IMOZ LARRAÚN ULZAMA	Anué, Araiz, Atez, Basaburúa Mayor, Betelu, Imoz, Lanz, Larraún, Odieta y Ulzama.- Capital: ANUÉ, 10 municipios.

VIII.- ARAKIL ASABURÁ BÉRIZ-ARANA BIDASOA-URAL	Adiós, Ansoaín, Ayorbe, Aranguren, Belascoáin, Biurrun-Olcoz, Burlada, Ciriza, Cizur, Echarri, Echauri, Egues, Elorz, Enériz, Esteríbar, Ezcabarte, Galar, Goñi, Huarte, Iza, Juslapeña, Legarda, Muruzábal, Obanos, Oláibar, Olza, Ollo, **Pamplona**, Puente Reina, Salinas Oro, Tiebas-Mutuarte, Tirapu, Ucar, Uterga, Vidaurreta, Villava y Zabalza.- Capital: PAMPLONA, 37 municipios.
IX.- ORBA Valle TAFALLA	Artajona, Barásoain, Beire, Berbinzana, Eslava, Ezprogui, Garínoain, Larraga, Leache, Leoz, Lerga, Mendigorría, Miranda Arga, Olite, Olóriz, Orisoain, Pitillas, Pueyo, San Martín Unx, **Tafalla**, Ujué y Unzué.- Capital: TAFALLA, 22 municipios.

COMUNIDAD AUTÓNOMA DE LA RIOJA:

Ley Orgánica 3/1982: Estatuto de Autonomía: 9-6-1982
.Superficie: 5.034 km.^{2}; %: 0,99; Población: 589.235; Densidad: 112,2; Costa: 0.
Provincia: 1; comarcas: 4; municipios: 176.

PARTIDOS JUDICIALES: I. Haro; II: Logroño; III: Calahorra.

I.- RIOJA-ALTA	Abalos, Alesanco, Anguciana, Azofra, Badarán, Bañares, Baños R, Baños Río Tobía, Berceo, Bobadilla, Briñas, Briones, Canillas Río Tuerto, Cañas, Cárdenas, Casalareina, Castañares R, Cellórigo, Cidamón, Cihuri, Cirueña, Cordovín, Cuzcurrita Río Tirón, Foncea, Fonzaleche, Galbárruli, Gimileo, Grañón, **Haro**, Herramélluri, Hervías, Hornilla, Hormilleja, Leiva, Manzanares R, Matute, Nájera, Ochanduri, Ollauri, Rodezno, Sajazarra, San Asensio, San Millán Yécora, ST° Domingo Calzada, San Torcuato, San Vicente Sonsierra, Tirgo, Tormantos, Torrecilla S Alesanco, Torremontalbo, Treviana, Villalba R, Villalobar R, Villar Torre, Villaverde R y Zarratón.- Capital: HARO, 56 municipios.
II.- CAÑAS Valle RIOJA-CENTRAL	Albelda Iregua, Alberite, Alesón, Arenaza Ab, Arenaza Ar, Bezares, Camprovín, Cenicero, Clavijo, Daroca R, Entrena, Fuenmayor, Hornos Moncalvillo, Huércanos, Lardero, Ledesma Cogolla, **Logroño**, Monjarrés, Medrano, Nalda, Navarrete, Pedroso, Ribafrecha, Sojuela, Sorzano, Sotés, Tricio, Uruñuela Ventosa y Villamediana Iregua.- Capital: LOGROÑO, 30 municipios.
III.- OCÓN Valle RIOJA-BAJA	Agoncillo, Aguilar Río Aldama, Alcanadre, Aldeanueva Ebro, Alfaro, Arnedillo, Arnedo, Arrubal, Ausejo, Autol, Bergasa, Bergasillas Bajera, **Calahorra**, Cervera Río Alama, Corera, Cornago, Galilea, Grávalos, Herce, Igea, Lagunilla Jubera, Leza, Murillo R Leza, Navajún, Ocón, Pradejón, Préjano, Quel, Redal, Rincón Soto, ST° Engracia Jubera, STª Eulalia Bajera, Tudelilla, Valdemadera, Villar Arnedo y Villarroya.- Capital: CALAHORRA, 36 municipios.
IV.- Tierra de	Ajamil, Almarza Cameros, Anguiano, Brieva C, Cabezón C, Canales

CAMEROS SIERRA	Sierra, Castroviejo, Corporales, Enciso, Estollo, Ezcaray, Gallinero C, Hornillos C, Jalón C, Laguna C, Lumbreras, Mansilla, Munilla, Muro Aguas, Muro C, Nestares, Nieva C, Ojacastro, Ortigosa, Pazuengos, Pinillos, Poyales, Pradillo, Rabanera, Rasillo, Robres Castillo, San Millán Cogolla, San Román C, STª Coloma, Santurde, Santurdejo, Soto C, Terroba, Tobía, **Torrecilla Cameros**, Torre C, Trevijano, Valgañón, Ventrosa, Viguera, Villanueva C, Villarejo, Villarta-Quintana, Villavelayo, Villoslada C, Viniegra Ab, Viniegra Ar, Zarzosa y Zarroquín.- Capital: TORRECILLA DE CAMEROS, 54 municipios.

COMUNIDAD AUTÓNOMA VALENCIANA

Ley Orgánica 5/1982: Estatuto de Autonomía: 1-7-1982.

Superficie: 23.305 km.^{2}: %: 4,6; Población: 5.094.675; Densidad: 219,08: Costa: 518. Provincias: 3; comarcas: 29; municipios: 542.

PROVINCIA DE ALICANTE:

Superficie: 5.817 km.^{2}; %: 1,15; Población:1.917.012; Densidad: 329,5; Costa: 244. Comarcas: 10; municipios: 140.

PARTIDOS JUDICIALES: I: Denia; II: Alcoy; III: Ibi; IV: Villena; V: Orihuela y Torrevieja; VI: Benidorm, Villajoyosa; VIII: Alicante; VIII: Alicante, San Vicente del Raspeig; IX: Novelda; X: Elche.

I.- CETA LAGUART MARINA Alta	Beniarbeig, Benidoleig, Benimel, Benisa, Benitachel, Calpe, **Denia**, Gata Gorgos, Jávea, Ondara, Pedreguer, Pego, Ráfol Almunia, Sanet y Negrals, Senija, Setla-Mirarrosa y M, Teulada y Vergel.- Capital: DENIA, 18 municipios.
II.- ALCALÁ Jovad ALCOY-Hoya GUADALETS	**Alcoy**, Alquería, Aznar, Bañeres, Beniarrés, Benilloba, Cocentaina, Gayanes, Lorcha y Muro A.- Capital: ALCOY, 10 municipios.
III. CASTALLA-Hoya	**Castalla**, Ibi, Onil y Tibi.- Capital: CASTALLA, 4 municipios.
IV.- VINALOPO Alto BENEJAMA - BIHAR	Benejama, Biar, Campo Mirra, Cañada, Sax y **Villena**.- Capital: VILLENA, 6 municipios.
V.- ORIHUELA Hoya SEGURA-Baja	Albatera, Algorfa, Almoradí, Benejúzar, Benferri, Benijofar, Bigastro, Callosa Segura, Catral, Cox, Daya Nueva, Daya Vieja, Dolores, Formentera S., Granja Rocamora, Guardamar S, Jacarilla, **Orihuela**, Rafal, Redován, Rojales, S. Fulgencio, S Miguel Salinas y Torrevieja.- Capital: ORIHUELA, 24 municipios.
VI.- CONTAT-GALLINERA GUADALEST	Alfaz Pi, **Altea**, Benidorm, Callosa Enserriá, Finestrat, Guadalest, Nucía, Orcheta, Polop, Relleu, Sella y Villajoyosa.- Capital: ALTEA, 12

	municipios.
VII.- MONTAÑA Agríc AGRÉS Valle de EBO Valle PLANES	Adsubia, Agres, Alcalalí, Alcocer Planes, Alcolecha, Alfafara, Almudaina, Balones, Benasau, Beniardá, Benichembla, Benifallin, Benifato, Benillup, Benimantel, Benimasot, Benimarfull, Bolulla, Castell Castells, Confrides, Cuatretondeta, Facheca, Famorca, Gorga, Jalón, Lliber, Millena, Murla, Orba, Parcent, Penáguila, **Planes**, Sagra, Tárbena, Tollos, Tormos, Vall Alcalá, Vall Ebo, Vall Gallinera y Val Laguart.- Capital: PLANES, 40 municipios.
VIII.-ALACANTI	Agost, Aguas Busoot, **Alicante**, Busot, Campello, Jijona, Michamiel, S. Juan Alicante, S. Vicente Raspeig y Torremanzanas.- Capital: ALICANTE, 10 municipios.
IX.- VINALOPO Mit	Algueña, Aspe, Elda, Hondo Nieves, Hondo Frailes, Monforte Cid, Monóvar, Novelda, Petrel, Pinoso, Romana y Salinas.- Captal: ELDA, 12 municipos.
X.- VINALOPO Baix TRAVADELL V[a]	Crevillente, **Elche** y Santa Pola.- Capital: ELCHE, 3 municipios.

PROVINCIA DE CASTELLÓN:

Superficie: 6.632 km.[2]; %: 1,31; Población: 602.301; Densidad: 90,8; Costa: 139. Comarcas: 6; municipios: 140.
PARTIDOS JUDICIALES: II: Vinaroz; IV: Castellón de la Plana, Nules, Villareal de los Infantes; V: Nules y Segorbe.

I.- BENIFASSÁ Alt-MAESTRAT PORTS ELS VINAROZ Ll[a]	Ares Maestre, Ballestar, Benasal, Bojar, Castel Cabres, Castellfort, Cintorres, Corachar, Chiva Morella, Forcall, Fredes, Herbés, Mata Morella, **Morella**, Olocau Rey, Ortells, Palanques, Portell Morella, Puebla Benifasr, Todolella, Vallibona, Villafranca Cid, Villortes y Zorita Maestrazgo.- Capital: MORELLA, 24 municipios.
II.- Llanura de VINAROZ BENICARLO	Alalá Chivert, Benicarlo, Cálig, Peñíscola, San Jorge, San Refael Río, Santa Magdalena Pulpis, Torreblanca y Vinaroz.- Cpital VINAROZ, 9 municipios.,
III.- MAESTRAT Bajo	Albocácer, Benlloch, Cabanes, Canet Roig, Catí, Cervera Maestre, Cuevas Vinromá, Culla, Chert, Jana, Puebla Tornesa, Rosell, Salsadella, **San Mateo**, Sarratella, Sierra Engarcerán, Tírig, Torre Embesora, Torre Endoménech, Traiguera, Useras, Vall Alba, Villafamés, Villanueva Alcolea y Villar Canes.- Capital: SAN MATEO, 26 municipios.
IV.- ALCALATÉN PLANA Alta PLANA Baja TALAIES-ALCA	Alcora, Alfondeguilla, Almazora, Almenara, Artana, Bechí, Benicasim, Barriol, Burriana, **Castellón P**, Chilches, Llosa, Moncófar, Nules, Onda, Oropesa, Ribesalbes, Vall Uxó, Villareal de los Infantes, y Villavieja.- Capital: CASTELLÓN, 20 municipios.
V.- ALMONACID ESPADA MIJARES	Ahín, Alcudia Veo, Algimia Almonacid, Almedíjar, Altura, Arañuel, Argelita, Ayódar, Azuébar, Barracas, Bejís, Benafer, Castellnovo,

PALANCIA ALTO UIXÓ	Caudiel, Cirat, Chóvar Eslida, Espadilla, Fanzara, Fuente Reina, Fuentes Ayódar, Gaibiel, Gátova, Geldo, Higueras, Jérica, Matet, Montán, Montanejos, Navajas, Pavías, Pina Montalgrao, Puebla Arenoso, Sacañet, **Segorbe**, Soneja, Sot Ferrer, Sueras, Tales, Teresa, Toga, Torás, Toro, Torralba Pinar, Torrechiva, Vall Almonacid, Vallat, Villamalut, Villanueva Viver y Viver.- Capital: SEGORBE, 49 municipios.
VI.- PENYAGOLOSA	Adzaneta, Benafigos, Castillo Villamalefa, Coertes Arenoso, Costur, Chodos, Figueroles, **Lucena Cid**, Ludiente, Villahermosa Río, Vistabella Maestrazgo y Zucaina.- Capital: LUCENA, 12 municipios.

PROVINCIA DE VALENCIA:

Superficie:10.806 km.²; ‰: 2,14; Población: 2.575.362; Dens.: 238,3; Costa: 135. Comarcas: 13; municipios: 265.
PARTIDOS JUDICIALES: III: Liria; IV: Sagunto, Cuart de Poblet; V: Catarroja, Massamagrel, Mislata, Moncada, Paterna, Picasent,Torrent, Valencia; VI: Sueca; VII: Gandía; VIII: Onteniente; IX: Játiva; XI: Requena; XIII: Alzira, Carlet

I.- TURIA - SIERRA	Alcubillas, Alpuente, Andilla, Aras Alpuente, Benagéber, Calles, **Chelva**, Chililla, Domeño, Higueruelas, Losa Obispo, Sot Chera, Titaguas, Tuéjar, Villar Arzobispo y Yesa.- Capital: CHELVA, 16 municipios
II.- RINCÓN de ADEMUZ	**Ademuz**, Casas Altas, Casas Bajas, Castielfalib, Puebls S. Miguel, Torrebaja y Vallanca.-Capital ADEMUZ, 7 municipios.
III.- LIRIA Campos	Benaguacil, Benisanó, Bétera, Bugarra, Casinos, Eliana, Gestalgar, **Liria**, Marines, Náquera, Olocau, Pedralba, Puebla Balbona, Ribarroja T, Serra y Villamarchante.- Capital: LIRIA, 16 municipios.
IV.- CUART Valle HORTA NORD MORVEDRE Cª	Albalat Torronchera, Alfara Algimia, Algar Palancia, Algimia Alfara, Benevites, Benifairó Valls, Canet Berenguer, Cuart Valls, Cuartell, Estivela, Faura, Gillet, Petrés, Puzol, **Sagunto**, Segart y Torres-Torres.- Capital: SAGUNTO, 17 municipios.
V.- HORTA SUD HUERTA VAL	Alacuás, Albal, Albalat Sorella, Alboraya, Albuixecch, Alcácer, Aldaya, Allfar, Alfara Patriarca, Almácera, Benetúser, Beniparrell, Bonrepós y Mirambell, Burjasot, Catarroja, Cuart Poblet, Chirivela, Emperador, Foyos, Godella, Lugar Nuevo Corona, Manises, Masalfasar, Masamagrell, Masanasa, Meliana, Mislata, Moncada, Museres, Paiporta, Paterna, Picaña, Picasent, Puebla Farnals, Puig, Rafelbuñol, Rocafort, Sedaví, Silla, Tabernes Blanques, Torrente, **Valencia** y Vinalesa.- Capital: VALENCIA, 43 municipios:
VI.- AIGÜES VIVES TURIA-VALDIGNA	Albalat Ribera, Almusafes, Corbera Alcira, Cullera, Favareta, Fortaleny, Llaurí, Pliñá Júcar, Riola, Sollana y **Sueca**.- Capital: SUECA, 11 municipios.
VII.- GANDÍA (Hª) NARCHUQUERA	Ador, Alfahuir, Aliserat, Almoines, Alquería Condesa, Barig, Bellregart, Beniarjó, Benifairó Valdigna, Biniflá, Benirredrá, Castellonet, Daimuz,

SAFOR	Fuente Encaroz, **Gandía**, Guardamar, Jaraco, Jeresa, Lugar Nuevo S Jerónimo, Miramar, Oliva, Palma Gandía, Palmera, Piles, Potríes, Rafelcofer, Real G, Rótova, Sirnat Valldigna, Tabernes V y Villalonga.- Capital: GANDÍA, 31 municipios:
VIII.- AGRES Valle ALBAIDA V^a^ COESTERA	Adzaneta, Agullente, Albaida, Alfarrasí, Ayelo Malferit, Ayelo Rugat, Belgida, Bellús, Benitjar, Benicolet, Benigánin, Benisoda, Benisuera, Bocairente, Bufalí, Carrícoli, Castellón Rugat, Cuatretonda, Fontanares, Fuente Higuera, Guadasequies, Luchente, Montaberner, Montichelvo, Ollería, **Onteniente**, Otos, Palomar, Pinet, Puebla Duc, Rafol Salem, Rugat, Salem, Sempere y Terrateig.- Capital: ONTENIENTE, 35 municipios.
IX.- BARCHETA JÁTIVA NAVARÉS Canal RAMES Costa	Alcudia Crespins, Anna, Barcheta, Bicorp, Bolbaire, Canals, Cerdá, Chella, Enguera, Enova, Estubeny, Granja Costera, Genoves, **Játiva**, Lugar Nuevo Fenollet, Llanera Ranes, Llosa R, Millares, Mogemte, Montesa, Munuel, Navarrés, Novelé, Quesa, Rafelguaraf, Rotglá-Corberá, Torrella, Vallada y Vallés.- Capital: JÁTIVA, 30 municipios.
X.- AYORA Valle	**Ayora**, Cofrentes, Jalance, Jarafuel, Teresa C y Zarra.- Capital. AYORA, 6 municipios.
XI.- REQUENA-UTIEL PLANA	Camorrobles, Caudete Fuentes, Chera, Fuenterrobles, Requena, Siete Aguas, Sinarcas, Utiel, Venta Moro y Villagordo Cabriel.- Capital: UTIEL, 10 municipios.
XII.- BUÑOL-CHIVA COFRENTES MARQUESAT	Alborache, Buñol, Cortés Pallás, Cheste, **Chiva**, Dos Aguas, Godelleta, Loriguilla, Macastre, Turís y Yátova.- Capital: CHIVA, 11 municipios.
XIII.-LLOMBAI REALENC RBERA-Alta	Alberique, Alcántara-Júcar, **Alcira**, Alcudia, Carlet, Alfarp, Algemesí, Aginet, Antella, Benegida, Benifayó, Benimodo, Benimuslem, Carcagente, Cárcer, Caladau, Cotes, Gabarda, Guadasuar, Llombay, Masalavés, Moserrat, Puebla Larga, Real Montroy, San Juan Enova, Sallent, Señera, Sumacárcel, Tous y Villanueva.- Capital: ALCIRA, 30 municipios.

PENÍNSULA:	**Península Ibérica 581.422 km.^{2}**
ESPAÑA+ ISLAS	**SUPERFICIE: 504.644 km.^{2}** **COMARCAS: 413. MUNICIPIOS: 8.114; POBLACIÓN : 46.745.807(2009).**

FUENTES:

- BOE: *España dividida en provincias, intendencias, subdivididas en partidos y corregimientos*, de orden de Floridablanca (Madrid, Imprenta Real, 1785).
- INAP: Floridablanca: Subdivisión en partidos judiciales de la Península Ibérica e islas adyacentes 1834, edición facsímil (Madrid, BOE-INAP, 200).

- Ley 38/1988 de diciembre, Demarcación y Planta Judicial (Madrid, BOE, 1988).

- ING. Instituto Geográfico Nacional. Mapas 1: 200.000 y n1: 50.0000

-.J. DANTÍN CERECEDA: *Regiones Naturales de España,* t. 1 (Madid, Consejo de Investigaciones Científicas, 1962).

- J. DANTÍN CERECEDA: *Ensayo acerca de la Regiones Naturales de España,* t. 1 (Madrid, J. Cosano, 1922).

- LÓPEZ TRIGAL, LORENZO: "El mapa judicial de España. Un comentario desde la geografía a la ley", en *Estudios geográficos,* nº 195 (Madrid 1989).

- MINISTERIO de GOBERNACIÓN: *Comarcas Españolas* (Madrid, Servicio N. de Consejos Económico-Sociales, 1977).

- SECRETARÍA, MINISTERIO GOBERNACIÓN: *Las provincias y sus comarcas* (Madrid, B O E, 1965).

- A.I.S.S.: *Comarcas Españolas* (Madrid, Servicio Nacional de Consejos Económicos Sociales, 1977).

APÉNDICE II: LA COMARCA DE EL BIERZO

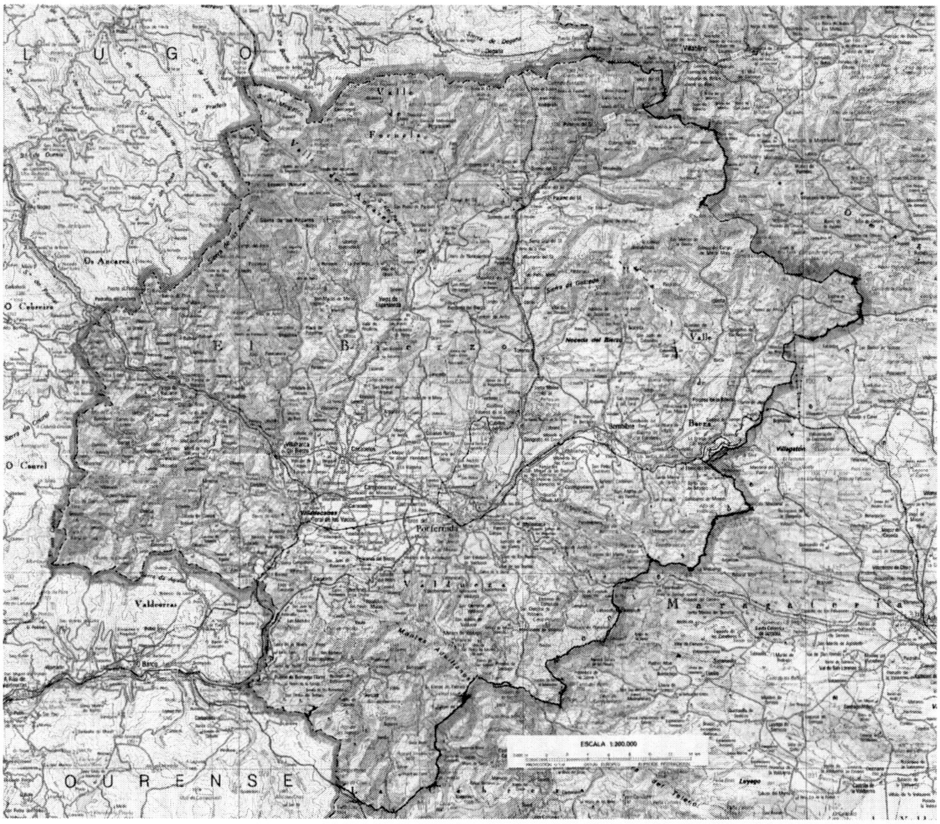

A).- Censos de la población de Derecho de la comarca del Bierzo

	Sup. (Km.²)	Alt. (m.)	1858	1888	1900	1930	1950	1991	2001	2011
ARGANZA	40,0	597	2.065	2.123	2.154	2.069	2.304	1.161	925	2.901
BALBOA	51,0	700	1.285	1.251	1.281	1.613	1.342	611	451	371
BARJAS	62,7	860	1.927	2.301	2.357	2.417	2.205	714	392	251
BEMBIBRE	63,4	646	2.986	3.458	3.495	4.007	4.760	10.744	10.463	10.060
BENUZA	172,9	790	2.953	2.800	2.834	2.669	2.539	817	837	591
BERLANGA BIERZO	27,9	279	928	1.030	1.035	858	936	499	421	400
BORRENES	36,4	555	1.507	1.022	984	954	1.539	612	505	419
CABAÑAS RARAS	19,1	560	872	1.156	1.041	1.144	1.279	1.368	1.316	1.310
CACABELOS	19,7	490	2.214	2.506	2.247	3.187	4.133	5.061	4.854	5.495
CAMPONARAYA	29,1	492	1.204	1.624	1.499	1.954	2.502	3.141	3.203	1310
CANDÍN	140,9	1.100	2.275	2.354	2.416	2.049	1.977	611	437	339
CARRACEDELO	32,3	450	2.303	2.719	2.772	3.553	4.160	3.459	3.530	3.686
CARUCEDO	35,0	450	1.478	1.521	1.607	1.683	1.639	712	666	642
CASTROPODAME	60,0	635	2.292	2.434	2.534	2.536	2.714	1.933	1.839	1.801
CONGOSTO	36,8	580	1.606	1.930	1.886	2.026	2.101	1.974	1.769	1.692
CORULLÓN	90,7	526	3.558	3.699	3.911	4.854	4.537	1.530	1.193	1.098
CUBILLOS SIL	53,4	580	844	944	673	914	1.095	1.508	1.414	1.830
FABERO	46,9	690	1.442	1.440	1.248	1.513	3.666	6.445	5.759	5.218
FOLGOSO RIBERA	69,3	776	1.994	2.017	2.317	2.648	2.660	1.594	1.339	1.232
IGÜEÑA	206,1	919	2.098	1.982	1.827	2.476	2.871	2.464	1.926	1.385
MOLINASECA	79,3	595	1.976	1.869	1.861	1.639	1.406	743	783	854
NOCEDA	72,1	841	1.699	1.891	1.831	2.034	2.082	1.038	908	780
OENCIA	98,3	600	2.174	2.471	2.532	1.689	1.815	551	509	378
PALACIOS SIL	208,8	872	2.420	2.645	2.891	2.752	2.846	1.645	1.445	1.202
PÁRAMO SIL	170,3	870	2.276	2.562	2.429	2.518	3.215	2.252	1.785	1.464
PERANZANES	117,5	980	1.578	1.802	1.913	1.731	1.737	389	335	345
PONFERRADA	282,2	541	3.565	7.371	7.643	11.106	23.881	59.948	63.233	68.508
PRIARANZA BIE	33,7	514	1.122	1.985	1.988	2.273	1.880	1.015	964	841
Pte Dº FLÓREZ	59,2	376	1.951	2.046	1.989	2.188	2.354	2.045	1.960	1.655
SANCEDO	31,0	674	1.157	1.298	1.092	1.958	1.089	691	587	560
SOBRADO	36,0	433	1.281	1.226	1.183	1.354	1.463	692	541	376
TORENO	103,5	667	2.462	2.608	2.882	3.026	4.170	5.184	4.214	3.691
TORRE del BIERZO	119,3	760	2.030	2.192	2.106	2.644	3.619	3.609	3.102	2.562
TRABADELO	64,7	600	2.334	2.176	2.272	2.127	1.938	779	546	456
VEGA ESPINAREDA	132,0	600	1.913	1.539	1.483	1.583	2.059	3.192	2.894	2.477
VEGA VALCARCE	69,3	630	3.437	3.728	3.698	3.927	3.218	1.192	861	703
VILLADECANES (Toral)	16,6	530	1.947	2.611	2.774	2.683	3.248	2.495	2.275	2.193
VILLAFRANCA B	190,3	500	4.547	4.901	4.424	4.592	5.034	4.126	3.739	3.505

38 municipios

COMARCA BIERZO	3168,49		72.695	98.878	79.675	109.978	128.505	138.584	134.021	135.594
PROVINCIA de. LEÓN	15.581	-	348.756	389.233	401.172	461.560	551.072	520.433	488.751	497.799
Cª. CASTILLA-LEÓN *	-	-	-	-	-	-	2.583	2.562	2.556	2.558
TOTAL ESPAÑA *	505.645	-	15.464	17.673	18.830	23.907	27.976	37.683	40.847	47.190

* Población en miles.

B).- Nomenclátor de población de la comarca de El Bierzo

		1858	1888	1900	1930	1950	1970	1991	2001	2011
ARGANZA	Mu	2.065	2.250	2.154	2.069	2.304	1.763	1.161	925	901
Arganza	Vi	590	635	633	731	614	497	350	294	242
Campelo	Al	90	118	121	87	86	84	47	32	49
Canedo	Al	122	124	125	154	168	131	140	91	90
Espanillo	Al	108	115	113	106	124	76	19	13	36
Magaz Arriba	Lu	411	434	462	482	620	529	374	313	291
San Juan Mata	Vi	416	365	388	264	483	269	184	132	147
San Miguel Argan	Al	132	151	150	100	82	95	30	25	21
San Vicente	Al	196	139	105	126	127	82	17	25	25
BALBOA	Mu	1.285	1.251	1.281	1.613	1.342	1.159	611	451	371
Balboa	Lu	173	197	219	201	197	212	119	96	87
Ruidelamas	Ba	-	2	-	17	7	5	1	1	1
Cantejeira- Pumarín	Pe	298	872	255	628	231	192	93	79	68
Cantejeira	Lu	233	210	182	217	166	130	60	51	40
Pumarín	Al	65	68	73	81	65	62	60	28	28
Castañeiras-Fuent	Pe	52	70	82	91	73	79	77	20	16
Cstañeiras	Al	41	47	56	61	46	54	23	16	11
Fuente Oliva	Al	11	23	26	37	27	25	4	4	5
Chandevillar-Ruidef	Pe	149	131	121	161	176	138	54	32	26
Chandevillar	Lu	122	98	90	101	144	126	51	28	21
Ruideferros	Al	27	13	31	28	32	14	3	4	5
Valverde -Villamarín	Pe	131	123	122	113	114	106	50	31	20
Valverde	Al	93	69	88	92	74	53	41	22	14
Villarmarín	Al	38	45	32	36	40	53	9	9	6
Villafe- Lama-Quint	Pe	203	171	96	224	215	221	144	106	87
Lamagrande	Al	32	23	47	65	68	55	30	18	12
Quintela	Al	48	40	49	60	49	45	33	31	29
Villafeile	Lu	123	91	91	108	98	88	81	57	46
Villanueva-Parajis	Pe	68	65	91	89	68	46	24	18	18
Parajís	Al	37	21	45	34	34	21	9	6	3
Villanueva	Al	38	44	46	55	34	40	15	-	15
Villarinos-Castañ	Pe	204	270	221	312	260	161	106	68	48
Castañoso	Al	72	79	81	94	82	58	36	29	22
Villariños	Lu	132	191	140	218	178	142	70	39	26
BARJAS	Mu	1.927	2.301	2.357	2.417	2.205	1.397	714	392	251
Barjas	Lu	218	257	259	267	217	163	98	64	50
Barrosas	Lu	71	83	81	84	80	54	2	15	1
Busmayor	Lu	292	420	422	404	369	266	99	62	48
Campo Liebre	Lu	201	222	236	252	216	126	60	25	13
Corporales	Lu	94	92	90	90	67	43	60	7	3
Mosteiros	Lu	68	95	101	80	67	62	45	21	13
Quintela	Lu	116	147	146	111	117	75	6	1	1
Vegas do Seo	Lu	91	133	126	113	75	53	30	17	11

Albaredos y Cruce	Pe	99	115	101	163	174	40	34	12	9
Albaredos	Lu	65	79	101	121	138	66	29	9	6
Cruces	Ba	34	36	-	41	36	12	5	3	3
Corrales y Peñacaira	Pe	135	155	136	138	167	61	68	19	8
Corrales	Lu	105	124	136	111	133	80	62	15	4
Peñacaira	Ba	25	31	-	28	34	15	6	4	4
Guimil y Serviz	Pe	116	102	108	136	132	57	57	37	25
Guimil	Lu	58	62	69	81	77	41	31	24	16
Serviz	Ba	58	40	39	55	55	44	26	13	9
Moldes-Ermide	Pe	226	311	319	398	375	219	204	126	69
Hermide	Ba	48	53	52	57	48	39	29	15	9
Moldes	Lu	226	258	267	341	327	258	175	111	60
BEMBIBRE	Mu	2.986	3.458	3.495	4.007	4.760	9.011	10.744	10.463	1.060
Arlanza	Lu	143	154	171	144	160	131	79	63	46
Bembibre	Vi	1.005	1.242	1.338	1.346	2.245	7.064	9.391	9.348	8.984
Labaniego	Lu	91	117	115	73	86	38	11	10	16
Losada	Lu	334	331	359	376	425	272	121	145	118
Rodanillo	Lu	372	424	382	389	445	309	110	90	78
San Esteban Toral	Lu	207	185	172	160	150	80	64	44	62
San Román Bembib	Lu	386	484	486	490	514	714	645	481	498
Santibáñez Toral	Lu	136	159	129	201	160	122	98	76	61
Viñales	Lu	312	323	299	288	275	281	225	206	198
BENUZA-Sigüeya	Mu	2.953	2.800	2.834	2.669	2.539	1.717	817	837	591
Benuza	Lu	268	288	300	237	201	174	88	80	49
Lomba	Lu	385	315	289	255	267	243	95	90	69
Llamas Cabrera	Lu	311	222	291	229	262	82	13	53	40
Pombriego	Lu	315	335	359	402	376	235	152	127	86
Santalavilla	Lu	231	244	219	227	175	32	13	26	27
Sigüeya	Lu	510	465	465	439	352	261	146	115	79
Silván	Lu	571	439	541	504	476	426	142	214	161
Sotillo Cabrera	Lu	189	195	171	160	168	102	238	32	46
Yebra	Lu	169	197	196	216	262	162	33	100	34
BERLANGA BIERZ	M	928	1.030	1.035	858	936	1.047	499	421	400
Berlanga Bierzo	Lu	375	406	414	380	380	484	284	239	223
Langre	Lu	327	230	309	243	282	356	117	92	94
San Miguel Langre	Lu	212	311	223	177	236	207	98	90	83
BORRENES	Mu	1.507	1.022	984	954	1.539	1.038	612	505	400
Borrenes	Vi	510	521	522	502	548	398	300	241	233
Chana	Lu	206	219	186	198	202	144	65	42	36
Orellán	Lu	275	282	276	254	219	134	74	68	63
San Juan Palueza	Lu	386	363	322	388	452	315	162	131	95
Voces	Lu	130	111	121	138	118	47	11	23	32
CABAÑAS RARAS	Mu	872	1.156	1.041	1.144	1.279	1.272	1.368	1.316	1310
Cabañas R. Stº An	Lu	689	105	80	138	121	179	895	916	889
Cortiguera	Lu	183	249	224	225	275	296	473	400	481
CACABELOS	Mu	2.214	2.506	2.247	3.187	4.133	4.001	5.061	4.854	5.495
Arborbuena	Lu	-	89	92	89	102	47	42	25	82
Cacabelos	Vi	1.410	1.587	1.361	2.183	2.835	2.942	3.708	3.776	4.517

Pieros	Vi	284	163	169	165	174	103	33	26	35
Quilós	Lu	520	625	601	682	887	909	947	768	685
Villabuena-S. Clem	Pe	794	507	114	524	598	445	336	259	242
San Clemente	Lu	185	105	114	116	147	83	60	35	36
Villabuena	LU	609	381	-	408	451	362	276	224	206
CAMPONARAYA	Mu	1.204	1.624	1.499	1.954	2.502	2.780	3.141	3.203	4.241
Camponaraya	Lu	479	620	558	770	1.040	1.377	1.877	2.024	3.060
Hervededo	Al	34	58	47	136	167	165	96	93	88
Magaz Abajo	Lu	290	373	359	456	597	596	600	549	527
Narayola	Lu	302	388	362	371	427	42	390	399	406
Válgoma	Al	99	175	173	221	271	200	178	138	160
CANDÍN	Mu	2.275	2.354	2.416	2.049	1.977	936	611	437	339
Balouta	Lu	168	211	257	259	246	119	61	50	34
Candín	Lu	172	198	193	218	228	124	104	78	60
Espinareda Ancares	Lu	193	201	180	137	115	57	33	24	16
Lumeras	Lu	197	237	188	155	183	65	72	56	38
Pereda Ancares	Lu	286	310	331	250	249	198	103	73	47
Sorbeira	Lu	260	197	189	130	176	90	53	48	36
Suárbol	Lu	160	157	155	160	130	23	8	10	12
Suertes	Lu	217	247	265	185	178	98	105	48	40
Tejedo Ancares	Lu	286	283	335	245	227	92	49	31	25
Villarbón	Lu	173	181	170	168	155	43	49	11	20
Villasumil	Lu	163	132	153	142	90	27	13	8	9
CARRACEDELO	Mu	2.303	2.719	2.772	3.553	4.160	3.691	3.459	3.530	3.686
Carracedelo	Vi	570	628	596	688	935	749	728	759	854
Carracedo Monasterio	Lu	373	295	283	610	711	636	692	688	661
Posada Bierzo	Po	218	251	232	232	224	229	191	170	164
Villadepalos	Lu	678	772	835	1.196	1.485	1.079	965	983	969
Villamartín Abadía	Lu	338	292	271	496	367	396	319	337	359
Villaverde Abadía	Lu	344	381	401	551	662	602	608	593	659
CARUCEDO	Mu	1.478	1.521	1.607	1.683	1.639	1.180	712	666	642
Barosa (La)	Lu	191	173	163	162	150	84	35	35	23
Campañana	Lu	173	185	162	153	175	88	54	41	41
Carril (El)	Lu	74	91	84	92	87	57	26	24	21
Carucedo	Lu	390	439	451	563	619	582	409	389	363
Lago Carucedo	Lu	273	267	273	316	292	184	75	67	72
Médulas(Las)	Lu	289	245	340	267	213	166	97	97	100
Villarrando	Lu	88	45	31	66	54	19	16	13	22
CASTROPODAME	Mu	2.292	2.434	2.534	2.536	2.714	2.733	1.933	1.839	1.801
Calamocos	Lu	292	322	306	316	286	427	331	300	249
Castropodame	Vi	513	515	547	493	470	381	227	234	235
Matachana	Lu	338	326	385	386	500	750	559	536	582
San Pedro Castañero	Lu	421	448	414	398	387	266	121	123	109
Turienzo Castañero	Lu	312	319	341	355	373	288	2.354	194	193
Viloria	Lu	153	148	163	153	178	235	180	193	191
Villaverde Cestos	Lu	263	306	329	366	379	386	280	259	242
CONGOSTO	Mu	1.606	1.930	1.886	2.026	2.101	2.644	1.974	1.769	1.692
Almázcara	Lu	307	357	405	525	572	603	589	600	635

Cobrana	Lu	269	316	292	230	206	199	104	77	75
Congosto	Vi	419	544	435	472	434	407	280	246	261
S. Miguel Dueñas	Lu	393	404	478	541	665	1.435	1.001	846	721
CORULLÓN	Mu	3.558	3.699	3.911	4.854	4.537	2.957	1.530	1.193	1.098
Cadafresnas	Lu	480	199	337	339	312	232	134	112	77
Corullón	Vi	1.308	793	936	1.355	1.273	1.115	798	649	680
Dragonte	Lu	301	348	353	396	449	264	122	89	75
Hornija	Lu	427	419	402	457	366	210	133	102	76
Horta	Lu	102	125	154	208	263	174	148	120	109
Melezna	Lu	-	252	212	187	214	298	43	32	24
Viariz	Lu	195	203	163	255	236	174	94	68	41
Villagroy	Lu	176	183	161	233	266	101	43	21	16
CUBILLOS SIL	Mu	844	944	673	914	1.095	1.242	1.508	1.514	1.830
Cabañas Dornilla	Lu	155	175	120	176	190	215	239	252	220
Cubillos del Sil	Vi	570	579	458	587	765	934	898	911	1.284
Finolledo	Lu	186	183	186	172	156	155	69	68	71
Fresnedo	Vi	415	501	475	502	389	382	247	231	223
Cubillinos-Posadina	Pe	119	157	90	111	108	93	55	52	32
Cubillinos	Lu	60	94	56	61	50	37	20	17	5
Posadina	Lu	59	63	34	50	58	56	35	35	27
FABERO	Mu	1.442	1.440	1.248	1.513	3.666	8.072	6.445	5.759	5.218
Bárcena Abadía	Lu	111	100	96	113	240	334	167	116	108
Fabero	Lu	454	433	394	562	1.863	5.637	5.076	4.509	1.073
Fontoria	Lu	245	235	153	159	253	248	117	108	96
Lillo Bierzo	Lu	445	423	406	425	778	1.177	822	826	687
Otero Naraguantes	Lu	187	229	199	241	340	563	224	164	158
San Pedro Parade	Lu	109	94	93	92	-	113	39	36	94
FOLGOSO RIBERA	Mu	1.994	2.017	2.317	2.648	2.660	2.136	1.594	1.339	1.232
Boeza	Lu	204	181	238	278	327	265	150	129	122
Folgoso Ribera	Vi	600	545	635	713	621	681	560	476	411
Ribera Folgoso	Lu	378	453	513	624	776	739	623	556	512
Rozuelo	Lu	119	122	155	168	118	98	113	43	44
Tedejo (Valle)	Lu	160	114	121	118	106	45	16	14	7
Valle (El)	Lu	160	214	234	266	262	182	97	88	91
Villaviciosa S M	Lu	149	140	129	177	136	59	35	33	35
IGÜEÑA	Mu	2.098	1.982	1.827	2.476	2.871	3.551	2.464	1.926	1.385
Almagarinos	Lu	169	174	130	248	316	243	144	124	79
Colinas C Moro	Lu	229	194	191	243	237	151	118	85	83
Espina Tremor	Lu	259	306	238	316	350	354	160	106	58
Igueña	Lu	316	314	263	307	315	421	380	297	221
Pobladura Reguera	Lu	204	143	132	189	263	379	297	253	220
Quintana Fuseros	Lu	288	258	242	408	495	621	395	327	247
Rodrigatos Reg.	Lu	142	117	134	152	154	75	26	18	14
Tremor Arriba	Lu	259	210	185	271	434	1.197	944	716	463
Montes Ermita	Lu	120	134	150	188	145	100	0	0	0
Urdiales Colinas	Lu	112	132	140	154	162	10	0	0	0
MOLINASECA	Mu	1.976	1.869	1.861	1.639	1.406	1.013	743	783	854
Acebo	Lu	184	170	189	188	127	34	17	37	37

Castrillo Monte	Lu	160	157	162	147	120	0	5	1	1
Folgoso Monte	Lu	216	147	193	135	89	10	0	0	0
Molinaseca	Vi	718	722	693	639	640	605	571	587	618
Onamio y MSP	Lu	182	159	134	138	126	253	97	105	127
Paradasolana	Lu	218	162	143	107	128	50	18	15	29
Riego Ambrós	Lu	298	258	259	217	141	61	35	38	42
NOCEDA	Mu	1.699	1.891	1.831	2.094	2.082	1.591	1.038	908	780
Cabanillas S. Justo	Lu	191	233	204	290	249	136	60	49	40
Noceda	Vi	827	984	941	1.075	1.095	945	719	656	572
Robledo Traviesas	Lu	403	177	129	87	407	273	160	124	106
San Justo Cabanillas	Lu	278	225	263	352	325	237	99	79	62
OENCIA	Mu	2.174	2.471	2.532	1.689	1.815	1.307	551	509	378
Arnadelo	Lu	266	274	316	176	265	197	85	99	59
Arnado	Lu	143	171	180	86	114	93	51	60	61
Gestoso	Lu	260	349	377	198	229	142	50	48	39
Lusio	Lu	180	191	171	90	120	80	39	42	16
Oencia-Castro	Pe	765	847	845	638	657	525	228	509	127
Castropetre	Lu	-	80	87	103	87	78	32	21	14
Oencia	Lu	765	767	758	535	570	447	196	162	113
Leiroso	Al	-	28	-	29	35	9	5	8	6
Sanvitul	Al	-	54	68	65	72	38	10	6	12
Villarrubín-	Pe	560	494	489	359	285	223	98	77	76
Villarrubín	Lu	560	494	489	359	285	223	83	63	58
PALACIOS del SIL	Mu	2.420	2.645	2.891	2.752	2.846	2.164	1.645	1.445	1.202
Corbón delSil	Lu	-	16	43	53	129	79	67	44	29
Cuevas del Sil	lu	125	151	167	156	184	160	112	87	67
Matalavilla	Lu	235	234	279	306	290	152	66	56	63
Mataotero	Lu	60	64	67	41	78	42	13	23	21
Palacios del Sil	Vl	475	568	603	526	640	648	672	591	467
Salientes	Lu	396	445	374	318	298	166	62	59	52
Susañe del Sil	Lu	378	348	426	497	481	411	348	324	260
Tejedo del Sil	Lu	177	174	172	175	162	136	91	78	62
Valdeprado	Lu	122	100	124	60	46	30	29	20	27
Valseco	Lu	237	232	279	256	261	179	110	115	90
Villarino del Sil	Lu	32	101	126	153	150	96	68	48	44
PÁRAMO del SIL	Mu	2.276	2.562	2.429	2.518	3.215	3.530	2.252	1.785	1.644
Anllares del Sil	Lu	358	373	314	274	256	224	122	110	95
Anllarinos Sil	Lu	81	99	95	87	112	53	43	38	20
Argayo	Lu	174	190	198	192	291	281	159	117	102
Páramo del Sil	Vi	707	759	724	667	704	1.561	1.207	899	759
Santa Cruz Sil	Lu	189	244	256	355	464	497	249	212	143
Sorbeda	Lu	249	301	297	268	450	400	205	191	154
Villamartínl Sil	Lu	210	203	199	236	375	474	246	185	156
Salentinos	Lu	133	170	167	126	127	65	21	33	55
PERANZANES	Mu	1.578	1.802	1.913	1.731	1.737	1.347	389	335	345
Cariseda	Lu	125	125	128	110	100	85	35	34	28
Chano	Lu	376	403	422	449	451	279	58	61	83
Faro	Lu	87	112	130	115	117	54	27	16	23

Fresnedelo	Lu	117	127	133	137	132	131	30	41	28
Guimara	Lu	211	265	296	264	306	250	67	62	89
Peranzanes	Lu	462	513	543	368	338	250	62	52	56
Trascastro	Lu	200	257	261	288	293	298	110	69	58
PONFERRADA	Mu	3.565	7.371	7.643	11.106	23.881	46.614	59.948	63.233	68.508
Bárcena Bierzo	Lu	226	243	261	215	186	410	332	317	235
Bouzas	Lu	178	217	212	194	187	115	30	20	41
Campo	Lu	317	317	293	329	463	412	383	618	876
Carracedo Compludo	Lu	89	106	111	105	81	40	3	13	10
Columbrianos	Lu	459	476	436	523	902	1.827	1546	1.374	1.382
Compludo	Lu	156	139	145	144	159	84	23	22	25
Compostilla	Bo	-	-	-	-	159	1.629	1.374	1.788	1.997
Cuatrovientos	Bo	-	-	-	-	193	2.835	3.476	3.618	4.006
Dehesas	Lu	465	603	682	981	1.187	1.213	1.275	1.417	1.369
Espinoso Compludo	Lu	225	215	225	224	216	64	15	17	18
Flores del Sil	Bo	-	-	-	-	2.208	9.484	8.443	8.801	9.394
Fuentes Nuevas	Lu	298	390	350	479	1.186	1.809	1.997	2.432	2.831
Lombillo Barrio	Lu	314	334	290	213	248	145	72	65	66
Manzanedo Valdueza	Lu	111	94	88	97	115	73	6	13	9
Montes Valdueza	Lu	205	226	238	200	189	107	28	23	33
Otero	Lu	121	155	142	162	255	142	100	109	102
Ozuela	Lu	255	232	192	185	310	200	53	41	46
Palacios Compludo	Lu	74	87	96	102	72	24	3	1	6
Peñalba Santiago	Lu	124	143	142	151	164	95	21	29	21
Placa (La)	Bo	-	-	-	-	423	1.043	922	1.088	1.210
Ponferrada (Ci)	Ci	2.379	2.902	3.261	5.422	13.303	23.054	37.066	38.871	42.362
Rimor	Lu	342	308	313	387	335	301	203	150	121
Salas Barrios	Vi	302	305	306	275	291	221	84	87	77
San Andrés Montejos	Lu	303	452	307	443	572	690	600	634	616
San Clemente Vald.	Lu	185	219	241	275	224	174	53	50	38
San Cristóbal	Lu	204	254	231	250	299	188	54	42	47
San Esteban Valdueza	Lu	278	295	283	304	250	181	95	80	71
San Lorenzo	Lu	187	315	225	288	515	302	280	303	265
Santo Tomás Ollas	Lu	96	111	118	151	201	223	283	256	334
Toral Merayo	Lu	538	554	648	885	865	809	682	602	556
Urb. Patricia	Ur	-	-	-	-	-	-	-	-	539
Valdecañada	Lu	206	197	218	326	440	225	70	55	45
Valdefrancos	Lu	220	209	226	166	111	102	43	40	32
Villanueva Valdue	Lu	398	445	403	463	498	337	116	126	86
Villar Barrios	Lu	628	663	606	503	604	547	216	231	1.181
PRIARANZA	Mu	1.122	1.985	1.988	2.273	1.880	1.394	1.015	964	841
Ferradillo	Lu	205	207	197	210	186	51	-	-	11
Paradela de Muces	Lu	193	172	202	186	213	103	24	19	27
Priaranza Bierzo	Vi	421	470	482	590	652	524	386	396	363
Santalla	Lu	342	360	378	425	451	291	200	198	172
Villalibre Jurisdición	Lu	254	296	337	382	419	350	381	328	256
Villavieja	Lu	129	134	98	125	122	75	24	23	12
Pte Dº FLÓREZ	Mu	1.951	2.046	1.989	2.188	2.354	2.210	2.045	1.960	1.655
Castroquilame	Lu	308	285	230	240	243	187	137	133	86

Puente Dº Florez	Vi	470	529	501	522	567	662	878	920	840
Robledo Sobrec	Lu	201	197	206	228	210	142	50	46	50
Salas Ribera	Lu	268	289	287	354	314	260	259	260	209
San Pedro Trones	Lu	358	376	395	456	560	697	568	486	369
Vega Yeres	Lu	189	209	184	205	246	153	116	86	63
Yeres	Lu	157	156	180	183	214	109	37	29	38
SANCEDO	Mu	1.157	1.298	1.092	1.058	1.089	883	691	587	560
Cueto	Lu	168	234	187	259	287	248	183	151	155
Ocero	Lu	494	547	497	278	387	238	148	130	115
Sancedo	Lu	495	517	408	515	415	397	360	306	288
SOBRADO	Mu	1.281	1.226	1.183	1.354	1.463	1.217	632	541	376
Aguiar	Lu	58	47	46	40	52	-	-	8	7
Cabarcos	Lu	116	198	177	260	371	201	105	74	47
Cabeza Campo	Lu	234	0	281	322	280	251	118	90	62
Cancela	Lu	110	102	117	159	107	73	25	19	15
Frieira	Lu	178	177	179	154	164	123	62	62	40
Portela Aguiar	Lu	97	177	149	177	159	138	76	57	41
Requejo	Lu	114	105	92	83	115	69	51	39	28
Sobrado Aguiar	Lu	435	260	291	336	367	281	163	163	115
Sobredo	Lu	173	143	117	145	128	81	30	29	21
TORENO	Mu	2.462	2.608	2.882	3.026	4.170	6.139	5.184	4.214	3.691
Librán	Lu	239	196	251	233	370	171	78	55	55
Pardamaza	Lu	158	146	153	152	157	18	7	16	39
Pradilla	Lu	194	191	223	214	196	178	79	65	59
Santa Marina Sil	Lu	176	191	189	204	212	152	79	61	44
Tombrio Abajo	Lu	472	529	526	402	358	345	311	277	208
Tombrio Arriba	Lu	262	324	283	236	288	278	140	108	97
Toreno + Torenillo	Vi	629	720	762	995	1.637	2.833	2.799	2.284	2.124
Valdelaloba	Lu	129	153	183	150	148	134	88	40	38
Villar Traviesas	Lu	242	255	297	224	261	191	14	96	77
San Pedro Mallo	Pe	223	221	290	432	831	?	1.495	1.212	950
Matarrosa Sil	Lu	-	-	-	-	-	1.986	1.467	1.189	932
San Pedro Mallo	Lu	223	221	290	432	831	90	24	1.212	17
Santa Leocadia	Lu	-	-	-	-	-	41	4	2	1
TORRE del BIERZO	Mu	2.030	2.192	2.106	2.644	3.619	4.586	3.609	3.102	2.562
Fonfría	Lu	312	155	157	139	114	-	1	19	39
Granja S Vicente	Lu	226	301	302	259	604	398	246	175	245
Matavenero- Puib.	Lu	312	119	147	104	111	-	11	74	87
San Andrés Puente	Lu	219	108	111	193	231	212	171	146	111
San Facundo	Lu	93	76	80	60	76	75	37	46	42
Santa Cruz Montes	Lu	190	146	214	233	385	438	293	219	123
Santa Marina Torre	Lu	208	219	205	194	329	432	383	314	213
Santibáñez Montes	Lu	106	142	159	92	172	-	-	-	0
Torre del Bierzo	Lu	138	214	240	630	862	1.529	1.261	1.063	736
Albares Ribera	Pe	538	631	565	-	729	-	628	975	923
Albares Ribera	Vi	538	614	565	618	729	757	628	588	550
Ventas Albares	Lu	-	17	-	63	6	499	489	417	393
Tremor de Abajo	Pe	224	248	243	253	305	169	82	71	43
Cerezal de Tremor	Ba	-	34	38	31	43	28	-	3	0

Tremor de Abajo	Lu	224	214	205	222	262	169	82	68	43
TRABADELO	Mu	2.334	2.176	2.272	2.127	1.938	1.397	779	546	456
Moral Valcarce	Al	-	115	134	180	146	80	57	44	36
Parada Soto	Al	480	233	243	188	165	110	64	36	30
Pereje	Lu	284	283	284	248	205	118	59	37	39
Paradela	Lu	335	286	331	297	25	26	142	123	88
San Fiz do Seo	Lu	256	238	252	250	239	163	72	49	42
Sotelo	Al	272	225	238	264	266	213	72	55	43
Sotoparada	Al	-	239	241	250	217	132	83	36	45
Villar Corrales	Lu	-	-	-	-	285	76	26	9	13
Trabadelo	Pe	1.092	508	486	411	374	264	205	157	120
Trabadelo	lu	707	508	486	411	369	264	205	157	120
VEGA ESPINARED	Mu	1.913	1.539	1.483	2.059	2.059	2.610	3.192	2.894	2.477
Burbia	Lu	500	433	441	326	415	301	110	89	62
Bustarga (La)	Lu	64	111	65	78	46	13	-	4	
Espinareda Vega	Lu	264	124	110	77	61	18	10	8	21
Espino	Lu	-	149	142	1.123	179	198	121	102	83
Moreda	Lu	219	200	239	213	225	162	78	53	37
Penoselo	Lu	123	147	158	174	126	68	9	8	5
San Martín Mor	Lu	162	133	141	157	142	171	75	46	49
San Pedro Olleros	Lu	496	613	624	534	490	399	213	166	131
Sésamo	Lu	418	510	451	477	567	631	447	370	333
Valle Finolledo	Lu	504	613	600	790	531	484	278	262	212
Vega Espinareda	Vi	609	568	643	1.131	1.131	1.726	1.837	1.778	1.530
Villar de Otero	Lu	126	136	137	113	113	37	14	8	10
VEGA VALCARCE	Mu	3.437	3.728	3.698	3.218	3.218	2.232	1.192	861	703
Ambasmestas	Lu	260	288	256	263	203	133	82	60	46
Braña, La	Lu	127	152	159	179	158	117	45	29	20
Herrerías, Las	Lu	283	301	282	249	306	223	94	66	44
Lindoso	Al	128	132	116	135	131	89	44	38	25
Moñón	Lu	127	124	120	111	87	72	39	16	13
Portela Valcarce	Lu	126	143	162	169	171	82	47	30	37
Rasinde	Al	126	145	168	168	127	89	44	25	22
Ruitelán	Lu	126	170	161	169	111	80	31	20	23
Samprón	Lu	120	146	144	145	100	73	22	12	4
San Julián	Al	203	199	204	223	207	152	62	44	28
Sotogayoso	Al	114	128	134	143	155	74	23	11	10
Vega Valcarce	Lu	366	332	342	376	441	367	291	263	235
Villasinde	Lu	272	311	296	300	273	207	132	16	69
Argenteiro-Treita	Pe	99	94	81	117	80	53	32	116	10
Argenteiro	Lu	76	71	81	86	51	34	28	16	10
Treita (La)	Al	23	23	23	31	29	19	24	0	0
Castro-Laballo	Pe	224	207	239	226	173	114	57	34	28
Castro, El	Lu	182	138	138	149	105	74	34	21	18
Laballós	Al	42	69	91	77	68	40	23	21	10
Faba -Bargelas	Pe	297	248	257	304	202	132	63	47	33
Bargelas	Lu	36	33	32	50	49	30	13	10	6
Faba La	Lu	261	215	225	254	153	102	50	37	27
Laguna Cernada	Pe	136	137	108	153	139	98	50	38	36

Cernada	Lu	39	46	40	48	48	39	18	12	9
Laguna (La)	Al	97	91	68	111	91	58	32	26	27
Santirso-Lama	Pe	285	198	196	190	149	78	34	27	20
Lamas, Las	Ba	311	54	68	67	63	36	15	13	8
San Tirso	Al	154	144	128	123	86	42	19	14	12
TORAL (VIlladecanes)	Mu	1.947	2.611	2.774	2.683	3.248	2.746	2.495	2.275	2.193
Otero Villadecan	Lu	519	570	638	423	350	247	110	101	80
Paradela Río	Pe	335	211	296	404	400	286	233	213	193
Paradela Arriba	Ba	-	-	49	-	-	-	17	17	14
Paradela del Río	Lu	335	211	296	404	400	286	152	142	133
Penedelo	Bo	-	58	83	87	95	64	50	38	36
Peón	Ba	-	19	36	43	40	23	5	4	4
Valiña	Ba	-	43	55	69	49	26	19	12	6
Sorribas	Pe	157	172	184	1.110	182	132	101	93	71
Iglesia Campo	Ba	-	80	91	53	74	54	35	33	29
Sorribas	Lu	157	92	93	117	108	78	66	60	42
Toral Vados (Pe)	Pe	518	882	801	1.110	1.751	1.910	1.693	1.572	1.579
Toral Vados (c)	Vi	518	791	801	1.110	1.751	1.910	1.693	1.572	1.579
Villamayor (Vill	Ba	-	91	116	37	64	19	-	-	-
Villadecanes	Pe	378	383	443	312	330	276	358	296	270
Parandones	Ba	-	77	106	92	176	162	152	125	123
Villadecanes	Lu	378	383	355	312	330	276	206	171	147
VILLAFRANCA BIERZO	Mu	4.547	4.901	4.424	4.592	4.939	6.670	4.126	3.739	3.505
Campo Agua	Lu	278	161	34	297	335	267	94	67	43
Cela	Lu	97	70	95	123	111	93	42	39	32
Landoiro	Ba	-	43	55	50	63	52	16	13	11
Paradaseca	Lu	423	526	495	544	485	353	131	94	80
Paradiña	Lu	192	222	243	285	323	171	11	18	29
Pobladura Somoza	Lu	130	145	142	191	231	175	66	41	39
Porcarizas	Lu	126	155	149	146	159	153	45	30	24
Prado Paradiña	Lu	230	162	209	213	222	119	17	17	29
Puente de Rey	Ba	-	113	113	143	153	153	68	52	31
Tejeira	Lu	183	280	298	318	332	234	164	118	98
Valtuille Abajo	Lu	375	510	392	495	392	296	184	166	150
Valtuille Arriba	Lu	461	555	493	559	604	539	294	201	139
Veguellina	Lu	71	57	73	110	117	97	62	32	34
Vilacha	Lu	-	12	12	8	15	-	-	-	-
Vilela	Lu	230	327	344	379	423	328	305	305	270
Villafranca	Vi	3.247	3.268	2.774	2.773	3.081	2.875	2.546	2.490	2.441
Villar Acero	Lu	215	243	260	304	303	217	81	56	55
Cª DE EL BIERZO: 38 Municipios	..	93.137	98.878	79.675	109.978	131.491	159.353	135.481	132.575	130.900
PROVINCIA de LEÓN	..	348.750	389 233	401.172	461.560	551.072	548.721	520.423	488.751	497.779
CASTILLA_LEÓN *	..	-	-	-	-	-	-	2.583	2.456	2558
TOTAL ESPAÑA *	..	15.464	17.673	18.830	23.907	27.976	34.117	37.683	40.847	47.190

* Población en miles.

BIBLIOGRAFÍA

AA VV: *Arqueoleón. Historia de León a través de la arqueología* (León, ILC, 1996).

- *Cántabros, Astures y Galaicos* (Madrid, 1982).
- *Espíritu de Castilla* (Universidad Alcalá, Pons, 2003).
- *Historia del Bierzo.* Coordinador Rodríguez R (Diario de León, IEB, Ponferrada, 1994).
- *La comarca como ente territorial* (Barcelona, Generalitat de Catalunya, 1984).
- "Los celtas en la Península ibérica", en *Rev. de Arqueología* (Madrid, dic. 1991).

ABDÓ TERRADAS : *La explanada* (Madrid, Imprenta Vergés 1835).

ACÍN FANLO, JOSÉ L.: *La comarca del Alto Gállego* (Zaragoza, Dip. Gen. de Aragón, 2003).

AGUADO CABEZAS, ELENA: *La desamortización de Mendizábal y Espartero en la provincia de León* (León, Tesis Univ. Filosofía, 2003).

AGUIRRE PRADO, *El Bierzo. Temas españoles* (Madrid,1957).

AHERNE, CONSUELO Mª.: *Valerio of Bierzo: an ascetic of the Visigothic period* (Washinton, Catolic Univ. Of American, 1949).

ALBA, PEDRO: *Diseño de geografía e historia de la provincia y Obispado de León* (León, Imprenta de Miñón, 1855)

- "Lenguas primitivas de la Península Ibérica", en *Boletín de Sancho el Sabio, XVII,* (1973).

ALAMEDA y ROIG, JOAQUÍN: *La costumbre como fuente del Derecho.* Conferencia en la Academia de Jurisprudencia y Legislación (31 de enero de 2008).

ALBI CHOLBI, FERNANDO: "La crisis del concepto del municipio como entidad natural", en *REVL,* nº. 5 (1942).

ALFÖLDY, A: "Das neue Edikt Augustus aus El Bierzo in Hispanien", En *Zeischrift für Papyrologie und Epigarphit ,* nº. 131 (Haidelberg, ZPE, 2000).

- "La España de las invasiones celtas", en *Historia de España,* dirigida por R. Menéndez Pidal, t. I Vol. 2 (Madrid, 1952-1975).
- *La invasión céltica en España* (Madrid, (1975).
- "Nuevo edicto de Augusto de El Bierzo, en Hispania, en *Estudios y Catálogos,* nº. 11 (Valladolid, Junta de CyL, 2001).

ALFONSO X: *Cantigas de Santa María,* ed. de Walter Metman (Madrid, Castalia, 1988).

- *General Storia.* Versión gallega del siglo XIV, manuscrito O. I. del Escorial, editor R. Martínez López (Oviedo, Universidad, 1963).

ALMAGRO, M y OTROS: "España prehistórica", en *Historia de España,* dirigida Ramón Menéndez Pidal, t. 1 (Madrid, H E, 1947).

ALMUNIA FERNÁNDEZ, CELSO: *Regionalismo castellano-leonés: Orígenes y primeras reivindicaciones político-económicas (1859-1923)* (Junta CyL, 1983).

ALONSO HERNÁN: *El Bierzo: todos los pueblos, rutas y caminos* (León, Alonso Abella, 1999).

ALONSO LUENGO, LUIS: "Los castillos de León como marco de la idea imperial leonesa", en *Rev.*

Tierras de León, nº. 85-86 (diciembre, 1992).

ALONSO PONGA, J. L. y DIÉGUEZ AYERBE, A.: *El Bierzo etnografía y folklore de las comarcas leonesas* (León, Ediciones Leonesas, 1986).

ÁLVAREZ ÁLVAREZ, EUTINO: "El papel del Conde de Lemos en el levantamiento irmandiño", en *Galicia en la Edad Media* (Madrid, 1990).

ÁLVAREZ de la BRAÑA, RAMÓN: *Galicia, León y Asturias* (A Coruña, 1894).

ÁLVAREZ de MORALES, ANTONIO: *El pensamiento político jurídico de Campomanes* (Madrid, INAP, 1989).

ÁLVAREZ de TOLEDO: "Varios artículos sobre la provincia de Villafranca", en *Rev. Aquiana,* nº. 36, 44, 65, y 133 (Ponferrada, 1968-1975).

ÁLVAREZ del VILLAR, JULIÁN: "Breve historia del monasterio de San Pedro de Montes", en *Rev. Estudios Bercianos* (enero, 2001).

- *El Bierzo: Descripción geográfica, artística y económica de la Región* (Pontevedra, Gráficas Torres, 1952).

- "Ocupación castreña prerromana y romana en las cuencas de Noceda y del Boeza", en *Rev. Estudios Bercianos,* nº. 23 (marzo, 1977).

ÁLVAREZ MAURÍN , Mª PILAR: *Terminología toponímica latino romance en la diplomática astur leonesa* (León, Tesis Univ. Filosofía, 1994).

AMAT ESCANDELL, LUIS: "La comarca en la reestructuración del territorio", en *XI Seminario de Investigación* (Madrid, IAEL, 1970).

AMEIJEIRAS CASTRO, F.: "La Administración pública y la institucionalización de la comarca y región...", en *Jornadas de la Administración Gallega* (Orense, 1970).

AMIGO ÁLVAREZ, LOURDES: "Carracedo en el siglo XVIII: Aquella villa monástica de El Bierzo Bajo", en *Rev. Estudios Bercianos,* nº. 28 (2002).

ANES ÁLVAREZ, GONZALO: "El antiguo Régimen: Los Borbones", en *Historia de España de Alfaguara,* dirigida por M. Artola (Madrid, Alfaguara, 1975).

ANDRÉS-SUÁREZ, IRENE y CASAS, ANA: "Luis Mateo Díez", en *Cuadernos de la Narrativa* (Neuchatel, Arco Libros, 2005).

ANÓNIMO: *Libro del Cavallero Zifar,* edición de J. González Muela (Madrid, Castalia, 1982).

ANTONINI: *Itineraria Antonini* (Leipzig, ed, O. Cuntz, col. Teubner, 1929).

APARICIO, JUAN PEDRO: *Ensayo de sobre las pugnas, heridas, capturas, expolios y desolaciones del Viejo Reino. Reivindicación leonesa de León* (León, Celaryn, 1981).

APIANO: *Ibérica,* (London, ed. H. White, Colloeb Classical Libty, 1912-1964).

ARCE, JAVIER: *El último siglo de la España romana (284-409)* (Madrid, Alianza Univ. 1997).

ARENILLA SÁEZ, MANUEL: *Administración en Javier de Burgos* (Sevilla, IAAP, 1997).

ARÉVALO, CELSO: "El lago de Carucedo", en *Memorias de la Real Sociedad Española Natural XII,* memoria 8, t. XI (Madrid, 1916).

ARGÜELLES AGUSTÍN de: *Discurso preliminar a la Constitución de 1812* (Madrid, I. Estudios Constitucionales1981-1989).

- *Examen histórico de la reforma constitucional* (Londres, Impresor, 1835).

ARIJA RIVARÉS, E.: *Modelos de división comarcal de Cataluña* (Madrid, Tesis UCM, 1978).

ARIÑO GIL, E. y GURT, PALLET: "El pasado presente. Arqueología de los paisajes", en *Hispania Romana* (Salamanca, Universidad, 2004).

ARISTÓTELES: *Tratados de Lógica* (Organon), trad. de M. Candel Sanmartín, 1ª ed. 2ª reimp. (Madrid, Gredos, 1994).

ARNANZ DELGADO, RAFAEL: "La ordenación del territorio: cabecera de comarca y núcleos de expansión", en *Revista Municipalia,* nº. 233 (Madrid,1972).

ARREGUI ZAMORANO, PILAR: *Monarquía y señoríos en Castilla Moderna* (Valladolid, Junta CyL, 2000).

ARRÓNIZ i MORERA, VALL, M. Á.: "La organización comarcal", en *Rev. Autonomies,* nº. 21 (Barcelona, 1996).

ARTOLA GALLEGO, MIGUEL: *Constitucionalismo en la historia* (Barcelona, Crítica, 2005).

- *El Antiguo Régimen y Revolución liberal* (Barcelona, Ariel, 1978).
- *Los orígenes de la España Contemporánea* (Madrid, CEP y C, 2000).

ASOCIACIÓN de GEÓGRAFOS: *La Región y la Geografía Española* (Valladolid, A GE, 1980).

AVELLO ÁLVAREZ, JOSÉ L.: "Los suevos y visigodos en la Provincia de León", en *Memorias de Historia antigua XI-XII* (Oviedo, 1990).

AVIENO, RUFO PESTO: *Ora marítima* (Barcelona, Fuentes Hispaniae Antiquae, 1922).

AYTO de CACABELOS: *Actas de las Jornadas sobre Castro Ventosa.* Coord. Balboa de Paz (Cacabelos, Ayto, 2003).

AZAOLA, JOSÉ MIGUEL.: *Ensayo sobre el Derecho de la propiedad,* 3 v. (Madrid, Rev. de la Legislación, 1879).

AZCÁRATE, GUMERSINDO de: "El municipio en la Edad Media", en *Estudios filosóficos y políticos* (Madrid, Ajubera, 1877).

AZCÁRRAGA de SERVET, JOAN: "Vertebración jurídica de los concejos y ciudades", en *Concejos y Ciudades en la E. Media Hispánica* (Madrid, Fundación Sánchez Albornoz, 1990)

AZORÍN (JOSÉ MARTÍNEZ RUIZ): *El paisaje de España visto por los españoles,* 8ª ed. (Madrid, Espasa Calpe, 1975).

- *La ruta de Don Quijote,* 5ª edición (Madrid, Cátedra, 1998).

BALBOA de PAZ, J. A.: "El Bierzo y los bercianos", en *Rev. Tierras de León,* nº. 61 (dic. 1985).

- "El bronce de Bebibre. Algunos problemas que suscita", en *Estudios y Catálogos,* nº. 11 (Valladolid, Junta de CyL, 2001).
- "El Antiguo Régimen: la población", en *Historia del Bierzo* (León, Diario, IEB, 1994).
- *El monasterio de Carracedo* (León, Diputación León, 1991).
- *Hierro y herrerías en el Bierzo preindustrial* (León, Diputación León, 1990).
- *Las Médulas de Carucedo: un paisaje de leyenda* (Ponferrada, IEB, 2003).

BADÍA, JUAN FERNANDO: "La región y el estado regional", en *Federalismo y Regionalismo* (Madrid, CEC, 1979).

BAENA del ALCÁZAR, MARIANO: "La provincia como división Territorial", en VIº *Congreso Italo-español Profesores de Derecho Administrativo* (Granada, Universidad, 1985).

BALARI JOVANY, J.: *Orígenes históricos de Cataluña* (Sant Cugat, Cultura Románica, 1964).

BALCELLS, ALBERT: *Cataluña contemporánea,* 2 v. (Madrid, Siglo XXI, 1977).

BALIL ILLANA, ALBERTO: "El imperio romano hasta la crisis del siglo III", en *Historia económica y social de España,* v. II (Madrid, Cajas de Ahorro, 1975).

- "Los enclaves municipales en España", en *REVL* nº. 111 (1960).
- *Panorama económico Castellano-Leonés* (Bilbao, Eléxpuru, 1971).

BALLESTER ROS, IGNACIO: "La división territorial en comarcas del País Valenciano", en *REVEL,* nº. 209 (enero 1981).

BARBERO AGUILERA, ABILIO: "El priscilianismo, ¿herejía o movimiento social? Conflictos y estructuras sociales", en *Rev. EA* (Madrid, 1977).

BARBERO AGUILERA, A. y VIGIL, M.: *Los orígenes sociales de la Reconquista* (Barcelona, Ariel, 1974).

BARCIA MERAYO, EMILIO: "El Bierzo durante el siglo XIX 1814-1868", en *Rev. Aquiana,* nº. 663-756 (Ponferrada,1985).

BAROJA, PÍO: "A orillas del Duero", en *Obras completas,* t. VII (Madrid, Biblio. Nueva, 1951).

- "Precisiones al trazado de algunas vías romanas en El Bierzo", en *Rev. Estudios Bercianos,* nº. 23 (marzo,1997).

BARREIRO RIVAS, XOSÉ L.: "Las Agencias Comarcales en Galicia", en *Ponencias 2º Congreso Español de Ciencia Política y Administración* (Santiago, 1996).

BARRERAS i BARREGUER: "Ensayos de comarcalización en Cataluña" (Valladolid, AGE, 1980).

BARRERO RODRÍGUEZ, CONCEPCIÓN: "El juego de las entidades supra-municipales en España. Algunas reflexiones... Ley de Régimen Local", en *REALA,* nº. 264 (1994).

- "Fórmulas asociativas de prestación de servicios supramunicipales: la comarca, mancomunidades de municipios y consorcios", en *Revista de Estudios Locales,* nº. 81 (Madrid, 2005).

- "Los conceptos de mancomunidades y consorcios: necesidad de delimitación y diferenciaciones", en *RAAP,* nº. 45 (2002).

BARRIO ÁLVAREZ, MANUEL: "La Comarca", en *Organización Territorial del Estado: Administración Local,* vol. 1 (Madrid, IEF, 1985).

BARRIO GONZALO, MAXIMILIANO: *Los obispos de Castilla-León durante el Antiguo Régimen, (1556-1834). Estudio socio-económico* (Valladolid, Junta CyL, 2000).

BARTHE SÁNCHEZ-SIERRA, A.: *La provincia de León: descripción geográfica,* (León, R. Panero 1902).

BARTOLOMÉ BARTOLOMÉ, JUAN: "La problemática concejil en El Bierzo durante la crisis del Antiguo Régimen", en *Estudios Humanísticos* (León, Univ. 1998).

- "*La hegemonía de una nueva burguesía en El Bierzo (1800-1859). Las transformaciones sociales* (León, Univ., 2000).

BASTÚS, JOAQUÍN: *Historia de los templarios,* (1ª ed. de 1834). (Madrid, Alcántara, 1998).

BAYONA i ROCAMORA, ANTONI: "La organización territorial de Cataluña. Marco jurídico y propuestas", en *Rev. Autonomíes,* nº. 5 (Barcelona, 1986).

BELLO GAMELO, FERNANDO: *Toponimia de la zona arqueológica de las Médulas* (León, Univ., 2001).

BELTRÁN, A.: *El Bierzo. Estudio económico de una comarca natural* (Bilbao, Banco, 1973).

BELTRÁN LLORIS, FRANCISCO: "Organización social e instituciones políticas", en *Celtíberos* (Soria, Junta de Cy L, 2005).

- "Parentesco y ciudad en la Hispania céltica", en *Las estructuras sociales indígenas del Norte de la Península Ibérica* (Vitoria,Univ. Vasca,1994).

BENAVIDES MORO, N : "Un olvidado libro sobre el lenguaje de El Bierzo", en *Archivos Leoneses XIV,* nº. 135-154) (1958).

BENEYTO PÉREZ, JUAN*: La Administración española e hispano americana* (Madrid, Aguilar, 1958).

BENITO ARRANZ, T.: "La división regional de España", en *La región y la geografía española* (Valladolid, AGE, 1980).

BERLIN ISAIAH: *Las raíces del romanticismo.* Conferencia de A. W. Mellon, edición de H. Hardy, traducción de Silvina Mari (Madrid, Taurus, 2000,).

BERMEJO VERA, JOSÉ: "Otras entidades locales", en *Organización Territorial del Estado* (Administración Local) v. 2 (Madrid, IEF, 1985).

BERMÚDEZ AZNAR, AGUSTÍN: "Los concejos y la Administración del Reino, en *Concejos y Ciudades en la Edad Media Hispánica* (Madrid, Fund. Sáchez Albornoz,1990).

BIELZA de ORY, VICENTE: *Bases y propuesta para la comarcalización de Aragón* (Zaragoza, Diputación General, 1992).

- "La problemática de las regiones funcionales", en *La Región y la Geografía Española* (Valladolid, AGE, 1990).

- "Reflexión sobre la comarcalización en España", en *Desarrollo Local y Comarcalización,* coord. Precedo Ledo (Santiago, Xunta de Galicia, 1993).
BLANCO ESTEVE, A.: *Territori i competences autonomiques* (Barcelona, Genralitat, 1990).
- *Reforma del Estatuto de Autonomía de Cataluña* (Madrid, BOE, 2006).
BLANCO FREIJEIRO, ANTONIO: "La cultura castreña", en *1º Simposium Prehistoria Península Ibérica* (Pamplona, 1960).
- *Los primeros españoles* (Madrid, Historias del Viejo Mundo,1988).
BLANCO MARTÍNEZ, ROGELIO: *Jovellanos y León* (León, Diputación, 1989).
BLAZQUEZ MARTÍNEZ, J Mª: "El nuevo estudio del itinerario de Antonino", en *BRAH,* XXXV, 21, (Boletín Real Academia Historia).
- "Causas de la romanización de Hispania", en *Rev. Hispania,* nº. 93 y 94 (1964).
- *Ciclos y temas de la historia de España: La romanización* (Madrid, Istmo 1986).
- Fuentes literarias griegas y romanas referentes a las explotaciones mineras en *La Hispania Romana* (León, Cª. S. Isidoro, 1970).
- "La Iberia de Strabón", *en Hispania Antigua* (1971).
- "La romanización de astures, cántabros y vascones", en *Revista Gerión,* 22-2 (2004).
- "La romanización". *La sociedad y la economía en la España romana,* v. 2 (Madrid, Ediciones Istmo, 1986).
- *Nuevos estudios sobre la romanización de Hispania* (Alianza 101, Destino, 1989).
B O C L: "Comarcas. Creación de la de El Bierzo", en *B O, Castilla y León,* nº. 55 (1991).
BODELÓN, SERAFÍN: "Carracedo y Extremadura", en *Tierras de León,* nº. 104 (abril, 1998).
BOE: *España dividida en provincias e intendencias, subdividida en partidos y corregimientos...* (Floridablanca) (Madrid, Imprenta Real, 1785).
- *Estatuto de Autonomía de Castilla-León,* 3ª edición (Madrid, BOE, 1999).
- *Estatutos de Autonomía. Comunidades Autónomas,* 3ª edición (Madrid, BOE, 2000).
- *Las Constituciones españolas,* edición facsímil (Madrid, BOE, 2001).
- *Planteamiento del Régimen Local Español* (BOE del Cº del Mº, 28 junio de 1968).
- Ley 38/1988, de 28 de dic. *Demarcación y Planta Judicial* (Madrid, BOE, 1988).
- *"Redención de foros (BOE,* nº. 29,de 5 de diciembre de 1963.
- *Reforma del Estatuto de Autonomía de Castilla y León* (Madrid, BOE, 2007), nº. 288.
- *Selección de cabeceras de comarca y núcleos de expansión en las provincias españolas* (Cº de Ministros, 1 marzo, 1974).
BOFIL i MATES, JAUME: "El sentiment comarcal", en *El problema Comarcal de Catalunya* (Barcelona, Casa del Vallés, 1931.
BOIX REIG, VICENTE: "Los espacios de la comarca", en *REVEA,* nº. 20 (Valencia, 1997).
BONACHÍA HERNANDO, JUAN A.: "El Concejo como Señorío de Castilla. Consejos y ciudades", en *Edad Media Hispánica* (Madrid, Fund. Sánchez Albornoz, 1990).
BORRAJO INIESTA, IGNACIO: "Las diputaciones provinciales y el desarrollo económico", en *La Provincia en el Sistema Constitucional* (Madrid, Civitas, 1991).
BOSCH GIMPERA, PEDRO: *El problema de las Españas,* (Málaga, Editorial Algazara, 1996).
BOSCH GIMPERA, P. y SERRA: "Emporión", en *IV Congreso Internacional de Arqueología* (Barcelona, Expo Internacional, 1929).
BOUDEVILLE, J. R.: "Fronteras e interrelación de la planificación regional", en *Problemas del desarrollo económico,* t. 2 (Barcelona, Gustavo Gili, 1969).
BÖVENTER, EDWIN: "Teoría de la organización espacial como fundamento de la planificación regional", en *Análisis de las Estructuras Territoriales* (Barcelona, G. Gili, 1968).

BRONTË, EMILY: *Wuthering Heighs* (Cumbres borrascosas), trad. de C. Martín Gaite, 2ª ed. (Barcelona, Alba, 2008).

BOVER ARGERICH, JAUME: *Guía de Cataluña y sus comarcas* (Barcelona, Diput.,1966).

BRAÑAS, ALFREDO: *El regionalismo. Estado sociológico, histórico y literario* (Barcelona, Jaime Molinas, 1989).

BUENO, GUSTAVO: *El mito de la cultura*, 7ª ed. (Barcelona, Prensa Ibérica, 2004).

BULLAÍN LÓPEZ, ÍÑIGO: *Las regiones Autónomas de la Comunidad Europea y su participación en el proceso de integración* (Vitoria, IVAP, 1990).

BURGUEÑO RIVERO, JESÚS: *Geografía Política de la España constitucional. La división provincial* (Madrid, Centro Estudios Constitucionales, 1996).

- "La génesis de la división territorial contemporánea", en *ERIA Revista cuatrimestral de Geografía*, nº. 36 (1995).

BURILLO MAZOTA, F.: "Celtiberia y celtíberos", en *Celtíberos* (Soria, Junta CyL, 2005).

BURÓN CASTRO, TAURINO: " El catastro de Ensenada en León", en *Fuentes de Estudios de Historia Leonesa* (León, F y E,1985).

BYRON, SHELLEY: *Los poetas románticos ingleses*, trad. de J. Mª. Valverde (Barcelona, Planeta, 1989).

CABALLERO CASADO, CARLOS: *La ciudad y la romanización de celtiberia* (Zaragoza, Inst. Fernando el Católico, 2003).

CABERO DIÉGUEZ, VALENTÍN: "Las comarcas tradicionales", en *Geografía de Castilla y León*, t. 8 (Madrid, Ámbito Ediciones, 1990).

CABERO DIÉGUEZ, V. y ALONSO SANTOS, J. L.: *Espacio agrario y economía de subsistencia en las montañas galáico-leonesas* (Salamanca, Univ., 1980).

- *Espacio geográfico Castellano-Leonés* (Valladolid, Ámbito, 1982).
- *La provincia de León y sus comarcas* (Diario de León, 1988).
- *Las comarcas de Castilla y León* (Valladolid, Junta de CyL, 1989)

CÁCERES PRAT, ACACIO: *El Bierzo: descripción e historia, tradiciones y leyendas*, (León, Edic. Leonesas, 1992).

CAL y CORTINA, ROSA Mª de : *Nacimiento y consolidación del municipio constitucional en Galicia* (A Coruña, Diputación, 1997).

CALASSO, F.: *Medio evo del diritto I. Le fonti* (Milán, Giufre Editore, 1954).

CALONGE VELÁZQUEZ, ANTONIO: "La planta municipal y las entidades locales menores en Castilla y León, en *REAL*, nº. 285 (2001).

- "La reforma descentralizadora francesa, en *RAAP*, nº. 126 (setiembre 1991).

CAMPO del POZO, FERNANDO: "Apuntes para la Historia. Ante el reto de la comarcalización de El Bierzo", en *Rev. Bierzo* (1989).

CAMPOS, JORGE: "Introducción a Enrique Gil y Carrasco", en *Obras Completas* (Madrid, BAU, 1954).

CÁNDIDO de OLIVEIRA, ANTONIO: *Direito das autarquías locais* (Coimbra, Editora, 1993).

CANTO, ALICIA Mª: "Rarezas epigráficas e históricas en los nuevos edictos augústeos de El Bierzo", en *Estudios y Catálogos*, nº. 11 (Valladolid, Junta de CyL, 2001).

CARAMÉS VIEITEZ, L.: *Introducción a la hacienda Local y Autonómica* (Madrid, Cívitas, 1995).

CARANDELL PERICAY, J.: *El Bajo Ampurdán. Ensayo geográfico* (Granada, Bol. Universidad, 1942).

CARASA, PEDRO: *Memoria histórica de Castilla y León* (Salamanca, Pons, 2002).

CARBALLEIRA RIVERA, Mª. T.: *A Provincia a través da historia* (Santiago, Xunta de Galicia-RIAP, 1997).

- *La Provincia en el Sistema Autonómico Español* (Madrid, Marcial Pons, 1993).

CARLE, Mª del CARMEN: *Concejo medieval castellano-leonés* (Buenos Aires, I H E, 1968).

CARNICER, RAMÓN: *Prologo a Enrique Gil y Carrasco". El señor de Bembibre. El lago de Carucedo*

(Valladolid, Ámbito, 1992).
CARO BAROJA, JULIO: *Estudios sobre la vida tradicional española* (Madrid, Península, 1968).
- "La organización social de los pueblos del norte de la Península Ibérica en la antigüedad", en *Legio VII Gemina* (León, Diputación, 1970).
- *Los pueblos de España,* 2 v. (Madrid, Alianza, 2003).
- "Sobre los conceptos de región y comarca", en *Boletín de la Asociación Nacional de Ingenieros Agrónomos,* nº. 12 (1951).
CAROL, MANUS: "A país autóctono, comarcas descentralizadas", *Cuadernos para el Diálogo,* nº. 263 (Madrid, mayo 1978).
CARR, RAYMOND: *España,* 1808-1939 (Barcelona, Ariel, 1970).
CARRÉ ALDAO, EUGENIO: "Provincia de A Coruña", en *Geografía General del Reino de Galicia,* dir. Carreras Candi, (Coruña, Edic. Gallegas, 1980).
CARREIRA VÉREZ, J. F. : "La reducción del número de municipios en Suecia", en *REVEL,* nº. 152 (1967).
CARRERA PUJAL, JAIME: *Historia política de Cataluña en el siglo XIX. Guerra de la Independencia,* 7 v. (Barcelona, Bosch, 1958).
CARRERAS VERDAGUER, CARLOS: "Ensayos de comarcalización en Cataluña", en *La Región y la Geografía Española* (Valladolid, AGE, 1980).
CARRERAS y PUIGDENDOLLAS: "Ordenación intra-regional y comarcas", en *Reunión de Estudios Regionales* (Zaragoza, AECER, 1979).
CARRETERO y JIMÉNEZ, ANSELMO: *El antiguo reino de León (País leonés), Sus raíces históricas, presente, porvenir nacional* (Madrid, CEC, 1994).
CARRIEDO TEJEDO, M y OTROS: *Historia de León* (León, Crónica, 1997).
- "Un viajero llamado Enrique Gil y Carrasco, en *Tierras de León,* nº. 50 (marzo, 1983).
CARRILLO BARROSO, ERNESTO: *El proceso de desaparición de municipios en España* 1960-1975 (Madrid, UCM, 1982).
CARROCERA FERNÁNDEZ, E.: "El territorio de los astures: los castros", en *Rev. Astures* (Gijón, 1995).
- *Viajeros por León. Siglos XII-XIX* (León, 1985).
CARRO FERNÁNDEZ-VALMAYOR, J. L.: "Auto-organización autonómica y entidades locales", en *REAL,* nº. 27 (1996).
- "Territorio y organización territorial en el art, 2 del Estatuto Gallego", en *REALA,* nº. 249 (Madrid 1991).
CARRO MARTÍNEZ, ANTONIO: "La reforma de la Administración española a nivel territorial", en *Problemas políticos de la vida Local,* t. V (Madrid, 1965).
CASARIEGO JESÚS, E.: *Crónicas de los reinos de Asturias y León* (Madrid, Everest, 1985).
CASAS TORRES, JOSÉ Mª.: "La selección de núcleos de población -cabeceras de comarca- para el bienio 1972-73, en *Revista Geográfica,* nº. 2 (Madrid, 1973).
CASSASA i SIMÓ, LLUIS : "El caso catalán", en *Desarrollo Local y comarcalización,* dir. Precedo Ledo (Santiago, Xunta Galicia, 1993).
CASSASAS, LLUIS y CLUSA, J. : *L'organizació territorial de Catalunya* (Barcelona, Fundación Jaume Bofil, 1981).
CASSESE, SABINO: "El proceso de reforma municipal en Italia", en *Revista de la DA,* nº. 191 (octubre, 1981).
- "La reforma del poder local en el Estado regional", en *DA,* nº. 192 (1981).
CASSIRER, ERNST: *La filosofía de la Ilustración* (México, Fondo de Cultura, 1984).
CASTELLS ARTECHE, J. M.: "El municipio en la autonomía política", en *DA,* nº. 182 (1979).

CASTILLO de BOBADILLA, JERÓNIMO: *Política para Corregidores y señores de vasallos en tiempo de paz y de guerra* (Madrid IEAL, 1978).

CASTILLO GENZOR, ADOLFO: "Comarcas de Zaragoza", en *Cuadernos de Aragón,* julio-set. (Zaragoza, Ateneo, 1968).

CASTRO ALCAIDE, ROMÁN: "los Consells comarcals. Un estudio: La comarca del Baix Llobregat. En *REALA,* nº. 248 (1990).

CASTRO LÓPEZ, ANTONIO: *A comarcalización en Galicia* (Pontevedra, Dip. Provincial, 1989).

CASTRO MONSALVE, CONCEPCIÓN de: "La revolución liberal y los municipios españoles", en *Conferencias. Aula de Cultura* (Madrid, Alianza, 1982).

CASTRO PÉREZ, XAVIER; *O galleguismo na encrucijada republicán,* v. 1 (Ourense, Dip. Provincial, 1979).

CASTRO, ROSALÍA de: *Follas Novas* (A Coruña, Voz de Galicia, 2001).

- *Obras ompletas.* Prólogo a Follas Novas de Emilio Castelar (Madrid, Agilar, 1977).

CAUUET, B.: "Le mines d'or antiques en allovions du Nord-Ouest du Bierzo (León-Espagne", en *Actas y congreso Internacional de Astorga romana,* vol. II (1986).

CAVERO DOMÍNGUEZ, GREGORIA: "Introducción a la nobleza y señoríos del Bierzo Bajo-Medieval (estudio y fuentes)", en *Tierras de León,* nº. 65 (León, Diput., 1986).

- *Camino de Santiago en el Bierzo. Congreso de cultura berciana* (Ponferrada, IEB, 1989).

CELIS SÁNCHEZ, JESÚS: "La Edad de Hierro I: Los inicios de los castros", en *¿Qué es León?* (León, Crónica, 2000).

CEMCI: *La Comarca y la Administración Territorial* (Granada, IEAL, 1986).

CERVANTES de, MIGUEL: *El ingenioso hidalgo Don Quijote de la Mancha,* 1ª parte, vol. II, (Madrid, Ed. Giner, 1967).

- *El cautivo,* edición de F. Sevilla Arroyo (Madrid, Ed. Castalia, 2002).

CEREZALES, FERNANDO: *Las murallas de Bérgida* (Ponferrada, Peñalba, 2001).

CHAPÍN BLANCO, JOSÉ Mª: "Las competencias de las comarcas aragonesas", en *Jornadas sobre comarcalización* (Zaragoza, Gob. de Aragón, 2001).

CHAPMAN, BRIAN: *La Administración Local en Francia* (Madrid, IAEL, 1962).

- *Los prefectos y la Francia provincial,* traducción García de Enterría, Madrid, IEP, 1959).

CHESTERFIELD, LORD: *Cartas a su hijo,* ed. de Marc Fumaroli, trad. de J. R. Monreal (Barcelona, Alcantilado, 2006).

CICERÓN, MARCO TULIO: *Sobre la república,* traducción, apéndice y notas de Álvaro d'Ors. Primera ed., 1984, 1ª reimp., 1991 (Madrid, Gredos, 2001).

CIFUENTES CALZADO, ÁNGEL: "Antecedentes de la Comarca: la Comarca como entidad territorial", en *La Comarca y la Administración Territorial* (Granada, IEAL, 1986).

- *Ensayo de una teoría de comarca. Un caso de comarcalización espontánea.* (Madrid, IEAL, 1973).

CLAVAL, PAUL: *Régions. Nations. Grands espaces. Géographie générale des ensambles territoriaux* (París, Génia, 1968).

- "La notion de region", en *Espace et localisation* (París, de Econ., 1974).

CLAVERO ARÉVALO, MANUEL: "*La provincia ante una encrucijada histórica en el 150 aniversario de su constitución (1833-1983)*" (Madrid, Congreso Profesores de Derecho).

CLAVERO, B: *El Mayorazgo. Propiedad feudal en Castilla* (1639-1836) (Madrid, Edic. Siglo XXI,1989).

CLEMENTE CUBILLAS, E.: "País Vasco. País Vasco-Navarro, en *La Región y la Geografía Española,* en (Valladolid, AGE, 1980).

CLEMENTE de DIEGO, F.: *El uso, los usos sociales y los usos convencionales en el Código Civil Español*

(Madrid, Imprenta Clásica, 1918).

COCA VITA, EDUARDO: "La sentencia del Tribunal Constitucional de 28 de julio de 1981 y su alcance para otras leyes", en *REDA,* nº. 31 (Madrid, 1981).

CODON FERNÁNDEZ, J. M.: "El municipio y la región en la doctrina de Mella", en *Centenario de Vázquez Mella* (Madrid, Acueducto, 1963).

COLOM PASTOR, BARTOMEU: "Comunidades autónomas uniprovinciales", en *La Provincia en el Sistema Constitucional* (Madrid, Cívitas, 1991).

COLMEIRO, MANUEL; *Curso de Derecho político según la historia de León y Castilla* (Madrid, Impr. Martínez García, 1873)

- *De la constitución y gobierno de los reinos de León y Castilla* (Madrid, A. Alcalá, 1855).

COLUMELA, LUCIO JUNIO M.: *De re rustica* (London, Ed.H. Boy, Col.Loeb, Clasical Library).

COMARCA: "La comarca en la reestructuración del territorio", en *XI Seminario de Investigación* (Madrid, IEAL, 1972).

COMELLAS GARCÍA-LLERA; JOSÉ L.: *El trienio constitucional* (Madrid, Rialp, 1963).

CONDE de TORENO: *Guerra de la Independencia: derrota de Napoleón,* 3 vol. (Madrid, C. Amigos de la Historia, 1978).

CONGRESO DIPUTADOS: *Constituciones Españolas,* 3ª edición (facsímil) (Madrid, BOE, 2001).

CONGRESO: *IIº de Estudios Medievales: Concejos y ciudades en la Edad Media Hispánica* (Madrid, Fund. Sánchez Albornoz, 1990).

CONSEJO ECONÓMICO SOCIAL: "Estructura agraria de El Bierzo", en *1º Pleno del Consejo Económico y Social y Sindical Comarcal de El Bierzo,* (Ponferrada, mayo 1975).

- "La familia rural leonesa", en *Rev. Tierras de León,* nº. 32-33, (diciembre 1978).

CONSELLERÍA DE ECONOMÍA de la Generalitat de Catalunya, *La División Territorial de Catalunya* (Barcelona, 1937).

CONSTITUCIÓN ESPAÑOLA de 1812, en *Constituciones Españolas* ((Madrid, BOE, 2001).

CONSTITUCIÓN FRANCESA: *Constitución Francesa de 1958, con la reforma de 17 de marzo de 2003* (París, Asamblea Nacional, 2003).

COROMINAS, JOAN: *Diccionario crítico, etimológico Castellano e Hispano* (Madrid, Gredos, 1987).

CORTÉS Y LÓPEZ, M.: *Diccionario geográfico Histórico de la España antigua* (Madrid, 1835).

CORULLÓN PAREDES, ISABEL: "El eremitismo en la época visigoda y Alto Medieval a través de las fuentes leonesas", en *Rev. Tierras de León,* nº. 63 y 64 (1986).

CORTINA TORAL, LORENZO: "División territorial de España: Antecedentes", en *Revista Moderna de Administración Local,* nº. 711 (julio, 1970) y nº. 717 (febrero, 1971).

- "Hacia una nueva división territorial de España", en *Rev. Moderna de Administración Local,* nº. 686 (junio, 1968).

COSCULLUELA MONTANER, L.: "La región", en *Descentralización Administrativa y Organización Política,* t. III, dir. Martín Retortillo (Madrid, Alfaguara, 1973).

- "Las vertientes del regionalismo", en *Las autonomías regionales* (Madrid, I. N. de Prospectiva, 1977).

- "Una posibilidad descentralizadora: La región", en *Descentralización Administrativa y Organización Política,* dir. Martín Retortillo III (Madrid, Alfaguara, 1973).

COSTABILE, FELICE y OTROS: "Tessera Pameiobrigenis. Un edicto di Augusto dalla Transduriana Provincia", en *Rev. Minera Epigráfica et Papirológica,* suplem. 1 (Roma 2000).

COVARRUBIAS OROZCO, S.: *El tesoro de la lengua Castellana o español,* (facsímil) 1ª ed. (Madrid, Castalia, 1944).

CUCHILLO FOIX, MONTSERRAT: *Els Contats anglesos y gallesos coms ens locales intermedis* (Barcelona, Dip. 1969).
- *La reforma del régimen local en Inglaterra y Gales* (Madrid IEAL, 1987).

DALMACIO: *Las horas perdidas* (Madrid, Alfaguara, 1990).

DANTÍN CERECEDA, JUAN: "Concepto de región natural en geografía", en *Boletín de la Real Sociedad Española de Historia Natural*, nº. 10 (Madrid, 1913).
- "El lago de Carucedo", en *Regiones Naturales de España* (Madrid, CSIC-ISE, 1942).
- *Ensayo acerca de las regiones naturales de España*, t. 1 (Madrid, J. Solano, 1922).
- *Regiones naturales de España* (Madrid, TI-CSIC, 1962).
- "Resumen fisiocrático de la Península Ibérica", en *Trabajos del Museo de Ciencias Naturales*, nº. 9 (Madrid, 1912).

DELMAIRE-BRAY, M.:"Les grandes ètapes de l'individualisation du Bierzo (León) à partir de nèogene", en *Mediterranèe, Aix- Marselle* (Avignon, Tom 28, 1977).

DIARIO de SESIONES: *Las cortes generales*, nº. 243 (Cádiz, 1812).

DÍAZ ÁLVAREZ, INÉS: "Estudio de los materiales arqueológicos de Castro Ventosa", en *Rev. Estudios Bercianos*, nº. 25, (noviembre 199).

DÍAZ ÁLVAREZ, TOMÁS: *Estudio arquitectónico de las murallas de Bergidum* (Mecan).
- *La importancia de Bergidum* (Mecan).
- "Metales y minería en la época visigoda a través de San Isidoro", en *IVº Congreso de la Minería* (León, 1970).

DÍAZ CARRO, A.: *Historia de Bembibre. Biblioteca berciana* (León, Ayto Bembibre, 1993.

DICKINSON, ROBERT E: *Ciudad, región y regionalismo*, trad. de Abascal Garayoa (Barcelona, Ed. Omega, 1961).

DIEGO SANTOS, F.: *Inscripciones romanas en la Provincia de León* (León, Dip., 1986).

DÍEZ, F. A., L. MATEO y ANTÓN: *Valles de Leyenda.* Edición numerada (León, Edilesa, 1994).

DÍEZ GONZÁLEZ, FLORENTINO A.:"Capitalidad de la comarca", *Rev. Tierras de León*, nº. 2 (1961).
- "El desarrollo económico-social y el municipio-comarca", en *REVEL*, nº. 145 (Madrid, 1966).
- "La comarca caracteres y supuestos", en *Rev. Informaciones Municipales*, nº. 5 (1965).
- *Comarcas de León en la España comarcal* (León, Diput. de León, 1984).
- "El día de las Comarcas", en *Revista Certamen*, nº. 407 (1976).
- *En la España rural* (León, Instituto Fray Bernardino de Sahagún, Dip. León, 1974).
- "León: Provincia de aldeas y comarcas", en *Tierras de León*, nº. 1 (1961).
- *León: Aldeas y comarcas* (León, Imprenta Provincial, 1974).
- "Valoración Político-Administrativa del concepto de comarca, en *REALA* nº. 171 (Madrid 1971).

DÍEZ, LUIS MATEO: L*a fuente de la edad*, edición de Santos Alonso (Madrid, Cátedra, 2002).
- "El espejo de la ficción, en Luis Mateo Díez", en *Cuadernos de la Narrativa* (Neuchatel, Arco Libros, 2005).
- *El espíritu del páramo* (Madrid, Olleros & Ramomoa, 1996).
- *El reino de Celama* (Barcelona, De Bolsillo, 2005).
- *La ruína del cielo* (Madrid, Ollero et Ramos, 1999).
- *Relato de Babia* (León, Papalaguinda, 1981).

DÍEZ TABOADA, M. P.: *Introducción a Enrique Gil y Carrasco, Bosquejo de un viaje a una provincia del interior* (León, Diputación, 1985).

DIPUTACION BARCELONA: "La Comarca y las estructuras del gobierno local", en *La Provincia en el sistema constitucional* (Madrid, Cívitas, 1991).
- *La divisió territorial de Catalunya. Selecció d'escrits de Pau Vila* (Barcelona, Curial, 1977).

DOMERGUE, CLAUDE: "A propos de Pline, Naturalis Historia, 33, 70-78", en *Archivo Español de Arqueología,* 45-47 (1972),

- "Dix-huit ans de recherche (1968-1986) sur les mines dòr du Nord-Ouest de la Peninsule iberique, en *Actas del 1º Congreso internacional de Astorga-Romana,* 2 (1986).

- "Introductión a l'etude des mines d'or du Nor-Ouest de la Penisule Iberique dans l'antiquitè", en *Lego VIIª Gemina* (León, ILE, (1970).

- "Las minas de oro romanas de la provincia de León: razones de una excavación arqueológica" en *Rev. Tierras de León,* nº. 14 (1974).

DOMERGUE, CLAUDE y SILLERS, PIERRE: "Minas de oro romanas de la provincia de León", en *EAE,* nº. 93 (Madrid, EAE, 1977).

DOMÍNGUEZ, JOSÉ Mª: "la extracción de oro en las Médulas por el procedimiento del "ruina montium", en *Rev. Estudios Bercianos,* nº. 23 (marzo 1997).

DOMÍNGUEZ BERRUETA, MARIANO: "Regiones naturales y comarcas de la provincia de León", en *REALA,* nº. 60 (Madrid, 1951).

DOMÍNGUEZ GARRIDO, CONCEPCIÓN: *El desarrollo integral de una comarca en transformación* (Madrid, UNED, 1996).

DOMÍNGUEZ ORTIZ, A.: *Antiguo Régimen: los Reyes Católicos y los Austrias* (Madrid, Alfaguara, 1975).

DURÁN i VENTOSA, LLUIS: *Regionalisme i federalisme, 1905,* 2ª ed. (Barcelona, Francisco Puig, 1905).

DURANY CASTRILLO, MERCEDES: "El Conde de Lemos y su protagnismoen la conflictividad social de El Bierzo en el siglo XV", en *Estudios Humanísticos,* nº. 11 (1991).

- Las comunidades campesinas en El Bierzo medieval", en *Rev. Estudios Brecianos,* nº. 16 (set. 1992).

- *La región de El Bierzo en los siglos centrales de la Edad Media (1070-1250)* (Santiago, Univ., 1989).

- *San Pedro de Montes. Dominio de un monasterio benedictino de El Bierzo (siglo IX-XIII)* (León, Fund. Fr. Bernardino de Sahagún, 1977).

EL BIERZO: "El Bierzo ¿Provincia?", en *Diario de León, 4/09/1988.*

EMBID IRUJO, ANTONIO: "Comarcalización. Un cambio trascendental en la organización territorial de la C A de Aragón, en *RAAP,* nº. 20 (2002).

- "Las relaciones de las Comunidades Autónomas con las Diputaciones provinciales", en *REVL,* nº 220 (Madrid, 1983).

ENA ÁLVAREZ, VICENTE y OTROS: "Complejo de las Médulas y lago Carucedo", en *Rev. Estudios Bercianos,* nº. 11 (diciembre 1989).

ENÉRIZ OLAECHEA, FRANCISCO J.: *La ordenación del territorio en la legislación de Navarra* (Oñati, IVAP-Cívitas, 1991).

ENRÍQUEZ, MARIANO: *Notas históricas de El Bierzo,* 2 vol. (Cacabelos, Inédito,1957).

ENTRENA CUESTA, RAFAEL: "El marco constitucional para la ordenación de la comarca", en *La Comarca como ente territorial E A P Cataluña* (Barcelona, 1984).

- "La Administración local en la Constitución de 1978", en *La Administración en la Constitución,* dirección de Gª Falla (Madrid, Centro Estudios Constitucionales, 1980).

- "La agregación de municipios", en *Problemas Políticos de la Vida Local*, t. IV (Madrid, 1964).

- "La Comarca", en *Jornadas de Estudio sobre la Comarca y la Administración Territorial* (Granada, JEC y AT, 1986).

- *La Comarca y la Administración Territorial* (Granada, 1984).

- "La provincia en la Constitución", en *La provincia en el sistema constitucional* (Madrid, Cívitas, 1991).

- "Organización territorial", en *Comentarios sobre el Estatuto de Autonomía de Cataluña,* v. II (Barcelona, Estudis Autonòmics, 1990).

ESCOLA ADM. PÚBLICA: *La Comarca como ente territorial* (Barcelona, EAPC-Gen. Catalunya, 1984).

ESPIAGO, F. J. y MAS HDEZ, R.: "El valor de la región histórica", en *AGE* (Valladolid, 1980).

ESPÓSITO, ENRICO*: "La Provincia en Italia" en IX Congreso italo-español de profesionales del derecho administrativo* (Granada, Universidad, 1987).

ESTEPA DÍEZ, CARLOS: "El realengo y el señorío concejil en Castilla-León s. XII-XIV, en *Concejos y Ciudades en la E. Media Hispánica* (Madrid, Fund. Sánchez Albornoz, 1990)

- *Las behetrías castellanas,* 2 vol. (Valladolid, Junta de CyL, 2000).

ESTEVE PARDO, JOSÉ: "La provincia como sujeto de relaciones inter-administrativas", en *La Provincia en el Sistema Constitucional* (Madrid, Cívitas Madrid, 1991).

- *La reforma de Rudolf von Gneist y su definitiva impronta en la actual del Kreis o ente comarcal Alemán* (Madrid, UCM, 1992).

- *Organización supramunicipal y sistema de articulación entre Administración Autonómica y Ordenación Local*... (Madrid, Cívitas, 1991).

ESTRABON, LUCIUS ANNEUS: *Geografía.* Libros III y IV, traducción J. Gómez de Espelosín, 1ª reimp. (Madrid, Alianza Editorial, 2009).

ESTUDIOS MEDIEVALES: "Concejos y Ciudades en la Edad Media hispánica", en *1º Congreso de Estudios Medievales,* (Madrid Fund. Sánchez Albornoz, 1990).

ETREROS, MERCEDES: "Toponimia germánica en la provincia de León", en *Archivos Leoneses,* nº. 63 (León, C. Estudios San Isidoro, 1878).

FANLO LORAS, ANTONIO: "Estructura Territorial", en *Anuario del Gobierno Local* (Madrid, Marcial Pons, 1995).

- "Competencias de las comarcas" en *La comarcalización de Aragón* (Zaragoza, Cortes, 1999).

FARIÑA JAMARGO, JOSÉ: "A organización territorial local de Galicia", en *RAPG,* nº. 2 (Santiago, 1985).

- *Os concellos galegos* (A Coruña, Fund. Barrié de la Maza, 1991).

FERIA TORIBIO, JOSÉ Mª: "El caso de Andalucía", en *Desarrollo Local y comarcalización,* coord. Precedo Ledo (Santiago, Xunta de Galicia, 1993).

FERNÁNDEZ ALMAGRO, MELCHOR: "Del antiguo Régimen a las Cortes de Cádiz", en *Revista Estudios Políticos,* nº. 126 (Monográfico) (Madrid, 1975).

FERNÁNDEZ-ALÚ Y MORTERA, Mª: "Sobre el papel desempeñado por las estructuras de la provincia Transduriana", en E*studios y Catálogos,* nº 11 (Valladolid, Junta CyL,2001).

FERNÁNDEZ ÁLVAREZ, MIGUEL: *El Bierzo: ayer y hoy* (Ponferrada, MFA, 2003).

FERNÁNDEZ CATÓN, JOSÉ Mª: "Documentos leoneses en escritura visigótica (Arch. Cat. León-fondo Raimundo Rodríguez)", en *León y su Historia* (León, Caja Ahorros, 1973).

FERNÁNDEZ CUADRILLERO, DANIEL: "La comarca una demarcación aún sin reconocer), en *Rev. Estudios Bercianos,* nº. 6 (marzo 1987).

FENÁNDEZ de BUJÁN, ANTONIO: *Derecho Público Romano* (Pamplona, Cívitas, 2012).

- *Derecho Privado Romano* (Madrid, Iustel Editorial, 2012).

FERNÁNDEZ de GATTA SÁNCHEZ, DIONISIO; "Apuntes sobre el proceso de formación de la Comunidad de Castilla y León", en *Escuela Social* (Salamanca, Universidad 1993).

- "La estructura municipal de Casilla y León: incidencia de la legislación y ordenación del territorio", en REAL, nº. 291 (2003).

- "Las mancomunidades municipales en Castilla y León, evolución, régimen vigente y perspectivas futuras", en REAL, nº. 296 (2005).

- "Los problemas de la estructura municipal de Castilla y León: instrumentos y soluciones", en *El*

Consultor, nº. 19 (1999).
FERNÁNDEZ MANZANO, J.: "El calcolítico y la Edad de Bronce", en *¿Qué es El Bierzo?* (León, Crónica, 2000).
- "El territorio astur antes de la llegada de los romanos", en *Actas 1º Congreso Internacional Astorga Romana* (Actas, 1, 1986).
FERNÁNDEZ MARCOS, VICENTA: "Contribución al estudio de la toponimia en la provincia de León", en *Rev. Tierras de León,* nº. 43 (junio 1981).
FERNÁNDEZ POUSA, RAMÓN: *San Valerio (Nuño Valerio): Obras* (Madrid, CESIC, 1942.
- *San Valerio como fuente histórica* (Madrid, Imprenta Afrodisio Aguado, 1943).
FERNÁNDEZ RODRÍGUEZ, TOMÁS R.: *Las autonomías regionales. Aspectos políticos y jurídicos* (Madrid, Instituto Nacional de Prospectiva, 1997)
- Las autonomías regionales. Tendencias europeas actuales", en *REDA,* nº. 10 (1976).
- "La organización territorial del Estado y de la Administración Pública", en *La nueva Constitución Española* (Madrid, UNED, 1978).
- *La provincia como corporación: las diputaciones provinciales* (Madrid, Alfaguara, 1973).
- *Las autonomías regionales. Aspectos políticos y jurídicos* (Madrid, I N de Prospectiva, 1997)
FERNÁNDEZ GARCÍA, ALADINO: "La experiencia asturiana", en *Desarrollo Local y comarcalización,* coord. Precedo Ledo (Santiago, Xunta de Galicia, 1993).
FERNÁNDEZ POSSE, Mª. D.:"Espacio y metalurgia en la cultura castreña: la zona de Las Médulas", en *Trabajos de Prehistoria,* 50 (1993).
- *Las Médulas (León): un paisaje cultural en la "Asturia Augustana"* (León, ILC, 2000).
FERNÁNDEZ-POSSE, Mª D. y OTROS: "Las comunidades campesinas en la cultura castreña", en *Trabajos de Prehistoria 55,* nº. 2 (1998).
- "Crónica de El Bierzo", Rev. *Tierras de León,* nº. 23 (junio 1976).
FERNÁNDEZ VARGAS, VELENTINA: *La población y las jurisdicciones en León en los siglos XVI-XVIII.* (Madrid, Tesis UCM, 1973).
FERNÁNDEZ VÁZQUEZ, VICENTE: "Concejos y municipios bercianos en el siglo XVIIII, en *Bierzo, APE* (1995).
- "Ordenanzas concejiles del Oeste berciano en el siglo XVI: el Coto de Barjas", en *Rev. de Estudios Bercianos,* nº. 16 (1993).
- "Regimientos y regidores", en *Historia del Bierzo* (Ponferrada, Diput. de León, 1994).
FERNANDO BADÍA, J.: "La región y el estado regional", en *Federalismo y Regionalismo* (Madrid, Centro de Estudios Constitucionales, 1979).
FERRARI NÚÑEZ, ÁNGEL: "Castilla dividida según el Libro de las Behetrías", en *Discurso ingreso en la Real Academia de la Historia* (Madrid, Imprenta Ograma, 1958).
FERREIRA FERNÁNDEZ, A. XAVIER: "Aproximación o Réxime xurídico da Comarca", en *Primeras Xornadas sobre o Estatuto de1991* (Santiago, ESEG, 1987).
- El Régimen Jurídico de la Comarca, en *El Sistema Autonómico Español* (Barcelona, Cedecs, 1999).
- *La comarca en la historia: Una aproximación a la reciente historia jurídica de la comarca* (Santiago, Univ., 2000).
FERRET i JACAS, JOAQUÍN: "Entes locales supramunicipales", en *Las Comunidades Autónomas y gobiernos locales* (Barcelona, Diput. Barcelona, 1987).
- "Las organizaciones supramunicipales en España: Las Comarcas", en *REALA,* nº. 254 (1992).
FESTI, SEXTII POMPEI: *De verborum significatu...* (Lipsie, Édibus Tembueri, 1913).
FITA COLOMER, FIDEL: *Lo llibre vert de Manresa* (Gerona, s/n, 1880).

FLÓREZ, HENRIQUE Padre: *España Sagrada Theatro Geográfico-Histórico de la Iglesia en España.* Public. 1747), T. XVI (Madrid, Fortanet, 1805).

FLORIDABLANCA, CONDE: *Subdivisión en partidos judiciales de la Península e islas adyacentes en 1834,* (facsímil) (Madrid, INAP-BOE, 2000).

FLORUS LUCIUS, ANNEUS: *Epítome, XXXIII: Bellum cantabricum et Asturium,* (lbro II) (Leipzig, Col. Teubner,1890).

- *Gestas romanas,* traducción de Díaz Jiménez y J. Eloy (Madrid, Espasa Calpe, 1952).

FONT i LLOVET, TOMÁS: "La Comarca y las estructuras del gobierno local", en *La Provincia en el sistema constitucional* (Cívitas-Diput. de Barcelona, 1991).

- "Perspectivas de organización supramunicipal", en *REALA,* nº. 226, (1985).

- *Orígenes del Régimen municipal de Cataluña* (Madrid, CSIC, 1946).

FONT i SAGUÉ, N.: "Determinación de las comarcas naturales e históricas de Cataluña", en *Geografía General de Catalunya,* dirección Carreras Candi (Barcelona, Atlas Geografich, 1911).

FONTEBOA LÓPEZ, ALICIA: "La ceca sueva de Bergidum, Castro Ventosa. Villafranca-Cacabelos, en *Rev. Estudios Bercianos,* nº. 30-31 (2006)

FORTEA PÉREZ, JOSÉ T.: *Monarquía y Cortes en la Corona de Castilla* (Valladolid, Cortes CyL, 1990).

FRANCO SILVA, ALFONSO: "Bienes, rentas y vasallos del Señorío de Villafranca del Bierzo al término del siglo XV", en *Archivos Leoneses,* nº. 69 (1981).

- "El Señorío de Villafranca del Bierzo", en *Boletín Oficial de la RAH,* t. CLXXIX, cuad. 1 (Madrid, 1982).

- *Estudios sobre Ordenanzas municipales (siglos XIV-XVI)* (Cádiz, Universidad, 1998).

- *Señores y señoríos (siglos XIV-XVI)* (Jaén, Universidad, 1997).

FRIEDMANN, JOHN-WEVER: *Territorio y función. Evolución de la planificación territorial* (Madrid, IEAL 1981).

FRIGHETTO, RENAN: *Valerio del Bierzo* (Noia, Editorial Toxosoutos, 2006).

FRONTINO (siglo I): *De acueducto Urbis Romae,* traducción de Tomás González Rolán (Madrid Colección Hispánica Autores Griegos y Latinos, t. LXXVIII, CESIC 1985).

FUENTES ZORITA y Gª TERUEL "La comarcalización de la región de Murcia", en *Estudios Territoriales,* nº. 7 (Madrid, CEOTMA, 1982).

FUNCIONARIO MUNICIPAL, EL: "La Comarca puede avivar la actividad de los municipios débiles", en *Funcionario Municipal,* nº. 149 (Valencia, 1973).

FUSTEL de COULANGES, N. D.: *La ciudad antigua,* (de1876) (Madrid, Ciudad Argentina, 1998).

GAGO RABANAL, ELÍAS: *Apuntres para la historia de España primitiva. Etnografía de los astures Lanciemos* (leoneses) (León, Impr. Max A. Miñón, 1902).

GALLEGO BURÍN, ANTONIO: Jornadas municipalistas: Rectificación del mapa municipal de España, en *Boletín del Colegio Nacional Secretarios,* nº. 186 (El Escorial, 1958).

GALO SÁNCHEZ, ZACARÍAS: "Para la historia de la redacción del antiguo Derecho Castellano", en *AHDE,* nº. 6 (1929).

GANUZA, RUFO y SANZ, ALICIA: *Sierras de Urbión, Neila y Cebollera,* 2ª edición (Madrid, El Senderista, 2008).

GARCÍA ALONSO, J. Mª: *El Bierzo. Una explicación económica* (Madrid, Tesis UCM, 1976).

GARCÍA ÁLVAREZ, ANTONIO: "León en la ordenación territorial de la región castellano-leonesa" en *Rev. Tierras de León,* nº. 53 (diciembre 1983).

GARCÍA Y BELLIDO, ANTONIO: *España del siglo I de nuestra era* (Buenos Aires, 1947).

- *Veinticinco estampas de la España antigua* (Madrid, Espasa Calpe, 1975)

- GARCÍA BLANCO, M.: "Dialectismo leonés de un códice del Fuero Juzgo", en *El prólogo del*

dialecto Leonés de Menéndez Pidal (Salamanca, 1962).
GARCÍA de ENTERRÍA, E.: "Administración local y Administración periférica del Estado: problemas de articulación", en *Administración Española* (Madrid, IEP, 1964).
- "El nuevo regionalismo y sus fundamentos", en *Estudios sobre Autonomías Territoriales* (Madrid, Cívitas, 1985).
- "El sistema autonómico quince años después", en *Revista Cívitas de Derecho Administrativo,* nº. 84 (1994).
- "La provincia en el régimen local español", en *Problemas actuales de Régimen Local* (Sevilla, Instituto García Oviedo, 1986).
- *La revisión del sistema de Autonomías Territoriales* (Madrid, Cuad. Cívitas, 1988).
GARCÍA de ENTERRÍA, E. y FDEZ, TOMÁS R.: "La comarca", en *Curso de Derecho Administrativo,* t. 1, 3ª ed. (Madrid, Cívitas, 1980).
GARCÍA de VALDEAVELLANO L.: *Curso de Historia de las instituciones españolas,* 3ª ed. (Madrid, Revista de Occidente, 1973).
-*Historia de España antigua y medieval,* 3ª edición (Madrid, Alianza, 1973).
- *Orígenes de la burguesía en la España medieval,* edición de J. Pérez Prendes (Madrid, Espasa Calpe, 1991)
GARCÍA FERNÁNDEZ, J.: *Castilla entre la percepción del espacio y la tradición erudita* (Madrid, Espasa Calpe, 1985).
- *El origen del Municipio Constitucional: autonomía y centralización en Francia y España* (Madrid, IEAL, 1983).
- *La toponimia de El Bierzo (Bases para un corpus toponymicum),* 2 vol. (Madrid, Tesis UCM, 1983).
GARCÍA HERNÁN, D.: "La jurisdicción señorial y la administración de justicia", en *Instituciones de la España Moderna. Las jurisdicciones* (Madrid, Actas Editorial, 1996).
GARCÍA GONZÁLEZ, MIGUEL J.: "Creencias y cultos en el Bierzo prerromano y Romano, en *Estudios Bercianos,* nº. 2 (diciembre, 1984).
- "La provincia del Bierzo", en *Historia de la Diputación de León,* 2 v. (León, ILC, 1995).
- *El Bierzo a finales del siglo XVIII* (Ponferrada, IEB, 1998).
- *La desamortización de Madoz en el Bierzo* (Ponferrada, Inst. V. de la Encina, 1996).
- *La desamortización de Mendizábal y Espartero en el Bierzo* (León, Dip. León, 1994).
- *La desamortización en El Bierzo,* (León, Tesis Univ. Filosofía, 1992).
GARCÍA MARÍN, JOSÉ Mª: *Oficio Público en Castilla durante la Baja Edad Media* (Madrid, INAP, 1989).
GARCÍA MARTÍN PEDRO: "La pervivencia de la "sernas" en los señoríos leoneses durante el Antiguo Régimen" en *Rev. Tierras de León,* nº. 56 (Septiembre 1984).
GARCÍA MARTÍNEZ, SONIA M: *La romanización de los conventus Asturum, Bracaausgustanus y Lucensis,* (León, Univ. Filosofía, 1996).
GARCÍA MERINO, CARMEN: *Población y poblamiento en Hispania romana. El conventus cluniensis* (Valladolid, Universidad,1975).
GARCÍA MORENO, LUIS A: "Las invasiones y la época visigoda. Reinos y condados Cristianos, t, II", en *Historia de España,* dir. Tuñón de Lara Barcelona 1981.
GARCÍA NEIRA, E. y GARAY C. A. J.: *Augusto: Guerra en Hispania* (León, Diputación, 2003).
GARCÍA ORO, JOSÉ: *Galicia en la Baja Edad Media. Iglesia, Señorío y Nobleza,* 2ª ed. (Santiago, Editorial Bibliófilos Gallegos, 1981).
- *Galicia en los siglos XIV y XV,* vol. 1. *Galicia señorial. El señorío, la Iglesia y la Corona* (A Coruña, Fund. Barrié de la Maza, 1987).

- *La nobleza gallega en la Baja Edad Media* (Santiago, Bibliófilos Gallegos, 1981).

GARCÍA REY, VERARDO: "*El Bierzo región natural*". *Vocabulario del Bierzo* (León, Ed. Nebrija, 1979).

GARCÍA RUBIO, FERNANDO: *Evolución histórica del espacio comarcal*, (Madrid, Univ. Rey Juan Carlos I, 2007).

GARCÍA TATO, ISIDRO: "Incidencias de los monasterios bercianos en tierras de Valdeorras durante la Edad Media", en *Rev. Estudios Bercianos*, nº. 17 (febrero 1993).

GARCÍA y BELLIDO, A.: "El ejército romano en Hispania", en *Rev. AE Arqueología* nº. 49 (1976).

- "Estudios sobre la Legio VII Gemina y su campamento de León", en *Legio VII Gemina* (León, Diputación, 1970).

- *España y los españoles hace 2000 años según la Geografía de Estrabón*, 4ª ed. (Madrid, Espasa Calpe, 1993).

- *Imágenes de la arquitectura leonesa. Antonio García y Bellido y el Noroeste peninsular en la Antigüedad* (Junta de CyL, 2002)

- *La España del siglo primero de nuestra Era* (según P. Mela y C. Plinio) (Madrid, Espasa Calpe, 1947).

- *Veinticinco estampas sobre la España antigua* (Madrid, Espasa Calpe, 1967).

GARRIDO FALLA, FERNANDO: Entidades locales menores, en *REVL*, nº. 35 (Madrid, 1947).

GARRIGOS PICÓ, EDUARDO: "Organización territorial a finales del antiguo régimen", "*La economía española a finales del Antiguo Régimen*, v. IV. *Instituciones*, Ed. de M. Artola Gallego (Madrid, Alianza Univ. (1982).

GENERALITAT CATALUNYA: *La divisió territorial de Catalunya*, (facsímil) (Barcelona, Seix Barral, 1977).

- *L'organizació comarcal de Catalunya. La consulta municipal* (Barcelona, DGAL,1987.

GEORGE, PIERRE: *Sociología y Geografía* (Barcelona, Península, 1974).

GÉZA ALFÖLDIY, LIEBERMAN: *Provincia Hispania Superior* (Santiago, Univ. Coruña, 2002).

GIANNINI, MASSIMO SEVERO: *La comarca como ente territorial* (Barcelona, Gen., 1984).

- *La región como unidad de acción administrativa* (Madrid, EAP,1970).

GIL FDEZ, M. y RUIZ PEÑA: *Crónicas asturianas. Crónica Albeldense*, (Oviedo Universidad).

GIL y CARRASCO, ENRIQUE: *Bosquejo de un viaje a una provincia del interior*, 2ª ed. de Mª Paz Taboada (León, I. Leonés de Cultura,1999).

- *El señor de Bembibre* (1844) (Madrid, Crisol, 1944).

- *Obra poética completa* (León, Diputación, 2000).

- *Obras completas*, edición y notas de Jorge Campos BAE, t. XIV (Madrid, Atlas, 1954).

GILI GAYA, S.: *Tesoro Lexicográfico* (Madrid, S/N,1960).

GINER de los RÍOS, F. "Monasterio y palacio de Carracedo", en *Boletín Libre de Enseñanza*, nº. 230 y 231 (1986).

GIZARD, XAVIER: "La Comarca instrumento de desarrollo local, en Europa", en *Desarrollo Local y comarcalización* (Santiago, Xunta de Galicia, 1993).

GLANADELL, FRANCESC: "Consideracions generals a propossit del", en *Problema comarcal de Catalunya* (Barcelona, Casa del Vallés, 1931).

- *La comarca en l'organizació interna de Catalunya* (Barcelona, Liga Comarcal, 1934).

GOBIERNO de ARAGÓN: *Administración local de Aragón. Comarcas de Zaragoza* (Diput. General de Aragón, 2003).

GOBIERNO de NAVARRA: *Proyectos y directrices de ordenación territorial de Navarra* (Pamplona, Ordenación del Territorio, 1990).

- *Directrices de Ordenación Territorial de la Comunidad autónoma del País Vasco* (Dep. de Urbanismo, Vivienda y Medio Ambiente).

GÓMEZ de las ROCES HIPÓLITO:"La comarcalización y su aplicabilidad a la realidad aragonesa", en *Rev. Cuadernos de Aragón,* nº. 39-40 (1985).

GÓMEZ BAJO, Mª. CARMEN: *El Bierzo en los siglos XII-XIV, señores y campesinos* (León, Univ., 1988).

- "La división del terrazgo en pagos y el tamaño de las explotaciones agrarias en El Bierzo Medieval, s. XII-XIV, en *Rev. Estudios Bercianos,* nº 12, (1990)..

GÓMEZ-DÉGANO, JOSÉ L: *"Organización Territorial del Estado. (Administración Local*", 2 t. (Madrid, IEF, 1985).

- *La provincia en el sistema constitucional* (Madrid, Cívitas, 1991).

GÓMEZ-MORENO, MANUEL: *Catálogo monumental de España, provincia de León* (Madrid. Ministerio de Instrucción Pública, 1925).

- "Las primeras crónicas de la Reconquista, el ciclo de Alfonso III", en *Rev. BRAH,* nº. 100 (1932).

- *Misceláneas. Ensayo de prehistoria española* (Madrid, 1949).

GONZÁLEZ del TESO, TEODOSIO: "Entidades supramunicipales y Comunidades Autónomas", en *Justicia Administrativa: Rev. de Derecho Administrativo,* nº. extra. (Valladolid, 2000).

- *Privilegios reales de Ponferrada* (Instituto de Estudios Bercianos, 1976):

GONZÁLEZ FERRANDO, SIMÓN: *Comarcas de reforma y desarrollo agrario* (Granada, CESSI Penibética, 1972).

GONZÁLEZ GONZÁLEZ, F.: *El Bierzo en la encrucijada. Evolución histórica* (Zaragoza, Centro FPA Lamelas, 1983).

GONZÁLEZ M. C. y SANTOS, J.: *Las estructuras sociales indígenas del Norte de la Península Ibérica,* (Vitoria, Univ. País Vasco, 1994).

GONZÁLEZ MARIÑAS, PABLO: *Las diputaciones provinciales en Galicia* (Coruña, Diput. Provincial, 1978).

- Territorio e identidade: Galicia como espacio administrativo (Santiago, EGAP, 1994).

GONZÁLEZ ROMÁN, CRISTÓBAL: "El trabajo en la agricultura de la Hispania Romana", en *El trabajo en la Hispania Romana* (Madrid, Sílex, Univ., 1999).

- "La economía de Villafranca del Bierzo a mediados del s. XVII El Catastro del Marqués de la Ensenada", en Estudios Humanísticos y Jurídicos (León, 1977).

GONZÁLEZ VECÍN, JESÚS F. : *Geografía social y económica de El Bierzo* (Madrid, Tesis UCM, 1984).

GONZÁLEZ VICÉN, FELIPE: *Estudios de filosofía del Derecho* (Las Palmas, Univ. de la Laguna, 1979.

GONZÁLEZ-BERENGUER U. J. L.: "Sobre la Comarca", en *Revista Municipalia,* nº. 219 (1972).

GONZÁLEZ-VARAS IBÁÑEZ, SANTIAGO J.: "La organización municipal en Alemania", en *DA,* nº. 228 (octubre 1991).

GOY, J. M.ª: *Enrique Gil y Carrasco: su vida y sus escritos* (León, Diario, 1944).

GRANADELL, F.: "Consideracions generals a proposit del problema comarcal de Catalunya", en *Problem Comarcal a Catalunya* (Granollers, Casa del Vallés, 1991).

GRANT, MICHAEL: *El nacimiento de la civilización occidental: Grecia y Roma* (Madrid, Labor,1975).

GRAU LOBO, L. A. y HOYAS, J. L.: *El bronce de Bembibre. Un edicto del Emperador Augusto del año 15 a. de C.* (Valladolid, Junta de CyL 2001).

GUAITA MARTORELL, AURELIO: "La división Territorial en la Ley Orgánica del Estado: Comarcas", en *Revista DA.,* nº. 125 (septiembre, 1968).

– "Las provincias españolas a partir de la Constitución de 1978", en *RAP,* nº. 94 Madrid, 1981.

– "Perspectiva de la Administración Local desde los Estatutos de Autonomía. Castilla La Mancha, *REVEL,* nº. 224 (1984).

- "Reflexiones sobre el tratamiento constitucional de la Provincia desde 1812, en *Estudios sobre*

la Constitución Española. Homenaje García de Enterría (Cívitas, 1991).
- "Un panorama regional", en *REVL*, nº. 193 (enero 1977).
- "División territorial en la Ley Orgánica del Estado", en *1ª Jornadas Administrativas de Galicia, Santiago 1968* (Madrid, INAP, 1970).
- *División territorial y descentralización* (Madrid, IEAL, 1975).

GUERRA LIBRERO, y ARROYO, G.: "Las Alpujarras: estudio de una comarca, en *REVEL*, nº. 215 (Madrid, 1983),

GUILLARTE, A. Mª.: *El régimen señorial en el siglo XVI* (Madrid, IEP, 1962).

GUAITA MARTORELL, AURELIO: "La división Territorial en la Ley Orgánica del Estado: Comarcas", en *Revista DA.*, nº. 125 (septiembre, 1968).
- "Las provincias españolas a partir de la Constitución de 1978", en *RAP*, nº. 94 Madrid, 1981.
- "Reflexiones sobre el tratamiento constitucional de la Provincia desde 1812, en *Estudios sobre la Constitución Española.* Homenaje García de Enterría (Cívitas, 1991).
- "Un panorama regional", en *REVL*, nº. 193 (enero 1977).
- "División territorial en la Ley Orgánica del Estado", en *1ª Jornadas Administrativas de Galicia, Santiago 1968* (Madrid, INAP, 1970).
- *División territorial y descentralización* (Madrid, IEAL, 1975).

GUILARTE, ALFONSO Mª: *El régimen señorial en el siglo XVI* (Madrid, IEP, 1962).

GUILLAMÓN ÁLVAREZ, FRANCISCO J.: "La administración municipal en la Edad Moderna: del régimen Castellano al modelo gaditano", en *REALA*, nº. 248 (1990).

GUTIÉRREZ CENDRERO, P: "La comarca como posible unidad administrativa", en *Revista Certamen*, nº. 407 (Madrid, 1976).

GUTIÉRREZ ESTÉVEZ, MANUEL: "Crisis de la Sociedad Rural y crisis de la Comarca", en *Revista DS*, nº. 9, FOESA (enero, 1973).

GUSTAVO LÓPEZ, DAVID: *Minas de oro romanas. Las Médulas* (León, Edilesa, 2005).

HARTZEMBUSCH, J. E.: *Los amantes de Teruel*, (Madrid, Talleres Voluntad,1929.

HARDY THOMAS: *El regreso del nativo*, trad. de Esther Pérez (Madrid, Montesinos, 2006).

HAURIOU, ANDRÉ: *Derecho Constitucional e Instituciones Políticas*, 4ª ed. (Barcelona, Ariel, 1971).

HERNÁNDEZ-PACHECO, E.: *Fisiografía del solar hispano*, v. 2º (Madrid, RA Ciencias, 1956).

HERNÁNDEZ, FERNANDO M.:"Paleolítico y Mesolítico", en *¿Qué es el Bierzo?* (León, La Crónica, 2000).

HERNANDO SOBRINO, Mª. R.: "Nota sobre el Bronce de Bembibre y la tábula del Caurel, en *Rev. Gerión*, nº. 20 (2002).

HERR, RICHARD: *España y la Revolución del siglo XVII*, trad. de Fernández Hel (Madrid, Aguilar, 1990).

HINOJOSA Y NAVEROS, EDUARDO de: *Documentos para la historia de las instituciones de León y Castilla, siglos X al XIII* (Madrid, Centro de Estudios Históricos, 1919).
- "El elemento germánico en el Derecho español", en *Obras*, II (Madrid, Marcial Pons, 1993).
- "El régimen municipal romano en España", en *Obras*, t. III (Madrid, Ministerio Justicia-CSIC, 1974).
- *El régimen señorial y la cuestión agraria en Cataluña durante la Edad Media* (Pamplona, Urgoiti Ediciones, 2003).
- "La industria minera entre los romanos", en *Obras*, t. III (Madrid, Mª de Justicia CESIC, 1974).
- "Origen del régimen municipal en León y Castilla", en *Estudios de Historia del Derecho* (Madrid, Mº de Justicia-CESIC, 1903).

HUERGA FIDALGO, X. GONZALO: "División administrativa e realidade Soci-económica e territorial de Galicia", en *Rev. Galega de Estudios Agrarios*, nº. 7 y 8 (Santiago, 1982).

HUICI SANCHO, LAURA: *El comité de las Regiones: su función en el proceso de integración europea*

(Barcelona, Publicaciones Univ., 2003).
IBARRA ROBLES, J. L.: *Las áreas metropolitanas en el modelo autonómico* (Oñati, IVAP, 1992).
IDACIO: *Idacii Episcopi Chronicon* Madrid, Edición H. Flórez, Es IV, 1859).
IEAL: "Las autonomías regionales" en *IEAL* (1997).
IGLESIAS ARIAS, J. A.: *El Bierzo* (León, Lancia, 2004).
IGLESIAS FERREIROS, AQUILINO: "Derecho municipal, Derecho señorial y Derecho regio", en *Historia. Instituciones y Documentos* (Sevilla, HID, 1974).
- "Espacios naturales en El Bierzo", en *Rv. Estudios Bercianos*, nº. 11 (dic. 1989).
- "La creación del Derecho en Cataluña", en *AHDE*, nº. 47 (1997).
- *Pluralismo territorial en la República Federal Alemana* (Madrid, INAP, 1989).
IGLESSIES i FORT, JOSEP: *La división comarcal catalana*, (Barcelona, Bruguera, 1966).
- *La realitat comarcal Catalana* (Barcelona, Bruguera, 1969).
I G N: *Mapa Provincial de León* (Madrid, IGN, 2006), 1: 200.000.
INAP-BOE: *Subdivisión en partidos judiciales de la Península e islas adyacentes 1834*, (facsímil) (Madrid, INAP-BOE, 2000).
I N E: Nomenclátor de Girona 1996 (Madrid, INE, 2002).
- *Nomenclátor de León 2002* (Madrid, INE, 2002).
INFANTE DON JUAN MANUEL: *Obras completas. Libro del Cauallero et del Escudero*, ed de J. Manuel Blécua, 2 v. (Madrid, Gredos, 1981).
- *Obras completas. Libro de los Estados*, ed. y notas de J. Mª Blécua, (Madrid, Gredos, 1981).
IRURE ROCHER, TIRSO L.: "Organización territorial: una situación no óptima, un debate abierto y un futuro de cambio y racionalidad", en *REVEA*, nº. 10 (1988).
ISAZA CALDERÓN, BALTASAR: *El retorno a la Naturaleza. Los orígenes del tema y sus direcciones fundamentales en la literatura española*, 2ª ed. (Madrid, Industrias Gráficas de España, 1966).
ISIDORO, SAN: *Etimologiae*, traducción L. Cortés y Góngora (Madrid, B A C, 1951).
- Historia gothorum Wandalorum et Suevorum, trd. ed F. González Muñoz (Noia, Toxosoutos, 2000).
- *Orígenes* (Oxford, Ed. W. M. Lindsay, 1991).
ISLA de, JOSÉ F., (Padre): *Anatomía del informe de Campomanes* (León, Diput. 1979).
ITURMENDI MORALES, JOSÉ: *Una aproximación a los problemas del método jurídico desde la filosofía del Derecho* (Madrid, Centro de Estudios Constitucionales, 1983).
IVEI-IKEI: *La comarca del bajo Bidasoa ante el Mercado único Europeo: impacto, alternativas y potencialidades* (Vitoria, Gob. Vasco, 1990).
JIMÉNEZ ASENSIO, RAFAEL: *La Administración única en el Estado Autonómico* (Madrid, Marcial Pons, 1991).
JIMÉNEZ BLANCO, ANTONIO: "Las organizaciones supramunicipales en España: Las áreas metropolitanas", en *REALA*, nº. 254 (abril 1992).
JIMÉNEZ HERNÁNDEZ, J,: "Ontología de ciudades imaginarias. Ficción, utopía e historia", Tesis en, *Rev. Universidad de Costa Rica*, nº. 110-112 (2006).
JIMÉNEZ GIMÉNEZ, Mª ÁNGELES: *Estudio de comunidades vegetales naturales en la comarca de El Bierzo* (Santiago, Tesis Univ., 1975).
JORDÁN ASSO del RÍO, I.: *Instituciones del derecho civil de Castilla*, 5ª ed. (Valladolid, Lex Nova,1975).
JORDANA de POZAS, LUIS: "Conclusiones del Seminario sobre "revisión de las ideas básicas de la división territorial", en *Problemas políticos de la vida local* (Madrid, IEP, 1961).
- "El municipio en el orden internacional", en *Problemas políticos de la Vida Local*, v. 2 (Madrid, IEP, 1962).

- "Intra-municipalismo, Mancomunidades y Asociaciones de Municipios", en *Estudios de Administración Local y General*, t. 1 (Madrid, 1961).
- "La previsible alteración de nuestra división territorial", en *REVL*, nº. 155 (sept. 1967).
JORNADAS: *De Ordenación del Territorio y Desarrollo Regional en Castilla y León* (León, Cajas de Ahorros, 1982).
- "*Sobre la comarca, La comarca y la Administración Territorial* (Granada, CENCI, 1986).
JOVELLANOS, G. MELCHOR de: *Diarios (1792).* editor Julio Somoza, 3 t. (Oviedo, IEA 1953).
JUILLARD, E: *Regionalización y desarrollo*, trad. de J. Hdez Orozco J (Madrid, IEAL, 1976).
JUAN i FENOLLAR, RAFAEL: *La questió comarcal* (Valencia, I Alfonso Magnanim, 1981).
JULAR PÉREZ-ALFARO, C.: *Los Adelantados y Merinos Mayores de León* (Junta de CyL, 1990).
JUNQUERA RUBIO, CARLOS: "El concejo como institución leonesa", en *Rev. Tierras de León,* nº. 97-98 (diciembre 1995).
JUNTA CASTILLA y LEÓN: *Celtíberos* (Soria, Junta de CyL, 2005).
- *La historia de León a través de la arqueología* (Valladolid)
- *Coloquio internacional sobre la Edad de Hierro en la Meseta Norte (1856-1987* (Valladolid, Junta CyL, 1990)
- *Hipótesis de modelo territorial: directrices de ordenación territorial de Castilla y León* (Valladolid, Medio Ambiente, 1996).
- *La historia de León a través de la arqueología* (Valladolid, Educación y Cultura, 2003).
- *Las Médulas. Patrimonio de la Humanidad* (Salamanca, Consejería
- *Las tres culturas en la Corona de Castilla y los sefardíes* (Valladolid, 1990).
- *Lista provincial de Mancomunidades* (noviembre, 2004).
- *Primeros europeos* (Valladolid, Junta CyL, 1993).
JURETCHKE, HANS: "Los supuestos históricos e ideológicos de las Cortes de Cádiz, en *Revista Nuestro Tiempo,* nº. 18 (1985).
JUSTINO, M. IULIANI: *Epitoma historiarum Philippicarum Pompei Trogui* (Studgar, Ed. Selel, Col. Teubmer, 1835-1972).
KEATING, MICHAEL: "Reconsiderando la región. Cultura, instituciones y desarrollo económico en Cataluña y Galicia", en *Revista de Derecho Político,* nº. 48 (Madrid, 2000).
KEDOURIE, ELIE: *Nacionalismo* (Madrid, Centro Estudios Constitucionales, 1985).
KINDELÁN ECHEVARRÍA, Mª PAZ: *La recepción de la obra de E. Brontë* (Madrid, Tesis UCM, 1986).
LAFUENTE, MODESTO: Las guerras cántabras en El Bierzo", en *Rev. Aquiana* nº. 488 (Ponferrada 1991).
LAÍN ENRRALGO, PEDRO: *España como problema* (Madrid, Escelicer,1949).
LALINDE ABADÍA, JESÚS: "El orto de la provincia constitucional en España", en *La Provincia en el Sistema Constitucional* (Madrid, Cívitas, 1991).
- *Instituciones político-administrativas y Civiles* (Barcelona PPU, 1989).
LARDIÉS RUIZ, M.: "La delegación de competencias de las Diputaciones Provinciales: municipal y mancomunidad a las Comarcas, en *Jornadas Técnicas sobre comarcalización* (Zaragoza, Gob. Aragón, 2001).
LAROUSE: "*Comarcalismo",* en t. V, 3ª ed. (Barcelona, Planeta, 1991).
LE DOCTE, EDGARD: *Dictionnaire de termes juridiques en quatre langues* (Apeldoorn, Maklu Uitgevers, 1995).
LEGUINA HERRÁN, JOAQUÍN: "La autonomía regional y sistema social", en *Organización Territorial del Estado* (Salamanca, Ediciones Universidad, 1993).
LEGUINA VILLA, JESÚS: *Escritos sobre autonomías territoriales* (Madrid, Ternos, 1984).
- "Gobierno municipal y Estado autonómico", en *RAP,* nº. 100-102 (1983).

LERCHE, PETER: "Pluralismo territorial y uniformidad de las condiciones de vida", en *Pluralismo territorial en la República Federal Alemana* (Madrid, MAP, 1989).

LEY FUNDAMENTAL *de la República Federal Alemana*, traducción oficial del Congreso de los Diputados (Madrid, 2009).

LALINDE ABADÍA, JESÚS: "El orto de la provincia en el sistema constitucional", en *La provincia en el sistema constitucional*, dir. de R. Gómez Ferrer (Madrid, Cívitas, 1991).

LINEHAN, PETRER A: "La Iglesia de León a mediados del siglo XVIII", en *León y su historia* (León, CIEI San Isidoro, 1975).

- *Agua, flora y fauna en los nombres de los pueblos de León* (León, Tesis Univ.-Filosofía, 1992).

LIESA RIVEROLA, CELSO: *El valle de Arán. Comarca piloto* (Barcelona, Edit. Bayer, 1965).

LINARES -RIVAS, ÁLVARO: "Una cadena impresionante la de los puertos de montaña de León", en *Rev. Tierras de León*, nº. 27 (junio n1977).

LINDE PANIAGUA, ENRIQUE: "La ideología regionalista", en *Las Autonomías Regionales* (Madrid, IN de Prospectiva, 1977).

LISÓN TOLOSANA, CARMELO: *Invitación a la antropología cultural y social de España*, 3ª ed. (Tres Cantos, AKAL, 2004).

LLISET i BORREL, FRANCESC: " La determinación de las competencias de las comarcas de Cataluña", en *Revista de Administración Pública*, nº. 100 (1983).

- "Las Comarcas", en *Manual del Derecho Local* (Madrid, El Consultor, 2001).

- "Tipología de las entidades locales y su articulación...", en *Manual del Derecho Local* (Madrid, El Consultor, 2001).

LLOVET, ENRIQUE: *España viva* (León, Afrodisio Aguado, 1967).

LLUCH ENRIC i ORIOL, NELLO: *El debat de la divisió territorial de Catalunya* (Barcelona, Dip. 1984).

- *La genesi de la divisió territorial de Catalunya. Edició de documents, en l'arxiu de Ponencia (1931-36)* (Barcelona, Dip. 1983).

LOMAS SALMONTE, F.: *Asturia romana y Alto Imperial* (Sevilla, Universidad, 1975).

LINEHAN, PETRER A: "La Iglesia de León a mediados del siglo XVIII", en *León y su historia* (León, CIEI San Isidoro, 1975).

LINEHAN, PETRER A: "La Iglesia de León a mediados del siglo XVIII", en *León y su historia* (León, CIEI San Isidoro, 1975).

- *El contenido etnológico de la denominación de Astures* (Madrid, Tesis 24107 UCM, 1973).

- "Estructuras de parentesco en la sociedad indígena del norte de penínsular hispánico" en, *Las estructuras sociales indígenas del Norte de la Península* (Vitoria, Univ. P. Vasco 1944)

LOMBA, J. R.: "Enrique Gil y Carrasco; su vida y su obra", en *Rev. Filosofía Española*, (1915)

LOPE de VEGA: *El peregrino en su patria* (Madrid, Clásicos Castalia, 1973).

- "Los prados de León", en *Obras completas* (Madrid, Biblioteca Castro, 1998).

LÓPEZ-ARANGUREN, EDUARDO: *La conciencia regional en el proceso autonómico español* (Madrid, CIS, 1983).

LÓPEZ ARES, SUSANA: *Proyección de la población del Bierzo* (Ponferrada, Endesa, 1997).

- "Las habitaciones de los castros", en *CE Gali*, 11 (1946).

LÓPEZ DAVID, G; LOZANO y SÁNCHEZ: *Las Médulas patrimonio de la Humanidad* (León, Buho Viajero,2003).

LÓPEZ de JUAN ABAD, J. M.: "Entidades supramunicipales del País Vasco", en *Instituciones de la Comunidad Autónoma Vasca* (Oñati, Gob. Vasco, 1983).

LÓPEZ FERNÁNDEZ, BERTA : "Atonía y agotamiento demográfico en los municipios de la montaña de León", en *ERIA*, nº. 10 (Oviedo, Dep. Goog. Univ. Oviedo, 1986).

LÓPEZ FERNÁNDEZ, FRANCISCO J.: " Los astures augustanos y sus castros", en *Rev. Tierras de León,* nº. 52 (set. 1983).

LÓPEZ MARTÍNEZ, BELÉN: *Los pobladores del antiguo Reino de León, antropología, paleodemografía y paleo-patología* (León, Univ. 2002).

LÓPEZ MELERO, RAQUEL: "El texto de la tábula de El Bierzo: propuesta de interpretación", en *Estudios y Catálogos,* nº. 11 (Valladolid, Junta CyL, 2001).

LÓPEZ MORÁN, BEATRIZ: *A comarcalización histórica de Galicia no século XIX* (Santiago, Xunta de Galicia-RIALP-Esc., 1994).

LÓPEZ MORÁN, ELÍAS: *Derecho consuetudinario leonés* (León, Diput. 1984).

LÓPEZ PINA, ANTONIO: *La constitución territorial de España. El orden jurídico como garantía de la igual libertad* (Madrid, INAP-Pons, 2006).

LÓPEZ TRIGAL, LORENZO: "Delimitación espacial para León, comarcalización y fusión de municipios" I y II, en *Rev. Tierras de León,* nº. 36-37 y 39 (1980).

"El mapa judicial de España. Un comentario desde la geografía a la ley", en *Estudios Geográficos,* nº. 195 (Madrid, 1989).

LÓPEZ TRIGAL. G. y ALONSO SANTOS: *Ciudades leonesas, guía crítica desde la geografía* (León, Univ. 2002).

LÓPEZ VALLE, M.: *Castro Bergidum. El mayor asentamiento castreño berciano* (Ponferrada, Grama Artes gráficas,2004).

- *Valle del silencio,* 3ª ed. (León, Diput. 1999).

LORENTE TALLADA, JOSÉ L.: "La planificación comarcal", en *El Funcionario Municipal,* nº. 203 (Valencia, 1977).

LOSCERTALES de VALDEAVELLANO, P.: *Tumbo del monasterio de Sobrado de los monjes,* 2 vol. (Madrid, Archivo Histórico Nacional, 1976).

LUBBOK, JOHN: *Los orígenes de la civilización y la condición primitiva del hombre* (Barcelona, de Alta Fulla, 1987).

LOWINSON,E: "Una calzada romana y dos campamentos romanos del conventus Asturum", en *AE Arqueollogía,* nº. 38 (1965).

LUCAS VERDÚ, P. y LUCAS M.: "De la organización territorial del Estado", en *Comentarios a la Constitución Española,* Dir. de Óscar Alzaga, t. X (Madrid, Edersa, 1998).

LUENGO MARTÍNEZ, JOSÉ M.: "Castros leoneses", en *Actas del VI Congreso Nacional de Arqueología* (Oviedo 1959).

- "De la Tebaida leonesa: Montes y Peñalba", en *Tierras de León,* nº. 2 (dic. 1961).

- "El lago de Carucedo y su villa romana", en *Revista Bierzo,* nº. 3 (1958).

- "*Lo celta y lo celtibérico en la provincia de León*". *Homenaje al Profesor Martín Almagro,* III (Madrid, Ministerio Cultura, 1983).

- "Sobre lo prerromano y lo celto-romano en la provincia de León", en *Rev. Tierras de León,* nº. 66 (enero, 1987).

- "Los castros leoneses", en *Homenaje al Profesor Martín Almagro* III (Madrid, Ministerio de Cultura, 1983).

- "Noticias históricas sobre la provincia del Bierzo", en S*emanario Promesa* (Ponferrada, 6-V-1951).

- "Síntesis histórica de Villafranca del Bierzo", en *Rev. Tierras de León,* nº. 5 (1964).

LUNA: "Día provincial de las comarcas", en *Rev. Tierras de León,* nº. 2 (diciembre 1961).

MACHADO, ANTONIO: *La tierra de Alvargonzález,* en prosa (Madrid, Almacenes Generales de Papel,1978).

- *La tierra de Alvargonzález,* en verso (Madrid, Gráficas Pulido-Gravina, 1975).
- "Retrato", en *Poesías completas,* 2ª ed. de Manuel Alvar (Madrid, Austral, 1977).
MACÍAS GARCÍA, MARCELO: *Cronicón de Idacio* (Orense 1906).
- *El Obispado de Astorga a principios del siglo XIX* (Orense, La Popular, 1928).
MADARIAGA, SALVADOR de: *Ensayo de historia contemporánea* (Madrid, E. Calpe, 1978).
MADOZ IBÁÑEZ, PASCUAL: *Diccionario Geográfico Estadístico de España (845-1846),* t. 2º, red. (Madrid 1983).
MAINE, HENRY SUMMER: *Las instituciones primitivas,* editor Agustín Avrial (Madrid, La España Moderna, 1890).
MALLADA, LUCAS: *Proyecto de una nueva división territorial de España* (Madrid, El Imparcial, 1881).
- *Mancomunidades Intermunicipales en el régimen local español* (Madrid, MAP, 1994).
MALLUQUER de MOTÉS, J.: "Los pueblos de la España céltica", en *Historia de España,* dir. R. Menéndez Pidal, t. I, 2ª ed. (Madrid, Espasa Calpe, 1973.
- "Los pueblos y las tribus celtas", en *Historia de España,* (idem)
- "Proceso histórico de las primitivas poblaciones peninsulares", *ZEPH, VI* (1955).
MALLUQUER de MOTÉS y OTROS: "España prerromana", en *Historia de España,* dir. por R. Menéndez Pidal. 1-3 (Madrid, HE, 1954).
- *El concepto de España en la Edad Media* (Madrid, C. E., Constitucionales, 1997).
MANGAS MANJARÉS, JULIO: "Civilizaciones antiguas en la Meseta Norte", en *Historia de una cultura,* edición facsímil, v. 1 (Valladolid, Junta CyL, 1966).
- "El trabajo en las minas en la Hispania Romana, coord. S. Castillo, en *El Trabajo a través de la historia* (Madrid, Silex Universidad, 1981).
- *Textos y documentos de Historia Antigua, Media y Moderna.* (Barna, Labor, 1984).
MANGAS, JULIO y OREJAS, A: " "El trabajo en las minas en la Hispania Romana", en *El Trabajo en la Hispania Romana* (Madrid, Silex Univ., 1999).
MANGAS MANJARÉS y SOLANA: "Romanización y germanización de la meseta Norte", en *Historia de Castilla y León,* t. 2 (Valladolid, Ámbito, 1985).
MANTERO Y GARCÍA LORENZANA, Mª C.: *Análisis económico de la Región del Bierzo* (Madrid, F. Ciencias Políticas y Económicas, 1971).
MAÑANES PÉREZ, TOMÁS: *Arqueología de la cuenca leonesa del río Sil: Laciana, Bierzo y Cabrera* (León Univ. 1988).
- "Contribución a una carta geológica de la provincia de León", en *León y su historia,* vol. 4 (León, Diputación, 1977).
- *El Bierzo prerromano y romano* (León, CEI San Isidoro, 1981).
MARIANA de, JUAN (Padre): *Historia general de España,* 1ª ed. (Toledo, P. Rodríguez, 1601).
MARÍAS, JULIÁN: *Meditaciones sobre la sociedad Española. La España nunca vista* (Madrid, Alianza, 1968).
MARCA PIERRE: *Marca hispánica,* (facsímil) (París, Franciscum Muget, 1688).
MARAVALL, JOSÉ A.: "El concepto de naturaleza en el siglo XVIII", en *Estudios de la historia del pensamiento español* (Madrid, Mondadori, 1991).
MARQUÉS, CARBÓ, LUIS: "La reforma de las estructuras Locales", en *REVL,* nº. 151 (1967).
- "Las Mancomunidades Comarcales", en *Revista San Jorge* nº. 69 (Barcelona, 1968).
- *El municipio en el mundo* (conferencia) (Barcelona, Cas P. Caridad, 1960).
MARTÍ SARDÁ, ISIDRE: *La comarca en el régimen legal de L'urbanisme* (Barcelona, Bayer Herm y Cía, 1996).
MARTÍN ECHEVARRÍA: *Geografía de España,* vol. 3: *Geografía regional: Aragón, Cataluña, Levante, Andalucía, Baleares y Canarias* (Barcelona, Edit. Labor, 1928).

MARTÍN LOBO, MANUEL: "Presupuestos para una hipótesis de división regional de España", *en Revista de Economía,* nº. 87 (1965)

MARTÍN MATEO, RAMÓN: "Aspectos de la administración territorial", en *REVL,* nº. 151 (enero, 1967).

- *El Municipio y el Estado en el Derecho alemán* (Madrid, M G Secretaría General Técnica, 1965).
- *Entes locales complejos* (Madrid, Trivium, 1987).
- "La Comarca como ámbito de la Prestación de Servicios", en *La Comarca como Ente Territorial* (Barcelona, Generalitat Cataluña-EAPC; 1984).
- *La comarcalización de los pequeños municipios* (Madrid, Mº Gº, Estudios nº. 7, 1964).
- "La ordenación del territorio y el nuevo marco institucional", en *REVL,* nº. 206 (abril, 1980).

MARTÍN PÉREZ, PEDRO A.: "La comarca como ente local en el derecho autonómico español", en *Revista AA,* nº. 40 (octubre, 1998).

MARTÍN SARMIENTO, (PADRE): *Viaje a Galicia (1745)* Edic. Pensado, (Salamanca, Univ. 1975).

MARTÍN VILLA, RODOLFO: "Discurso del III día provincial de las Comarcas leonesas", en *Rev. Tierras de León,* nº. 4 (diciembre, 1963).

MARTÍN, F. y GÓMEZ PANTOJA, J: "El aes bergidense, ¿Documento singular?, en *Estudios y Catálogos,* nº. 11 (Valladolid, Junta de CyL 2001).

MARTÍN-RETORTILLO BAQUER, S.: "Descentralización de 1812 a 1931", en *Descentralización Administrativa y Organización Política I* (Madrid, Alfaguara, 1973).

- "Presente y futuro de las Diput. provinciales", en *Cívitas REDA,* nº. 39 (Madrid, 1983).
- *La Provincia. Pasado, presente y futuro* (Madrid, Cívitas, 1991).
- *El tema de la autonomía provincial. Las diputaciones y el proceso autonómico* (Cívitas-Dip. Barcelona, 1991).
- *En torno a la organización provincial", en La Provincia, pasado, presente y futuro* (Madrid, Cívitas, 1994).

MARTÍN-RETORTILLO BAQUER, S. y SALAS, J.: "El nuevo regionalismo y la llamada regionalización de la planificación económica", en *Descentralización Administrativa y Organización Política* (Madrid, Alfaguara, 1973).

MARTÍNEZ ALIJA, FELIPE: "Evocación de Gil y Carrasco", en *Rev. Tierras de León,* nº. 32-33,(dic. 1978).

MARTÍNEZ BLANCO, ANTONIO: "La comarca, su estructura y regulación Constitucional", *Revista El Funcionario Municipal,* nº. 271 (Valencia, 1983).

MARTÍNEZ DÍEZ, GONZALO: *Fueros sí, pero para todos* (Valladolid, Alce, 1976).

MARTÍNEZ FRADES, JOSÉ A.: *Así era el mundo medieval* (Madrid, Pons, 2003).

MARTÍNEZ FUERTES, BENJAMÍN: *Montes y Peñalba: Ensayo histórico artístico,* edición Introducción y notas Adelino Álvarez Rodríguez, rest. S de Paz (Santiago Peñalba, Peñalba Impr., 2004).

MARTÍNEZ LÓPEZ-MUÑIZ, JOSÉ L.: "Provincia-Entidad Local y CC AA uniprovinciales", en *REVL,* nº. 209 (Madrid, enero 1981).

MARTÍNEZ MARINA, FRANCISCO: *Ensayo histórico crítico sobre la antigua legislación de los reinos de de Castilla y León* (Madrid, Atlas, 1966).

MARTINO, EUTIMIO, "León prerromano y cántabro, *revista Tierras de León,* nº. 38 (1980).

- *Roma contra cántabros y astures. Nueva lectura de las fuentes,* 2ª ed., (León, Dip. 2002).

MARTINS, J. A. FRANÇA: *La reforma de la organización territorial de la Administración del Estado Portugués* (Barcelona, Fund. Carles Pi, 2002).

MARX, C. y ENGELS, F.: *La revolución en España* (Barcelona, Ariel, 1973).

MATINOT: "La provincia del Bierzo", en Revista Bierzo (2-12-1957).

MAYA GONZÁLEZ, J. L.: *Explotaciones auríferas en el Conventus Asturum,* (Madrid, Mº de Cultura, 1983).

MAYER, ERNEST: *Historia de las instituciones sociales y políticas de España y Portugal durante los siglos V a XIV* (Madrid, Tipografía de Revista de Archivos, 1925).
MELA, POMPONIUS: *De cosmographia,* 3 (Göteborg, Ed. G. Ranntrand,1971.).
MCILWAIN, CHARLES H.: *Constitucionalismo antiguo y moderno* (Madrid, CEC, 1991).
MEILÁN GIL, JOSÉ LUIS: *Comarcalización* (Santiago, Jornadas Administrativas, 1988).
- Jornadas Administrativas de Comarcalización, coord. F. Iglesias, vol 49, en *Revista de Derecho Urbanístico Medio Ambiente,* nº. 274 (2009).
- "El planteamiento del nivel supra-municipal. El caso de Galicia como testigo", en *Rev. de Derecho Urbanístico,* nº. 247 (1970).
- *El territorio de las Comunidades Autónomas, el caso de Galicia,* en homenaje a C. Ruiz Castillo (Madrid, IEF, 2002).
- "La articulación de los ordenamientos local y autonómico", en *Organización Territorial del Estado* (Madrid, IEF, 1985).
- *La construcción del Estado de las autonomías: Un testimonio personal* (Santiago, Caixa Galicia, 2002).
- "Los problemas jurídico-adminstrativos de la Comarcalización en Galicia", *en 1ª Jornadas sobre a comarcalización na ordenación do territorio* (Santiago, febrero1988).
MELLA MÁRQUEZ, J. Mª y OTROS: *Cambios regionales en la Unión Europea y nuevos retos territoriales* (Madrid, IEF, 2002).
- "Un análisis componente... para la determinación de las comarcas homogéneas: aplicado a Galicia", en *Revista de Estudios Regionales,* nº. 258, (Sevilla, 1983).
MELÓN RUIZ de GORDEJUELA, A.: "De la división de Floridablanca a la de 1833", en *Estudios Geográficos XXXVIII,* nº. 148-149 (Madrid, 1977).
- "El mapa prefectual de España 1810", en *Rev. Estudios Geográficos XIII,* nº. 46 (1946).
MENDIZÁBAL ALLENDE, RAFAEL: "Origen y significado del partido judicial", en *Boletín de Información del Mº de Justicia,* nº. 700 (Madrid 1979).
- *Los godos y la epopeya española* (Madrid, Espasa Calpe,1956).
MENÉNDEZ PIDAL, RAMÓN: "Carácter originario de Castilla", (conferencia del bicentenario de Castilla, Burgos 1943), en *Rev. de Estudios Políticos,* nº. 13-14 (1944).
- *España y su historia* (Madrid, Minotauro, 1979).
- *Orígenes del español: estado lingüístico de la Penísula Ibérica hasta el siglo XI* (Madrid, Espasa Calpe,1986).
- *Toponimia romana hispana* (Madrid, Gredos, 1968).
MENY, Y.: *La rèforma des colectives locales en Europe. Strategias et resultats* (París, La Documentación Francesa, 1984).
MESTRE, J. C. y MUÑOZ S. J.: "Introducción a E. Gil y Carrasco", en *El señor de Bembibre* (Madrid, Espasa Calpe, 2004).
MEXÍA, PERO: *Historia Imperial cesárea: en la qual en summa...* (Amberes, Biuda de M. Nucio, 1561).
MIGUEL, F. y BALBOA, J. A.:"El Bierzo prerromano", en *Historia del Bierzo* (León, Diario, 1994).
MILLANA de YNES, JOSÉ CRUZ: "Tramitación local del expediente de constitución de una comarca:...", en *Jornadas Técnicas sobre comarcalización* (Zaragoza, Gobierno Aragón, 2001).
MINGUEZ FERNÁNDEZ, J. Mª: "Las hermandades generales de los Concejos de Castilla", en *Concejos y Ciudades en la Edad Media hispánica* (Madrid, Fund. S. Albornoz, 1990.
- *La España de los siglos VI al XIII,* 2ª ed. (Madrid, Editorial Nerea, 2004).
MINISTERIO GOBERNACIÓN: *Las provincias y sus comarcas* (Madrid, Sª Gral. Técnica, 1965).

MIÑANO BEDOYA, SEBASTIÁN: *Diccionario geográfico-Estadístico de España y Portugal* (Madrid, Pierat Peralta, 1826-1828).

MIR i BAGÓ, JOSEP: "La división territorial de Catalunya: Plantejament de la comarca en la Segona República", en *Rev. de la AP*, nº. 2 (1978).

- *La reforma del règim local a Catalunya* (Barcelona, Generalitat Catalunya, 1991).

MIR i MIRÓ, ROMA: "La comarca en las leyes de organiozación territorial de Cataluña", en *Rev. Jurídica de Catalunya*, nº. 2 (Barcelona, Colegio de Abogados, 1988).

MIR J.y SEGURA G.:"Competences i funcions de les comarques", en *L'organizació comarcal a Catalunya. Análisis...* (Barcelona, Federació Municips, 1994).

MOLINA DEL POZO, CARLOS F.: "El sistema de comarcalización en el estado de las autonomías", en *Organización Territorial del Estado* (Madrid, IEF, 1985).

MOLTÓ, ERNESTO: "Una experiencia social de desarrollo en la comarca de Sierra Segura", en *Rev. DS*, nº. 9 (enero-marzo, 1973).

MOMMSEN, THEODOR: *Figuras de la historia de Roma*, trad. de A. García Moreno, v. 1, libros I y II (Madrid, Atlas, 1944).

- *Historia de Roma*, v. I y II, traducción de. A. García Moreno (Madrid, Turner, 1983).

MONASTERIO ESCUDERO, CARLOS: "El laberinto de la fnanciación autonómica", en *Cambios Regionales en la Unión Europea y nuevos retos territoriales* (IEF, 2002).

MONREAL, GREGORIO: "El Señorío de Vizcaya", en *Archivo Hispano Americano*, nº. 123 (1973).

MONSALVO ANTÓN, J. Mª: "La sociedad política en los Concejos castellanos de la Meseta", en *Concejos y Ciudades Edad Media Hispana* (Madrid, Fund. Sánchez Albornoz,1990).

MONTANOS FERRÍN, EMMA: *España en la configuración histórico-jurídico de Europa* (Roma, Galilei, 1999).

MONTANOS FERRIN, E. y SÁNCHEZ ARCILLA, J.: *Historia del Derecho y de las Instituciones* (Madrid, Dykinson, 1991).

MONTEAGUDO, L.: *Minería hispánica: Cesaraugustana, IV* 81954).

MONTEAGUDO DUQUE, ÁNGEL: *España romana: 218 a. de C a 415* (Madrid, Espasa Calpe, 1991).

MONTES BERNÁRDEZ, RICARDO: *Guatazales "De cómo la miel dio nombre a un río y a una comarca"* (Murcia, Caja de Murcia, 2001).

MONTESQUIEU, CHARLES: *Consideraciones sobre las causas de la grandeza y decadencia de los romanos*, trad. de Gil de Lara (Madrid Imprenta García, 1821).

MONTORO PUERTO, MIGUEL: "Competencia de las entidades locales en materia de ordenación del territorio", en *Organización Territorial* (Madrid, IEF, 1985).

MORA BONGUERA, F.: "Régimen jurídico de las entidades Locales: Sentencia 215/1989, sobre el sistema de fuentes, en *Cívitas Revista Española de Derecho Administrativo*, nº. 70 (1991).

MORÁN ORTÍ, M.: "La división territorial en España: 1825-1833", en *REALA*, nº. 248 (1990).

MORÁN, P. CÉSAR: "Vestigios romanos y visigodos", en *Archivo Español de Arqueología*, nº. 17 (1944).

- *Por tierras de León (Historia, costumbres, monumentos, leyendas y arte)* (León, Dip. 1987).

MORELL OCAÑA, L.: "Bibliografía sobre el espacio comarcal", en *Ciudad y Territorio*, nº. 1 (1972).

- "El municipio y la configuración comarcal", en *Estructuras locales y ordenación del espacio* (Madrid. IAEL, 1972).

- "La comarca como área administrativa infraprovincial", en *Revista DA*, nº. 111 (enero, 1967).

- "La concepción territorial de la Provincia como entidad local", en *Estudios sobre la Constitución Española*. Homenaje a Gª Enterría, v. 4 (Cívitas, 1991).

- "La cualidad de administraciones públicas de carácter territorial", en *Régimen Local* Español (Madrid, Cívitas, 1989).

- "La nueva Ley de Régimen Local II. La supra-municipalidad", en *REDA,* nº. 9 (1976).
- "La provincia en el segundo tercio del siglo XIX: Su concepción como ámbito de articulación", en *REDA,* nº. 114 (1981).
- "La provincia en la configuración y ordenación territorial de las CC AA", en *REDA,* nº. 31 (1981).
- "Las entidades locales, elementos integrantes de la organización territorial del Estado y CC AA", en *REDA,* nº. 55 (1987).
- "Las Provincias", en *Tratado de Derecho Municipal,* dirigido por Muñoz Machado (Madrid, Cívitas, 2003).
- "Raíces históricas de la concepción constitucional de la Provincia", en *RAP,* Granada (1987).
- *El régimen local español* (Madrid, Cívitas, 1988).

MORENO MORENO, L. M.: *Apuntes y ocurrencias sobre: "La tierra de Alvargonzalez" y "Campos de Castilla"* (Madrid, Imprenta Ferreira, 1975).

MORILLO VELARDE P., J. I.: "Mancomunidades y Asociaciones de Entidades Locales", en *Tratado de Derecho Municipal,* dirigido por Muñoz Machado (Madrid, Cívitas, 2003).

MOXÓ, SALVADOR: *Feudalismo, señorío y nobleza en la Castilla medieval* (Madrid, RAH, 2000).
- *La disolución del régimen señorial en España* (Madrid, CESIC, 1965).
- "Los señoríos", en *Rev. Hispania,* nº. 95 (1964).

MOXÓ, SALVADOR Y OTERO de VILLEGAS: *La nobleza castellano Leonesa en la Edad Media* (Madrid, CESIC- Juan Zurita, 1970).

MOXÓ Y ORTÍZ de VILLAJOS, S. de: "Feudalismo, Señorío y Nobleza" en *La Castilla Medieval* (Madrid, RAH, 2000).
- "Las desamortizaciones eclesiásticas del siglo XVI", en *Anuario de Historia del Derecho Español* (Madrid, AHDE, 1961).
- *La disolución del régimen señorial en España* (Madrid, CSIC, 1965).
- *La incorporación de los señoríos en la España del Antiguo Régimen* (Valladolid, Estudios y Documentos, 1959).

MUÑOZ MACHADO, SANTIAGO: "La comarca", en *Tratado de Derecho Municipal,* cap. XVIII (Madrid, Cívitas, 1998).
- "La comarcalización", en *Derecho Público de las Comunidades Autónomas,* v. 2 (Madrid, Cívitas, 1984).
- "Las comarcas y las provincias," en *La Comarca como ente territorial* (Barcelona, EAPC-Generalitat de Cataluña, 1984).

NACK, EMIL y WÄGNER, WILHEIN: *Grecia, el país y el pueblo de los antiguos helenos* (Madrid, Lábor, 1960).
- *Roma el país y el pueblo de los antiguos romanos*, trad. de J. Godo Costa (Madrid, Labor, 1960).

NADAL PIQUÉ, FRANCESC: Burgueses, burócratas y territorio. La política territorial en L*a España del siglo XIX* (Madrid, IEAL-INAP, 1987).
- "Regionalismo y Regionalización", en *Problemas Políticos de la Vida Local VII* (Madrid, 1967).

NEIRA CAMPOS, ANA: *Historia de León* (León, Propelesa, 1997).
- "Nuevas evidencias del Paleolítico Superior en la provincia de León", en *Rev. Tierras de León,* nº. 69 (dic. 1987).

NETANYAHU, BENZION: *Los marranos españoles desde finales del siglo XIV a principios del XVI, según fuentes hebreas* (Valladolid, Junta CyL,2003).

NEUFVILLE, H de: "Aluviones auríferos de la provincia de León", en *Rev. Minera,* nº. 14 (Madrid 1896).

NIETO GARCÍA, ALEJANDRO: *Bienes comunales* (Madrid, REDA, 1964).

- *El mito de la administración prusiana* (Sevilla Univ. (Geha, 1962).
- "Entes territoriales y no territoriales", en, *RAP,* nº. 64 (Madrid, 1971).
- "Legislación del Parlamento de Cataluña sobre comarcas", en *La comarca como ente Territorial* (Barcelona, Gener. Catalana, 1984).

NOGALES HIDALGO, OCTAVIO: *El Bierzo geográfico e histórico* (Madrid, Tesis UCM, 1951).

OLANO GONZÁLEZ, Mª C.: *Sociedad y estructuras económicas del Bierzo Alto en el siglo XVIII.* (León, Tesis Univer. 1992).

OLANO PASTOR, MANUEL: "Bembibre crónica de un castillo", en *Rev. Estudios Bercianos,* nº. 10 (junio 1989).
- "Bembibre: Notas sobre un señorío, en *Rev. Estudios Bercianos,* nº. 3 (1985).
- "Torres y fortalezas del Boeza", en *Rev. Estudios Bercianos,* nº. 15 (diciembre 1991).

OLIVÁN del CACHO, J.: "Crónica de las jornadas sobre la comarca", en *RAAP,* nº. 120 (Zaragoza, 1989).
- "La ordenación del territorio", en *Derecho Administrativo.* Parte especial (Dir. Bermejo Vera) (Madrid, Cívitas, 1994).

OMALIUS D'HALLOY, JEAN B. J.: *Précis elementaire de géologie* (París, Chez Pitois-Lebrault, 1839).

ORDENAMIENTO: *Ordenamiento de Alcalá.* Ley 1ª, Tít. XXVIII, facs. (Madrid, J. Ibarra, 1724).

ORDUÑA REBOLLO, ENRIQUE: *El regionalismo en Castilla y León* (Valladolid, Ámbito, 1986).
- "Las entidades territoriales inferiores al municipio. Del pasado al futuro", en *El Derecho Administrativo en el umbral del siglo XXI,* dir. Sosa Wagner (Valencia. Tirant lo Blanch, 2000).
- *Municipios y provincias* (Madrid, Federación Española de Municipios, 2003).

OREJAS, ALMUDENA: *Estructura social y territorio. El impacto Romano en la cuenca noroccidental del Duero* (Madrid, Arch. Español Arqueología, 1996).

OREJAS SACO del VALLE, A.: "Arqueología de la conquista del Noroeste de la Península Ibérica", en *Actas del 2º Congreso de Arqueología Peninsular* (Zamora 1996).
- "El edicto de Augusto del Bierzo: la primera organización romana del Noroeste Peninsular", en *El Edicto del Bierzo. Augusto y el Noroeste de Hispania* (Ponferrada, Fund. Las Médula, 2000).
- *Estructuta social y territorio. El impacto romano en la cuenca Nor-occidental del Duero* (Madrid, Archivo Esañol de Arqueología,1996).

ORLANDIS ROVIRA, JOSÉ: *Historia de España: la España visigótica* (Madrid, Gredos, 1977).
- *Historia del reino visigodo español: los acontecimientos, instituciones, sociedad* (Madrid, Rialp, 2003).
- *La vida en España en tiempo de los godos* (Madrid, Rialp, 1991).
- *Semblanzas visigodas* (Madrid, Rialp, 1992).

OROSIUS, PAULUS: "Historiarum adversum paganos libri septen". Texto bilingüe en *Paulo Orosio. Su vida y sus obras* (Santiago, Fund. Barrié de la Maza,1986).

ORTEGA ÁLVAREZ, LUIS: "Delegación de competencias en la provincia", en *La Provincia en El Sistema Constitucional* (Madrid, Cívitas, 1991).
- "El alcalde como elemento de la Organización Municipal", en *Revista de DA.,* nº. 228 (octubre 1991).
- "La Carta Europea de la Administración local en el ordenamiento local español", en *REALA* nº. 259 (1993).

ORTEGA CANTERO, N: *El concepto de región en la investigación geográfica* (Madrid, Colegio Nacional de Ingenieros de Caminos, Curso de Ordenación del Territorio, 1978).

ORTEGA LÓPEZ, MARGARITA: *La lucha por la tierra en la corona de Castilla al final del Antiguo Régimen: Expediente de la Ley Agraria* (Madrid, Mª de Agricultura, 1986).

ORTEGA y GASSET, JOSÉ: *El hombre y la gente* (Madrid, Alianza Editorial, 1957).

- *La redención de las provincias y la decencia nacional* (Madrid, Alianza, 1967).
OSSENBÜL, FRITZ: "Pluralismo territorial y sistema normativo", en *Pluralismo Territorial en la República Federal Alemana* (Madrid, MAP, 1989).
OSÉS GARCÍA, BEATRIZ: "Lo fantástico en el aula. La creación del paracosmos", en *Rev. de Literatura. Centro de comunicaciones y Pedagogía,* nº. 220 (2006).
OSSORIO Y GALLARDO, ÁNGEL: *Historia del pensamiento político catalán (durante la guerra de 1793-1795)* (Barcelona, Grijalbo, 1977).
OTERO PEDRAYO, RAMÓN: *Geografía de España: Presencia y potencia del suelo y del pueblo español* (Barcelona, Instituto Gallach, 1995).
OTERO VARELA, A.: "El códice López Ferreiro del Liber Iudiciorum", en *AHDE,* nº. 29 (1989).
PAGES MASS, JOSEP: "El régimen electoral de la comarca en Cataluña", en *RDP,* nº. 52 (Madrid, 2001).
PALLARES MORENO, M.: "La comarca e instituciones similares en el derecho comparado", en *La Comarca y Administración Territorial* (Granada, IEAL, 1986).
PARADA VÁZQUEZ, J. R: "Artículo 141: La provincia y otras entidades supramunicipales", en *Comentarios a la Constitución,* director Oscar Alzaga (Madrid, Edersa, 1998).
PARCERO OUBIÑA, CÉSAR: "Elementos para el estudio de los paisajes castreños del noroeste peninsular", en *Trabajos de Prehistoria 52,* nº. 1 (1995).
PARDO BAZÁN, E.: "Apuntes autobiográficos", *Los Pazos de Ulloa* (Madid, Cátedra, 1999).
PARDO de GUEVARA y VALDÉS: *Los señores de Galicia. Tenentes y Condes de Lemos en la Edad Media, serie: Galicia hispánica* (Coruña, Barrié de la Maza, 2000)
PAREJO ALFONSO, LUCIANO: "La ordenación territorial: Un reto para el Estado de las Autonomías", en *REALA,* nº. 226 (Madrid, 1985).
- "La provincia como entidad local determinada por la agrupación de municipios: fines", en *La Provincia.* (Madrid, Cívitas, 1991).
- "La región y la legislación histórica de régimen local", en *Las Autonomías Regionales* (Madrid, Tecnos, 1993).
- "Posición de los entes locales en la estructura del poder administrativo", en *La Comarca* (Barcelona, EAP-Cataluña, 1984).
PARÉS i MAICAS, M.: *La ideología regional de la prensa española (1963-1973)* (Barcelona, Edición 62, 1974).
PASTOR DÍAZ de G., ERNESTO: *Castilla en el tránsito de la antigüedad al feudalismo: poblamiento, poder político* (León, Junta CyL, 1996).
PASTOR MUÑOZ, MAURICIO:"En torno a la ubicación del "mons Vindius", en *DV,* (1997.
- "Los astures augustanos y su romanización", en *AH,* nº. 6 (1976).
- *Los astures durante el Imperio Romano* (Oviedo, IEA, 1977).
PASTRANA, L.: "Carracedo ante su milenio", en *Rev. Estudios Bercianos,* nº 6 (marzo 1987).
- "Castillos Bercianos", en *Rev. Estudios Bercianos,* nº. 1 (1981).
- "El Bierzo", en *Rev. Estudios Bercianos,* nº. 10 (junio 1989).
PAYERAS GRAU, Mª: "De Babia al Páramo. Espacio narrativo de Luis Mateo Díez, en *Introducción a la edición del relato de Babia* (Valladolid, Ámbito Ediciones, 2003).
PELÁEZ LÓPEZ, J. VIDAL: El Estado de las Autonomías. Regionalismos y nacionalismos en la *Historia Contemporánea de España* (Madrid, Editorial Actas,2002).
PELLA i FORGAS, JOSÉ: *Historia del Ampurdán,* 2ª ed. (facsímil (Olot, Imp. Aubert, 1980).
PERALTA LABRADOR, E.: *Cronología de las guerras cántabras* nº. 286 (Madrid, Historia 16, 2000)
PERAL VEGA, EMILIO: *Enrique Gil y Carrasco. Obra poética completa* (León, Dip. 2000).
PEREDA JOSÉ Mª: *El sabor de la tierruca,* 3ª ed. Buenos Aires, Espasa, 1980).

PEREIRA MENAUT, GERARDO: "Cognatio magilancum. Sociedades indígenas del norte peninsular", en *Las estructuras sociales indígenas* (Vitoria, IDC, 1994).

- "La formación histórica de los pueblos del norte de Hispania", en *Rev. Veleia,* nº. 1 (Vitoria, Univ. 1984).

- "Los castrela y las comunidades de Galecia", en *2º Seminario de Arqueología del* Noroeste (Madrid, Mº de Cultura,1983).

PÉREZ ALMOGUERA, ARTURO: *Hispania: romanos y visigodos,* 3ª ed. (Madrid, Anaya, 2003).

PÉREZ ÁLVAREZ,Mª. JOSÉ: Ferias y mercados en la Provincia de León (León, Univ. 1998).

PEREZ AYALA, ANDONI: "Federalismo y autonomías: La organización territorial del Estado en el constitucionalismo republicano", en *Rev. Derecho Político,* nº. 48 (2000).

PÉREZ BUSTAMANTE, ROGELIO: *El Gobierno y las administración territorial de Castilla* (Madrid, Univ. Autónoma, 1976).

PÉREZ de GUZMÁN, FERNÁN: *Generaciones y semblanzas* (Madrid, Espasa Calpe, 1965).

PÉREZ de URBEL: *Sampiro: su crónica y la monarquía leonesa en el siglo X* (Madrid, CEIC, 1952).

PÉREZ de URBEL y ARCO GARAY: "España cristiana. Comienzo de la Reconquista (711-1038)", t. VI, en *Historia de España,* dirigida por Menéndez Pidal (1971).

PÉREZ GARCÍA, L. C.:"Las Médulas de Carucedo, contribución a su conocimiento geológico", en *Actas del III Congreso de Geología Española* (Salamanca, Actas, 1992).

PÉREZ GARCÍA, L. C. y OTROS: "Los yacimientos de oro de las Médulas dre Carucedo", en *Recursos Mineros de España* (Madrid, RME, 1992).

PÉREZ EMBID WAMBA, JAVIER: *El císter en Castilla-León: monacatos y dominios rurales* (Valladolid, Junta CyL, 1986).

- "Violencias y luchas campesinas en el marco de los dominios cistercienses castellano-leoneses", en *I Congreso de Historia de Castilla y León* (Valladolid, Junta de CyL 1983).

PÉREZ-PRENDES, J. Mª: "El mito de los tartessos", en *Rev. de Occidente,* nº. 1 (1973).

PÉREZ RUIZ , ALBERTO: "El Bierzo, en *Rev. Tierras de León,* nº 72 (setiembre 1988).

PÉREZ VILATELLA, LUCIANO: "Algunos aspectos del Bronce de Bembibre, en *Estudios y Catálogos,* nº. 11 (Valladolid, Junta CyL, 2001).

PERRIN, BERNARD: *La cooperation intercomunale. Bilan et perspectives* (Paris, Berger Labrault,1998).

PI y MARGALL, FRANCISCO: *Las Nacionalidades* (Barcelona, Producciones Editoriales, 1979).

PIELOW, CH.: *Autonomía local in Spanien und Kommunales Selbsverwaltung in Deutschand* (Munichen, Verlen, 1993).

PINOCHE, JEAN-LUIS: *El señor de Bembibre* (Madrid, Clásicos Castalia, 1986).

- *Un romántico español: Enrique Gil y Carrasco (1815-1846)* (Madrid, Gredos, 1978).

PIÑAR MAÑAS, J. L.: "De nuevo en torno al carácter indispensable o no de la Provincia", en *RAP,* nº. 96 (Madrid, 1981).

PIRENNE, HENRI: *Las ciudades en la Edad Media* (Madrid, Alianza, 1971).

- "Equipamientos y servicios sociales provinciales", en *La Provincia en el sistema Constitucional* (Madrid, Cívitas, 1991).

PITA: "Presencia de grupos tribales en la Península Ibérica", en *IX CAM* (1966) *¿Bergidenses?.*

PLA CARGOL, JOAQUÍN: *El payés y su mundo* (Barcelona, Destino, 1990).

- *Gerona y sus comarcas,* 9ª ed. (Girona, Edit. Dalmau, 1965).

PLA i CASADEVAL, JOSEP: *Cosas del mar y de la Costa Brava* (Barcelona, Juventud, 1957).

- Historias del Ampurdán (Barcelona, Edit. Juventud, 1957).

- *El payés y su mundo* (Barcelona, Destino, 1990).

PLATÓN: *La República o el Estado* (Madrid, Austral, 2007).

PLINIUS SECUNDUS, CAIUS: *Lapidario* (Madrid, Alianza, 1993).

- *Naturalis Historia* London, Ed Page, Col. (Loeb 1954).

POLOL, P.: *Castilla la Vieja entre el Imperio romano y el reino visigodo* (Valladolid, Univ. 1970).

PORRAS ARBOLEDAS, P. A.: *La época medieval: administración y gobierno* (Madrid, Istmo, 2003).

POSADA GONZÁLEZ, ADOLFO: *La evolución legislativa del régimen Local en España (1812-1909)* (Madrid, IEAL, 1982).

PRATS i CATALÁ, JOÁN: "La comarca", en *Tratado de Derecho Municipal* dirigido por Muñoz Machado, (v. I) (Madrid, Cívitas, 1988).

- "La provincia ante la Constitución y las autonomías (I)", en *Rev. DA,* nº. 182 (1979).

PRECEDO LEDO, ANDRÉS: *Comarcas de Galicia* (Santiago, Xunta Galicia, 1998).

- *Desarrollo local y comarcalización* (Santiago, Xunta, 1991).
- *Desarrollo territorial y planificación comarcal: el plan de desarrollo comarcal de Galicia* (Santiago, Xunta de Galicia, 1994).
- *Galicia: estructura del territorio y organización comarcal* (Santiago, Xunta, 1994).
- *Hacia una nueva conceptualización del desarrollo territorial* (Santiago, Xunta de Galicia Política Agraria, 2001).
- *Nuevas realidades territoriales para el siglo XXI. Desarrollo local, territorial y ciudad difusa* (Madrid, Síntesis, 2004).
- *O mapa comarcal de Galicia* (Santiago, Xunta Galicia, 1997).

PRECEDO LEDO, ANDRÉS y OTROS: "La comarca como instrumento estratégico: El modelo comarcal en Galicia", en *Ferrer Regales: Planeamiento y gestión Metropolitana, comarcal y municipal* (Pamplona, EUNSA, 1993).

- "Un modelo regional: Plan de desarrollo comarcal de Galicia", en *Desarrollo Local y Comarcalización* (Santiago, Xunta Galicia, 1993).

PRESCOTT, WILLIAM H.: *Historia de los Reyes Católicos,* 4 v, (Valladolid, Junta CyL, 2004).

PRIETO SARRO, IGNACIO: *Despoblación y despoblamiento en la provincia de León (1950-1991)* (León, Univ., 1996).

PTOLOMEUS, CLAUDIUS: *Geographica.* (Paris Editor, K. Müller, Col. Didot 1901).

PULGAR, FERNANDO: *Los claros varones de Castilla,* (Madrid, Cátedra. 2007).

PURROY INAZOZ, F. J.: *La abadía de San Pedro de Montes* (León, Dip. 19959.

- *Los espacios natururales de El Bierzo: Sierra de Ancares, Valles Fornela, Valdeprado, Sierra de Gistredo* (Ponferrada, Coop. Desarrollo Economía 2008).
- *Orígenes del reino de León y de sus instituciones políticas* (Valladolid, Maxtor, 2006).

PUYOL ANTOLÍN, RAFAEL: *Nomenclátor geográfico-histórico de la provincia de Gerona: desde la más remota antigüedad hasta el siglo XV* (Gerona, Paciano Torres, 1883).

- "Región y comarca", en *La Región y la Geografía Española* (AGE, Valladolid, 1980).

QUINTANA LÓPEZ, TOMÁS: "Las comarcas en Castilla y León. La comarca de El Bierzo", en *RAP,* nº. 3, (Zaragoza, RAP,1993).

- "Las diputaciones en Castilla y León: Balance y Perspectivas", en *Panorama Jurídico de las Administraciones Públicas Siglo XXI* (Madrid, INAP, 2002).

QUINTANA PRIETO, AUGUSTO: "Astorga en tiempo de los suevos", en *Separata de Archivos Leoneses,* nº. 38-40 (1966).

- "Carracedo", *en Rev. Tierras de León,* nº. 3 (diciembre 1982)
- *El eremitismo en la diócesis de Astorga* (Pamplona, Aranzadi, 1970).
- El Privilegio", en *AL,* nº. 21 (1967).
- "Las comarcas en Castilla y León. La comarca de El Bierzo", en *RAAP,* nº. 3 (Zaragoza, 1993).

- *El Obispado de Astorga en los siglos IX y X* (Astorga, El Autor, 1968).
- *El obispado de Astorga en el siglo XI* (Astorga, El Autor, 1977).
- *El obispado de Astorga en el siglo XIII* (Zamora, IEB, Editor Monte Casino, 2002).
- *Monografía histórica del Bierzo (desde la prehistoria a la Edad Media)* (Madrid, Talleres Tipográficas Ferreira, 1956).
- *Temas bercianos*, 3 v. (Ponferrada, Editorial Bérgida, 1983)
- *Tumbo viejo de San Pedro de Montes* (León, CE San Isidoro).

QUIRING, H."El laboreo de las minas de oro de los romanos en la Península Ibérica y las "arrugias de Plinio", en *Rev. de Investigación y Progreso*, nº. 9 (1983).
- *Fuentes literarias y epigráficas de León en la antigüedad*, 2 t. (León, IELC, 1982).
- *La romanización de León (León, Hullera Vasco Leonesa, 1990).*
- Peña Ubiña- "Mons vindius", en *A L, XVIII* (1955).

RABANAL ALONSO, Manuel. A. :*Camino de Santiago en León. Precedentes romanos y época medieval* (León Universidad, 2002).
- *Vias romanas en la provincia de León* (León, IEL, 1988.

RABANAL ALONSO, M. A. y GARCÍA S. M.: *Epigrafía romana de la provincia de León: Revisión y actualización* (León, Universidad, 2001).

RABANAL ÁLVAREZ, RUBIO, y CARANTOÑA: *Historia de León*, 4 vol. (León, Univ. 2000).

RACIONERO GRAU, L.: *Sistemas de ciudades y ordenación del territorio* (Madrid, Alianza, 1979).

RAJOY REY, M.: "Los problemas de la organización territorial del Estado después de los acuerdos autonómicos", en *Organización del Territorio Español* (Salamanca, Univ. 1993).

RAMOS OLIVERA, A.: *Historia de España. La Edad Media*, 2ª ed. (México, Oasis, 1974).

RAVENNATIS ANONYMI: *Cosmographia* (Leipzig, Ed. M. Pinder-G, Partey col. Teuner, 1940).

REAL ACADEMIA de la HISTORIA: *Diccionario de las voces españolas geográficas* (Madrid, RAE de la Historia, 1796).

R A E.: *Diccionario de la Lengua Española*, 19ª ed. (Madrid, Espasa Calpe, 1970).
- *Diccionario de la lengua castellana...* (de Autoridades), t. I. Ed. facsímil (Madrid, Imprenta Francisco del Hierro, 1729).
- *Diccionario de la R A E.*, 1780, 1ª ed. (Madrid, Joaquín Ibarra, 1780).
- *Diccionario de la R A E., 1832*, 7ª ed. (Madrid, Imprenta Real, 1832).
- *Diccionario de la R A E., 1884*, 12ª ed. (Madrid, Imp. Gregorio Hernando, 1884).
- *Diccionario esencial de la Lengua Española* (Madrid, Espasa Calpe, 2006).

RECASENS SICHES, LUIS: *Introducción al estudio del derecho* (México, de Porrúa, 1990).
- *Vida humana, Sociedad y Derecho*, (México, Editorial Porrúa, 1952).

RECOPILACIÓN de LEYES: *Leyes de estos reinos* (Madrid, Catalina del Barrio, 1640).

REDONDO VEGA, JOSÉ Mª:*XVII Jornadas de geografía física:* (León, Univ. 2002).

REGUERA SIERRA, E: "Región geográfica", en *Rev. Argentina Austral*, nº. 417, (julio 1966).

REGUERAS GRANDE, FERNANDO: *La arquitectura mozárabe en León y Castilla* (Valladolid, Junta CyL, 1990).

REGIÓN: "Región", en la *E. Universal Ilustrada*, t. L (Madrid, Espasa Calpe, 1988).

REVENGA CARBONELL, ANTONIO: *Catálogo de las comarcas geográficas de España* (Madrid, Instituto Geográfico Catastral, 1960).

RIBAS i PIERA, MANUEL: "Bases urbanes per una distribució comarcal", en *La Comarca como ente Territorial* (Barcelona, EAPC, 1984).
- "Las comarcas en la estructuración del territorio", en *III Reunió de l'Asociació de ciencia*

regional (Oviedo, 1976).

- "¿Què son i per què les comarques?", en *VIII Congrés de Cultura Catalana* (Seu d'Urgel, 1976).

RICHARDSON, H. W.: *La región como base del desarrollo regional* (Madrid, Pirámide, 1977).

RICCHARSON, JOHN S.: *Hispania y los romanos. Historia de España II* (Madrid, Crítica, 1996)

RÍO BARJA, FRANCISCO J.: "Las comarcas. Programa para el estudio de las comarcas naturales", en *Revista Economía de Galicia,* nº.1 (Vigo, enero 1958).

RISCO, MANUEL, (Padre): *España Sagrada. Memoria de la Santa Iglesia exenta de León, últimos cinco siglos,* t. XXXVI (León, Celaryn,1990).

- "Antiguedades concernientes a los astures tramontanos", en *España Sagrada,* t. XXXVII, (Madrid, Oficina Blas Ramón 1789).

- *Historia de Alfonso VII el Emperador* (León, Nebrija, 1980).

- *Historia de León, León,* (Ediciones Lancia, 1987).

RISCO SALANOVA, ANTONIO: "La Comarca", en *Organización Política y Descentralización administrativa y organización política,* t. III (Madrid, Alfaguara, 1973).

-"Una posibilidad descentralizadora: La comarca", en *Descentralización Administrativa.* Dirigida por Martín Retortillo (Madrid, Alfaguara, 1973).

RIVERA BLANCO, JAVIER: *Guía de El bierzo* (León, Editorial Nebrija, 1978).

RIVERO YSERN, JOSÉ L.: "Consideraciones generales en torno a la Comarca", en *REALA,* nº. 231 (Madrid, 1986).

- "Organización territorial", en *Comentarios al Estatuto de Autonomía de Castilla y León,* (Madrid, MAP, 1985).

ROCA Y ROCA, EDUARDO: "Comarca y estatutos de autonomía", en *Jornadas de la Comarca y la Administración Territorial* (Granada, CMCCI, 1986).

- "Los orígenes constitucionales de la provincia", en *Rev. DA,* nº. 194 (Madrid, 1982).

RODRÍGUEZ COLMENERO, A.: *Augusto e Hispania. Conquistas y organización del norte peninsular* (Bilbao, Univ. Deusto, 1979).

- "El más antiguo documento año 15 a. de C.) hallado en el noroeste", en *Cuadernos de Estudios Gallegos,* nº. 47 (Santiago, CEG, 2000).

- "Las *vís* militares en la actual provincia de León, en *Legio VII Gemina* (1970).

- "Los castella" de Susarros y Gigurros en el noroeste hispánico, bronce de Bembibre", en *Estudios y Catálogos,* nº. 11 (Valladolid, Junta de CyL, 2001).

- "Outeiro e caira, a implantación do hábitad romano na gallecia castrexa", en *O home e o Medio* (Ourense, Dip., 2000).

RODRÍGUEZ GONZÁLEZ, Mª CARMEN: *Economía y poder del Bierzo en el siglo XV, San Andrés de Espinareda* (León, Univ. 1992).

RODRÍGUEZ GONZÁLEZ, R.: *Territorio y Gobierno Local en España* (Cívitas, Navarra, 2005).

RODRÍGUEZ G. Mª, C. Y DURANY C., Mª: "El Conde de Lemos y su protagonismo en la conflictividad social de El Bierzo en la segunda mitad del siglo XV", en *Estudios Humanísticos, Geografía, Historia y Arte* (León, Univ., 1989.

RODRÍGUEZ MOLINERO, M.: *Derecho natural e historia en el pensamiento europeo contemporáneo* (Madrid, Rev. Derecho Privado, 1973).

- *Introducción a la Ciencia del Derecho,* 5ª ed. (Salamanca, Cervantes, 2002).

RODRÍGUEZ MORALES, JESÚS: "Importante descubrimiento en España: hallado en Bembibre", en *Archeohispania* (León Archeohispania, 1999).

- "Magistraturas municipales religiosas en la hispania romana", en *REVEL, nº 209* (enero 1981).

RODÍGUEZ RAMOS, J. M.: "El Bierzo feudal", en *Historia del Bierzo* (Ponferrada, IEB, 1994).

RODRÍGUEZ VALVERDE, PILAR: "Estudio sobre las minorías étnicas en la provincia de León, en *Rev. Tierras de León,* nº. 85-86 (1992).

RODRÍGUEZ-ARANA, J. y R. A.: "Notas sobre la Funcionalidad de la Comarca", en *RAAP,* nº. 3 (Zaragoza, 1993).

ROLÁN FERNÁNDEZ, ADOLFO: *Verín y comarca* (León, Guías Everest, 1994).

ROLDÁN HERVÁS, JOSÉ M.: "El ejército como factor de la romanización de Asturia", en *Indigenismo y romanización en el Conventus Asturum* (Oviedo 1983).

- "Fuentes antiguas sobre los Astures", en *Zeph,* XXI-XXII (1970-1971).

- *Hispania y el Ejército Romano. Contribución a la historia social de la España Antigua* (Salamanca, Univ. 1974).

- *Itineraria hispana* (Madrid, Univ., 1975).

ROMERO MASIÁ, ANA Mª: *El hábitat castreño: asentamientos y arquitectura de los castros del N. O. peninsular* (Santiago, Colegio de Arquitectos, 1976).

ROSALÍA de CASTRO: *Follas novas* (A Coruña, la Voz de Galicia, 2001).

- *Obras completas,* t. I, 7ª ed. Prólogo a Follas Novas de Emilio Castelar (Madrid, Aguilar, 1988).

RÖSNER, W. : *Los campesinos en la Edad Media* (Barcelona, Crítica, 1990).

ROSO de LUNA: " El Bierzo. Nuevas lápidas", *BRAH LX (1912).*

ROUSSEAU, J. J.: *Las ensoñaciones del paseante solitario,* trad. de M. Armiño (Madrid, Alianza Editorial, 1998).

- *Obras completas,* prólogo de V. García Madi (Madrid, Aguilar, 1988).

ROVIRA i VIRGILI, ANTONI: "Les comarques a través de la historia, en *El problema comarcal de Catalunya* (Granollers, Casa del Vallés, 1931).

ROYO VILLANOVA, A.: *La descentralización y regionalismo* (Zaragoza, Cecilio Gasca,1900).

-.*Las bases doctrinales del nacionalismo* (Madrid, RA. de Jurisprudencia,1917).

RUBIALES TORREJÓN, AMPARO: *Región. Historia y actualidad* (Sevilla, Instituto García Oviedo, 1973).

RUBIO PÉREZ, L.: *El sistema político concejil en la provincia de León* (León, Univ., 1993).

RUIZ ASENCIO, JOSÉ M. "Rebeliones leonesas contra Vermudo II", en *Archivos Leoneses,* nº. 45-46 (León 1969).

RUIZ del CASTILLO y CATALÁN de OCÓN: "Dimensión histórica de la provincia", en *La Provincia. Dimensiones histórica y Política* (Barcelona, ICS, 1966).

RUIZ de la PENA, JUAN I: "Transito del concejo abierto en el municipio leonés", en *Archivos Leoneses,* nº. 45-46 (León 1969).

SAAVEDRA, PEGERTO: *Señoríos y comunidades campesinas. Historia rural de la España Moderna* (Coruña, Fund. Barrié de la Maza, 2003).

SAAVEDRA FERNÁNDEZ, PEGERTO: " Comunidades campesinas, xurisdicions e partidos na Galicia da idade Moderna", en *RAPG,* nº. 2 (Santiago, 1985).

-. *Señoríos y comunidades campesinas. Historia rural de la España Moderna* (Coruña, Fundación Barrié de la Maza, 2003).

SACRISTÁN MARTÍNEZ, A.: *Municipalidades de Castilla y León* (Madrid, IEAL,1981).

SAENZ RIDRUEJO, C. y VÉLEZ GONZÁLEZ, J.: *Contribución al estudio de la minería primitiva del oro en el noroeste de España* (León, CESIC, 1974).

SALANOVA ALCALDE, R.: *La comarcalización de Aragón* (III) (Zaragoza, Cortes Ar., 2002).

SALINAS de FRÍAS, M.: *Conquista y romanización de Celtiberia* (Salamanca, Univ. 1986).

-."Dión Casio, la Transduriana provincia y la evolución del ordenamiento augústeo en Hispania", en *Estudios y Catálogos,* nº. 11 (Valladolid, Junta CyL, 2001).

-.*El gobierno de las provincias Hispanas durante la República Romana (219-27 a. de C.)*

(Salamanca, Univ. 1995).

-.*Los pueblos prerromanos de la Península Ibérica* (Madrid, Akal, 2006).

-.*Los Vetones. Indigenismo y romanización en el occidente de la Península* (Salamanca, Univ. 2001).

SALUSTIUS CRISPIUS, GAIUS: *C. Salustii Historiarum* (Stuttgart, Ed. Maurenbrecher, 1891).

-.*Las comarcas en la provincia de Toledo* (Estadística, 1977)

SAENZ de BURUAGA, GONZALO: *Ordenación del territorio: El caso del País Vasco y su zona de influencia* (Madrid, Guadiana, 1969).

SAN JOSÉ ARANGO, ÁNGELES: *Comarca de El Bierzo* (Madrid, Helenika,1998).

SÁNCHEZ ALBORNOZ, CLAUDIO: *Behetrías: la encomendación en Asturias, León y Castilla* (Madrid, Tipografía Revista Archivos, 1924).

- "El reino Astur-Leonés (722-1037). Sociedad, Economía, Gobierno, Cultura y Vida. t. VII, v. 1, *Historia de España*, dirigida por Menéndez Pidal (Madrid, Espasa Calpe, 1996).

- *"El Noroeste Hispano hasta la crisis del poder romano en España"*, en *Orígenes de la Nación Española*, t. 1 (Oviedo, Movimiento Cultural Cristiano,1972).

- *Estampas de la vida de León durante el siglo X* (Madrid, Espasa Calpe,1934).

- *Una ciudad cristiana hace mil años. Estampas de la vida de León,* 18ª ed (Madrid, Rialp, 1999).

SÁNCHEZ BADIOLA, JUAN J.: "El territorio berciano durante la Alta y plena Edad Media", en *Rev. Tierras de León,* nº. 109-110 (2000).

- "Comarcas leonesas: clasificación y adecuación a un nuevo sistema político y administrativo", en *Alba y Fenar* (1979).

- *El fenómeno comarcal en la provincia de León* (León, Diput., 1991).- "El territorio Berciano durante la alta y plena Edad Media", en *Rev. Tierras de León,* nº. 109-110 (2000).

- *La configuración de un sistema de planteamiento y organización del espacio: territorio de León. (siglos IX-XI), León Historia y Sociedad* (León, Universidad, 2001)

- "La comarca en Castilla y León: problemática jurídico institucional", en *REALA* nº. 230 (1986).

SECRETARÍA GL. TÉC. Mº. de GOBERNACIÓN: Las provincias y sus comarcas (Madrid, Secr Geral Técnica, 1965).

-.*Señoríos y comunidades campesinas. Aportaciones a la historia rural de la España moderna* (Coruña, Fund. Barrié de la Maza, 2003).

SACHS, MICHAEL: "Pluralismo territorial y partidos políticos", en *Pluralismo territorial en la República Federal Alemana* (Madrid, MAP, 1989).

SALANOVA ALCALDE, R.: *Coordinación: Administración local de Aragón* (Zaragoza, Dip., 2003).

-."El modelo aragonés de comarca. La creación de las comarcas", en *Las comarcas de Aragón* (Zaragoza, Cortes de Aragón).

-."La comarca de Aragón. La Ley 10/1993, de 4 de noviembre, en *RAAP,* nº. 4 (Zaragoza, 1994).

-."La delimitación comarcal", en *La comarcalización de Aragón* (Zaragoza, Cortes de Aragón, 1999).

-.*La comarcalización de Aragón I y II. Estudio sistemático,* dir. Salanova Alcalde (Zaragoza, Cortes de Aragón, 2002).

SALVADOR SEGARRA, MARC: *Les comarques i els municips de Catalunya* (Barcelona, Generalitat, 2000).

SÁNCHEZ BADIOLA, J. A.: *El fenómeno comarcal en la Provincia de León* (León, Dip., 1991).

SÁNCHEZ BLANCO, ÁNGEL: "La comarca como factor de coherencia regional", en *REVL,* nº. 202 (Madrid 1991) y RAAP, nº 90 (1979).

SÁNCHEZ MORÓN, MIGUEL:"La distribución de competencias entre el Estado y las CC AA en materia de Administración Local", en *Tratado de Derecho Municipal,* 2ª ed. (Madrid, Cívitas, 2003).

SÁNCHEZ RIVERA: "Regiones y provincias: ventajas de la división política regional sobre la provincial", en *Revista del Trabajo,* nº. 58 (1924).

SÁNCHEZ ROMÁN, F.: *Estudios de Derecho Civil* (Madrid, Rivadeneyra, 1911).

SÁNCHEZ-AGESTA, L.: *Historia del constitucionalismo* español, 4ª ed. (Madrid, CEC, 1984).

SÁNCHEZ-ALBORNOZ, CLAUDIO: *Investigaciones y documentos sobre las instituciones hispanas* (Santiago de Chile, Editorial Jurídica, 1980).

- *La reforma agraria ante la historia* (Madrid, S/N, 1932).
- *Una ciudad de la España cristiana hace mil años,* 18ª ed. (Madrid, Ed. Rialp, 1999).
- *Viejos y nuevos estudios sobre las instituciones medievales españolas* (Madrid, Espasa Calpe, 1970).

SANCHEZ-ARCILLA BERNAL, J.: "Organización territorial y local", en *Historia del Derecho I: Instituciones político-administrativas* (Madrid, Dykinson, 2004).

SÁNCHEZ MORENO, E.: "La cuestión de los límites y fronteras en los pueblos prerromanos", en *Preactas del III Congreso Peninsular de Historia Antigua* (Vitoria 1994).

SÁNCHEZ MORÓN, M.:"Las Comunidades Autónomas y la estructura de la Administración Local", en *Rev. de Administración Pública,* nº. 100-102 (1983).

SÁNCHEZ SÁNCHEZ, ISIDRO: *Una aportación al pensamiento regionalista: La revista Castilla (1918-1919)* (Valladolid, Junta de CyL 1983).

SÁNCHEZ ARCILLA, J.: *Historia de las instituciones político Administrativas* (Madrid, Dykinson, 1994).

SÁNCHEZ-PALENCIA RAMOS, F. J.: ."Explotaciones auríferas en el "conventus asturum", en *Indigenismo y romanización en el conventus Asturum* (Madrid, Mº de Cultura, 1983).

- *La explotación del oro de Asturia y Gallecia en la antigüedad* (Madrid, Tesis UCM, 1983).
- *Las Médulas. Un paisaje cultural en la Asturia Augustana* (León, Diputación. 2003).

SÁNCHEZ-PALENCIA, F. J., ÁRBOL del y SASTRE: "El Bierzo en la época romana", en ¿Qué es El Bierzo? (León, Crónica de León, 1998)

- "El beneficio del oro por por las comunidades prerromanas del noroeste peninsular, en *Studia Arqueológica,* nº. 88 (1999).
- *"La primera ocupación romana de "Asturia", el Edicto de El Bierzo y su contexto arqueológico* (Valladolid, Junta de CyL, 2001).

SÁNCHEZ-PALENCIA F. J. y MANGAS, J.: *El Edicto de El Bierzo: Augusto y el noroeste de Hispania* (León, Fund. Las Médulas, 2001)

"El Bierzo en época romana", en *¿Qué es el Bierzo?* (León, La Crónica, 1998).

SANCHO HAZAK, ROBERTO: "Desarrollo rural y desarrollo comarcal", en *Revista DS,* nº. 9, enero, 1973 (Madrid, FOESA, 1973).

SANTAMARÍA PASTOR, J. A.: "La reforma de las estructuras territoriales de la Administración local", en *Ponencies Seminario dret* (Barcelona, Ayto. Barcelona, 1992).

- "Notas sobre la sentencia de las diputaciones provinciales 28 de junio 1981", en *REDA,* nº. 34 (Madrid, 1982).

SANTAYANA Y BUSTILLO, L, de: *Gobierno político de los pueblos de España, y el corregidor, alcalde y juez en ella* (Madrid, 1979).

SANTOS ALONSO, L.: *Introducción a la Fuente de la edad* (Madrid, Cátedra, 2002).

SANTOS GARCÍA, JOSÉ A.: "Las Médulas de Carucedo: Un hito en la minería primitiva del Oro", en *Rev. Estudios Bercianos,* nº. 2 (diciembre 1984).

SÁNCHEZ-ALBORNOZ, C.: *Investigaciones y documentos sobre las instituciones hispanas* (Santiago de Chile, Ed. Jurídica, 1970).

- *Una ciudad de España cristiana hace mil años,* 18ª ed. (Madrid, Ed. Rialp, (1999).

- *Viejos y nuevos estudios sobre las instituciones medievales* (Madrid, Espasa C., 1980).
SANTOS YANGUAS, JUAN: "Cambios y pervivencias en las estructuras sociales indígenas", en *Indigenismo y Romanización en el Conventus Asturum* (Oviedo, 1983).
- "La municipalización en el Conventus Asturicense", en *Actas I Congreso Internacional Astorga Romana*, t. I (1986).
-"Las cohortes de astures y galaicos en el ejército imperial romano", en *Boletín Auriense*, IV (1979).
- "Comunidades indígenas y administración romana en el Norte de la Península Ibérica", en *Estructuras sociales indígenas* (Vitoria, Universidad P Vasco, 1994).
- "Contribución al estudio de los restos de formas de dependencia en el área céltica peninsular en época romana, en *MHA*, 2 (1978).
- *Los pueblos de la España antigua* (Madrid, Historia 16, 1989).
SANZ CID, C.: *El municipio: Ensayo de un estudio del mismo* (Madrid, Impr J. Casano, 1917).
- *La Constitución de Bayona* (Madrid, Editorial Reus, 1922).
SANZ GACEDO, DIEGO F: "Las funciones de la comarca en una sociedad moderna", en *Boletín de Documentación MG*, nº. 64-65 (Madrid, 1973).
SANZ HERRÁIZ, CONCEPCIÓN: "Significado de región natural en la actualidad", en *La Región y la Geografía Española* (Valladolid, AGE, 1980).
SAN MARTÍNEZ, JULIÁN: *Notas para la historia de León y su provincia* (León, Diput. 2001).
SANZ VILLANUEVA, S.: "La generación novelesca del 68", en *Narrativa Hispánica* (Madrid, UCM, 1990).
SASTRE PRATS, INÉS: "Castros prerromanos de la región cantábrica", en *Rev. AE, Arg. 15* (Madrid 1942).
- *Formas de dependencia social en el noroeste peninsular* (Ponferrada, IEB, 1998).
- *Las formaciones sociales rurales de la Asturia romana* (Madrid, Edic. Clásicas, 2001.
- *Onomástica y relaciones políticas en la epigrafía del Conventus Asturum. Alto Imperio* (Ar. Española de Arquelogía, 2003).
SCHULTEN, ADOLF: "El antiguo nombre del río Sil", en *Rev., BCM Orense, XI* (1938).
- *Geografía y etnografía antiguas en la Península Ibérica I* (Madrid, CESIC,1959).
- *Los cántabros y los astures y su guerra con Roma* (Santander, Estudio, 2000).
SCHULTEN, ADOLF y OTROS: *Fontes Hispaniae Antiquae.* (Barcelona, Univ 9), fuentes).
S N C ECONÓMICO SOCIALES: *Comarcas españolas* (Madrid, AISS y Profesionales, 1977).
SENTÍS SUÑÉ, JOSEP: "La financiación de las comarcas", en *Jornadas Técnicas sobre comarcalización* (Zaragoza, Gobierno Aragón, 2001).
SILVA, ROGELIO: "El proceso de comarcalización en Aragón", en *Cooperació Territorial*, coord. Josep Mir (Barcelona, Dip. 2004).
SERNA y ESPINA, VÍCTOR de la: *Nuevo viaje a España. La ruta de los foramontanos* (Madrid, Prensa Española, 1976).
SERRA i SERRA, NARCÍS: "Organización territorial del Estado de España", en *Organización territorial del Estado* (Salamanca, Univ., 1993).
SERRANO MARTÍNEZ, J. M.: "La comarca funcional: elemento básico para la ordenación Territorial de las CC AA, en *Actas X Reunión Estudios Regionales*, t. II (Valladolid, Junta CyL, 1985).
SOLER i RIBÉ, J: "Comarca" en *La Gran Enciclopedia Catalana*, v. V (Barcelona, Enciclopedia Catalana, 1973).
SOLÉ SABARIS, LLUIS: *Geografía de Catalunya*, t. 1 (Barcelona, Aedos, 1964).
- *Las regiones españolas* (Barcelona, Ariel, 1968).
SOLÉ-TURA, JORDI: *Catalanismo y revolución burguesa* (Madrid, Edicusa, 1970).

S S ESTADÏSTICA: *Las comarcas en Ávila* (Estadística, 1976).

SOTO CARBAJO, ABEL: "¿El Bierzo Provincia?", en *Diario de León* 4/9/88.

- "Monedas y medidas de El Bierzo, según el Catastro de Ensenada", en *Rev. Aquiana,* nº. 624 (Junio 1984).

SPAGNA MUSSO, STÉFANO: "La comarca quale ente intermedio", en *Archivo Giurídico F. Serafini 1990,* nº. 2 y 3 (Pádova, CEDAN, 1990).

STENDHAL, (ENRIQUE BEYLE): *Obras completas.* Traducción, recopilación, ensayo bibliográfico y prólogos de Consuelo Bergés (Madrid, Aguilar, 1988).

- *Racine y Shakespeare,* texte anotè, preface et avant-Proyos par Pierre Martino (París, Libraire Edvuard Champion, 1975).

STERN, KLAUS: "Pluralismo territorial y derechos fundamentales", en *Pluralismo territorial en la República Federal Alemana* (Madrid, MAP, 1989).

STÖHR, WALTER y TÖDTLING, FRANZ: "Equidad espacial: algunas tesis contrarias a la doctrina actual del desarrollo regional", en *Revista Estudios Regionales,* nº. 1 (1978).

STRABON: *Geographica* (London, Ed. H. L. Jones , Col. Loeb, 1954).

SUÁREZ, L. : "Los Trastámara de Castilla en el siglo XV (1047-1474)", en *Historia de España Medieval* (Madrid, Espasa Calpe, 1991).

SUÁREZ PANDIELLO, J.: "El futuro de la financiación local en el contexto del Estado de las Autonomías", en *Cambios regionales en la Unión Europea* (Madrid, IEF, 2002).

SUÁREZ ROCA, JOSÉ: *Enrique Gil y Carrasco. El bardo de la niebla* (Ayto Ponferrada, 2008).

SUÁREZ VERDEGUER, FEDERICO: *La crisis política del Antiguo Régimen en España* (Madrid, Rialp, 1954).

- *Las Cortes de Cádiz,* 2ª edición (Madrid, Rialp, 2002).

SUÑÉ LLINÁS, EMILIO: *La sociedad civil en la cultura post-contemporánea* (Madrid, UCM, 1998).

SUÑÉ LLINÁS, EMILIO y CALVO CASTILLO, V: *Administración Local* (Madrid, CEF, 1993).

SUMNER MAINE, HENRY: *El derecho antiguo. Parte especial* (1893). Facsímil (Madrid, Cívitas, 1994).

SYME, R: "The conquest of Noert-west Spain", en *Legio VII Gemina* León, 1970).

TÁCITO, CAYO CORNELIO: *Germania,* trad. de S. Álamos Barrientos (Madrid, Espasa Calpe, 1919).

TARRADELL i MATEU, MIQUEL: "Primeras culturas", en *Primeras culturas e Hispania romana,* dirigida por M. Tuñón de Lara (Madrid, Editorial Labor, 1980).

TEJA CASUSO, RAMÓN E.: *La Hispania del siglo IV: administración, economía, sociedad, cristianización* (Bari, Marcial Pons, 2002).

TEJA C. y PÉREZ, C.: *Congreso Internacional. La Hispania de Teodosio* (Valladolid, Junta CyL, 1997).

TERÁN ÁLVAREZ, MANUEL de*: Geografía de España y Portugal,* t. IV, 1ª parte (Barcelona, Montaner, 1958).

- "Introducción a La ciencia geográfica", en *Geografía Humana* (Madrid, Labor, 1970).

TERÁN, A., M. y SOLÉ SABARÍS: *Geografía regional de España* (Barcelona Ariel, 1968).

THONSON, E. A.: *Los godos en españa* (Madrid, Alianza Editorial, 1971).

THURLOW, DAVID: "Colegios rurales de Gran Bretaña",en *Revista Nacional de Educación,* nº. 58 (1946) (Ref. Henry Morris).

TOCQUEVILLE, ALEXIS de: *EL Antiguo Régimen y la Revolución de 1911* (Madrid, Alianza, 2004).

- *La democracia en América,* traducción de D. Sánchez Aleu (Madrid, Alianza 2005).

TODOROF, TZVETAN: *Introducción a la literatura fantástica,* trd. Ed. Silvia Delpy, 2ª ed. (México, Ediciones Goyoacán, 1995).

TOMÁS Y VALIENTE, F.: "El Tribunal Constitucional y la organización territorial del Estado", en *Organización Territorial del Estado* (Salamanca, Universidad, 1993).

TORNOS MAS, JOAQUÍN: "El ente comarcal en la Ley catalana de Alta Montaña", en *REALA*, nº. 226 (1985)

- "La provincia en la legislación de las Comunidades Autónomas", en *La Provincia en el Sistema Constitucional* (Madrid, Cívitas, 1991).

TORRAS i BAGES, M. y CAMBÓ, F.: *La actitud tradicional de Cataluña* (Madrid, Rialp, 1961).

TORRES BERNIER, ENRIQUE: "La región como base del desarrollo regional", en *Revista Estudios Regionales*, nº. 1 (enero 1978).

TORRES del MORAL, A: *Constitucionalismo histórico español*, 5ª edición, (Madrid, DP., 2004).

TORRES LÓPEZ, MANUEL: "Las invasiones y los reinos germánicos de España", en *Historia de España*, dirigida por R. Menéndez Pidal III (Madrid, HE, 1940).

TORRES RODRÍGUEZ. C: "Paisajes escondidos de la Historia de España. Heroicos defensores en el siglo V", en *Rev. Hispania LXIV* (1956).

- *Paulo Orosio: su vida y sus obras* (Coruña, Fundación Barrié de la Maza, 1985).

TOVAR LLORENTE, ANTONIO: *Iberische Landeskunde: Las tribus y la ciudades de la antigua Hispania*, 3 V.: Tarraconensis (Baden, Vriag Valentín Koerner, 1989).

- "Las invasiones indoeuropeas. Problema estratigráfico", en *Zeph, VIII* (1957).

- "Las tribus y las ciudades de la antigua Hispania, 3": en *Tarraconensis* (Baden, Verlag ValentínKoerner, 1989).

- "Notas sobre la fijación de las invasiones indoeuropeas en España", en *BSAA XIII* (1946).

TOYMBEE, J, A.: "Cultura", en *Nueva Enciclopedia Duran*, t. 8, 4ª ed. (Bilbao, Durvan, 2005).

TRÍAS VEJARANO, JUAN: *Amiral y los orígenes del catalanismo* (Madrid, Siglo XXI, 1975).

TRILLO FIGUEROA M.-C., P.: *El régimen local de los Estatutos de Autonomía* (Madrid, CEP, 2006).

- "Las competencias de planificación del ente comarcal: la Ley catalana de Alta Montaña", en *RVAP*, nº. 10 (1984).

TUÑÓN de LARA, M.: *Historia de España. Introducción y primeras culturas e Hispania romana* (Barcelona, Labor, 1980).

UBIETO ARTETA, AGUSTÍN: *El largo camino hacia las comarcas en Aragón* (Zaragoza, Gob. de Aragón, 2001).

UNIVERSIDAD de LEÓN: *Lancia I. cántabros y astures* (Fr. Bernardino de Sahagún, 1983).

UTEA: "Romanticismo", en *E. Cultural*, t. 4º (México, Unión Tipográfica, 1957).

VALDEÓN BARUQUE, JULIO: "Las oligarquías urbanas", en *Conejos y Ciudades en la Edad Media Hispánica* (Madrid, Fund. Sáchez Albornoz 1990).

VALDERAS ALONSO, ALEJANDRO: *Bibliografía histórica leonesa. Juan de Ferreras García (1652-1735).* (León, Tesis Univ. 1999).

VALERIO del BIERZO: *Valerio (Nuño Valerio)* (Madrid, ed. crítica de Fernández Pousa, 1944).

VAL VALDIVIESO, Mª ISABEL del: "Los bandos nobiliarios durante el reinado de Enrique IV", en *Hispania CXXX* (1975).

VALVERDE, J. Mª: *Los poetas románticos ingleses* (Barcelona, Planeta, 1989).

VALVET BERMEJO, J: "La división territorial en la España musulmana", en *Revista Al-Andalus*, nº. 37 (1972).

VARRÓN MARCO TERENCIO: *De re rustica* (México, Univ. Autónoma, 1945).

VÁZQUEZ de MELLA y FANJUL, JUAN: "Regionalismo", *La 2ª Semana regionalista de Santiago 1918.*

- "Regionalismo", en *Obras Completas*, 2º v., (Barcelona, Subirana, 1935).

- *Regionalismo y monarquía*, edición de S. Galindo Herrero (Madrid, Rialp, 1957).

VÁZQUEZ DE PARGA, LUIS: *La división de Wamba* (Madrid, CESIC-Jerónimo Zuato, 1934).

VEGA GONZÁLEZ, GLORIA: "La ordenación territorial de escala comarcal", en *Boletín Asociación de*

Geógrafos Españoles, nº. 26 (Madrid, 1998).

VEGA, TEREESA de la: *Los pueblos de España prerromana* (Madrid, Akal, 2002).

VICENS VIVES, JAIME: *Los catalanes en el siglo XIX* (Madrid, Alianza, 1936).

VIDAL ENCINAS, JULIO M.:"Zona arqueológica de Castro Ventosa (Villafranca Bierzo)", en *Rev. Estudios Bercianos,* nº 28 (octubre 2002).

VIEJO ÁLVAREZ, Mª LUISA y ÁLVAREZ CANAL: "La configuración de la Provincia: Cambios y esperanzas", en *Rev. Tierras de León,* nº. 100 (1996).

VILA VALENTI, JOAN: *Península Ibérica* (A Coruña, Xuntanza, 1986).

ILLANUEVA, JAIME: *Viaje literario a las iglesias de España* (Madrid, Impr. Real Academia de la Historia, 1803-1852).

VILÁ i VALENTI, JOAN: "El concepto de Región", en *La Región y la Geografía Española* (Asociación de Geógrafos Españoles, Valladolid, 1980).

- "Introducció a l'estudi de les comarques catalanes", en *El debat de la de la divisió territorial de Catalunya,* cocord. E. Lluch i Oriol (Barcelona, Diputación 1984).

VILÁ i VALENTI, JOAN y SARRIÓN i GUALDA, J.: *El sentit a historic de la comarca a Catalunya.* (Barcelona, Generalitat, 1992).

VILA, MARC-AURELI: *La comarca de la Alta Ribagorça* (Barcelona, Generalitat, 1990).

VILA i DINARÉS, PAU: "Per una solució del problema comarcal de Catalunya", en *El problema Comarcal de Catalunya* (Granollers, Casa del Vallés, 1931).

- *La divisió territorial de Catalunya. Selecció d'Escrits de geografía* (Barcelona, Curial, 1977).

VILAR, PIERRE: *Catalonge dans l'Espagne moderne,* t. II (París, SEVEPEN, 1962).

VILLAR, F. y BELTRÁN, F.: edit.: *Pueblos, lenguas y escrituras en la Hispania Prerromana* (Salamanca. Univ. 1999).

VILLAR, F. y D'ENCARNAÇAO: editor: *La hispania Prerromana* (Salamanca, Univ., 1996).

- *Indoeuropeos en la Hispania prerromana* (Salamanca, Univ. 2000).

VIÑAYO, ANTONIO: "Crónica de las conmemoraciones leonesas del siglo XIII, centenario de San Fructuoso, en *Rev. Tierras de León,* nº. 8 (1987).

VIROS, R.: "La representativitat política dels Conselles comarcals", en *L'organització comarcal a Catalunya* (Barcelona, Federació de Municips, 1994).

VISNARA, G.: "La territorialidad del Derecho de los visigodos", en *Estudios Visigóticos* (Roma, CSIC, 1956).

VOCES JOLÍAS, J. M. e IGLESIAS: *El Bierzo,* 4ª ed. (León, Ediciones. Lancia, 1999).

XUNTA de GALICIA: *A Autonomía Galega (1846-1981)* (Santiago, Xunta Galicia, 1986).

- *Comarca de Arzúa* (Santiago, Xunta Galicia, 1995). y resto de Galicia

- *Mapa comarcal de Galicia* (Santiago, Xunta Galicia, 1 mapa, (1996).

ZAYAS, MANUEL: "Las comarcas en Vizcaya, nº. 28 (vizcaya Diputación 1967).

WOHLHAUPTER, EUGEN: "Las corporaciones parroquiales en España y su paralelismo con las instituciones alemanas", en *Investigación y Progreso* (abril, 1931).

WORDWORD: "*El preludio". Los poetas románticos ingleses,* intr. y trd. de J. Mª Valverde (Barcelona, Planeta, 1989).

SIGLAS

EA	Estatuto de Autonomía:
EAAnd	Estatuto de Autonomía Andalucía: de 30-12-1981, Ley Orgánica 6/1981.
EAAr	Estatuto de Autonomía Aragón: de 19-8-1992, Ley Orgánica 8/1982.
EAAst	Estatuto de Autonomía Principado Asturias: de 30-12-1981, Ley O. 7/1981.
EABa	Estatuto de Autonomía Illes Balears: de 25-2-1983, Ley Orgánica 2/1983.
EAC	Estatuto de Autonomía Cataluña: de 18-12-1979, y revisión de: 19 -7-2006.
EACL	Estatuto de Autonomía Castilla y León: de 25-2-1983 y rev.: 30-11-2007.
EAG	Estatuto de Autonomía de Galicia: de 6-4-1981, Ley Orgánica 1/1981.
EAM	Estatuto de Autonomía de Madrid: de 25-2-1983, Ley Orgánica 3/1983.
Ea Mur	Estatuto de Autonomía de Murcia 9-6-1982, Ley Orgánica 4/1982.
EAPV	Estatuto de Autonomía País Vasco: de 18-12-1979, Ley Orgánica 3/1979.
Ea Val	Estatuto de Autonomía Comunidad Valenciana: de 1-7-1982, Ley O. 5/1982.
AGE	Asociación de Geógrafos españoles
DXPC	Sociedades para el Desenvolvimiento Comarcal de Galicia
IEAL	Instituto de Estudios de la Administración Local
IEB	Instituto de Estudios Bercianos
ILC	Instituto Leonés de Cultura
JJCC L	Junta de Castilla y León (CyL)
LBRL	Ley Reguladora de las Bases de Régimen Local
LAR	Ley de Comarcalización de Aragón
LCAst	Ley de Comarcas del Principado de Asturias

REVISTAS

AA	Revista de Actualidad Administrativa.
AHDE	Revista del Anuario de Historia del Derecho Español.
AL	Revista de Administración Local.
DA	Revista de Documentación Administrativa.
EB	Revista de Estudios Bercianos
RAP	Revista de la Administración Pública.
RAAP	Revista Aragonesa de Administración Pública.
REAL	Revista de Estudios de la Administración Local.
REALA	Revista de Estudios de la Administración Local y Autonómica
REDA	Revista Española de Derecho Administrativo.
REDC	Revista Española de Derecho Constitucional.
REVL	Revista de Estudios de la Vida Local.
TL	Revista Tierras de León

Made in United States
North Haven, CT
10 November 2026

22065387R00287